Moreno, Grundlagen der Soziometrie

J. L. MORENO

DIE GRUNDLAGEN DER SOZIOMETRIE

Wege zur Neuordnung der Gesellschaft

Dritte Auflage

Westdeutscher Verlag

1974

Titel der amerikanischen Ausgabe

Who shall survive?

Foundations of Sociometry, Group Psychotherapie and Sociodrama

Beacon House Inc. Beacon, N.Y. 1953

Deutsche Übersetzung von Dr. med. Grete A. Leutz,
bearbeitet von Dr. Karl Gustav Specht

1. Auflage 1954
2., erweiterte Auflage 1967
3. Auflage 1974

Gesamtherstellung:
Druckerei Dr. Friedrich Middelhauve GmbH, Opladen

Printed in Germany

ISBN 3-531-11137-X

INHALTSVERZEICHNIS

VORWORT
ZUR ZWEITEN, ERWEITERTEN DEUTSCHEN AUSGABE

Leopold von Wiese war der erste, der die deutschen Soziologen mit der Soziometrie bekannt machte. Er schrieb im ersten Heft der *Kölner Zeitschrift für Soziologie*[1] in humorvoller Weise: „Wohl das letzte Buch, das mich aus den Vereinigten Staaten kurz vor Beginn des Krieges erreichte, war Doktor Morenos: *Who Shall Survive?* Es waren damals schon fünf oder sechs Jahre seit seinem Erscheinen verstrichen, aber eine Reihe von äußeren Umständen bewirkte, daß ich es erst 1939 oder 1940 erhielt ... Törichterweise legte ich es weg, ohne auch nur den Untertitel beachtet zu haben. Der hätte mich sicher stutzig gemacht: ‚Eine neue Inangriffnahme des Problems der zwischenmenschlichen Beziehungen'. Das war ja ganz mein eigenes Thema! Aber ich beachtete es nicht. Ein glücklicher Zufall wollte es aber, daß Morenos schon in der äußeren Buchgestalt so ansehnliches Werk zu den Drucksachen gehörte, die dann bei mir im Keller den Krieg überstanden. 1945 holte ich es aus den Trümmern. Ein Jahr später liefen die ersten ausländischen Zeitschriften und Bücher nach langer Pause wieder ein. Darin begegnete mir mehrfach in Verbindung mit dem Namen Moreno die neue, in Amerika teils angewendete, teils kritisierte Methode der Soziometrik."

Er schrieb später an einer anderen Stelle: „Abgesehen von der speziellen sozialethischen Bedeutung der Soziometrik, die gerade durch ihr Streben nach Exaktheit nicht zur Bindung, sondern zur Befreiung der Menschen tendiert, gibt es ein entscheidendes allgemeines Bedürfnis nach Messung sozialer Tatsachen, das sowohl theoretisch wie praktisch in gleicher Stärke besteht ..." „Die entscheidende Frage der Soziologie und Sozialethik ist nicht: was soll allein gelten?, sondern inwieweit (bis zu welchem Stärkegrade) soll es in einem Geflecht von Erfordernissen gelten? Mag es in sich noch so viele Wahrheitskeime bergen; es enthält stets auch Fehlerquellen. Es bedarf der ergänzenden Beimischung von Wahrheitskeimen, die in entgegengesetzten oder in verwandten

[1] 1. Jahrgang, Heft 1, 1948, Seite 23, 34, 35.

Prinzipien enthalten sind. Diesem sich kreuzenden Geflecht von Ideen, Interessen und Normen gegenüber ist Messung erforderlich. Erkennt man als die Kernaufgabe die Beantwortung der Frage: in welchem Grade, bis zu welchem Punkte an, so ergibt sich das Erfordernis, diesen Punkt zu suchen, also zu quantifizieren, zu messen. Beispielsweise: Es ist falsch, nur Freiheit oder nur Bindung festzustellen, beziehungsweise nur Abhängigkeit oder nur Selbständigkeit, nur Altruismus oder Selbstinteresse zu fordern. Vielmehr muß untersucht werden, welche Mischung von beiden, welche polare Gestaltung der Antithese, welche Abschwächung jedes der beiden Prinzipien existiert und zu fordern ist. Das sind, formal betrachtet, Meßaufgaben. In diesem weiteren Sinne fassen wir eine Soziometrik auf, die, in folgerichtiger und möglichst umfassender Weise angewandt, unsere Wissenschaft von der sozialwissenschaftlichen Astrologie zur Astronomie erheben würde."

Leopold von Wiese hat auf diese Weise die entscheidende Neuerung beschrieben, mit welcher die Soziometrie das Problem der zwischenmenschlichen Beziehungen bereichert hat.

René König hat acht Jahre später[2] auf die tiefere Bedeutung der Soziometrie hingewiesen und damit im deutschen Kulturbereich weitere Forschung angeregt: „Wenn wir Soziometrie als eine Technik der systematischen Beobachtung definieren, mit Hilfe derer bestimmte Arten der Interaktionen zwischen den Menschen in großen und kleinen Gruppen gemessen werden können, so stellt dies ganz eindeutig nur einen Teil des Anliegens von Moreno dar. Er hat zwar auf diesem Gebiet wichtigste Pionierarbeit geleistet, wie die entscheidenden Abschnitte seines Werkes lehren, aber er würde es selber sicher ablehnen, die Soziometrie ausschließlich als eine ‚Technik der Beobachtung' anzusehen, wie auch der für die deutsche Ausgabe gewählte Untertitel beweist. Vielmehr ist bei ihm gleichzeitig von vornherein ein therapeutisches Interesse lebendig gewesen, wie er auch immer wieder betont, daß der soziometrische Test ohne einen ‚Erwärmungsprozeß' (warming-up process) im Grunde nutzlos sei. So ist es auch allein zu verstehen, daß Moreno selber die Soziometrie sowohl als Gegenstück zur Psychoanalyse wie als Gegenstück zum Marxismus bezeichnet. Das eine Mal schwebt ihm dabei die Soziometrie vor als Mittel der individuellen Therapie, die weniger künstlich in der Ausgangslage sein soll als die Psychoanalyse; aus diesem Anliegen entwickelt sich bei ihm später das Psychodrama. Das andere Mal soll die Beziehung zwischen Gruppen und bestimmten Kollektivideen ausgestaltet werden, was sich entsprechend als Gruppen-Psychotherapie auswirkt; aus diesem Anliegen entwickelt sich bei Moreno später das Soziodrama. Wenn wir seine Soziometrie als Interaktionsanalyse auf sein beständiges Bemühen

[2] Psyche, März 1956, Seiten 907–911.

projizieren, das Leben der Gruppe in statu nascendi zu erfassen (oder sub specie momenti, wie er auch sagt), um so der Spontaneität einen größtmöglichen Auswirkungsraum zu sichern, so spüren wir unmittelbar, daß schon im Ansatz der Forschungstechnik mehr und etwas anderes gegeben ist als eine bloße Technik der systematischen Beobachtung."

René König setzt seine Besprechung fort: „In Europa sind wichtige Weiterführungen und Klärungen vor allem von G. Gurvitch und seiner Gruppe vorgenommen worden, in England vor allem im Rahmen des Tavistock Institute of Human Relations (seit 1947), worüber die Zeitschrift *Human Relations* Auskunft gibt. Während Moreno selber in der Auseinandersetzung mit diesen verschiedenen Ansätzen sowohl das zeitliche (was ein leichtes ist) wie das systematische Primat seiner eigenen Soziometrie aufzuweisen sucht, dürfte es keine besonderen Schwierigkeiten bereiten, über alle diese Differenzen hinaus den verbindenden Zug aufzuweisen. Diese Interaktionsanalyse steht als empirische Soziometrie unter dem Vorbehalt, daß eine Theorie einzig auf der Ebene empirisch verifizierter Hypothesen aufgebaut werden kann ..." „Die Schwierigkeit für uns heute liegt im wesentlichen darin, daß wir auf beiden Seiten nur tastend vorangehen können, indem wir auf jeder Etappe der Forschung durch Inventaraufnahmen des Erreichten die gegenseitige Stellung der beiden Seiten wieder neu festzulegen versuchen. Andererseits bleibt uns aber auch kein anderer Weg, nachdem sich so vieles, was früher als selbstverständlich galt, als trügerisch erwiesen hat angesichts der empirischen Verifizierung. So zeigt sich deutlich, wie weit sich heute die Soziometrie über Moreno hinaus entwickelt hat, wie sie sich immer neue Schichten des Geschehens erobert und auch zu neuen systematischen Entwürfen anregte. Bei alledem darf aber niemals vergessen werden, daß auch dabei Moreno, seinem Temperament und seiner unermüdlichen Organisationskraft ein zentrales Verdienst zukommt, wie auch alles bei ihm einmal angefangen hat."

Die Soziometrie hat in den letzten zehn Jahren weite Verbreitung gefunden (sie kann in zwanzig verschiedenen Sprachen studiert werden), trotzdem hat sie aber die zwei ursprünglichen Richtungen beibehalten und weiterentwickelt.

1. Das theoretische Prinzip der Mikrosoziologie: die soziometrische Wissenschaft der kleinen Gruppen mit immer neuen Messungsmethoden und Variationen der alten Methoden zu bereichern, immer auf Präzision und experimentelle Beweisführung gerichtet. Wir lernen von den kleinen Gruppen und gehen stufenweise auf die größeren Gruppen über. Wir lernen von den großen Gruppen und gehen stufenweise auf die kleinen Gruppen zurück.

2. Das praktische Prinzip der Mikrosoziologie: kleine, aber vertiefte soziometrische Revolutionen zu fördern, als die eigentliche Hoffnung auf eine lebenswürdige Weltordnung, im Gegensatz und an Stelle der hoffnungslosen „großen" Revolutionen der letzten drei Jahrhunderte, wie die amerikanische (1776), die französische (1789), die russische (1917) und die chinesische Revolution (1949).

Die Makrorevolutionen der Zukunft müssen auf Millionen Mikrorevolutionen fundiert sein, oder sie werden immer wieder scheitern.

New York, im April 1966 *J. L. Moreno*

VORWORT
ZUR ERSTEN DEUTSCHEN AUSGABE

Das Ansuchen, der deutschen Ausgabe von Morenos Werk über Soziometrik (mir scheint diese deutsche Wortfassung richtiger als „Soziometrie") ein paar Worte zum Geleit zu geben, bereitet mir einige Schwierigkeiten. Als ich im Jahre 1948 im ersten Hefte unserer Kölner Zeitschrift für Soziologie ausführlich sein Buch: "Who shall survive?" besprach, habe ich wohl einiges zur ersten Bekanntschaft der deutschen Leserkreise mit dem tatkräftigen und fruchtbaren Schaffen dieses ungewöhnlichen Mannes beitragen können. Gern habe ich auf eine gewisse Verwandtschaft dieser Theorien und Forschungsmethoden mit unserer Lehre von den sozialen Prozessen und Gebilden hingewiesen und ausgesprochen, daß ich in dem Verfahren der Soziometrik Möglichkeiten einer Bereicherung unserer Wissenschaft sehe. Davon bin ich auch heute überzeugt. Aber ich habe schon damals (obwohl mir um der Soziologie willen viel daran liegen mußte, das, was mir positiv und wertvoll an dieser Lehre erscheint, deutlich hervorzuheben) manche Einschränkung vorgebracht. Ich schrieb damals: „Ich bin durch diese Lektüre aus einem Autor der Beziehungslehre noch kein Soziometriker geworden."

Das, was dem Beurteiler vom Standpunkte der Soziologie eine gewisse Zurückhaltung auferlegt, liegt teilweise in der Persönlichkeit Morenos und in seiner beruflichen Herkunft. Ihm ist eine reiche, zum Überschwenglichen neigende Phantasie, ein erstaunlich starker Optimismus und ein unerschütterliches Selbstvertrauen eigen. Er ist mehr Künstler, Dichter und nicht zuletzt Schauspieler als vorsichtig folgernder und mühselig handwerkernder Gelehrter. Dazu kommt, daß er Psychiater, also Mediziner und Naturforscher (als solcher Anthropologe und Psychologe) ist. Eine Belebung der Soziologie aus den Kreisen dieser Disziplinen und ein enger Zusammenhang mit ihnen ist sehr begrüßenswert, vorausgesetzt, daß man sich der bei aller Nachbarschaft bestehenden Unterschiede in den Grundaufgaben, den Schauweisen und Methoden bewußt bleibt.

Moreno hat sich mit großer Unbefangenheit wenig um die literarische Überlieferung der Soziologie, besonders nicht um ihre Kategorien und ihre

Terminologie gekümmert, sondern sie durch eine der naturwissenschaftlichen Psychologie oder seiner Dichterphantasie entsprungene Ausdrucksweise ersetzt – mit dem Ergebnisse, daß die Verwirrung erheblich ist. So sehr man den hohen, aller Pedanterien enthobenen Flug seiner Theorien anerkennen muß, so wenig kann man übersehen, daß seine Definitionen und Interpretationen jener strengen Regelhaftigkeit entbehren oder (vorsichtiger gesagt) entbehrt haben; denn beim Vergleiche des hier vorliegenden Werks mit den früheren Schriften lassen sich einige Annäherungen feststellen. Eine gewisse Willkür der Formulierungen und ein Mangel an Durchsichtigkeit und sprachlicher Korrektheit sind ja nicht selten bei Medizinern, die eben keine Philologen sind. Aber Moreno und seine Schule (die Anhänger wohl noch mehr als Moreno selbst) hätten besser getan, mehr die Verbindung mit der in der Soziologie üblichen Sprachform zu suchen.

Doch das erwähne ich nur, weil man bei der Befassung mit der Soziometrik so oft auf dieses Hindernis stößt. Wichtiger aber ist der Aufweis einer tieferliegenden Differenz, die sich wohl am besten verdeutlichen läßt, wenn man Moreno Emile Durkheim, seinen ausgeprägtesten Antipoden, gegenüberstellt. Durkheim, der am deutlichsten den Soziologismus vertritt, lehnte die Psychologie als Grundlage der Soziologie völlig ab; er erklärte nicht den gesellschaftlichen Zusammenhang der Menschen aus ihrem Seelenleben, sondern dieses aus dem kollektiven Dasein. Das Sozialgebilde forme die Menschen, die sozialen Tatsachen beständen *über* den Personen und getrennt von ihnen; *sie wirkten stets von außen durch Zwang auf sie.*

Bei Moreno ist das in sein Gegenteil verkehrt. Man kann bei ihm, wenn man solche Schlagwörter liebt, von Psychologismus reden. Wo er von außen auf die Menschen wirkende *Normen* und den entsprechenden *Zwang* beobachtet, erscheinen sie ihm unnatürlich, unsittlich und beseitigenswert. Aller Kulturwert liegt bei der „Spontaneität“, der Selbstbestimmung der Einzelmenschen. Jeder soll in der Lage sein, sich seine Gruppengefährten selbst auszuwählen. Die so erfolgende Gesellung sei heilvoll und eigentlich menschenwürdig.

Diese Sollforderungen stützen sich bei ihm ganz auf Psychologie; für die Kräfte, die von den objektiven Normen und den Strukturen der Gesellschaft ausgehen, hat er ebensowenig ein Organ wie Durkheim des Verständnisses der Kräfte des Persönlichen entbehrte. Bei Moreno ist das Soziale gleich dem Psychischen; bei Durkheim ist es die Prägekraft der Seele.

Zwischen diesen Gegensätzen steht unsere Beziehungslehre. Das Zueinander und Auseinander der Menschen (der realen, von Fleisch und Blut) ist uns – darin gleich Moreno – die Mittelpunktstatsache des sozialen Lebens; die sozialen Gebilde sind auch für uns Erzeugnisse des unablässigen Spiels der Abstandsveränderungen zwischen den Menschen. Diese sozialen Prozesse sind ohne Versenkung in das Seelenleben der Menschen nicht verständlich. Insoweit gehen auch wir den Weg der Psychologen.

Aber die sozialen Gebilde wirken nun ihrerseits auf Seele, Geist und Körper der Menschen verändernd ein; das Kollektiv entwickelt so starke eigene formende Kräfte, daß es mit Psychologie allein nicht getan ist. Der Einfluß der „Contraintes sociales" (um mit Durkheim zu reden) muß ebenso beachtet werden wie der Drang des individuellen Seelenlebens. Soziologie ist nicht dasselbe wie Sozialpsychologie (auch nicht wie Psychosoziologie, um die Unterscheidung Stoltenbergs zu erwähnen).

Man könnte hier einwenden, Moreno gebe ja seine Lehre und Praxis gar nicht als Soziologie, sondern unterscheide Soziologie, wissenschaftlichen Sozialismus und seine Soziometrik. Damit würde diese Soziometrik zu einer selbständigen Wissenschaft *neben* der Soziologie aufzufassen sein. Das aber kann beim besten Willen und bei Bewunderung für seinen Enthusiasmus, scheint mir, nicht anerkannt werden. Es kann sich nur um eine *Methode* handeln, die neben anderen Verfahren steht im Rahmen einer Wissenschaft vom Zusammenleben der Menschen – eine Methode zur Erklärung und zur Beeinflussung der Gruppenbildung.

Gewiß wird diese Verfahrenslehre Morenos von einer Philosophie der Humanität und von bestimmten ins Universale reichenden Überzeugungen und Gesinnungen getragen, die bei den Nur-Methodikern selten hervorgekehrt werden. Darüber hinaus zeigt sich bei seiner Schule eine gewisse Neigung zu einem – ich möchte fast sagen – sektenhaften Zusammenschlusse, zum Esoterischen und zum Symbol.

Die wissenschaftliche Kritik muß aber nüchtern bleiben, gerecht zu sein sich bestreben. In der Endwirkung nutzt sie durch Zurückweisung von Übertreibungen einer Sache mehr, als sie zu hindern scheint; denn in der Regel wird eine vom Autor übersteigerte, aber im Kern richtige Sache über kurz oder lang ebenso übertrieben heftig zurückgewiesen, so daß das Gute mit dem Anfechtbaren zusammen zugrunde gerichtet wird. Das aber sollte bei der Soziometrik durchaus vermieden werden.

L. v. Wiese

EINLEITUNG ZUR AMERIKANISCHEN AUSGABE

DIE HISTORISCHE BEDEUTUNG DER SOZIOMETRIE,
ihre Beziehung zur Soziologie und zum wissenschaftlichen Sozialismus

In den letzten 150 Jahren haben sich drei Hauptströmungen des sozialen Denkens entwickelt: Soziologie, wissenschaftlicher Sozialismus und Soziometrie. Sie sind in geographisch und kulturell verschiedenen Gebieten entstanden: die Soziologie in Frankreich, der wissenschaftliche Sozialismus in Deutschland und Rußland, die Soziometrie in den Vereinigten Staaten von Amerika. Der Zweck der Soziologie lag in der Entwicklung eines strengen, alle Sozialwissenschaften umfassenden Sytems; der Zweck des wissenschaftlichen Sozialismus war die Herbeiführung der Revolution des Proletariats; der Zweck der Soziometrie schließlich war das Erfassen und Messen des Sozius. Diese heuristische Hypothese hat den Zweck, die Gesamtproduktivität der Sozialwissenschaften auf diese drei Gesichtspunkte zu beziehen.

Der erste Teil der Hypothese, d. h. die Behauptung, die Soziologie sei in Frankreich ins Leben gerufen worden, ist am leichtesten anzuerkennen, da sie vor allem der Französischen Revolution und französischen Autoren, wie Claude Saint-Simon, Auguste Comte, Pierre Proudhon und Emile Durkheim, Existenz und Namen verdankt. Die Französische Revolution bestand in der Emanzipation der Bourgeoisie und bewirkte die Entstehung und Zusammenfassung der Soziologie zu einem wissenschaftlichen System; hiermit hatte sich aber ihre Produktivität erschöpft. Die Gesamtkonfiguration der sozialen Kräfte des 19. Jahrhunderts gestattete in Frankreich nicht den Sieg einer proletarischen Revolution, obwohl es zumindest zweimal Schauplatz größerer Versuche war. Wie gesagt, die revolutionäre Energie erschöpfte sich in der Emanzipation der Bourgeoisie und die theoretische Energie in der Entwicklung der Soziologie.

Der zweite Teil der Hypothese, dem wissenschaftlichen Sozialismus liege eine Bewegung zugrunde, die ihren Ursprung in Deutschland und Rußland genommen habe, ist leicht zu verstehen. Niemand stellt in Abrede, daß der Doktrin von Karl Marx Gedanken englischer und französischer Autoren einverleibt sind; niemand kann aber anderseits verneinen, daß sich ihre einflußreichsten Theorien in

Deutschland und Rußland entwickelt haben. Die heftigsten Proletarierrevolutionen fanden dort ein siegreiches Ende. In den Händen Marx', Engels' und Lenins entwickelte sich der wissenschaftliche Sozialismus zu einem ebenso rigorosen System der revolutionären Sozialwissenschaft und Geschichtsinterpretation wie die Soziologie in den Händen Comtes und Durkheims.

Diese Hypothese stellt selbstverständlich eine beabsichtigte Vereinfachung dar. Sie versucht, Ursprung, Richtung und Entwicklung der Sozialwissenschaften in den letzten zweihundert Jahren mit den mächtigen politischen Zeitströmungen in Einklang zu bringen. Als erste Konsequenz müssen wir Marx ausschließlich als Gründer des wissenschaftlichen Sozialismus und nicht zusammen mit Comte und Proudhon als einen der Gründer der Soziologie betrachten – eine Ehre, gegen die Marx sich selbst wohl am meisten gewehrt hätte. Wir gewinnen dadurch auch Verständnis für die tiefe Spaltung und Gegensätzlichkeit zwischen Soziologie und revolutionärem Sozialismus. Bezeichnet man Marx als Soziologen, so verwischt man auf sentimentale Weise den krassen theoretischen und praktischen Unterschied zwischen zwei geschichtlichen Bewegungen. Unsere Hypothese erklärt auch den starken Widerstand, der in Rußland und den Ländern seiner Einflußsphäre der Soziologie und in den westlichen Demokratien dem revolutionären Sozialismus entgegengebracht wird. Die scharfe Grenzziehung beruht nicht nur auf politischen Ursachen, sondern auf einer großen Verschiedenheit der Denkweise, die den Einzug der Soziologie und westlicher Kulturideen in der sowjetischen Welt verhindert.

Der dritte Teil der Hypothese, die Soziometrie verdanke ihr Entstehen in den Vereinigten Staaten von Amerika durchgeführten Forschungen, ist schwerer verständlich und bedarf einer eingehenderen Erklärung. Zuerst muß bewiesen werden, daß sie eine „Hauptströmung" im amerikanischen Gedankenleben darstellt. Ihre Herauslösung aus anderen bedeutungsvollen Zusammenhängen wäre eine Anmaßung und erklärte nicht das Aufblühen der amerikanischen Soziologie vor der Einführung der Soziometrie. Bevor ich mich auf eine Diskussion dieser beiden Einwände einlasse, möchte ich meinen eigenen Standpunkt definieren. *Ich behaupte, die Bedeutung und Eigenart der amerikanischen Soziologie habe in der Soziometrie und den ihr angegliederten Entwicklungen ihren Höhepunkt gefunden. In der Soziometrie brachten die amerikanischen Sozialwissenschaften zum ersten Male eine „kollektive" Originalität zum Ausdruck.* Hiermit will ich sagen, die Soziometrie ist weniger das Werk eines Einzelnen als eine kollektive Bemühung in einem günstigen sozialen Klima.

Es ist vorteilhaft, zwischen Soziometrie und der soziometrischen Bewegung zu unterscheiden. Soziometrie ist in den letzten 20 Jahren zur stärksten Kristallisation der Neigung zu sozialwissenschaftlichen Gruppenmessungen geworden. Ihren über ihre Grenzen hinausgehenden Einfluß auf alle Zweige der Sozialwissenschaften, auf Anthropologie, Soziologie, Psychologie, Psychiatrie usw.

nennen wir soziometrische Bewegung. Wir behaupten damit keineswegs, nur die Vereinigten Staaten von Amerika hätten Prioritätsrechte auf soziometrische Messungen; bekanntlich waren in Frankreich, England und Deutschland in den Werken von Vorläufern, wie Adolf Quételet, John Graunt und Johann Süßmilch, Anfänge von Messungen sozialer Beziehungen vorhanden. Da die historische Lage aber nicht reif und das soziale Klima nicht günstig waren, vermochten ihre Bemühungen keine Wurzeln zu schlagen oder sich über die „demometrische" Variation hinaus zu entwickeln.

Unsere erste Behauptung, die Soziometrie habe sich zu einer Hauptgedankenströmung entwickelt, wird durch Tausende quantitativer Studien von Gruppenstrukturen bestätigt, die in den letzten 20 Jahren größtenteils im Namen der Soziometrie ausgeführt worden sind. Noch überraschender ist die Tatsache, daß soziometrische Bezeichnungen und Methoden allenthalben, zum Teil anonym, verwendet werden und als Unterlagen mancher Studien dienen, die an sich keine soziometrischen sind.

Eine Analyse der amerikanischen Soziologie vor der Einführung der Soziometrie bewiese die Richtigkeit meiner zweiten Behauptung; denn die amerikanische Soziologie stand zu dieser Zeit hauptsächlich unter dem Einfluß Comtes, Spencers und Darwins. Dieser Einfluß machte sich besonders bei den beiden genialen Führern der amerikanischen Soziologie, Ward und Giddings, geltend. Ihr individuelles Genie wurde dadurch nicht geschmälert; ihr Werk aber vermochte kein kollektives Schaffen oder eine selbständige Schule anzuregen; es war von französischen und englischen Kulturdeterminanten bestimmt. Anderseits können wir in den Arbeiten Cooleys, Meads und anderer bereits Anfänge soziometrischer Tendenzen erkennen, die die historische Kontinuität des soziometrischen Denkens in den Vereinigten Staaten beweisen. Obwohl eine Reihe soziometrischer Konzeptionen von Simmel, von Wiese, Gurvitch und mir selbst in Europa vorweggenommen worden sind, ist die Soziometrie im Sinne meiner Hypothese doch eine echt amerikanische Bewegung. Während sie in Europa abgeflaut war, entwickelte sie hier größte Produktivität. Mehr als irgendeine andere Abart der Gattung Mensch liebt der Amerikaner, einen Status in Zahlen auszudrücken; er ist der „homo metrum".

Spreche ich von der soziometrischen Bewegung, so beziehe ich mich auf die Soziometrie im weitesten Sinne und ihren in den letzten 20 Jahren direkt oder indirekt auf alle Zweige der Sozialwissenschaften ausgeübten Einfluß: Soziometrie unter den verschiedensten Bezeichnungen und mannigfaltigsten Modifikationen, wie group dynamics, action research, process and interaction analysis etc. a) Spontaneitätstheorie und Spontaneitätsbewertung, b) Theorie der zwischenmenschlichen Beziehungen und Handlungen, c) Revision der experimentellen Methode der Sozialwissenschaften, d) Messung zwischenmenschlicher Beziehungen und Gruppen, e) empirische und experimentelle Studien kleiner Gruppen,

f) Einführung der sozialen Mikroskopie und Mikrosoziologie, g) Einführung und Entwicklung sozialer Interaktionsforschung; Untersuchung sozialer Netzwerke und Verbindungen, h) allmähliches Entstehen einer experimentellen Soziologie, i) experimentelle Versuche mit der Rollentheorie unter den Namen Rollenspiel, Psychodrama und Soziodrama, j) experimentelle Spontaneitätsforschung.

Führende Soziologen stimmen in der Definition und Bewertung der Soziometrie weitgehend überein:

F. Stuart Chapin. „Soziometrie ist die mathematische Darstellung der psychischen und sozialen Strömungen innerhalb einer Bevölkerung, ermittelt durch experimentelle Verfahren und die Anwendung quantitativer Methoden. Diese Definition stammt von J.L. Moreno,[1] der die Bezeichnung hauptsächlich unter den Erforschern des menschlichen Verhaltens (human behavior) verbreitet hat. Gehen wir auf die Etymologie des Wortes zurück, so erweist es sich als eine Zusammensetzung des lateinischen socius – sozial und des lateinischen metrum oder griechischen metron – messen. Soziometrie würde demnach soziale Messung bedeuten."[2]

Read Bain. „Soziometrie ist und wird aller Voraussicht nach ein Terminus technicus bleiben, der sämtliche Messungen gesellschaftlicher und zwischenmenschlicher Verhältnisse bezeichnet."[3]

George A. Lundberg. „Es besteht kein Zweifel, daß die Allgemeinheit heutzutage das Wort „soziometrisch" auf Messungen sozialer Erscheinungen bezieht."[4]

Leopold von Wiese. „Wir betrachten die Soziometrie als eine Methode, die bei konsequenter und umfassender Anwendung unsere Wissenschaft vom Stand einer sozialwissenschaftlichen Astrologie auf die Höhe der Astronomie heben würde."[5]

Georges Gurvitch. „Die Originalität der Soziometrie beruht darauf, daß das Messen nur ein technisches, stark begrenztes Mittel zur Gewinnung eines besseren Verständnisses der qualitativen Beziehungen zum Sozius ist; diese Beziehungen werden gekennzeichnet durch ihre Spontaneität, ihr schöpferisches Element, ihre Verbundenheit mit dem Augenblick und ihre Eingliederung in einmalig konkrete Konfigurationen."[6]

Florian Znaniecki. „Die Soziometrie scheint das uralte Problem befriedigender gelöst zu haben als jeder andere Versuch, quantitative Methoden in die Sozialwissenschaften einzuführen; gemäß Morenos sinnvoller Bezeichnung opfert sie nicht den Sozius dem Metrum, den empirischen Inhalt sozialer Wirklichkeit keiner formellen Methode."[7]

[1] Moreno, J. L., „Psychological Organization of Groups in the Community." Boston 1933.
[2] Chapin, F. Stuart, Sociometry, 1940, Vol. 3, p. 245.
[3] Bain, Read, Sociometry, Vol. 6, 1943, p. 212.
[4] Lundberg, George A., Sociometry, Vol. 6, 1943 p. 219.
[5] Wiese, Leopold von, Kölner Zeitschrift für Soziologie, Jhrg. 1, Nr. 1. 1948/49.
[6] Gurvitch, Georges, Sociometry in France and the United States, 1949, p. 2.
[7] Znaniecki, Florian, Sociometry, Vol. 6, 1943, p. 227.

„Mathematik wurde auf sozialem Gebiet zuerst auf demographische Statistiken angewandt in der ursprünglichen Annahme, das menschliche Individuum sei ein letztlich unteilbares Wesen und kollektive Phänomene seien demzufolge nur eine Summe individueller Phänomene. Die Mehrzahl der Soziologen ist sich heute aber bewußt, daß das menschliche Individuum Mitglied eines Kollektivs und keine unabhängige Einheit ist. Die Hauptaufgabe mathematischer Methoden in der Soziologie ist die quantitative Analyse solcher Systeme und Prozesse. Die kürzliche Entwicklung der Soziometrie hat uns der endgültigen Beseitigung dieser alten Irrtumsquelle um einen Schritt näher gebracht. Soziometrie ist ein Forschungszweig mit großen, wenngleich bis jetzt nur teilweise verwirklichten Möglichkeiten.“[8]

Ernest Burgess. „Warum brauchen wir die Soziometrie, da doch schon Statistiken sich mit Messungen befassen? Als oberflächliche Antwort könnten wir sagen: Statistiken beziehen sich auf allgemeine Messungen, während die Soziometrie sich auf die Messung sozialer Phänomene beschränkt. Es wäre jedoch kein Anlaß zur Schaffung einer neuen Disziplin gegeben, wenn die Natur der sozialen Phänomene nicht selbst die Einführung besonderer Messungsmethoden erforderte. Betrachtet man die Gesellschaft entsprechend den Bevölkerungsstudien als Aggregat individueller Organismen, so ist kein Bedürfnis für Soziometrie vorhanden. Nehmen wir aber das Individuum und die Gruppen von Individuen als Gegenstand unserer Forschung, so ist die Analyse der zwischenmenschlichen Beziehungen und die Einführung von Messungsmethoden von größter Wichtigkeit.

Die Soziometrie unterscheidet sich weiterhin von der Statistik dadurch, daß sie alle möglichen, zum Verständnis des menschlichen Verhaltens notwendigen Messungen ausführt und sich nicht nur mit den für statistische Formeln wichtigen Messungen befaßt.“[9]

Bevor ich näher auf die historische und politische Bedeutung der soziometrischen Bewegung eingehe, möchte ich einige Fragen beantworten: 1. Was ist der Sinn der Soziometrie? 2. Warum wurde sie in den Vereinigten Staaten von Amerika ins Leben gerufen und nicht sonstwo, z. B. in Frankreich, Deutschland oder Sowjetrußland? 3. Warum fand sie in Amerika erfolgreiche Verbreitung?

1. Was ist der Sinn der Soziometrie? Die Doktrin der Spontaneität und der Kreativität ist Eckstein der Soziometrie. Sie hat eine experimentelle Methodologie geschaffen, die auf alle Sozialwissenschaften angewendet werden kann. Die soziometrische Revision der wissenschaftlichen Methoden besteht in der Verwandlung der Forschungsobjekte in teilnehmende und bewertende Aktoren; sie verleiht ihnen wissenschaftliche Autorität und schafft solide Grundlagen für die allmähliche Entstehung einer Gesellschaftswissenschaft. Eine Sozialwissenschaft

[8] Znaniecki, Florian, American Journal of Sociology, Vol. 50, No. 6, 1945.

[9] Burgess, E. W., Sociometry, Vol. 6, 1943, p. 223.

wird in dem Maße soziometrisch, in dem sie den Gruppenmitgliedern wissenschaftliche Bedeutung verleiht und ihre Handlungen zu messen vermag. Sie befaßt sich mit echten und prospektiven Gruppen und entwickelt auf wirkliche Lebenslagen anwendbare Methoden. Auf den dynamischen Charakter der Gruppen und Gruppenhandlungen legt sie ebenso großen Wert wie auf Messungen und Analyse. In ihren Anfangsstadien waren ihre Messungen ein einfaches Zählen, z. B. Zählen von Worten, Handlungen, Rollen, Wahlen und Abstoßungen, Schritten oder Dauer und Pausen beim Essen. Diese naive und oberflächliche Messungsform war der unerläßliche Ausgangspunkt der Einführung standardisierter und allgemeingültiger Einheiten.

2. Als die Soziometrie den amerikanischen Schauplatz betrat, herrschten hier drei mächtige Gedankenströmungen vor: Pragmatismus, fortschrittliche Erziehung und soziales Ingenieurwesen. Wichtiger aber ist, daß Amerika ein Commonwealth ist, in dem sich kleine Gruppen einer größeren Handlungsfreiheit erfreuen (oder sich zumindest zu jenem Zeitpunkt erfreuten) als in Frankreich, Deutschland oder Sowjetrußland. Es ist daher offenen, autonomen Experimenten mit kleinen Gruppen leichter zugänglich, entbehrt in negativer Hinsicht aber der tragenden religiösen und kulturellen Ideologien, wie Marxismus, Katholizismus oder Nationalismus, deren Macht, Wachstum und Ausdruck die Spontaneität kleiner Gruppen behindern könnten. Amerikas machtvolle politische Stellung verwandelte das Land nach dem ersten Weltkriege in eine allem Neuen geöffnete soziale Insel, die Menschen und Ideen aufnahm und fast bedenkenlos jedes soziale Experiment gestattete. Könnten wir die soziale Struktur der Nation kartographieren und in einem Soziogramm ihre positiven und negativen menschlichen Beziehungen, ihre Sympathien und Antipathien darstellen, so würden wir zahllose kleine Gruppen sehen, deren jede sich um einen eigenen Mittelpunkt bewegt und deren Verbindung mit anderen Gruppen in den meisten Fällen schwach und unzureichend ist. Infolge des dauernden Zustroms von Einwanderergruppen, die ungehindert durch zentrale Ideen einer Regierung oder Kultur die unbegrenzten Anfangsmöglichkeiten wahrnehmen konnten, wurde Amerika der natürliche Boden für die wechselnden und wandelbaren Handlungsexperimente und Methoden der Soziometrie. Die niedrige soziale Kohäsion der gesamten amerikanischen Nation mußte durch hohe Autonomie und Kohäsion ihrer Kleingruppen ausgeglichen werden. Im Gegensatz zu den Vereinigten Staaten von Amerika konnten sich einige Kulturzentren des europäischen Kontinents, z. B. Deutschland und Rußland, nur durch höchste Kohäsion ihrer sozialen Struktur und einem parallel laufenden Minimum an Freiheit konsolidieren – soziale Anarchie und Chaos waren ihre einzige Alternative. Es gelang diesen Völkern nicht, ihre sozialen Kräfte auf einer Mittelstufe zwischen den Extremen zu binden und trotzdem den kleinen Gruppen eine spontane und natürliche Entwicklung zu gewährleisten.

3. Die Soziometrie konnte in den Vereinigten Staaten so erfolgreich sein, da sie dem Bedürfnis einer allmählichen nationalen Kulturbildung entsprach. Ihre drei Hauptzweige, soziometrisches Experiment, Gruppenpsychotherapie und Psychodrama, sind Bindemittel für die einzelnen Teile. Sie ermöglichen die Umwandlung von Gebieten niedriger Kohäsion in Gebiete hoher Kohäsion, ohne dabei die Spontaneität und Freiheit der kleinen Gruppen preiszugeben. Die Kohäsion einer Gruppe wird an der Stärke der Zusammenarbeit und der gemeinsamen Handlungen gemessen, die von möglichst vielen Mitgliedern und Untergruppen im Sinne der Gruppe ausgeführt werden. Aller Wahrscheinlichkeit nach steigt und fällt der Kohäsionsgrad spontan wachsender Gesellschaften in proportionalem Verhältnis zu der Zahl der in ihr enthaltenen selbständigen kleinen Gruppen und der Zahl unabhängiger Zwecke (Kriterien), die der Untergruppenbildung zugrunde liegen. Da eine freie demokratische Gesellschaft leichter die Bildung vieler selbständiger kleiner Gruppen mit verschiedenartigen unabhängigen Zwecken duldet, ist ihre eigene Kohäsion oft niedrig.

Die historische Bedeutung der Soziometrie beruht auf ihrer Mittelstellung zwischen Soziologie und wissenschaftlichem Sozialismus. Falls man geneigt ist, mit der dialektischen Entwicklungsformel Hegels zu spielen, könnte man sagen, die Soziologie sei Thesis, die sozialistische Doktrin Antithesis und die Soziometrie Synthesis. Hierbei ist jeder Schritt ein Fortschritt. Soziologie wird Wissenschaft in gleichem Maß, in dem sie soziometrisch wird; dasselbe gilt auch für den revolutionären Sozialismus. Früher oder später werden die Soziologie mit den ihr zugehörigen Disziplinen und der revolutionäre Sozialismus konvergieren und sich auf einer neuen Ebene sozialer Einsicht, auf der soziometrischen Ebene, begegnen. Die systematische Entwicklung der Soziometrie sollte eine starke Annäherung und letztlich Einigung von Soziologie und wissenschaftlichem Sozialismus bewirken. Die universelle Anwendung allgemein anerkannter soziometrischer Methoden wird zur Lösung der zwischen kommunistischen und demokratischen Gesellschaften bestehenden internationalen Spannung beitragen. Mit der klassischen Soziologie teilt die Soziometrie eine Tendenz zur Ausarbeitung sozialer Systeme, die im wissenschaftlichen Sozialismus nicht in gleich starkem Maß vorhanden ist. Mit dem revolutionären Sozialismus hat sie die Idee der geplanten Handlung gemein, die in der Soziometrie allerdings auf streng experimentelle Grundlagen zurückgeht, anfänglich nur auf kleine Gruppen und erst mit wachsender Erfahrung auf größere Systeme angewendet wird. Durch das soziometrische Handlungsexperiment stellt die Soziometrie eine dialektische Verbindung zum wissenschaftlichen Sozialismus her und unterscheidet sich mit ihm von der Soziologie.

Im Sinne der dialektischen Theorie der Soziometrie wird die soeben ausgeführte Analyse in dem Grad an Richtigkeit verlieren, in dem der wissenschaftliche Sozialismus seine marxistischen Hypothesen unter soziometrischen Testbedingungen überprüfen und die Soziologie ihren Verfahren Handlungsexperimente eingliedern wird. Dies mag utopisch klingen; aber Ideen haben Mittel und Wege, sich von innen heraus durchzusetzen. In der Tat ist diese Analyse heutzutage schon weniger korrekt als vor 30 Jahren, als die Soziologie noch ganz in allgemeinen gedanklichen Systemen befangen war und trotz der Genialität ihrer theoretischen Annahmen nicht aus den Bibliotheken und Hörsälen in die soziale Wirklichkeit, das Ding an sich, trat. Sie war niemals „Soziologie aus dem Volk, für das Volk und durch das Volk".

Die Soziometrie mit ihren drei Zweigen, Soziodrama, Psychodrama und Gruppenpsychotherapie, hat sich nicht in einem Vakuum entwickelt. Generationen von Sozialphilosophen haben manche Hypothesen geahnt und vorweggenommen, die ich klarer formuliert und einem empirischen Test unterworfen habe. Ich gebe mich jedoch keinen falschen Vorstellungen über die Bedeutung meiner Person hin; denn ich bin mir bewußt, daß die Soziometrie auch ohne mich ins Leben gerufen worden wäre, genau wie die Soziologie in Frankreich auch ohne Comte und Proudhon und der Marxismus in Deutschland und Rußland ohne Marx entstanden wären.

EINLEITUNG ZUR ERSTEN DEUTSCHEN AUSGABE

Die historische Eigentümlichkeit der Soziometrie liegt darin, daß sie in einem deutschen Kulturkreis, in Österreich, ihren Ursprung genommen hat, von dort ausgewandert ist und nun, nach einer Abwesenheit von dreißig Jahren, als eine erwachsene, lebendige Wissenschaft an den Ort ihres Ursprungs zurückkehrt. Im Sturm und Drang des ersten Weltkriegs kam mir die Idee der Soziometrie als ein Weg zur Neuordnung der Gesellschaft zu Bewußtsein.

In einem Flüchtlingslager in Mittendorf bei Wien wurden damals Tiroler Bauern angesiedelt, die vor der herannahenden italienischen Armee geflüchtet waren. Ich erlebte in diesem Lager die Entstehung einer neuen Gemeinschaft und erkannte angesichts der sich dort entwickelnden sozialen Nöte die Sinnlosigkeit des großen Weltkriegs und der drohenden sozialen Revolutionen. Plötzlich wurde mir klar, daß von großzügigen Ideen und politischen Phantasien, die uns von einem Wirbel in den anderen stürzen, für die Menschheit nichts zu hoffen ist. Ich war überzeugt, daß ein neuer Anfang gemacht werden müßte und wir da beginnen müssen, wo alles beginnt: bei den Menschen selbst, bei den Beziehungen zwischen ihnen, und daß ein Maß für die wirklichen Verhältnisse gefunden werden muß. Es ist der Soziometrie gelungen, ein solches Maß zu entdecken.

Eine derartige Wissenschaft kann nicht auf dem Papier erfunden werden, sondern muß aus dem Leben selbst erwachsen und an ihm erprobt werden. Ich kam zu der Einsicht, daß große soziale Revolutionen irreführend und unfähig zur Erzeugung einer solchen Wissenschaft sind. Es schien mir im Gegenteil auf kleine, aber gründliche Versuche anzukommen. Ich unterbreitete im Jahre 1916 dem Innenministerium der Österreichisch-Ungarischen Monarchie einen Vorschlag zur soziometrischen Neuordnung einer kleinen Flüchtlingsgemeinschaft, fand aber kein Gehör. Später versuchte ich meine Ideen an anderer Stelle, unter Politikern, Dichtern und Gelehrten, zu verbreiten; aber auch sie brachten ihnen nur ein ungläubigmitleidiges Lächeln entgegen. Ich suchte einen Weg ins Freie und wanderte nach Amerika aus in der Hoffnung, dort einen günstigeren Boden für die Entfaltung dieser Ideen vorzufinden. Die Geschichte der soziometrischen Bewegung beweist, daß meine Intuition richtig war. Mehr als dreißig Jahre später kehrt heute die Soziometrie nach Deutschland und Europa zurück.

Als ich Europa im Jahre 1925 verließ, waren die großen sozialen Revolutionen im Aufstieg: der Kommunismus in Rußland, der Nationalsozialismus in Deutschland und der Faschismus in Italien. Heute sind alle sozialen Revolutionen zusammengebrochen. Sie haben alle versagt, zumindest in den Herzen der Menschen. Der Sieg der russischen Revolution kann nicht über die Tatsache hinwegtäuschen, daß ihre ursprünglichen Ziele aufgegeben worden sind und das Gebäude des gegenwärtigen Sowjetstaates ihnen nicht mehr entspricht. Das große soziale Chaos, in dem sich heute die europäischen Volksgemeinschaften befinden, machte die Situation reif für einen Weg des Lebens und eine Methode sozialer Verwirklichung, die mit einfachsten Mitteln zu arbeiten beginnt und nichts verspricht, da alle Resultate von der Teilnahme und Initiative der Gruppe selbst abhängen.

Wir müssen überall in Europa, besonders in den deutschen Ländern, jedem einzelnen Menschen die Möglichkeit geben, sich selbst und seinen unmittelbaren Angehörigen, Freunden und Nachbarn auf soziometrische Weise zu helfen. Dadurch geht nichts von den herrlichen Gütern der Menschheit verloren; denn alle Kultur- und Volkswerte sind in den kleinsten sozialen Zellen verankert. In Zeiten großer sozialer Wirren hängt alles von der Selbstbesinnung kleiner Gruppen ab.

Die Prinzipien der Wahrheitsliebe und Nächstenliebe, auf denen sich die Soziometrie aufbaut, sind uralt; neu sind lediglich ihre Methoden. Sie vermögen gleich Roentgenstrahlen ins Innere des sozialen Organismus zu dringen und Spannungen zwischen ethnischen, ökonomischen und religiösen Gruppen zu beleuchten. Sie zeigen uns z. B., daß in einem Dorf von 1000 Einwohnern der reichste Mann ein einsamer, von allen Seiten abgestoßener Mensch sein kann, während ein kleiner Händler in einer Seitengasse Mittelpunkt hunderter Gefühle der Zuneigung ist. Die Existenz solcher Verhältnisse war uns schon immer bewußt. Durch die soziometrische Methode können wir jedoch die allen Gruppenhandlungen zugrundeliegenden Gefühle aufdecken, mit mathematischer Genauigkeit messen und später im Sinne der Neuordnung lenken. Ist die soziometrische Geographie einer Gemeinschaft bildhaft klar geworden, so können viele soziale Spannungen durch Umgruppierungen gelöst werden.

Die Gemeinschaft kann aber auch zu andern soziometrischen Methoden, dem Rollenspiel und Soziodrama, greifen; Methoden, die ich vor dem ersten Weltkrieg in den Wiener Gärten mit Eltern und Kindern zu entwickeln begann. Beim Soziodrama kommen die betroffenen Gruppen zusammen, um ihre Probleme gemeinsam zu behandeln, z. B. die Einwanderung von Ostflüchtlingen in ein westdeutsches Dorf oder im Untergrund bestehende politische Probleme. Anstatt dieses Problem theoretisch zu behandeln oder einfach gehen zu lassen, machen sich die Teilnehmer daran, mittels dramatischen „Durchlebens" eine Lösung ihrer eigenen Lage herbeizuführen.

Soziometrische Methoden haben gemeinsam, daß sie sich allen Lebenslagen voll und ganz anpassen können. Die sozialen Probleme werden von innen heraus gelöst, nicht von Gesetzgebern und der Obrigkeit, sondern von den betroffenen Menschen selbst. Es bleibe dem Leser überlassen, sich vorzustellen, welche großen Möglichkeiten für das Verständnis gegenwärtiger Probleme und die Neuordnung Europas sich aus den soziometrischen Methoden ergeben.

J. L. Moreno

ERSTER TEIL

DAS SOZIOMETRISCHE SYSTEM

I. DIE SOZIALE UND ORGANISCHE EINHEIT DER MENSCHLICHEN GESELLSCHAFT

Ein wirklich therapeutisches Verfahren darf nichts weniger zum Objekt haben als die gesamte Menschheit. Es kann jedoch kein wirksames Heilmittel verschrieben werden, solange die Menschheit nicht als Einheit betrachtet wird und ihr innerer Aufbau nicht bekannt ist. Obwohl zu Beginn unserer Forschung kein gültiger Beweis vorlag, haben wir mit der Hypothese begonnen, daß die Menschheit eine soziale und organische Einheit sei. Nachdem wir dieses Prinzip als Richtlinie gewählt hatten, entwickelten sich daraus notwendigerweise andere Ideen. Angenommen, die ganze Menschheit stelle eine Einheit dar, so müssen Kräfte vorhanden sein, welche die einzelnen Teile zueinander in Beziehung setzen, und Kräfte, welche die einzelnen Teile verbinden und trennen. Ihre Wirkungen sind manchmal schädlich für die Gesamtheit, günstig für einzelne Teile, vorteilhaft für gewisse Teile, ungünstig für andere. In allen Beziehungen zwischen Individuen und Gruppen treten diese Kräfte – analog zu chemischen Affinitäten – als Anziehung und Abstoßung in Erscheinung. Anziehung und Abstoßung müssen daher als Kräfte angesehen werden, die im ganzen biologischen, sozialen und psychologischen Bereich wirksam sind. Ist dies der Fall, so müssen sie innerhalb dieser Gebiete erforscht werden können. Diese Anziehungen und Abstoßungen und ihre Ableitungsformen haben eine mehr oder weniger starke Wirkung, nicht nur auf unmittelbar beteiligte Individuen, sondern auch auf alle Teile dessen, was wir Menschheit nennen. Diese Kräfte, welche die einzelnen Teile zueinander in Beziehung setzen, müssen natürlichen Gesetzen unterliegen, die genau so fein differenziert sind wie andere Gesetze im übrigen Universum.

In diesem Buch werden stichhaltige Beweise gegeben, welche die Hypothese der strukturellen Einheit der Menschheit rechtfertigen, wie wandelbar und verschieden die äußeren Formen der menschlichen Gesellschaft in der Vergangenheit auch gewesen sein mögen. Es werden Kräfte und Strukturen aufgezeigt, die allen Formen der menschlichen Gesellschaft zugrunde liegen. Es wird geschlossen, daß sich die Menschheit in Raum und Zeit nach drei grundlegenden Gesetzen organisiert:

1. nach dem soziogenetischen Gesetz,
2. nach dem Gesetz der sozialen Gravitation,
3. nach dem Gesetz des soziodynamischen Effekts.

Nachdem der Beweis für die Hypothese der Einheit, oder besser der Einheitlichkeit der Menschheit in den Bereich der Möglichkeit gerückt war, resultierte daraus die Frage nach der Entstehung dieser Einheit, wie sie sich stufenweise entwickelt hatte. Eine engere Beziehung zwischen den Individuen muß in früheren Entwicklungsstadien bestanden haben. Wir können annehmen, daß in Ermangelung sozialer Organe, wie der Sprache, die Beziehungen zwischen den einzelnen Mitgliedern der Gruppe intimer gewesen sein müssen als in späteren Entwicklungsstadien. Zur Ergänzung primitiver Sprachen, ähnlich den Kindersprachen, müssen Methoden der Verständigung benützt worden sein, die der sinnlichen Realität und Verständigung nähergestanden haben. Die Menschheit muß daher durch zwei Stadien geschritten sein: zuerst durch das psycho-organische und dann durch das psycho-soziale Stadium, in dem wir uns immer noch befinden. Der Übergang von einem Stadium zum andern ist nur allmählich vor sich gegangen; das psycho-organische Stadium kann nie ganz vom psycho-sozialen Stadium verdrängt werden. Wir pflegen mit einer strengen Kausalität unseres physischen Körpers zu rechnen. Allmählich erkannten wir, daß wir uns auch psychisch schrittweise entwickeln. Doch wir haben uns noch nicht an den Gedanken gewöhnt, daß auch die gesamte Menschheit sich nach bestimmten Gesetzen entwickelt. Wenn aber solche Gesetze bestehen und erkannt werden können, dann ist es eine logische Konsequenz für den Menschen, sich ihnen anzupassen; therapeutische Maßnahmen müssen ihnen gemäß vorgenommen werden.

Das Christentum kann als die größte und genialste psychotherapeutische Methode angesehen werden, die jemals auf die Menschheit angewendet worden ist; und verglichen mit ihm ist die medizinische Psychotherapie bis jetzt von nur geringer Bedeutung gewesen. Man darf sagen, daß von Anfang an die Heilung der ganzen Menschheit das Ziel des Christentums gewesen ist, und daß es nie in seiner Absicht lag, nur für einzelne Individuen oder einzelne Gruppen da zu sein. Seit der Zeit seines Bestehens war es vielen Angriffen ausgesetzt, doch nie zuvor waren diese so heftig und überzeugend wie in den letzten hundert Jahren. Die eine gegnerische Richtung, wie sie besonders von Marx vertreten wurde, behauptete, daß das Christentum ein Werkzeug der kapitalistischen Klasse sei, Opium für das Volk, um dieses weiterhin unterdrückt zu halten. – Die andere Richtung, vertreten durch Nietzsche, behauptete, daß das Christentum eine feine Sublimationsmethode eingeführt habe, mit der es versuchte, die natürlichen Triebe des Menschen zu unterdrücken, daß aber dieser Sublimationsprozeß nie mehr als die Oberfläche verändert habe und daß die menschliche „Bestie“ bei jeder Gelegenheit wieder aus diesen Ketten ausbreche.

Marx hielt wenig von psychotherapeutischen Methoden. Er glaubte, psychische Prozesse seien eine Sache für sich, und er erwartete nur von der ökonomischen Seite eine Lösung der sozialen Frage. Aber Nietzsche proklamierte und Freud führte später in größerem Maßstab eine „negative" Sublimation ein, die auf der Analyse der psychischen Entwicklung aufgebaut war und eine Umkehrung der christlichen Sublimation bedeutete. Beide waren sich nicht bewußt, daß sie sich auf einer Nebenlinie eben dieser christlichen Doktrin fortbewegten, die sie zu überwinden suchten. Die wahre Überwindung der christlichen Sublimation kann nämlich nicht aus ihrer Analyse resultieren, sondern nur aus dem Fortschritt zu einem umfassenderen Prinzip, dem Prinzip der Spontaneität.

In Anbetracht dieser Tatsachen begannen wir über die Möglichkeit eines psychotherapeutischen Verfahrens nachzudenken, dessen Brennpunkt nicht in der Sublimationsidee liegt, das aber den Menschen in einen Zustand versetzt, der seiner spontanen Neigung entspricht und der ihm ermöglicht, sich Gruppen anzuschließen, für die er sich in spontaner Äußerung entscheidet. Dieser Zustand spricht den Menschen weder durch Suggestion noch durch konfessionelle Analyse an, sondern ermutigt ihn, auf der Ebene zu bleiben, zu der er in natürlicher Weise hintendiert. Dies ist ein Zustand, der, im Gegensatz zu den von manchen Sublimationstheoretikern angestrebten Zielen, nicht in erzwungener Weise die Entwicklung des Einzelnen und der Gruppe höher treibt als ihnen zukommt, sondern der sie auf jener Stufe beläßt, auf die sich ihr spontanes Streben richtet.

Wir entwickelten daher ein therapeutisches Verfahren, das die sozialen Gruppen und die in ihnen lebenden Personen in unsublimierter Lage beläßt, d. h. in einer Lage, die ihrem natürlichen Wachstum so gut wie möglich entspricht und die frei ist von jeder doktrinären Beeinflussung. Dieses Verfahren beruht auf Affinitäten zwischen den einzelnen Personen innerhalb der Gruppen und den daraus hervorgehenden sozialen Konfigurationen. Solche Konfigurationen können benützt werden als Leitlinien für die Klassifikation, Konstruktion und wenn möglich Rekonstruktion von kleinen Gruppen und größeren Gemeinschaften. Diese Konzeption schied uns von der Psychotherapie, in deren Absicht es liegt, den Einzelnen zu verändern oder seinen Normalzustand wiederherzustellen. Sie führte uns hingegen zu einer kollektiven Therapie, die es sich zur Aufgabe gemacht hat, den einzelnen Menschen unverändert zu lassen, d. h. ihn nur um so viel zu ändern, wie eine Neuorganisation seiner Gruppe dies als vorteilhaft erscheinen läßt.

Schließlich folgerten wir, daß der einzelne Mensch vor dem krankhaften Überschreiten der Grenzen seines Wachstums gesichert sei, sobald er einmal seinen Platz in der Gemeinschaft gefunden habe, und daß dann die Sublimation in veränderter Form wieder in Kraft treten dürfe. Dann ist sie nämlich eine Form aktiver Realisierung der Persönlichkeiten und der Gruppen, die sowohl produktiv als auch heilend wirkt: eine Art der Sublimation, die nicht aus der Analyse des vergangenen

Traumas hervorgeht, sondern aus der Förderung der Spontaneität des Einzelnen und der Gemeinschaft. Diese Förderung baut sich auf der Analyse unmittelbarer Gegenwartshandlungen auf.

II. DAS PRINZIP DER NATÜRLICHEN AUSLESE IM RAHMEN DER SOZIOMETRIE

Nachdem eine soziale Gruppe bis hinunter zu ihren sozialen „Atomen" gründlich analysiert worden war, stellten sich angesichts der in der Gruppe festgestellten Unausgeglichenheiten allgemeinere Fragen:

1. Müssen wir auf eine weniger differenzierte Gesellschaftsform zurückgehen, um einen Ausgangspunkt für ihre Neuorganisation zu finden und, falls dem so sein sollte, wie weit müssen wir zurückgehen?
2. Oder können wir die Unausgeglichenheiten im Vorwärtsschreiten überwinden, ohne den gegenwärtigen Fluß des Gesellschaftslebens aufzuhalten?
3. Welcher Gesellschaftstyp wird dann fortdauern, welcher soll weiterleben?

Darwins Hypothese der natürlichen Auslese postuliert, daß die der äußeren Umgebung am besten angepaßten Organismen den Existenzkampf überleben. Arten, die sich gut anpassen, haben Aussicht auf Fortbestand; Arten, die der Anpassung unfähig sind, fallen der Vernichtung anheim. Wer wird am Leben bleiben? Dies ist eine Frage, die bislang vom Gesichtspunkt der Biologen aus gestellt worden ist. Wir wiederholen diese Frage, jedoch vom Gesichtspunkt des Soziologen, oder genauer, vom Gesichtspunkt des Soziometristen aus. Welches sind die sozialen Gesetze einer natürlichen Auslese innerhalb einer Gesellschaftsordnung? Wer wird leben?

Diese Frage kann nur innerhalb einer Gesellschaft gestellt werden, die bedenkenlos einen beträchtlichen Betrag ihres menschlichen Elementes verschwendet, und zwar oft die anscheinend wertvollsten kulturellen Gruppen, wie das durch die Soziometrie überzeugend nachgewiesen worden ist. Demgegenüber wird diese Frage bedeutungslos in einer soziometrischen Gesellschaft, aus der niemand ausgestoßen werden kann und in der allen die Gelegenheit gegeben wird, entsprechend ihren besten Fähigkeiten am Gemeinschaftsleben teilzunehmen, d. h. am Leben zu bleiben. Für die weltumfassenden Manifestationen der natürlichen Auslese der Arten, wie sie Darwin beschreibt, ist ein direkter Beweis nicht oder nur schwierig zu erbringen, während wir mittels soziometrischer Methoden direkten Aufschluß darüber bekommen, wie eine natürliche Auslese stattfindet in unserer eigenen Mitte, in unserer eigenen Gesellschaft, in jedem Augenblick und an zahllosen Orten. Individuen und Gruppen werden aus sozialen Aggregaten, aus ihren materiellen Existenzbedingungen, von Liebe und Fortpflanzung, aus Arbeit und Familie ausgestoßen. In zahllosen kleinen Gruppen kann daher der Soziometrist den Prozeß der natürlichen „sozialen" Auslese wahrnehmen. In den Soziogrammen werden diese feinen Prozesse sichtbar gemacht.

In welchem Maße die „mikroskopischen" Gesetze, die wir entdeckten, mit den großen Entwicklungsgesetzen der Biologen übereinstimmen, soll hier nicht erörtert werden. Man kann sich jedoch gut vorstellen, daß die von der Evolutionstheorie angenommenen Entwicklungen letztlich auf diese feinsten sozialen Prozesse zurückgehen, falls diese im Rahmen einer langen Vergangenheit und einer fernen Zukunft gesehen werden.

Daher ist es wichtig zu wissen, ob es möglich ist, eine Gemeinschaft so zu organisieren, daß jedes ihrer Mitglieder eine freie Person ist, die voll und ganz an der Bildung der Kollektive beteiligt ist. Bei der Bildung einer solchen Gemeinschaft werden Individuen und Kollektive so aufeinander abgestimmt, daß eine harmonische, dauerhafte Vereinigung daraus entsteht.

Die Schwierigkeit begann, als wir jedem Einzelnen und jeder Gruppe volle Spontaneität erlaubten. Wir ließen, in voller Freiheit, „einen auf den andern los". Jeder war bestrebt, sein persönliches Glück zu verfolgen und seine Pläne zu verwirklichen. Wir konnten aus unseren Untersuchungen den Ursprung verschiedener psychologischer Strömungen erkennen, welche die Gemeinschaft durchfließen und in verschiedene Teile aufspalten. Angesichts der Disharmonien und des Zusammenprallens der spontanen sozialen Kräfte kamen wir wieder auf das Problem der Freiheit zurück.

Auf der Suche nach einer Lösung erinnerte ich mich eines ähnlichen Dilemmas, in dem ich mich befunden hatte, als ich vor Jahren versuchte, die geistige, emotionale und nervöse Konstitution des modernen Menschen einem Stegreiftheater anzupassen. Die Widersprüche, die dabei zutage traten, waren ungeheuer groß. Es handelte sich damals um die Organisation von Stegreifspielgruppen. Von den Teilnehmern solcher Gruppen wurde die größtmögliche spontane Aktion erwartet. Oft war die spontan-schöpferische Fähigkeit einer einzelnen Person hervorragend, solange sie allein spielte. Sobald sie aber mit einer anderen, auch aus dem Stegreif handelnden Gruppe zusammenspielen mußte, war im Spiel oft ein Mangel an Einheitlichkeit und Harmonie zu beobachten. Angesichts dieser Schwierigkeiten weigerten wir uns, auf starre dogmatische Spielformen zurückzugreifen; wir wollten unter allen Umständen das Prinzip der Spontaneität für die am Gruppentraining teilnehmenden Personen aufrechterhalten. Wir führten eine neue Arbeitsmethode ein, um die einzelnen Spieler in ihrem Versuch einer neuen spontanen Gruppenbildung zu unterstützen.

Später, als wir vor dem Problem standen, eine Gemeinschaft neu zu organisieren, erkannten wir sofort die Ähnlichkeit des Problems. Wir brauchten lediglich soziale Gruppen an die Stelle der Spielgruppen zu setzen. Wie wir im ersten Fall unter allen Umständen das Prinzip der Spontaneität aufrechterhalten wollten, so ging es uns jetzt im zweiten Fall um die Aufrechterhaltung des Prinzips der Freiheit für den Einzelnen und das Kollektiv. Genau wie im ersten Fall jeder Teilnehmer direkten Anteil hatte an Autorität, Lenkung und Darstellung des Stückes, so hatte im zweiten Fall jeder die Freiheit, alle Tätigkeiten mit seinen Gedanken zu erfüllen. Hier kamen wieder die Konflikte zwischen den Erwartungen der Individuen und der Kollektive zur Erscheinung. Wir sahen, daß Konflikte und Spannungen um so intensiver und mächtiger wurden, je größer die Gruppen waren. Eine psychologische Strömung wirkte der andern entgegen. Und wieder weigerten wir uns, auf alte dogmatische Formen zurückzugreifen. Wir führten eine Technik ein, eine Technik der Freiheit, die es möglich machte, die spontanen sozialen Kräfte aufeinander abzustimmen und dadurch die größtmögliche Harmonie und Einheit zu erzielen.

III. GEISTIGE HAUPTSTRÖMUNGEN DES 20. JAHRHUNDERTS UND DIE NEUORDNUNG DER GESELLSCHAFT

Im ersten Viertel des 20. Jahrhunderts entwickelten sich mehrere Hauptströmungen, die anscheinend in keiner Beziehung zueinander standen, aber unbewußt ein gemeinsames Ziel hatten. Die eine Strömung wurde durch *Bergson* in seinem Buch „Schöpferische Entwicklung" vertreten. Seine Auffassung der Evolution bedeutete gegenüber Spencer einen wirklichen Fortschritt, da sie den Menschen durch sein inneres Erleben zur Entwicklung des organischen Lebens in Beziehung setzte. Aber dieser „elan vital" an sich war ungenügend. Falls seine kreative Entwicklung der Wahrheit entspricht, erfordert er eine Demonstration, ein Weiterwirken im Bereich der Aktion, oder, wie wir es in der ersten Periode der soziometrischen Forschung formulierten, eine Entwicklung des „Schöpfers". Dies war die Ursache unseres Versuches, den „elan vital" in die Realität des Experimentes, in die Stegreifübung der spontanen Persönlichkeit überzuleiten. Das Experiment stellte uns vor die Aufgabe, eine Psychologie der Kreativität zu entwickeln, die Grenzen des Menschen als spontan kreatives Wesen festzustellen und Methoden der Spontaneität einzuführen, die ihn über diese Grenzen hinauszuheben vermögen.

Die zweite Strömung wurde von *Freud* vertreten. In dieser Epoche waren Psychiatrie und Psychologie mit allgemeinen Begriffen überladen. Psychoanalytische Methoden bedeuteten einen wirklichen Fortschritt. Statt der „Allmacht" des äußerlichen Eindrucks und der Beobachtung zu vertrauen, rief Freud den Patienten zur Hilfe; doch er führte diesen Schritt nicht bis zur letzten Konsequenz durch. Statt die ganze Persönlichkeit zur Mitarbeit aufzurufen, begnügte er sich mit einem Teil, mit der Person, die sich erinnert und auf das Trauma zurückschaut – à la recherche du temps perdu. Und so stand diese Methode, die zuerst ein Fortschritt war, schließlich einer weiteren Vorwärtsentwicklung wissenschaftlicher Forschung im Wege. Wir kehrten die psychoanalytischen Methoden um und verwandelten den Einzelnen von einem passiven Subjekt der Psychoanalyse in einen dynamischen, in spontaner Bewegung begriffenen Aktor. Anstatt sich nur mit der Erforschung der Vergangenheit zu befassen, werden die Gedanken des Menschen auf die Gegenwart und auf unmittelbares Schaffen gelenkt; an Stelle der sog. freien Assoziation, die auf den sprachlichen Ausdruck beschränkt ist, streben wir eine größere Freiheit der Persönlichkeit an, die sowohl die Aktion als auch die Bewegung einbezieht, d. h. die volle Entfaltung der Persönlichkeit bedeutet. Wenn andere Personen in den Handlungsverlauf verwickelt sind, werden auch diese Interaktionen in den Bereich freier Aktion einbezogen. Durch diese erweiterten Trainingsmethoden wurde die psychoanalytische Methode überwunden und kann nur als die Vorläuferin der Spontaneitätstherapie angesehen werden.

Eine dritte Strömung wurde von der Nancy-Schule, besonders durch *Bernheim* und *Liébeault*, entwickelt. Sie betrachtete die eine Person als Anregung der anderen, was allmählich zum Studium von Gruppen und Massen führte. Da sie ihr Hauptaugenmerk mehr auf die zwischenmenschlichen Beziehungen richtete, stellte sie einen Fortschritt dar. Russische Forscher begannen, die Gruppe als eine den Individuen übergeordnete Realität wahrzunehmen, als Kollektiv, und die Formen zu studieren, die sie unter verschiedenen Bedingungen annehmen würde. Je größer aber die Gruppe wurde, desto mehr wurden die Individuen zu *Symbolen* reduziert und ihre strukturellen Beziehungen zu unklaren Prozessen. Da sich diese Forscher auf der Oberfläche der Kollektive bewegten, konnten sie keine anderen Strukturen studieren als diejenigen, welche auf der Oberfläche erscheinen. Wir begegneten dieser Schwierigkeit mit einer Methode, welche die Kollektive von innen her studiert. Wir stellten uns selbst in die Gruppe hinein und riefen alle Mitglieder zur Teilnahme auf. Und als wir das Kollektiv von innen heraus studierten, wurde es uns endlich möglich, die wirkliche innere Organisation festzustellen.

Eine vierte Gedankenströmung hatte ihren Ursprung in der positiven Philosophie von *Comte* und wurde von *Le Play* und seinen Schülern fortgesetzt. Sein Studium der natürlichen Beschäftigungen, wie Jagd, Berg- und Ackerbau, Fischfang, Viehzucht und Holzgewerbe, gab den Hauptkonzeptionen Comtes eine konkrete Grundlage. Seine beobachtende Methode, die von seinen Schülern ausgearbeitet wurde, stellte den Menschen in innigem Kontakt mit der Natur und in Abhängigkeit von der unmittelbaren Umgebung dar. Aber sobald sie sich von ihrem ursprünglichen Objekt der Forschung, Mensch und Natur, d. h. von der Beobachtung der Wechselbeziehungen zwischen Mensch und Natur, entfernten, über die Betrachtung der ländlichen Bevölkerungen hinausgingen und sich dem Studium komplizierterer Verhältnisse, wie z. B. städtischer Bevölkerungen, zuwandten, genügten ihre Methoden nicht mehr. Der Mensch ist nicht nur durch die Ökologie der Natur bedingt, sondern auch durch die ihn umgebende Gesellschaft und ihre soziale Struktur. Die ökonomische Seite ist nur ein Teil dieser Struktur, welche die psycho-soziale Struktur der Gesellschaft überdeckt, die sich unter der Oberfläche befindet und schwierig zu ermitteln ist. Um hier einen Fortschritt zu bewirken, war eine andere Methode notwendig. Statt den Menschen in seiner physischen Umgebung zu sehen, haben wir das Studium der Gesellschaft von ihrem Zentrum aus begonnen. Strukturen und Einrichtungen, wie sie vom Menschen geschaffen worden sind, z. B. Familie, Schulen und dgl., mußten in ihrer innersten Gestaltung dargestellt werden. Dadurch wurde gleichzeitig ein geographisches und ein psycho-soziales Bild gegeben, die psycho-soziale Geographie einer Gemeinschaft.

Eine fünfte Gedankenströmung wurde durch die *marxistische Analyse* der Gesellschaft begründet. Sie betrachtet die ökonomisch-materialistischen Prozesse als die treibenden Kräfte der historischen Entwicklung und postuliert eine ökonomische Planwirtschaft für die gesamte Gesellschaft. Planwirtschaft war ein Fortschritt. Aber die stumme Basis dieser Planwirtschaft ist das Kollektiv, in dem das Individuum zum Symbol reduziert wird. Die Initiative und Spontaneität der Massen wie die des kleinen Mannes wird gelähmt; alle wirklichen Entscheidungen liegen in Händen der Autorität. Die Planwirtschaft versuchte sich zu entfalten, ohne dem Individuum und den Millionen sozio-atomistischer Strukturen als psychologischen Energieeinheiten Beachtung zu schenken, und wurde sich dabei nicht bewußt, daß die Gesellschaft ein lebendiger Komplex ist, der dauernd unter dem Einfluß psychologischer Strömungen und der von ihnen geformten Netzwerke steht. Oder besser gesagt: sie schenkte den psycho-sozialen Faktoren nur geringe Beachtung; sie suchte diese zu unterdrücken und zu denaturieren, ohne schwere Folgen davon zu erwarten. Im Verlaufe der sozialistischen Planwirtschaft, die versuchte, Menschen und Gesellschaft gemäß dem ökonomischen Kriterium zu dirigieren, stellten sich seltsame Mißstände ein, deren Ursache ein Rätsel blieb.

Schließlich trat eine sechste Strömung auf. Sie versuchte, den Menschen als Gattung durch *eugenische Maßnahmen* zu verbessern (Galton). Doch ist damit gemeint, das Verbesserungswerte zu verbessern oder das zu verbessern, was zufällig den Existenzkampf übersteht? „Who shall survive?" Wer wird am Leben bleiben? Wem gehört die Zukunft? Ist es der Stärkere oder der Kreative? Welche Typen des Menschen und welche Typen der Gesellschaft haben das größte Potential für die zukünftige Entwicklung?

Durch Synthese dieser sechs Strömungen wurde allmählich das Fundament für eine soziometrische und psycho-soziale Neuordnung der Gesellschaft gelegt.

IV. DIE DOKTRIN DER SPONTANEITÄT UND KREATIVITÄT

Spontaneität und Kreativität sind die Ecksteine der soziometrischen Begriffsbildung. Sie wurden durch die Soziometrie dem metaphysischen und philosophischen Bereich entnommen und mittels der soziometrischen Methode einem empirischen Test unterzogen. Die Einführung dieser beiden Begriffe ist der erste Schritt zu einem soziometrischen System.

Spontaneität und Kreativität stellen trotz ihrer intimen Verbindung zwei verschiedene Prinzipien dar. Die Spontaneität des Menschen kann seiner Kreativität diametral entgegengesetzt sein. Ein Individuum mit hoher Spontaneität kann ein völlig unschöpferischer Mensch, ein spontaner Irrer sein. Einem anderen Menschen mag es trotz großer Kreativität an Spontaneität fehlen; er ist „ein Schöpfer ohne Arme". Eine Ausnahme macht Gott. In ihm ist alle Spontaneität Kreativität geworden; bei ihm sind Spontaneität und Kreativität identisch. Zumindest in unserer Erlebniswelt treffen wir nie reine Spontaneität oder reine „Kulturkonserven" an. Beide stehen in einem funktionellen Abhängigkeitsverhältnis.

Das Universum ist unendliche Kreativität. Die sichtbare Definition der Kreativität ist das „Kind". Spontaneität an sich kann nie ein Kind gebären; aber sie ist ausschlaggebend für seine Geburt. Das Universum ist mit den Erzeugnissen spontan-kreativer Kräfte erfüllt, die a) sich in der Geburt und Erziehung Neugeborener auswirken, b) die Erschaffung neuer Kunstwerke (Kulturkonserven), neuer sozialer Institutionen (soziale Konserven und Stereotypen), neuer technischer Produkte, Roboter und Maschinen ermöglichen und c) der Errichtung neuer sozialer Ordnungen zugrunde liegen. Spontaneität löst in begabten Menschen kreative Kräfte aus. Außer dem großen Maler Michelangelo lebten noch viele Michelangelos, viele Beethovens außer dem großen Komponisten, manch ein Jesus außer Christus. Kreativität und kreative Ideen sind ihnen gemeinsam; aber sie unterscheiden sich durch ihre Spontaneität. In erfolgreichen Fällen ermöglicht sie ihrem Träger die volle Entfaltung seiner Anlagen, während bei mangelnder Spontaneität selbst ein Genie trotz all seiner Anlagen zum Scheitern verdammt ist. Solche Menschen leiden unter Störungen in der Aufschließung gegenüber der Umwelt. Kreativität ohne Spontaneität ist wirkungslos. Ihre Wirksamkeit wächst proportional mit der ihr zur Verfügung stehenden Spontaneität. Spontaneität ohne Kreativität ist ein zum Scheitern bestimmter Leerlauf. Spontaneität und Kreativität sind demzufolge Prinzipien verschiedener Kategorie. *Kreativität gehört in die Kategorie der Substanz – sie ist die Ursubstanz; Spontaneität gehört in die Kategorie der Katalysatoren – sie ist der Erzkatalysator.*

Das Schicksal einer Kultur wird von der Kreativität ihrer Träger bestimmt. Kreativität als wissenschaftlicher Begriff ist bis jetzt noch nicht eingeführt worden. Deshalb fehlt die Grundlage für die Beurteilung von Abweichungen. Sind die kreativen Funktionen der unentbehrlichsten Gruppe, der kreativen Einzelmenschen, von einer Krankheit befallen, so ist es von größter Wichtigkeit, das Prinzip der Schöpfungsfähigkeit neu zu definieren, um ihre perversen Formen mit der ursprünglichen Kreativität vergleichen zu können.

Manche Werke überdauern ihren Schöpfer und beherrschen das Kulturbild des Menschen. Dank eines konservierenden technischen Prozesses können sie fortbestehen. Diese „Konserven" können in Fleisch und Blut des kreativen Menschen eindringen und ihn, wie im Fall des Schauspielers, von innen heraus kontrollieren und zur steten Wiederholung des gleichen Inhalts zwingen oder sie schaffen Formen wie das Buch, das den kreativen Inhalt aufnimmt und für immer enthält. Wir können uns eine andere Kulturepoche vor ihrer Entstehung vorstellen – doch allen Formen kreativer Betätigung liegen „Kulturkonserven" irgendeiner Art zugrunde: die alphabetische Konserve, die Zahlenkonserve, die sprachliche Konserve und die Noten der Musik. Sie bestimmten die Formen unseres kreativen Ausdrucks. Einmal können sie als ordnende Kraft, ein andermal als Hindernis wirken. Es ist möglich, die kreative Lage jener Zeitepoche zu rekonstruieren, die den heute die Kultur beherrschenden Konserven vorausging. Der primitive Mensch („pre-conserve man"), der Mensch des ersten Universums, hatte keine Noten, mittels derer er die musikalischen Erlebnisse seines Geistes hätte ausdrücken können, kein Alphabet zur schriftlichen Niederlegung seiner Worte und Gedanken; es fehlten ihm auch die mathematischen Symbole, die später zur grundlegenden Sprache der Wissenschaft geworden sind.

Bevor er in dieser unartikulierten Masse von Tönen und Vokalen, aus denen sich später unsere Sprachen entwickelt haben, eine Wahl getroffen hatte, muß er eine andere Beziehung zum Schöpfungsakt gehabt haben als der moderne Mensch. Entfernen wir – wie wir es in unseren Experimenten ausgeführt haben – in einem Dekonservierungsprozeß eine Konserve nach der anderen, bis vom Aktor nur noch die nackte Persönlichkeit übrig bleibt, so bekommen wir ein besseres Verständnis für den primitiven Menschen. Geleitet von dem seinen Organismus durchdringenden Aufschließungsprozeß – isoliert im Raum, noch unspezialisiert und doch als Einheit handelnd – muß er die Visionen seines Geistes in seinem Mienenspiel, seinen Lauten und Bewegungen ausgedrückt haben. Eine Art Psychodrama mag gemeinsamer Nenner der verschiedenen Kulturkonserven gewesen sein, in die sich unsere Kultur allmählich hineinspezialisiert hat. Seine Lautäußerungen dienten zunächst als einfachstes Mittel dem Ausdruck seiner Lebensgefühle, entwickelten sich aber später zur phonetischen Substanz des ersten Alphabets, die überlebende Auswahl im Wettstreit der Laute. Ein Überbleibsel der ursprünglichen, von Konserven noch uneingeschränkten Psychodramamethode ist in der Entstehungsphase eines jeden individuellen Kunstwerkes zu finden. Inspirationen, die einen kreativen Menschen zur Erschaffung eines Kunstwerkes treiben, sind spontan. Je höher und origineller das Ziel eines genialen Menschen ist, um so mehr ist er gezwungen – gleich dem primitiven Menschen – seine eigene Persönlichkeit als Werkzeug und seine Umgebung als Rohmaterial zu benützen.

Charakteristisch für unsere ganze Kultur ist ihr Kampf mit den Kulturkonserven, der in vielen Fluchtversuchen vor den Konserven zum Ausdruck kommt. Diese Flucht aus einer konservierten Welt erscheint wie ein Rückkehrversuch ins verlorene Paradies, ins „erste" Universum, das allmählich durch das „zweite" Universum, unsere Welt von heute, überdeckt und ersetzt worden ist. Alle Kulturkonserven sind wahrscheinlich Endprodukte der gewaltigen Abstraktionen, die des Menschen Begriffsbildung hat durchmachen müssen in seinem Kampf um höhere Lebensformen. Dieser Abstrahierungsprozeß führte allmählich von der bildhaften Darstellung der Dinge zu den Buchstaben unseres Alphabets und zu den Zahlen der Arithmetik. Die allmähliche Abstrahierung und Differenzierung der Laute wurde die Voraussetzung unserer Musiknoten. Gemeinsam jedoch mußte dem Beethoven der noch nicht konservierten Kulturepoche und dem Beethoven unserer Zeit *die Spontaneitätslage seiner Kreativität* gewesen sein. Damals stand der schöpferische Mensch noch nicht unter dem verändernden Einfluß unserer Kulturen, war aber vielleicht gerade aus diesem Grunde kraftvoller, in seinen Erzeugnissen aber auch weniger artikuliert und geordnet.

Spontaneität wirkt in der Gegenwart, jetzt und hier; sie treibt den Einzelnen zu angemessenen Reaktionen auf eine neue Situation oder zu neuen Reaktionen auf eine alte Situation. Sie ist den polaren Gegensätzen „Automatismus - Reflexivität" und „Produktivität-Kreativität" strategisch verbunden. In ihrer Entwicklung ist sie älter als Libido, Gedächtnis oder Intelligenz. Obgleich universell und entwicklungsmäßig am ältesten, ist sie im Menschen doch die am schwächsten entwickelte Kraft und oft durch kulturelle Einrichtungen gehemmt und entmutigt. Ein großer Teil der menschlichen Psycho- und Soziopathologie kann der ungenügenden Entwicklung seiner Spontaneität zugeschrieben werden. Die Übung der Spontaneität ist daher das wichtigste Lehrfach und sollte in unseren Institutionen von allen Erziehern und Therapeuten verlangt werden. Ihre Aufgabe ist es, die Spontaneität ihrer Schüler zu wecken und zu steigern. Die Geburt ist nicht nur auf mechanische Kräfte zurückzuführen, sondern auch von der Spontaneität des Kindes beeinflußt. Während der Schwangerschaft wird es für die Geburt vorbereitet. Die Dauer der Gestation wird in erster Linie vom Genotyp des Fötus und nicht nur vom Zustand der Mutter bestimmt. Das Kind will geboren werden. Die Geburt ist ein urschöpferisches Geschehen. Sie ist nicht krankhaft, sondern gesund. Sie ist kein Trauma, sondern ein Sieg.

Der Platz des Spontaneitätsfaktors in einer allgemeinen Spontaneitätstheorie ist theoretisch von großer Wichtigkeit. Wirkt er nur in menschlichen Gruppen oder kann die Spontaneitätshypothese in gewissen Grenzen auch auf nicht-menschliche Gruppen und niedere Tiere und Pflanzen ausgedehnt werden? Wie kann die Existenz dieses Faktors mit der Idee, das Weltall unterliege einem mechanischen Gesetz, wie z. B. dem Gesetz von der Erhaltung der Energie, vereinbart werden? *Das Gesetz von der Erhaltung der Energie war das unbewußte Modell vieler sozialen und psychologischen Theorien des letzten Jahrhunderts*, wie der psychoanalytischen Libido-Theorie.

In Übereinstimmung mit diesem Gesetz dachte Freud, der sexuelle Impuls müsse, sofern er nicht durch sein unmittelbares Ziel befriedigt werde, seine Energie sonstwo verausgaben. Er müsse sich einem pathologischen Ort verhaften oder in der Sublimation einen Ausweg schaffen.

Wollen auch wir den Regeln des Energiegesetzes folgen und Spontaneität als eine Art Energie betrachten, so müssen wir annehmen, daß sie – sofern sie nicht in einer Richtung verausgabt werden kann – in eine andere Richtung fließt, um ihr Volumen und Gleichgewicht konstant zu erhalten. Wir müßten vermuten, daß das Individuum einen gewissen Betrag an Spontaneität aufgespeichert hat und ihn im Laufe seines Lebens verkleinern oder vergrößern kann wie etwa sein Guthaben auf einer Bank. Es würde gewissermaßen von seiner aufgespeicherten Spontaneität zehren, sie unter Umständen aber auch gänzlich aufbrauchen. Eine solche Auslegung ist jedoch der Spontaneitätsforschung zufolge unbefriedigend, zumindest im Hinblick auf die im Menschen wirkende Kreativität. Die folgende Theorie scheint den Tatsachen besser zu entsprechen:

Das Individuum verfügt nicht über aufgespeicherte Spontaneität im Sinne eines „gegebenen" Volumens oder Quantums. Seine Spontaneität wirkt wie ein „Katalysator" und ist in verschiedenen Bereitschaftsgraden von 0 bis zu einem Maximum vorhanden. In eine neue Situation versetzt, bleibt dem Individuum nichts anderes übrig, als seinem Spontaneitätsfaktor wie einer Laterne zu vertrauen, die es ihm ermöglicht, im Wirbel seiner Gefühle, Gedanken und Handlungen die passendste Wahl zu treffen. Den Anforderungen der unmittelbaren Lage oder Aufgabe entsprechend, muß manchmal mehr, manchmal weniger Spontaneität aufgewendet werden. Das Individuum muß imstande sein, nicht weniger als den unbedingt erforderlichen Betrag an Spontaneität zu erzeugen – andernfalls brauchte es ein „Reservoir“, dem es die notwendige Spontaneität entziehen könnte. Es darf aber auch nicht mehr Spontaneität entwickelt werden, als die Situation erfordert, da man sonst versucht ist, die überschüssige Spontaneität für zukünftige Aufgaben in einem Reservoir aufzuspeichern und zu konservieren. Auf diese Weise entsteht der circulus vitiosus, der eine Schwächung der Spontaneität und die Bildung von Kulturkonserven bewirkt. Spontaneität wirkt nur im Augenblick ihres Entstehens, so wie elektrisches Licht im Augenblick des Einschaltens einen ganzen Raum erleuchtet. Beim Ausschalten des Lichts ändert sich nichts an der grundlegenden Struktur des Zimmers, und trotzdem ist eine wesentliche Eigenschaft verschwunden.

Während der zweiten Hälfte des 19. Jahrhunderts wurde das Gesetz von der Erhaltung der Energie in vielen Lagern als allgemeines Axiom anerkannt. Manche Gelehrte betrachteten die Energie in all ihren Erscheinungsformen, als ob es sich um ein Glas voll Wasser handle. Fehlte Wasser im Glas, so konnte es nicht spurlos verschwunden sein. Es mußte aufgebraucht, verschüttet oder in ein anderes Äquivalent übergeführt worden sein. Sie nahmen an, daß das ursprüngliche Energievolumen in jeder Phase des Prozesses konstant geblieben sein müsse. Freud und seine Schüler spekulierten auf ähnliche Weise und nahmen die Konstanz der Libidoenergie an. Wird der Fluß der Libidoenergie unterbrochen und gehindert, sein Ziel zu erreichen, so muß die gestaute Energie andere Ventile finden, wie Aggression, Ersatz, Projektion, Regression oder Sublimation. Die Energietheorie schien vorteilhaft zu sein, da sie es dem Forscher ermöglichte, alle psychologischen Mechanismen auf ein gemeinsames Prinzip – die Libidoenergie – zurückzuführen. Die Einheitlichkeit und Allgemeingültigkeit der von ihnen gebotenen Erklärungen kam zu teuer zu stehen; denn innerhalb eines solchen geschlossenen psychologischen und sozialen Energiesystems wäre kein Platz für wirkliche Spontaneität. Wenn die Libidoenergie unter allen Bedingungen konstant bleiben sollte, müßten wir annehmen, daß das soziale und psychologische Universum einem absoluten Determinismus unterliegt. Eine Theorie, die es einem Faktor wie der Spontaneität nicht erlaubt, in *statu nascendi* zu wirken, muß die lange Kette der verursachenden Faktoren in eine endlose Vergangenheit ausdehnen und sich stets bemühen, eine Erklärung durch eine bessere zu ersetzen. Ihre Verallgemeinerungen führen auf der anderen Seite zu einer übertriebenen Vereinfachung der Interpretation und zu einer gefährlichen Trägheit, welche die Entwicklung neuer Lebens-, Forschungs- und Untersuchungsmethoden verhindern. Solange Spontaneität ein vager, mystisch geheiligter Begriff war, gelang es diesen starren

Systemen, sich fast kritiklos zu entfalten. Mit dem Auftauchen eines so kraftvollen, eindeutig erkennbaren und meßbaren Begriffs wie der Spontaneität, drehte sich der Wind zugunsten beweglicherer Systeme.

Der Doppelbegriff der Spontaneität und Kreativität verlieh der Soziometrie ihre Beweglichkeit. Diese Prinzipien sind keine Abstraktionen, sondern wirken in lebenden Menschen und ihren Beziehungen. Ihre Anwendung auf soziale Phänomene bewies, daß Menschen nicht mit Puppen verglichen werden können, sondern in verschiedenen Graden Initiative und Spontaneität ihr eigen nennen. Die soziale Struktur, die aus der Interaktion von zweieinhalb Milliarden Einzelmenschen hervorgeht, ist nicht zu übersehen. Sie ist nicht wie die geographische Gestalt der Erde gegeben, sondern wird in jedem Augenblick von individuellen und kollektiven Faktoren verändert. Falls sich das geistige und soziale Universum auf irgendeinem grundlegenden Prinzip aufbaut, so muß es der Doppelbegriff der Kreativität und Spontaneität sein, dessen Greifbarkeit ununterbrochen zum Ausdruck kommt im Verhältnis von Mensch zu Mensch, Mensch zu Gegenstand, Mensch zu Arbeit, Gesellschaft zu Gesellschaft und Gesellschaft zur gesamten Menschheit.

Die Erkenntnis, daß Spontaneität und Kreativität in unserem geistigen Universum wirken, veranlaßte uns, die Beseitigung oder Umformulierung aller zeitgenössischen, z. T. offen oder stillschweigend auf die psychoanalytische Doktrin zurückgehenden psychologischen und soziologischen Theorien zu befürworten, wie z. B. die Theorie der Hemmung, der Projektion, des Ersatzes und der Sublimation. Diese Theorien müssen umgearbeitet und mit dem Prinzip der Spontaneität und Kreativität in Einklang gebracht werden. In der Spontaneitätstheorie wird die Energie als organisiertes System psychologischer Kräfte nicht ganz aufgegeben. In der Form der Kulturkonserven tritt sie wieder in Erscheinung. Aber anstatt wie die Libido im Ausgangspunkt eines jeden Prozesses zu wirken, steht sie als Endprodukt am Schluß eines jeden Prozesses. In ihrer Relativität wird sie nicht als endgültige Form, sondern als ein *Zwischenprodukt* bewertet, das von Zeit zu Zeit umgeformt und von neuen Spontaneitätsfaktoren „aufgeladen" werden muß. Durch die Interaktion der drei Prinzipien Spontaneität, Kreativität und Kulturkonserven kann der Spontaneitätsfaktor in gewisser Hinsicht mit dem Gesetz von der Erhaltung der Energie vereinbart werden.

Das Universum ist unendliche Kreativität. Was aber ist Spontaneität? Ist sie eine unbekannte Form der Energie? Falls sie energieartig ist, muß ihr Charakter der Unkonservierbarkeit erhalten werden. Wir können daher zwischen a) konservierbarer und b) unkonservierbarer Energie unterscheiden. Konservierbare Energie ist eine Energieform, die in Konserven gespeichert werden kann; diese können aufgehoben und willkürlich zu verschiedenen Zeiten benützt werden. Ein ähnliches Verhältnis besteht zwischen einem Roboter und seinem Eigentümer: er braucht nur auf einen Knopf zu drücken, um den Mechanismus in Bewegung zu

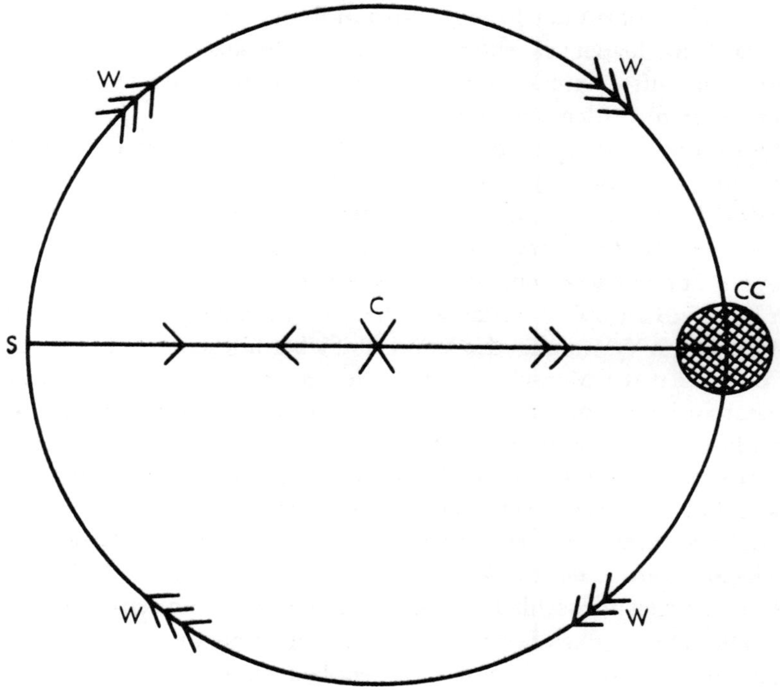

Abb. 1

Der Kanon der Kreativität
Spontaneität – Kreativität – Konserve

Das Feld der rotierenden Vorgänge zwischen Spontaneität, Kreativität und Kulturkonserven (S—C—CC)

S = Spontaneität, C = Kreativität, CC = Kultur- (oder eine andere Konserve, wie z. B. eine biologische, etwa der menschliche Organismus, eine kulturelle, etwa ein Buch, ein Gemälde oder ein Roboter, etwa eine Rechenmaschine); W = das „Aufwärmen", Handlungsausdruck der Spontaneität. Der Kreis stellt das Handlungsfeld zwischen S, C und CC dar.

I. Vorgang: Die Spontaneität erweckt Kreativität, C. S—>C

II. Vorgang: Die Kreativität nimmt Spontaneität auf. S<—C

III. Vorgang: Aus ihrer gegenseitigen Einwirkung entstehen Kulturkonserven. (CC) S—>C—>>CC.

IV. Vorgang: Die Konserven (CC) würden mehr und mehr aufspeichern, wenn sie nicht durch den Katalysator Spontaneität wieder aktiviert würden. CC—>>>S—>>>CC.

Die Spontaneität wirkt nicht im leeren Raum, sondern wirkt entweder auf die Kreativität oder die Konserven ein.

Gesamthandlung

Spontaneität – Kreativität – Belebungsvorgang < Aktor / Konserve setzen. Die andere Form der Energie wird in ihrem Entstehungsmoment verausgabt. Sie hat keine Dauer; sie entsteht, um sofort verausgabt zu werden; sie wird verausgabt, um entstehen zu können; sie gleicht dem Leben jener Tiere, die im Liebesakt geboren werden und sterben.

Die Behauptung, das Universum könne ohne speicherbare Energie nicht bestehen, ist eine Binsenwahrheit. *Wichtiger ist die Erkenntnis, daß ohne die andere, unkonservierbare Form der Energie – die Spontaneität – die Kreativität des Universums nicht ausgelöst und betätigt werden kann, daß also das Universum zu einem Stillstand käme.*

Nur wenig Spontaneität scheint im Universum vorhanden zu sein. Sollte dennoch ein Überfluß an Spontaneität bestehen, so steht dem Menschen nur ein geringer Bruchteil zur Verfügung, der kaum zur Sicherung seines zukünftigen Lebens genügt. Bisher hat der Mensch überdies alles getan, um die Entwicklung seiner Spontaneität zu hemmen. Mit einem unpassenden und noch ungeschulten Organismus wollte er sich nicht auf die Beweglichkeit und Unsicherheit des Augenblicks verlassen. Er begünstigte die Entwicklung der Intelligenz, des Gedächtnisses, sozialer, kultureller und technischer Konserven. Sie gaben ihm die gewünschte Stütze, machten ihn aber allmählich zum Sklaven seiner eigenen Krücken. Hat der Spontaneitäts-Kreativitätsprozeß eine bestimmte neurologische Lokalität, so hat diese die im ganzen menschlichen Nervensystem am schwächsten ausgebildete Funktion. Die Schwierigkeit besteht darin, daß man Spontaneität nicht aufspeichern kann. Man ist in einem bestimmten Augenblick entweder spontan oder nicht. Warum aber ist die Spontaneität so schwach entwickelt, da sie für den Menschen doch so große Bedeutung hat? Die Antwort lautet: *Der Mensch fürchtet die Spontaneität, genau wie sein Vorfahr im Urwald das Feuer gefürchtet hat; er fürchtete es, bis er lernte, selbst Feuer zu entzünden. Der Mensch wird seine Spontaneität so lange fürchten, bis er sie beherrschen und lenken lernt.*

Als am Ende des 19. Jahrhunderts die Bilanz gezogen wurde, betrachteten manche Köpfe die Idee des Unbewußten und seiner Kathexe als größte Errungenschaft der Sozial- und Geisteswissenschaften. Wenn das 20. Jahrhundert zur Neige geht, wird meines Erachtens die Idee der Spontaneität „und“ Kreativität in ihrer bedeutungsvollen Koppelung den Sieg davon tragen. Die Errungenschaften beider Jahrhunderte ergänzen sich gewissermaßen. Hat das 19. Jahrhundert nach dem niedersten Hauptnenner der Menschheit, dem Unbewußten, gesucht, so hat das 20. Jahrhundert als ihren höchsten Hauptnenner Spontaneität, Produktivität und Kreativität neu- oder wiederentdeckt.

V. DIE GRUNDLAGEN DER SOZIOMETRIE

Die Soziometrie erhebt den Anspruch, eine selbständige Wissenschaft zu sein. Sie ist die unentbehrliche Voraussetzung aller Sozialwissenschaften. Ohne den Blick aufs Ganze zu verlieren, ging sie vom Großen auf das Kleine, die sozialen Atome und Moleküle, zurück. Sie kann deshalb auch „Soziologie mikrodynamischer Vorgänge" genannt und auf jede beliebig große Gruppe angewendet werden. Im Laufe der Entwicklung der Soziometrie wurde die Untersuchung kleiner sozialer Aggregate im Gegensatz zum Studium großer Aggregate immer aufschlußreicher. Infolge dieser Entwicklung und der Forschungsergebnisse der Soziometrie hat es sich als notwendig und wünschenswert erwiesen, sie als selbständige Disziplin einzuführen und als die allen Sozialwissenschaften zugrundeliegende mikroskopische und mikrodynamische Wissenschaft zu betrachten. Sie zerfällt in zahlreiche Unterabteilungen, wie Mikrosoziologie, Mikroanthropologie, Mikroökonomie, Mikrosoziatrie und Mikroökologie. Keineswegs ist sie nur die schlagwortartige Bezeichnung eines besonderen Forschungszweiges oder einer einzelnen Methode. Obgleich sie sich gegenwärtig noch auf einer frühen Entwicklungsstufe befindet, können ihre potentiellen Möglichkeiten nicht mehr übersehen werden. Für den Fortschritt aller Sozialwissenschaften ist es wichtig, das Gebiet der Soziometrie zu umreißen und ihre Beziehung zu den anderen Sozialwissenschaften zu definieren. Ihre Grenzen, Objekte und Methoden sind bereits klarer zu erkennen als die der Soziologie und Anthropologie. Sie ersetzt nicht etwa Soziologie, Anthropologie und Ökonomie und greift auch nicht auf das Gebiet dieser Wissenschaften über, obgleich viele makroskopische Sozialwissenschaften vom Gesichtspunkt soziometrischer Forschung aus eine neue Interpretation erhalten. Die üblichen Definitionen der Soziologie als „Gesellschaftswissenschaft" und „Wissenschaft sozialer Phänomene" waren bis zu einem gewissen Grade haltbar. Durch die Entwicklung der Soziometrie ist jedoch eine Spaltung der Sozialwissenschaften in makroskopische und mikroskopische Sozialwissenschaften notwendig geworden. Vorher war für die Abweichung von Comtes Meinung, die Soziologie sei die einzige umfassende Gesellschaftswissenschaft, kein wirklicher Anlaß gegeben.

Das logisch-methodologische Argument Georg *Simmels* und Leopold *von Wieses* zugunsten einer Trennung der Soziologie als Wissenschaft der zwischenmenschlichen Beziehungen von den anderen sozialwissenschaftlichen Disziplinen, wie historischer Soziologie und Sozialphilosophie, war ein wertvoller Ordnungsversuch im Wirrwarr dieser Disziplinen. Die Aufteilung vollzog sich – bildlich gesprochen – aber nur im Oberstock und ließ das Fundament unberührt. Heute ist eine Aufteilung in vertikaler Richtung notwendig geworden. Für jede makroskopische Disziplin kann eine ergänzende mikroskopische Disziplin gefunden werden, wie Mikrosoziologie versus Makrosoziologie, Mikroanthropologie versus Makroanthropologie, Mikroökonomie versus Makroökonomie usw. Die letzte Instanz für eine so drastische Aufteilung ist ihre Bedeutung für die Forschung. In anderen Disziplinen haben sich Aufteilungen wie zwischen Anatomie und Histologie, Physik und Chemie als fruchtbar erwiesen. Durch eine Zusammenfassung aller mikrosozialen Wissenschaften wird der Forscher seine Hypothesenwahl und sein experimentelles Vorgehen konzentrieren und diesen Gebieten die systematische Aufmerksamkeit schenken, die sie verdienen.

Die alte Definition der Soziologie sollte daher einer neuen weichen, die mit dem tatsächlichen Bereich soziologischer Forschung besser übereinstimmt: „*Soziologie ist die wissenschaftliche Beschreibung und Messung makroskopischer Gesellschaftssysteme.*"

Der Widerstand, der in manchen Lagern der soziometrischen Theorie und Terminologie entgegengebracht wird, ist hauptsächlich Folge ihres Anspruchs, eine neue Wissenschaft zu sein. Dieser Anspruch wurde von der Soziometrie aber erst dann erhoben, als sie keine Möglichkeit mehr sah, die neuen Entdeckungen ohne Verlust an Klarheit und Ordnung dem alten Begriffssystem der Sozialwissenschaften einzuverleiben.

Sobald sich neue Begriffe aus neuer – empirischer und experimenteller – Beweisführung ergeben, widerspricht es dem Geist der Wissenschaft, aus Ehrfurcht vor der Tradition an veralteten und begrenzten Vorstellungen, Klassifikationen und Interpretationen festzuhalten. Was für neue Begriffe gilt, bezieht sich auch auf neue Terminologien; denn mit neuen Begriffen und neuem Beweismaterial stellen sich logischerweise auch neue Terminologien ein. Der Vorschlag akademischer Soziologen, die neuen Konstruktionen alten Bezeichnungen und Begriffen wie „sozialer Prozeß", „soziale Statik", „soziale Dynamik" usw. anzupassen, ist nicht leicht ausführbar. Eindeutig geprägte Termini begünstigen den Fortschritt einer neuen Disziplin und regen die Vorstellungskraft des Forschers an. Anders verhält es sich, wenn ein neuer Ausdruck, z. B. „Aktor" an Stelle eines alten Ausdrucks wie „Organismus" oder „Akt" an Stelle von „Verhalten" verwendet wird. In diesem Falle ist der Wechsel nicht berechtigt.

Dieses Verhalten ist nicht neu in der Geschichte der Wissenschaft. Es erinnert an die Zeit, da die Chemie als neue Disziplin in Erscheinung trat. Die charakteristischen Methoden der neuen Wissenschaft fanden allgemein raschen Anklang, während veraltete Interpretationen, wie die Phlogistontheorie, noch lange bevorzugt wurden. Auf ähnliche Weise wurde eine der größten Schwierigkeiten in der

Entwicklung der Soziometrie durch die rasche Übernahme ihrer Methoden und Verfahren und einen parallel laufenden, auf Unkenntnis aufgebauten Widerstand gegen ihre Theorien heraufbeschworen. Dieser Umstand hat sich nicht nur für die Formulierung wichtiger Hypothesen, sondern auch für die Verfeinerung ihrer Methoden als ungünstig erwiesen. Belustigt konnte man verfolgen, wie ungeheuer schnell soziometrische Methoden wie das Soziogramm, der soziometrische Test, Kleingruppenanalyse, Rollenspiel, Psychodrama und Soziodrama als gegebene Verfahren hingenommen wurden, während ihr theoretischer Hintergrund, die Begriffe des „Aktors in situ", des „anderen- oder Hilfsichs", der „Spontaneität" und „Kreativität", des „Tele", des „Anwärmungsprozesses", der „psychologischen Vermittlungsnetzwerke", des „soziodynamischen Effekts" u. a. m. allzu leicht genommen, ignoriert oder ohne Bezugnahme auf die Quelle in die Literatur geschmuggelt wurde. Dies wäre nicht so schlimm, wenn die Hypothesen sich unabhängig von soziometrischen Methoden entwickelt hätten. In Wirklichkeit aber ergaben sie sich aus dem empirisch ermittelten Material. Sie waren das Ergebnis strengen Denkens bei der Durcharbeitung des gesammelten Beweismaterials. Das neue System der Theorien und Begriffe ist nicht nur eine gute Voraussetzung für die Formulierung wichtiger Hypothesen, sondern bildet auch die Grundlagen für die sachgemäße Anwendung der Methoden und den Aufbau eines erfolgreichen Experiments.

Die Soziometrie ist in mancher Hinsicht eine klassifizierende Wissenschaft, in deren Rahmen Verallgemeinerungen auf Grund solcher Klassifikationen vorgenommen werden können. Geographie und Geologie sind andere Beispiele klassifizierender Wissenschaften; in Form der psychologischen Geographie und Soziographie finden sie ihr Gegenstück in der Soziometrie. Eines Tages wird die psychologische Geographie der menschlichen Bevölkerung unseres Planeten ohne Bezugnahme auf andere Kriterien gezeichnet werden. Sobald das ganze Problem als Einheit in Angriff genommen werden kann, werden sowohl die Beziehung zwischen Ursache und Wirkung als auch andere Beziehungen sichtbar werden. Dann wird kein Kriterium mehr ausgelassen werden und die experimentelle Beweisführung wird sich erübrigen.

Soziometrische Forschung beginnt, sobald wir in der Lage sind, die soziale Struktur als Ganzes und in ihren Teilen gleichzeitig zu untersuchen. Solange das Individuum mit seinen Beziehungen und seiner Anpassung an die Gruppe noch das Hauptproblem darstellte, war uns dies nicht möglich. Der Wendepunkt kam, sobald die soziale Struktur in ihrer Gesamtheit betrachtet werden konnte und gleichzeitig auch das Studium ihrer kleinsten Teile möglich wurde. Es gelang uns auf diese Weise, soziometrische Tatsachen zu beschreiben (beschreibende Soziometrie) und die Funktion jeder spezifischen Struktur, die Wirkung ihrer Teile aufeinander zu berücksichtigen (dynamische Soziometrie).

Betrachten wir die soziale Struktur einer Gemeinschaft als ein zu einem bestimmten Raume mit bestimmter physischer Geographie in Beziehung stehendes Ganzes und berücksichtigen wir ihre Hausgruppen, Schulen, Werkstätten und die Beziehungen ihrer Einwohner, so gelangen wir schließlich zur Vorstellung der soziometrischen Geographie einer Gemeinschaft. Betrachten wir die einzelnen Teile der Struktur, so gewahren wir die konkrete Stellung eines jeden Einzelnen und sehen, wie jeder von einem Beziehungskern umgeben ist, der bei dem einen ein größeres, beim anderen ein kleineres Volumen hat. Dieser Beziehungskern ist die kleinste soziale Struktur, ein *soziales Atom*. Für die beschreibende Soziometrie ist das soziale Atom in erster Linie eine Tatsache und nicht ein Begriff, genau wie für die Anatomie das System der Blutgefäße eine beschreibbare Tatsache ist. Konzeptuelle Bedeutung erhielt das soziale Atom, als das Studium seiner Entwicklung seine wichtige Funktion innerhalb der menschlichen Gesellschaft nachwies.

Während gewisse Teile dieser sozialen Atome an die beteiligten Individuen gebunden zu sein scheinen, stehen bestimmte Teile mit Teilen anderer sozialer Atome in Verbindung, die ihrerseits mit wieder anderen Atomen verknüpft sind. Auf diese Weise entstehen komplexe Beziehungsketten, die, gemäß der soziometrischen Ausdrucksweise, soziometrische Netzwerke genannt werden. Je ausgedehnter das Netzwerk ist, desto unbedeutender scheint der Beitrag des Einzelnen zu sein. Nach Auffassung der dynamischen Soziometrie schaffen diese Netzwerke die Grundlagen für alle sozialen Vermittlungs- und Verbindungssysteme und bewirken das allmähliche Entstehen der sozialen Tradition und der öffentlichen Meinung.

Schwieriger zu beschreiben ist der Prozeß, der den Anziehungen und Abstoßungen zwischen den Individuen zugrunde liegt. Dieser Gefühls- und Gedankenstrom ist offensichtlich die Substanz der sozialen Atome und sozialen Netzwerke.

Bislang haben wir uns gewohnheitsmäßig vorgestellt, daß Gefühle im Organismus des Individuums entstehen und sich mehr oder weniger intensiv auf Personen und Dinge seiner Umgebung richten. Unsere Denkgewohnheit führte uns nicht nur zu der Annahme, daß Gefühle ausschließlich im individuellen Organismus entstehen, sondern daß physische und geistige Zustände nach ihrem Entstehen für immer in diesem Organismus verharren. Die Gefühlsbeziehungen zu einer Person oder einem Objekt werden oft Fixierungen genannt und gewöhnlich als rein individuelle Projektionen betrachtet. Diese Auffassung steht im Einklang mit dem materialistischen Begriff von der Einheit des individuellen Organismus und seiner mikrokosmischen Selbständigkeit.

Die Hypothese, Gefühle oder Ideen könnten in den Organismus eintreten und ihn verlassen, scheint mit diesem materialistischen Begriff unvereinbar zu sein. Ansprüche der Parapsychologie wurden als wissenschaftlich unbewiesene Behauptungen leichtfertig übersehen. Dieser Widerstand gegen jeden Versuch, der die Einheit des Individuums zu widerlegen suchte, erwuchs unter anderem aus der Vorstellung, daß Gefühle und Ideen an eine *bestimmte Struktur*, in der sie entstehen, wirken und vergehen, gebunden seien. Denn wo würden sich diese Gefühle und Ideen nach Verlassen des Organismus aufhalten?

Durch unsere Entdeckung der dauerhaften Struktur sozialer Atome und Netzwerke und ihrer gesetzmäßigen Entwicklung konnten wir die Existenz extra-individueller Strukturen nachweisen – wahrscheinlich werden noch andere entdeckt werden können –, die diesem Fluß an Ideen und Gefühlen als Bett dienen. Diese Kanäle können als zweibahnige oder mehrbahnige Strukturen aufgefaßt werden. Einbahnige oder projizierte Gefühle haben in der Soziometrie keinen Sinn; denn alle Gefühle sind zwei- oder mehrseitige; sie müssen zumindest potentiell ergänzt werden. Die Bedeutung des wechselseitigen Charakters des Tele ist mittels soziometrischer Perzeptionstests nachgewiesen worden: ein Teil kann ohne den anderen nicht bestehen. Bis uns neue Erkenntnisse zur Änderung oder Verfeinerung unserer Begriffe zwingen, müssen wir annehmen, daß ein realer Prozeß im Leben des einen Menschen einem ähnlichen Prozeß im Leben eines anderen Menschen entspricht – und von diesem empfunden werden kann – und es unendlich viele dieser positiven, negativen und neutralen zwischenmenschlichen Empfindlichkeiten gibt. Zwischen zwei beliebigen Menschen kann potentiell ein Tele bestehen. Es kann wirkungslos bleiben, solange diese Individuen sich nicht begegnen oder durch gewisse Kanäle – wie die Netzwerke – ihre Gefühle und Ideen austauschen. Diese Distanz- oder Teleeffekte haben sich als komplexe soziometrische Strukturen herausgestellt, die von einer langen Individuenkette mit Gliedern ganz verschiedenartiger Empfindlichkeit für das gleiche Tele bewirkt werden.

Ein soziales Atom setzt sich demzufolge aus zahlreichen Telestrukturen zusammen. Soziale Atome sind ihrerseits Teile noch größerer Gebilde, der soziometrischen Netzwerke, die große Individuengruppen gemäß ihrer Telebeziehungen verbinden oder trennen. Die soziometrischen Netzwerke sind Teile einer nochmals größeren Einheit, der soziometrischen Geographie einer Gemeinschaft, und die Gemeinschaftsgeographie ist ein Teil der größten Konfiguration, der soziometrischen Gesamtheit der menschlichen Gesellschaft.

VI. DIE SOZIOMETRIE IN IHRER BEZIEHUNG ZU ANDEREN SOZIALWISSENSCHAFTEN

Die Soziometrie durchdringt alle Sozialwissenschaften, da sie sich mit sozialen Phänomenen in statu nascendi, vor ihrer Kristallisation in psychologische, soziologische, anthropologische oder ökonomische Erscheinungsformen befaßt. Dies bestreitet unter keinen Umständen die Selbständigkeit und Fruchtbarkeit dieser Disziplinen auf makroskopischem Gebiet, wo sich soziale Phänomene verschiedener Art eindeutig unterscheiden.

1. Soziometrie und Psychologie

Der Soziometrist vertritt die Ansicht, daß, solange wir als Experimentatoren die Antworten und benötigten Unterlagen dem einzelnen Individuum entnehmen, wir infolge unserer Nähe zum Individuum geneigt sind, das Tele als eine von einem Individuum auf andere Individuen und Objekte ausgehende „Substanz" zu betrachten. Dies ist korrekt auf psychologischem Gebiet, in der vorbereitenden Phase soziometrischer Forschung. Sobald wir jedoch diese Unterlagen auf die soziometrische Ebene übertragen und sie nicht nur einzeln, sondern in ihren Beziehungen und Verknüpfungen studieren, sehen wir uns aus wichtigen methodologischen Gründen veranlaßt, diesen Gefühlsstrom, Tele, als zwischenmenschliche oder genauer und umfassender als eine *soziometrische Struktur* zu betrachten.

2. Soziometrie und Soziologie

Das soziometrische Experiment baut sich nicht auf dem Interview oder der Fragebogenmethode auf (dies ist ein oft vorkommendes Mißverständnis); es ist eine Aktionsmethode, eine Aktionspraxis. Der soziometrische Forscher stellt den status nascendi in der Forschung dar. Als ein beteiligter Aktor steht er selbst mitten im Experiment. Er besteht darauf, mit der größten Intensität bei den materiellen Tatsachen der experimentellen Methode zu verharren und den logischen Teil nicht verfrüht in Angriff zu nehmen. Er versucht zu messen, was gemessen werden kann, zu bewerten, was bewertet werden kann; aber er unterläßt Messungen und Bewertungen als Selbstzweck.

Gemäß der soziometrischen Formulierung sind soziale Systeme Systeme der Anziehung, Abstoßung und Neutralität. Präferentialsysteme können mit den alten objektiven Untersuchungsmethoden, wie Beobachtungsmethode und statistische Methode, allein nicht erfolgreich untersucht werden. Die Methoden selbst und ihre besonderen Verfahren müssen einen Subjektivierungsprozeß durchlaufen, um einen Blick in die Tiefe der sozialen Prozesse zu ermöglichen und dem Forscher eine objektivere Beurteilung zu gestatten.

Diese neue soziometrische Objektivität verdankt viel den soziomikroskopischen Studien. Unter soziometrischen Konfigurationen verstehen wir nicht nur informelle kleine Gruppen, sondern die dynamischen sozialen Einheiten, die verschiedenen Konfigurationen der sozialen Atome, die Zusammenballung sozialer Atome zu größeren, für das menschliche Auge noch nicht wahrnehmbaren Molekülen, psychologische Netzwerke, die Verbindung psychologischer Netzwerke zu wahrnehmbaren Formationen und schließlich das Studium der Diaden, Dreiecke, Vierecke, Pentagone und Personenketten. Wir sind der Meinung, daß die Untersuchung dieser wichtigen atomaren Strukturen menschlicher Beziehungen die grundlegende und unentbehrliche Voraussetzung der meisten makroskopischen Untersuchungen ist.

3. Soziometrie und Anthropologie

Die wirklichen Data einer soziometrischen Anthropologie vergehen mit den Trägern eines bestimmten Kultursystems. Lebt das Kultursystem noch, so sollte es einer soziometrischen Untersuchung unterzogen werden, um die tatsächlichen in ihm waltenden dynamischen Prozesse zu erfassen. Ein soziometrisch orientierter Anthropologe würde sich beim Studium des Familiensystems einer bestimmten Kultur von zwei Haupthypothesen leiten lassen: erstens von der Existenz einer *informellen Gruppenstruktur*, welche die offizielle Familienstruktur wie eine Aura umgibt, zweitens von der Existenz *subfamiliärer* Formen sozialer Organisationen, von Gesellschaftsformen, die verschiedene Individuen und strukturelle Beziehungen umfassen, aber nicht unbedingt zur Kristallisation zu kommen brauchen.

Der Mikroanthropologe mag schließlich eine *allgemeine soziometrische Matrix* mit vielen, allen bekannten und potentiellen Familienassoziationen zugrunde liegenden Strukturen annehmen und sie als ein nicht unbedingt mit dem einen oder anderen Familientyp identisches Geflecht zahlreicher sozioatomarer und kulturatomarer Prozesse betrachten.

Ein interessantes Beispiel für soziometrische Anthropologie sei in folgendem gegeben: wir untersuchen Familienstrukturen zweier verschiedener Kulturen: Erstens in der islamitischen Kultur einen Harem, der zwölf Personen einer einzigen Familieneinheit umfaßt, zweitens in Amerika eine entsprechende Gruppe von zwölf Personen, die auf sechs Familien, mit jeweils zwei Personen, Mann und Frau, verteilt ist. Die offizielle Rollenstruktur der islamitischen Gruppe besteht aus dem männlichen Familienoberhaupt, sechs Frauen und fünf Dienern (Eunuchen). Die offiziellen institutionellen Strukturen der beiden Kultursysteme sind in struktureller Hinsicht infolge der verschiedenartigen Dynamik der Haremspolygamie im Vergleich zur amerikanischen Monogamie sehr verschieden. Jede dieser institutionellen Konfigurationen teilt den einzelnen Mitgliedern der beiden Systeme völlig verschiedene Rollen zu. Dem oberflächlichen Beobachter mag jedes der beiden Systeme einen beträchtlichen Grad an Stabilität und Konformität der offiziellen Gesellschaftsrollen aufzuweisen scheinen.

Die Anwendung soziometrischer Methoden auf die beiden verschiedenen Haushaltssysteme ergab folgendes, durch die beiden betreffenden Soziogramme illustriertes Resultat: Aus dem Soziogramm des Harems geht hervor, daß der männliche Haushaltsvorstand Mittelpunkt aller weiblichen Anziehungen ist. Aus dem amerikanischen Soziogramm geht hervor, daß, ähnlich dem Haushaltsvorstand des Harems, ein Mann im Brennpunkt aller weiblichen Anziehungen steht.

Hiermit ist bewiesen, daß zwei diametral entgegengesetzte Haushaltssysteme mit zwei äußerlich normalerweise völlig verschiedenen Konfigurationen identische soziometrische Strukturen hervorbringen können. Dieses Beispiel erklärt die soziometrische Matrix, die dem Forscher eine mikroskopisch orientierte Anthropologie enthüllen würde.

Die Soziometrie lenkte die Aufmerksamkeit des Psychologen, Soziologen und Anthropologen von primitiven sozialen Randsystemen zu den gegenwärtigen Gesellschaften hin, in denen sie sowohl aktive Teilnehmer als auch Beobachter sind. Die verantwortliche Domäne der Sozialwissenschaften muß eine Ausdehnung erfahren, um alle unmittelbaren und praktischen Strukturen und die Lenkung der gegenwärtigen menschlichen Gesellschaft auf allen Gebieten, von der physischen bis zur sozialen Ebene umfassen zu können. Diese Arbeit muß vielleicht einsetzen mit einer Säuberung unserer Forschungsstätten und Laboratorien und einer Konzentration unserer Bemühungen auf einige wenige strategisch wichtige Punkte. Die größte Schwäche der gegenwärtigen Gesellschaft ist die Unkenntnis ihrer eigenen Struktur, vor allem der Struktur kleiner örtlicher Gruppen, in denen der Mensch tatsächlich sein Leben verbringt. Heute ist die Zeit gekommen, da sich die Soziometrie von der geschlossenen in die offene Gemeinschaft begeben muß. Durch unmittelbare praktische Beweise für die Nützlichkeit soziometrischer Methoden kann das Vertrauen in die Wissenschaft wieder gewonnen und gefestigt werden. Die Wissenschaft kann auf diese Weise gerettet und im wahrsten Sinne des Wortes nutzbar gemacht werden. Mit Hilfe aller Menschen muß es uns möglich sein, eine neue, den höchsten Erwartungen unserer Zeit entsprechende soziale Ordnung zu schaffen. Dies ist der Sinn der dynamisch-revolutionären Soziometrie.

4. Soziometrie und Ökonomie

In diesem Zusammenhang sollen hier einige der zugrundeliegenden Faktoren der Wirtschaft besprochen werden: die Bedeutung der Naturschätze (n), die Genesis der Produktion und das Endprodukt (p).

Stark betont worden ist stets – besonders seitdem der Marxismus die Arena der Ökonomie betrat — die Frage: „Wem gehört das Endprodukt?".

Der Kapitalist sagt: „Es gehört mir; ich habe die Maschinen und die Rohstoffe gekauft; ich habe Leute angeworben und Löhne für ihre Arbeit bezahlt".

Die Arbeiter hingegen sagen: „Das Produkt gehört uns. Die Profite, die du gemacht hast, gehören uns – sie sind die Früchte unserer Arbeit. Die Maschinen, die du gekauft hast, sind durch die Arbeit unserer Arbeitskameraden gebaut – sie gehören ihnen. Keiner hat das Recht, diese Maschinen an dich zu verkaufen. Das ist glatter Raub: der Kaufkontrakt zwischen einem Kapitalisten und dem anderen ist (für uns) null und nichtig. Das Fabrikgebäude hier, es wurde von anderen Arbeitskollegen erbaut – von Rechts wegen gehört es ihnen und uns." Und so geht der Streit endlos fort.

Keine der beiden Parteien aber verweilt einen Augenblick, um sich zu besinnen und die tiefschürfendere Frage zu stellen: „Was geht ein in das Produkt außer der Arbeit?" Um diese Frage zu beantworten, müssen wir die Situation untersuchen, so wie sie sich vor der Produktion zeigt, und Ort und Status der Quellen bestimmen, denen jede Produktion entspringt.

Welche sind die Voraussetzungen der Güterproduktion? Erstens müssen Naturschätze vorhanden sein, die Berge, Flüsse, Mineralien in den Tiefen der Erde und die ungebändigten Elemente der Atmosphäre. Sie alle sind da, bevor sie von irgendwelcher Arbeit berührt, bevor sie noch von irgendwelchen Menschen entdeckt worden sind; sie würden auch ohne die lebende Menschheit da sein.

Nach den Naturschätzen kommen die „Schöpfer" der Produktion – die kreativen Ideen (c). Sie sind der Urquell aller technischen und gesellschaftlichen Erfindungen, aller Instrumente und Entwürfe, von der einfachen Blaupause bis zur umfassendsten Planung; ohne diese Ideen könnte kein Produktionsprozeß geplant werden. Ohne die kreativen Ideen würden die reichsten Naturschätze des Universums für alle Ewigkeit ungehoben und unangewendet bleiben.

Vor dem Produktionsbeginn muß aber noch ein anderer Faktor im Produktionsgang zugegen sein. Es ist die Spontaneität, jenes alldurchdringende plastische „Element", das unsere Vorstellung anzuregen beginnt, sobald Naturstoffe und schöpferische Ideen aufeinandertreffen.

Diese drei Phänomene: Naturstoffe – Kreativität (im Menschen) – Spontaneität – sind schon vorher da und bedingen den Arbeits- (oder Produktions-) Prozeß. Diese drei Faktoren gehören im Gegensatz zur menschlichen Arbeit der Allgemeinheit an.

Sie gehören *nicht* der Kapitalistenklasse; sie gehören *nicht* der Arbeiterklasse; sie gehören *nicht* irgendeinem besonderen Individuum oder irgendeiner besonderen Gruppe. Sie sind Universalia. Was der Arbeiter in den Produktionsprozeß eingehen läßt, ist seine Arbeit und die Zeit, die er auf die Arbeit verwendet.

$$n \pm c + s = u;\; l + g + t = h;\; u + h = p.$$

(n = Naturstoffe; c = Kreativität; s = Spontaneität; u = Universalia; l = Arbeit; g = Gruppe; t = Zeit; h = das Menschliche; p = Produkt.)

Indem er seine Analyse der Ware und des Produktionsprozesses auf den „Anteil, den die Arbeit in ihn eingehen läßt" beschränkte, ließ Marx – vielleicht unbewußt – jene tieferen Faktoren außer acht, ohne die der Arbeitsprozeß selbst nicht ablaufen kann. Sowohl der kapitalistische wie der marxistische Gesichtspunkt, soweit er den Arbeitsprozeß betrifft, sind *beide* bloße Ableitungen und Funktionen eines *universelleren* Systems kreativer Wirtschafts-Wissenschaft, „kreativer Ökonomie".

VII. SYSTEM, METHODE UND DEFINITION

1. *Sozionomie*

In der Sozionomie werden die auf Grund soziometrischer Untersuchungen erhaltenen Ergebnisse theoretisch behandelt und die Gesetze, denen die soziale Entwicklung und die sozialen Formen unterliegen, erforscht. Innerhalb des Systems der Sozionomie haben Kollektive wie Masse, Gemeinschaft, Klasse, Staat, Kirche u. a. m. ihren theoretischen Platz. Durch soziometrische Methoden ist es möglich, die Dynamik dieser allgemeinen Formen exakt zu erforschen. Gleich anderen Zweigen der Wissenschaft setzt die Sozionomie voraus, daß den Phänomenen, mit denen sie sich befaßt, eine natürliche Ordnung zugrunde liegt. Die Aktivität der Gruppen ist nicht ziellos oder nur vom Zufall abhängig. Wenn eine Gemeinschaft als Ganzes betrachtet wird, lassen sich in ihrer Konfiguration Regelmäßigkeiten erkennen. Es sind Tendenzen und Gesetze wahrnehmbar, die durch experimentelle und analytische Methoden erschlossen werden können.

2. *Soziometrie*

Definition: Die Soziometrie als ein Teil der Sozionomie befaßt sich mit dem mathematischen Studium psychologischer Eigenschaften der Bevölkerung, mit den experimentellen Methoden und den Ergebnissen, die aus der Anwendung quantitativer Prinzipien resultieren. Sie beginnt ihre Untersuchung mit der

Erforschung der Entwicklung und Organisation der Gruppe und der Stellung der Individuen in ihr. Eine ihrer Hauptaufgaben ist es, die Zahl und die Ausdehnung psychosozialer Strömungen, wie sie in der Bevölkerung verlaufen, zu ermitteln. Die alte Dichotomie: Qualitatives versus Quantitatives wird in der Soziometrie auf neuartige Weise gelöst. Das Qualitative ist im Quantitativen enthalten; es wird nicht vernichtet oder vergessen, sondern wo nur immer möglich als eine Einheit behandelt.

Meine erste Definition der Soziometrie stammt von der Etymologie des Wortes her, das eine lateinische und eine griechische Wurzel hat. Dabei wurde nicht nur die zweite Hälfte des Wortes, also „metrum", was Maß bedeutet, sinngemäß erfaßt, sondern auch die erste Hälfte des Ausdrucks, „sozius", was zu deutsch Mitmensch oder Gefährte heißt. Es schien mir, daß bis jetzt beide Prinzipien vernachlässigt worden waren; der Soziusaspekt wurde jedoch noch weniger einer tieferen Analyse unterzogen als der Metrumaspekt. Sogar in der Problemstellung wurde der Mitmensch nicht berücksichtigt. Was kann aber noch an der Gesellschaft untersucht werden, wenn den Individuen an sich und den Beziehungen zwischen ihnen nur in fragmentarischer, oberflächlicher Weise Beachtung geschenkt wird? Positiv ausgedrückt: Die Individuen selbst und die Beziehungen zwischen ihnen müssen in das Studium sozialer Situationen miteinbezogen werden.

Die Bezeichnung Soziometrie hat eine sprachliche Verwandtschaft zu anderen traditionellen wissenschaftlichen Bezeichnungen wie Biologie – Biometrie, Psychologie – Psychometrie, Anthropologie – Anthropometrie. Vom systematischen Gesichtspunkt aus kann man sagen: Die Soziometrie erforscht die Voraussetzungen und die gemeinsamen Grundlagen von Gebieten wie Soziologie, Anthropologie, soziale Psychologie und soziale Psychiatrie. Sie befaßt sich mit den elementarsten „Sozius-" und „metrischen" Problemen und Strukturen, die allen sozialen Wissenschaften gemein sind. In der Soziometrie haben sich drei Forschungszweige entwickelt:

a) die dynamische oder revolutionäre Soziometrie, die sich mit den in Aktion begriffenen Gruppen befaßt und sich um ihre Neuordnung bemüht;
b) die diagnostische Soziometrie, die sich mit der Klassifizierung sozialer Gruppen befaßt;
c) die mathematische Soziometrie.

VIII. DER SINN DER WISSENSCHAFT UND DIE HIERARCHIE DER WISSENSCHAFTEN

Diese Analyse befaßt sich mit der Stellung und Bedeutung der Wissenschaft an sich. Die Schaffung einer von der Metaphysik und Theologie unabhängigen „Superwissenschaft" ist ein Postulat unserer kritischen Vernunft. Eine solche Superwissenschaft hätte die Untersuchung der logischen Grenzen der Wissenschaft zur Aufgabe und dürfte unter keinen Umständen ihre Autorität schmälern. Die stete Bereitschaft zu Selbststudium und Selbstkritik sollte die vornehmste Eigenschaft der Wissenschaft sein.

Comtes Hierarchie der Wissenschaften: 1. Mathematik, 2. Astronomie, 3. Physik, 4. Chemie, 5. Biologie und 6. Soziologie ist veraltet. Seine Annahme, daß allen Wissenschaften dieselbe Methodologie zugrundegelegt werden könne, ist ein Irrtum. Die Sozialwissenschaften bedürfen zumindest in ihrer ausschlaggebenden Dimension anderer Untersuchungsmethoden. Der *„Status der Forschungsobjekte"* ist der springende Punkt in jeder Wissenschaft. Ihr Status ist in den verschiedenen Wissenschaften keineswegs einheitlich. In den Naturwissenschaften, wie der Astronomie, Physik, Chemie und Biologie, sind die Forschungsobjekte lediglich „Objekte". Ihr Verhalten spricht für sich, und die daraus gezogenen allgemeinen Schlüsse werden durch keine metaphysischen Proteste oder Revolutionen von Seiten der Objekte bedroht.

Die Sozialwissenschaften stellen einen anderen Wissenschaftstyp dar. Infolge der chronischen Trägheit ihrer Entwicklung wirft die Soziometrie die Frage auf: *Wie sind Sozialwissenschaften möglich?* Sie hat festgestellt, daß alle Sozialwissenschaften, wie Psychologie, Soziologie und Anthropologie, *einen selbständigen Forschungsstatus* für ihre Objekte beanspruchen, daß ihnen bis zu einem bestimmten Grade wissenschaftliche Autorität zugemessen werden muß, um die Stellung dieser Wissenschaften von Pseudodisziplinen zu einer Wissenschaft zu erheben, die auf der höchsten Stufe der wirklichen Dynamik ihres Materials operiert. Dieses Ziel wird dadurch erreicht, daß die Forschungsobjekte nicht nur als Objekte, sondern als *Forschungsaktoren*, nicht nur als Beobachtungsobjekte, sondern als kreative Mitforscher und Mitarbeiter am beabsichtigten Experiment teilnehmen können.

Der Unterschied zwischen dem „Organismus-in-der-Umgebung" und dem „Aktor in situ" ist wichtig aus folgenden Gründen: Der „homo metrum" teilt die Klassifikation „Organismus" mit allen Forschungsobjekten, die den Methoden der Beobachtung, des Experiments, des Vergleichs und historischen Studiums unterworfen werden können. Aber als Aktor in situ steht er in den Sozialwissenschaften einzig da, weil die neuen Methoden ihm erlauben, sein *eigenes* Experiment zu gestalten und Schlüsse daraus zu ziehen, die der Erweiterung seiner Erkenntnisse über die *eigene* Gesellschaft dienen.

IX. THEORETISCHE VORAUSSETZUNGEN DER SOZIOMETRIE

Jeder Zweig der Wissenschaft befaßt sich irgendwie auch mit Tatsachenkomplexen und ihrer Messung. Der erste Schritt zur Entwicklung jeder Form der Wissenschaft besteht in der Herbeiführung der Umstände, unter denen die bedeutsamen Phänomene auftreten. Die Methoden, die dabei verwendet werden, ändern sich von Gebiet zu Gebiet. Es ist allgemein bekannt, wie man die Gegebenheiten schafft, unter denen physikalische und biologische Phänomene auftreten. Aber es ist weit schwieriger, die Umstände zu schaffen, unter denen die wesentlichen Erscheinungen menschlicher Beziehungen auftreten. Es bedarf einer radikalen Änderung des Verfahrens. Die Ursachen der großen Verschiedenheit zwischen den vorbereitenden Prozessen physikalischer und sozialer Forschung ist nicht ohne weiteres ersichtlich. Da sich die Physik mit unbeseelten Gegenständen befaßt, wird das Hauptgewicht auf die Untersuchung der mechanisch-physikalischen Seite eines Zustandes gelegt. Wir erwarten nicht, daß Objekte wie Steine, Wasser, Feuer, Erde oder Planeten, Sonnen und Sterne sich am Studium ihrer selbst beteiligen. Außer in Mythologien schreiben wir ihnen keine Persönlichkeit oder Seele zu; zumindest tun wir es heute nicht mehr. Daher fallen die metaphysischen Beziehungen, die zwischen Planeten und Sternen als beseelten mythologischen Wesen bestehen mögen, nicht in das Gebiet der Physik. Das Problem ändert sich nur wenig, wenn wir auf das Studium nichtmenschlicher Organismen übergehen, z. B. in Experimenten mit Ratten, Meerschweinchen und dergleichen. Der soziale Experimentator, der das Experiment ausführt und die Ergebnisse interpretiert, ist ein Mensch und nicht ein Meerschwein oder eine Ratte. Ratten und Meerschweinchen beteiligen sich nicht an der Konstruktion des Experimentes, als kreative Aktoren in ihrer Wirkungssphäre. Solche experimentelle Verfahren sind in all ihren Phasen von Menschen bestimmt und verdanken ihre Entstehung und Durchführung weder Ratten noch Meerschweinchen. Wenn ein dichterischer Geist à la Swift beschriebe, welche Gefühle Ratten füreinander haben und was die an ihnen ausgeführten Experimente für sie bedeuten, könnten wir uns mit unserer Phantasie zwar eine Vorstellung davon machen; sie bliebe aber außerhalb unseres wissenschaftlichen Begriffsvermögens. Man könnte sagen, wir versuchen das Verhalten der Ratten zu messen, so wie es „ist“ und nicht wie es von den Ratten selbst erlebt wird. Dies ändert jedoch nicht die methodischen Schwierigkeiten, auf die wir stoßen, wenn wir die gleichen Beobachtungsmethoden bei der Untersuchung menschlicher Beziehungen anwenden. Bei der Betrachtung tierischer Gesellschaften kann man den Standpunkt vertreten, daß sie wie der einzelne tierische Organismus gegeben und vorherbestimmt sind. Die menschliche Gesellschaft aber ist nicht in automatischer Weise gegeben oder vorherbestimmt. Obgleich sie stark von physikalischen und biologischen Faktoren bestimmt ist, weist sie eine Struktur auf, deren Ursprung und Entwicklung teilweise vom Menschen bestimmt und von innen heraus studiert werden kann.

Die innere konkrete Struktur einer Gruppe ist nur in seltenen Augenblicken auf der Oberfläche der sozialen Interaktionen sichtbar. Und wenn dies wirklich einmal der Fall ist, weiß niemand mit Sicherheit, daß die Oberflächenstruktur der Tiefenstruktur genau entspricht. Um Bedingungen zu schaffen, unter denen diese Tiefenstruktur sichtbar wird, müssen die Organismen der Gruppe in Tätigkeit gesetzt und in Aktoren verwandelt werden. Sie müssen zur Zeit des Testes im Begriffe sein, sich auf ein gemeinsames Ziel hinzubewegen und ein gemeinsames Problem zu lösen, je nachdem welches Kriterium ihre sozialen Entscheidungen motiviert. Die äußere Umgebung muß in eine spezifische aktionserfüllte Situation verwandelt werden, die an sich schon eine Provokation zur Tat darstellt. Da selbst unsere gewissenhaftesten Beobachtungen der Interaktionen unvollständig, bedeutungslos oder nutzlos für die Aktoren sein können, müssen wir unsere Aktoren dazu bringen, wie im wirklichen Leben zu handeln, und wir müssen sie veranlassen, uns die Beschreibung ihrer eigenen Erlebnisse zu geben. Der Organismus in der Umgebung wird zum „Aktor in situ“.

X. KATEGORIEN DER SOZIOMETRISCHEN FORSCHUNG

Durch die Mannigfaltigkeit der Kategorien herrscht in der soziometrischen Forschung manche Unklarheit. Die Erlebnisse, Gefühle, Wahlen und Entscheidungen der Individuen, die in sozialen Aggregaten leben, sind Tatsachenkomplexe, auf die wir bezugnehmen; sie sind psychologische Kategorien. Die sozialen Einrichtungen, an denen diese Aggregate teilhaben – wie z. B. Familie, Kirche, Industrie – sind eine zweite Gruppe von Fakten, auf die wir bezugnehmen; sie verkörpern soziologische Kategorien. In ähnlicher Weise können wir kulturelle, ökologische, biologische und andere Kategorien unterscheiden, die ebenfalls einen Teil der sozialen Organisation ausmachen; aber gewissenhafte methodische Untersuchungen ergaben, daß keiner dieser Tatsachenkomplexe getrennt von den anderen bestehen kann; sie sind Abstraktionen wissenschaftlicher Denkweise. Die zu diesen Gebieten gehörenden Tatsachenkomplexe sind nur rohe, vorbereitende Materialien, aber keine *soziometrischen* Tatsachen. Um den Charakter soziometrischer Data zu erwerben, müssen sie in einen neuen Zusammenhang versetzt – z. B. in ein Soziogramm, eine soziometrische Geographie oder in das Rollendiagramm einer Gemeinschaft – und innerhalb dieses Zusammenhangs analysiert werden. Die einzige Kategorie, die wirklich volle soziometrische Gültigkeit hat, ist daher das ganze lebendige soziale Aggregat, das Compositum aller individuellen und symbolischen Repräsentanten, zu dessen Bildung alle vorher erwähnten Kategorien ihren Beitrag liefern.

Es kann nicht geleugnet werden, daß die sozialen Konfigurationen, wie sie in unseren Soziogrammen dargestellt werden, elementar und grob in der Darstellung sind im Vergleich zu den komplexen Beziehungen, Rhythmen und Tempi, die in einem lebendigen sozialen Aggregat wirksam sind. Durch die Einführung neuer soziometrischer Untersuchungsmethoden und die Verbesserung der gegenwärtigen Mittel werden die feineren und reiferen Prozesse, die sich innerhalb der sozialen Aggregate abspielen, wie das ökonomische, das religiöse und das kulturelle Milieu, mehr und mehr verständlich werden. Wir behaupten, daß diese Komplexe: Ökonomie, Religion, Kultur – was auch immer die Logik ihrer Existenz sein mag – nicht so unpersönlich sein können, daß es ihnen möglich wäre, unabhängig von der Gesellschaft zu existieren, innerhalb derer die Menschen leben, denken und handeln. Obgleich die Interaktionen recht schwierig zu verfolgende Prozesse sind, müssen sie innerhalb der lebendigen sozialen Aggregate zum Ausdruck kommen. Die soziometrische Arbeit strebt die Erkenntnis dieser innig verknüpften und reifen Konfigurationen an. Daher ist das Objekt der soziometrischen Forschung nicht eine einzelne Reihe von Tatsachen, z. B. eine Reihe kultureller oder biologischer Zusammenhänge, sondern die gesamte Konfiguration, in die sie verwickelt sind.

Die Soziometrie lehrt, die menschliche Gesellschaft nicht als eine Fiktion, sondern als eine machtvolle Realität zu betrachten. Sie wird von eigenen Regeln und Gesetzen bestimmt, die erheblich abweichen von anderen Gesetzen und Ordnungen im übrigen Universum. Sie hat deshalb die sogenannten soziometrischen Methoden eingeführt, mittels derer die Gesellschaft in befriedigender Weise definiert und erforscht werden kann. In diesem Buch werden mehrere originale Methoden der Soziometrie dargestellt: der soziometrische Test, der Test des emotionalen Ausdehnungsvermögens, der Bekanntschaftstest, der Spontaneitätstest, der

Rollenspieltest und Methoden, die sich mit der Erforschung der Interaktionen in kleinen Gruppen befassen. Wir sehen voraus, daß infolge der großen Ausdehnungskraft und des universellen Charakters der grundlegenden Methodologie im Laufe der Zeit weitere soziometrische Methoden entwickelt werden. Der soziometrische Test wird in diesem Buch eingehender beschrieben als die anderen Tests. Dies soll aber keineswegs zur Annahme führen, daß er alle Fragen beantworte oder der wesentlichste sei. Er ist nur ein günstiger Ausgangspunkt für die eingehendere Erforschung der Gruppenstrukturen.

XI. DER SOZIOMETRISCHE TEST

Der soziometrische Test ist ein Mittel, um die Organisation sozialer Gruppen zu messen. Im soziometrischen Test werden die Individuen einer Gruppe aufgefordert, andere Individuen ihrer eigenen oder einer anderen Gruppe zu wählen. Es wird von ihnen erwartet, daß sie die Wahl ohne Hemmung durchführen und keine Rücksicht darauf nehmen, ob die gewählten Personen zu ihrer eigenen Gruppe gehören oder nicht. Der soziometrische Test ist eine Methode der Erforschung sozialer Strukturen durch Messen der Anziehungen und Abstoßungen, die zwischen den Angehörigen einer Gruppe bestehen. Im Bereiche der menschlichen Beziehungen werden engere Bezeichnungen verwendet wie „Wahl“ und „Abneigung“. Die umfassenderen Bezeichnungen wie Anziehung und Abstoßung gehen über die menschliche Sphäre hinaus und weisen darauf hin, daß auch in allen nichtmenschlichen Gesellschaften, wie z. B. in tierischen Gruppen, analoge Konfigurationen existieren. Der soziometrische Test wurde in Familien- und Heimgruppen, in Schul- und Arbeitsgruppen ausgeführt. Er bestimmt die Stellung einer jeden Person innerhalb der Gruppe, der sie angehört, d. h. in der sie lebt oder arbeitet. Dabei zeigte sich, daß die in einer Gruppe bestehenden psychischen Strukturen weit von ihren sozialen Erscheinungsformen abweichen. Diese Gruppenstrukturen variieren in direkter Abhängigkeit von der Altersstufe der Mitglieder der betreffenden Gruppe. Außerdem stellte sich heraus, daß verschiedene Kriterien oft verschiedenartige Gruppierungen derselben Individuen hervorrufen. Gruppen mit verschiedenen Funktionen, wie z. B. Heim- und Arbeitsgruppen, tendieren zur Bildung verschiedenartiger Strukturen. Wir stellten fest, daß die Mitglieder einer Gruppe sich oft anders gruppieren würden, wenn es in ihrer Macht stünde. Solche spontanen Gruppen und die Art, in der die Einzelnen in ihnen handeln oder zu handeln beabsichtigen, haben eine bestimmte Wirkung auf das Verhalten der Individuen und der Gruppe als Ganzes. Wir erkannten, daß Gruppierungsformen, die spontanen Gruppen von autoritärer Seite aus aufoktroyiert worden waren, eine Quelle verschiedener Zwistigkeiten darstellten. Es stellte sich außerdem heraus, daß die in freien Wahlen zur Äußerung kommenden Beziehungen oft stark von den aktuellen zwischenmenschlichen Beziehungen abweichen. Daher kann die Stellung eines Individuums nicht voll erkannt werden, wenn nicht alle Personen und Gruppen, zu denen es in emotionaler oder funktionaler Beziehung steht, in die Untersuchung mit einbezogen werden. Auch die Organisation einer Gruppe kann nicht ganz erkannt werden, wenn nicht alle zu ihr in Beziehung stehenden Individuen und Gruppen ebenfalls studiert werden. Individuen und Gruppen sind nämlich in ein weitverzweigtes Netzwerk verwickelt, so daß die gesamte Gemeinschaft, der sie angehören, dem soziometrischen Test unterworfen werden muß.

XII. METHODEN

1. Methode der Beobachtung

Wir haben Gruppenformationen auf drei verschiedene Arten studiert. Die erste kann die beobachtende und interpretierende Methode genannt werden. Wir beobachteten Kinder, wie sie ohne Überwachung auf den Spielplätzen herumsprangen und die Art, in der sie sich in zwangloser Weise gruppierten. In ihrer Gruppierung kam eine Regelmäßigkeit zum Ausdruck: Ein Mädchen war von einer Schar anderer umgeben; viele bildeten Paare, und zwei oder drei Kinder, manchmal auch mehr, gingen allein. Ein ähnliches Verhalten der Kinder konnte überall im Freien beobachtet werden. Diese Beobachtungen ermöglichten zwar eine gewisse Beurteilung der Stellung des Individuums innerhalb der Gruppe. Der von einer Schar umgebene Führer, die Paare und die Isolierten konnten vermutet werden. Sie führten jedoch nicht über Oberflächenbeurteilungen von Gruppen hinaus. Die didaktische Bedeutung der Beobachtungsmethode sollte jedoch nie unterschätzt werden. Es gibt Gruppen, die nur in Aktion studiert werden können, z. B. Gruppen, die von kleinen Kindern geformt werden. Sie können ihre Wahlen und Entscheidungen noch nicht durch die Sprache ausdrücken, weshalb wir nur aus ihren Aktionen die Richtung ihrer soziometrischen Wahlen schließen können.

Ähnlich verhält es sich mit Tiergesellschaften, bei denen eine Soziometrie im menschlichen Sinne nicht möglich ist. Daher muß auf der Ebene des Tierreichs der Beobachtungsmethode so weit als möglich ein soziometrischer Charakter gegeben werden.

2. *Methode der teilnehmenden Beobachtung und des Interviews*

Um die wirkliche Organisation von Gruppen festzustellen, nahmen wir das Problem von einer andern Seite aus in Angriff. Anstatt die Formation einer Gruppe von außen zu beobachten, stellten wir uns in die Gruppe hinein, wurden selbst ein Mitglied von ihr und registrierten ihre inneren Entwicklungsphasen. Wir erlebten an uns selbst die Polarität der Beziehungen zwischen den Mitgliedern der Gruppe, die Bildung von Cliquen innerhalb der Gruppe und den Druck, den ein Individuum auf das andere ausübt. Je größer nun aber die Gruppe war, desto mehr wurden wir selbst zum Opfer eines derartigen Drucks, in desto stärkeren Kontakt kamen wir mit einzelnen Mitgliedern der Gruppe und um so unbeeindruckter standen wir anderen gegenüber. Durch diese Methode der „teilnehmenden Beobachtung" erzielten wir eine feinere Klassifizierung eines jeden Individuums als durch die äußere Beobachtung.

Mitunter näherten wir uns zum Zweck eines Interviews einem Mitglied der Gruppe, das die innerhalb der Gruppe existierenden zwischenmenschlichen Beziehungen kannte; in einer Familie konsultierten wir die Mutter, in einer Schulklasse den Lehrer, die Hausmutter in der Hausgemeinschaft eines Instituts, den Meister in einem Betrieb. Dabei machten wir die Erfahrung, daß Individuen infolge der eigenen Teilnahme am Gruppengeschehen mit ihren Gefühlen oft so stark in dieses verwickelt sind, daß ihnen eine unbeirrte Einsicht in die Dynamik der Gruppe nicht mehr möglich ist.

3. *Ausführung des soziometrischen Tests*

Wir können die Haupttendenz der sozialen Entwicklung eines Individuums weder durch bloße Beobachtung (z. B. der spontanen Ausdrucksformen und des Spiels des Kindes) noch durch eigene Teilnahme völlig verstehen. Wir müssen das zu erforschende Objekt selbst in einen Experimentator verwandeln, im Fall einer Gruppenformation die Mitglieder der zukünftigen Gruppe zu Gestaltern der eigenen Gruppe machen. Der soziometrische Test wird angewendet, um genaue Kenntnis der Gruppenorganisation zu erhalten. Er beruht darauf, daß ein Individuum die Teilnehmer für irgendeine Gruppe wählt, der es angehört oder angehören möchte.

Da diese Wahlen von den Personen selbst bestimmt werden, wird jedes Individuum zum Teilnehmer. Auf diese Weise legt der Test die Beziehungen der einzelnen Personen zueinander frei und gibt somit ein Bild der Gesamtstruktur. Wir gewinnen Einsicht in die eigentliche Gruppenstruktur und nicht bloß in die von außen aufoktroyierte Struktur. Unsere Methode ist gleichzeitig experimentell und synthetisch. Der soziometrische Test verbindet und vergleicht seine Ergebnisse immer mit den Methoden der äußeren, teilnehmenden Beobachtung und des Interviews.

In *Schulgruppen* wurde der Test in folgender Form ausgeführt: der Tester trat in das Klassenzimmer und wendete sich an die Schüler: „Ihr sitzt jetzt in der Ordnung, wie Euer Lehrer sie bestimmt hat. Euer Nachbar wurde nicht von Euch gewählt. Es wird Euch nun die Gelegenheit gegeben, das Mädchen oder den Jungen zu wählen, den Ihr gerne neben Euch sitzen haben möchtet. Schreibt daher auf, wen Ihr am liebsten zum Nachbarn haben wollt. Schaut Euch um, entschließt Euch und denkt daran, daß in Zukunft diejenigen Freunde, die Ihr jetzt wählt, neben Euch sitzen werden." Es wurde eine Minute zur Überlegung der Wahl gegeben, bevor die Schüler ihre Freunde aufschrieben. Der Tester versuchte in ein Verhältnis mit den Schülern zu kommen und genau die Bedeutung der Entscheidungen auszulegen.

Unmittelbar nach der ersten Wahl wandte sich der Tester wieder an die Schüler: „Jeder kann jetzt eine zweite Wahl treffen; denn es mag sein, daß nicht jedem der Wunsch der ersten Wahl erfüllt werden kann." Die Kinder wählten in der gleichen Art wie das erste Mal. In manchen Fällen forderte der Tester die Kinder nach der zweiten Wahl noch einmal auf, andere Schüler zu wählen, bis die Wahlspontaneität der Kinder erschöpft schien.

Für *Heimgruppen* mußte die Testform abgeändert werden. Der Tester rief alle Bewohner einer Siedlung zusammen und wandte sich an sie: „Sie leben jetzt in bestimmten Häusern mit bestimmten anderen Personen zusammen gemäß den Verordnungen, welche die Verwaltung Ihnen gegeben hat. Die Personen, mit denen Sie zusammenleben, sind nicht von Ihnen gewählt worden, so wie auch Sie nicht von ihnen gewählt worden sind, obgleich Sie sich vielleicht gegenseitig gewählt hätten. Es wird Ihnen jetzt die Gelegenheit gegeben, die Personen zu wählen, mit denen Sie gerne im selben Haus zusammenleben möchten. Sie können ohne Hemmungen beliebige Personen dieser Gemeinschaft wählen, ohne darauf Rücksicht zu nehmen, ob diese z. Z. mit Ihnen im selben Hause leben oder nicht. Schreiben Sie daher die Personen nieder, auf die Ihre 1., 2., 3., 4. u. 5. Wahl fällt. Falls Sie mehr als fünf Personen vorschlagen wollen, können Sie weitere hinzufügen. Schauen Sie sich um und entschließen Sie sich. Bedenken Sie dabei, daß diejenigen Personen, die Sie jetzt wählen, nach der Neuordnung der Gemeinschaft wahrscheinlich mit Ihnen im selben Hause zusammenleben werden."

Fünf Punkte sind hierbei von methodischer Bedeutung:
1. Die Spontaneität, die Gefühle und Entscheidungen eines jeden Individuums werden im Test unbedingt respektiert.
2. Alle Mitglieder der Gemeinschaft haben im Test soziometrisch gleichen Rang.
3. Jedes Individuum dieser Gemeinschaft ist ein Zentrum, von dem emotionale und intellektuelle Strömungen ausgehen.
4. Der soziometrische Test ist ein Lebens- und Aktionstest, nicht eine akademische Angelegenheit, die nur für den Experimentator von Interesse ist. Es wird an das natürliche Interesse eines jeden Individuums appelliert, das es für die Verwirklichung seiner eigenen Pläne hat, und es wird ihm klargemacht, daß es in der Macht des Testers steht, ihm dabei praktische Hilfe zu leisten.
5. Die Wahl wird immer auf ein bestimmtes Kriterium bezogen. Im ersten Beispiel hatten wir es mit dem Kriterium des *Zusammensitzens* mit gewählten Schülern zu tun. Im zweiten Beispiel handelte es sich um das Kriterium des *Zusammenlebens* verschiedener Personen im selben Hause. Wenn der Test in einer Arbeitsgemeinschaft ausgeführt wurde, bezog sich das Kriterium auf die *Zusammenarbeit* in derselben Werkstätte und die Beteiligung am Arbeitsprozeß.

Für Studien anderer Gruppen müssen spezielle Kriterien verwendet werden, die der besonderen Funktion der Gruppe entsprechen. Da es hunderte Arten von Gruppen gibt, gibt es auch hunderte von Kriterien. Bei der Ausführung wird der Test in drei Abschnitte aufgeteilt: 1. die spontane Wahl, 2. die Motivierung dieser Wahl und 3. die Begründung dieser Wahl. Die spontane Wahl ergibt die Anzahl der Personen, die ein Individuum aus seiner durch ein beliebiges Kriterium bestimmten Gruppe zwecks Zusammenwirkens innerhalb der Gruppe wählt. Durch das Interview werden die Motivierungen ermittelt, welche die Anzahl der Anziehungen und Abstoßungen beleuchten, denen ein Individuum innerhalb der Gruppe ausgesetzt ist. Die diesen Anziehungen und Abstoßungen zugrunde liegenden Ursachen werden durch den Spontaneitätstest ermittelt, der den soziometrischen Zwecken angepaßt ist. Der Spontaneitätstest stellt das Individuum in eine normale Lebenssituation, die von ihm bestimmte funktionale Beziehungen oder emotionale Reaktionen fordert, wie z. B. Furcht, Ärger usw. Diese zwischenmenschlichen Lagen werden Spontaneitäts- oder Stegreiflagen genannt. Sobald sich die Aufmerksamkeit anstatt auf die Spontaneität auf die Rollen, welche die Personen spielen, richtet, wird der Spontaneitätstest zum Rollenspieltest. Das Ausmaß des mimischen und sprachlichen Ausdrucks wird während des Tests registriert und gibt charakteristischen Aufschluß über die Wesensart der handelnden Persönlichkeit und über ihr Verhältnis zu der dargestellten Situation und zu den Personen, die ihr in ihren Handlungen gegenübertreten.

XIII. KONSTRUKTION DES SOZIOMETRISCHEN TESTS

Das Problem bestand darin, den Test derart zu konstruieren, daß er in erster Linie ein Motiv und einen Zweck für den einzelnen Menschen hat und weniger einen solchen für den Tester besitzt. Wenn der Testinhalt mit einem Lebensziel des Einzelnen identisch ist, kann dieser niemals das Gefühl haben, mißbraucht zu werden. Je spontaner die Entscheidungen des Individuums sind, um so besser enthüllen sie dem Tester die Stellung des Individuums innerhalb der Gruppe und sein wirkliches Verhältnis zu den anderen Mitgliedern der Gruppe. Diese freiwilligen Handlungen und spontanen Entschlüsse des Individuums können dennoch vom Tester als Test aufgefaßt und bewertet werden. Wir haben mehrere Tests entwickelt, in denen das Individuum für seine eigenen Zwecke handelt, ohne sich dabei als Forschungsobjekt vorzukommen. Der eine ist der *soziometrische Test*. Vom Gesichtspunkt des Individuums aus wird er nicht als Test aufgefaßt, was ganz unserer Absicht entspricht. Er gibt dem Einzelnen Gelegenheit, über seine eigenen Angelegenheiten zu entscheiden. Der zweite Test, der diese Bedingungen erfüllt, ist der *Spontaneitätstest*. Plötzlich und ganz ohne Vorbereitung vor ein Problem gestellt, improvisiert der Einzelne allein oder im Zusammenwirken mit anderen in einer lebensnahen Situation die Lösung, und wir werden auf diese Weise mit seinen eigenen Gedanken und Gefühlen vertraut. Seine Reaktion auf das Neuartige wird zum Messen der Spontaneität benützt. Ein dritter Test ist der *Rollenspieltest*. Auch er erfüllt die gleichen Bedingungen, unterscheidet sich aber von den erstgenannten Tests dadurch, daß zwei oder mehrere Individuen als Rollenspieler in beliebigen Situationen auftreten, in denen sie sich als gleichwertige Aktoren gegenübertreten. Für den Tester ergibt sich daraus eine reiche Informationsquelle hinsichtlich der Struktur der ganzen in Aktion begriffenen Gruppe, der Beziehungen zwischen den Individuen und hinsichtlich des Charakters, der Intelligenz, des Verhaltens und der Stellung eines Einzelnen innerhalb der Gruppe. Psychometrische und psychoanalytische Tests des Kindes und der Jugendlichen haben trotz der Verschiedenheit des Verfahrens etwas gemeinsam: sie versetzen beide den Einzelnen in einen passiven Zustand, in eine Rolle der Unterwerfung. Die Beteiligten, der Arzt und der Patient oder der Psychologe und sein Objekt, sind nicht gleichwertig. Die Situation bleibt für das Objekt zum Teil unmotiviert. Dies trägt oft dazu bei, im Individuum Verdacht gegen den Tester zu erwecken und es in eine innere Spannung zu versetzen. Das Individuum fürchtet dabei, daß eigennützige Motive des Testers die Veranlassung des Tests sind. Diese aus der Situation hervorgehenden Umstände müssen berücksichtigt werden, ungeachtet dessen, wie wertvoll und bedeutend auch immer die aus psychometrischen und psychoanalytischen Tests resultierenden Ergebnisse sein mögen. Diese Aspekte des Testens werden besonders dann bedeutsam, wenn die Ergebnisse für eine Lebensänderung ausschlaggebend sind, z. B. wenn Siedler zwangsweise in eine neue Siedlung verpflanzt werden. Im soziometrischen Test, im Spontaneitätstest und im Rollenspieltest kann der künstliche Rahmen der psychoanalytischen Situation und der Binet-Intelligenztests durch eine natürliche, lebenswirkliche Situation ersetzt werden.

XIV. REGELN ZUR ANWENDUNG DES SOZIOMETRISCHEN TESTS

Ein Punkt, auf den besonderer Nachdruck gelegt werden muß, ist die richtige Anwendung des soziometrischen Tests. Ein Test kann nur dann *soziometrischer* Test genannt werden, wenn er versucht, die Gefühle zwischen den Individuen zu bestimmen und dabei auf ein bestimmtes Kriterium bezugnimmt. Wenn wir z.B. die Mitglieder einer bestimmten Gruppe auffordern, die Personen zu wählen, mit denen sie in einem Haus zusammen leben möchten und sie veranlassen, ihre Wahlen zu motivieren, handelt es sich um ein soziometrisches Vorgehen. Ein solches Vorgehen ist soziometrisch richtig. Dasselbe gilt auch dann, wenn wir durch ein solches Vorgehen bestimmen, mit wem die Einzelnen zusammen lernen möchten oder von wem sie sexuell angezogen werden. In jedem Fall ist ein bestimmtes Kriterium gegeben, z. B. das Kriterium des Zusammenlebens, Zusammenlernens oder Zusammenfühlens.

Außerdem vermittelt der soziometrische Test Informationen, die durch keine anderen Methoden mit der gleichen Genauigkeit erlangt werden können. Er ist daher für diesen Zweck unersetzlich. Der Wert, der einer scharfen Beobachtung und einem gründlichen Interview zukommt, wird dadurch keineswegs geschmälert. Selbst wenn wir alle Personen beobachten, wie sie sich in der Familie, Arbeitsgruppe oder sonstigen Gruppen verhalten und ihre Position innerhalb solcher Gruppen zu bestimmen suchen, wäre das Soziogramm, das wir auf diese Weise konstruieren könnten, nur eine Annäherung eines wirklichen Soziogramms. Es ist daher unentbehrlich, daß die Individuen selbst zur Mitarbeit angeregt werden, daß sie am Test ausreichend interessiert werden und daß sie dem Tester ihre spontanen Haltungen, Gedanken und Motivierungen bezüglich der durch das Kriterium betroffenen Personen offenbaren. Alles zusätzliche Material, das durch andere Methoden, wie die Beobachtung oder das Interview, zur Unterstützung dieser wesentlichen Informationen gewonnen werden kann, genügt nicht, um die beiden oben erwähnten Erfordernisse zu befriedigen. Wenn daher die Mitglieder einer Gruppe ohne Bezugnahme auf ein Kriterium gefragt werden, wen sie gerne haben und wen nicht, so sollte dieses Verfahren nicht soziometrisch genannt werden. Es ist üblich geworden, solche Methoden „near sociometric" oder „infra-soziometrisch" zu nennen. Die an kein bestimmtes Kriterium gebundenen Sympathien und Antipathien können nämlich nicht analytisch differenziert werden. Sie sind nicht ohne Wert für die soziometrische Forschung; aber es kann nicht eindeutig festgestellt werden, ob solche Äußerungen auf sexuelle, auf Arbeits- oder sonstige Formen der Affinität zurückgehen. Außerdem haben gewöhnlich die Einzelnen kein Interesse daran, ihre wirklichen Sympathien und Antipathien offen zu bekennen, solange keine persönliche Motivierung damit verbunden ist. Das gleiche gilt für den Fall, wenn ohne Kriterium und ohne augenscheinlichen Grund Kinder in einer Schulklasse gefragt werden, wen sie unter ihren Klassenkameraden gern haben und wen weniger gern. Selbst wenn solche allgemeineren Formen der Untersuchung unter Kleinkindern und weniger differenzierten Gruppen ähnliche Resultate erzielen sollten, wie wir sie durch die direkte Methode gewinnen, so sollte dies nicht soziometrischer Test genannt werden. Es bildet keine systematische Basis für soziometrische Forschungsarbeit.

XV. DAS SOZIOMETRISCHE EXPERIMENT

Der soziometrische Test untersucht die Struktur einer besonderen Gruppe, manchmal zum Zweck ihrer Neuordnung. Er ist an sich kein Experiment. In einem regelrechten Experiment werden viele andere soziometrische Methoden verwendet, wie der Bekanntschaftstest, das soziometrische Interview, der Spontaneitätstest, der Rollenspieltest, die psychodramatischen und soziodramatischen Tests, je nachdem, wie es die Situation erfordert.

Eine soziometrische Studie wird zum Experiment, wenn

a) alle sozialen Aggregate, Familien-, Arbeits-, Erziehungs-, Vergnügungs-, kulturelle- und Verwaltungsgruppen neu geschaffen werden von der gesamten Einwohnerschaft, die in diesem Falle unentbehrliche, produktive Teilnehmer an der Forschung sind. Jeder Bürger ist ein Forscher und jeder Forscher ist

ein Mitglied der Gemeinschaft. Dieses Experiment muß selbstverständlich im wirklichen Leben stattfinden und nicht in einer künstlichen Umgebung, wie einem Laboratorium.
b) Eine soziometrische Studie wird auch zum Experiment, wenn all ihre formellen und informellen Gruppen im Einklang mit ihren Kriterien an der sozialen Verwandlung teilnehmen.
c) – – wenn, falls notwendig, mit der Einwilligung und Mitarbeit der ganzen Gruppe, gewisse soziale Bedingungen konstant gehalten werden, während die hypothetischen Bedingungen variieren können.
d) – – wenn alle heute bekannten soziometrischen Methoden von der Bevölkerung zur Umwandlung ihrer gegenwärtigen sozialen Struktur in eine neue soziale Ordnung verwendet werden, im Einklang mit dem der Gruppe zugrunde liegenden Wertsystem.

Das Wertsystem kann ein christliches, ein hinduistisches, ein kooperatives, ein kommunistisches oder ein demokratisch-soziometrisches sein; welches Wertsystem auch immer der Gesellschaft zugrunde liegt, die soziometrische Methode ist der sicherste und kürzeste Weg zu seiner Realisierung, obwohl der dialektische Charakter der Soziometrie größere Schwierigkeiten in einem autokratischen System verursachen wird als in einem demokratischen und die Tendenz hat, die Absurdität autoritärer Systeme bloßzulegen. Soziometrische Experimente sind in offenen und geschlossenen Gruppen ausgeführt worden, doch immer nur bis zu einem gewissen Grade, der von der Fähigkeit des Experimentleiters und der Höhe des soziometrischen Bewußtseins der Gruppe abhing. Die Arbeit in der Hudsongemeinschaft kam einem soziometrischen Experiment am nächsten; doch wir müssen in Betracht ziehen, wie weit entfernt sie noch von einem vollkommenen Experiment war. Die Verwaltungsstruktur war nur teilweise mit einbezogen worden; das Motiv des Profits und der ökonomischen Dynamik einer Gemeinschaft blieb unberücksichtigt. Infolge des patriarchalischen Charakters der Gemeinschaft machte der Ausschluß dieser Faktoren das Experiment verhältnismäßig flach und einfach. Eine revolutionäre Änderung des Wertsystems fand durch das Experiment nicht statt, da die nötige soziale Reife für einen derartigen Wechsel unter den Mitgliedern noch nicht vorhanden war. In einem Projekt in Centerville, an dem ich einige Jahre später beteiligt war, wurden soziometrische Methoden auf landwirtschaftliche und industrielle Genossenschaften ausgedehnt. Verglichen mit dem Hudsonexperiment war es als Forschungsprojekt und hinsichtlich exakter Ausführung von geringerem Wert. Das vollständige soziometrische Experiment ist daher immer noch ein Projekt der Zukunft.

XVI. ORTE DER FORSCHUNGSARBEIT

Die in diesem Buch dargestellte Forschungsarbeit wurde in verschiedenen Phasen ausgeführt:

1. Beobachtungen in einem Flüchtlingslager in Mittendorf bei Wien (1916–1917).
2. Studium der Entwicklung von Kleinkindergruppen von der Geburt bis zum Alter von 2 Jahren, Kinderkrankenhaus Mittendorf (1917–1918).
3. Studium der Entwicklung von Gruppenstrukturen. Orte: a) Public School 181 Brooklyn, N.Y. (Kinder von 4–14 Jahren) (1931–1932), b) Riverdale Country School, Riverdale N.Y. (Jugendliche von 14–18 Jahren) (1932).
4. Soziometrisches Studium einer geschlossenen Gemeinschaft und Anwendungen der Ergebnisse auf diese Gemeinschaft. Ort: New York State Training School for Girls, Hudson, N.Y. (1932–1938).
5. Entwicklung des Rollenspieltests, des Spontaneitätstests (Stegreifprobe) und Spontaneitätstrainings (Stegreifübung). Orte: Stegreiftheater Wien (1922–1925). Grosvenor Neighbor House, New York City; New York State Training School for Girls, Hudson, N.Y. (1932–1938).
6. Anwendung des soziometrischen Bevölkerungstests und der psychosozialen Planung bei der Bildung neuer Gemeinschaften, Centerville und Freetown, N.Y. (1933–1938).

Diese Studien wurden unternommen im Zusammenwirken mit dem Innenministerium und dem Landwirtschaftsministerium in Washington D. C. (Subsistence Homestead Commission).

Das Problem der geplanten Bevölkerungsumsiedlungen wurde von mir zum ersten Male in den Jahren 1915 bis 1918 studiert. Der Untersuchungsort war eine italienische Kolonie mit einer Bevölkerung von mehr als 10 000 Menschen. Während des ersten Weltkrieges wurden viele Bauern österreichischer Nationalität und italienischer Abstammung, die vor der herannahenden italienischen Armee geflüchtet waren und ihre Südtiroler Heimat verlassen hatten, von der österreichischen Regierung in Mittendorf bei Wien angesiedelt. Dieses Lager bestand aus Wohnbaracken, deren jede etliche Familien beherbergte und von einem capo di baracco überwacht wurde, der für das Ergehen der Gruppe verantwortlich war. Das Minimum der Unterhaltskosten wurde von der österreichischen Regierung gestellt; zusätzlich war eine Schuhfabrik eingerichtet worden, in der zeitweise 1000–2000 Arbeiter angestellt waren. Die Regierung hatte drei Probleme zu erwägen und sie in der Siedlungsplanung zu berücksichtigen: Sicherung vor dem

Feind, Lagerhygiene und Unterhalt. Eine soziale und psychologische Planung aber wurde nicht berücksichtigt; es wurde überhaupt nicht an eine solche gedacht. Die Regierung beauftragte die medizinische Abteilung, der ich angehörte, mit der Überwachung des sanitären Problems der neuen Gemeinschaft. In dieser Position und später als Chefarzt des Lagerkinderkrankenhauses hatte ich Gelegenheit, diese Gemeinschaft von den ersten Anfängen bis zu ihrer Auflösung zu studieren, die nach drei Jahren stattfand, als die Siedler bei Kriegsende wieder in ihre Tiroler Heimat zurückkehren konnten. Während dieser Zeitspanne entwickelte sich ein kompliziertes Gemeinschaftsleben. Nach und nach wurden Schulen, Krankenhäuser, Kirche, Theater, Läden, Kaufhäuser, Zeitung, Gewerbe und soziale Klubs eingerichtet. Doch obgleich die Regierung versuchte, der äußeren Notlage zu begegnen, und trotz der Einführung aller äußeren Einrichtungen, die durch das Gemeinschaftsleben bedingt werden, bestanden Reibungen und großes Unbehagen unter der Bevölkerung. Ganze Weinbauerndörfer waren in einen industriereichen Vorortsbezirk verpflanzt worden, Tiroler Gebirgsleute in einen flachen Landstreifen bei Wien. Sie waren wahllos zusammengewürfelt, nicht aneinander gewöhnt und fremd in der Umgebung. Als ich die psycho-sozialen Strömungen studierte, die sich in bezug auf verschiedene Kriterien entwickelt hatten – z. B. das Kriterium der nationalen Zugehörigkeit, der politischen Parteizugehörigkeit, Sexualität, Verwaltung contra Siedler usw. –, begann ich, diese Mißstände als die Hauptquelle der berüchtigten Unzuträglichkeiten und Zwischenfälle zu betrachten. Infolge dieser Erlebnisse keimte in mir die Idee einer psycho-sozial geplanten Gemeinschaft. Es wurde mir damals klar, daß der Kern jeder psycho-sozialen Planung jeder therapiebedürftigen Gesellschaft die „Soziometrie" sein muß. Ich wandte mich mit diesem Vorschlag an das Österreichische Ministerium des Innern. Dieses war jedoch nicht in der Lage, mich bei einem solchen Experiment zu unterstützen. Und so kam der Plan zu einem frühen Ende.

Nach dem Ende des Weltkriegs gründete ich das Stegreiftheater in Wien und befaßte mich mit kleinen, spontan gebildeten Gruppen, deren Struktur verhältnismäßig leicht zu untersuchen war. Diese erste Forschungsarbeit wurde in den Jahren 1921–1925 in Wien begonnen und später in New York fortgesetzt. Es war uns möglich, Gruppen so zu organisieren, daß sie im Zusammenwirken mit einer anderen Gruppe zur Zufriedenheit beider Gruppen und für die Verwirklichung der Ziele einer jeden arbeiteten. Die bei diesen Experimenten angewendeten Methoden waren das spontane Rollenspiel und Interaktionsdiagramme, die als Vorläufer des Soziogramms anzusehen sind.

Nachdem diese Art des Gruppenstudiums ziemlich weit fortgeschritten war, wendeten wir uns wieder Gemeinschaften zu; vor allem suchten wir dabei solche mit einfacher Struktur. Zuerst ergab sich für uns die Möglichkeit zum Studium einer Schulgemeinschaft. Wir suchten eine Schule, die uns ein Gesamtbild der vielen Nationalitäten geben würde, die das Gewebe der amerikanischen Bevölkerung bilden, die von Kindern aller sozialen Klassen besucht würde und die gleichzeitig ein typisches Beispiel der Schülerschaft einer Public School gäbe. Für das erste Experiment mit einer ganzen Schulgemeinschaft wurde die Public School 181 in Brooklyn, N.Y., gewählt, die von 1853 Schülern besucht wurde. Wir untersuchten die Zu- und Abneigungen unter den Kindern der einzelnen Gruppen, die von der Schulleitung zusammengestellt worden waren, hauptsächlich vom Gesichtspunkt jenes Kriteriums aus, das die Kinder zu Mitgliedern der Schulgemeinschaft gemacht hatte – es war das Kriterium des Zusammenlernens. Die anderen Kriterien der zwischenmenschlichen Beziehungen blieben hier unberührt, wie z. B. Kriterien des Zusammenlebens in einem Heim, des Zusammenarbeitens in einer Werkstatt usw. In einer Gemeinschaft als Ganzes werden die verschiedenen durch derartige Kriterien bedingten Kollektive sofort innig miteinander verknüpft. Ein einzelnes Kollektiv ist natürlich nur eine Abstraktion, die zu wissenschaftlichen Studien dient, in Wirklichkeit aber gar nicht isoliert bestehen kann. Wir mußten uns daher klar darüber sein, daß die Analyse einer von anderen Kollektiven separierten Schulgemeinschaft noch immer etwas jener Künstlichkeit an sich hatte, die uns so oft stört beim Studium sozialer Probleme im Laboratorium. Zwecks einer umfassenderen und lebensnäheren Untersuchung hätten wir Wege beschreiten müssen, die von der Schule in die Familien und die Nachbarschaft führten, aus denen die Kinder kamen. Aber hier fanden wir uns einem Problem gegenübergestellt, das jenseits der gegenwärtigen Bewußtseinslage und Auffassungsfähigkeit für soziometrische Ideen lag. Zu groß und zu verwickelt erstand der Komplex vor unserem Auge. Wir brauchten ein Zwischenstadium für unsere revolutionären Unternehmungen. An diesem Punkt angelangt, kam mir das Mittendorfer Erlebnis in den Sinn und damit der Gedanke, zuerst das Studium von kleinen, verhältnismäßig isolierten Gemeinschaften in Angriff zu nehmen, bevor wir uns an eine städtische Bevölkerung heranwagten, deren Gliederung und Beziehungen uns in endlose Bahnen hineinführen würden; wir fürchteten, daß wir dann das einzelne Individuum „vergessen“ würden, wie das in soziologischen Untersuchungen so oft der Fall ist. Wir suchten nach einer kleinen Gemeinschaft, innerhalb deren Grenzen miteinander verknüpfte Kollektive existierten – wie Heim, Schule, Arbeit, Kultur – und die gleichzeitig fast ganz von der Bevölkerung als solcher abgeschnitten wäre, so daß wir die von außen hereinfließenden Strömungen unbeachtet lassen konnten, ohne damit einen zu großen Fehler zu begehen. Wir suchten eine geschlossene Gemeinschaft. Diese Art einer institutionellen Gemeinschaft fanden wir in der N.Y. State Training School for Girls in Hudson, N. Y., deren Vorsteherin Fanny French Morse war. Wir begegneten in Hudson einer einzigartigen Verwaltung, die von der Vorsteherin geübt wurde. Sie verstand es in vortrefflicher Weise, ihre Zöglinge innerlich zu lockern und gleichzeitig zu disziplinieren. Ästhetische Prinzipien, die in alle Einzelheiten des Lebens dringen, sind ein Beispiel für eine Methode der Erziehung, die sich nicht nur auf die Schule beschränkt, sondern die Atmosphäre der ganzen Gemeinschaft durchdringt. Die Methoden und Resultate, die sich aus den verschiedenen Phasen unserer Forschungsarbeit ergaben, ermöglichten uns schließlich, sie auf jede Art von Gemeinschaft anzuwenden. Wir waren uns wohl bewußt, daß der Versuch einer psycho-sozialen Neuordnung einer beliebigen Gemeinschaft, z. B. von Dörfern und Städten mit bereits festen Strukturen und Traditionen, großem Widerstand begegnen würde. Der nächste Schritt schien uns daher die Organisation einer Gemeinschaft zu sein, die aus normalen Gruppen mit normalen Aspirationen bestand. Hier boten uns die Siedlungspläne des amerikanischen Innenministeriums und des Landwirtschaftsministeriums in der Periode der Depression, 1930–1936, neue Möglichkeiten für Experimente in offenen Gemeinschaften. Die Regierung war daran interessiert, für eine bestimmte Gegend die bestpassenden Siedler zu wählen. Es bestand die Möglichkeit, neben der landwirtschaftlichen und ökonomischen Planung auch eine soziometrische Planung durchzuführen. Diesen Umständen ist es zu verdanken, daß es im Laufe der Jahre möglich wurde, in verschiedenen Teilen der Vereinigten Staaten eine große Anzahl von Gemeinschaften einer soziometrischen Forschung und Neuordnung zu unterziehen.

ZWEITER TEIL

DIE ENTWICKLUNG DER GRUPPEN

I. ENTWICKLUNGSSTADIEN DER GRUPPEN

Die Entwicklungsmöglichkeit eines individuellen Organismus von einfachen zu höher differenzierten Stadien wird allgemein anerkannt. Die Entwicklung der Gesellschaft hingegen ist immer noch problematisch. Ändert sich die Gesellschaft oder wächst sie? Beide Ansichten haben ihre Verfechter gefunden. Manche vertreten die Ansicht, daß Gesellschaften und Zivilisationen wachsen und untergehen (Spengler), andere, daß sie dauerndem Wechsel unterworfen sind und ihre Gestalt von ökonomischen Faktoren bedingt wird (Marx). Es stellt sich daher die Frage, ob diese Prozesse mit Notwendigkeit so verlaufen müssen oder ob sie kontrollierbar sind. Nur das Experiment kann eine Antwort geben. Es ist dazu ein „soziogenetisches Experiment" notwendig, das sich zuerst mit einfachen Gruppen befaßt und nach und nach komplexere Gruppen zu untersuchen beginnt. Wir wollen hier betonen, daß wir mit höherer und geringerer Differenzierung von Gruppen kein Werturteil verbinden, daß z. B. eine differenziertere Gruppe besser, eine weniger differenzierte Gruppe schlechter sei. Wir beschreiben damit lediglich verschiedene Stadien der Differenzierung, wie sie sich objektiv in den Strukturen zeigen und von verschiedenen Kriterien bedingt werden.

1. *Der soziometrische Test mit Säuglingsgruppen*

Zuerst wurde ein Test mit Kleinkindern von der Geburt an unternommen. Alle Mitglieder der Gruppe gehörten derselben Altersstufe an. Die Säuglinge lebten von Geburt an im gleichen Raum; ihre Bettchen standen in einer Reihe nebeneinander. Das Ziel der Untersuchung war, die frühesten Strukturen einer Gruppe zu ermitteln und ihre Entwicklung innerhalb der ersten drei Lebensjahre zu beobachten. Der Kontakt von Kind zu Kind wurde studiert. Wir suchten zu erforschen, ob die Gruppenorganisation auf einem Akkumulativeffekt der kindlichen Interaktionen beruhe und welche Formen diese annähmen. Aus methodischen Gründen lag uns weniger daran, die Reaktionen der einzelnen Säuglinge zu beobachten und zu untersuchen, wie diese mit der Zeit sozialen Charakter annehmen, oder den Einfluß der Erwachsenen auf die Strukturen zu untersuchen.

Die Hauptstadien der Entwicklung können auf folgende Weise summarisch zusammengefaßt werden:

a) Das Stadium der Identität oder der organischen Isolation, von der Geburt an. Die Individuen innerhalb der Gruppe sind isoliert, ein jegliches ist völlig von seiner Welt absorbiert.

b) Das Stadium der horizontal differenzierten Struktur, etwa von der 20.–28. Woche an. In dieser Periode beginnen die Säuglinge aufeinander zu reagieren. Den Faktoren der physischen Nähe und physischen Ferne entspricht eine psychische Nähe und Ferne. Es scheint, daß die psychische Nähe proportional ist der physischen Nähe und daß die psychische Ferne proportional ist der physischen Ferne. Das Bekanntwerden beginnt mit den Nachbarn, und so entwickelt sich zuerst eine horizontale Differenzierung der Struktur.

c) Die nächste Phase, von der 40.–42. Woche an, ist das Stadium der vertikalen Differenzierung der Struktur. Das eine oder andere Kind zieht mehr Aufmerksamkeit auf sich und verschiebt dadurch die Gruppenstruktur von der Horizontalen zur Vertikalen. Die Gruppenstruktur, die bisher gleichmäßig war, weist nun mehr oder weniger prominente Mitglieder auf, ein „Oben" und ein „Unten".

Diese drei Stadien sind nicht streng voneinander geschieden; sie gehen fließend ineinander über. Die frühesten Strukturen, die wir in diesen drei ersten Stadien und den folgenden feststellten, haben die Tendenz, in späteren Stadien wieder zu erscheinen. Dieses Phänomen des „hangovers" scheint neben der wachsenden Zahl der Kriterien eine der Ursachen für die zunehmende Kompliziertheit der Gruppenorganisation in den Entwicklungsstadien der späteren Jahre zu sein.

Es ist bekannt, daß ein Säugling bei der Geburt nur einige schwache, ungelernte Reaktionen aufweist, aber eine potenzielle Fähigkeit des Lernens und einen hohen Grad der Spontaneität besitzt. Unsere Studien der Gruppenorganisationen wiesen darauf hin, daß menschliche Kleinkinder unfähig sind, unter sich permanente „Gesellschaften" zu bilden. Im Vergleich zu ihnen sind manche Tiergesellschaften auf der gleichen Altersstufe höher entwickelt. Doch gerade dieser „Mangel" einer vererbten Gruppenorganisation wird zum Vorteil, weil er die menschlichen Kinder anregt, ihre Spontaneität in Richtung auf das soziale Verhalten zu entwickeln. Je älter die Mitglieder einer Gruppe daher sind und je differenzierter die Organisation der Gruppe geworden ist, desto mehr wird die Spontaneität der Mitglieder gespalten und geschwächt und die Bildung neuer Strukturen erschwert. Die oben beschriebenen Tatsachen verdanken wir dem systematischen Studium von Kleinkindergruppen im Rahmen einer besonderen Art des Experimentes. Das Studium der Entwicklung der Gruppenorganisation von Säuglingen ist bisher vernachlässigt worden, weil die Säuglinge gleichen Alters sich nicht spontan zu einer Gruppe organisieren können. Daher mußte zuerst eine künstliche experimentelle Situation geschaffen werden, um die möglichen Formen der Organisation in den verschiedenen Entwicklungsstadien studieren zu können. Die Säuglinge wurden 18 Monate hindurch beobachtet. Wir konzentrierten unsere Aufmerksamkeit auf die Entwicklungsstadien der Säuglings*gruppe* und nicht auf das Entwicklungsstadium der *einzelnen* Säuglinge.

2. *Soziometrischer Test mit Kindergruppen einer Volksschule (Alter 4–14 Jahre)*

Als nächster Schritt folgte die Anwendung des Tests auf Mädchen- und Knabengruppen aller Altersstufen vom Kindergarten bis zur achten Klasse einer Public School. Es wurde von den Kindern verlangt, diejenigen unter den Schülern der verschiedenen Klassen eines Schuljahrs zu wählen, mit denen sie in einem Klassenzimmer zusammen sein wollten. Für Kinder einer früheren Altersstufe, wie im Kindergarten, wurden „Handlungskriterien" benützt. Anstatt befragt zu werden, wurden die Kinder angeregt, ein Mädchen oder einen Knaben an der Hand zu nehmen und mit ihm in ein Spielzimmer zu gehen.

Die quantitative Analyse ihrer Wahlen ergab, daß die Anziehung zwischen den beiden Geschlechtern – Buben, die Mädchen wählten, und Mädchen, die Buben wählten – im Kindergarten und der ersten Klasse am höchsten war, d. h. sie nahm 35,5% aller Wahlen ein im Kindergarten und 32,9% aller Wahlen in der ersten Klasse. Dieser Anteil der Anziehung fiel in der zweiten Klasse auf 8,5%, in der dritten Klasse auf 4,7%, in der vierten Klasse auf den Tiefpunkt von 1,6%. Eine schwache Zunahme der Anziehung konnte in der fünften und siebten Klasse mit 2% und 3,2% beobachtet werden; in der sechsten Klasse war der Anteil gleich 0. In der achten Klasse stieg sie auf 10,53%. Im Kindergarten haben Mädchen und Knaben dieselbe Initiative, 17,75%:17,75%. In den Klassen eins und zwei war die Initiative der Knaben vier- bis fünfmal größer als die der Mädchen. In der fünften Klasse verstärkten allmählich die Mädchen ihre Position und kamen in ihrer Initiative den Knaben gleich und übertrafen sie schließlich sogar.

Durch diesen auf die Schüler angewendeten soziometrischen Test wurde eine hochdifferenzierte Klassenstruktur entdeckt, die stark von der Oberflächenstruktur abwich. Einige der Schüler gewannen über die anderen die Oberhand; einige blieben ungewählt oder isoliert; andere wählten einander und bildeten Paare, Dreiecke und Ketten. Wieder andere erhielten Wahlen von so vielen Schülern, daß sie Knotenpunkte in der Struktur darstellten (Stars). Die Zahl der isolierten Schüler, d. h. solcher, die nicht von Klassenkameraden gewählt worden waren, schwankte in den verschiedenen Klassen zwischen 15,4% und 45,7%. Die Anzahl der Isolierten war in der ersten Klasse am höchsten. Dieser Prozentsatz verringerte sich allmählich von der zweiten bis zur siebten Klasse. Die Zahl der Paare war am niedrigsten im Kindergarten; in der sechsten Klasse betrug sie nach stetigem Ansteigen 23, um dann wieder auf 12 in der achten Klasse abzusinken. Kompliziertere Strukturen, wie Dreiecke, Vierecke usw., waren im Kindergarten und der ersten Klasse gar nicht vorhanden. In den folgenden Klassen traten wenige Dreiecke und Ketten auf.

Neben dem auf die Schüler angewendeten Test wurde gleichzeitig von den Lehrern ein Beurteilungstest erbeten. Jeder Lehrer wurde aufgefordert, den Knaben oder das Mädchen aufzuschreiben, das seiner Beurteilung nach die meisten Wahlen von den Klassenkameraden erhalten würde. Dann sollte er jene Schüler nennen, die nach dem Star der Klasse wohl die meisten Wahlen erhalten würden. Außerdem sollte der Lehrer noch den Schüler aufschreiben, der seiner Ansicht nach die wenigsten Wahlen erhalten würde, und die beiden nach ihm am wenigsten gewählten Schüler. In 48% aller Fälle fiel das Urteil der Lehrer hinsichtlich der zwei meistgewählten Schüler mit dem Testergebnis zusammen; hinsichtlich der beiden am wenigsten gewählten Schüler war die Übereinstimmung zwischen Lehrerurteil und Test 38%.

Tabellen der Ergebnisse

Volksschule, 1. Test

Tabelle 1

Quantitative Analyse der Wahlen zwischen den beiden Geschlechtern in den Klassen einer Volksschule

	Knaben wählen Mädchen	Mädchen wählen Knaben	Beide Geschlechter
Kindergarten	17,75%	17,75%	35,5 %
1. Klasse	27,0 %	5,9 %	32,9 %
2. Klasse	6,8 %	1,7 %	8,5 %
3. Klasse	1,6 %	3,1 %	4,7 %
4. Klasse	1,6 %	0,0 %	1,6 %
5. Klasse	0,0 %	2,0 %	2,0 %
6. Klasse	0,0 %	0,0 %	0,0 %
7. Klasse	1,6 %	1,6 %	3,2 %
8. Klasse	3,95%	6,58%	10,53%

Die ansteigende Tendenz wird ferner durch eine große Anzahl gemischtgeschlechtlicher Wahlen außerhalb der Klassengruppe gekennzeichnet.

Tabelle 2

Strukturelle Analyse von Volksschulklassen

	Ungewählte	Paare	Dreiecke	Ketten
Kindergarten	27,0%	3	0	0
1. Klasse	45,7%	6	0	0
2. Klasse	30,5%	12	1	0
3. Klasse	21,2%	14	0	1
4. Klasse	18,2%	17	2	0
5. Klasse	28,6%	13	1	2
6. Klasse	15,4%	23	3	1
7. Klasse	15,6%	15	0	2
8. Klasse	29,5%	12	1	0

Zweiter und dritter Test

Nachdem etwa sieben Wochen verflossen waren, wurde je eine Klasse eines jeden Schuljahrs zum zweitenmal getestet, um ausfindig zu machen:

a) in welchem Maß die Wahlen der Kinder wechselten,

b) ob die Haupttendenz der Gruppenorganisation, die im ersten Test charakteristisch für diese Klasse war, bestehenbliebe. Es erwies sich, daß die Haupttendenz der Gruppenorganisation bestehenbleibt, auch dann, wenn die Stellung des einen oder anderen Schülers sich geändert hat.

Volksschule, 3. Test

Tabelle 3

Quantitative Analyse der Wahlen zwischen den beiden Geschlechtern in den Klassen einer Volksschule

	Knaben wählen Mädchen	Mädchen wählen Knaben	Beide Geschlechter
Kindergarten	15,0%	12,0%	27,0%
1. Klasse	13,0%	8,6%	21,6%
2. Klasse	16,0%	9,8%	25,8%
3. Klasse	9,2%	10,6%	19,8%
4. Klasse	4,2%	4,7%	8,9%
5. Klasse	2,4%	1,5%	3,9%
6. Klasse	0,5%	0,6%	1,1%
7. Klasse	1,5%	1,9%	3,4%
8. Klasse	1,2%	4,0%	5,2%
Klasse problemat. Kinder	1,2%	0,0%	1,2%
Klasse körperlich Behinderter	5,1%	2,2%	7,3%

Nach einer Zeitspanne von beinahe zwei Jahren (22 Monaten) wurde die Schülerschaft derselben Volksschule zum drittenmal getestet. Die Tabellen geben die Ergebnisse wieder. Die Ergebnisse des dritten Tests bestätigen die Ergebnisse des ersten und zweiten Tests in allen wesentlichen Punkten. Dies scheint von großer Bedeutung zu sein, da wir infolge des in den zwei Jahren durchgeführten Wechsels und der verschiedenen Verteilung der Klassen praktisch eine andere Schülerschaft vorfanden. Es darf angenommen werden, daß weitere soziometrische Tests in anderen Schulgemeinschaften unsere Resultate bestätigen werden. Dennoch konnten folgende Unterschiede zwischen den Ergebnissen des ersten, zweiten und dritten Tests festgestellt werden: Es wurde festgestellt, daß die Zahl der Anziehungen zwischen den beiden Geschlechtern sich langsam verringerte und daß die Anzahl der gegenseitigen Paare von der ersten Klasse an allmählich größer wurde. Komplexere Strukturen treten ein Jahr später auf. Die anderen Variationen sind sehr gering. Die Genauigkeit der Lehrerurteile war im Kindergarten und der ersten Klasse am größten, wurde von da an geringer und erreichte in der siebten Klasse den tiefsten Punkt.

Tabelle 4

Strukturelle Analyse von Volksschulklassen

	Ungewählte	Paare-	Dreiecke	Ketten
Kindergarten	27%	6%	0	0
1. Klasse	32%	5%	0	0
2. Klasse	29%	12%	0	0
3. Klasse	29%	10%	0	0
4. Klasse	25%	16%	2	1
5. Klasse	21%	18%	1	2
6. Klasse	16%	16%	6	1
7. Klasse	21%	17%	3	3
8. Klasse	20%	20%	3	2
Klasse problem. Kind.	27%	17%	0	0
Klasse körperl. Behind.	29%	17%	3	2

Tabelle 5

Genauigkeitsgrad des Lehrerurteils
hinsichtlich des meistgewählten und am meisten isolierten Schülers

Kindergarten	62,5%	5. Klasse	30,0%
1. Klasse	64,5%	6. Klasse	30,0%
2. Klasse	50,0%	7. Klasse	25,0%
3. Klasse	50,0%	8. Klasse	40,0%
4. Klasse	37,5%		

3. Soziometrischer Test mit Knaben im Alter von 14–18 Jahren, Schüler einer höheren Schule für Knaben, Riverdale School

Der Test wurde auf Knaben im Alter von 14–18 Jahren in der Riverdale School angewendet und brachte folgende Resultate: Von 153 Knaben blieben 17 isoliert, das waren 11,1% der Gemeinschaft, 105 bildeten gegenseitige Paare, also 68%. Komplexere Strukturen, wie Dreiecke, Vierecke und Ketten, wurden von 16% der Schüler gebildet. Die Experimentsituation in der Riverdaleschule war jedoch nicht identisch mit der in der Volksschule. In der Riverdaleschule wurden nur Knaben aufgenommen und dem Test unterworfen. Statt zwei wurden ihnen vier Wahlmöglichkeiten gegeben. Ungefähr 25% dieser Knaben waren interne Schüler, während die übrigen externe Schüler waren, d. h. nur am Unterricht teilnahmen, sonst aber bei ihren Eltern lebten. Aus dem Test ging hervor, daß 10% der neuen Schüler, d. h. solcher Knaben, die im vorigen Jahr die Schule noch nicht besucht hatten, *ungewählt* blieben. Es sei darauf hingewiesen, daß dieser Prozentsatz der Durchschnittszahl der Ungewählten in vielen Gruppen nahekommt. Neue Schüler erhielten 2,8 Wahlen je Knabe im Vergleich zu 3,5 Wahlen je Knabe für „alte“ Schüler, d. h. solche, die schon in früheren Jahren die Anstalt besucht hatten. Es ist interessant, zwei andere Kategorien der Schüler, die externen und die internen Schüler, miteinander zu vergleichen. Unter den internen Schülern bildeten 82% dieser Gruppe gegenseitige Paare. Unter den externen Schülern formten nur 68% gegenseitige Paare. Es ist daraus sofort ersichtlich, daß die soziometrische Situation der beiden Gruppen sehr verschieden ist. Die Knaben, die miteinander in einem engeren Verhältnis lebten, die häufigeren und konstanteren Konnex miteinander hatten, paßten sich besser einander an als die externen Schüler, für welche die Möglichkeit zu einem engeren Konnex weniger günstig war. Die Durchschnittszahl der erhaltenen Wahlen war 4,85 für die internen Schüler, 3,2 für die externen. Dies ist noch auffallender, wenn wir das ungleiche Verhältnis zwischen den Mitgliederzahlen der beiden Gruppen in Betracht ziehen. Es ergab sich, daß die Mitglieder der externen Gruppe, die vom Standpunkte der Schulgemeinschaft als „Außenseiter“ angesehen wurden, eine geringere Anziehungskraft für die Mitglieder der eigenen Gruppe besaßen, d. h., die Anziehungskraft der internen Gruppe war stärker für sie.

Nach einer Zeitspanne von drei Monaten wurde der Test wiederholt. Die Ergebnisse des 2. Tests in bezug auf den Wechsel in den Wahlen waren die folgenden: 8% der ersten Wahlen fielen anders aus, 18% der zweiten Wahlen fielen anders aus.

Die ersten und die zweiten Wahlen scheinen von großer Bedeutung zu sein. Nach einer Zeitspanne von drei Monaten hatten sich nämlich 92% der ersten Wahlen und 82% der zweiten Wahlen nicht geändert. Bei dieser Wiederholung des Tests zeigte sich, daß gutplazierte Schüler ihre Position gewöhnlich beibehalten oder verbessern, daß schlechtplazierte Schüler ebenfalls ihre Position beibehalten oder sie noch verschlechtern. Nur 15% der erstgenannten Schüler verbesserten ihre Stellung in der Gruppe im Gegensatz zu 44% der letztgenannten Schüler, die ihre Position noch verbesserten. (Vgl. Soziodynamischer Effekt, Seite 102)

Tabelle 6

Analyse der Wahlen an der Riverdale School:
Ungewählte Schüler

Nach der 1. Wahl	Nach der 2. Wahl	Nach der 3. Wahl	Nach der 4. Wahl
45%	22%	16%	9%

II. INTERPRETATION

Die drei Richtungen oder Tendenzen der Struktur, organische Isolation, horizontale Differenzierung und vertikale Differenzierung, so wie wir sie für die Säuglings- und Kindergruppen beschrieben haben, haben eine grundlegende Bedeutung in der Entwicklung der Gruppen. Wir sehen sie immer wieder auftreten, wie ausgedehnt und komplex die Gruppen auch werden mögen. Die Entwicklungsstadien, in denen Sexualität, Nationalität, ökonomische Verhältnisse und andere spezifische Faktoren die Gruppenorganisation erstmalig wirken, bedürfen jedoch weiterer Untersuchung. In den Gruppen vom vierten bis zum 15. Lebensjahr scheint die Anziehung zwischen den Kindern verschiedenen Geschlechts im Kindergarten und in der ersten und zweiten Klasse am höchsten zu sein. Sie nimmt nach der dritten Klasse auffallend stark ab und zeigt bis zur achten Klasse keine bemerkenswerte Zunahme. Dies zeigt die gegenseitige Zurückhaltung der beiden Geschlechtsgruppen bis zum Pubertätsalter und ihre Bedeutung für die Gruppenorganisation an. Die niedrigste Anzahl gegenseitiger Paare und die meisten isolierten Kinder wurden im Kindergarten und der ersten und zweiten Klasse gefunden. Dies weist darauf hin, daß Kinder dieses Alters nicht sicher wissen, wen sie wählen sollen, und das bedeutet, daß diese Kinder stärkerer Betreuung bedürfen als in späteren Jahren. Auf der anderen Seite zeigt das außerordentlich vermehrte Auftreten von Paaren und komplexeren Strukturen in der vierten Klasse, daß Kinder dieser Altersstufe schon fähig sind, einander Gefühle zu übermitteln und unabhängig von anderen Cliquen zu handeln. Die Organisationen, die Kinder und Jugendliche untereinander bilden, nehmen allmählich Formen von wachsender innerer Kohäsion an, die diese Gruppen befähigt, sich innerhalb komplexer Strukturen zu behaupten. Der Einfluß Erwachsener auf die Kinder verliert an Bedeutung, wenn wir ihn mit dem Einfluß vergleichen, den Kinder aufeinander haben. Dies mag erklären, warum das Lehrerurteil hinsichtlich des am meisten gewählten und des am wenigsten gewählten Schülers oft recht ungenau ist. Das im Test verlangte Lehrerurteil bezieht sich nur auf extreme Positionen in der Klassenstruktur. Die Durchschnittsstellungen anderer Individuen würden selbstverständlich noch viel schwerer einzuschätzen sein. Die Kompliziertheit der Kinderassoziationen ist so groß, daß sie sich der sozialen Wahrnehmung des Lehrers entzieht. Diese Tatsache scheint eines der größten Hindernisse in den Beziehungen zwischen Lehrern und Kindern, wie auch zwischen Eltern und Kindern, zu sein.

Die weitere Zunahme von Paaren und komplexeren Strukturen auf der Altersstufe zwischen 14 und 18 Jahren beweist – wenn wir sie mit den Ergebnissen in der Volksschule vergleichen – eine weitere Differenzierung in der Gruppenorganisation, die mit dem Fortschreiten des chronologischen Alters Hand in Hand geht; aber die Anzahl der Isolierten wächst gleichzeitig. Ihre Zahl ist noch erheblich größer als in den unteren Klassen der Volksschule. Dies weist auf zwei verschiedene Typen der Isolierten hin: Auf der Altersstufe zwischen vier und sieben Jahren scheint das ungewählte Kind oft einfach „übersehen", vergessen worden zu sein. Der Grund braucht hierfür nicht immer in einer Abneigung anderer Kinder gegen das isolierte Kind zu liegen; er liegt teilweise auch in einem Mangel an sozialer Intuition (schwaches Tele). Demgegenüber verdanken die Kinder späterer Altersstufen (besonders nach dem Überschreiten des 13. Lebensjahres) ihre Position nicht nur einem unglücklichen Zufall, sondern in zahlreichen Fällen den Gefühlen, welche die Kinder einander entgegenbringen.

Das periodische Auftreten gemischtgeschlechtlicher und gleichgeschlechtlicher Tendenzen unter den Mitgliedern einer Gruppe beeinflußt die ganze Gruppenorganisation. Der gemischtgeschlechtliche Zyklus zwischen vier und acht Jahren wird von einem gleichgeschlechtlichen Zyklus zwischen acht und dreizehn Jahren abgelöst. Dann beginnt ein neuer gemischtgeschlechtlicher Zyklus, der offensichtlich auf einen zweiten gleichgeschlechtlichen Zyklus übergreift. Die gleichgeschlechtliche Tendenz, die man aus der hohen Zahl der gegenseitigen Paare unter 14- bis 18jährigen Knaben folgern kann, würde wahrscheinlich sehr verringert und durch eine große Zahl von Paaren zwischen Mädchen und Knaben verändert werden, falls sie gemischten Gruppen angehören würden. Eine noch größere Komplexität tritt in Erwachsenengruppen auf – hauptsächlich infolge des Anwachsens sozialer und kultureller Kriterien – um sich im Greisenalter wieder auf einfachere und starrere Strukturen zu reduzieren. Viele Gleichaltrige sind dann schon gestorben, und ihre Rollen sind schwer zu ersetzen.

Die Organisation einer Klassengruppe der ersten Volksschuljahre stellt den Anfang von Strukturen dar, die in den folgenden Jahren immer häufiger auftreten, und vice versa weist die Organisation einer höheren Klasse immer noch vereinzelt Strukturformen auf, die in früheren Schuljahren vorherrschend waren. Im Kindergarten ist die Paarbildung sehr selten. Von dreißig Kindern bildeten nur drei Kinder Paare mit anderen Mitgliedern der Gruppe. In der zweiten Klasse (BI) wurden von derselben Anzahl von Schülern 15 Paare gebildet. Anziehungsstrukturen zwischen den beiden Geschlechtern wurden im Kindergarten von 15% geformt. In der vierten Klasse beteiligten sich nur noch 2% am Aufbau solcher Strukturen. Dieses aus dem Wachstum der Gruppe resultierende Phänomen kann man am besten beobachten, wenn man dieselbe Gruppe von Jahr zu Jahr dem soziometrischen Test unterwirft und die Resultate in den Soziogrammen vergleicht. Die Gruppenorganisation von Jugendlichen, in der geistig Zurückgebliebene vorherrschend sind, weist eine große Anzahl unerwiderter Wahlen, eine geringe Zahl von Paaren und viele isolierte Personen auf. Sie hat große Ähnlichkeit mit der Organisation von vier- bis siebenjährigen Kindern, z. B. im Kindergarten und den unteren Klassen der Volksschule.

Die Kenntnis der Gesetzmäßigkeiten in der Entwicklung sozialer Gruppen ermöglicht eine soziometrische Klassifizierung der Individuen hinsichtlich ihrer Entwicklung innerhalb der Gruppe. Dies wiederum gibt die Gelegenheit zur Konstruktion soziometrisch bedingter sozialer Gruppen. Wir haben darauf hingewiesen, daß weder das chronologische Alter noch das intellektuelle Alter angibt, welcher sozialen Gruppe eine Person angehört oder angehören sollte. Um seine Stellung in dieser Hinsicht genau zu bestimmen, ist ein soziometrischer Test unbedingt erforderlich.

In unseren Volksschulklassen werden z. Z. die Kinder so gruppiert, daß man besondere Rücksicht auf das chronologische Alter nimmt, auf die intellektuelle Begabung, auf das durch Intelligenztests festgestellte intellektuelle Alter und auf den schulischen Erfolg der Kinder oder daß man bei der Gruppierung eine Kombination dieser Prinzipien in Betracht zieht. Die soziometrische Position des Schülers innerhalb der Schule und der Gruppen, in denen er sich bewegt, wird nicht berücksichtigt. Obgleich in vielen Orten dieser spontanen Wahl der Kinder bei ihrer Gruppierung weitgehend Beachtung geschenkt wird, bleibt die Spontaneität immer der Intuition der Kinder und Lehrer überlassen, ohne soziometrisch ausgelöst und bewertet zu werden. Eine Gruppierung von Personen kann als soziale Gruppierung unerwünscht sein, obwohl sie eine Zeitlang zusammen studiert oder zusammen gearbeitet haben mögen und obgleich sie denselben Intelligenzgrad, dieselbe Konfession und dieselbe Nationalität haben mögen. Die Individuen selbst, in unserem Fall die Schüler, haben Beziehungen zueinander, die für sie und die soziale Gruppierung von ausschlaggebender Bedeutung sind. Bei der

Bildung sozialer Gruppen, der sie angehören sollen, müssen ihre eigenen Gefühle berücksichtigt werden. Dies führt bei systematischer Verfolgung zur Anwendung soziometrischer Methoden. Wenn wir den soziometrischen Test in großem Stil anwenden und seine Ergebnisse im Zusammenhang mit dem Betragen der Kinder in wirklichen Lebenssituationen studieren, werden unsere Kenntnisse über wünschenswertere Gruppierungen der Kinder verschiedener Altersstufen genauer werden. Am Ende eines Schuljahrs kann aus dem soziometrischen Test ersehen werden, welche Organisation die Kinder innerhalb der Klasse entwickelt haben. Gewisse Strukturen der Organisation, die durch regelmäßig wiederholtes Testen entdeckt worden sind, mögen eine unerfreuliche Prognose für die zukünftige Entwicklung der Gruppe oder einzelner Mitglieder indizieren, ungeachtet dessen, daß das Betragen eines jeden Einzelnen und seine in der Schule erzielten Leistungen befriedigend sein mögen. Es kann vorausgesagt werden, daß systematisch verfolgte, wiederholte soziometrische Studien uns die Möglichkeit geben werden, einerseits antisoziale und verbrecherische Tendenzen, anderseits Tendenzen zur Bildung von Geistesstörungen frühzeitig zu erkennen. Sie schaffen die Grundlage für eine Methode frühzeitiger Diagnose und präventiver Maßnahmen.

III. KRITISCHE BEMERKUNGEN

Als der Test ausgeführt wurde, war die Mehrheit der Schüler drei Monate zusammen im selben Klassenzimmer gewesen. Der Test hätte in dieser Klassengemeinschaft von Anfang ihrer Bildung an in regelmäßigen Abständen angewendet werden sollen. Da dies nicht der Fall war, wissen wir nicht, ob die gleiche Struktur sich über längere Zeit, von Monat zu Monat, regelmäßig wieder gezeigt hätte. Etwas mehr als drei Monate nach Schulbeginn wurde der Test gleichzeitig auf alle Schüler der Schule angewendet. So war die Zeit ihres Zusammenseins zumindest für die Mehrzahl der Schüler die gleiche. Viele der Schüler waren zuvor schon ein oder zwei oder mehrere Schuljahre zusammen in dieselbe Klasse gegangen. Dies wirkt sich unter Umständen auf die Stellung solcher Schüler innerhalb der Klassenorganisation aus, verändert aber kaum die allgemeinen Strukturtendenzen, die wir ermittelt haben. In dieser Hinsicht fand der Test im Kindergarten die besten Bedingungen, da die Kinder zuvor nicht miteinander bekannt waren.

Während die Zusammensetzung einer Klasse in der Riverdaleschule das ganze Jahr beinahe unverändert blieb, wechselten die Klassen z. B. der Public School 181 in Brooklyn ständig. Bis zu 25% aller Schüler wechselten innerhalb eines Schuljahres. Hieraus resultierte der Umstand, daß eine gewisse Anzahl Schüler kürzere Zeit mit ihren Klassenkameraden zusammen gewesen war als die Mehrheit. Dies mochte die soziometrische Position der Neulinge beeinflußt haben. Die allgemeine Tendenz der Struktur wurde davon aber nur wenig oder gar nicht berührt, da die Differenzierung der Gruppe von den Individuen selbst unabhängig zu sein scheint, solange diese auf derselben oder annähernd derselben Entwicklungsstufe stehen. Gerade der letztgenannte Fall scheint den Tatsachen zu entsprechen. Auf Grund von Gesprächen mit Kindern konnten wir schließen, daß ihre Motivierungen für ihre Zu- und Abneigungen hinsichtlich des Kriteriums des Zusammenlernens zum Teil aus gemeinsamen Erlebnissen in der Nachbarschaft herrührten.

Selbst wenn sie erst in der Schule miteinander bekannt geworden waren, schien ihre engere Freundschaft erst später außerhalb der Schule entstanden zu sein. Dies erklärt die Zickzackströmungen, die Schule, Familien und nachbarliche Umgebungen als Teile übergeordnet sozialer Zusammenhänge miteinander verbinden. In vielen Fällen konnten wir beobachten, wie Bekanntschaften, die in der Schule begonnen hatten, zur Entstehung von Cliquen und Banden in den Wohnbezirken führten. Wir sehen, wie sich derartige Formationen bilden, ohne daß Lehrer und Eltern sich ihrer Verzweigungen bewußt werden. Es kann gut möglich sein, daß solche Assoziationen Einfluß auf die Strukturen der Klassenorganisation haben, der die Kinder angehören, und daß dies aus dem soziometrischen Test ersehen werden kann.

IV. PERIODEN DER GRUPPENENTWICKLUNG

Die Wirkung, die das soziale Reifen der Individuen auf die Struktur und Differenzierung der Gruppen hat, und der Einfluß, den eine derartige Organisation, ist sie einmal gebildet, wiederum auf die Individuen ausübt, veranlaßte uns, folgende Perioden zu unterscheiden:

a) Vom 4.–7./9. Lebensjahr	Vorstufe der sozialen Reifung oder Vorstufe der Gesellung.
b) Vom 7./9.–13./14. Lebensjahr	Erste Stufe der sozialen Reifung oder erste Stufe der Gesellung.
c) Vom 13./14. Lebensjahr an aufwärts	Zweite Stufe der sozialen Reifung oder zweite Stufe der Gesellung.

1. Vorstufe der sozialen Reifung

Die Gruppen, die während der verschiedenen Phasen dieser Periode von Kindern gebildet werden, sind weniger konstant und weniger differenziert als spätere. In den jüngeren Gruppen finden wir eine große Anzahl ungewählter und isolierter Kinder und nur wenig gegenseitige Paare. Da die spontane Fähigkeit, Partner zu wählen, welche die Wahl erwidern, anscheinend nur schwach entwickelt ist, weisen die in dieser Periode gebildeten Gruppen eine zusammenhanglose „Struktur" auf, die keine günstige Basis für freie, kooperative Handlungen ist. Die auf dieser vorsozialen Stufe entstandenen Freundschaften und Bünde sind meist nur von kurzer Dauer und zu wenig konstant und differenziert, um eine gemeinschaftliche Handlung auszulösen oder ein gemeinsames Ziel zu setzen. Falls eine Kinder-„bande" entdeckt werden sollte, die mit einer gewissen Bestimmtheit ein Ziel verfolgt, so wird man gewöhnlich ein oder zwei ältere Kinder darunter finden, die als Rädelsführer auftreten.

2. Erste Stufe der sozialen Reifung

Etwa vom siebten bis achten Lebensjahr an sind die Kinder fähig, gemeinschaftlich zu handeln, gemeinsame Ziele zu verfolgen und selbst Gruppen zu bilden, die von denen der Erwachsenen unabhängig sind. Von diesem Alter an und die ganze Jugendzeit hindurch haben die Einzelnen das Verlangen, eine Funktion innerhalb einer Gruppe zu haben, die dem Differenzierungsgrad ihrer Entwicklungsstufe entspricht. Wenn dieser Wunsch nicht befriedigt wird, kann der Fall eintreten, daß das Kind sich heimlich irgendeiner beliebigen Gruppe anschließt. In der ersten Periode der sozialen Reifung beginnen die Kinder, unabhängige soziale Gruppen unter sich zu bilden. Ältere Kinder können zwar in diesen Gruppen vertreten sein; aber dies ist nicht unbedingt erforderlich. Die Organisation der Kindergruppen dieser Periode läßt erkennen, daß die Beziehungen zwischen den Mitgliedern genügend differenziert sind, um soziale Normen („codes") zu verstehen und ein gemeinsames Ziel zu verfolgen.

Die für diese Altersstufe charakteristische geschlechtliche Haltung kommt in den in dieser Periode entstehenden Gruppenorganisationen zum Ausdruck. Die gleichgeschlechtliche Tendenz tritt um das achte Lebensjahr stärker in Erscheinung und beginnt nach dem 13. Lebensjahr abzunehmen. Die auf Angehörige des gleichen Geschlechts gerichtete Tendenz in der Gruppenorganisation bleibt die ganze Jugendzeit hindurch in schwächerem Grade weiter bestehen. Neben diesen gleichgeschlechtlichen Bünden kann man gemischte Gruppen von Mädchen und Knaben finden, die ein entschiedenes Interesse für beide Geschlechter haben. Es kann nachgewiesen werden, daß die Mehrzahl der Mitglieder solcher Gruppen älter als zwölf Jahre ist. Dies fällt mit dem Auftreten von Gruppenstrukturen zusammen, die das allmähliche Anwachsen der Wahlen zwischen den beiden Geschlechtern nach dem 13. Lebensjahr zeigen. In dieser Hinsicht kann das eine oder andere Mitglied der Gruppe mitunter jünger als 13 Jahre sein, wenn Mädchen oder Knaben der erwähnten Altersstufe vertreten sind, welche die jüngeren einführen. In anderen Worten: Kinder zwischen sechs und zwölf Jahren mögen hie und da in eine geschlechtliche Beziehung treten, bilden aber nicht spontan eine Gruppe aus geschlechtlichen Gründen. Vom siebten bis achten Lebensjahr an sind sie schon fähig, Bünde zu schließen, in denen aber das Geschlechtliche keine Rolle spielt. Vom 12. bis 13. Lebensjahr an kann der sexuelle Faktor auftreten und eine weitere Differenzierung verursachen. Sogar Kinder, die auf der Vorstufe der sozialen Reifung stehen, können von älteren Führern in solche Bünde eingeführt werden. Aber ihre Teilnahme ist weder spontan noch echt. Die spontane Teilnahme beginnt gewöhnlich nicht, bevor sie mit 7–8 Jahren die erste Stufe der sozialen Reifung oder mit 13 Jahren die erste Stufe der sozial-sexuellen Periode erreicht haben.

Die Wirkung, welche die reifende sexuelle Funktion der Individuen auf die Gruppenstruktur ausübt, brachte uns dazu, folgende Stadien zu unterscheiden:

Vom ersten bis zum 6./7. Lebensjahr:	Erstes gemischtgeschlechtliches Stadium.
Vom 6./7. bis 8./13. Lebensjahr	Erstes gleichgeschlechtliches Stadium.
Von 13–15 Jahren	Zweites gemischtgeschlechtliches Stadium.
Von 15–17 Jahren	Zweites gleichgeschlechtliches Stadium.

In diesem Alter kommt die spätere gleichgeschlechtliche oder gemischtgeschlechtliche Haltung zur Kristallisation. Unsere Erfahrungen mit größeren Kindergruppen, denen viele Hunderte von Kindern angehörten, vermögen ein weiteres Licht auf dieses Problem zu werfen. Wir fanden, daß Kinder etwa vom achten Lebensjahr an fähig sind, ohne die Hilfe älterer Personen eine eigene „Gesellschaft" zu bilden. Meistens bildeten sie eine „Gesellschaft" mit einem Führer an der Spitze. Die folgende Hypothese kann formuliert werden: Falls das geistige Wachstum auf dieser Altersstufe zum Stillstand käme und keine höher differenzierten Gesellschaften existierten, würden diese Kindergesellschaften fähig sein, fortzubestehen und eine ordentliche Organisation zu entwickeln; denn sie verfügen bereits über das zur Verfolgung gemeinsamer Ziele erforderliche Minimum an Beständigkeit und Differenziertheit. Diese Hypothese konnte nicht durch einen Test bewiesen werden, da in Wirklichkeit die Gruppen der Jugendlichen und Erwachsenen die in spontaner Bildung begriffenen Kindergruppen unter beständig wirksamem Einfluß und Druck halten. Die Kinder haben keine Möglichkeit, diesen Einfluß auszuschalten und sich autonom über Nachbarschaftsbünde und örtliche Gruppen hinaus zu entwickeln. Um ein solches Experiment auszuführen, müßte eine solche Kindergruppe plötzlich in ihrer vertrauten Umgebung sich selbst überlassen werden.

V. GRUPPENSPALTUNGEN

Vom Kindergarten an entwickeln die Gruppen allmählich eine differenziertere Organisation. Die Zahl der Ungewählten verringert sich; die Zahl der Paare wächst an, und von der dritten Klasse an treten Ketten und Dreiecke in Erscheinung. Die Organisation wird immer reifer und fähiger, als Gruppe zu handeln. In der dritten und vierten Klasse sind gemeinschaftliche Gruppenhandlungen bereits potentiell vorhanden und soziometrisch erkennbar, bevor sie von Außenstehenden beobachtet werden können. Die zunehmende Differenzierung der Kindergruppen von der zweiten Klasse an und die schwächer werdende Einsicht der Erwachsenen in die Rolle und Stellung, die das einzelne Kind in der Gruppe einnimmt, stellen den Anfang einer sozialen Spaltung dar: der Spaltung zwischen Erwachsenen und Kindergruppen.

Von der vierten Klasse an fällt der Prozentsatz gemischtgeschlechtlicher Anziehung sehr stark ab. Es wird dadurch der Anfang einer Spaltung der Geschlechter angezeigt, die von diesem Zeitpunkt an bis zur achten Klasse für die Gruppenorganisation charakteristisch ist. Dem parallel läuft ein rasches Anwachsen der Zahl der Paare und anderen sozialen Gebilde. Es scheint, als ob die Spaltung der Geschlechter den Gesellungsprozeß beschleunige, indem sie die emotionalen Bande zwischen den Mitgliedern der Knaben- und Mädchenbünde festigt, in die jetzt die Klasse aufgespalten ist.

Von etwa der fünften Klasse an kann eine andere Erscheinung in den Soziogrammen beobachtet werden. Eine größere Anzahl italienischer Kinder beginnt italienische Nachbarn zu wählen; eine größere Anzahl jüdischer Kinder beginnt jüdische Kinder zu wählen; eine größere Anzahl deutscher Kinder beginnt deutsche Kinder zu wählen usw. und eine größere Anzahl von jüdischen Kindern weist italienische Kinder ab, von deutschen Kindern weist jüdische Kinder ab und von weißen Kindern weist farbige Kinder ab usw. als dies zuvor der Fall gewesen war. Dieses Phänomen konnte weder in den Kindergartengruppen noch in der ersten, zweiten und dritten Klasse beobachtet werden, obwohl der Prozentsatz an Kindern verschiedener Nationalität der gleiche war. Hier beginnt eine rassische Spaltung. Die Gruppe, die bereits in zwei Gruppen gleicher Geschlechtszugehörigkeit, in zwei Hälften, aufgespaltet ist, hat die Tendenz, sich weiterhin in kleine Untergruppen aufzuspalten, deren jede sich aus Knaben oder Mädchen gleicher Nationalität zusammensetzt. Ob dies nur für unsere besondere Kindergruppe galt oder ob es eine allgemeine Erscheinung war, war zunächst fraglich. Im Laufe der Jahre wurde aber durch zahlreiche Untersuchungen in Städten und ländlichen Bezirken festgestellt, daß Kinder keine spontanen Abneigungen hinsichtlich nationaler Unterschiede haben. Wo eine Spaltung auftritt, macht sich weitgehend der Einfluß der Eltern und Erwachsenen bemerkbar.

Diese drei soeben erwähnten Erscheinungen werden von verschiedenen Faktoren bedingt. Der erste ist der physische und geistige Unterschied zwischen Kindern und Erwachsenen. Kinder werden sich des Unterschieds zwischen sich und den Erwachsenen bewußt und erkennen die Ähnlichkeit zwischen sich und anderen Kindern. Der psychologische Abstand zwischen Erwachsenen und Kindern wird größer, die psychologische Nähe zwischen Kindern und Kindern wächst. Dies ist eine Basis für die Entstehung von Kindervereinigungen, die von den Vereinigungen der Erwachsenen unabhängig sind. Da die Beziehungsgeflechte zwischen den Kindern feiner und fester geworden sind, können die gemeinschaftlichen Handlungen der Kinder im Gegensatz zu früher, da sie auf den ersten Blick zu überschauen waren, jetzt nur schwerlich von den Erwachsenen erkannt werden. Trotzdem entwickeln sich die Kindervereinigungen innerhalb der gesamten sozialen Struktur kaum über ein embryonales Stadium hinaus. Bis zu einem gewissen Alter ist dies die Folge ihrer Unzulänglichkeit in der Gruppenbildung. Von der zweiten bis dritten Klasse an ist es jedoch weitgehend durch den Einfluß und Druck verschuldet, den die Erwachsenen auf die Kinder ausüben und der ihnen nicht gestattet, sich voll zu entfalten.

Bald nachdem der Unterschied zwischen den Kindern und den Erwachsenen angefangen hat, die Gruppenorganisation zu beeinflussen, macht sich die Wirkung bemerkbar, die der Unterschied zwischen den beiden Geschlechtern in ihr hervorruft. Der Unterschied zwischen Knaben und Mädchen beschäftigte schon lange vor dieser Periode die kindlichen Gemüter; aber bis zu diesem Alter regte er hauptsächlich die Neugierde an und verursachte eher eine naive Anziehung als eine Absonderung. Sobald jedoch die Periode der zwanglosen Mischung der Geschlechter ihr Ende gefunden hat, vergrößert sich der Abstand zwischen den beiden Geschlechtern und führt zu einer neuen Spaltung. Es beginnt die Aufspaltung der Gruppe in gleichgeschlechtliche Knaben- und Mädchenbünde. Es scheint, als ob diese geschlechtliche Aufspaltung ihr Gegenstück in den Vorstellungen primitiver Gesellschaften hat. In einer afrikanischen Erzählung schildert uns Frobenius, wie Männer und Frauen bestimmter Stämme getrennt in verschiedenen Dörfern leben. Jedes Dorf wurde von dem einen Geschlecht, von dem es bevölkert wurde, regiert, und Frobenius beschreibt periodisch auftretende

Feindseligkeiten zwischen den beiden monosexuellen Gemeinschaften. Die soziometrische Grundlage dieser außergewöhnlichen sozialen institutionellen Organisationen mag symbolisch in dem beschriebenen Stadium der sexuellen Spaltung gesucht werden, in dem die Separation der Geschlechter in der Gruppenstruktur zum Ausdruck kommt. In der sexuellen Gruppenspaltung der Kinder liegt auch der Keim für die späteren Feindseligkeiten zwischen den beiden Sexualgruppen. Obwohl diese Spaltung sich nicht über ein embryonales Stadium hinausentwickelt, wird sie nie ganz überwunden. Der rasch zunehmenden gemischtgeschlechtlichen Anziehung ist es nicht möglich, die Kluft völlig zu überbrücken, auf die alle zukünftigen Tendenzen zu gleichgeschlechtlichen Gruppierungen zurückgehen. Wenn die gleichgeschlechtliche Tendenz in der Gruppenformation zu einer treibenden Kraft wird, trägt sie wohl dazu bei, die Individuen einander näher zu bringen und durch ihre emotionalen Beziehungen eine höher differenzierte Gruppe zu bilden, die einen Ausgangspunkt für weitere Entfaltung darstellt. Es mag den Individuen dieser Altersstufe ökonomischer und weniger riskant erscheinen, sich zunächst dem gleichen Geschlecht anzuschließen und nach der größtmöglichen Identität und Ähnlichkeit in der sozialen Orientierung zu streben. Gleichgeschlechtliche Bünde scheinen in dieser Periode des Experimentierens in der Bildung kollektiver Gefühle große soziale Bedeutung zu haben.

Ein Zusammenwirken und gemeinsame Ziele können leichter erreicht werden, wenn gewisse Widerstände innerhalb der Gruppe beseitigt werden. Geringe Unterschiede in Hautfarbe, Größe, Gestalt, Gesichtsausdruck oder im psychischen Verhalten werden bedeutungsvoll, da sie Widerstände im Austausch der Gefühle verursachen können. Die Wirkung des elterlichen Einflusses oder der Meinungen des Lehrers oder anderer älterer Personen, die vom Kinde respektiert werden, ist natürlich sehr groß. Warum aber ein solcher Einfluß von so hoher Autorität keinen anhaltenden Eindruck bei Kindern niederer Altersstufen hinterläßt, kann vielleicht folgendermaßen erklärt werden: In den Kleinkinder- und Kindergartengruppen ist die Struktur zu zusammenhanglos, um konstante Kommunikationsbahnen zwischen den Mitgliedern herzustellen. Aber später in der Phase der sexuellen Spaltung bereiten die emotionalen Beziehungen unter den Kindern den Boden für eine strukturelle Entwicklung, die es ermöglicht, Meinungen und Gesinnungen, Wertgefühle und kulturelle Vorurteile zu absorbieren und weiterzuleiten. Diese Faktoren allein würden jedoch nicht genügen, diese Gefühle zu festigen und sie von einem persönlichen Verhalten in eine kollektive Konfiguration umzusetzen. Ein aufnehmendes und konservierendes Element ist dazu erforderlich. Wir finden es in den psycho-sozialen „Netzwerken", die sich auf dieser Altersstufe zu entwickeln beginnen und deren Bedeutung wir an anderer Stelle näher beschreiben werden. In diesen Netzwerken können sich verbale und nicht verbale Meinungen und Urteile ausbreiten.

Es kann eine Parallele zwischen intersexueller und interrassischer Anziehung festgestellt werden. Die wachsende emotionale Ausdehnung hat „Neugierde" hinsichtlich des anderen Geschlechts und hinsichtlich anderer ethnischer Gruppen zur Folge. Wenn die gemischtgeschlechtliche Anziehung von der gleichgeschlechtlichen Anziehung abgelöst wird, schwächt sich die Neugierde für das andere Geschlecht ab und verwandelt sich in Gleichgültigkeit oder Feindseligkeit. Genau das gleiche gilt für die Neugierde hinsichtlich anderer Rassen; auch sie schwächt sich ab und setzt sich in Gleichgültigkeit oder Feindseligkeit um. Das eigene Geschlecht und die eigene Rasse werden bevorzugt. Wenn Kinder intelligent genug sind, verfeinerte Beziehungen zu knüpfen, erleben sie zum erstenmal die beiden großen Hindernisse in der Verfolgung geschlossener und tatkräftiger Gruppenaktion - das andere Geschlecht und die anderen Rassen. (Der Gegensatz der sozio-ökonomischen Klassen kommt im Soziogramm auch zum Ausdruck, ist aber mehr verwischt.) Bei den ersten Träumen von der Welteroberung scheint es einem Knabenbund bei weitem einfacher und sicherer zu sein, das andere Geschlecht und andere ethnische Gruppen auszuschließen.

Die sexuelle Spaltung konnte unter den getesteten Gruppen aller Nationalitäten beobachtet werden; aber dieses Phänomen scheint bei gewissen Nationalitäten und ethnischen Gruppen eine längere Dauer zu haben, wohl infolge eines späteren Eintritts der Pubertätserlebnisse. Es scheint, daß die Nationalitätengruppen, in denen die Gruppierung gleichgeschlechtlicher Art nachdrücklicher und von längerer Dauer ist, diese die Grundlage darstellt für die spätere Bildung kohäsiver männlicher „Bünde" und Vereinigungen mit feindseliger, aggressiver Haltung gegenüber der übrigen Gesellschaft, von der sie in mehr oder weniger starkem Grade abweichen. Auf der anderen Seite hat diese verlängerte Dauer der Spaltung der Geschlechter und die daraus resultierende Verstärkung der auf das eigene Geschlecht gerichteten Tendenz in Mädchengruppen einen großen Unabhängigkeitssinn zur Folge. Das Phänomen der Spaltung erscheint immer wieder innerhalb des individuellen Lebenslaufes und der Entwicklung kleinerer Gruppen und größerer Gesellschaftsverbände. Es kann angenommen werden, daß parallel mit dem Anwachsen der Macht gleichgeschlechtlicher, aggressiver Männergruppen gleichzeitig von ihnen eine Unterdrückung kohäsiver Frauengruppen ausgeht, die ihrerseits in einer Gegenbewegung Ansprüche auf Gleichberechtigung geltend machen.

Mit Hilfe der soziometrischen Analyse können die sozialen Formen der Gleichgeschlechtlichen Bewegungen eine wissenschaftliche Erklärung finden. Es ist nicht möglich, dieses Problem allein aus der Psychodynamik einzelner Personen, aus der Psychodynamik der Gleichgeschlechtlichkeit zu verstehen. Sie müssen zunächst als eine Gruppe im soziometrischen Sinn erfaßt und auf ihre soziale Genesis zurückgeführt werden. Dasselbe gilt für das sogenannte Frauenproblem;

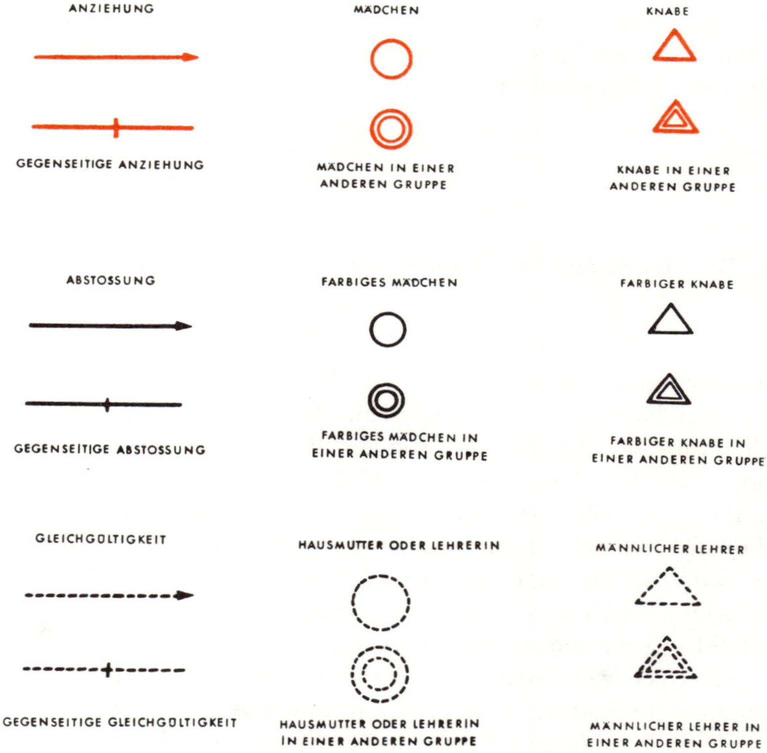

Abb. 2

Schlüssel zu den Soziogrammen

Ein Kreis stellt ein Mädchen dar, ein großer Kreis eine Frau.
Ein Dreieck stellt einen Knaben dar, ein großes Dreieck einen Mann.
Ein Doppelkreis oder Doppeldreieck bedeutet, daß das Individuum nicht der im Soziogramm gezeichneten Gruppe angehört, sondern einer anderen.
Eine von einem Individuum zu einem anderen Individuum gehende Linie stellt die Beziehung zwischen den beiden Individuen dar.
In einfarbigen Soziogrammen bedeutet jede Linie eine gleichartige Beziehung.
In bunten Soziogrammen bedeutet jede Farbe eine andersartige Beziehung.
Eine rote Linie bedeutet Anziehung.
Eine schwarze Linie bedeutet Abstoßung.
Eine punktierte Linie bedeutet Gleichgültigkeit.
Eine gekreuzte Linie stellt eine doppelseitige Beziehung dar.
Eine mit Pfeil versehene Linie zeigt eine einseitige Beziehung an.
In Soziogrammen, welche die spezifischen Reaktionen eines Individuums darstellen, bedeutet eine rote Linie Sympathie, eine punktierte oder gebrochene Linie Angst, eine dünne Linie Ärger, eine starke schwarze Linie Herrschsüchtigkeit.

auch sie stellen eine „Minoritätsgruppe“ dar, wohl die mächtigste, die jemals existiert hat. Auch der Emanzipationskampf der Frauen bedarf zu seinem vollen Verständnis der soziogenetischen Analyse.

VI. DIE KONZEPTION DES SOZIOMETRISCHEN ALTERS

Der fundamentale Ausgangspunkt für den Gesellungsvorgang scheint mit sieben bis neun Jahren erreicht zu werden. Das heißt nicht, daß der Prozeß auf dieser Altersstufe sein Ende findet, sondern daß Kinder dieses Alters erstmalig fähig sind, selbst eine Vereinigung zu bilden und zu verwalten. Der nächste Wendepunkt im Gesellungsprozeß ist das Alter von 12–15 Jahren, in dem die geschlechtliche Entwicklung den Gesellungsprozeß beeinflußt. Auf der Altersstufe zwischen 16 und 17 Jahren, einem dritten Wendepunkt, beginnt sich die Intelligenzentwicklung im Gesellungsprozeß auszuwirken.

Die Individuen scheinen innerhalb ihrer allgemeinen Entwicklung diese Wendepunkte zu verschiedenen Zeiten zu erreichen. Ein Individuum, dessen Intelligenzentwicklung durchschnittlich normal zu sein scheint, kann sozial zurückgeblieben, ein anderes kann sozial fortgeschritten und emotional zurückgeblieben sein. Diese Unterschiede in der intellektuellen, emotionalen und sozialen Entwicklung weisen daraufhin, daß die Hypothese des Alters aufgegeben oder neu definiert werden muß. Es würde praktisch zu Widersprüchen führen, wenn wir unterscheiden müßten zwischen dem chronologischen, intellektuellen, emotionalen, sozialen und kulturellen Alter eines Individuums. Wir müssen daher, wenn die Konzeption des Alters aufrechterhalten werden soll, einen Test konstruieren, der alle diese Faktoren einschließt. Statt auf diese verschiedenen Aspekte in der Persönlichkeitsentwicklung verschiedene Tests anzuwenden, zwischen denen keine verbindende Brücke existiert, wie z. B. für die abstrakte Intelligenz den Intelligenztest, für die Aufgabenleistung den Performancetest und für das emotionale Leben die psychoanalytische Untersuchung, müßte ein Test konstruiert werden, der alle diese Faktoren in ihrem Zusammenhang auswerten kann, da diese gleichzeitig in Erscheinung treten. Dies ist der Fall, wenn das Individuum zum Aktor wird und handelt. Die Aktoren innerhalb der Handlungslage bringen das Intellektuelle und Emotionale, das Soziale und das Kulturelle in ihrem natürlichen Zusammenhang gleichzeitig zum Ausdruck. Diese Aufgabe wird durch die Kombination des Spontaneitätstests und des Rollenspieltests gelöst. Diese Tests arbeiten mit drei

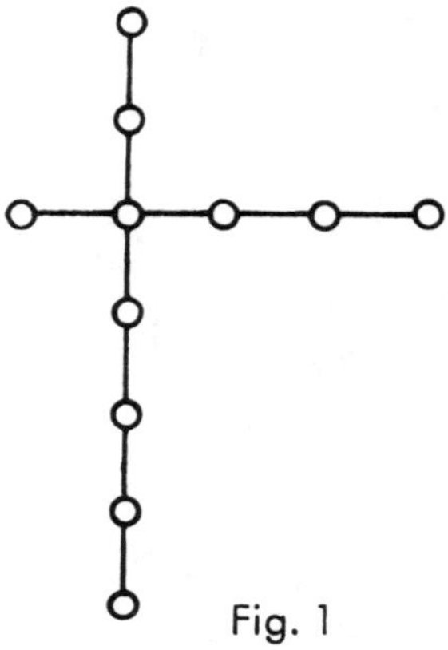

Fig. 1

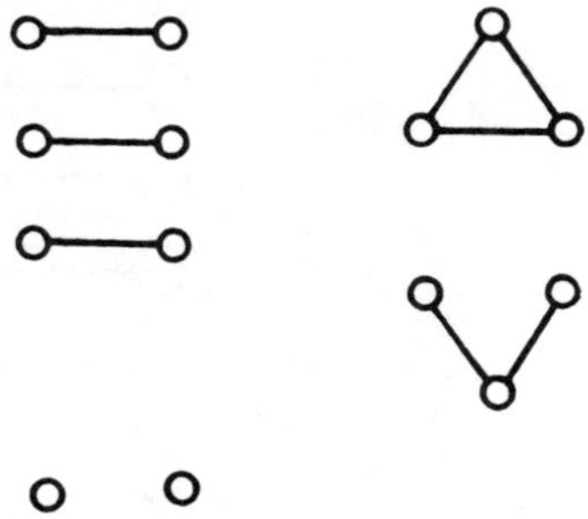

Fig. 2

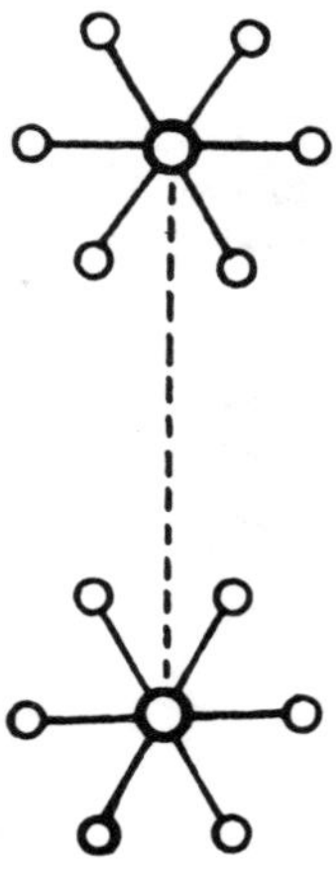

Fig. 3

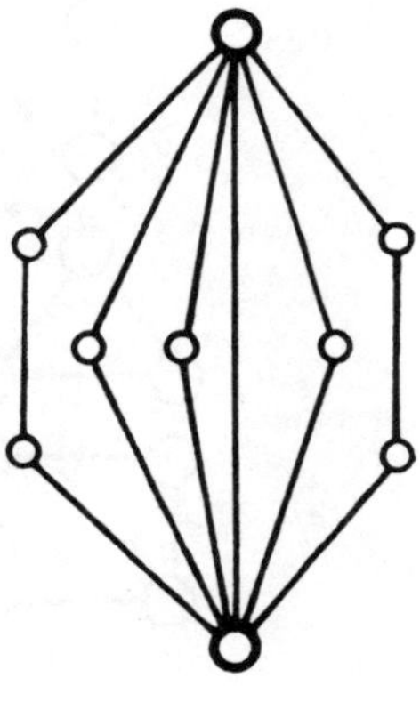

Fig. 4

Abb. 3

Fig. 1: Anziehungen zwischen Individuen haben die Form einer Kette.

Fig. 2: Anziehungen zwischen Individuen bewirken Paare, Dreiergruppen und sekundär isolierte Individuen.

Fig. 3: In den beiden Untergruppen dominieren zwei Individuen (Stars). Es besteht keine Verbindung schaffende Anziehung zwischen den Stars. Ein Star ist ein Individuum, das mindestens fünfmal gewählt wird.

Fig. 4: stellt eine Gruppe dar, in der zwei dominierende Individuen direkt und indirekt durch andere Individuen mehrfach verbunden werden.

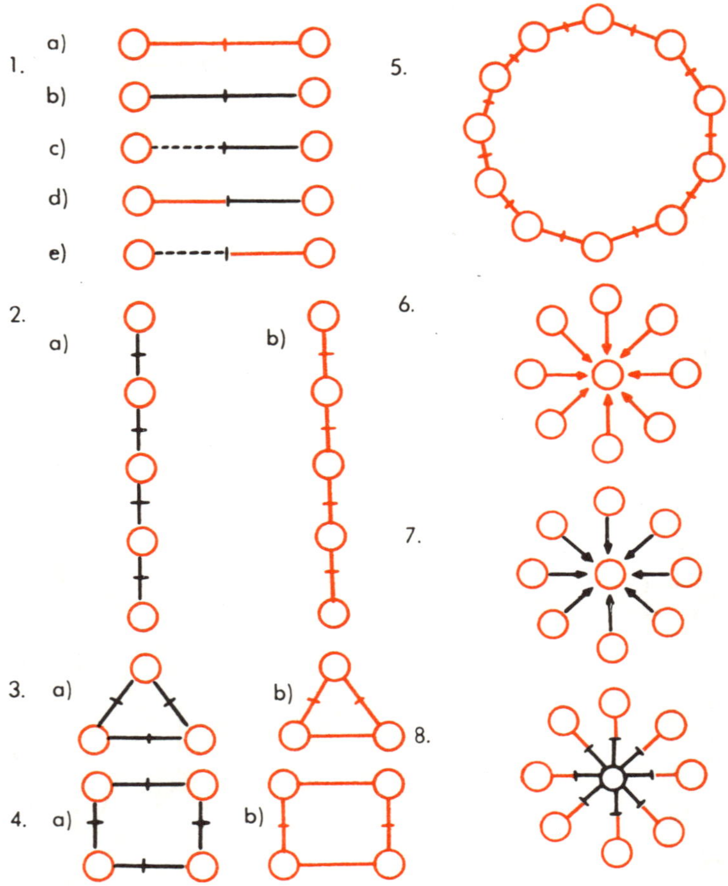

Abb. 4

1. Anziehungen und Abstoßungen nehmen die Form eines Paares an.
   a) Gegenseitige Anziehung rotes Paar; c) Gleichgültigkeit vs. Abstoßung;
   b) Gegenseitige Abstoßung schwarzes Paar; d) Anziehung vs. Abstoßung;
   e) Gleichgültigkeit vs. Anziehung.
2. Gegenseitige Abstoßungen und Anziehungen nehmen die Form einer Kette an.
   a) Kette gegenseitiger Abstoßung; b) Kette gegenseitiger Anziehung.
3. Gegenseitige Abstoßungen und Anziehungen nehmen die Form eines Dreiecks an.
   a) Dreieck gegenseitiger Abstoßung; b) Dreieck gegenseitiger Anziehung.
4. Gegenseitige Abstoßungen und Anziehungen nehmen die Form eines Vierecks an.
   a) Viereck gegenseitiger Abstoßung; b) Viereck gegenseitiger Anziehung.
5. Gegenseitige Anziehungen nehmen die Form eines Kreises an.
6. Anziehungen nehmen die Form eines Sternes an (Star).
7. Zentrum von Abstoßungen.
8. Zentrum von inkongruenten Abstoßungen und Anziehungen.

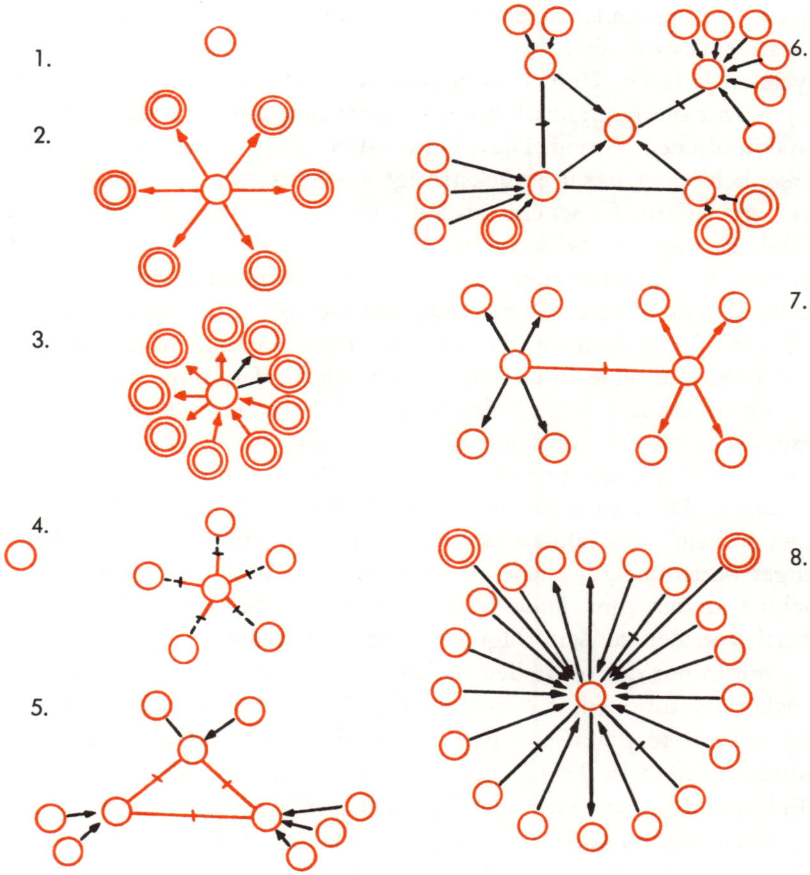

Abb. 5

1. Völlige Isolation. – Keine Linien der Anziehung oder Abstoßung verbinden das Individuum mit anderen Individuen.

2. Das Individuum wird von sechs Individuen außerhalb seiner Gruppe angezogen (Individuen außerhalb der Gruppe werden durch Doppelkreise symbolisiert), welche die Wahl nicht erwidern.

3. Das Individuum wird von vier Individuen außerhalb seiner Gruppe angezogen und stößt zwei weitere ab. Sie erwidern die Anziehung bzw. Abstoßung nicht; drei andere Individuen, welche von dem Individuum angezogen werden, sehen ihre Wahl nicht erwidert.

4. Das Individuum wird von fünf Individuen innerhalb der Gruppe angezogen, die mit Gleichgültigkeit reagieren.

Fortsetzung Seite 72 unten

Prinzipien, der Spontaneität, der Handlung und der Rolle. Verglichen mit einer Reihe starrer Testaufgaben, wie im Intelligenztest, der sprachlichen Assoziation, der psychoanalytischen Untersuchung und dem qualitativen Ich der Gestaltpsychologen, gewährt die Kombination des Spontaneitätstests und des Rollenspieltests einen methodischen Vorteil. Diese beiden Tests zeigen nämlich, daß die Einheit der Persönlichkeitsstruktur berücksichtigt werden kann, ohne die Meßbarkeit der „Atome" zu opfern. Es scheint, daß die Einheit als aktives Prinzip in der Persönlichkeitsentwicklung wirksam ist. Aber wir können nicht gut einen Teil dieser Einheit von dem anderen trennen und sagen: die intellektuelle Entwicklung ist verspätet, die emotionale beschleunigt und die soziale Entwicklung ist normal. Wir müssen die Struktur der Persönlichkeit im Zusammenhang mit ihren einzelnen Aspekten als eine Einheit sehen, die, gleich dem physischen Organismus, immer nur als Ganzes funktionieren kann. Es war eine bedeutungsvolle Entdeckung, als festgestellt wurde, daß der soziometrische Gruppentest die Wirksamkeit eines ähnlichen Prinzips innerhalb der Gruppenentwicklung nachzuweisen vermag. Die Gruppe wächst ungeachtet der Stellung der Individuen in ihr. Sie entwickelt sich von Jahr zu Jahr und stellt eine soziometrische Einheit dar.

In enger Beziehung zu seinem soziometrischen Alter hat jedes Individuum von der Geburt an bis zum Tode seine „soziometrische Geltung" (Status). Diese ändert sich von Zeit zu Zeit, folgt aber bestimmten Entwicklungsgesetzen. Sie ist nicht identisch mit der offiziellen sozialen Geltung eines Individuums innerhalb der sozialen Institutionen, in denen es wirkt. Die Konzeption der soziometrischen Geltung hat große praktische Bedeutung, da sie die unsichtbare Stellung des Individuums innerhalb der Gruppe klärt. Wir sprechen daher oft von der *Rolle* eines Individuums. Ein Arzt oder Politiker z. B. mag offiziell eine große Rolle spielen, seine soziometrische Geltung im Soziogramm kann dagegen schwach sein. Hingegen mag der kleine Ausschenker in einer Bierstube einen mächtigen „unterirdischen" Einfluß in der Ortschaft haben.

Fortsetzung des Textes zu Abb. 5 (Seite 71):

5. Gegenseitige Anziehungen zwischen drei Individuen nehmen die Form eines Dreiecks an. Jedes der Individuen wird jedoch auf andere Weise abgestoßen und isoliert innerhalb der Gruppe. Das Ergebnis ist ein isoliertes und abgestoßenes Personendreieck.
6. Fünf Individuen, die alle innerhalb der eigenen Gruppe isoliert und abgestoßen werden, isolieren sich und stoßen sich gegenseitig ab.
7. Zwei Individuen, die beide innerhalb ihrer eigenen Gruppe isoliert sind, bilden durch gegenseitige Anziehung ein Paar. Das Ergebnis ist ein isoliertes Paar.
8. Das Individuum stößt sechs andere Individuen ab und wird selbst von fünfzehn Individuen innerhalb und von zwei Individuen außerhalb der Gruppe abgestoßen. Das Ergebnis ist ein isoliertes und abgestoßenes Individuum.

VII. DAS SOZIOGENETISCHE GESETZ

Es war zu erwarten, daß mit dem Reifen der Intelligenz und des Gefühlslebens auch die sozialen Fähigkeiten eines Individuums reifer wurden. Wir machten jedoch die überraschende Entdeckung, daß eine Gruppe von Individuen wächst, daß sich die Organisation der zwischenmenschlichen Beziehungen kristallisiert und daß die Konflikte zwischen den verschiedenen Graden der Intelligenz, des Gefühlslebens und der sozialen Fähigkeiten der einzelnen Individuen innerhalb der Gruppe weder den Reifungsprozeß der Gruppe hindern noch die Existenz und das regelmäßige Auftreten gesetzmäßiger Tendenzen beeinträchtigen. Dies ist wohl der beste Beweis für die unzerstörbare Realität der Kollektive. Die Zickzack-Strömungen innerhalb der Gruppe kommen zu einer Synthese; sie bilden Organisationen, die einen Sinn haben und eine Interpretation erfordern. Unser Überblick über die Entwicklung spontaner Gruppenorganisationen von Kindern und Jugendlichen von Jahr zu Jahr weist auf die Existenz eines fundamentalen „soziogenetischen" Gesetzes hin, eines Gesetzes, das dem biogenetischen Gesetz analog zu sein scheint. Genau wie sich höhere Tiere aus einfachsten Lebensformen entwickelt haben, so scheinen die höchsten Formen der Gruppenorganisation aus einfacheren hervorgegangen zu sein. Falls Kinder die Gelegenheit hätten, ihre spontanen Gruppen in permanente Assoziationen umzuwandeln, in Kindergesellschaften, dann würden in der Struktur und dem Verhalten einer solchen Kindergesellschaft Ähnlichkeiten mit primitiven menschlichen Gesellschaften in Erscheinung treten.

Es ist bekannt, daß die primitive Familienassoziation mehr Funktionen auszuführen hatte als die moderne. In ihrer Organisation waren Erziehung, Arbeit und zahlreiche andere Funktionen einbegriffen. Kindergesellschaften könnten uns eine Ahnung davon geben, wie sich primitive Gesellschaften entwickeln würden, falls wir sie heutzutage wiederholen könnten. Es versteht sich von selbst, daß in der Analogie von Kinder- und primitiven Gesellschaften nicht zu weit gegangen werden darf. Es ist nur ein Gleichnis, da in Kindergesellschaften die sexuellen und familiären Einrichtungen der Erwachsenen neben anderen Dingen völlig ausgeschaltet sind.

Als den Mädchen in Hudson Gelegenheit gegeben wurde, die Teilnehmerinnen an ihrer Heim-, Arbeits- oder kulturellen Gruppe zu wählen, wählten sie oft, besonders die der jüngeren Altersstufen, dieselben Personen für all die verschiedenen Funktionen des Zusammenlebens, Zusammenarbeitens, Zusammenspielens usw.

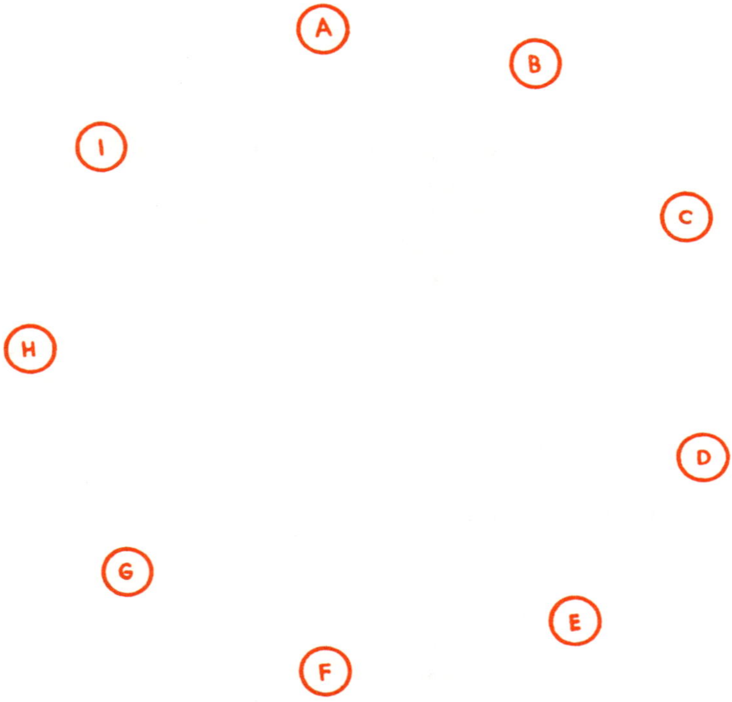

Abb. 6

Stadium der organischen Isolation

Kriterium: Zusammenleben.

Eine Gruppe von neun Säuglingen war während des ganzen 1. Lebensjahres in einem Raum untergebracht. Das Hauptaugenmerk wurde bei ihrer Beobachtung nicht auf die Entwicklung verschiedener Reaktionen, wie Schreien, Saugen, Lallen und Strampeln, gelegt. Es wurde auch nicht beabsichtigt, zu untersuchen, inwieweit dies soziale Reaktionen sind, sondern es sollten die frühesten Anfänge der zwischenmenschlichen Beziehungen und der Gruppenstruktur studiert werden. Während der ersten 26 Wochen konnten keinerlei solcher Anfänge festgestellt werden. Jeder Säugling lebte von den anderen isoliert. Aber während dieser Periode der Isolation, ungefähr vom 2. Monat an, vermag das Geschrei eines Säuglings die Aufmerksamkeit seines Nachbarn zu erwecken. Dies bedeutet eine Unterteilung dieser Periode in die Phase völliger Isolation und die Phase des erstmaligen Gewahrwerdens anderer Säuglinge.

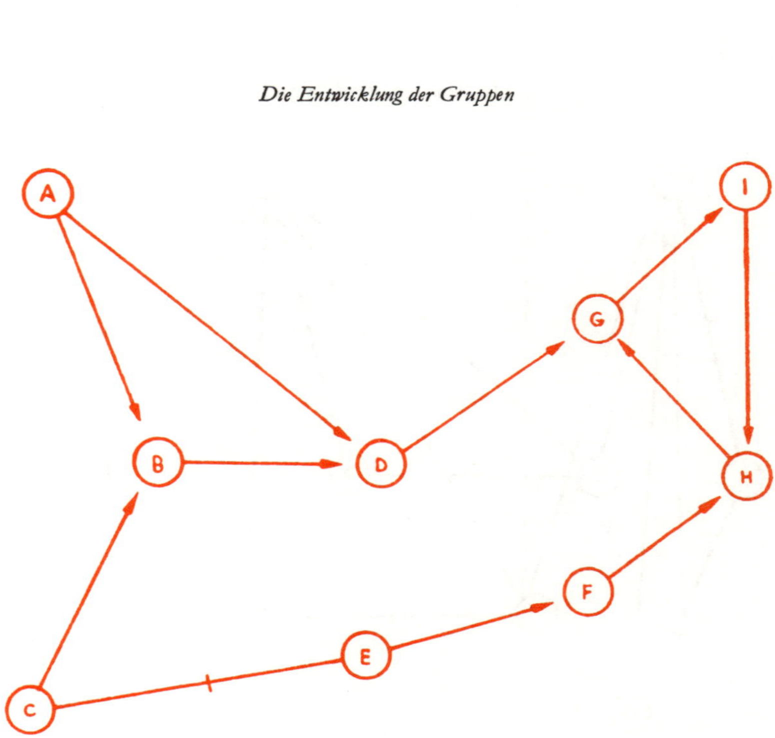

Abb. 7

Stadium der horizontalen Differenzierung

Kriterium: Zusammenleben.

Die wirkliche Gruppenentwicklung beginnt zwischen der 20. und 28. Woche. Ein Säugling C nimmt seinen Nachbarn E wahr, der seinerseits auf Säugling C aufmerksam wird. Ähnlich ist es bei den anderen Säuglingen; wir sehen hier u. a. schon die Form der Kette angedeutet. Auf dieser Altersstufe werden die Beziehungen durch körperliche Nähe geweckt; sie basieren also auf der physischen Distanz.

Dies führte jedesmal zu einem Ineinandergreifen der Funktionen innerhalb der besagten Gruppenorganisationen. Dieses Ineinandergreifen der Funktionen und Gruppen ist außerdem charakteristisch für Gesellschaftsformen, die denen ähnlich sind, die wir in primitiven Familienassoziationen finden. Die Tatsache, daß manche Mädchen ein differenzierteres Verhalten zeigten, nämlich daß sie für die verschiedenen Funktionen verschiedene Individuen wählten, zeigt, daß innerhalb derselben Gemeinschaft von verschiedenen Personen verschiedene Formen der Gesellschaftsorganisation angestrebt werden. Die Tatsache, daß all diese Personen in einer ähnlichen industriellen Umgebung aufgewachsen sind und dennoch Tendenzen zur Bildung verschiedenartiger Gesellschaftsformen haben, mag zum Beweis dienen, daß die Maschine nicht der einzige Faktor ist, der eine Spezialisierung der Funktion und der sozialen Differenzierung bewirkt.

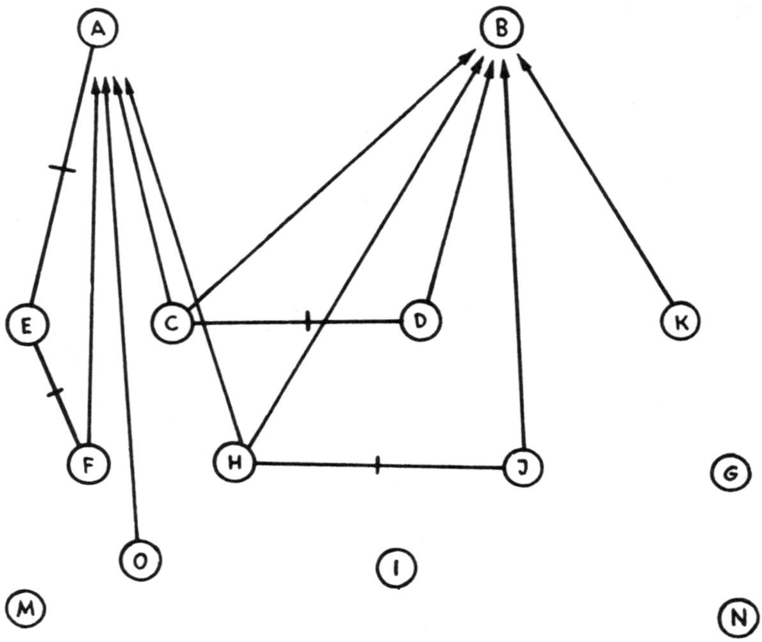

Abb. 8

Stadium der vertikalen Differenzierung

Kriterium: Zusammenleben.

Sobald die Kleinkinder sich selbständig bewegen und frei gehen können, ungefähr von der 40.–42. Woche an, beginnt der Unterschied in physischer Kraft und geistiger Aufgewecktheit die Gruppenorganisation zu beeinflussen. Die Gruppe entwickelt ein „Oben" – Führer A und B – und ein „Unten" mit den unselbständigen – C, D, E, F, O, H, J, K – und den isolierten Gruppenmitgliedern – N, I, G und M –, d. h., die Gruppe entwickelt eine vertikale Differenzierung.

Unsere Entdeckungen führen zu der Hypothese, daß die Gruppenorganisation in ihrer ontogenetischen Entwicklung bis zu einem hohen Grad ein Gleichnis der Formmodifikationen ist, welche die aufeinander folgenden vorzeitlichen Gesellschaften der Gattung im Laufe ihrer Entwicklung durchgemacht haben. Diese Hypothese wird durch folgende Punkte gestützt:

1. Spontane Organisationen von Kindern und Jugendlichen entwickeln sich von Jahr zu Jahr von einfacheren zu komplexeren Strukturen. Mit „einfach" meinen wir die „soziometrische Einfachheit" der Struktur, d. h. eine große Anzahl unerwiderter Beziehungen, eine große Anzahl an Isolierten, ein Mangel an höheren

Strukturen, wie Dreiecken, Vierecken, Ketten usw. Wir beziehen uns mit „soziometrischer Einfachheit" auf spontane und nicht erstarrte institutionelle Gruppen. Es mag sein, daß wir z. B. komplizierte Strukturformen in primitiven Kulturgesellschaften wie auch unter Tiergesellschaften finden. Die Frage aber ist, welche Strukturen diese erstarrten Gesellschaften spontan bilden würden, wenn sie einer soziometrischen Untersuchung unterworfen würden.

2. Diese Gruppen zeigen, daß ein Überbleibsel niedriger Organisationen stets im nächsthöheren Entwicklungsstadium nachgewiesen werden kann und daß Vorboten des Anfangs einer höheren Organisation in dem ihr vorangehenden niedrigeren Stadium ebenfalls nachgewiesen werden können.

3. Es konnten Übereinstimmungen in den spontanen Gruppenorganisationen von Kindern der unteren Volksschulklassen und bei geistig zurückgebliebenen Jugendlichen festgestellt werden.

4. Ähnlichkeiten in den sozialen Organisationstendenzen von Kindern und primitiven Gruppen.

5. Analoge Strukturen in Tiergesellschaften. Das Wesen sozialer Organisation liegt in dem Herauswachsen der Gesellschaft aus den Interaktionen ihrer Mitglieder. Diese Definition kann umgekehrt werden, ohne dadurch ihre Richtigkeit zu verlieren: Das Wesen der sozialen Organisation liegt in dem Herauswachsen der Interaktionen aus dem Boden der Gesellschaft. Es hängt ganz und gar von der Lage des Aktors und des Beobachters ab, welche Anschauungsart vorteilhafter ist.

In allen Formen der Gesellschaft, in Menschen- und Tiergruppen und allen Stadien ihrer Entwicklung erscheinen zwei fundamentale Tendenzen: Anziehung und Abstoßung; positive oder kohäsive, negative oder zerstörende Kräfte treten in allen möglichen Verbindungen auf. Die Angehörigen der Gesellschaft ziehen sich an und stoßen sich ab. Von diesen allgemeinen Grundlagen gehen alle Formen der Gesellschaft aus, von der einfachsten bis zur kompliziertesten Struktur.

Fortsetzung des Textes zu Abb. 9 (Seite 78):

In einem Gruppenpsychotherapievorhaben muß den beiden nicht wählenden und den neun ungewählten Schülern besondere Aufmerksamkeit geschenkt werden. Vergleiche die autoritär angeordnete Sitzweise in einem Klassenzimmer vor der Ausführung des Tests und nach der Bekanntgabe seiner Resultate.

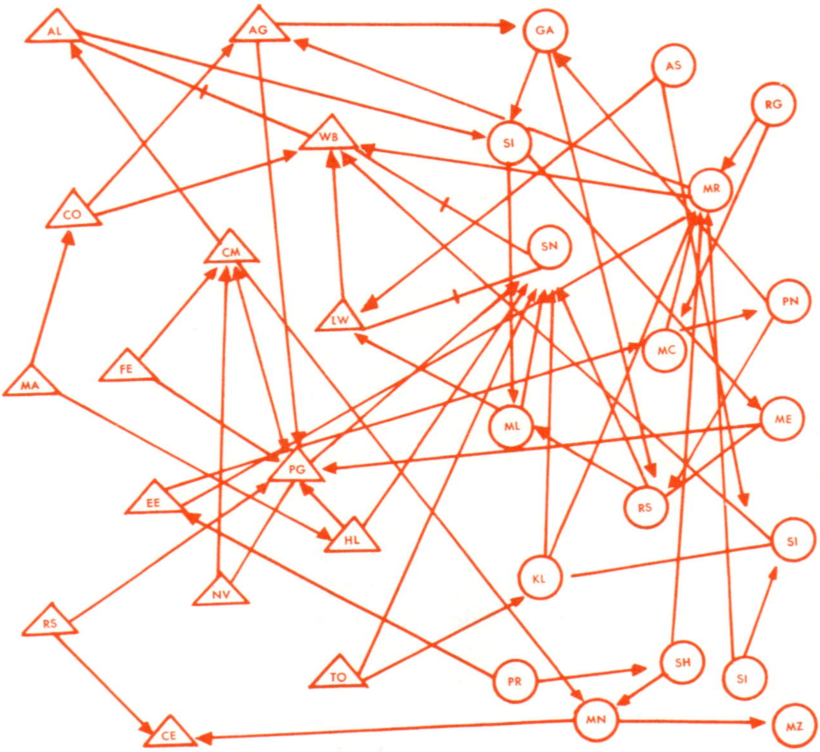

Abb. 9

Gruppenstruktur eines Kindergartens

Kriterium: Zusammenspielen, d. h. Nahesein dem gewählten Kind.
15 Knaben, 18 Mädchen. Ungewählt: 9, NV, FE, MA, TO, AS, RG, PR, RS (Knabe links unten auf dem Soziogramm) und SI (Mädchen rechts unten auf dem Soziogramm). Paare: 3, AL – WB, WB – SN, SN – LW.
Stars (Zentren der Anziehung): 4, WB, SN, PG, MR.
Ketten von Beziehungen: 0; Dreiecke: 0; Gemischtgeschlechtliche Anziehungen: 22. CE und MZ wählen nicht.
33 Schüler treffen 62 Wahlen. 4 Schüler bilden 3 Paare.
Bei 2 Schülern sind beide Wahlen gegenseitig.
Bei 2 anderen Kindern ist nur eine Wahl gegenseitig.
6% (2 Kinder) sind erfolgreich in der spontanen Wahl ihrer Sitzplätze.
94% { 6% (2 Kinder) sind teilweise erfolgreich in der spontanen Wahl ihrer Sitzplätze.
88% (29 Kinder) haben keinen Erfolg in ihren Wahlen. }
Von den 29 Kindern treffen 61% (20 Kinder) eine unerwiderte Wahl; 27% (9 Kinder) bleiben ungewählt.
Diese Analyse zeigt, daß das Tele in dieser Kindergruppe (im Alter von 4–6 Jahren) nur schwach entwickelt ist.

Fortsetzung Seite 77 unten

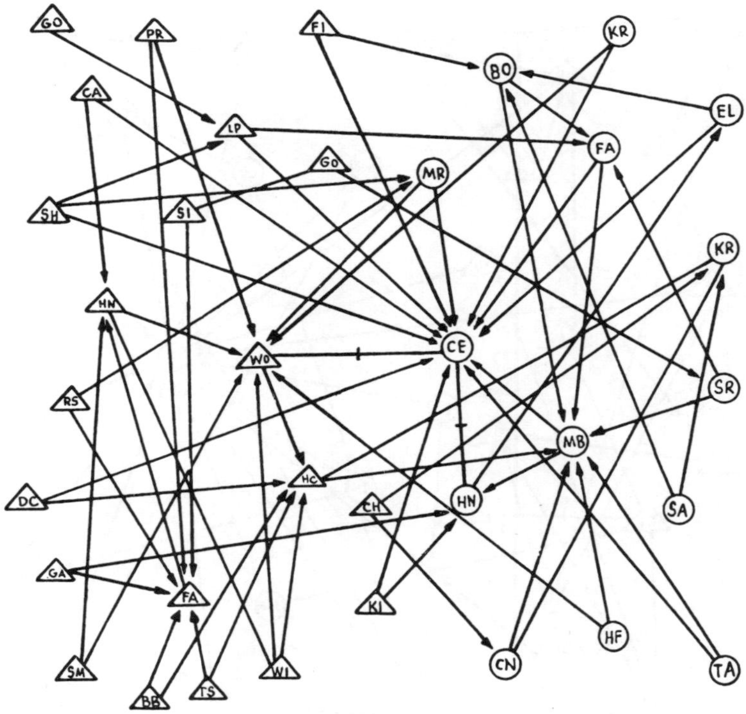

Abb. 10

Klassenstruktur, 1. Klasse

Kriterium: Zusammenlernen, d. h. Sitzen neben gewählten Schülern. 2 Wahlen.

21 Knaben, 14 Mädchen; Ungewählt: 16, PR, CA, SH, FI, RS, DC, GA, SM, BB, TS, KI, TA, HF, SA, KR, GO (Knabe links oben im Soziogramm).

Paare: 6, SI–GO, HN–WI, WO–CE, KR–HC, KR–CN, CE–HN.

Stars: 5, FA, CE, WO, HC, MB.

Ketten: 0. Dreiecke: 0

Gemischtgeschlechtliche Anziehungen: 23.

35 Schüler treffen 70 Wahlen; 6 Paare werden von 9 Schülern gebildet. Bei einem Schüler sind beide Wahlen gegenseitig, bei 8 Schülern ist nur eine Wahl gegenseitig.

2,9% (1 Schüler) hat vollen Erfolg in der Wahl seines Sitzplatzes.

97,1% { 26,9% (9 Schüler) sind teilweise erfolgreich in der Wahl ihres Sitzplatzes.
70,2% (25 Schüler) treffen erfolglose Wahlen.

Die Analyse zeigt, daß das Tele in dieser Gruppe besser entwickelt ist als im Kindergarten.

Beachte in einem Gruppenpsychotherapievorhaben, ob die 16 ungewählten Schüler in bezug auf andere Kriterien, wie z. B. Zusammenspielen oder gegenseitige Besuche außerhalb der Schule, Wahlpartner gefunden haben.

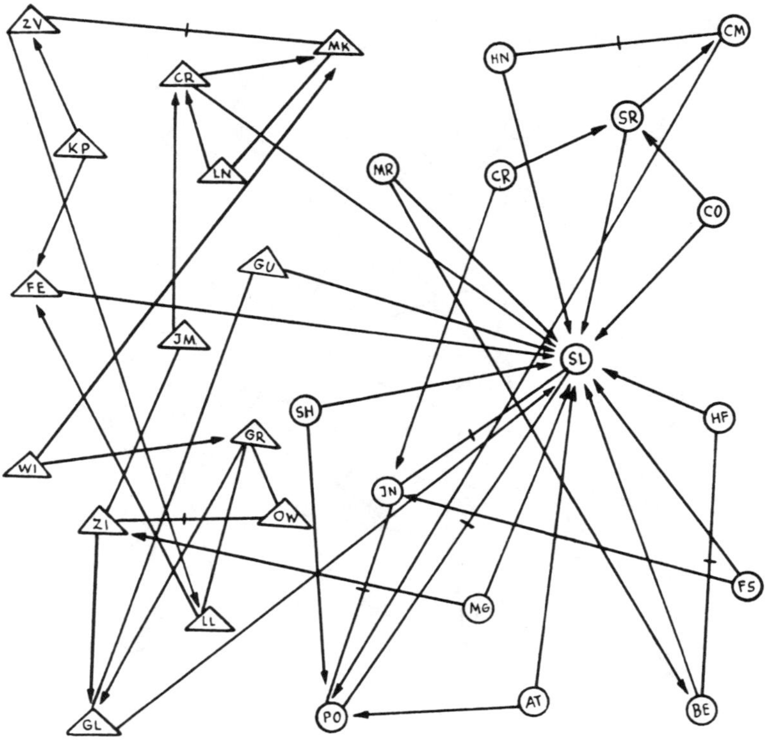

Abb. 11

Klassenstruktur, 2. Klasse

Kriterium: Zusammenlernen, d. h. Sitzen neben gewählten Schülern. 2 Wahlen.

14 Knaben, 15 Mädchen. Ungewählt: 9, WI, KP, MG, AT, FS, CO, CR, MR, SH.

Paare: 12, ZV–MK, MK–LN, OW–ZI, OW–GR, GR–LL, ZI–JM, HN–CM, SL–JN, JN–PO, PO–SL, HF–BE, GL–GU.

Stars: 2, SL, PO. Ketten: 0. Dreiecke: 1, SL–JN–PO.

Gemischtgeschlechtliche Anziehungen: 5.

29 Schüler treffen 59 Wahlen. 12 Paare werden von 17 Schülern gebildet.

Für 7 Schüler sind beide Wahlen gegenseitig.

Für 10 Schüler ist nur eine Wahl gegenseitig.

24% (7 Schüler) sind erfolgreich in der spontanen Wahl ihrer Sitzplätze.

76% { 35% (10 Schüler) sind teilweise erfolgreich in der spontanen Wahl ihrer Sitzplätze.
41% (12 Schüler) haben keinen Erfolg bei ihren Wahlen.

Bei 3 von diesen 12 bleiben die Wahlen unerwidert; 9 Schüler bleiben ungewählt.

Aus der Analyse geht hervor, daß das Tele in dieser Gruppe besser entwickelt ist als in der 1. Klasse.

In einem Gruppenpsychotherapievorhaben sind die „frühe“ Dreiecksformation SL–JN–PO und die in ihr wirksamen Kräfte zu beachten.

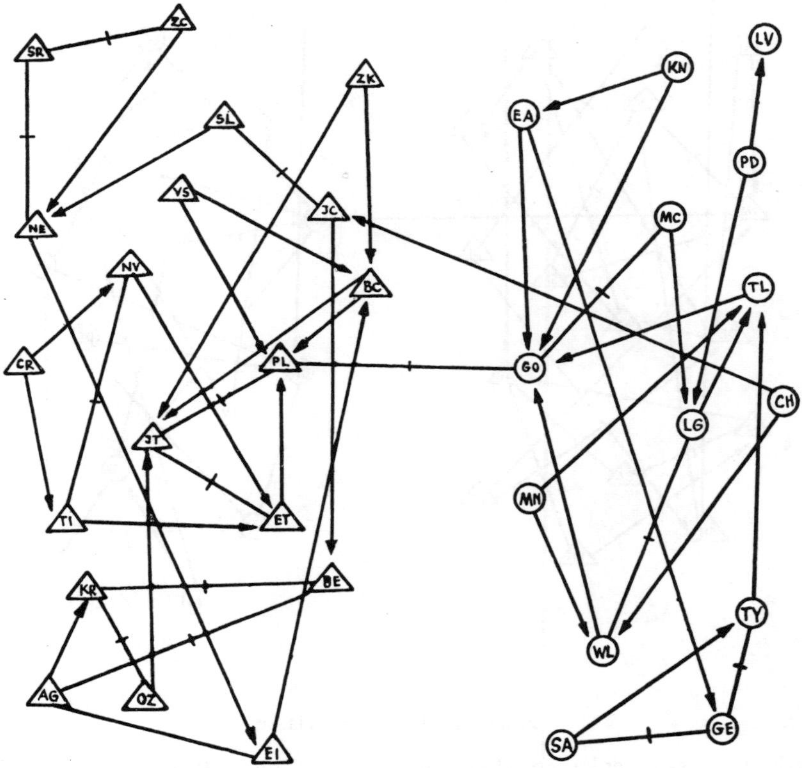

Abb. 12

Klassenstruktur, 3. Klasse

Kriterium: Zusammenlernen, d. h. Sitzen neben gewählten Schülern. 2 Wahlen.
19 Knaben, 14 Mädchen. Ungewählt: 7, VS, CR, CH, PD, KN, ZK, MN.
Paare: 14, SR–ZC, SR–NE, SL–JC, NV–TI, PL–JT, JT–ET, KR–BE, BE–AG, KR–GZ, PL–GO, GO–MC, WL–LG, SA–GE, GE–TY.
Stars: 3, GO, PL, JT. Ketten: 1, ET–JT–PL–GO–MC–LG. Dreiecke: 0.
Gemischtgeschlechtliche Anziehungen: 3. Nichtwählende: 1, LV.
In einem Gruppenpsychotherapievorhaben muß dem nicht wählenden Schüler und der von 6 Schülern gebildeten Kette besondere Aufmerksamkeit geschenkt werden.

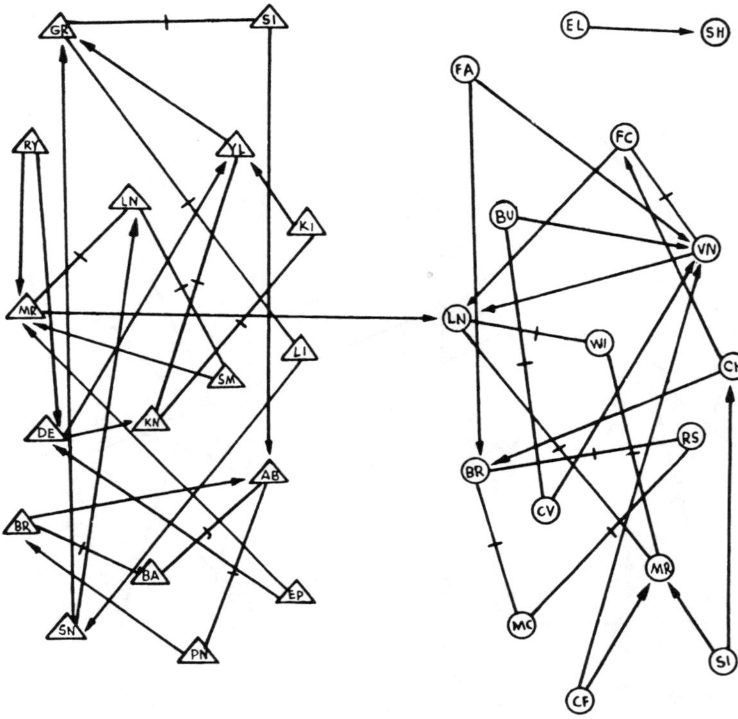

Abb. 13

Klassenstruktur, 4. Klasse

Kriterium: Zusammenlernen, d. h. Sitzen neben gewählten Schülern. 2 Wahlen. 17 Knaben, 16 Mädchen. Ungewählt: 6, EP, RY, EL, FA, SI, CF.
Paare: 17, GR–SI, GR–LI, MR–LN, LN–SM, YL–KN, AB–BA, BA–BR, KI–KN, AB–PN, FC–VN, BU–CV, LN–WI, LN–MR, BR–MC, BR–RS, WI–MR, MC–RS.
Stars: 2, LN, VN. Ketten: 0. Dreiecke: 2, BR–RS–MC, LN–WI–MR.
Gemischtgeschlechtliche Anziehungen: 1. Nichtwählende: 1, SH.
In einem Gruppenpsychotherapievorhaben sollte der rasch abnehmenden Zahl gemischtgeschlechtlicher Anziehungen und den innerhalb dieses Prozesses von den Stars eingenommenen Rollen besondere Aufmerksamkeit geschenkt werden.

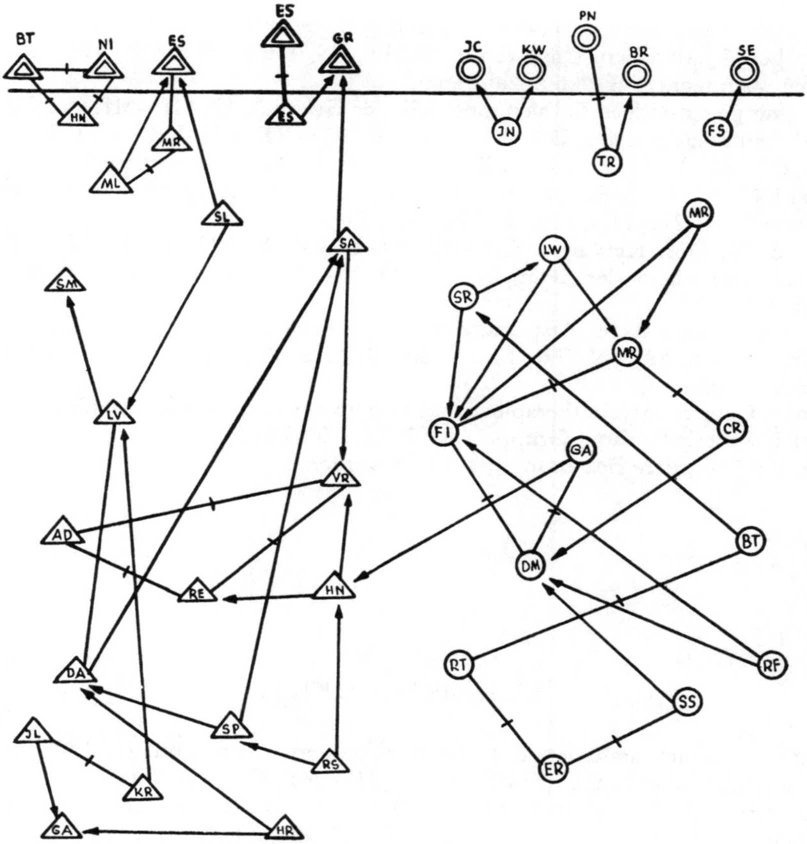

Abb. 14

Klassenstruktur, 5. Klasse

Text siehe Seite 84

Text zu Abb. 14 (Seite 83)

Klassenstruktur, 5. Klasse

Kriterium: Zusammenlernen, d. h. Sitzen neben gewählten Schülern. 2 Wahlen.
19 Knaben, 16 Mädchen. Ungewählt: 10, HN, ES, TR, SL, RS, HR, RF, JN, FS, MR (Mädchen oben rechts auf dem Soziogramm).
Paare (mit gegenseitigen Wahlen innerhalb der Gruppe): 13, ML–MR (Knaben oben links auf dem Soziogramm), DA–LV, AD–VR, AD–RE, RE–VR, JL–KR, RT–ER, ER–SS, RT–BT, DM–GA, MR–CR (Mädchen in der Mitte der rechten Seite des Soziogramms) DM–FI, FI–MR. Paare (mit gegenseitigen Wahlen außerhalb der Gruppe): 6, BT–HN, ST–NI, NI–HN, MR–ES, ES–ES, TR–PN.
Stars: 2, FI, DM. Ketten: 2, CR–MR–FI–DM–GA–HN, SS–ER–RT–BT–SR. Dreiecke (innerhalb der Gruppe): 1, AD–VR–RE, (außerhalb der Gruppe): 1, HN–NI–BT.
Gemischtgeschlechtliche Anziehungen: 1. Wahlen außerhalb der Gruppe: 9, ML, HN, MR, SL, ES, SA, JN, TR, FS. Nichtwählende: 2, SM, GA (Knabe links unten auf dem Soziogramm).
In einem Gruppenpsychotherapievorhaben muß der zentrifugalen Tendenz – 9 Schüler wählen außerhalb ihrer Gruppe – und ihrer Wirkung auf die gesamte Gruppenorganisation besondere Beachtung geschenkt werden.

Text zu Abb. 15 (Seite 85)

Klassenstruktur, 6. Klasse

Kriterium: Zusammenlernen, d. h. Sitzen neben gewählten Schülern. 2 Wahlen.
18 Knaben, 21 Mädchen. Ungewählt: 6, FS, HD, ML, GA, BR, WL.
Paare (innerhalb der Gruppe): 23, WL–WT, WT–SH (Knabe links oben auf dem Soziogramm) GO–GI, GO–TI, TI–GI, PI–WI, PI–SH, NL–PI, YG–FR, FR–SH (Knaben ganz unten links), SH–YG, FE–TU, TU–KR (Mädchen ganz oben rechts), HI–WS, HR–AR, AR–OE, OE–CL, CL–KR, KN–PT, DM–AL, SL–BY, BY–LP, LP–SL; (außerhalb der Gruppe): 3, WL–LV, SH–CA, KR–MD.
Stars: 1, OE. Ketten (innerhalb der Gruppe): 1, HR–AR–OE–CL–KR–OE; (außerhalb der Gruppe): 1, LV–WL–WT–SH–CA. Dreiecke: 3, GO–GI–TI, YG–FR–SH, SL–BY–LP. Gemischtgeschlechtliche Anziehungen: 0.
Wahlen außerhalb der Gruppe: 4, WL, SH, FS, KR.
In einem Gruppenpsychotherapievorhaben sollte untersucht werden, ob die vollkommene Kluft zwischen den beiden Geschlechtern auch in bezug auf andere Kriterien zum Ausdruck kommt.

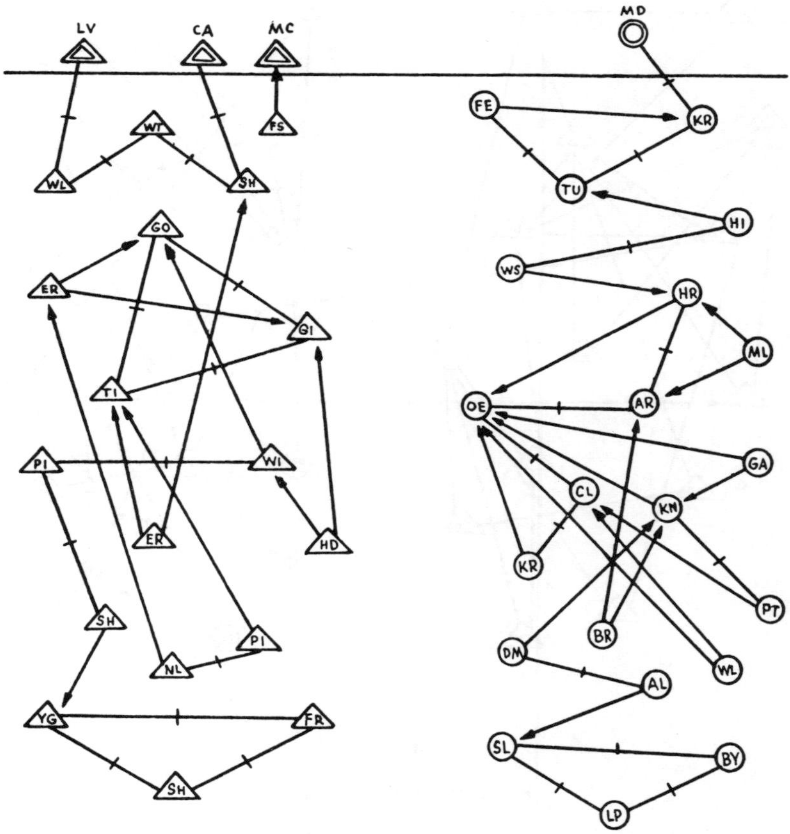

Abb. 15

Klassenstruktur, 6. Klasse

Text nebenstehend (Seite 84)

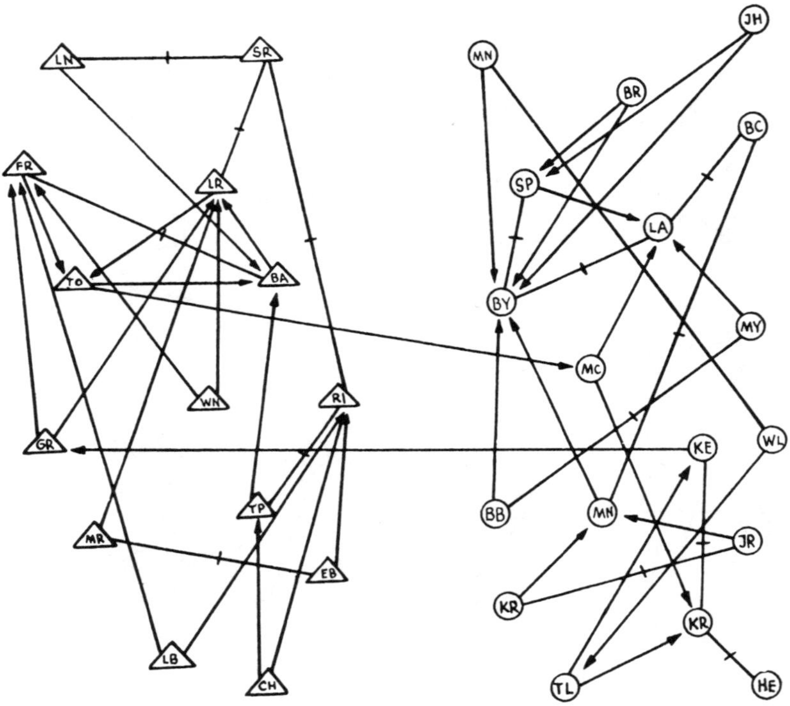

Abb. 16

Klassenstruktur, 7. Klasse

Kriterium: Zusammenlernen, d. h. Sitzen neben gewählten Schülern. 2 Wahlen. 14 Knaben, 18 Mädchen. Ungewählt: 5, WN, CH, LB, JH, BR.

Paare 15: LN–SR, SR–LR, SR–RI (Beachte: SR trifft drei Wahlen, die alle erwidert werden.) RI–TP, FR–BA, MR–EB, SP–BY, BY–LA, LA–BC, BC–MN, BB–MY, KE–KR (Mädchen rechts unten), KR–HE, JR–KR, MN–WL.

Stars: 4, BY, LR, RI, LA. Ketten: 2, SP–BY–LA–BC–MN–BY, LN–SR–RI–TP–BA. Dreiecke: 0. Gemischtgeschlechtliche Anziehungen: 2.

Beachte in einem Gruppenpsychotherapievorhaben das „Wiederauftreten" gemischtgeschlechtlicher Wahlen und gemischtgeschlechtlicher Führer.

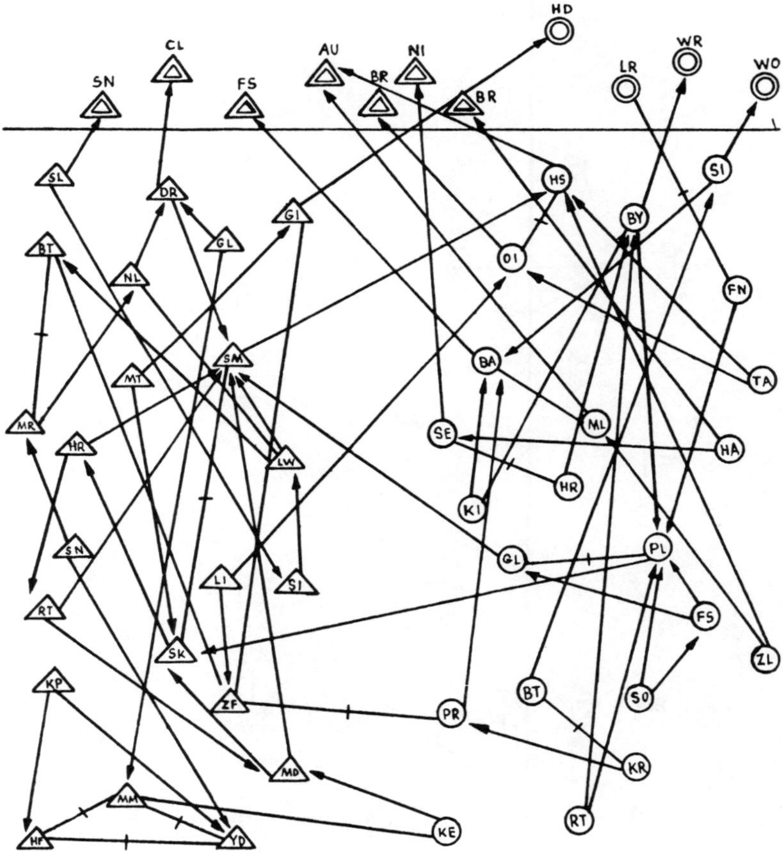

Abb. 17

Klassenstruktur, 8. Klasse

Kriterium: Zusammenlernen, d. h. Sitzen neben gewählten Schülern. 2 Wahlen.

22 Knaben, 22 Mädchen. Ungewählt: 13, KP, GL, SN, LI, SL, MT, KE, SO, ZL, KI, HA, TA, RT (Mädchen rechts unten auf dem Soziogramm).

Paare (innerhalb der Gruppe): 12, BT–MR, SM–SK, GI–ZF, HF–MM, MM–YD, HF–YD, ZF–PR, BT–KR, GL–PL, SE–HR, HS–OI, BA–ML; (außerhalb der Gruppe): 1, FN–LR.

Stars: 2, SM, PL. Ketten: 0. Dreiecke: 1, HF–MM–YD.

Gemischtgeschlechtliche Anziehungen (innerhalb der Gruppe): 8, (außerhalb der Gruppe): 7.

Wahlen außerhalb der Gruppe: 12, SL, DR, GI, SE, BA, ML, OI, HA, HS, BY, FN, SI.

Vergleiche in einem Gruppenpsychotherapievorhaben das Zunehmen ungewählter Schüler, 13, mit der großen Anzahl der nach außen wählenden Schüler.

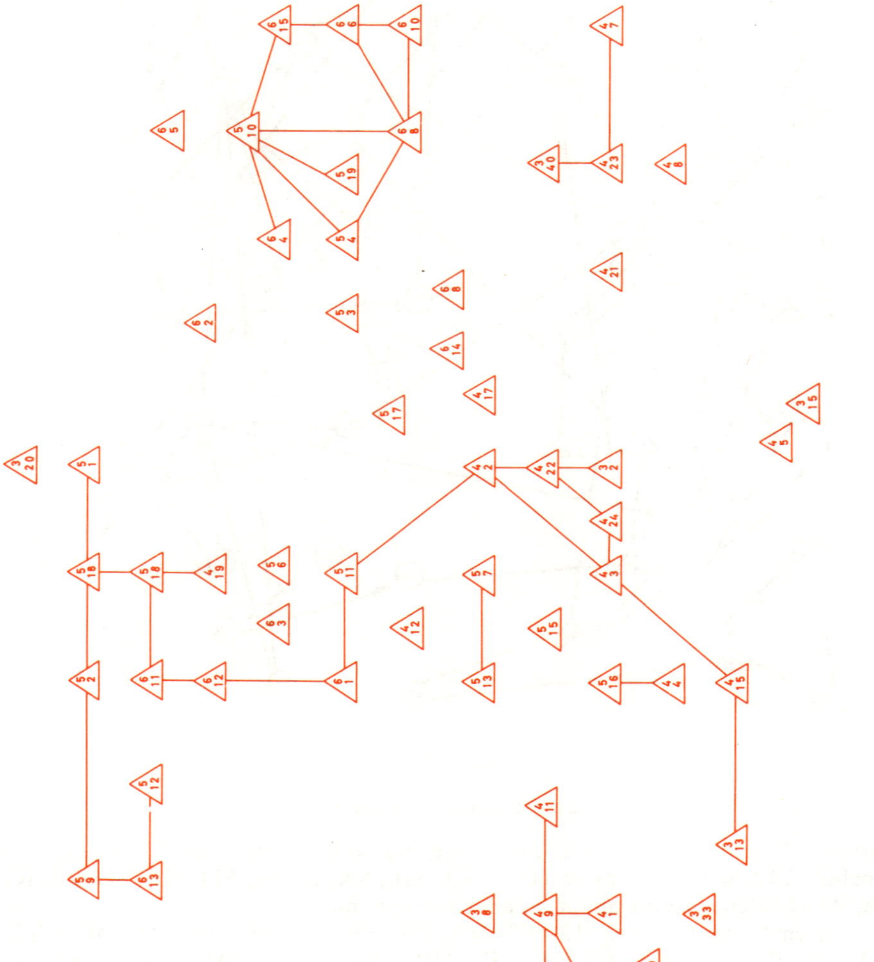

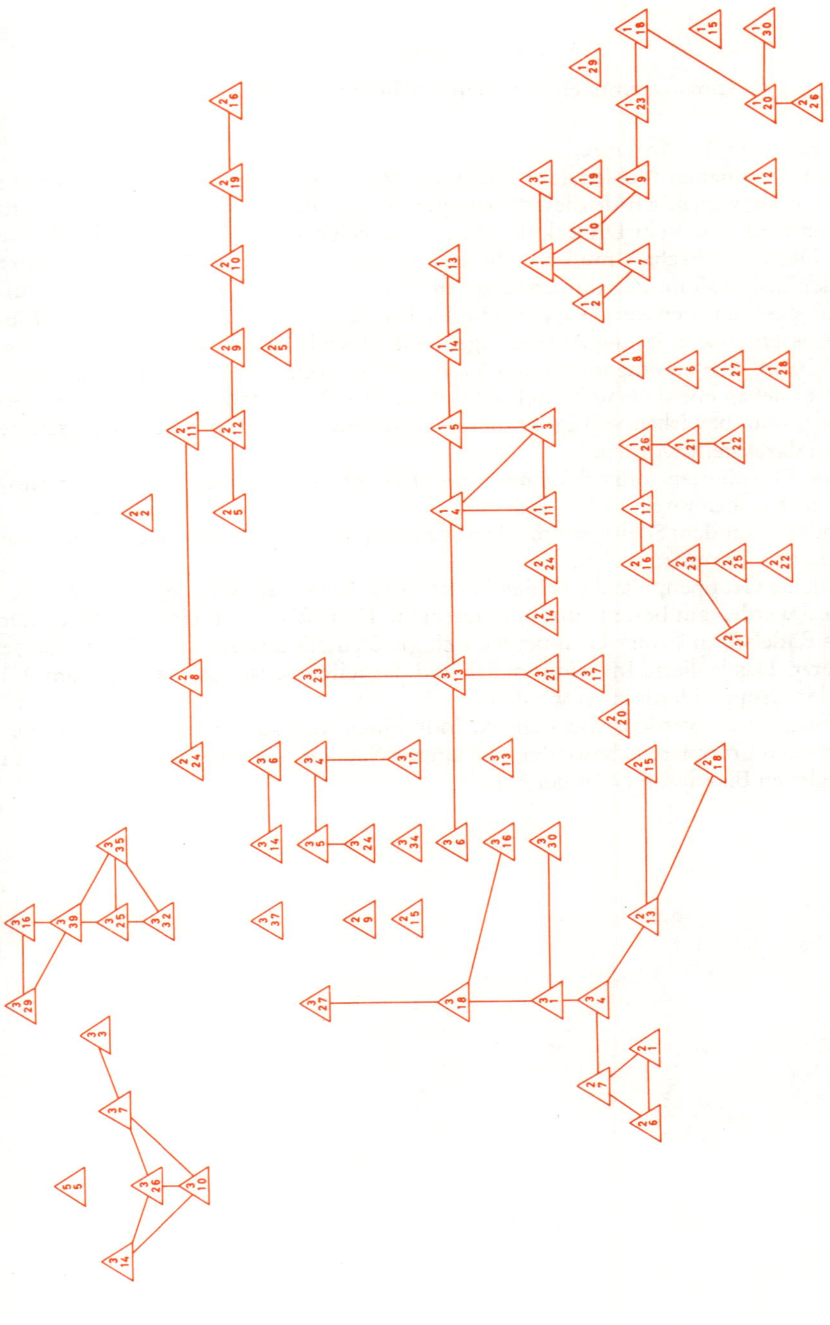

Abb. 18/19

Soziogramm einer höheren Schule für Knaben

Text siehe Seite 90

Text zu Abb. 18/19 (Seite 88/89):

Soziogramm einer höheren Schule für Knaben

153 Schüler, Alter: 14–18 Jahre.

Nachdem die spontanen Wahlen der Schüler und ihre Antipathien mit der Motivierung festgestellt worden waren, wurde dieses Soziogramm der Schulgemeinschaft angefertigt. Jeder Schüler wird durch ein Dreieck dargestellt, in welchem die obere Zahl die Klasse bezeichnet. Die Schülerschaft muß auf diesem Soziogramm als ein Ganzes betrachtet werden; jeder Teil muß im Zusammenhang mit anderen Teilen oder der ganzen Schulgemeinschaft gesehen werden. Der einfacheren Darstellung halber wurden viele Elemente ausgelassen, wie z. B. alle Abstoßungen, alle Motivierungen und die sog. „veränderten Wahlen", die zu einem späteren Zeitpunkt getroffen worden waren. Unerwiderte Wahlen blieben ebenfalls unberücksichtigt, da ihre Aufzeichnung ein sehr kompliziertes Soziogramm bewirken würde. In diesem Soziogramm sind lediglich gegenseitige Anziehungen dargestellt worden.

Beachte die 34 isolierten Individuen unter den 153 Schülern, sie treten auf dem Soziogramm klar in Erscheinung.

Außerdem sind auf dem Soziogramm 22 teilweise isolierte Individuen zu erkennen, wie z. B. Individuum 1/30 unten rechts.

Gewisse kleine Gruppen, wie die beiden in der Mitte links, sind von der Gesamtstruktur gelöst und werden am besten einzeln untersucht. Hier haben wir einen Knaben der 5. Klasse als Rädelsführer einer Gruppe, die sich größtenteils aus Schülern der 3. Klasse zusammensetzt. Das isolierte Individuum 5/5 und das teilweise isolierte Individuum 3/3 wollen mit der Gruppe identifiziert werden.

Es kann festgestellt werden, wie sich die Individuen ungeachtet ihrer Klassenzugehörigkeit spontan gruppieren, besonders die älteren Schüler mit größerer Teilnahme an den verschiedenen Betätigungen in der Schule.

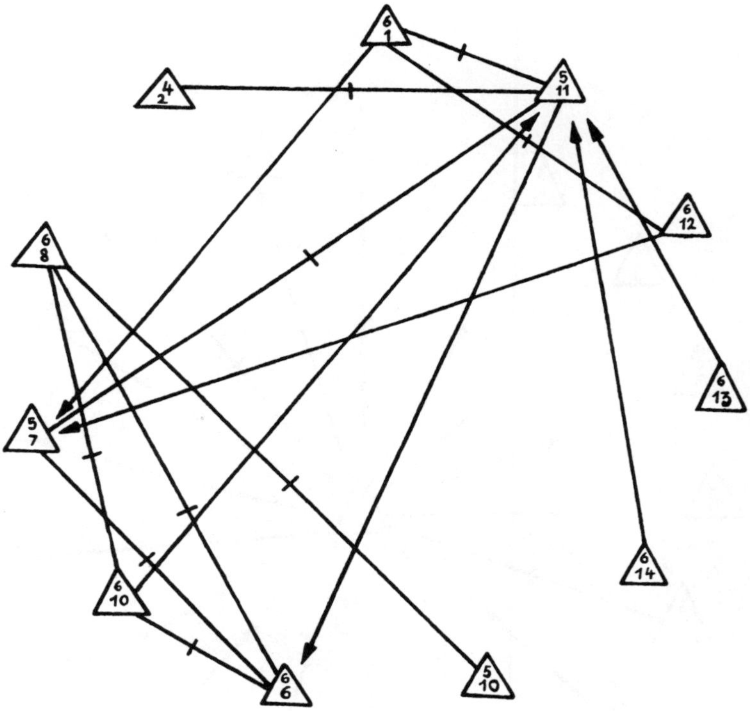

Abb. 20

Ein Schülerbund

Das Soziogramm stellt einen Schülerbund dar. Es ist leicht zu verstehen, daß Gefühlen der Abstoßung nicht offen Ausdruck gegeben wird infolge der Loyalitätsgefühle, die charakteristisch für die solchen Bünden unterliegenden Wertsysteme sind. Dennoch kann man bedeutungsvolle Schlüsse ziehen aus der Tatsache, daß zwei Schüler, 6/13 und 6/14, von keinem der Mitglieder gewählt werden, obgleich sie formell zum Beitritt zu diesem Bund aufgefordert worden sind. Das Individuum 5/11 ist das Zentrum von Kräften der Anziehung und tatsächlich auch der Präsident des Bundes.

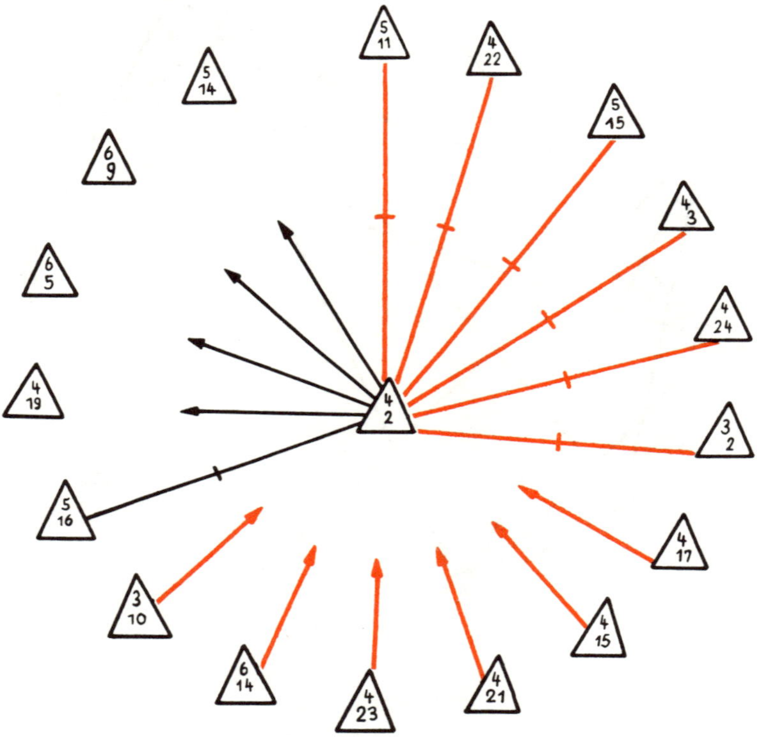

Abb. 21

Ein Führerindividuum

Die Karte zeigt die Stellung eines typischen Führers in der Schule. Das Individuum 4/2 hat sechs gegenseitige Anziehungen. Sechs weitere Anziehungen kommen von Personen, denen er gegenüber gleichgültig ist. Er hat eine gegenseitige Abstoßung und vier weitere Abstoßungen; aber diese Individuen erwidern mit Gleichgültigkeit. Dies ist eine hohe soziometrische Position. Die beträchtliche Zahl der Personen (17), gegenüber denen Beziehungen im Laufe dieser Studie zum Ausdruck kamen, weist darauf hin, daß das Individuum 4/2 eine aktive soziale Haltung gegenüber seinen Schulkollegen hat, und daß es sicherlich kein „Außenseiter" ist.

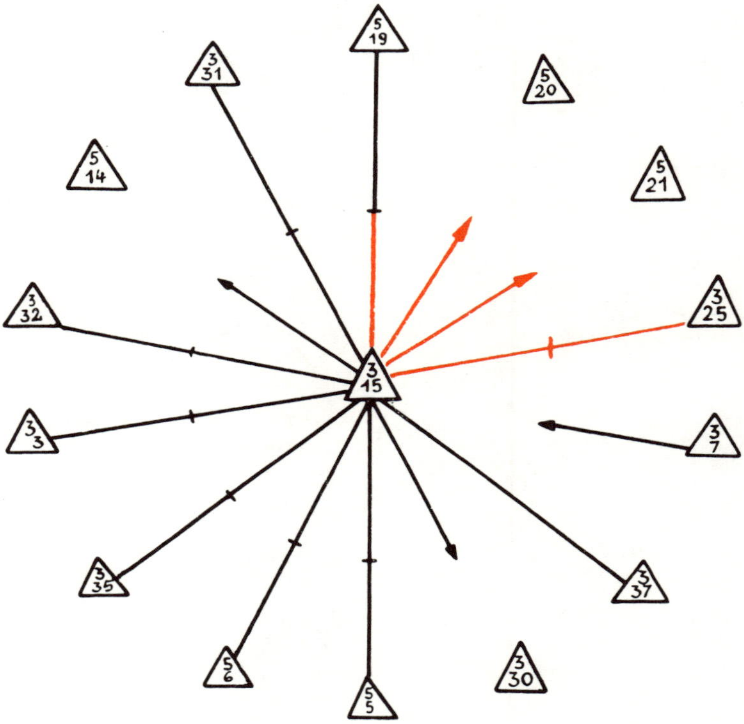

Abb. 22

Ein abgestoßenes Individuum

Der Schüler 3/15 ist das Zentrum gemischter Gefühle. Er ist Brennpunkt starker Antipathien; er wählt 3/25, der seine Wahl erwidert. Er wählt auch zwei andere Schüler, 5/20 und 5/21, die bezeichnenderweise neue Schüler sind und ihm gleichgültig gegenüber stehen. Außerdem wählt er 5/19, der ihn jedoch abstößt. Dies zeigt, daß 3/15 nur einen befriedigenden Kontakt in der ganzen Schule hat, während in seinen Beziehungen zu anderen Schülern 7 gegenseitige Abstoßungen und 2 von ihm ausgehende, mit Gleichgültigkeit beantwortete Anziehungen erscheinen. Außer der bereits erwähnten Abstoßung von 5/19 hat ein anderer Schüler 3/7, dem er Gleichgültigkeit entgegenbringt, eine Abneigung gegen ihn.

DRITTER TEIL

SOZIOMETRIE DER GRUPPE

I. GRUPPENSOZIOMETRIE

*1. Äußere Struktur der Gemeinschaft**

Das Vorhaben, die soziometrische Organisation einer Gemeinschaft zu erforschen, scheint auf den ersten Blick eine kaum zu bewältigende Aufgabe zu sein. Eine genaue Analyse der in einem sozialen Gebilde ablaufenden Prozesse darf nämlich nicht nur den an der Oberfläche der Bevölkerung erscheinenden Tendenzen Rechnung tragen. Zahlreiche Einzelprozesse tragen zu dem Gesamtbild bei und jeder einzelne von ihnen besteht selbst aus einer Reihe von Problemen, die einer sachlichen Behandlung bedürfen. Alle diese Schattierungen müssen innerhalb der Gesamtanalyse zum Ausdruck kommen, falls nicht Fiktionen an Stelle wissenschaftlicher Wahrheit treten sollen. Es war daher unsere erste Aufgabe, die einzelnen Angehörigen einer Gemeinschaft in ihrem sozialen Zusammenhang zu analysieren. Die Erfahrungen anderer Wissenschaften ermutigten uns, diese schwierige Aufgabe in Angriff zu nehmen; einige sorgfältig durchdachte Zuchtexperimente Mendels führten zur Formulierung des biogenetischen Vererbungsgesetzes – aus der gründlichen Analyse einer Anzahl von Individuen resultierte eine gute Allgemeinkenntnis psychodynamischer Prinzipien. Daher rechneten wir damit, daß sich auch aus dem sorgfältigen Studium einer Reihe von kleinen Gemeinschaften ein besseres Verständnis für die dynamischen Grundlagen jeder anderen Gemeinschaft entwickeln würde. Schließlich hofften wir, daß wir durch das gründliche Studium einer bestimmten Gemeinschaft – wie eigen-artig und von andern Gemeinschaften verschiedenartig sie auch sei – Mittel und Methoden gewinnen würden, die auf alle Gemeinschaften angewendet werden könnten.

*) In der Überschrift dieses III. Teiles und im folgenden Text wird der Terminus „Gemeinschaft" verwendet, der hier für den Begriff „Community" des amerikanischen Textes steht. Da uns in der deutschen Sprache bislang ein Begriff fehlt, der den Inhalt des Community-Begriffs voll und ganz wiedergibt, erschien mir der Begriff „Gemeinschaft" angebracht, wenn auch vielleicht „Ortsgemeinde" das regionale Element stärker hervorhebt. Im übrigen sei auf die kurzen Bemerkungen zu dieser Frage verwiesen, die ich in der Zeitschrift „Soziale Welt" machte (Jahrgang 4, 1953, Heft 3, S. 200). (K.G.S.)

Die Gemeinschaft, in der diese Studie ausgeführt wurde, befindet sich in der Nähe von Hudson, New York. Sie hat die Größe eines kleinen Dorfes. Die Einwohnerzahl liegt zwischen 500 und 600 Personen. Die Gemeinschaft ist geschlossen. Die Bevölkerung ist ausschließlich weiblichen Geschlechts. Die Mädchen sind noch im Entwicklungsalter und bleiben, bis ihre Erziehung beendet ist, einige Jahre in Hudson. Sie werden aus allen Teilen des Staates New York durch die Gerichte in diese Anstalt überwiesen. Sie stellen einen Querschnitt durch alle Nationalitäten und sozialen Gruppen New Yorks dar. Die Organisation hat einen doppelten Charakter: sie setzt sich aus zwei Gruppen, der Gruppe des Verwaltungspersonals und der Schülerinnengruppe, zusammen. 16 kleine Häuser dienen zur Unterbringung; außerdem sind eine Kapelle, eine Schule, ein Krankenhaus, ein Industriebetrieb, ein Warenhaus, eine Dampfwäscherei und ein landwirtschaftlicher Betrieb vorhanden. Die Hausmutter übernimmt die Funktionen der Eltern. Alle Mahlzeiten werden in jedem Haus einzeln unter der Leitung eines Küchenchefs zubereitet. Die Mädchen arbeiten in verschiedener Weise im Haushalt mit, als Aufwärterinnen, Küchengehilfinnen, Köchinnen, Kellnerinnen, Wäscherinnen und Stubenmädchen. Die farbigen Einwohner sind von den weißen Mädchen getrennt in besonderen Häusern untergebracht. Im täglichen Verkehr außerhalb der Wohnhäuser hingegen, in der Schule, auf den Arbeitsstätten, in der Kapelle usw., mischen sich Weiße und Farbige zwanglos. Diese und ähnliche Dinge können als „offizielle soziale Organisation" der Gemeinschaft bezeichnet werden.

Außer dieser formellen Struktur gibt es eine unsichtbare soziometrische Organisation der Hausgemeinschaft, innerhalb der jeder Einzelne seine Stellung und Funktion hat. Die offizielle soziale Funktion eines Mädchens kann z. B. das Überwachen des Schlafraumes sein, während es in seiner soziometrischen Funktion als affektbetonte erste Wahl und verhätschelter Liebling der Hausmutter gilt und von den übrigen Gruppenmitgliedern abgestoßen wird und innerhalb der Gruppe isoliert ist. Diese emotionalen Verbindungen zwischen den Mädchen bilden eine neuartige soziale Gestalt, eine soziometrische Organisation. Der Gegensatz zwischen der formalen und informalen Gemeinschaftsstruktur hat dynamische Konsequenzen. Obwohl die weißen und farbigen Mädchen offiziell getrennt untergebracht sind, bestehen Anziehungen und Abstoßungen zwischen ihnen, die das soziale Gemeinschaftsleben stark beeinflussen. Diese emotionalen Strömungen, welche die weißen und farbigen Mädchen verbinden und trennen, müssen in allen Einzelheiten untersucht werden; ihre Ursachen müssen ermittelt und eingeschätzt werden. Ähnliche emotionale Strömungen bestehen auch innerhalb der verschiedenen Gruppen der weißen Bevölkerung, ungeachtet ihres Wohnplatzes oder ähnlicher Unterschiede zwischen den Hausgruppen. Solche psycho-sozialen Strömungen verlaufen nicht nur unter den Zöglingen, sondern auch zwischen Vorgesetzten und Zöglingen und unter den Vorgesetzten selbst. Sie bewegen sich von den Regierungsvertretern und dem Direktor der Gemeinschaft hinunter in den innersten Kreis der Verwaltungsleiter und von diesem weiter zu den Hausmüttern, Vormännern der Werkstätten und anderen Angestellten bis hinunter zu den Bewohnern. Sie durchfließen die ganze soziale Hierarchie.

2. *Soziometrischer Test in Heimgruppen*

Ein Bestandteil der sozialen Organisation einer Gemeinschaft im weitesten Sinn fehlt in Hudson: die natürliche Familie. Die Mädchen in Hudson sind von ihren Eltern getrennt; an ihrer Statt sind sie einer Hausmutter unterstellt. Sie sind auch von ihren natürlichen Geschwistern getrennt und in Mädchengruppen gestellt worden, die zu ihnen und unter sich in keiner blutsverwandtschaftlichen Beziehung stehen. Von vielen wird die Meinung vertreten, daß der elterliche Instinkt und die Blutsbande die Verbindung der Eltern mit ihren eigenen Kindern wünschenswert machen. Doch hier in Hudson fehlen die natürlichen Verwandtschaftsbeziehungen: Die natürlichen Eltern wurden durch „soziale Eltern" ersetzt, das natürliche Kind durch ein „soziales Kind". Daher war es notwendig, eine besondere Methode zu erfinden, um die Anziehungskräfte zu ermitteln, die ein Mädchen für das andere, ein Mädchen für die Hausmutter und umgekehrt die Hausmutter für ein Mädchen besitzen. Durch eine solche Methode konnten wir weiterhin feststellen, von welchen Personen ein Mädchen angezogen und abgestoßen wird. Das Studium der Summe dieser Anziehungen und Abstoßungen vermag uns Einblick zu geben in die Verteilung der emotionalen Empfindungen in dieser Gemeinschaft und die Stellung einer jeden Person und Gruppe innerhalb ihrer Strömungen. Eine derartige Methode finden wir im soziometrischen Test. Das von uns zuerst angewandte Kriterium betrifft das Zusammenleben der Mädchen im selben Haus und stellt die Anziehungen und Abstoßungen fest, welche die Mädchen in bezug auf dieses Kriterium einander entgegenbringen. Die Personenzahl, aus der das Mädchen seine Hausgenossen wählen konnte, war 505. Auf Grund ähnlicher Versuche schätzten wir, daß fünf Wahlmöglichkeiten pro Mädchen genügend sein würden, um der sozialen Spontaneität Ausdruck zu geben. *Die ganze Gemeinschaft wurde dann zusammengerufen und gleichzeitig dem Test unterworfen,* wie dies im ersten Teil dieses Buches schon beschrieben wurde. Wir waren hernach in der Lage, jedes Mädchen zu klassifizieren gemäß der Wahlen, die es getroffen und erhalten hatte. Es folgt ein Beispiel eines typischen Wahlzettels:

Tabelle 7

WL Haus 7

Getroffene Wahlen:	1. ME, C 16;	2. KT, C 7;	3. GE, C 7;	4. CN, C 16;	5. SV, C 6;
Erhaltene Wahlen:	1. ME, C 16;	2.	3. PR, C 7;	4. SV, C 6;	5. EH, C 10;

(C bedeutet cottage = Haus.)

Die Wahlresultate deuten die Stärke des Interesses an, das WL im Haus 7 für die 34 mit ihr im selben Haus zusammenlebenden Mädchen hat, verglichen mit den Interessen, das sie Mädchen außerhalb ihres Hauses entgegenbringt. Sie zeigen ebenfalls das Interesse an, das Mädchen ihres eigenen Hauses für sie haben, verglichen mit dem Interesse, das Mädchen anderer Häuser ihr entgegenbringen. Sie stellen WL verbunden mit Bewohnern vier verschiedener Häuser dar. Ihre erste Wahl fiel auf ME aus einem andern Haus, C 16, die ihrerseits diese erste Wahl erwiderte. Im ganzen wählt WL zwei Mädchen aus ihrem eigenen Haus (KT und GE) und drei Mädchen aus anderen Häusern (ME, CN und SV); sie wird von einem Mädchen PR, ihres eigenen Hauses und drei Mädchen (ME, SV und EH) aus anderen Häusern gewählt. Vgl. Soziogramm von WL.

Sobald jedes Mädchen des Hauses 7 in der oben im Fall WL beschriebenen Weise klassifiziert worden ist, kann die gegenwärtige Zusammensetzung der Hausgemeinschaft 7 mit der von ihren Mitgliedern gewünschten Zusammensetzung verglichen werden. Dadurch wird ersichtlich, zu wem sich die Mädchen innerhalb und außerhalb ihres Hauses hingezogen fühlen. Vgl. Soziogramm von C7.

Wenn wir, unterstützt durch das Soziogramm, in ein Haus hineinschauen und es wie mit Röntgenstrahlen durchdringen, bemerken wir Mädchen, die wie Stars die meisten Wahlen auf sich ziehen, andere, die gegenseitig Paare bilden und die manchmal in lange Ketten, in Dreiecke, Vierecke und Kreise verflochten sind. Außerdem fallen uns ungewünschte, ungewählte Mädchen auf. Beim Überblicken der ganzen Gemeinschaft stellen wir fest, daß sie im Zick-Zack von Wahlen durchlaufen wird. Es enthüllt sich uns auf diese Weise die unsichtbare dynamische Organisation, die unter der offiziellen existiert. Was leer oder undurchsichtig erschien, öffnet sich plötzlich zu einem weiten Panorama. Wir sehen, wie die Wahlen in Strömen zum einen oder anderen Haus fließen, andere Häuser erscheinen dagegen praktisch isoliert. Man kann Hausgemeinschaften beobachten, die Wahlen innerhalb der eigenen Gruppe konzentrieren, und dann fallen andere auf, die so viele Wahlen auf Mädchen anderer Häuser richten, daß man den Eindruck hat, diese Gruppe wünsche, sich aufzulösen.

3. Grenzen des emotionalen Interesses

Anstatt der 2525 erwarteten Wahlen wurden wirklich nur 2285 Wahlen getroffen. Von 240 Wahlmöglichkeiten, das sind 9½%, wurde kein Gebrauch gemacht. Die 9½% zeigen die Grenze des emotionalen Interesses der gesamten Hudsonbevölkerung an hinsichtlich des Kriteriums des Zusammenlebens bei fünf erlaubten Wahlen. Wenn wir eine Hausgruppe von diesem Gesichtspunkt aus analysieren, stellen wir fest, daß 26 Wahlmöglichkeiten unbenutzt blieben. Zwei Personen wählten nicht bei der ersten Wahl, vier nicht bei der zweiten Wahl, vier nicht bei der dritten Wahl, fünf nicht bei der vierten Wahl, elf nicht bei der fünften Wahl. Offenbar waren die Mädchen bei Beginn der Wahlen noch frisch; nur zwei wählten bei der ersten Wahl nicht. Doch von Wahl zu Wahl verringerte sich der Umfang ihres Interesses. In der letzten Phase, bei der fünften Wahl, stieg die Zahl der unbenützten Wahlmöglichkeiten von 8% (1. Wahl) auf 16% (2. Wahl), auf 16% (3. Wahl), auf 20% (4. Wahl) und auf 44% (5. Wahl). Die folgende Tabelle stellt den Prozentsatz unbenützter Wahlmöglichkeiten von der ersten bis zur fünften Wahl innerhalb einer jeden Hausgemeinschaft dar.

Tabelle 8

Prozentsatz unbenützter Wahlmöglichkeiten von der 1. bis zur 5. Wahl.

	1. Wahl	2. Wahl	3. Wahl	4. Wahl	5. Wahl
Hausgruppe 2	0%	0%	0%	0%	0%
Hausgruppe 11	0%	0%	0%	0%	8%
Hausgruppe 1	0%	0%	0%	5%	25%
Hausgruppe 14	0%	0%	4%	4%	28%
Hausgruppe 7	3%	6%	6%	9%	12%
Hausgruppe 16	3%	3%	3%	7%	27%
Hausgruppe 10	4%	8%	8%	12%	12%
Hausgruppe 15	3%	3%	9%	9%	35%
Hausgruppe 6	4%	4%	4%	8%	44%
Hausgruppe 12	12%	12%	12%	15%	15%
Hausgruppe 13	11%	9%	9%	20%	24%
Hausgruppe 8	3%	3%	12%	27%	48%
Hausgruppe 3	8%	16%	16%	20%	44%
Hausgruppe 9	20%	20%	20%	24%	36%
Hausgruppe 4	12%	15%	20%	35%	60%

Beinahe mit der Genauigkeit einer Uhr nimmt das Interesse ab. Auffallend ist, wie *schnell* das Interesse abzunehmen begann. Gewöhnlich kann bei der dritten Wahl eine Krise beobachtet werden. Nur drei Häuser, C 1, C 2 und C 11, gingen durch die ersten drei Wahlen, ohne eine davon unbenützt zu lassen. Von der fünften Wahlmöglichkeit machte nur Haus 2 vollen Gebrauch und war dadurch unübertroffen in der ganzen Gemeinschaft. Haus C 4 ließ 60% unbenützt bei der fünften Wahl und drei weitere Häuser ließen bei dieser Wahl etwas weniger als 50% unbenützt. Bei einer oder zwei weiteren Wahlmöglichkeiten hätten wahrscheinlich die meisten Mädchen die Grenze ihres Interesses erreicht. Die allmähliche Abnahme des emotionalen Interesses stellt scheinbar die negative Seite eines positiven energetischen Prinzips dar, nämlich die Fähigkeit einer Person, eine Anzahl von Individuen emotional zu umfassen, zu erkennen und zu beeinflussen. Auf diese Fähigkeit haben wir schon früher hingewiesen und sie als „emotionales

Ausdehnungsvermögen" bezeichnet. Sie ist die Ursache der Abnahme des Interesses.

Die stufenweise Abnahme der emotionalen Ausdehnung kann noch auf andere Weise veranschaulicht werden. Von 505 Mädchen beteiligten sich 500 an der ersten Wahl, 460 waren noch bei der zweiten Wahl aktiv, 420 bei der dritten Wahl, 375 bei der vierten Wahl. Eine fünfte Wahl zu treffen, hatten nur noch 300 Mädchen ein ausreichendes Interesse. Eine sechste, siebte oder achte Wahl hätte uns wohl das Bild der langsamen Annäherung des Nullpunktes gegeben. Man kann hier von einer soziodynamischen Abnahme des Interesses sprechen. Nach einer gewissen Anstrengung läßt das Interesse nach und konvergiert zum Nullpunkt hinsichtlich eines bestimmten Kriteriums; nach Einbeziehung aller Kriterien schließlich gegen den Nullpunkt all dieser Kriterien. Es erreicht die soziodynamische Grenze der emotionalen Ausdehnung der Persönlichkeiten und der Gruppe, der sie angehören – ihre „Entropie".

4. Der soziodynamische Effekt

Es konnte noch ein anderer Prozeß beobachtet werden, der mit einer eigenartigen Regelmäßigkeit auftritt. Die Anzahl der Wahlen (im Gegensatz zu den Wahlmöglichkeiten) war nicht gleichmäßig unter den Mädchen verteilt. Manche zogen stärkere Aufmerksamkeit auf sich, sie erhielten mehr Wahlen; anderen wurde weniger Aufmerksamkeit geschenkt, sie erhielten weniger Wahlen oder blieben ungewählt. Manche Mädchen erhielten mehr Wahlen, je weiter von der ersten bis zur fünften Wahl fortgeschritten wurde. Es gab Fälle, in denen ein Mädchen mehr als vierzig Wahlen von Mädchen aus allen Teilen der Gemeinschaft erhielt. Auf der anderen Seite blieben viele Mädchen völlig unbeachtet. Die Zahl der Ungewählten nach der ersten Wahl schwankte zwischen 35 und 15% der Mitglieder einer Hausgemeinschaft.

Wir hatten guten Grund zu hoffen, daß mit fortschreitenden Wahlen kein Mädchen ungewählt bleiben würde. Bei der zweiten und in geringerem Maße auch bei der dritten Wahl verringerte sich die Zahl der Ungewählten. Nach der dritten Wahl jedoch setzte ein Rückgang dieser Entwicklung ein. Die Zahl der Ungewählten fiel nicht mehr so schnell wie vor der dritten Wahl. Die Zahlen blieben verhältnismäßig konstant. Die Zahl der Ungewählten in Haus 1 war nach der ersten Wahl 13. Bei der vierten Wahl verringerte sie sich bis auf sechs Mädchen und auch bei der letzten Wahl änderte sich diese Zahl nicht mehr.

Haus 3 begann mit 13 Ungewählten und endete mit dreien. Haus 9 fing mit 18 Ungewählten an und reduzierte diese Zahl am Ende bis auf sechs. Haus 8 begann mit 22 ungewählten Mädchen, von denen sechs auch noch am Ende ungewählt waren. Selbstverständlich ging der Wahlüberschuß an andere Stellen. Er fiel auf die Mädchen, die von Anfang an mehr Aufmerksamkeit auf sich gezogen hatten. Ihre größere Anziehungskraft schien dafür verantwortlich zu sein, daß 75 Mädchen von 505 (15%) ungewählt und in der Gemeinschaft isoliert blieben, nachdem alle Wahlen ausgezählt worden waren. Es kann angenommen werden, daß bei mehr als fünf Wahlmöglichkeiten pro Person auf jedes Mädchen der Gemeinschaft mindestens eine Wahl fallen sollte. Aber alle Anzeichen bei unserer Forschungsarbeit sprechen dafür, daß bei mehr als fünf Wahlmöglichkeiten noch mehr Wahlen auf die Stars der früheren Wahlen fallen und daß die Ungewählten auch weiterhin hartnäckig vernachlässigt würden. Dieses konstante Auslassen etlicher Personen vom produktiven Kontakt mit anderen Angehörigen der Gruppe nennen wir „soziodynamischen Effekt".

Tabelle 9

Zahl der Ungewählten von der 1. bis zur 5. Wahl*

Hausgruppe:	1. Wahl	2. Wahl	3. Wahl	4. Wahl	5. Wahl
C 1	13	9	7	6	6
C 2	9	6	4	3	2
C 3	13	8	6	4	3
C 4	13	10	6	5	5
C 6	12	9	6	4	1
C 7	18	14	12	10	9
C 8	22	15	9	7	6
C 9	18	11	7	7	6
C 10	22	19	17	14	14
C 11	11	5	2	2	2
C 12	14	9	7	6	5
C 13	12	7	6	5	4
C 14	16	7	6	6	4
C 15	11	7	3	3	2
C 16	20	16	14	12	12
Gesamtsumme:	224	152	112	94	81

*C 5 wurde ausgelassen.

5. Der Bezugsort der Wahlen und die soziometrische Gruppenorganisation

Der Bezugsort der Wahlen, ob sie auf Personen innerhalb oder außerhalb der Gruppe fallen, und die Art, in der sich ihre Verteilung ändert zwischen der ersten und der fünften Wahl, haben entscheidende Wirkung auf die Organisation der Gruppe. Die folgenden drei Beispiele stellen äußerst charakteristische Muster der Organisation als Folge dieses Faktors dar.

Hausgruppe 9, Bezugsort der Wahlen

	Innerhalb	Außerhalb
1. Wahl	14	7
2. Wahl	15	6
3. Wahl	14	7
4. Wahl	13	7
5. Wahl	10	7
Summe	66	34

Dieselbe Tendenz wiederholt sich durch alle Phasen von der ersten bis zur fünften Wahl: Die Mehrzahl der Wahlen richtet sich auf Personen innerhalb der eigenen Gruppe, weniger Wahlen fallen auf Personen außerhalb der Gruppe. Es ist ein Beispiel *introvertierter* Organisation.

Hausgruppe 10, Bezugsort der Wahlen

	Innerhalb	Außerhalb
1. Wahl	10	15
2. Wahl	9	16
3. Wahl	6	18
4. Wahl	8	15
5. Wahl	9	14
Summe	42	78

Hausgruppe 10 ist ein Beispiel *extravertierter* Organisation. Die Mehrzahl der Wahlen fällt in jeder Phase stets auf Personen außerhalb der Gruppe; nur eine geringe Zahl der Wahlen bleibt innerhalb des Hauses.

Hausgruppe 7, Bezugsort der Wahlen

	Innerhalb	Außerhalb
1. Wahl	13	11
2. Wahl	12	14
3. Wahl	17	12
4. Wahl	11	13
5. Wahl	10	11
Summe	63	61

Haus 7 ist ein Beispiel, bei dem die Mehrzahl der Wahlen zwischen Personen innerhalb und außerhalb der Gruppe pendelt, ohne eine bestimmte Tendenz aufzuweisen. Es ist das Beispiel einer „ausgeglichenen" Organisation.

6. Anziehungen, Abstoßungen und Gleichgültigkeit

Die von den Individuen ausgehenden Emotionen stellen nur die Hälfte des Problems dar. Menschliche Beziehungen haben immer zwei Pole. Die auf das Individuum zurückgeworfenen Emotionen bedeuten die andere Hälfte des Problems. Wir hatten hier 505 Personen, die bei fünf Wahlmöglichkeiten Gelegenheit hatten, 2525 Wahlen zu treffen. Um die andere Hälfte der Emotionen zu bestimmen, mußten wir die Erwiderungen dieser Wahlen ermitteln. Jedes Mädchen stand im Brennpunkt manchmal erwiderter oder unerwiderter Wahlen und stellte den Kern einer atomistischen sozialen Struktur dar. Es mußte daher eine besondere Art des Interviews auf alle Personen angewendet werden, die ihre gegenseitigen Beziehungen hinsichtlich des Kriteriums des Zusammenlebens untersuchte. In jedem Fall mußten all die um eine Person kreisenden anderen und die „Kernperson" selbst im Zusammenhang und getrennt interviewt werden. Dies wurde von einem Stab von Soziometristen durchgeführt, die sich in enger Zusammenarbeit bemühten, vom Standpunkt eines jeden Einzelnen aus die sozialen Atomstrukturen näher zu bestimmen. In dem obenerwähnten Fall WL wurden einschließlich WL acht Personen interviewt. WL wurde gefragt: Wie denkst Du über ein Zusammenleben im selben Haus mit ME, KT, GE, CN, SV, PR oder EH? Antworte mit: ja, nein oder gleichgültig. 2. Welche Gründe hast Du für Deine Zu- oder Abneigungen?

Dann wurden ME, KT, GE, CN, SV, PR und EH gefragt: Möchtet Ihr im selben Haus mit WL zusammen leben? Antwortet mit: ja, nein oder gleichgültig. Welche Gründe habt Ihr für Eure Zu- oder Abneigungen?

Die Ergebnisse zeigen, daß WL von fünf Mädchen angezogen wird, von denen zwei im eigenen Haus leben, während die andern drei andere Häuser bewohnen. Sie stößt zwei ab, ein Mädchen ihres eigenen und ein Mädchen eines anderen Hauses. Sie zieht sieben Personen an, drei aus ihrem eigenen Haus und vier aus anderen Häusern. Sie wird von niemandem abgestoßen. In fünf Fällen handelt es sich um gegenseitige Anziehungen. Die stärkste Anziehung besteht zwischen ihr und einem Mädchen eines andern Hauses und kam durch die erste Wahl und ihre Motivierung deutlich zum Ausdruck. (Vgl. Soziogramm von WL, 2. Phase, vgl. ebenfalls Motivierungstabelle von WL.) Diese Art der Befragung ermittelte in gleicher Weise die Motivierungen der zwischen allen Personen der Gemeinschaft fluktuierenden Anziehungen und Abstoßungen.

Die sieben mit WL verbundenen Personen stellen in einem beschränkten Sinne den Umfang dessen dar, was wir „soziales Atom" nennen. WL ist der Kern dieses durch das Kriterium des Zusammenlebens bedingten Atoms. In bezug auf dasselbe Kriterium fanden wir jedes Mädchen mit einer anderen Mädchengruppe, einer anderen Atomformation, in Verbindung. Es gibt daher zahlreiche verschiedene Atomkonfigurationen. In ihrer ersten Phase, dem soziometrischen Test, ermittelt die soziometrische Methode die Atome in ihrem äußerem Umfang; in ihrer zweiten Phase wird mittels des Interviews versucht, ins Innere des Atoms einzudringen – es gewissermaßen zu zertrümmern. Beim Studium der 505 natürlichen Atomstrukturen konnte festgestellt werden, wie verschieden sie oft von der Stellung des Einzelnen innerhalb seiner gegenwärtigen Familiengruppe waren. Diese Atomstrukturen greifen oft ineinander, da trotz wechselnd starkem Interesse viele Personen oft gleichzeitig am Aufbau gewisser Strukturen beteiligt sind. Zuerst klassifizierten wir die von allen Einzelnen ausgedrückten positiven Haltungen, Anziehungen hinsichtlich des Kriteriums des Zusammenlebens, dann die negativen Haltungen, Abstoßungen und die neutrale Haltung, Gleichgültigkeit, ohne dabei die Motivierungen für diese Haltungen zu kennen. Dann erkundigten wir uns bei den Einzelnen selbst, welche Motivierungen ihrer Ansicht nach ihren Gefühlen der Zu- und Abneigung zugrunde lägen. Meistens schien nicht ein Gefühl, sondern ein ganzer Komplex von Gefühlen und gegenseitigen Bewertungen die Motivierungen zu bewirken. Diese Gefühle schienen gleich anschwellenden Strömen gleichzeitig zwei oder mehrere Personen zu verbinden oder zu trennen. Das Studium der Motivierungen gab in seinem Zusammenhang und durch die Beurteilung eines jeden Angehörigen der Gruppe tiefere Einsicht in die regulierenden oder zersetzenden Kräfte der Gruppenorganisation.

Tabelle der Motivierungen (Mädchen WL)

1. Wahl, ME, Haus 16:

Wir verstehen uns gut, obwohl wir verschieden geartet sind. Ich bin reizbar und launisch und sie ist immer fröhlich und ruhig. Wir haben beide das gleiche Berufsziel, Stenographie und Büroarbeit. Sie wirkt so beruhigend auf mich, und es war schon immer mein Wunsch, mit ihr zusammen zu leben.

Antwort ME, Haus 16:

WL ist so interessant. Sie erlebt alles so tief. Beim geringsten Anlaß bricht sie in Tränen oder überschwengliche Freude aus. Ich bin meistens so ganz anders und deshalb teile ich gerne ihre Erlebnisse. Ich finde, WL ist so lebendig.

2. Wahl, KT, Haus 7:

KT ist ganz das Gegenteil von ME. Sie ist ungarischer Abstammung und lehrt mich manchmal einige ungarische Wörter. Sie ist eine große Sportlerin und die beste Baseballspielerin. Ich bin keine so gute Spielerin, kann aber schnell laufen, und KT veranlaßt die andern, mit mir Geduld zu haben. Sie hat sich in den Kopf gesetzt, auch aus mir eine Baseballheldin zu machen. Im Nähen und ähnlichen Dingen ist sie langsam; deshalb helfe ich ihr oft dabei. Ich bin gern mit ihr zusammen. Nach ME ist sie mir die liebste.

Antwort KT, Haus 7:

Ja, ich hätte WL gern in meinem Haus ihrer Haltung wegen. Als sie neu hierher kam, war sie nicht gut im Sport, aber sie hat so hartnäckig trainiert. Ich bewundere sie deshalb. Sie ist leicht verletzt, und obgleich die andern Mädchen sie gern haben, ist sie gleich beleidigt, wenn sie in den Spielen kritisiert wird.

3. Wahl, GE, Haus 7:

GE hätte ich gern in meinem Haus, weil sie mir wie eine kleine Schwester ist. Ich habe nie Schwestern gehabt und ich möchte sie gerne ein bißchen bemuttern. Es ist zu nett, wie sie die kleinste Aufmerksamkeit schätzt, die man ihr entgegenbringt. Ich gebe ihr immer alle Sachen, die ich nicht mehr brauchen kann, und sie macht dann für sich etwas daraus. Sie ist sehr geschickt in dieser Hinsicht. Sie ist oft wie ein einsames kleines Kind, das man einfach gern haben muß.

Antwort GE, Haus 7:

Ja, ja, ich will WL. Sie ist das freundlichste Mädchen in unserm Haus. Sie denkt sich immer nette Dinge aus, die sie für die andern im Haus tun könnte. Ich wählte sie nicht, weil ich die Mädchen vorziehe, mit denen ich herumspiele und die weniger beschäftigt sind als WL. Sie ist älter als die, mit denen ich sonst zusammen bin, und sie hat mehr Beschäftigung.

4. Wahl, CN, Haus 16:

Ich habe CN an vierter Stelle gewählt, weil ich mich nicht allzu stark zu ihr hingezogen fühle. Ich will sie mehr zum Vergnügen. Sie ist unterhaltend und hat eine natürliche Lustigkeit.

Antwort CN, Haus 16:

Ja, wir kommen gut miteinander aus. Sie versteht immer meine Witze und ärgert sich nicht über meine bissigen Bemerkungen wie die andern Mädchen.

5. Wahl, SV, Haus 6:

Ich versuche SV nachzustreben. Sie ist hoch intelligent. Ich finde sie viel gescheiter als mich. Sie hat weit mehr Bücher gelesen als ich und weiß soviel. Sie ist zart, und ich kann sie dazu bringen, nachmittags zu ruhen. Sie kommt vom selben Teil des Staates N.Y. wie ich und manchmal unterhalten wir uns über die Heimat.

Antwort SV, Haus 6:

WL bringt mich immer über das Heimweh hinweg. Sie hat stets ein Gesprächsthema und obwohl sie launisch ist, ist sie doch nie langweilig. Sie ist immer unterhaltend. Ich finde, sie hat so ein feines Benehmen, z. B. wenn sie jemanden auf der Straße grüßt. Man fühlt, daß sie sich freut, mit einem zu sprechen.

WLs Antwort auf PR, Haus 7:

Nein, ich mag sie nicht. Es ist nur deshalb, weil sie manchmal so aufdringlich ist und so nah an einen herantritt, wenn sie spricht. Es ist etwas an ihr, was mich abstößt. Es fällt mir immer schwer, nett mit ihr zu sein, wenn sie mir so nahe kommt. Ich habe so von ihr gedacht, schon bevor ich wußte, daß sie jeden Tag heimliche Zusammenkünfte mit Negermädchen hat. Es scheint, als ob sie ohne diese einfach nicht leben kann. Nicht nur, daß sie mit ihnen geheime Begegnungen hat, sondern sie benützt viele der anderen Mädchen als ihre Spione und Boten für ihre „Liebesbriefe“ und beeinflußt sie, selber auch Rendezvous zu haben. Ich finde, es ist einfach schlimm mit ihr. Wenn sie wenigstens offen wäre, würde man sich nicht so angewidert fühlen. Aber sie zieht besonders die neuen Mädchen mit hinein. Sie verspricht ihnen allerlei Sachen, falls sie es für sie tun wollten, und dann vergißt sie ihre Versprechungen.

3. Wahl, PR, 7:

Ich mag WL sehr gern. Sie spricht nicht viel mit mir und sagt immer, sie müsse lesen oder sonst was tun. Ich weiß nicht, ob es wahr ist oder nicht. Ich finde, sie ist das anziehendste Mädchen im Haus. Sie hat so eine frische Gesichtsfarbe und immer schön gelocktes Haar. Sie ist einfach wunderbar.

7. Die soziometrische Klassifikation

Auf dieser Grundlage war es uns möglich, jede Person und jede Gruppe gemäß ihrer Stellung innerhalb der gegebenen Gemeinschaft zu klassifizieren. Wir waren uns bewußt, daß wir das Problem der Klassifikation von einer Seite aus in Angriff nehmen mußten, die zu den bekannten allgemeinen Methodologien in scharfem Gegensatz steht. Klassifikationsmethoden, wie die psychologischen Typen von C. G. Jung, die Körpertypen von Kretschmer und viele andere, haben mit den psychometrischen Klassifikationsmethoden, welche die Intelligenz, die Anlagen und die Fähigkeiten des Einzelnen messen, eines gemeinsam: ihre Klassifikationsbemühungen richten sich lediglich auf eine *einzelne* Person, während die diese Person umgebenden anderen Individuen und Gruppen nur summarisch erfaßt werden. Im Gegensatz zu ihnen befassen wir uns nicht mit einem von seiner soziodynamischen Lebenssituation gelösten Individuum; denn das Individuum kann niemals abstrahiert werden, sondern steht immer im Zusammenhang mit anderen Individuen. Die privaten und kollektiven Elemente sind eng ineinander verwoben. *Der Kernpunkt unserer Klassifikation liegt in der Definition eines Individuums in seiner Beziehung zu andern Individuen und, im Fall von Gruppen, in der Definition einer Gruppe in ihrem Zusammenhang mit anderen Gruppen. Das ist soziometrische Klassifikation.* Wir näherten uns diesem Problem nicht mit einem fertigen theoretischen sozialen Schema, das Hypothesen auf deduktive Weise aufstellt. Auch wir stellten Hypothesen auf, blieben aber nicht bei ihnen stehen, sondern erprobten sie an der sozialen Realität. Sie erwuchsen aus den Ergebnissen empirischer Induktion und wurden in ihrer weiteren Gestaltung von diesen beeinflußt. Sie entstanden im

Hinblick auf unser Ziel, die psychosozialen Strömungen einer gegebenen Gemeinschaft zu erforschen und zu lenken.

Das folgende Beispiel stellt die soziometrische Klassifikation eines Individuums dar und die Methoden, die angewandt worden waren, um einen höheren Präzisionsgrad der Formel zu erhalten.

Die Person WL wählt in bezug auf das Kriterium des Zusammenlebens zwei Personen innerhalb und drei außerhalb der eigenen Gruppe. WL wird von einer Person innerhalb und drei Personen außerhalb der eigenen Gruppe gewählt. L bezeichnet das Kriterium des Zusammenlebens. Die Zahlen oberhalb des horizontalen Striches bedeuten die von WL getroffenen Wahlen; die Zahlen unter dem Strich stellen die erhaltenen Wahlen dar. Die Zahlen links des vertikalen Strichs stehen mit innerhalb der eigenen Gruppe getroffenen oder erhaltenen Wahlen in Zusammenhang, die rechts mit Wahlen außerhalb der eigenen Gruppe.

Formel I:

		L	
		innerhalb	außerhalb
WL	gesendet:	2	3
	empfangen:	1	3

Diese Formel gibt die Summe der Anziehungen an, die von der Person WL innerhalb und außerhalb der eigenen Gruppe gesendet und empfangen werden. Formel I ändert sich im Verhältnis der Zahl der Abstoßungen, die durch einen Strich von der Zahl der Anziehungen getrennt wird, und wird zur Formel II.

Formel II:

		L	
		innerhalb	außerhalb
WL	gesendet:	2 — 1	3 — 1
	empfangen:	3 — 0	4 — 0

Durch Bezeichnung der Wahlen mit W und der Zahl (1. 2. 3. Wahl usw.) wird Formel II noch differenzierter und geht in Formel III über.

Formel III:

		L	
		innerhalb	außerhalb
WL	gesendet:	W 2 W 3 — 1	W 1 W 4 W 5 — 1
	empfangen:	W 3 — 0	W 1 W 4 W 5 — 0

Links des vertikalen Strichs beschreiben diese Formeln die Stellung WLs innerhalb ihrer aktuellen Lebensgruppe. Rechts des vertikalen Strichs beschreiben sie die Stellung WLs innerhalb der Gemeinschaft hinsichtlich des Kriteriums des

Zusammenlebens. Sie bestimmen den Status in bezug auf die in der folgenden Beziehungstabelle der soziometrischen Klassifikation gegebenen Faktoren.

Vorläufige Tabelle der soziometrischen Terminologie

Positiv, negativ:	Das Individuum wählt andere Individuen, wählt nicht.
Isoliert:	Das Individuum wählt nicht und wird nicht gewählt.
Ungewählt:	Das Individuum wählt, wird aber nicht gewählt.
Nichtwählend:	Das Individuum wählt nicht, wird aber gewählt.
Extravertierte Stellung:	Das Individuum wählt hauptsächlich Individuen außerhalb der eigenen Gruppe.
Introvertierte Stellung:	Das Individuum wählt hauptsächlich Individuen innerhalb der eigenen Gruppe.
Angezogen:	Das Individuum wählt andere Individuen.
Anziehend:	Das Individuum wird von andern Individuen gewählt.
Abgestoßen:	Das Individuum wird von andern abgestoßen.
Abstoßend:	Das Individuum stößt andere ab.
Gleichgültigkeit:	Das Individuum steht der Mehrzahl der Individuen, die von ihm angezogen oder abgestoßen werden, gleichgültig gegenüber.

In bezug auf diese elf Faktoren wird WL folgendermaßen klassifiziert: Positiv, nicht isoliert, extravertierte Stellung, angezogen, anziehend, nicht abgestoßen, abstoßend.

Damit wir uns keinen falschen Erwartungen hingeben und keine falschen Schlüsse ziehen, ist es wichtig, uns darüber klar zu sein, was das Soziogramm und die soziometrische Klassifikation aufzeigen und was nicht. Wir haben in ihnen ein Bild der Anziehungen und Abstoßungen, die zwischen den Individuen einer bestimmten Gruppe existieren. Die ihnen zugrunde liegenden Motivierungen sind uns noch nicht bekannt. Desgleichen haben wir noch keine Kenntnisse von dem Verhalten dieser Personen in wirklichen Lebenslagen und von ihrer Intelligenz, ihren Fähigkeiten und ihrer Entwicklung. Es ist daher von grundlegender Wichtigkeit, im Verlaufe der soziometrischen Untersuchung auch diese Faktoren einzubeziehen. Durch das Lesen der Soziogramme und der soziometrischen Klassifikation bekommen wir Aufschluß über:

a) die gegenwärtige Struktur der Gruppe;

b) die Entwicklung dieser Gruppe im Laufe der Zeit, z. B. eines Jahres. Sie spiegelt sich in den Soziogrammen wieder, die in regelmäßigen Abständen – in unserer Gemeinschaft in Abständen von vier Wochen – neu aufgestellt werden.

c) In einer ausgedehnten Studie, die wie in diesem Falle durch mehrere Jahre hindurch fortgesetzt wird, können wir feststellen, ob die Strukturen konstant bleiben, ob sie sich rasch oder langsam verändern, ob sich nur manche Formen verändern, während andere gleichbleiben. Die reinen Tatsachen stehen uns vor Augen, ohne daß wir schon ihre Ursachen kennen. Wir werden die Ursachen und Motivierungen später durch das Interview und die Anwendung der Spontaneitäts- und Rollenspieltests kennenlernen. Diese Tests sind keine Tests im gewöhnlichen Sinne; die in ihnen gefällten Entscheidungen der Individuen sind Lebensentscheidungen. Das Verhalten im Test kommt der Lebenshaltung gleich.

Im Beispiel TL lauten die Formeln wie folgt:

TL Formel I:

	L innerhalb	außerhalb
gesendet:	4	1
empfangen:	0	0

TL Formel II:

	L innerhalb	außerhalb
gesendet:	4 — 1	1 — 3
empfangen:	0 — 16	0 — 15

TL Formel III:

	L innerhalb	außerhalb
gesendet:	W 1 W 2 W 3 W 4 — 1	W 5 — 3
empfangen:	0 — 16	0 — 15

TL ist eine Person, deren Klassifikation im Gegensatz zu WL einer ungünstigen Stellung Ausdruck gibt. Positive, introvertierte Stellung. Angezogen, nicht anziehend, abgestoßen und abstoßend, ungewählt.

Wir erkennen in der Tabelle, daß fünf Personen TL, UQ, LS, RU, AI von diesen 12 Fällen keine wünschenswerte Stellung innerhalb ihrer Gruppe innehaben.

Die Klassifikation von Elsa TL ist ein Beispiel einer ungewählten, abgestoßenen und abstoßenden Person. Wir werden später Elsas Verhalten in verschiedenen Lebenslagen einem intensiven Studium unterwerfen. Die negative isolierte Stellung RUs innerhalb der Gemeinschaft wurde durch ihren Mangel an Geselligkeitssinn verständlich. Im Falle einer jeden Person wurde unsere Klassifikation durch klinische Beweise und weiteres Testen fast ausnahmslos bestätigt. Jeder Wechsel im Verhalten konnte sofort im Soziogramm nachgewiesen werden. Und wenn der soziometrische Test einen Wechsel in der Klassifikation hervorrief, konnte in der Regel ein Wechsel im Verhalten nachgewiesen werden. Falls zwei Personen gleich klassifiziert worden sind, „identische soziale Zwillinge“ sind, brauchen deshalb nicht gleiche Motivierungen dazu geführt zu haben. Die Klassifikation weist lediglich darauf hin, daß sie die gleiche soziometrische Stellung

Tabelle 10

Zwölf Beispiele soziometrischer Klassifikation

<table>
<tr><th>Name</th><th>Formel I</th><th>Formel II</th><th>Positiv oder Negativ</th><th>Isoliert oder Ausgeglichen</th><th>Extravertiert Introvertiert</th><th>Angezogen</th><th>Anziehend</th><th>Abstoßend</th><th>Abgestoßen</th><th>Gleichgültig</th></tr>
<tr><td>Elsa TL</td><td>4 | 1
0 | 0
L</td><td>4—1 | 1—3
0—16 | 0—15
L</td><td>Pos.</td><td></td><td>Introvertiert</td><td>x</td><td></td><td>x</td><td>x</td><td></td></tr>
<tr><td>H. W.</td><td>4 | 1
4 | 1
L</td><td>4—1 | 1—0
4—3 | 1—0
L</td><td>Pos.</td><td></td><td>Introvertiert</td><td>x</td><td>x</td><td></td><td>x</td><td></td></tr>
<tr><td>U. Q.</td><td>3 | 2
1 | 0
L</td><td>3—8 | 2—1
0—3 | 0—1
L</td><td>Pos.</td><td>x</td><td>Introvertiert</td><td>x</td><td></td><td>x</td><td>x</td><td></td></tr>
<tr><td>G. L.</td><td>2 | 3
5 | 12
L</td><td>5—2 | 12—2
5—0 | 12—0
L</td><td>Pos.</td><td></td><td>Extravertiert</td><td>x</td><td>x</td><td>x</td><td></td><td></td></tr>
<tr><td>G. B.</td><td>3 | 2
6 | 1
L</td><td>6—7 | 1—2
6—2 | 0—1
L</td><td>Pos.</td><td></td><td>Introvertiert</td><td>x</td><td>x</td><td>x</td><td>x</td><td></td></tr>
<tr><td>A. A.</td><td>3 | 2
3 | 2
L</td><td>3—0 | 2—0
3—0 | 2—0
L</td><td>Pos.</td><td></td><td>Introvertiert</td><td>x</td><td>x</td><td></td><td></td><td></td></tr>
<tr><td>L. S.</td><td>0 | 5
0 | 2
L</td><td>1—0 | 5—2
0—9 | 1—5
L</td><td>Pos.</td><td>x</td><td>Extravertiert</td><td>x</td><td></td><td></td><td>x</td><td></td></tr>
<tr><td>R. U.</td><td>0 | 0
0 | 0
L</td><td>0—0 | 0—0
0—0 | 0—0
L</td><td>Neg.</td><td>x</td><td>Ausgeglichen</td><td></td><td></td><td></td><td></td><td>x</td></tr>
<tr><td>P. T.</td><td>2 | 3
1 | 2
L</td><td>2—4 | 5—0
1—0 | 4—1
L</td><td>Pos.</td><td></td><td>Extravertiert</td><td>x</td><td>x</td><td>x</td><td></td><td></td></tr>
<tr><td>S. R.</td><td>1 | 3
3 | 6
L</td><td>2—4 | 1—3
4—0 | 7—0
L</td><td>Pos.</td><td></td><td>Extravertiert</td><td>x</td><td>x</td><td>x</td><td></td><td></td></tr>
<tr><td>A. I.</td><td>5 | 0
4 | 2
L</td><td>5—1 | 1—1
3—3 | 0—13
L</td><td>Pos.</td><td></td><td>Introvertiert</td><td>x</td><td>x</td><td></td><td>x</td><td></td></tr>
<tr><td>B. A.</td><td>3 | 2
3 | 2</td><td>3—0 | 2—3
3—0 | 2—0</td><td>Pos.</td><td></td><td>Introvertiert</td><td>x</td><td>x</td><td></td><td></td><td></td></tr>
</table>

innerhalb derselben oder einer andern Hausgruppe innehaben. Aber sogar in Fällen identischer Klassifikation verursacht eine eingehendere Analyse eine weitere Differenzierung der Formeln und beweist, daß die anfänglich gleichen soziometrischen Stellungen zweier Personen vom mikroskopischen Gesichtspunkt aus sehr verschieden aussehen können.

Ein Beispiel geben die Fälle AA und BA. Ein Vergleich ihrer soziometrischen Stellungen weist große Gegensätze auf. AA wird von gutgestellten Personen angezogen und zieht ihrerseits nur solche an. Sie erhält die dritte und fünfte Wahl von zwei Mädchen, die großen Einfluß in der Gemeinschaft haben. Der Intelligenzquotient der Personen in AAs sozialem Atom ist: AA: 114; BT: 116; SA: 103; TT: 75 und MT: 87; außer TT sind alle Mädchen gute Schülerinnen. Dagegen sind die Intelligenzquotienten in BAs sozialem Atom: BA: 53; AE: 68; CT: 58; YA: 70. Außer YA haben alle nur geringen Erfolg in der Schule oder im Gewerbeunterricht. Nichtsdestoweniger bestätigt AAs und BAs wirkliche Stellung in den betreffenden Hausgruppen die Genauigkeit der Klassifikation. Der Gegensatz der Stellungen zeigt, daß sich AA in einem aufsteigenden sozialen Milieu befindet, das die Reifung ihrer besten Anlagen bewirken könnte, während BA einem Personenkreis minderer Beachtetheit angehört, in dem ihr die beste Klassifikation zukommt. Dies bedeutet, daß eine geringere soziometrische Geltung innerhalb eines wertvolleren Milieus vorteilhafter sein kann als eine hohe soziometrische Geltung in einem minderwertigen Milieu. Im Zusammenhang mit dieser Hypothese beobachten wir, daß zwei Personen zwar ähnlich oder gleich klassifiziert sein mögen, daß ihre soziale Umgebung aber zu einer günstigen oder weniger günstigen Prognose ihrer sozialen Anpassungsfähigkeit Anlaß gibt. Eine weitere Differenzierung zwischen zwei gleichgestellten Personen ergab sich durch das Studium ihrer Beziehungen zu der betreffenden Hausmutter und ihrer Klassifikation innerhalb ihrer Arbeitsgruppe.

Eine derartige Analyse der soziometrischen Organisation einer Gemeinschaft weist darauf hin, daß der Klassifikationsstatus eines Einzelnen in einem sozialen Atom ausgedrückt ist und relativen Charakter hat. Er ist bedingt durch die sozialen Atome der mit ihm in sichtbarem oder unsichtbarem Kontakt stehenden Personen. Dies wirft die Frage der relativen Beeinflussung der einen oder anderen Wahl und Anziehung zweier Personen auf – nicht nur unter sich, sondern auch innerhalb ihrer Heimgruppe oder Gemeinschaft. Wir beobachteten, daß der Einfluß einer Wahl stark von dem einer anderen Wahl abweicht, wenn das Netzwerk der ganzen Gemeinschaft in Betracht gezogen wird. Wir erkannten, daß nicht nur die Atome in intimem Zusammenhang stehen, sondern daß das gesamte psychosoziale Netzwerk die Bedeutung und Tragkraft einer einzelnen Wahl bestimmt. Von diesem Gesichtspunkt aus kann man sagen, daß die Person BL, obwohl sie ihrer Klassifikation nach populär ist – sie wird von 18 Personen innerhalb und außerhalb der Gruppe gewählt – einen niedrigeren Status hat als die Person LP, die nur von vier Personen gewählt wird. Aber auf LP fällt die erste Wahl dieser vier Personen, von denen drei direkt oder indirekt ungefähr 100 Wahlen beeinflussen, während BL von Personen gewählt wird, die im großen und ganzen schlechtgestellt und von den Hauptströmungen der Gemeinschaft abgeschnitten sind. Man muß daher erwägen, wer einen größeren Einfluß in der Gemeinschaft hat. Es zählt nicht nur die Anzahl der auf einen Einzelnen kommenden Anziehungen und Abstoßungen, sondern es muß berücksichtigt werden, *wer* einen wählt oder abstößt und welche *Reichweite* seine Netzwerke haben. Mit anderen Worten: wir sind nun vor das Klassifikationsproblem der Führerschaft gestellt.

Das Soziogramm auf Seite 172 illustriert das soziale Milieu eines außerordentlich gut placierten Mädchens in der gegebenen Gemeinschaft, und das Soziogramm auf Seite 173 zeigt eine sehr einflußreiche Angehörige dieser Gemeinschaft.

8. Über die Gültigkeit der Ergebnisse

Die Aufgabe bestand darin, eine ganze Gemeinschaft zu testen und sie lediglich nach den Ergebnissen des Tests neu zu organisieren. Da wir auf einem unerforschten Gebiet arbeiteten, hatten wir uns von Anfang an vorgenommen, Richtung und Ausdehnung unserer Forschungsarbeit aus der Situation hervorgehen zu lassen. Daher war unser Vorgehen in keiner Weise vorbestimmt. Falls im Lauf der Forschung ein neuer Faktor in Erscheinung trat, wurden unsere Hypothesen geändert und neue Methoden entwickelt, um die neuformulierten Hypothesen auf die Probe zu stellen. Dies soll jedoch nicht heißen, daß ich ganz ohne vorgefaßte Pläne gearbeitet hätte; das Gegenteil war der Fall. Ich ließ mich jedoch nicht von ihnen auf einem vorbestimmten Wege festhalten, sondern änderte im Verlauf der Forschungsarbeit meine Pläne etliche Male. Mein Gefühl sagte mir, daß ich nicht fehlgehen könne, solange ich ein klares Ziel hätte und mich der aufrichtigen Mitarbeit der Bevölkerung erfreute. Vor dem Beginn unserer Arbeit hielt ich mir fünf Forschungsdimensionen vor Augen: 1. Die Dimension der Bekanntschaften und einfachsten sozialen Beziehungen. 2. Die Dimension der Wahlen und Beziehungsverweigerungen, die mir auf Sympathie-Antipathie-Indifferenz oder Anziehung-Abstoßung-Gleichgültigkeit zu beruhen schien. Anziehung und Abstoßung definierte ich als Resultanten eines Kräfteparallelogramms, das Menschen verbindet oder trennt. Die Kräfte können physischen, psychischen, sozialen oder kulturellen Charakter haben. 3. Die Dimension der Motivierungen. 4. Die Dimension der sozialen Interaktion und 5. die Dimension des Rollenspiels oder Rollenwechsels. Ich nahm an, daß die Tiefenproduktivität einer Gruppe einer Tiefenanalyse gemäß dieser fünf Forschungsdimensionen bedarf. Um eine solche Analyse ausführen zu können, entwickelte ich mehrere Methoden: den Bekanntschaftstest, den soziometrischen Test, den Test des emotionalen Ausdehnungsvermögens, den Spontaneitätstest und den Rollenspieltest.

Nach jedem Test analysierten wir die Ergebnisse und entwickelten im Sinne der Untersuchung den nächstlogischen Schritt. Die erste Phase des Tests wurde sehr einfach konstruiert, damit wir einen Angriffspunkt in der spontanen Entwicklung des Gemeinschaftsgewebes bekommen würden. Wir ließen jedes Mitglied der Gemeinschaft in bezug auf das Kriterium des Zusammenlebens seine Hausgenossen wählen, ohne Rücksicht auf Alter, Nationalität usw. Aber im Verlaufe der Analyse erschienen uns die Wahlresultate derart widerspruchsvoll, daß wir auf dieser Grundlage allein unter keinen Umständen neue Hausgemeinschaften organisieren konnten. Dies wurde in den vorhergehenden Kapiteln erläutert. Nur eine Minderheit wählte sich gegenseitig und eine noch geringere Zahl bei der ersten Wahl. Die große Mehrheit der Gemeinschaftsmitglieder „verfehlte" oder vernachlässigte sich aus unbekannten Gründen. Außerdem durchbrachen die Wahlen alle rassischen und religiösen Bindungen und die Grenzen der Intelligenz. Negerinnen wählten Weiße, Weiße Farbige, Katholiken Protestanten, Hochintelligente weniger Intelligente und umgekehrt.

Überdies hatten wir festgestellt, daß statt der 2525 erwarteten Wahlen (auf Grund der fünf Wahlmöglichkeiten, die auf jede der 505 Wählerinnen kamen) tatsächlich nur 2285 Wahlen getroffen worden waren. Die 240 fehlenden Wahlen gaben zu neuen Untersuchungen Anlaß. (Vgl. die Kapitel: Grenzen des emotionalen Ausdehnungsvermögens und Soziodynamischer Effekt.) Doch die Entdeckung der fehlenden Wahlen veranlaßte uns im Hinblick auf unser Unternehmen zu weiteren kritischen Spekulationen. Sie führte uns zur Entdeckung zweier wichtiger Faktoren, welche die Gruppenstruktur stark beeinflussen: die Grenze des emotionalen Ausdehnungsvermögens und der soziodynamische Effekt. Die Tatsache, daß manche Mädchen nicht alle fünf Wahlmöglichkeiten ausnützten, schien uns in engem Zusammenhang mit der Zahl der Bekanntschaften zu stehen, die sie seit der Zeit ihres Eintritts in der Hudsongemeinschaft gemacht hatten. Da die Hudsongemeinschaft eine geschlossene Gemeinschaft war, hatten wir die Möglichkeit, diese Faktoren genau zu verfolgen: Jede neue Schülerin stand einer ihr völlig fremden Gemeinschaft gegenüber. Nur in ganz seltenen Ausnahmefällen war ein neues Mädchen der einen oder anderen Schülerin schon früher außerhalb der Gemeinschaft begegnet.

Nach der Behandlung dieses doppelseitigen Problems wandten wir uns wieder der ersten Forschungsphase zu. Die große Zahl unerwiderter und ungleicher Wahlen brachte uns auf den Gedanken, daß eine Untersuchung der die Wahlen nicht erwidernden Mädchen vielleicht manche einseitige Verhältnisse klären und in gegenseitige umwandeln würde. In gewissen Fällen hatten wir auch festgestellt, daß gegenseitige Wahlen oft nicht für beide Teile wünschenswert sind. Wir erkannten, daß wir noch mehr Erkundigungen über beide Seiten der Beziehung einziehen müßten. Deshalb begannen wir mit der Erforschung der den Wahlen zugrunde liegenden Motivierungen.

Hier ist vielleicht der Platz, auf methodische Fehler hinzuweisen, die wir bisher begangen haben mögen. Erstens bedarf die Gültigkeit der subjektiven Wahlen völliger Abwesenheit von Furcht oder Drohung; sie bedarf des Vertrauens der Einzelnen in die Verwirklichung ihrer Wahlen. Es war anzunehmen, daß die Mädchen in Hudson aufrichtig wählen würden, falls sie mit der Erfüllung ihrer Wünsche rechnen konnten. Außerdem wurde ihnen der Test von der Leiterin selbst gegeben. Die Mädchen wußten, daß sie volle Autorität besaß und kannten aus Erfahrung ihren Wunsch, einer jeden ihrer Schülerinnen zu helfen. Die Rücksichtslosigkeit, mit der die Wahlen getroffen wurden (dargestellt in unseren Tabellen), war uns ein Beweis dafür, daß wir, außer in seltenen Ausnahmefällen, keine Zweifel über die Aufrichtigkeit der Wahlen zu hegen hätten. 2. Nachdem die Gültigkeit oder Ungültigkeit der subjektiven Wahlen berücksichtigt worden war, begannen wir zum Zweck der Klassifikation mit der Analyse der Wahlen und ihrer Erwiderungen. Die Zahl der Antworten schwankte zwischen 5 und 41. Jede einzelne Angabe über eine Person wurde auf diese Weise durch 5 bis 41 andere Angaben geprüft und schien dadurch gestützt zu sein. 3. Wechsel der Meinungen. Wir nahmen Stellung zu der Behauptung, daß die Meinungen der Einzelnen, besonders Jugendlicher, sich außerordentlich rasch ändern würden. Daher wurde den Mädchen eine Zeitspanne von 90 Tagen gegeben, in der sie ihre Wahlen oder Erwiderungen ändern konnten. 95% ihrer ursprünglichen Wahlen blieben jedoch unverändert. 4. Die Genauigkeit der von den Mädchen gemachten Angaben und der Motivierungen der Wahlen. Diese waren in der Tat oft recht ungenau. Trotz eingehenden Studiums der Angaben und Motivierungen eines jeden Mädchens sind sie, wie jene geistig Zurückgebliebener, oft nur naive Äußerungen. Doch in dieser Hinsicht sind die oberflächlichsten und ausführlichsten Motivierungen von gleicher Bedeutung. Bezüglich des Zusammenlebens im selben Hause mit bestimmten Personen geben sie zur Zeit der Befragung dem Wunsch oder Protest eines Einzelnen Ausdruck. Obgleich die intelligentere Person ihre Wünsche und Abneigungen genauer motiviert, äußert auch sie nur ihre Entscheidungen in bezug auf das Kriterium. Daher untersucht ein wirklicher Test der Situation nicht die Genauigkeit der Angaben, sondern die Spontaneität und die subjektive Ehrlichkeit der Informationen.

Es kann weiterhin kritisch behauptet werden, daß die Bevorzugung von fünf Personen außerhalb der eigenen Gruppe keineswegs ein geringeres Gefallen an den Personen der eigenen Gruppe ausschließt. Oft ist es jedoch schwer, auf ein

Zusammenleben mit Personen, von denen man tiefere Inspirationen erwartet, zu verzichten und sich Menschen anzupassen, die einem weniger wertvoll erscheinen. Unser nächster Schritt war die Wiederbewertung der Genauigkeit tiefdringender Folgerungen hinsichtlich der Grenze des emotionalen Ausdehnungsvermögens der Personen in bezug auf verschiedene Kriterien und hinsichtlich des soziodynamischen Effekts. Da dieser Effekt von dem psycho-sozialen Druck abhängig ist, den große Bevölkerungsmassen auf jeden Einzelnen ausüben, mögen unanalysierte Kräfte die Wahlresultate beeinflussen und eine weitere Irrtumsquelle darstellen. Bevor die Mädchen Mitglieder der Hudsongemeinschaft geworden waren, hatten sie einer anderen Gemeinschaft angehört. Ein großer Teil ihres emotionalen Interesses richtet sich wohl jetzt noch, oder hat sich zumindest früher auf Mitglieder ihrer alten Gemeinschaft gerichtet. Allerdings sind die Mädchen nicht aufgefordert worden, zwecks Zusammenlebens Personen zu wählen, die zur Zeit des Tests außerhalb der Hudsongemeinschaft lebten. Es ist daher möglich, daß in manchen Fällen die emotionale Verbundenheit mit Eltern, Geschwistern, Freunden, Männern und Frauen selbst durch einen langen Aufenthalt in der Erziehungsanstalt nicht an Stärke eingebüßt hat und die Ursache der Gleichgültigkeit ist, die manche gegenüber den fünf ihnen zugeteilten Wahlen zeigen. Falls der Test den Mädchen erlaubt hätte, ohne Beschränkung der Wahlmöglichkeiten Mitglieder der Hudsongemeinschaft oder sonstige Personen ganz beliebiger Gemeinschaften zu wählen, wären die Testergebnisse aller Wahrscheinlichkeit nach viel reichhaltiger gewesen als das von uns gewonnene Bild. Außer Hudson hätten noch viele Gemeinschaften dem Test unterworfen werden müssen. Jede dieser Gemeinschaften wäre dann in ähnlicher Weise wie jetzt eine Hausgruppe auf unserer „Landkarte" erschienen. Wir waren uns daher bewußt, daß die idealen Bedingungen eines soziometrischen Tests nur dann verwirklicht sind, wenn allen Beteiligten unbeschränkte Wahlfreiheit gewährt wird, um auf diese Weise allen Graden und Schattierungen der Spontaneität eine Ausdrucksmöglichkeit zu geben.

Als wir jedoch später Gruppen offener Gemeinschaften studierten, fanden wir, daß die soziometrischen Konfigurationen dieser Gruppen denen der Hudsonbevölkerung sehr ähnlich waren. Die Einbeziehung von Personen außerhalb der Hudsongemeinschaft hätte unser Vorgehen nur lächerlich gemacht, da die Mädchen infolgedessen den Test nicht ernst genommen, sondern für eine rein akademische Angelegenheit gehalten hätten. Echte Spontaneität und ehrliche Angaben hätten wir dann kaum erwarten dürfen. Durch Ausschluß der Personen außerhalb der Hudsongemeinschaft waren die Testbedingungen für alle Hudsonmitglieder gleich. Und außerdem stellten wir fest, daß, mit Ausnahme männlicher Freunde, die meisten rein sozialen Bekanntschaften, welche die Mädchen außerhalb der Hudsongemeinschaft gemacht hatten, durch neue Freundschaften mit Mitgliedern der Hudsongemeinschaft ersetzt werden konnten.

Es kann die Frage gestellt werden, ob der soziometrische Test ein unbedingt erforderlicher Prozeß in der Bestimmung der Organisation von Gruppen und Gemeinschaften ist. Ist es nicht möglich, die Gruppenorganisation durch gründliche Beobachtung eines jeden Mitgliedes zu bestimmen und durch eine allgemeine Befragung der Mitglieder über einander die der Organisation zugrunde liegenden Anziehungen und Abstoßungen festzustellen? Würden Klassifikationen und Soziogramme auf solcher Grundlage den auf dem soziometrischen Test aufgebauten Soziogrammen und Klassifikationen nicht sehr nahe kommen? Unsere Untersuchungen haben erwiesen, daß die Beobachtungsmethode auch einen gewissen Forschungswert hat, besonders beim Studium von Kleinkinder- und Tiergruppen. Die Beobachtungen werden dann in „Beobachtungssoziogrammen" niedergelegt. Beim Studium der gereiften Verbände Erwachsener ist ein solches Vorgehen jedoch unangemessen und seine Klassifikation unvollständig und verzerrt, da es sich selbst bei genauesten Untersuchungen auf die der aktuellen Gruppe Angehörenden beschränkt. Aber diese Gruppe ist von der übrigen Gesellschaft keineswegs hermetisch abgeschlossen. Ihre Mitglieder stehen mit vielen anderen Personen der Gemeinschaft in unsichtbarer Verbindung. Die Untersuchung müßte sich daher notgedrungen auf jede mit der betreffenden Person in Verbindung stehende Person erstrecken. Um diese unsichtbaren Verbindungen zu ermitteln, müßten wir einen ganzen Stab von soziologischen Assistenten anstellen. Diese müßten jeden Hausbewohner in jeder Gemeinschaft in allen möglichen Situationen während geraumer Zeit beobachten, da die Beobachter nie mit Sicherheit sagen können, wann diese entscheidende Handlungen ausführen. Um genau zu sein, müßten die soziologischen Beobachter jedes Mitglied der Gemeinschaft wie Detektive überall hin verfolgen, da es für die soziometrische Forschung wichtig ist, alle Personen in ihren Forschungsbereich einzubeziehen. Dies würde eine kaum zu bewältigende Arbeit mit großem Kostenaufwand bedeuten, bei der man sich die Gefahr vor Augen halten müßte, daß im Laufe einer solchen Untersuchung selbst die gutmütigsten Versuchspersonen allmählich an Verfolgungswahn leiden würden. Wir würden außerdem nur ein verwirrendes Bild der Situation erhalten, das kaum mehr wäre als ein subjektiver Bekanntschaftsindex und eine unzulängliche Nachahmung des soziometrischen Tests. Daher ist die Beobachtungsmethode allein ungenügend.

Den Verfechtern der reinen Beobachtungsmethode fehlt es an Verständnis für zwei wichtige Tatsachen, die der soziometrische Test eindeutig nachgewiesen hat. Erstens stimmt die aktuelle Lebensgruppe eines Einzelnen fast nie mit der von ihm gewünschten überein. Meistens wird von autoritärer Seite eine unerwünschte Struktur den natürlichen Strukturen aufoktroyiert. Wie wir festgestellt haben, kommt eine Übereinstimmung der beiden Strukturen nur in ganz seltenen Fällen vor. Es ist für den Beobachter sehr schwer, das soziale Atom einer Person genau zu bestimmen, da seine Methode nicht die emotionalen Strömungen berücksichtigt, die von einer Person zu vielen anderen in verschiedenen Bereichen der Gemeinschaft und von diesen zurück zur Ausgangsperson fließen.

Zweitens zieht die Beobachtungsmethode nicht in Betracht, daß sich jedes Kollektiv mehr oder weniger erfolgreich auf einem bestimmten Kriterium aufbaut. Dies ist aber so, selbst dann, wenn sich die Mitglieder über die dynamischen Kriterien nicht klar bewußt sind. Es kann z. B. der Wunsch des Zusammenlebens mit gewissen Personen das Kriterium sein, das die Konfiguration der emotionalen Strömungen zwischen mehreren Personen zur Bildung eines sozialen Atoms treibt. Ohne dieses Kriterium hätten wir eine Konfiguration der Zu- und Abneigungen zwischen mehreren Personen; wir wüßten aber nicht, auf welches Kriterium sich diese Gefühle beziehen. Eine weitere Untersuchung hat gezeigt, daß sich bei den Konfigurationsbildungen alle möglichen Kriterien vermischen, z. B. der Wunsch des Zusammenarbeitens, des Zusammenlernens, sexuelle, kulturelle und ähnliche Kriterien. Die Beobachtungsmethode ist daher vom soziometrischen Gesichtspunkt aus nur als Hilfsmittel wertvoll. Der soziometrische Test mit seinen bestimmten Kriterien dagegen ist ein zweckmäßiger Wegweiser, ein sozialer Kompaß. Er macht es möglich, aus verschiedenen Quellen systematisch Informationen zu schöpfen, welche die Erkenntnis der atomaren Struktur der Gesellschaft erweitern.

Wir wollen dieses Kapitel nicht beenden, ohne zuvor auf einige Grenzfälle einzugehen. Besonders in Anstalten für Geisteskranke haben wir manchmal Personen angetroffen, die nicht wissen, wen oder was sie wählen sollen, die gleichzeitig eine bestimmte Person lieben und hassen und die von dieser Person gleichzeitig geliebt und gehaßt werden. Man kann dieses Wahlverhältnis „ambivalente Wahl“ nennen. Untersucht man solche Menschen genauer, so findet man häufig, daß diese doppelten und verwirrten Gefühlsströmungen von einem *Konflikt der Kriterien* herstammen und isoliert werden können. Die sympathetischen Gefühle wurden in einem Beispielsfall durch die Zusammenarbeit verursacht; der Haß resultierte aus der Liebe zu demselben Mann. Durch Separieren der Kriterien kann in manchen Fällen die Ambivalenz gelöst werden.

Eine andere verwickelte Form der Wahlverwandtschaft kommt bei Personen zum Vorschein, die in bezug auf das*selbe* Kriterium von mehreren angezogen werden. Ein Mädchen hat z. B. vier Einladungen, um an einem bestimmten Abend auszugehen. Alle Verehrer haben für sie die gleiche Anziehungskraft, so daß sie sich schließlich an einen Psychiater wendet, um mit seiner Hilfe dieser „soziometrischen Hölle“ zu entgehen. Meistens findet der „arme“ Psychiater keine andere Lösung, als die Patientin zu einer weiteren Analyse einzuladen.

Schließlich wollen wir noch auf eine weitere Verwicklung, die „Umkehrung der Wahl“, hinweisen. Die betreffende Person haßt in diesem Fall eine von ihr

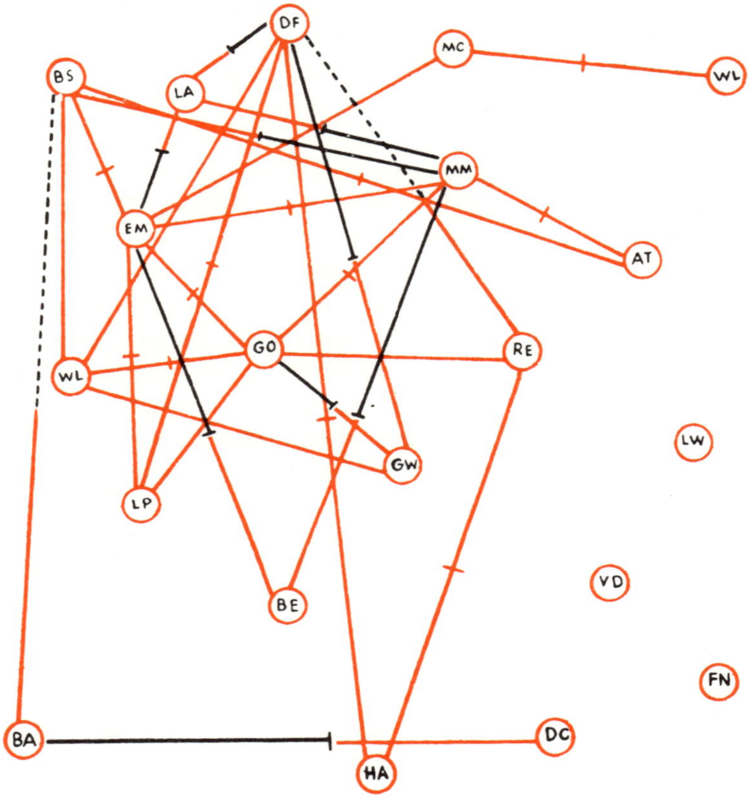

Abb. 23

Struktur einer Hausgruppe, Haus 1

Kriterium: Zusammenleben im selben Hause, 5 Wahlmöglichkeiten, keine Begrenzung der Abstoßungen.

20 Mädchen. Isolierte: 3, VD, LW, FN; Ungewählte und Abgestoßene: 3, DC, BE, LA; Paare (der Anziehung): 18; Ungleiche Paare: 11; Ketten: 5; Dreiecke: 2, EM – MM – GO, EM – GO – LP; Vierecke: 3, DF – WL – GO – LP – DF, EM – MM – GO – LP – EM, EM – GO – WL – BS – EM; Kreise: 2, BS – EM – MM – GO – WL – BS, EM – GO – MM – AT – BS – EM; Stars (der Anziehung): 3, DF, GO, EM.

Die Ketten sind die örtlichen Bindeglieder des psychosozialen Netzwerks der ganzen Gemeinschaft. Dreiecke, Vierecke, Kreise bieten eine Grundlage zur Bildung von Untergruppen.

Klassifikation: Extravertierte Gruppenorganisation.

Von den 100 Wahlen verbleiben 47 innerhalb der Gruppe, 25 werden nicht gebraucht und 28 gehen nach außen. Es stellt sich das Problem, 1) wie die Gefühle der Mitglieder auf ihre eigene Gruppe zurückgezogen werden können, 2) wie mit den Isolierten gearbeitet werden soll, 3) Untersuchung der Abstoßungen; es ist zu beachten, daß diese von den Stars DF, GO und EM ausgehen.

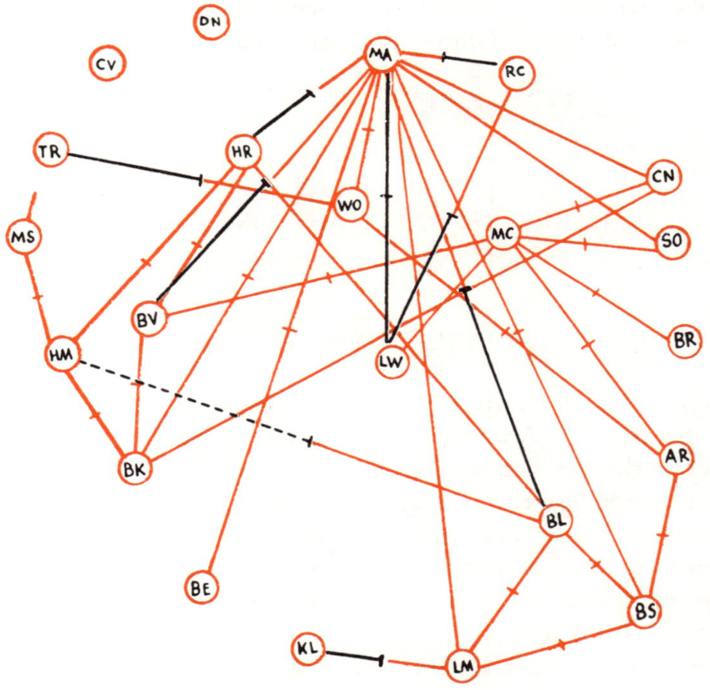

Abb. 24

Struktur einer Hausgruppe, Haus 2

Kriterium: Zusammenleben im selben Hause; 5 Wahlmöglichkeiten, keine Begrenzung der Abstoßungen.

22 Mädchen. Isolierte: 2; Nichtwählende: 2; Paare: 23; Gegenseitige Abstoßungen: 1; Ungleiche Paare: 9; Ketten 2; Dreiecke: 2; Vierecke: 2; Stars (der Anziehung): 2; Stars (der Abstoßung): 1; (Beachte: MA, Star der Anziehung, ist auch ein Star der Abstoßung.)

Klassifikation: **Extravertierte** Gruppenorganisation.

Hinweis für den Gruppenpsychotherapeuten: Der Star MA wird von 4 Individuen abgestoßen, die nach ihm die mächtigsten soziometrischen Stellungen ihrer Gruppe innehaben.

Beachte die enge Beziehung zwischen den Individuen, die MA abstoßen. Beobachte, zu welcher Clique sich Neuankömmlinge in der Gruppe gesellen.

zuvor geliebte Person und liebt eine früher von ihr gehaßte Person. Diese Umkehrung früherer Wahlen begleitet oft den Ausbruch von Gemütskrankheiten. Nach der Genesung stellt sich die frühere Wahlrichtung wieder ein. Vom Soziometristen müssen beide Wahltendenzen gleichmäßig respektiert werden, da zur Zeit des Tests beide spontan und ehrlich sein können.

II. DIE GEMEINSCHAFTSORGANISATION

1. Typen der Gruppenorganisation

Einzelne Elektronen haben dasselbe Gewicht und dieselbe Elektrizitätsmenge; sobald sie aber in einem Atom zusammenwirken, zeigen sie individuellen Charakter. Ähnlich verhält es sich im sozialen Bereich. Jede Linie, die zwei Personen verbindet, repräsentiert eine soziale Gefühlseinheit, ein Tele. Wir nehmen an, daß die einzelnen Tele undifferenziert sind und gleichen Charakter haben. Sie sind weder positiv noch negativ. Sobald sie aber in einer Gruppenorganisation zusammenwirken, weisen auch sie individuelle Unterschiede auf, die zuvor nicht in Erscheinung getreten sind.

Man kann nach der Ursache dieser Unterschiede in der Gruppenbildung fragen. Tatsächlich wurde diese Frage oft gestellt und auf viele Arten beantwortet. Eine andere Frage richtet sich auf die Entfaltung einer Gruppe in all ihren Nuancen. Die erste Frage ist hypothetisch und richtet sich auf die Ursachen, deren es wahrscheinlich mehrere gibt: kosmische Ursachen, das Prinzip der Spontaneität und das Prinzip des Schöpfertums, kulturelle, ökonomische, soziale, biologische, sexuelle, elektromagnetische und andere. Die zweite Frage ist beschreibend und analytisch und beschäftigt sich mit Tatbeständen.

Die Soziometrie untersucht die Gruppenorganisation ohne jedes Vorurteil hinsichtlich des Gegensatzes zwischen individuellen und kollektiven Körperschaften. Sie steht auf dem Standpunkt, daß dieser Gegensatz nur auf einer niedrigen Ebene besteht und daß er auf einer höheren Ebene, die beiden Gegensätzen gemeinsam ist, verschwindet. Kein Individuum lebt völlig isoliert, und auf der andern Seite geht auch kein Individuum vollkommen im Kollektiv auf.

Wir haben erkannt, daß Gruppen die Tendenz haben, eine bestimmte Organisation zu entwickeln. Die Struktur ändert sich mit der Zeit, kann aber genau ermittelt werden. Die Veränderung ist abhängig von:

a) der Altersstufe der Mitglieder,

b) dem gegenseitigen Interesse unter den Mitgliedern. Falls es sich um eine Hausgruppe handelt, deren Mitglieder im großen und ganzen gerne mit ihren Hausgenossen zusammen leben, ist die Organisation *introvertiert*. In manchen Fällen solcher Gruppen beobachten wir eine Apathie gegen Wechsel, Widerstand gegen neue Beziehungen und die Bemühung, sich mit den Individuen der gegenwärtigen Gruppe abzufinden. Die Spontaneität wird auf ein Minimum herabgedrückt. Wenn hingegen die meisten Gruppenmitglieder den Wunsch haben, mit Außenstehenden zusammen zu leben, ist die Organisation *extravertiert*. Eine introvertierte Gruppenorganisation ist eng und von Gefühlen überfüllt. Eine extravertierte Gruppenorganisation hat eine Tendenz zur Kälte, da der sozialemotionale Faktor nur schwach in ihr wirksam ist. Falls es den Gruppenmitgliedern gleichgültig ist, mit wem sie zusammen leben, ob miteinander oder mit Außenstehenden, haben wir es mit einer Organisation von *Einzelgängern* zu tun. Wenn aber introvertierte und extravertierte Tendenzen sich das Gleichgewicht halten, ist die Organisation *ausgeglichen*.

c) Es gibt Fälle, in denen die ganze Gruppe oder die Mehrzahl ihrer Mitglieder (manchmal veranlaßt durch den Einfluß einer Schlüsselperson) eine feindselige Haltung gegen eine oder mehrere Außengruppen zeigt. Die Organisation kann dann „nach außen aggressiv" genannt werden. Vgl. Soziogramm von C 7. Haus 7 ist ein Beispiel für eine solche Gruppenorganisation. $52^1/_2\%$ ihrer nach außen gerichteten Emotionen sind aggressiv abstoßend. Wenn auf der andern Seite die Emotionen innerhalb der Gruppe aggressiv sind, kann die Organisation „nach innen aggressiv" genannt werden. Vgl. Soziogramm von Haus 12.

d) Gemäß der Funktion oder des Kriteriums einer Gruppe, als Hausgruppe, Arbeitsgruppe usw., kann sich in jedem Fall die Organisation ändern, selbst dann, wenn die Mitglieder in den verschiedenen Gruppen die gleichen Individuen sind. Die Arbeitsgruppe kann harmonisch sein, während die Hausgruppe derselben Personen disharmonisch ist.

Wir müssen aber auch kompliziertere Organisationsunterschiede berücksichtigen, die

e) die Folge widersprechender Funktionen oder Kriterien innerhalb einer Gruppe sind. Hierzu ist die natürliche Familie ein Beispiel, in der ein Konflikt zwischen der Funktion sexueller Gruppierung, Mann und Frau, und der sozialen Gruppierung, Vater, Mutter und Kinder, besteht.

f) Das Ineinandergreifen der Funktionen und eine Verflechtung der Kriterien kann tiefe Veränderungen in der Gruppenorganisation hervorrufen. Die primitive chinesische Familienassoziation gibt hierzu ein Beispiel. Sie umfaßt mehrere Funktionen, die sonst in der Arbeitsorganisation, der religiösen, der erzieherischen, im engeren Sinne zur Ausübung kommen.

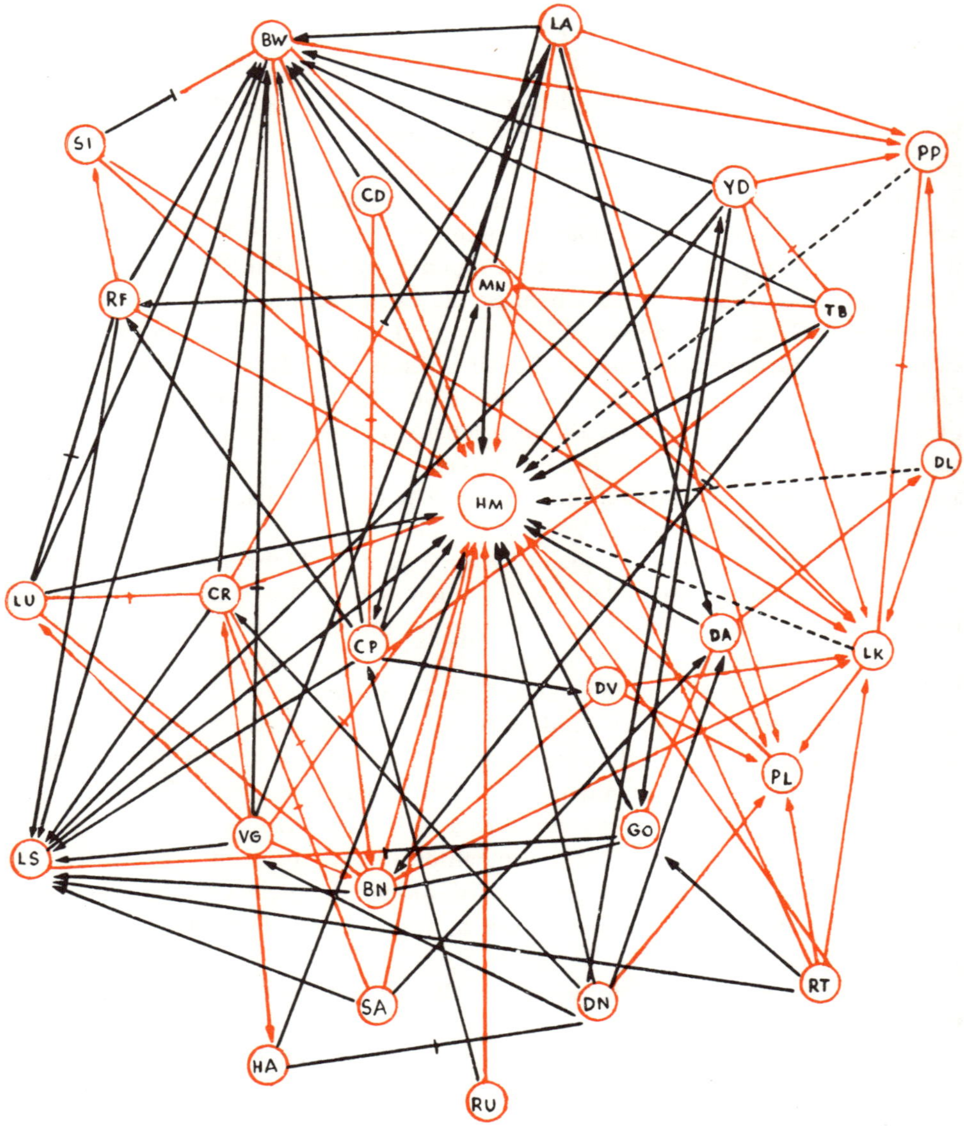

Abb. 25

Struktur einer Hausgruppe, Haus 4

Text siehe Seite 126

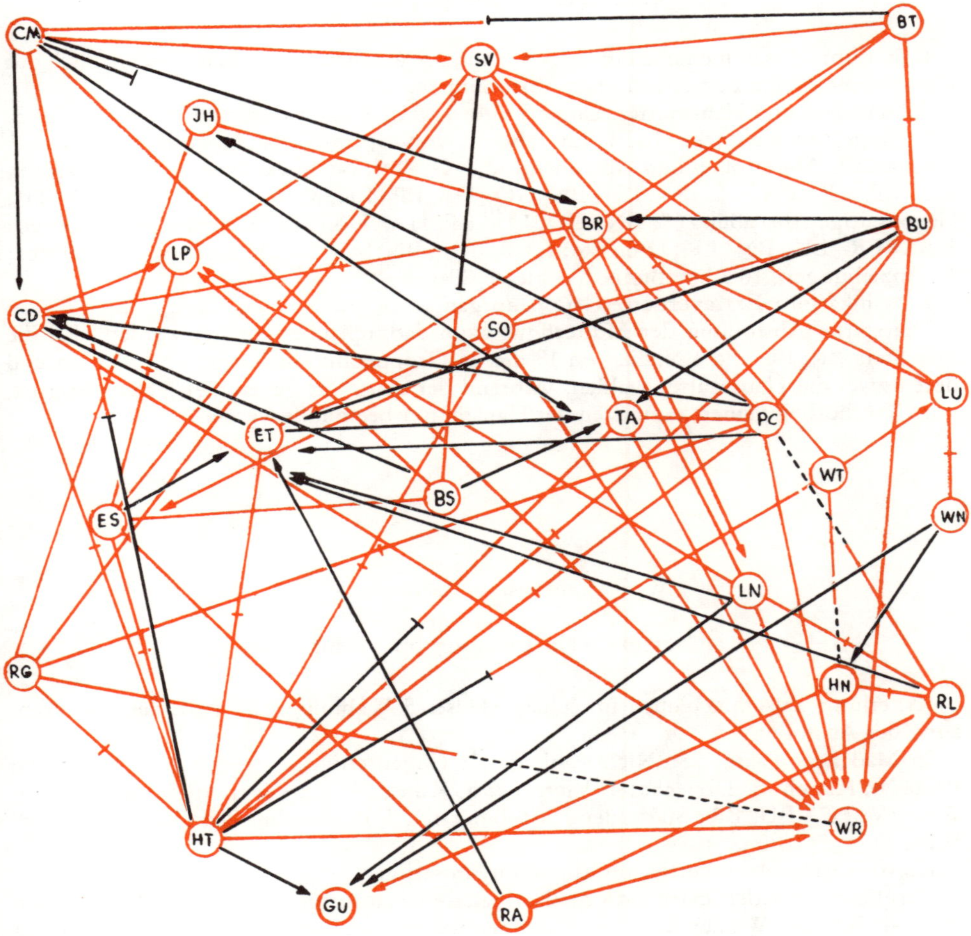

Abb. 26

Struktur einer Hausgruppe, Haus 6

Text siehe Seite 126

Text zu Abb. 25 (Seite 124)

Struktur einer Hausgruppe, Haus 4

Kriterium: Zusammenleben im selben Hause, 5 Wahlmöglichkeiten einschließlich der Hausmutter. Keine Begrenzung der Abstoßungen.

26 Mädchen und Hausmutter. Ungewählte: 1, RU; Ungewählte und Abgestoßene: 3, BW (abgestoßen von elf Ind.), LS (abgest. von 10 Ind.), RF (abgest. von 3 Ind.); Ungewählt, Abgestoßen und Abstoßend: 2, VG, DN; Nichtwählend: 1, HA; Paare: 9, CD–CP, CR–BN, CR–SA, LU–BN, GO–DA, PP–LK, MN–RT, LU–CR, YD–TB; Gegenseitige Abstoßung: 3, BN–GO, LU–RF, HA–DN; Ungleiche Paare: 2; Ketten: 1, SA–CR–LU–BN–LK; Dreiecke: 1, CR–LU–BN; Stars: 3, LK, PL, BN; Hausmutter: 13 Anziehungen, 10 Abstoßungen, 3 gleichgültig.

Klassifikation: Extravertierte Gruppenorganisation, nach innen aggressiv.

Die starke Abstoßung der Mutterfigur kann dadurch überwunden werden, daß die drei Stars LK, PL und BN, die von 19 der 26 Gruppenmitglieder gewählt werden und deren zwei die Hausmutter wählen, während der dritte ihr gegenüber gleichgültig ist, vom Psychotherapeuten zugunsten der Hausmutter beeinflußt werden.

Text zu Abb. 26 (Seite 125)

Struktur einer Hausgruppe, Haus 6

Kriterium: Zusammenleben im selben Hause. 5 Wahlmöglichkeiten, keine Begrenzung der Abstoßungen.

25 Mädchen. Paare: 28; Nichtwählend: 2; Gegenseitige Abstoßung: 0; Ungleiche Paare: 8; Ketten: 5; Dreiecke: 4; Vierecke: 5; Kreise: 6; Stars (der Anziehung): 6, ES, WR, SV, HT, BU, BR; Stars (der Abstoßung): 1, ET. (Beachte den „isolierten Star“ WR).

Klassifikation: Introvertierte Gruppenorganisation.

Verglichen mit den extravertiert klassifizierten Hausgruppen 1, 2 und 4, bei denen mehr als 50% der Wahlen nicht angenommen werden oder auf Individuen außerhalb der eigenen Gruppe fallen, richten sich bei obiger Gruppe mehr als 50% der Wahlen auf Mitglieder der eigenen Gruppe. Dieses Verhalten der Gruppe wird gemäß der soziometrischen Terminologie als introvertierte Gruppenorganisation klassifiziert.

Besonderes Merkmal: Hochgradig differenziert.

Hinweis für den Gruppenpsychotherapeuten: Ein Psychodrama, das dem isolierten Star WR dem integrierten Star SV gegenüberstellt, mag zwei verschiedene Wertsysteme erkennen lassen.

Text zu Abb. 27 (Seite 128)

Struktur einer Hausgruppe, Haus 7

Kriterium: Zusammenleben im selben Hause. 5 Wahlmöglichkeiten, keine Begrenzung der Abstoßungen.

35 Mädchen. Isolierte: 2; Ungewählte und Abgestoßene: 3; Isolierte und Abgestoßene: 1; Ungewählte: 3; Paare: 19; Gegenseitige Abstoßungen: 3; Ungleiche Paare: 9; Ketten: 5; Dreiecke: 1; Vierecke: 0; Kreise: 0; Stars der Anziehung: 4; Nichtwählende: 6.

Klassifikation: Extravertierte Gruppenorganisation.

Besonderes Merkmal: Hohe Zahl der Isolierten und Ungewählten.

Hinweis für den Gruppenpsychotherapeuten: Ungefähr 20% der Gruppenmitglieder wählen nicht; ein besonderes Rollenspiel für die Nichtwählenden wäre angemessen. Es sollte untersucht werden, ob der hohe Prozentsatz eine Folge von Gleichgültigkeit oder latenten Wahlen ist.

Text zu Abb. 28 (Seite 129)

Struktur einer Hausgruppe, Haus 10

Kriterium: Zusammenleben im gleichen Haus. 5 Wahlmöglichkeiten, keine Begrenzung der Abstoßung.

33 Mädchen. Isolierte: 1; Ungewählte: 6; Ungewählte und Abgestoßene: 7; Nichtwählende: 2; Paare: 10; Paare gegenseitiger Abstoßung: 6; Ungleiche Paare: 9; Ketten: 2; Dreiecke: 0; Vierecke: 0; Kreise: 0; Stars der Anziehung: 3; Stars der Abstoßung: 2.

Klassifizierung: Extravertierte Gruppenorganisation, nach innen aggressiv. Besondere Merkmale: Niedrige Kohäsion und niedrige Differenzierung. Individuum SL wird von 17 der 33 Mitglieder abgestoßen, d. h. von über 50%. Sie wird aus der Gruppe, in die sie sich einleben sollte, praktisch hinausgestoßen. Auf der anderen Seite stößt Individuum MK 10 Individuen, d. h. ungefähr 1/3 aller Gruppenmitglieder ab. Obgleich sie von 7 gewählt wird, ist sie eine „Abstoßende" oder ein „abstoßender Star". Noch eigenartiger auf diesem Soziogramm ist Individuum LR, das von 7 Mitgliedern der Gruppe gewählt wird, selbst aber kein einziges Gruppenmitglied wählt. Sie ist ein „isolierter Star".

Obgleich die Mädchen dieser Hausgruppe zu einem Minimum von 165 Wahlen aufgefordert waren, machten sie von nur 53, d. h. weniger als einem Drittel, Gebrauch. Obgleich sie ohne besondere Anweisungen zur Angabe ihrer Abneigungen aufgefordert worden waren, bekundeten sie 55 Abstoßungen, d. h. beinahe doppelt soviele als Individuen in ihrer Gruppe leben. Diese Konfiguration gegenseitiger Selbstzerstörung weist überdies eine Spaltung zwischen zum Wählen und zum Abstoßen geneigten Mädchen auf.

Hinweis für den Gruppenpsychotherapeuten: Die Kluft beruht auf der Loyalität gegen verschiedene ethnische Gruppen. Die abgestoßenen Individuen haben Sympathie für Neger, die abstoßenden ziehen die Gesellschaft Weißer vor. Angebracht wäre ein Soziodrama, durch das die Schwierigkeiten zwischen den beiden Gruppen geklärt und überwunden werden könnten.

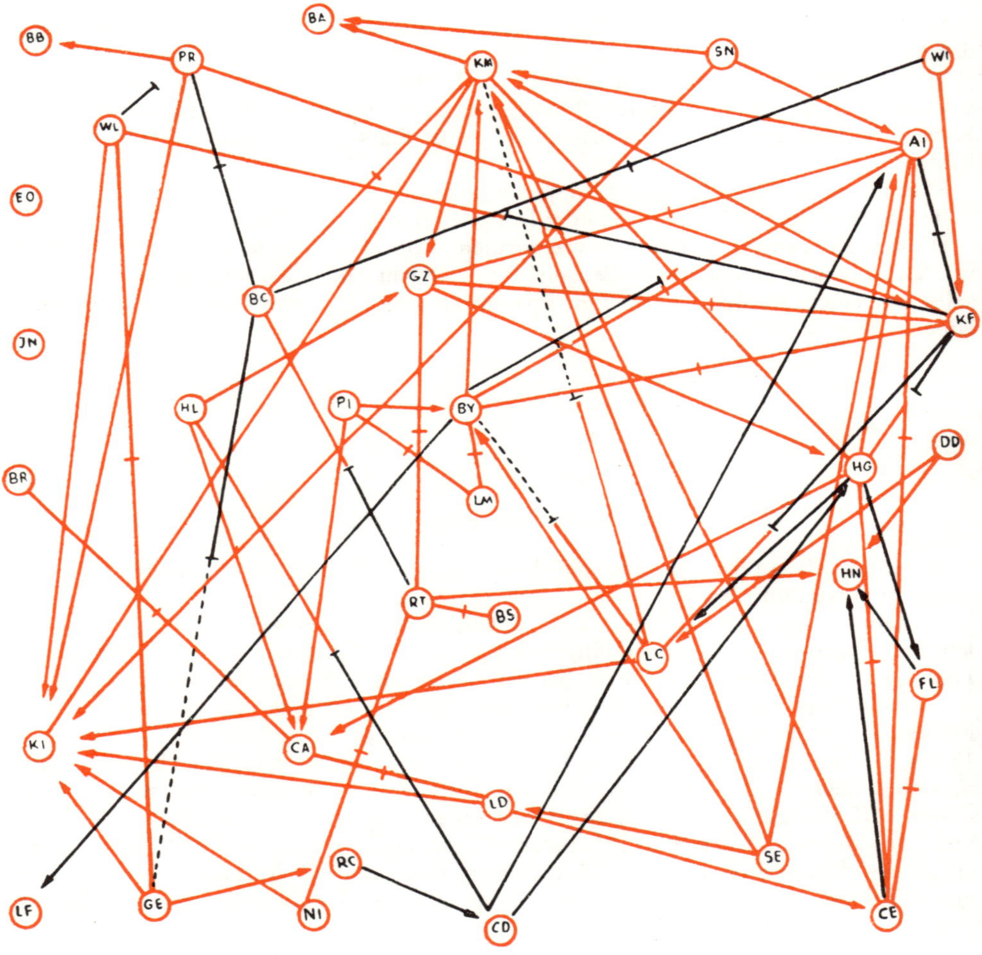

Abb. 27

Struktur einer Hausgruppe, Haus 7

Text siehe Seite 127

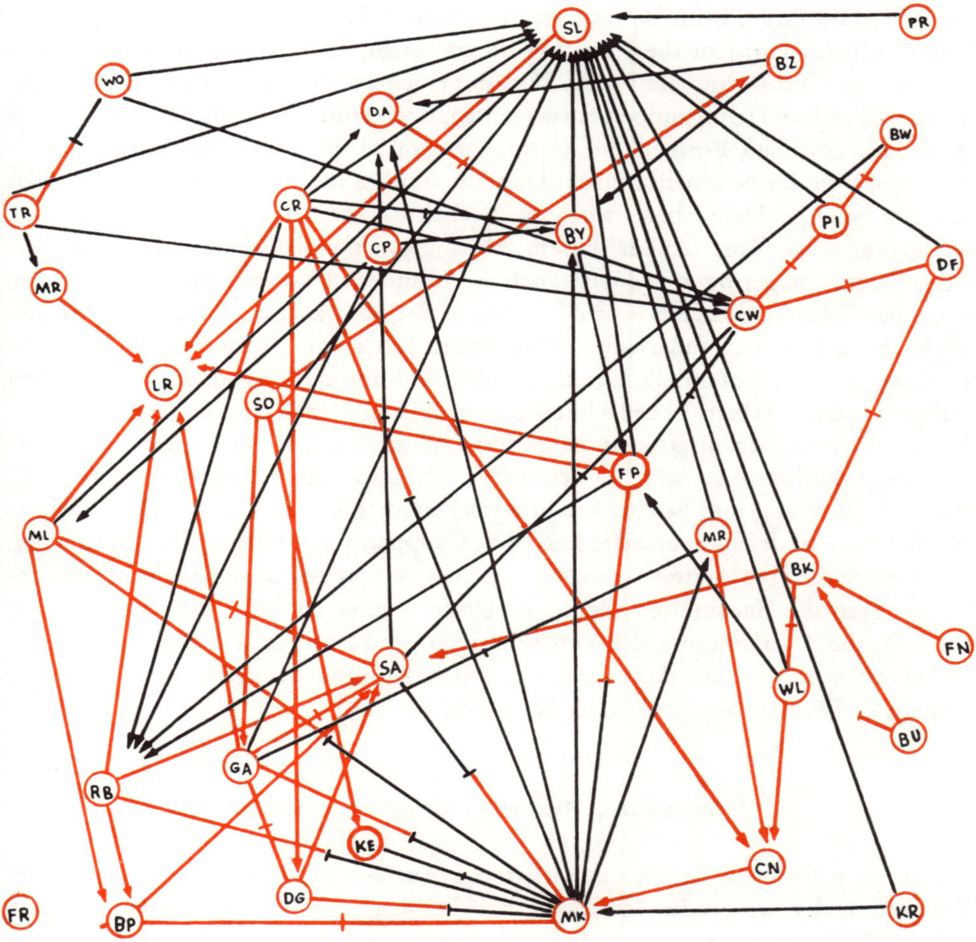

Abb. 28

Struktur einer Hausgruppe, Haus 10

Text siehe Seite 127

Die Organisation und Funktion einer Gruppe scheint in engem Zusammenhang zu stehen. Falls eine Hausgruppe eine stark extravertierte Struktur aufweist (d. h. die Mehrzahl ihrer Mitglieder es vorziehen würde, in anderen Gruppen zu leben), leidet in jeder Hinsicht die Funktion dieser Hausgruppe hierunter auf charakteristische und proportionale Weise. Wir untersuchten die verschiedenen Störungsarten, die sich in Heimgruppen entwickelten, und ermittelten den Zusammenhang zwischen gewissen Formen der Gruppenorganisation und bestimmten Abweichungen von der Normalfunktion. Dieselbe Funktion in einer Hausgruppe, z. B. die notwendige Hausarbeit, wird im Verhältnis zur Organisation besser oder schlechter ausgeführt. Außer diesem Abhängigkeitsverhältnis zur Organisation beeinflussen in geringerem Maße auch noch andere Faktoren die Funktion der Gruppe. Falls sich das emotionale Interesse der Mehrzahl der Mitglieder hauptsächlich auf Personen außerhalb der Gruppe richtet, ist die extravertierte Gruppenorganisation eine potentielle Grundlage für Funktionsstörungen, die sich in Mangel an präziser Arbeit, oberflächlicher Ausführung und Verzögerungen äußern. Ist die Gruppenorganisation introvertiert und stoßen ihre Mitglieder sich überdies gegenseitig ab, so werden sich andersartige Funktionsstörungen einstellen, wie z. B. Reibung und Streitigkeiten zwischen Mitgliedern über die Ausführung der Arbeit. Auf der anderen Seite kann eine Gruppenorganisation, deren Mitglieder gemeinsam die Hausmutter abstoßen, sich aber gegenseitig anziehen und ein Netzwerk gegen die Hausmutter bilden, die Ursache einer anderen Funktionsstörung sein. Da die Anerkennung der Verordnungen der Hausmutter wesentlich für die Arbeit ist, resultiert aus dem soeben erwähnten Organisationstyp oft ein Absinken der Arbeitsleistung und offene Rebellion.

2. *Quantitative Analyse der Gruppenorganisation*

Das erste Problem bei der quantitativen Analyse von Hausgruppen war die Ermittlung der Größe des Interesses, das die Mitglieder für ihre eigene Gruppe haben. Wir bezeichnen es kurz als Interessenquotient der Hausgruppe. Folgende Methode wurde verwendet: Hausgruppe 10 hat 33 Mitglieder. Jedem Mitglied wurden 5 Wahlmöglichkeiten gegeben. Falls jedes Mitglied der Hausgruppe C 10 diese Wahlen innerhalb der eigenen Gruppe träfe, würden 165 Wahlen auf die Gruppe verteilt werden, d. h. 100% der Wahlen. Die Mitglieder der Hausgruppe C 10 trafen jedoch nur 53 Wahlen innerhalb der eigenen Gruppe. Im Verhältnis zu den 165 Wahlmöglichkeiten stellt das Quantum von 53 Wahlen innerhalb der Hausgruppe 32,1% dar.

Ein Vergleich dieser Quotienten mit dem Verhalten der betreffenden Hausgruppe ergab, daß bei Gruppen mit niedrigeren Prozentsätzen als 35% (C 10 und

Tabelle 11

Einstufung der Hausgruppen gemäß dem Interessenquotienten für die eigene Gruppe

C 6	71,2 %
C 13	71,03%
C 15	69,63%
C 9	59,00%
C 12	56,36%
C 8	56,1 %
C 2	55,45%
C 11	53,57%
C 1	47,00%
C 4	46,67%
C 16	46,00%
C 7	44,57%
C 3	39,17%
C 14	37,93%
C 10	32,12%
C 5	31,00%

C 5) der Standard des Verhaltens ebenfalls niedriger war als der Durchschnittsstandard. Die Mehrzahl der Mitglieder zeigte wenig Interesse an einer Verbesserung der Hausmoral, einem Wettbewerb mit anderen Hausgruppen usw. Auch bei schlechtem Benehmen hatte diese Gruppe keinen Gemeinschaftsgeist. Mit einem solchen Mangel an Gemeinschaftsgefühl innerhalb der Hausgemeinschaft hängen z. B. Fluchtversuche und Wünsche nach einem Zusammenleben mit anderen Gruppen zusammen. Sobald der Interessenquotient für die eigene Gruppe höher als 35% ist, zeigen die entsprechenden, auf der Tafel dargestellten Häuser einen verhältnismäßig besseren Standard des Betragens. In neun dieser 11 Hausgruppen (alle außer C 7, C 11 und C 12) hat in neun Monaten kein Fluchtversuch stattgefunden, während in den Häusern mit einem Prozentsatz unter 35% verschiedene vorgekommen sind. Jedoch nicht in allen Fällen bedingte ein hoher Prozentsatz des Interesses einen hohen Standard des Verhaltens, da es in der Gruppenorganisation noch andere Faktoren gibt, die einem hohen Betragensstandard entgegenwirken. Im Fall Haus 12 z.B. bedeutete der hohe Interessenquotient für die eigene Gruppe einen Nachteil: Die Mitglieder suchten nicht nach anderen Ventilen und stießen sich gegenseitig ab.

Die Stärke des Interesses an der Familiengruppe oder jeder beliebigen Gruppe des Zusammenlebens darf nicht unter ein gewisses Minimum herabsinken, wenn diese Gruppe als moralische und kohäsive Kraft betrachtet werden soll. Was ist dieses Minimum? Axiomatisch ist für uns die Annahme, daß eine Gruppe unter einem Minimalstandard eingestuft werden muß, wenn von zweien nicht zumindest

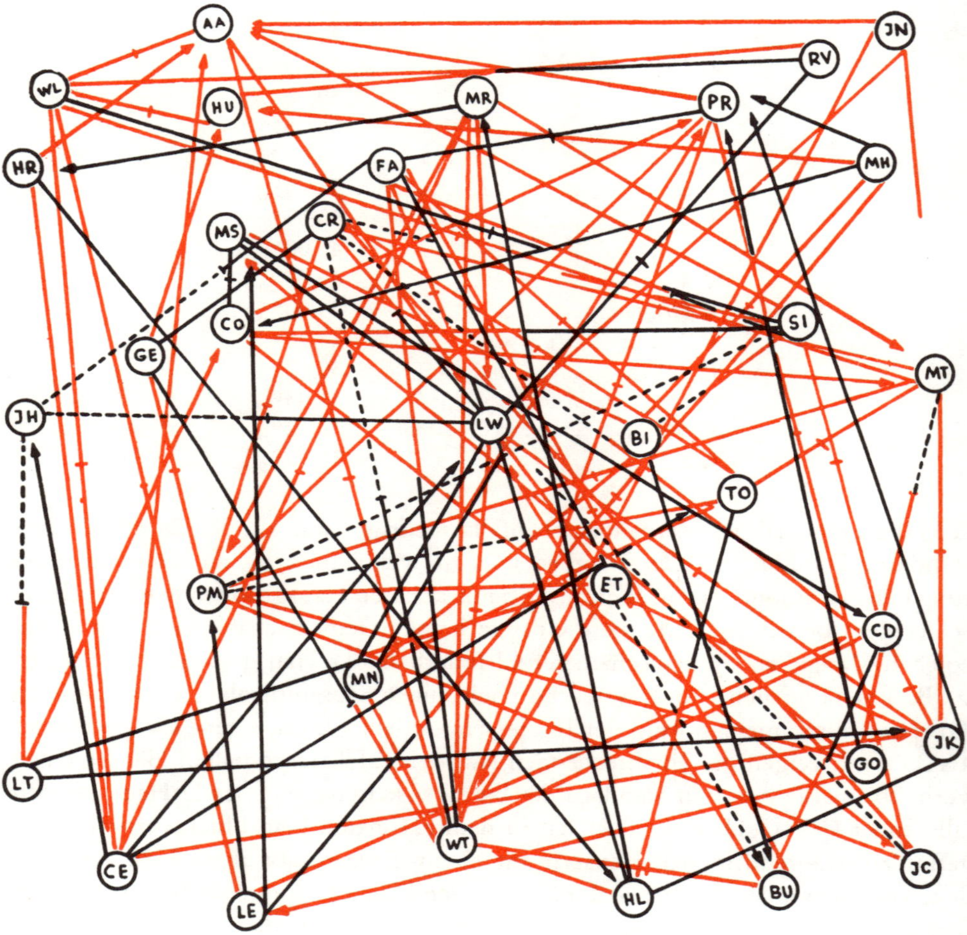

Abb. 29

Struktur einer Hausgruppe, Haus 12

Text siehe Seite 134

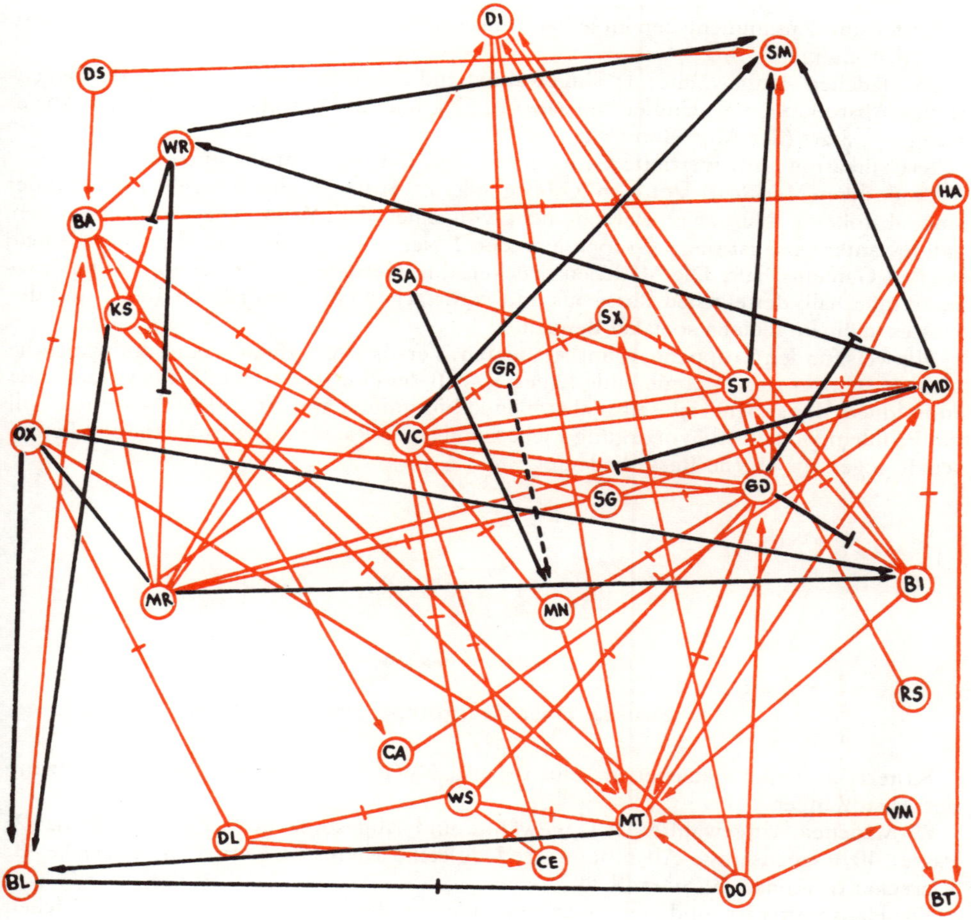

Abb. 30

Struktur einer Hausgruppe, Haus 13

Text siehe Seite 134

Text zu Abb. 29 (Seite 132)

Struktur einer Hausgruppe, Haus 12

Kriterium: Zusammenleben im selben Hause, 5 Wahlmöglichkeiten, keine Begrenzung der Abstoßungen.

33 Mädchen. Ungewählte: 1; Ungewählte und Abgestoßene: 4; Paare: 31; Gegenseitige Abstoßungen: 7; Ungleiche Paare: 21; Ketten: 2; Dreiecke: 2; Stars (der Anziehung): 4; Stars (der Abstoßung): 1.

Klassifikation: Introvertierte Gruppenorganisation; nach innen aggressiv.

Besonderes Merkmal: Von den 33 Mitgliedern werden 31 entweder abgestoßen oder sind abstoßend. Nur zwei werden nicht von einer derartigen Aggression betroffen. Interessanterweise ist diese Gruppe eine der 2 Negerhausgruppen in der überwiegend weißen Gemeinschaft. Die Mädchen drücken ihre Gefühle der Anziehung und Abstoßung innerhalb der eigenen Rasse aus und verursachen ein Übermaß der Liebe und des Hasses in einem kleinen sozialen Bereich.

Hinweis für den Gruppenpsychotherapeuten: Veranstalte ein Soziodrama und spalte die Gruppe in zwei sich opponierende Lager, so daß der eine Teil sich selbst bevorzugende Individuen, der andere sich selbst abstoßende Individuen umfaßt. Erforscht werden soll das Problem, ob Selbstbevorzugung Liebe zur eigenen Rasse und Selbstabstoßung Feindschaft gegen die eigene Rasse bedeutet.

Text zu Abb. 30 (Seite 133)

Struktur einer Hausgruppe, Haus 13

Kriterium: Zusammenleben im selben Hause, 5 Wahlmöglichkeiten, keine Begrenzung der Abstoßungen.

29 Mädchen. Ungewählte: 2; Ungewählte und Abgestoßene: 2; Nichtwählende: 2; Paare: 40; Gegenseitige Abstoßung: 1; Ungleiche Paare: 5; Ketten: 6; Dreiecke: 8; Vierecke: 6; Kreise: 3; Stars: 8.

Die Hausmutter ist auf diesem Soziogramm nicht dargestellt worden. Alle 29 Mädchen werden von ihr angezogen.

Klassifikation: Introvertierte Gruppenorganisation.

Besonderes Merkmal: Hochdifferenziert und starke Kohäsion.

Hinweis für den Gruppenpsychotherapeuten: Wieviele Neulinge kann die Gruppe aufnehmen und eingliedern, ohne ihren gegenwärtigen Kohäsionsgrad zu beeinträchtigen? Diese Frage kann beantwortet werden durch einen Test des emotionalen Ausdehnungsvermögens der Stars in Rollenspielsituationen, bei denen auch Neulinge teilnehmen.

einer, von vieren nicht zumindest zwei, von sechsen nicht zumindest drei, wenn nicht mindestens 50% der Gruppe ihr Fortbestehen wünschen. Diese 50% sind selbstverständlich eine willkürliche Schätzung.

Es mag eines Tages festgestellt werden, daß das Minimum höher oder niedriger als 50% ist. Wahrscheinlich beeinflussen mehrere Faktoren, wie z. B. das Wehrsystem einer bestimmten Kultur, das Minimum. Eine klare Antwort auf diese Frage kann wahrscheinlich erst dann gegeben werden, wenn eine große Anzahl primitiver und moderner Kulturen soziometrisch erforscht sein werden. Man kann jedoch die Hypothese aufstellen, daß das Interesse am Fortbestehen der Gruppe sich umgekehrt proportional zur Größe ihrer Mitgliederzahl verhalten wird. Es ist selbstverständlich, daß die Beziehung eines Paares schwierig wird, wenn der eine Partner größeres Interesse an einer dritten Person außerhalb hat. Wenn die Gruppe aber z. B. 2000 Mitglieder zählt und 500 dieser Personen an ihrer Erhaltung interessiert sind, ist die Prognose für diese Gruppe besser als für ein Paar, dessen eine Hälfte nicht an der Aufrechterhaltung der Beziehung interessiert ist. Die Funktion ist in großen Gruppen dehnbarer und hat mehr Gelegenheit zur Spezialisierung. In einer Paarbeziehung z. B. kann man zu einer bestimmten Zeit nur eine Funktion der anderen Person gegenüber erfüllen. Ein Wechsel ist nur zu einer anderen Zeit möglich. In großen Gruppen dagegen kann sich eine Person zur selben Zeit verschiedenen Personen gegenüber auch ganz verschiedenartig verhalten.

Es ist noch ein weiterer Faktor zu beachten: der Einfluß von Führernaturen innerhalb großer Gruppen. Die Verteilung der Macht in großen Gruppen ist von dem wirren Verlauf der sozialen und emotionalen Strömungen abhängig. Eine Person in einer Schlüsselstellung kann den Lauf dieser Strömungen lenken und einen ungeheuren potentiellen Einfluß auf Personen ausüben, die nicht mehr der direkten Einflußsphäre der Führerperson angehören.

Die Liebe und der Haß unter den Mitgliedern der gegebenen Hausgruppe beeinflussen die Organisation und das Verhalten der Gruppe als Ganzes. Wir addierten die Anziehungen bzw. Abstoßungen innerhalb einer Gruppe und errechneten die entsprechenden Prozentsätze. Falls die Mitglieder der Gruppe 75 Anziehungen und 25 Abstoßungen bekundeten, war der Quotient der Anziehungen 75% und der Quotient der Abstoßungen 25%. Die folgende Tabelle gibt den Prozentsatz der Anziehungen und Abstoßungen in jeder Hausgruppe an.

Neben der Summe der Anziehungen und Abstoßungen berücksichtigten wir noch einen anderen Aspekt, einen qualitativen Faktor: Ein einzelnes positives Tele, von einem Individuum zu einem andern strahlend, kann in seiner Rückwirkung einen Einfluß auf die ganze Gemeinschaft haben, der bei weitem die mathematische Summe übertrifft. Es handelt sich um ein soziodynamisches Anwachsen des Tele. Wir haben versucht, diesen qualitativen Faktor quantitativ auszudrücken.

Tabelle 12

Einstufung der Hausgruppen gemäß der in Prozenten ausgedrückten Summe der Anziehungen und Abstoßungen

	Anziehungen	Abstoßungen
C 2	85,36%	14,64%
C 13	84,43%	15,57%
C 1	83,93%	16,07%
C 7	78,79%	21,21%
C 15	76,23%	23,77%
C 6	75,42%	24,58%
C 11	68,47%	31,53%
C 16	67,30%	32,70%
C 12	66,67%	33,33%
C 9	65,49%	34,51%
C 14	59,14%	40,86%
C 8	58,48%	41,52%
C 3	55,81%	44,19%
C 10	49,20%	50,80%
C 4	48,41%	51,59%

Bei der Einschätzung der Einflußstellung einer bestimmten Hausgruppe im Vergleich zu anderen Hausgruppen innerhalb der Gemeinschaft nahmen wir an, daß der Anziehungsquotient einer Hausgruppe proportional der Zahl der Hausgruppenmitglieder sei, die den Wunsch haben, in diesem betreffenden Haus zu leben. Zur Ermittlung dieses Quotienten wendeten wir folgende Methode an: Wir dividierten die Zahl der auf die Gruppenmitglieder fallenden Wahlen durch das Maximum der Wahlen, die sie hätten erhalten können, wenn die Wahlen sämtlicher Mädchen der verschiedenen Häuser auf die Mitglieder der betreffenden Hausgruppe gefallen wären. Ein Beispiel ist Haus 5. Zur Zeit der Wahl betrug die Bewohnerzahl aller Häuser 435 Personen, Haus 5 wurde von 17 Personen bewohnt. Die Zahl der Mädchen in den anderen Häusern war demnach 435 – 17 = 418. Das Maximum der Wahlen, die von diesen 418 Personen getroffen werden konnten, war 418 × 5 = 2090. In Wirklichkeit erhielt die Hausgruppe C 5 von den Mitgliedern anderer Hausgruppen 25 Wahlen. 25 dividiert durch 2090 ergibt den Anziehungsquotienten dieser Hausgruppe, nämlich 1,2%. In der folgenden Tabelle sind die Hausgruppen ihrem Anziehungsquotienten entsprechend eingestuft worden.

Die Summe aller Anziehungsquotienten scheint daher 41% zu sein. Wir hatten festgestellt, daß die Summe der Interessenquotienten für alle Häuser 44, 81% darstellt. *Daraus folgt, daß die kohäsiven Kräfte in der Hudsongemeinschaft stärker sind als die Kräfte, welche die Mädchen aus ihrer Gruppierung herauszureißen suchen.* Der Unter-

Tabelle 13

Einstufung der Hausgruppen gemäß ihres Anziehungsquotienten

Hausgruppe:	Anziehungsquotient:
C 2	4,0%
C 1	3,8%
C 7	3,3%
C 6	3,0%
C 4	3,0%
C 13	3,0%
C 14	3,0%
C 10	2,9%
C 11	2,6%
C 16	2,5%
C 15	2,5%
C 8	2,0%
C 3	1,7%
C 12	1,6%
C 5	1,2%
C 9	0,9%
Summe	41 %

schied zwischen diesen beiden Quotienten beträgt 3,8% und zeigt, daß die introvertierte Tendenz doch noch stärker ist als die extravertierte. Er ist ein objektives Maß für den Grad der Ausgeglichenheit der Gruppen in der Hudsongemeinschaft. Die Summe der beiden Quotienten beträgt 85,81%. Der fehlende Prozentsatz von 14,19% betrifft die unbenützten Wahlmöglichkeiten. Es kann auf Grund dieser Interessenquotienten für die eigene Gruppe oder Außengruppen, der Verteilung der Anziehungen und Abstoßungen in eigener und Außengruppen, des Anziehungsquotienten einer Gruppe für andere Gruppen und auf Grund ähnlicher statistischer Berechnungen ein „sozialer Gruppenquotient" entwickelt werden.

3. Strukturelle Analyse der Gruppenorganisation

In der griechischen Mythologie stellt Eros den Gott der Liebe dar und Eris die Göttin der Zwietracht. Weniger bekannt ist der interessante Bruder des Eros, Anteros, der Gott der gegenseitigen Liebe, der Gott der Diade. So trugen die Griechen den Kräften der Anziehung und Abstoßung zwischen den Menschen Rechnung. Wunderschön symbolisiert die griechische Dichtung, wie zu Beginn der Liebe ein Pfeil auf den erwählten Menschen zufliegt. Dieses Pfeilsymbol hat sein Gegenstück in unserem Symbol der Anziehung, der roten Linie. Die Griechen glaubten, sinnbildlich gesprochen, daß alle roten Linien durch Eros, alle schwarzen Linien durch Eris und alle *gegenseitig* roten Linien durch Anteros verursacht würden und der Mensch diesen Kräften machtlos ausgeliefert sei. Statt mit einer Fackel dieses Labyrinth der Liebe und des Hasses zu erforschen, hielten sie sich an ihre mythische Formel. Wir haben versucht, dieses Labyrinth wissenschaftlich zu analysieren.

Die zwischenmenschlichen Beziehungen der Individuen nehmen Formen an, die eine Struktur bilden; sämtliche Strukturen in einer Gruppe stellen ihre Organisation dar. Die Stellung eines Individuums wird durch ein Soziogramm anschaulicher als durch eine soziometrische Gleichung. Beim Lesen der Soziogramme konnten immer wieder gewisse regelmäßig auftretende Strukturen beobachtet werden. Wir haben die am meisten charakteristischen Strukturen aus den Soziogrammen herausgelöst und stellen sie auf Seite 120 ff. dar. Eine eingehende Untersuchung der Soziogramme C 1 bis C 16 gab die Möglichkeit einer quantitativen Analyse der Hausgruppenorganisation in ihrem Zusammenhang mit dem Verhalten der Gruppe. Eine der mikroskopischen Methoden zur Bewertung des Gruppenstatus im Zusammenhang mit der Struktur zählt alle spezifischen Strukturen, wie Isolationsstrukturen, Paarstrukturen gegenseitiger Anziehung oder Abstoßung, Dreieckstrukturen der Anziehung usw., der Hausgruppen durch strukturelle Analyse auf.

Die oben quantitativ analysierten Häuser C 10 und C 6 wiesen in ihrer Struktur folgende Gegensätze auf: Im Gegensatz zu den 14 Strukturen der Isolation in C 10 kommen in Hausgruppe C 6 keine solchen Strukturen vor. Sie hat 28 Paare gegenseitiger Anziehung gegenüber 10 solcher Paare in Haus C 10; sie hat außerdem kein Paar gegenseitiger Abstoßung gegenüber 6 in Haus C 10; sie hat acht rot-schwarze oder ungleiche Paare im Gegensatz zu 9 solchen Paaren in Haus C 10; sie hat fünf Ketten gegenseitiger Anziehung, während in Haus C 10 nur zwei vorkommen; sie hat vier Dreiecke gegenseitiger Anziehung gegenüber 0 in C 10; sie hat fünf Stars der Anziehung, während C 10 nur einen solchen hat. Sie hat einen Star der Abstoßung gegenüber zweien in C 10; sie hat vier gegenseitig verbundene rote Stars, in C 10 fehlt eine derartige Struktur. Hinsichtlich der Struktur ist C 6 bessergestellt als C 10.

Die isolierte Stellung der 14 Individuen in Haus C 10 kann für diese unter Umständen günstig sein, für die Gruppe als Ganzes aber ist es nachteilig, wenn 14 der 33 Hausbewohner die Gruppe nicht als Heim wählen. Ein hoher Integrationsstandard einer Gruppe braucht keinesfalls zu bedeuten, daß diese Gruppe auch innerhalb der Gemeinschaft gut gestellt ist. Die strukturelle Stellung einer Gruppe in der Gemeinschaft ist ein anderes Problem; aber es kann geschlossen werden, daß *je höher die Zahl der Isolationsstrukturen in einer Gruppenorganisation ist, desto niedriger ihr Integrationsstandard sein wird, daß je größer die Zahl der gegenseitigen Anziehungen ist, desto höher der Integrationsstandard der Gruppe sein wird.* Die Kohäsion einer Gruppe kommt auch trotz vieler Paarformen zu einem kritischen Punkt, wenn jedes Paar von den anderen Paaren isoliert bleibt. *Eine große Zahl gegenseitiger Anziehungen ist der Boden für eine Harmonie, die sich in komplexeren Strukturen, wie Ketten, Dreiecken, Vierecken usw., ausdrückt.* Disharmonien und Disorganisation werden anderseits durch viele gegenseitige Abstoßungen und abgestoßene Anziehungen begünstigt.

4. Das Lesen der Gruppenstrukturen

1. Rotes Paar: Zwei Individuen werden gegenseitig angezogen und bilden ein rotes Paar.
2. Schwarzes Paar: Zwei Individuen stoßen sich gegenseitig ab; sie wünschen beide, getrennt zu leben.
3. Ungleiches Paar: Die beiden Individuen sind unvereinbar. Von dem einen Individuum geht eine rote Linie aus, der eine schwarze entgegengebracht wird. Von einem anderen Individuum geht eine rote Linie aus, die mit einer gestrichelten Linie beantwortet wird. Zwei Individuen senden einander gestrichelte Linien zu.
4. Rote Kette: Diese Struktur resultiert aus der gegenseitigen Anziehung zwischen zwei Individuen, von denen eines mit einem dritten in gegenseitiger Anziehung lebt, dieses mit einem vierten, das vierte mit einem fünften usw. Das Minimum der an einer Kette beteiligten Individuen ist fünf. Die Kette der verträglichen Individuen stellt innerhalb der Gruppe einen ununterbrochenen Strom der emotionalen Übertragung dar. Sie ist die natürliche Bahn für indirekte Nachahmung, Suggestion, Klatsch und die Bildung von Gruppenmeinungen und -gefühlen. Sie ist der soziale Telefondraht.
5. Schwarze Kette: Diese Struktur wird gebildet, wenn zwei Individuen sich gegenseitig abstoßen und eines von ihnen mit einem dritten Individuum ein Paar gegenseitiger Abstoßung bildet, das dritte Individuum mit einem vierten, das vierte mit einem fünften. Diese disharmonische Kette gibt die Zahl der Gruppenmitglieder an, die sich nicht miteinander vertragen. Je länger die Kette ist, desto stärker wird die Abstoßung. Die emotionale Haltung derer, die einer solchen Kette beitreten, läuft Gefahr, mehr und mehr durch kritische, verdächtigende und feindselige Interessen bestimmt zu werden. Dies gilt besonders für isolierte Gruppenmitglieder. Ein Neuling in einer solchen Gruppe mit zersetzender Organisation kommt oft in unverdienten Verruf. Er ist ein Opfer des schlechten Rufs der Gruppe.

6. Rotes Dreieck: Drei Individuen bilden durch gegenseitige Anziehung ein rotes Dreieck.
7. Schwarzes Dreieck: Drei unverträgliche Individuen bilden zusammen ein schwarzes Dreieck. Diese Struktur wird manchmal durch ganz verschiedenes Verhalten bestimmt. In einem Beispielsfall waren die von jedem Individuum zu den beiden andern Individuen ausgesendeten schwarzen Linien hauptsächlich durch Eifersucht und Protest gegen die beiden anderen Individuen ausgelöst worden, da jedes Individuum versuchte, in der Gruppe unumschränkt zu dominieren.
8. Rotes Viereck: Vier Individuen werden gegenseitig angezogen und bilden ein rotes Viereck. Eine solche geschlossene Struktur muß mit Vorsicht behandelt werden, da sie den Anfang einer von der größeren Gruppe abgeschnittenen Clique darstellen kann. Falls jedoch die vier Personen durch Anziehung mit anderen Gruppenmitgliedern verbunden sind, stellt das Viereck eine Superstruktur mit günstigem Einfluß auf die Gesamtstruktur dar, da es zur sozialen Kohäsion beiträgt.
9. Schwarzes Viereck: Schwarze Vierecke und Kreise kommen so selten vor, daß wir ihnen in dieser Gemeinschaft überhaupt nicht begegnet sind. Solche Strukturen bedeuten eine derartig starke Konzentration der Abstoßung, daß die Gruppensituation, in der sie auftreten, bald nach ihrer Bildung einer Lösung bedarf.
10. Roter Kreis: Ein roter Kreis wird auf ähnliche Weise wie die rote Kette gebildet, ist aber geschlossen. Elf Mädchen beteiligen sich an der Bildung des auf der Tafel dargestellten Kreises. Ein schwarzer Kreis wird in entsprechender Weise gebildet.
11. Roter Star: Diese Struktur entsteht, wenn fünf oder mehr Individuen vom selben Individuum angezogen werden, das den Mittelpunkt des roten Stars darstellt. Solche Strukturen können häufig auf Soziogrammen beobachtet werden.
12. Schwarzer Star: Diese Struktur entsteht, wenn fünf oder mehr Individuen dasselbe Individuum abstoßen, das den Mittelpunkt eines schwarzen Stars darstellt. Solche Strukturen können häufig auf Soziogrammen beobachtet werden.
13. Roter Star, die Gruppe abstoßend: Diese Struktur entsteht, wenn der Mittelpunkt des roten Stars die Mehrzahl jener Individuen abstößt, die von ihm angezogen werden.

Tabelle 14

Einstufung der Hausgruppen gemäß ihrer Strukturanalyse
Isolation

	Zahl der Personen	Ungewählt	Ungewählt und abgestoß.	Abgestoß. und abstoßend	Isoliert	Isoliert und abgestoß.	Gewählt, aber nicht wählend
C 1	20		3		3		
C 2	22				2		2
C 3	24	2	2	1	1		3
C 4	26	1	3	2			1
C 5[1]	17	2			3		
C 6	25						2
C 7	35	3	3		2	1	3
C 8	31	2	2		1	2	
C 9	28	3					
C 10	33	6	7		1		2
C 11	28	1	1				
C 12	33	1	4				
C 13	29	2	2				2
C 14	29	3				1	1
C 15	27	2					2
C 16	30	6	5		1		1
Summe	437[2]	34	32	3	14	4	19

Für alle sozialen Gemeinschaftsstrukturen können ähnliche Tabellen aufgestellt werden.

a) Acht Formen der Isolation

1. Einfache Isolation: Diese Struktur entsteht, wenn ein Individuum nicht nur innerhalb der eigenen Gruppe, sondern in der ganzen Gemeinschaft isoliert ist. Dieses Individuum wählt nicht und wird nicht gewählt, stößt nicht ab und wird nicht abgestoßen. Niemand wünscht ausdrücklich, mit ihm zusammenzuleben, und ihm selbst liegt ebenfalls nichts daran, mit wem es zusammenlebt. Daraus resultiert die Struktur einfacher Isolation.
2. Im zweiten Fall der Isolation wählt das Individuum andere Individuen außerhalb der eigenen Gruppe, wird aber weder von diesen noch von Individuen innerhalb der eigenen Gruppe gewählt.

[1] Hausgruppe 5 wurde nur hinsichtlich der ersten Phase, der Wahlen, analysiert.
[2] Die Gesamtbevölkerung zählte zu dieser Zeit 435 Personen und zwei neue Zöglinge.

3. Im dritten Fall der Isolation wird das Individuum von Individuen außerhalb seiner Gruppe gewählt, selbst aber wählt es andere Individuen, von denen es nicht gewählt wird. In der eigenen Gruppe wählt das Individuum nicht und wird nicht gewählt.
4. Im vierten Fall der Isolation wählt das Individuum nur Mitglieder der eigenen Gruppe; diese Personen sind ihm gegenüber gleichgültig.
5. Isoliertes Dreieck: Im fünften Fall der Isolation bilden drei Individuen ein gegenseitig positives Dreieck; aber jedes der drei Individuen erhält schwarze Linien von der Gruppe oder bleibt von außen isoliert. Auf diese Weise entsteht die Struktur eines isolierten oder isolierten und abgestoßenen Dreiecks.
6. Im sechsten Fall der Isolation stoßen sich fünf in der Gruppe isolierte und abgestoßene Individuen gegenseitig ab. Diese Struktur entstand in einer abgestoßenen, in sich zerfallenen Clique.
7. Isoliertes Paar: Zwei Individuen bilden ein gegenseitig positives Paar, sind aber beide ungewählt. In unserm Beispiel stößt einer der Partner die Gruppe ab, während der andere von einigen ihrer Mitglieder angezogen wird.
8. Isoliert, abgestoßen und abstoßend: Das Individuum ist nicht nur ungewählt, sondern wird abgestoßen und stößt die Gruppe ab.

b) Organisation eines sozialen Atoms

Erstes Mädchen, HT. HT ist der Mittelpunkt von 16 Anziehungen. Sechs Mädchen außerhalb der Hausgruppe und zehn Mädchen innerhalb der Gruppe werden von ihr angezogen. Sie stößt drei der innerhalb der Gruppe von ihr angezogenen Mädchen ab und noch ein weiteres Mädchen der eigenen Gruppe. Einem anderen Mädchen steht sie gleichgültig gegenüber. Von ihren Wählern außerhalb der Gruppe stößt sie drei ab. Das klinische Bild der von ihr abgestoßenen Personen zeigt, daß diese die allgemeine Moral der Gemeinschaft schlecht beeinflussen. Sie selbst ist wählerisch in ihren Freundschaften und bestimmt in ihren Abneigungen.

Zweites Mädchen, EM. EM ist der Mittelpunkt von 22 Anziehungen. Sie erhielt drei Wahlen von Mädchen innerhalb und 19 von Mädchen außerhalb ihrer Gruppe. Sie hat genügend Anhänger, um mit ihnen ein ganzes Haus zu belegen und sich wie eine Bienenkönigin behandeln zu lassen, aber sie ist gleichgültig gegen alle, außer MM und CO, von denen eine ihre Schwester ist. Außerdem stößt sie drei andere ab. Sie ist ein künstlerisches, in sich gekehrtes Kind, dessen emotionale Energie in kreative Versuche fließt.

Drittes Mädchen, LE. LE ist der Mittelpunkt von 14 Abstoßungen und einer Anziehung. Die eine Wahl kommt von einer Negerin HL, aber die Negerin MS, von der LE angezogen wird, stößt sie gleich den drei andern ab, von denen LE angezogen wird. Die übrigen zwei, von denen LE angezogen wird, reagieren nicht auf sie. Diese Struktur ist das Bild der Stellung eines abgestoßenen Individuums, das sich noch um gegenseitige Anziehung bemüht. Eine solche Stellung entwickelt sich nicht plötzlich, sie ist die Endphase eines langen Prozesses.

Viertes Mädchen, BU. BU ist der Mittelpunkt von 6 Anziehungen, die sie alle erwidert. Fünf der Mädchen gehören ihrer Gruppe an, eines lebt außerhalb der Gruppe. BU stößt drei Mädchen der eigenen Gruppe ab. BU hat eine Führerstellung in der Gruppe und eine abstoßende Haltung. Sie kann es sich leisten, unabhängig zu sein.

5. Die Organisation der Werkgruppen

Bis jetzt hatte sich unsere Forschungsarbeit in dieser Gemeinschaft nur mit den zwischenmenschlichen Beziehungen innerhalb von Hausgruppen befaßt. Als wir jedoch den soziometrischen Test auf die Werkgruppen der Gemeinschaft anwendeten, mußte ein weiterer Faktor berücksichtigt werden: Material, Werkzeuge, Maschinen. Daher wurde der Test von zwei Aspekten bestimmt:

a) durch die Beziehungen der Arbeitenden zueinander und zur Vorarbeiterin,
b) durch die Beziehungen der Arbeitenden zu dem betreffenden technischen Prozeß.

Der ökonomische Faktor und das Verhältnis der Arbeitenden zur industriellen Organisation wurde als dritter Faktor nicht berücksichtigt, da die Hudsongemeinschaft eine staatliche Anstalt ist und die Arbeit nicht mit Geld vergütet wird. Für uns war es von Vorteil, zuerst weniger differenzierte Arbeitseinheiten studieren zu können, bevor wir uns hochdifferenzierten zuwendeten. Die technischen Einrichtungen waren primitiv, die Lohnfrage ausgeschaltet, und es existierten weder gewerkschaftliche noch politische Organisationen.

Der soziometrische Test wurde den neuen Verhältnissen angepaßt und auf folgende Weise durchgeführt: der Tester betrat den Werkraum und versuchte mit der Gruppe in ein Verhältnis zu kommen. Er erklärte, daß aufrichtige Antworten auf die Frage ein Anpassen der Werksituation an die Wünsche der Arbeitenden bewirken könnten. Jeder Einzelne wurde gefragt:

1. Hast Du selbst die Arbeit gewählt, die Du jetzt ausführst? Falls nicht, nenne die Arbeit, die Du gerne verrichten möchtest.
2. Wähle aus der ganzen Gemeinschaft fünf Mädchen, die Du als Mitarbeiterinnen haben möchtest, und nenne sie in der Reihenfolge, in der Du ihnen den Vorzug gibst, 1., 2., 3., 4. und 5. Wahl. Die von Dir gewählten Individuen können z. Z. in Deiner Hausgruppe, dieser Arbeitsgruppe oder einer anderen Gruppe sein. Wähle ohne Hemmungen diejenigen, die Dir zur Mitarbeit angenehm wären.

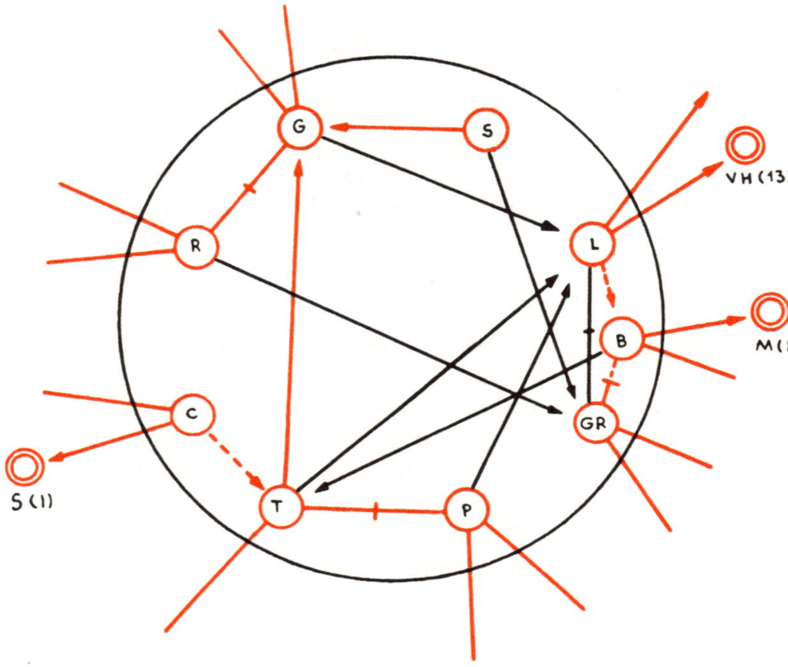

Abb. 31

Eine Werkgruppe, Soziogramm I

Abbildung 1. R und G ziehen sich an (gegenseitige erste Wahl). T und P ziehen sich an (gegenseitige erste Wahl). B und GR ziehen sich an (erste Wahl vs. zweite Wahl). C, S und L werden in der Gruppe nicht gewählt. Während aber C und S einfach ungewählt sind, wird L von vier Individuen, G, T, P und GR abgestoßen. Zwei dieser Individuen bilden eine starke Paarbeziehung. L stößt ihrerseits GR ab; GR wird außerdem von R und S abgestoßen.

Hinweis für den Gruppenpsychotherapeuten: In einer Arbeitssituation bestimmen unpersönliche Faktoren die Wahl als zwischenmenschliche Affinität, Kompetenz in der Arbeit und Mannschaftsproduktivität.

Ein geschickter, ausgebildeter Arbeiter wird oft dem emotionell anziehenden, aber weniger geschickten Arbeiter vorgezogen.

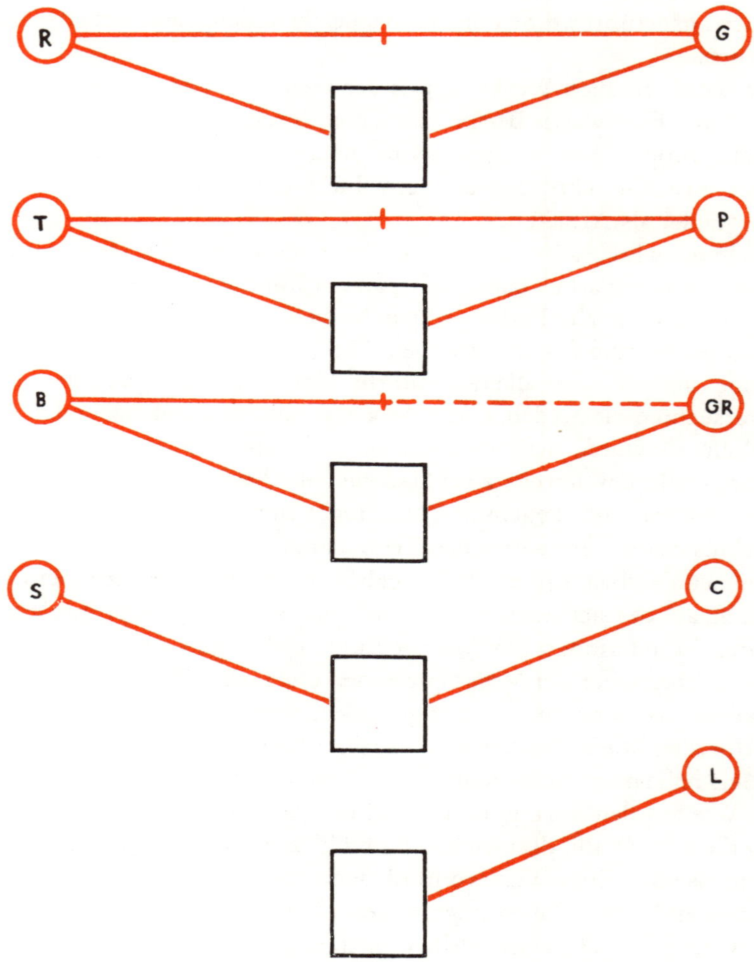

Abb. 32

Eine Werkgruppe, Soziogramm II

Abbildung 2 zeigt, wie die neun Arbeiter von Abbildung 1 in Paaren arbeiten und daß sie im Einklang mit ihren emotionalen Beziehungen gepaart worden sind: G–R, T–P, B–GR, S mit C und L allein.

3. Wähle drei Mitarbeiter aus Deiner jetzigen Arbeitsgruppe. Nenne sie in der Reihenfolge, in der Du ihnen den Vorzug gibst, 1., 2., 3. Wahl. Berücksichtige beim Wählen, daß gewisse Teile der Arbeit von Dir im Verein mit einer, zwei oder drei Personen ausgeführt werden und Du vielleicht andere, neue Arbeitskameraden haben möchtest.

Der Test wurde in allen Werkgruppen der Gemeinschaft durchgeführt. (Siehe Dampfwäscherei. Ein zweites Beispiel wird hier durch eine Werkgruppe gegeben.)

Handwerksgruppe: Die Gruppe zählt neun Mitglieder. Ihre Organisation wurde unter zwei Gesichtspunkten betrachtet: die Mitglieder als Einzelwesen und die Mitglieder als Arbeitende.

Der Arbeitsprozeß befaßte sich mit der Instandsetzung von Haushaltsmöbeln. Als Material wurden Farbe, Lack, Glaspapier, Rohr u. a. m. verwendet. In der ersten Phase wurde die alte Farbe von den Möbeln entfernt; in der zweiten Phase wurden sie repariert und frisch gestrichen. Die Arbeit war so eingeteilt, daß jedes Mädchen eine dieser Phasen allein ausführte. Um die Eintönigkeit der Arbeit zu mindern, versuchten die Mädchen, die Arbeitsgeräusche zu überschreien und sich zu unterhalten. Es wurde deshalb ein neues Experiment ausgeführt: Die Arbeit wurde so eingeteilt, daß jeweils zwei Mädchen als Paar zusammen arbeiteten. Sie unterhielten sich dadurch gegenseitig und nicht mit weiter entfernten Mädchen.

Die Ergebnisse des soziometrischen Tests waren folgende:

Sechs der neun Arbeiterinnen (66%) gaben jenem Mädchen der Gemeinschaft die erste Wahl, auf das sich auch in der unmittelbaren Werkgruppe ihre erste Wahl richtete. Drei Arbeiterinnen (33%) bevorzugten Mädchen außerhalb der Werkgruppe, gaben aber einer der Mitarbeiterinnen die zweite Wahl. Eine Arbeiterin, May (L), wurde von vier der neun abgestoßen, eine andere, Ella (GR), von drei der neun. Überdies stießen sich May und Ella gegenseitig ab. Nur ein Mädchen, May, sagte, sie habe die Arbeit nicht gewählt und möge sie nicht leiden.

Analyse: Wie aus den Soziogrammen S. 144-5 hervorgeht, geben sich G und R gegenseitig die erste Wahl, desgleichen P und T. Bei GR und B ist die Anziehung ebenfalls gegenseitig. Erste Wahl von GR und zweite Wahl von B. L wird von G und noch drei anderen Arbeiterinnen abgestoßen; sie ist ein schwarzer Star der Gruppe. S, C und L sind isoliert. Alle drei treffen ihre erste Wahl außerhalb der Gruppe. Ein Vergleich der Werkwahlen mit den Hauswahlen derselben Personen ergab, daß 22 Werkwahlen, d. h. 50%, mit den Hauswahlen identisch sind. Die Zahl der Wahlmöglichkeiten war im Werktest und Hausgruppentest gleich; es bestanden für jede der neun Personen 5 Wahlmöglichkeiten, im ganzen 45 Wahlen. Nach der ersten Wahl ist der Prozentsatz noch 66%. Es besteht zweifellos eine Tendenz zur Differenzierung zwischen den Wahlen bezüglich des Kollektivs und seiner Funktion, d. h. zwischen Personen, mit denen man zusammenleben möchte und solchen, mit denen man arbeiten möchte.

Die Wichtigkeit der Interaktionen zwischen den Gruppen und die Wirkung, welche die Stellung eines Einzelnen innerhalb einer Gruppe auf seine Stellung innerhalb einer anderen Gruppe hat, konnte klar erkannt werden. Das in seiner eigenen Hausgruppe isolierte Mädchen T wird in der Werkgruppe von zwei Mädchen gewählt. Auf diese Weise wird die Stellung eines Einzelnen in einer Gruppe durch seine Stellung in einer anderen Gruppe ausgeglichen. L wird in ihrer Hausgruppe und in ihrer Arbeitsgruppe abgestoßen und isoliert. C ist ebenfalls in beiden Gruppen isoliert. B ist in ihrer Hausgruppe der Mittelpunkt von vier Anziehungen und erhält zwei Wahlen in ihrer Werkgruppe. Auf diese Weise wird die Position dieses Mädchens in jeder Gruppe durch seine Stellung in der andern Gruppe gestärkt.

Auf der anderen Seite sehen wir das dynamische Spiel zwischen den Beziehungen einer Gruppe und ihren Einfluß auf die Stellung des Individuums in einer andern Gruppe. Zu Anfang des Hausgruppentests konnte G als isoliertes Mädchen festgestellt werden, das R und die Gruppe abstößt. R selbst war isoliert, abgestoßen und abstoßend. Als vier Wochen später der Test auf die Arbeitsgruppe ausgedehnt wurde, konnte festgestellt werden, daß G und R in ihrer Arbeitsgruppe isoliert waren und sich gegenseitig abstießen. Als der soziometrische Test der Werkgruppe drei Monate später wiederholt wurde, zeigte er G in einer Führerstellung und durch gegenseitige Wahl mit R verbunden, während sie in ihrer Hausgruppe immer noch isoliert waren. Fünf Monate später zeigte die Wiederholung des Hausgruppentests eine gegenseitige Anziehung zwischen G und R und eine günstige Stellung beider innerhalb der Gruppe.

Nach der Beurteilung der Vorarbeiterin sind die beiden Paare gegenseitiger Anziehung R–G und P–T die besten Arbeiterinnen. L erhielt infolge ihrer unbefriedigenden Arbeit und Materialverschwendung die schlechteste Beurteilung. Wenn eine Aufgabe ein Arbeiten in Paaren erforderte, erwies es sich als zweckmäßig, zwei Mädchen, die sich vertragen und ihre Arbeitsfähigkeit gegenseitig respektieren, mit einer solchen Aufgabe zu betrauen. Durch soziometrische und ähnliche Methoden kann in einer Werkstatt eine therapeutische Atmosphäre geschaffen werden, die eine „indirekte" Form der Gruppenpsychotherapie ermöglicht.

6. Differenzierung in Haus- und Arbeitsgruppen

Wie zuvor ausgeführt, sind Gruppenorganisation und -funktion eng miteinander verknüpft. Bestimmte Funktionsstörungen in einem Haushalt werden von charakteristischen Organisationsänderungen begleitet. Die Funktionen in einem Haushalt sind weitgehend sozialer Art: Verhalten gemäß eines bestimmten Standards, gemeinsames Einnehmen der Mahlzeiten, Austausch zahlloser kleiner

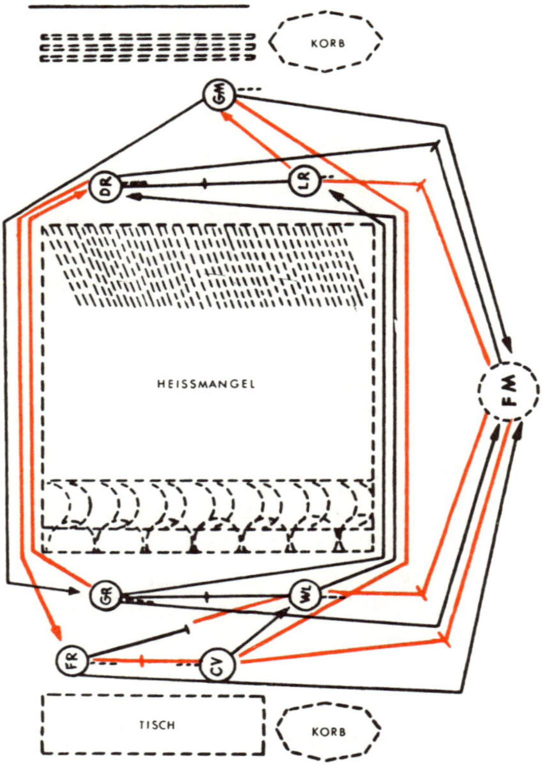

Abb. 33

Dampfwäscherei, Struktur vor der Neugestaltung

Abbildung 1. 7 Arbeiterinnen und 1 weiße Arbeitsleiterin. DR und LR, die beiden Versorgerinnen der Mangel stoßen sich gegenseitig ab. GR und WL, die beiden Empfängerinnen der Wäsche, stoßen sich gegenseitig ab, WL stößt auch die ihr gegenüber arbeitende Empfängerin LR ab. FR und CV, die beiden Wäschefalterinnen, ziehen sich gegenseitig an, FR und CV stoßen WL ab. GM, die Schüttlerin, wird von CV angezogen und stößt GR ab. GM, DR, GR und FR stoßen die Arbeitsleiterin (FM) ab; diese stößt hingegen nur DR ab. LR, WL und CV wird von der Arbeitsleiterin Sympathie entgegengebracht. Die 7 Arbeiterinnen leben in Haus C 12, auf dessen Soziogramm jedoch nur WL eingezeichnet ist. Die meisten Mädchen traten erst später in die Gemeinschaft ein. Auf dem Soziogramm von C 12 befindet WL sich links oben in der Ecke. In ihrer Heimgruppe ist sie ein ziemlich starker Star der Anziehung (5). In der Dampfwäscherei hat sie eine andere Stellung inne. Sie wird von drei Arbeiterinnen abgestoßen. Die gegenseitige Anziehung zwischen ihr und der weißen Arbeitsleiterin geht auf die Hausgruppe zurück, in der sie eine der wenigen stabilisierenden Kräfte ist und eine Anhänglichkeitsbeziehung zur weißen Hausmutter hat.

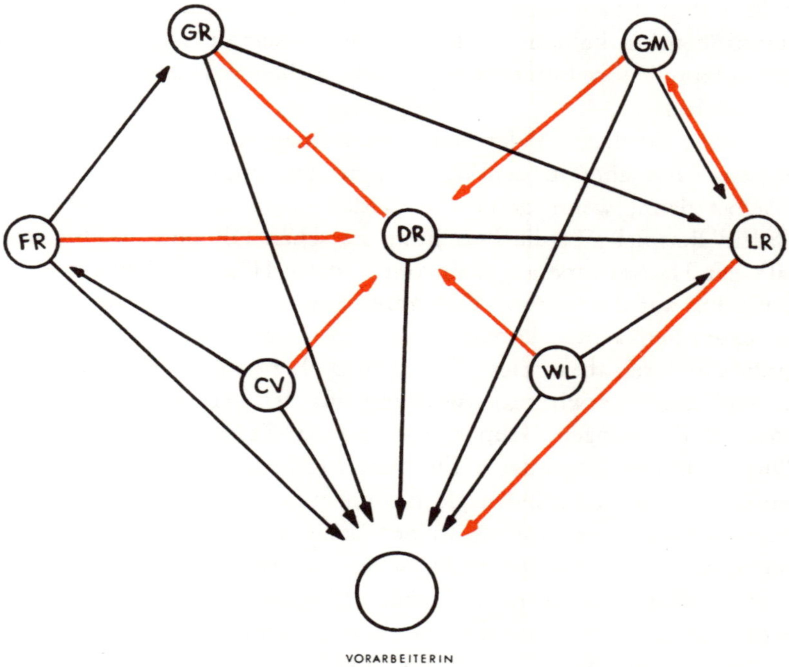

Abb. 34

Dampfwäscherei nach Wiederholungstest

Abbildung 2. DR hat eine einflußreiche Stellung inne. Auf Abb. 1 zieht sie nur ein Mädchen GR an. Jetzt ist sie Mittelpunkt von 5 Anziehungen: GR, WL, FR, CV, GM. Mit GR bildet sie ein Paar gegenseitiger Anziehung, mit LR ein Paar gegenseitiger Abstoßung. Auf Abb. 1 wird die Vorarbeiterin von 4 Mädchen abgestoßen, jetzt von allen außer LR. DRs Einfluß besteht offenbar in starker Opposition gegen die Arbeitsleiterin.

Der Druck innerhalb der Arbeitsgruppe hat das soziometrische Bild verändert. Die zunehmende Feindlichkeit gegen die weiße Arbeitsleiterin hat auch WL erfaßt. (Man darf nicht vergessen, daß in den Negerhäusern die Autorität von einer Negerin, in der Dampfwäscherei dagegen von einer weißen Frau repräsentiert wird. Außerdem muß man bedenken, daß der Rassenaufstand in der Gemeinschaft von der Dampfwäscherei ausgegangen ist.)

Hinweis für den Gruppenpsychotherapeuten: Ein Soziodrama im psychologisch richtigen Moment, in dem alle Arbeiterinnen der Dampfwäscherei teilgenommen hätten, hätte vielleicht den Rassenaufstand verhindert, der sich einige Wochen nach der Aufstellung dieses Soziogramms zugetragen hat.

Aufmerksamkeiten, gegenseitige Toleranz im intimen Gruppenleben. In einer Werkgruppe hingegen unterbleiben diese Funktionen in mancher Hinsicht; sie werden auf ein Minimum beschränkt. Aus der technischen Änderung entwickeln sich neue Funktionen für die betreffende Gruppe. Dieselbe Personengruppe mit einer bestimmten Familienorganisation entwickelt in einer Arbeitssituation einen anderen Organisationstyp.

Eine gewisse Struktur in der Hausgruppe mag wenig oder keine Störungen verursachen, kann aber in der Werkgruppe zu ernsten Zwischenfällen Anlaß geben, selbst dann, wenn es sich in beiden Gruppen um dieselben Personen handelt. Ein Beispiel gibt die Beziehung zwischen DR und LR. Sie stoßen sich innerhalb der Hausgruppe ab, üben durch diese Haltung aber keinen nennenswerten Einfluß auf die Gruppe als Ganzes aus, wie wir während einer Zeit von neun Monaten beobachten konnten. Sie stoßen sich auch an ihrem Arbeitsplatz, der Dampfwäscherei, ab. In dieser Umgebung aber hatten ihre feindseligen Handlungen eine derart verwirrende Wirkung auf den Arbeitsprozeß und die Zusammenarbeit der ganzen Gruppe, daß die Arbeit einige Male zum Stillstand kam. Die Erklärung ist einfach. DR und LR bedienen die Mangel. Wenn sie miteinander stritten, unterließen sie die gleichmäßige Versorgung der Mangel. Eine Verzögerung oder Störung in der Bedienung beeinträchtigte oder störte die Empfänger der gemangelten Wäsche, die dadurch zuweilen ohne Arbeit waren. Ein anderes Mal, wenn die beiden Gegnerinnen es vermieden, einander anzusehen, versorgte die eine die Maschine zu schnell, die andere zu langsam. Die eine Empfängerin war dadurch mit so viel Arbeit überladen, daß sie sie nicht bewältigen konnte und manche Wäschestücke in der Maschine hängenblieben. Dies nötigte die Vorarbeiterin, die Mangel anzuhalten und die eingeklemmten Stücke zu entfernen.

Auf der andern Seite mag eine extravertierte Organisation in der Hausgruppe ernste Funktionsstörungen verursachen, während sie eine Arbeitsgruppe nur zu ganz geringen Störungen disponiert. Das Soziogramm der Teppichmachergruppe läßt eine extravertierte Gruppenorganisation erkennen. Der Ablauf des Arbeitsprozesses wurde aber nicht in nennenswerter Weise beeinträchtigt. Die Ursache dafür ist offenbar in diesem technischen Prozeß selbst zu suchen. Jede Arbeiterin häkelt mit ihrer eigenen Häkelnadel und bestimmt selbst ihr Arbeitstempo. Ihre Arbeit ist nicht von der ihrer Kameradin abhängig. Selbst eine Einzelgängergruppe braucht in diesem Fall die Produktion der gesamten Gruppe nicht schlecht zu beeinflussen. Obgleich die Arbeiterinnen sich nicht gegenseitig wählen oder gerne haben, lieben sie doch ihre Arbeit. Interesse an der Arbeit kann mangelndes Interesse an den Mitarbeitern ausgleichen.

Der Test wurde gleichfalls bei Gruppen geistig Zurückgebliebener und Gruppen außerhalb der Gemeinschaft durchgeführt. Die Differenzierung zwischen den

Hausgruppen- und Werkwahlen scheint in Gruppen geistig zurückgebliebener Personen geringer zu sein. Es wurden öfters dieselben Personen für die Hausgruppe und die Werkgruppe gewählt. Das Hingezogensein zu denselben Personen in allen sozialen Situationen mag in psychologischer Hinsicht einen ökonomischen Vorteil haben. Ein Ineinandergreifen zweier Funktionen mag geringere Anforderungen stellen als eine Spezialisierung in zwei verschiedene Funktionsgruppen. Es handelt sich offenbar um ein Zurückgehen auf Formen, die in primitiveren Gesellschaften vorherrschend waren (chinesische Familienassoziation). Die Tendenz zur Differenzierung schien in geistig höher entwickelten Gruppen außerhalb der Gemeinschaft stärker zu sein. Es gibt jedoch Ausnahmefälle: Es existieren geistig zurückgebliebene Personen, die eine Gruppendifferenzierung begünstigen, während eine geringe Zahl von geistig höher entwickelten Personen eine einheitliche, identische Gruppierung vorzieht. Es wurde aber festgestellt, daß die allgemeine Tendenz ein weiterer Beweis für das soziogenetische Gesetz ist, wonach soziale Gruppen sich in einem Differenzierungsprozeß von einfachen zu komplexeren Einheiten entwickeln.

III. SOZIALE MIKROSKOPIE

1. Das emotionale Ausdehnungsvermögen des Menschen

Zur Zeit des Tests gehörten der Hudsongemeinschaft 505 Personen an. Falls jede Person ihre Zu- und Abneigung zu den übrigen 504 Personen bekunden würde, wäre die Gemeinschaft von 250000 Regungen der Liebe und des Hasses durchzogen. Diese 250000 Gefühlsregungen würden 125000 Paarbeziehungen bedingen. Zumindest theoretisch könnte sich jede Person so vieler Beziehungen erfreuen. Selbstverständlich sind die Möglichkeiten einer Person in Hudson beschränkt im Vergleich zu denen eines Großstädters in einer Stadt wie New York. Ein New Yorker, der in einer Gemeinschaft mit etwa 7 Millionen Einwohnern lebt, hätte die Gelegenheit zu ungefähr 49 Billionen verschiedenen Beziehungen oder 24,5 Billionen Paarbeziehungen.

Vielleicht ist es ein Glück, daß sich unsere Gefühle auf viel kleinere Kreise beschränken. Durch unsere Arbeit in Hudson haben wir bewiesen, daß dem emotionalen Ausdehnungsvermögen Grenzen gesetzt sind, die leicht gemessen werden können. Wir nehmen an, die Begrenzung des Ausdehnungsvermögens sei ein Segen; wäre nämlich das Ausdehnungsvermögen unseres Gefühlslebens so unbeschreiblich groß, daß wir Milliarden von Feindschaften und Freundschaften knüpfen und aufrechterhalten könnten, so würde unser soziales Universum infolge des ungeheuren Druckes und der großen Glut und Hitze zu vieler Zuneigungen und Leidenschaften bersten.

Wir gaben jeder Person in Hudson die Gelegenheit, fünf Personen zu wählen, mit denen sie gerne zusammenleben möchte. Dies bedeutet, daß wir nicht von jeder Person eine Ausweitung des Interesses bis zu 125000 Paarbeziehungen erwarteten, sondern daß wir jeder Person Gelegenheit zu einem Maximum von 504 × 5 Auswahlmöglichkeiten gaben, d. h. zu 2520 Beziehungen. Diese Zahl würde sich selbstverständlich vergrößern, wenn wir auch die Erwiderungen zählen würden. Es mag unverständlich erscheinen, daß eine große Anzahl der Teilnehmer nicht einmal von den fünf Wahlmöglichkeiten Gebrauch machen konnte. Für viele genügten drei oder vier Wahlen, um ihren Wünschen in bezug auf das Kriterium des Zusammenlebens Ausdruck zu geben. Eine geringe Zahl der Mädchen wählte überhaupt nicht. Andere wiederum hätten mehr Wahlmöglichkeiten gebraucht, um ihr Interesse auszudrücken. Der Widerstand gegen die Entwicklung und den Ausdruck individueller Gefühlsdifferenzierungen, wie Anziehungen und Abstoßungen, wird durch kulturelle Imperative bedingt.

Keine andere soziale Institution ist wohl mehr verantwortlich für die Geselligkeit des Menschen und die Gestaltung seines emotionalen Ausdehnungsvermögens als die Familie. Die Formbarkeit eines Neugeborenen ist viel größer als die eines Erwachsenen; sie ist potentiell vielleicht unendlich. Wahrscheinlich wird nicht nur die Qualität, sondern auch die Quantität, das Ausdehnungsvermögen des emotionalen Interesses, durch die Familie bestimmt. Die Familiengruppe umfaßt nur wenige Personen und zwingt dadurch das heranwachsende Kind, seine Aufmerksamkeit auf die Entwicklung der wenigen Beziehungen zu Eltern und Geschwistern zu beschränken. Der Drang zur Ausdehnung wird auf diese Weise früh zurückgehalten und in bestimmte, enge Bahnen gelenkt. Das Kind lernt, sich mit wenigen Beziehungen zu begnügen. Wächst es heran, so fühlt es, daß es nur eine geringe Zahl von Beziehungen erleben und absorbieren kann. Tatsächlich überschreitet die Zahl seiner Bekannschaften selten den Durchschnitt und fällt ebenso selten unter diesen Durchschnitt. Falls das Kind neue Freunde oder neue Feinde gewinnt, wird eine entsprechende Zahl alter Freundschaften und Feindschaften sich langsam seiner Aufmerksamkeit entziehen. Es scheint, als ob der Einzelne eine gewisse Grenze nicht überschreiten könne und als ob das Quantum seiner Beziehungen in einem Gleichgewicht verharre.

Viele Fragen ergeben sich aus dieser Tatsache. Warum ist das emotionale Ausdehnungsvermögen mancher Menschen so viel größer als das anderer? Sind die Unterschiede konstitutionell bedingt? Geht ein Maximum an Ausdehnungsvermögen Hand in Hand mit dem spontanen Persönlichkeitstyp? Ein Minimum an Ausdehnung mit dem konservativen Persönlichkeitstyp? Geht die menschliche Entwicklung einer zunehmenden Begrenzung des emotionalen Ausdehnungsvermögens entgegen und ist diese Begrenzung der sozialen Spontaneität wünschenswert oder wird die zukünftige Gesellschaft einen Menschentyp mit einer viel größeren Spontaneität hervorbringen als den jetzigen? Eine natürliche potentielle Kraft scheint dem Menschen gegeben zu sein, durch die er den Wettlauf mit der Maschine gewinnen kann: es ist die Ausdehnung seiner spontanen sozialen Energie in einem bisher unbekannten Maß.

Es gibt ein Wesen, dem wir schon immer die Kraft der unendlichen Ausdehnung zugeschrieben haben: Gott. In unseren Religionen wird mit Selbstverständlichkeit angenommen, daß Gott eine direkte private Beziehung zu jedem Wesen im Universum habe. Für ihn gibt es keine „Beziehungen en masse"; er weiß um uns alle nicht nur als amorphe Masse, sondern kennt jeden Einzelnen. Wir haben vorhin ausgerechnet, daß ein New Yorker allein in seiner Heimatstadt 24,5 Billionen Beziehungen haben könnte. Für Gott ist das nicht nur eine Möglichkeit, sondern natürlich. Wir nehmen an, daß der Gegensatz zwischen der Spontaneität Gottes und des Menschen in seinem gegenwärtigen Entwicklungsstadium geradezu absolut ist. Wird der Mensch der Zukunft unserem Bilde Gottes ähnlicher sein?

2. Emotionale Ausdehnung und soziale Beziehungen

Planmäßig bewegten wir uns von der ersten Forschungsdimension – der Anziehung-Abstoßung-Gleichgültigkeit – zur zweiten Forschungsdimension, dem Bereich der Bekanntschaften, sozialen Beziehungen und emotionalen Ausdehnung. Es wird dem Leser auffallen, daß wir die im Buch angegebene Reihenfolge umgekehrt haben. Ich begann nicht mit dem logisch ersten Schritt, den Bekanntschaften und sozialen Beziehungen, sondern mit einem der soziometrischen Forschung ethisch angemesseneren Schritt, den Wahlen und Entscheidungen der Gemeinschaft. Hätte ich mit der Sammlung soziologischer, der Gemeinschaft bedeutungslos erscheinender Daten begonnen, so wären sich die Individuen wie Versuchskaninchen vorgekommen und das soziale Experiment hätte noch vor seiner Ausführung scheitern können. Nachdem die Gemeinschaft mit Hilfe des soziometrischen Tests bis zu einem annehmbaren Grad der Mitarbeit ermuntert („angewärmt") worden war, konnten wir uns die Rückkehr zur ersten Dimension, der Erforschung der Beziehungen und des Ausdehnungsvermögens, erlauben, ohne Verdacht zu erregen.

a) Der Test des emotionalen Ausdehnungsvermögens

Der Test des emotionalen Ausdehnungsvermögens mißt die emotionale Energie, mit der ein Individuum Beziehungen eingehen und für eine gegebene Zeit aufrechterhalten kann. Ein Beispiel dafür ist die Mutter, die in der Lage ist, drei Kinder zu verstehen und mit Sicherheit und Ausgeglichenheit zu erziehen. Beim vierten Kind wird sie manchmal ängstlich und erregt. Falls diese Familie sich auf sieben Kinder vergrößern sollte, würde es für die Mutter schwierig werden, ihr emotionales Ausdehnungsvermögen auf alle sieben zu verteilen. Ein anderes Beispiel gibt der Arzt, der in seinen drei Sprechstunden zehn Patienten untersuchen und beraten kann. Sobald er aber von zwölf oder 15 Patienten konsultiert wird, läßt seine emotionale Ausdehnungskraft nach, Müdigkeit setzt ein und seine Beurteilung wird schlecht. Dasselbe gilt für Sozialarbeiter, Rechtsanwälte, Pfarrer, Kaufleute, ja für jede soziale Arbeitsleistung, in der die emotionale Produktivität gleichzeitig oder aufeinanderfolgend auf andere Menschen bezogen ist.

Es kommt hier nicht auf die Zahl der gewählten Individuen an, sondern es wird ermittelt, wie viele Bekanntschaften jemand aufrechterhalten und erfüllen kann. Der Elterntest und der Familientest sind Beispiele des emotionalen Ausdehnungsvermögens. Im Verlauf der Elterntests beobachteten wir, abgesehen von den Reaktionen der Mutter auf verschiedene Kinder, daß eine Mutter im Gegensatz zu einer anderen die Aufmerksamkeit mehrerer Kinder auf sich ziehen konnte. Wir stellten außerdem fest, daß einige Mütter beim Interview rascher ermüdeten als andere. Schon nach einigen Tests konnten wir die Hausmütter nach ihrem emotionalen Ausdehnungsvermögen einstufen. Wir verfolgten dies bis in die betreffende Hausgruppenorganisation und fanden unsere Einschätzungen durch das Verhalten bestätigt.

Eine Mutter kann nur eine bestimmte Anzahl von Kindern mit ihrer gegebenen emotionalen Energie umfassen. Sobald die Zahl der ihr anvertrauten Kinder eine bestimmte Grenze überschreitet, setzt ein Prozeß der Auslese ein. Sie wird ein einseitiges Interesse denjenigen Kindern entgegenbringen, zu denen sie sich spontan hingezogen fühlt oder solchen, die wenig Aufmerksamkeit erfordern; die übrigen läßt sie links liegen.

Diese Grenze des emotionalen Ausdehnungsvermögens hat daher Einfluß auf die Gruppenorganisation. Sie isoliert entweder durch eine Überfüllung des Hauses oder infolge falscher Gruppierung einige Kinder von der Hausmutter. Ein Faktor falscher Gruppierung kann die Zuweisung eines Mädchens zu einer bestimmten Hausgruppe sein, deren Hausmutter keinen Gefallen an ihm finden kann. Ihre Bemühung um dieses Kind steht in keinem Verhältnis zu der für das Kind vorhandenen Sympathie. Falls ihr zwei oder drei solcher für sie problematischer Kinder zugewiesen werden, die für andere Hausmütter kein Problem bedeuteten, wird sie bei ernster Ausübung ihres Amtes mehr ermüden als durch die Arbeit mit zwölf anderen Kindern. Unter Umständen wird sie gleichgültig und versucht ihr Versagen zu verbergen.

Das emotionale Ausdehnungsvermögen kann „trainiert" werden. Kein Individuum kann über seine anscheinend organische Grenze hinausgetrieben werden. Aber in den meisten von uns untersuchten Fällen konnten wir feststellen, daß diese Begrenzung die Folge der Unfähigkeit war, innerhalb der gegebenen Grenzen vollen Gebrauch vom emotionalen Ausdehnungsvermögen zu machen. Durch Analyse des Ausdehnungsvolumens kann den Hausmüttern beispielsweise gezeigt werden, daß ihr Ausdehnungsvermögen viel größer ist, als es den Anschein hat. Oft wird es von vielen andern Individuen und Objekten außerhalb ihres tatsächlichen Pflichtenkreises verbraucht. Durch das Studium dieses Volumens und des Kreises seiner Verbraucher gelangten wir zum Problem des Bekanntschaftsvolumens eines Individuums innerhalb seiner Lebensgemeinschaft.

b) Der Bekanntschaftstest

Die sinnvollen Beziehungen, die eine Person eingehen kann, hängen von ihrem Bekanntenkreis im weitesten Sinne des Wortes ab. Wir versuchten daher, das Bekanntschaftsvolumen der Einzelnen zu studieren. Die Hudsongemeinschaft bot für diesen Zweck die besten Möglichkeiten. Das neu ankommende Mädchen tritt in eine ihm völlig unbekannte Gemeinschaft ein, und von seinem Eintritt an beschränken sich seine neuen Bekanntschaften auf die Hudsonmitglieder. Diese beiden Voraussetzungen ermöglichten es uns, das relative Anwachsen des „Bekanntschaftsvolumens" des Einzelnen in Hudson zu beurteilen.

Wir wendeten folgende Methode an:

a) Der Test wurde bei beliebigen Gruppen durchgeführt, und jedes später neu hinzukommende Mädchen wurde ihm unterworfen.

b) Die Bedingungen waren für jedes getestete Mädchen die gleichen.

c) Der Test wurde jeden Monat wiederholt.

d) Es wurden folgende Anweisungen gegeben: Schreibe die Namen aller Mädchen auf, mit denen Du – soweit Du Dich im Augenblick erinnern kannst – seit Deinem Eintritt in die Hudsongemeinschaft gesprochen hast oder denen Du begegnet bist. Es ist gleichgültig, wann Du die Bekanntschaft gemacht hast und wo Du mit dem betreffenden Mädchen ein oder mehrere Male gesprochen hast. Falls Du Dich nicht an den vollen Namen einer Bekannten erinnern kannst, schreibe ihren Vor- oder Nachnamen auf oder beschreibe sie auf eine andere Weise. Da Du die Mitglieder Deiner eigenen Hausgruppe selbstverständlich kennst, brauchst Du diese nicht anzugeben.

Tabelle 15 zeigt einen Bekanntschaftsindex von 16 Mädchen, der·durch einen während sechs Monaten ausgeführten Bekanntschaftstest ermittelt worden ist.

Tabelle 15

Index des Bekanntschaftsvolumens von 16 Individuen

Name	I. Q.	Haus	Nach 30 Tagen	Nach 60 Tagen	Nach 90 Tagen	Nach 120 Tagen	Nach 150 Tagen	Nach 180 Tagen
SN	100	C 16	13	18	33	39	41	42
GU	121	C 1	63	65	42	26	29	28
RD	62	C 6	7	8	12	9	9	8
DB	85	C 8	30	43	42	46	73	72
ML	80	C 6	24	27	30	33	27	28
MK	86	C 4	10	12	25	38	29	30
JO	112	C 6	30	44	37	50	62	74
KN	87	C 11	21	32	33	52	101	131
IL	116	C 1	42	61	50	28	46	43
DN	85	C 8	22	42	29	32	34	31
HY	102	C 2	15	12	24	31	51	46
HR	65	C 16	9	9	10	11	14	13
RZ	88	C 16	33	14	22	25	25	26
HF	91	C 10	30	44	79	84	75	82
FA	77	C 10	14	16	15	32	32	33
NI	82	C 11	13	25	41	42	47	49

Analyse: Nach den ersten 30 Tagen schwankte das Bekanntschaftsvolumen der 16 Mädchen zwischen 7 als Minimum und 63 als Maximum; nach 60 Tagen zwischen 8 und 65, nach 90 Tagen zwischen 10 und 79, nach 120 Tagen zwischen 9 und 84, nach 150 Tagen zwischen 9 und 101 und nach 180 Tagen zwischen 8 und 131. Aus Tabelle 15 erkennen wir, daß das Wachstum des Bekanntschaftsvolumens sich von Person zu Person und Zeit zu Zeit ändert. In neun Fällen konnte von Monat zu Monat ein ständiges Anwachsen des Bekanntschaftsvolumens beobachtet werden (SN, DB, MK, JO, KN, HY, HF, FA und NI). In zwei Fällen verringerte sich das allgemeine Bekanntschaftsvolumen von Monat zu Monat (IL und GU). In fünf Fällen erfuhr es weder eine Vergrößerung noch eine Verringerung; es blieb praktisch konstant (RD, ML, DN, HR und RZ). Die Analyse der progressiven Fälle zeigte, daß im allgemeinen die Zahl der neuen Bekanntschaften größer war als die der „verlorengegangenen". In den konstanten Fällen werden neue Bekanntschaften mehr oder weniger durch verlorengegangene Bekanntschaften ausgeglichen. In den regressiven Fällen ist die Zahl der neuen Bekanntschaften kleiner als die der verlorengegangenen. Ein Fall war unbestimmt (IL), hatte aber eine regressive Tendenz. Das Bekanntschaftsvolumen ändert sich von Person zu Person in so starkem Maße, daß 180 Tage nach dem Eintritt der

Mädchen in die Hudsongemeinschaft und unter gleichen Bedingungen ein Mädchen, RD, einen Bekanntschaftsindex von 8 hatte, während KN einen mehr als 16mal größeren Index von 131 hatte. Die Bekanntschaften von RD in Haus 6 waren auf 5 Einheiten verteilt, während KN in Haus C 11 die ihren über 16 Einheiten der Gemeinschaft verteilt hatte.

Ein Vergleich der Bekanntschaftsindizes dieser 16 Personen mit den Ergebnissen ihres soziometrischen Tests nach 150 Tagen ließ erkennen, daß die Zahl der Mädchen, die irgendein beliebiges dieser 16 Mädchen kennt, einige Male größer ist als sein soziales Atom, d. h. die Zahl derjenigen Personen, die in ihm bezüglich eines Kriteriums eine bestimmte emotionale Reaktion auslösen. RD mit einem Bekanntschaftsindex von 9 Personen wählt z. B. nur zwei Mädchen zum Zusammenleben und zur Zusammenarbeit. KN mit einem Bekanntschaftsindex von 101 wählt für verschiedene Kriterien 14 verschiedene Mädchen.

Nach 180 Tagen haben 5 der 16 Mädchen ein absolut konstantes Bekanntschaftsvolumen erreicht; 2 sind regressiv; 3 der 9 progressiven Fälle weisen eine Tendenz zum Stillstand auf. Dies führt zu dem Schluß, daß nach einer gewissen Zeit jedes Mitglied einer geschlossenen Gemeinschaft seinen individuellen Durchschnittsstand der Bekanntschaften erreicht.

Zahlreiche Faktoren scheinen das Bekanntschaftsvolumen zu beeinflussen. GU mit einem Intelligenzquotienten von 121 hat nach 150 Tagen einen Bekanntschaftsindex von 29, IL mit einem IQ von 116 erreicht nach 150 Tagen einen Bekanntschaftsindex von 46. GU und IL haben den höchsten IQ unter den 16 Mädchen. Aber KN mit einem IQ von 87 hat nach derselben Zeit ein Bekanntschaftsvolumen von 101. Viele ähnliche Fälle konnten beobachtet werden, doch unsere Ergebnisse geben keinen Anlaß zu bestimmten Schlüssen hinsichtlich der Beziehung zwischen IQ und Bekanntschaftsindex.

Wir haben jedoch Grund anzunehmen, daß unter gegebenen Voraussetzungen die Zahl der Bekanntschaften einer Person proportional zur Häufigkeit ihres Ortswechsels ist. Es ist ja logisch, daß selbst ein Genie als Stubenhocker keinen großen Bekanntenkreis haben kann, hingegen ein Wanderlustiger überall Bekanntschaften machen wird. (Vergleiche: psychologische Geographie, Soziogramm II.) Die Bekanntschaften von RD sind im Gegensatz zu denjenigen von KN auf einen engen geographischen Raum beschränkt. Der geographische Lokomotionsradius ist in dem einen Fall, KN, 4- oder 5mal größer. Man kann jedoch annehmen, daß eine Person, deren Intelligenzgrad demjenigen der Durchschnittsbevölkerung ihrer Gemeinschaft entspricht, ein viel größeres Bekanntschaftsvolumen haben wird als ein Individuum mit überdurchschnittlicher oder unterdurchschnittlicher Intelligenz. RD und HR mit Intelligenzquotienten von 62 und 65 haben nach 180 Tagen einen Bekanntschaftsindex von 8 und 13. Die IQ der meisten Bekannten von RD und HR sind niedrig. Es mag sein, daß in einer Bevölkerung mit einem RD und

Tabelle 16

Analyse der Bekanntschaftsindizes von RD und KN

Bekanntschaftsvolumen	Nach 30 Tagen RD	Nach 30 Tagen KN	Nach 60 Tagen RD	Nach 60 Tagen KN	Nach 90 Tagen RD	Nach 90 Tagen KN	Nach 120 Tagen RD	Nach 120 Tagen KN	Nach 150 Tagen RD	Nach 150 Tagen KN	Nach 180 Tagen RD	Nach 180 Tagen KN
Verloren			1	3	2	10	5	6	3	11	0	12
Beibehalten			6	18	6	22	7	24	6	42	7	75
Neugewonnen	7	21	2	14	6	11	2	28	3	59	1	56
Gesamtvolumen	7	21	8	32	12	33	9	52	9	101	8	131

Volumenverteilung

Nach 30 Tagen:	RD:	C 3, C 4, C 7, C 15, C 16
	KN:	RC, Krankenhaus, C 1, C 2, C 4, C 6, C 10, C 14, C 16
Nach 60 Tagen:	RD:	C 4, C 7, C 15, C 16
	KN:	RC, Krankenhaus, C 1, C 2, C 3, C 4, C 6, C 7, C 8, C 10, C 15, C 16
Nach 90 Tagen:	RD:	C 3, C 4, C 7, C 11, C 15, C 16
	KN:	Krankenhaus, C 1, C 2, C 3, C 4, C 5, C 6, C 7, C 10, C 14, C 15, C 16
Nach 120 Tagen:	RD:	C 4, C 7, C 11, C 16
	KN:	RC, Farm, Krankenhaus, C 1, C 2, C 3, C 4, C 5, C 6, C 7, C 8, C 10, C 13, C 14, C 15, C 16
Nach 150 Tagen:	RD:	C 4, C 7, C 11, C 15, C 16
	KN:	RC, Farm, Krankenhaus, C 1, C 2, C 3, C 4, C 5, C 6, C 7, C 8, C 10, C 13, C 14, C 15, C 16

HR ähnlichen Durchschnittsgrad der Intelligenz RD und HR in derselben Zeit ein großes Bekanntschaftsvolumen erlangt haben würden und daß in einer Bevölkerung mit einem GU und IL ähnlichen Durchschnittsgrad der Intelligenz GU und IL in derselben Zeit ein größeres Bekanntschaftsvolumen erreicht haben würden. Es wird häufig beobachtet, daß manche Leute ein gutes Gedächtnis für Namen und andere ein besseres Gedächtnis für die Physiognomie der ihnen zufällig begegneten Menschen haben. Die Soziometrie erklärt den Grund, warum manche Leute mit einem schlechten Gedächtnis im allgemeinen ein besonders gutes Gedächtnis für Personen und Namen haben. Anscheinend spielt beim gegenseitigen Bekanntwerden ein sozialer Faktor mit, der ein sonst schwaches Gedächtnis anregt, Personen und Namen in sich aufzunehmen.

Die emotionale und soziale Differenzierung der Gruppe des Individuums scheint auf jeden Fall den Bekanntschaftsindex eines Gruppenmitgliedes zu beeinflussen. Die soziometrische Stellung von GU und IL innerhalb ihrer Hausgruppen zeigt, daß beide die stärksten Beziehungen zu Mädchen mit weit niedrigerem Intelligenzquotienten haben. Anderseits hat KN mit einem weit niedrigeren IQ als GU und IL eine Führerstellung inne. Vier ihrer Anhängerinnen haben einen höheren Intelligenzquotienten als sie selbst. Die besser entwickelten sozialen und emotionalen Anlagen von KN scheinen für ihr großes Bekanntschaftsvolumen und ihre Position innerhalb der Gruppe verantwortlich zu sein.

3. Das soziale Atom

Durch die Entwicklung der Atomtheorie führte Demokrit die moderne Konzeption des physischen Universums ein. Um das Atom als kleinstes Teilchen des Universums annehmen zu können, mußte er seinen Blick von den gewöhnlichen Konfigurationen der Materie abwenden und behaupten, sie sei aus unendlich kleinen, in sich selbst nicht mehr teilbaren Einheiten zusammengesetzt. Vielleicht können wir bei der Erforschung des sozialen Universums von Demokrit lernen, indem wir unsern Blick von der gewöhnlichen Konfiguration der sozialen „Materie“, wie Familie, Fabriken, Schulen, Nationen, Kulturen usw., abwenden. Einem nicht von den augenfälligen Gesellschaftsformen und Prozessen abgelenkten und irregeführten Forscher wird es dann möglich sein, die kleinste lebendige soziale Einheit, das nicht mehr weiter teilbare *soziale Atom*, zu entdecken. Die Physiker haben keine Prioritätsrechte auf das Wort Atom; denn es existierte im Griechischen lange bevor Demokrit seine Theorie aufstellte und bedeutet „etwas sehr Kleines“. Wir haben Grund anzunehmen, daß Demokrit die Idee des kleinsten Dinges vom Volksmund seiner Zeit, in dem es eine soziale Bezeichnung war, geborgt und dann ins Physikalische projiziert hat.

Wenn wir eine Gemeinschaft betrachten, ohne auf ihre wirkliche Struktur und ihren Wert einzugehen, erkennen wir zuerst zahllose auf ihrer Oberfläche schwimmende Kollektive, Familien, Arbeitsgruppen, rassische Gruppen, religiöse Gruppen usw. Wir werden uns bewußt, daß diese Gruppierungen keine willkürlichen Formationen sind, sondern um bestimmte Kriterien kreisen, wie Zusammenleben, Zusammenarbeit usw. Wir bemerken außerdem, daß die Stellung eines Individuums innerhalb solcher Kollektive oft im Gegensatz zu seinen Wünschen steht. Wenn zur Verwirklichung und Befriedigung der menschlichen Wünsche mehr als eine Person notwendig ist, entwickelt sich eine soziale Situation; soziale Beziehungen und soziale Notwendigkeiten, Geschlechtstrieb, Verlangen nach Geborgensein und der Drang nach Nahrung gehören in diese Ordnung. Mehr als eine Person ist notwendig, wenn die Absicht vorliegt, eine Heim- oder Werkeinheit zu gestalten. Aber gleich Individuum A befinden sich Individuum B, C, D, E und Millionen anderer Individuen in derselben Lage: Sie brauchen außer sich noch andere Personen, um eine Heim-, sexuelle oder Arbeitsbeziehung zu bilden. Diese

Interessen werden von Millionen in gleicher Weise geteilt, sind aber in Grad und Einzelheiten verschieden von Individuum zu Individuum. Ihr Unterschied in Grad und Einzelheiten macht die Angelegenheit außerordentlich kompliziert. Ein Mensch braucht zur Erfüllung seiner Wünsche eine ganze Anzahl anderer Personen, und andere Individuen brauchen ihn zu diesem Zweck. Das Problem wäre leicht zu lösen, wenn alle betreffenden Personen voneinander angezogen würden. Unglücklicherweise haben wir es aber keineswegs mit durchgehender Paarbildung zu tun. Ein Individuum würde gerne mit einer bestimmten Person zusammenleben; sie ihrerseits wird von jemand anderem angezogen. Ein anderes Individuum hat den Wunsch, mit einer bestimmten Person zusammenzuarbeiten, diese jedoch stößt es ab usw.

Die Menschen unterscheiden sich durch die Größe ihres Interesses und die Aufmerksamkeit, die ihnen geschenkt wird. Das Ergebnis ist ein Netzwerk sozialer Emotionen. Die Anziehungen und Abstoßungen strahlen in alle möglichen Richtungen aus; manchmal treffen sie sich; oft kreuzen sie sich oder fließen aneinander vorbei.

Es ergibt sich daraus die Frage: Wie kann man die wirkliche Stellung eines Individuums in diesem Labyrinth der psychischen Strömungen ermitteln, die seine Lebensgruppe gestalten, aber auch über sie hinausgehen? Gleich dem physikalischen Atom hat auch das soziale Atom an der Oberfläche des sozialen Lebens keine sichtbare Struktur. Es muß entdeckt werden. Der soziometrische Test dient der Ermittlung des sozialen Atoms. Außerdem wurden andere Methoden entwickelt, die eine Analyse der tieferen Schichten des sozialen Atoms ermöglichen. Ein Beispiel eines sozialen Atoms ist folgender Fall:

Individuum A wird von sechs Personen angezogen: B, C, D, E, F, G. B, C, D stoßen A ab. F ist A gegenüber gleichgültig eingestellt. G wird von A angezogen. Anderseits werden M, N, O, P und Q von A angezogen, A jedoch stößt M, N und O ab und verhält sich gleichgültig gegenüber Q. Wir haben ein Spiel der Anziehungs- und Abstoßungskräfte und der Neutralität vor uns, ohne die ihm zugrunde liegenden Ursachen und Motive zu kennen. Wir müssen uns daher mit der Beschreibung der Tatsachen begnügen. Diese sozialen Atome sind keine willkürlichen Konstruktionen, sondern wirkliche, energiereiche Netzwerke, die jeden Menschen umgeben und in zahllosen Formen, Größen, Gestalten und von verschiedener Dauer zwischen allen Menschen bestehen.

Folgende Klassifikation des sozialen Atomkomplexes von Charles M. gibt eine genaue Definition der Cliquen, denen er angehört.

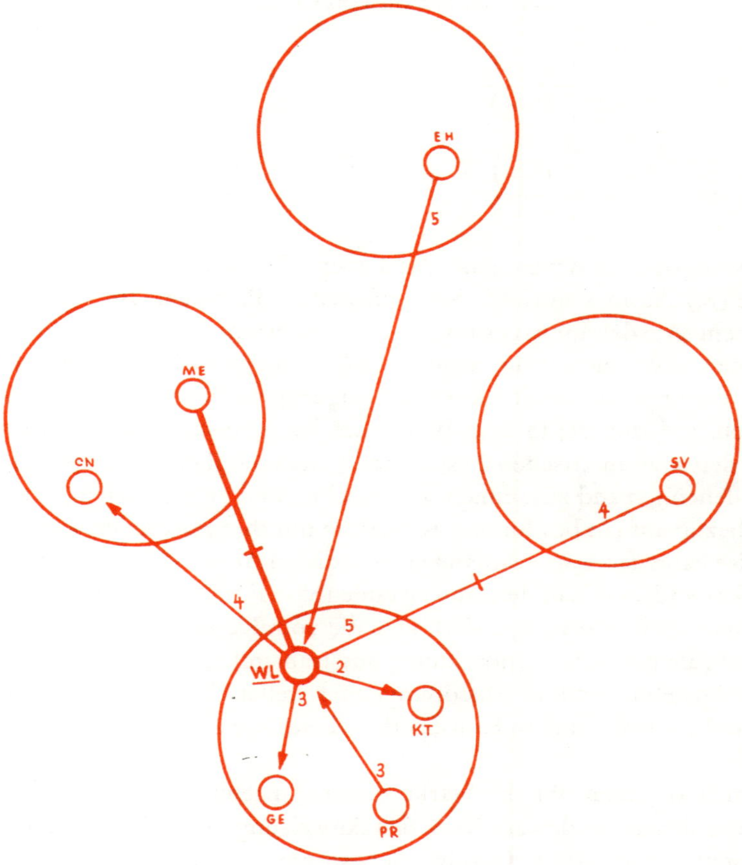

Abb. 35

Soziales Atom des Individuums WL vom Individuum aus gesehen:
Zentrifugaler Aspekt

Kriterium: Zusammenleben.

Innerhalb ihres Hauses zieht WL ein anderes Individuum an und wird selbst von zwei Individuen angezogen. Außerhalb ihres Hauses ist WL von drei Individuen angezogen, von denen zwei diese Anziehung positiv erwidern. Ihre zweite und dritte Wahl fallen auf Mitglieder ihrer eigenen Gruppe, ihre 1., 4., 5. Wahl gehen nach außen. Zwei ihrer Wahlen werden erwidert (WL–ME, WL–SV). Drei ihrer Wahlen bleiben unerwidert (KT, GE und CN). Sie selbst läßt zwei Wahlen unerwidert (PR und EH). Außer in ihrem eigenen Haus C7 hat sie Beziehungen zu Mitgliedern der Hausgruppen C6 und C16. Das Soziogramm zeigt die Darstellung des sozialen Atoms von WL in bezug auf das Kriterium Zusammenleben.

Klassifikation von Charles M.

L

3 — 0	2 — 1
0 — 3	0 — 3

W

3 — 4	8 — 0
2 — 5	7 — 1

S

3 — 0	0 — 1
1 — 2	0 — 1

K

30 — 4	6 — 0
34 — 0	6 — 0

Diese vier sozialen Atome sind das Leben- (L), Werk- (W), sexuelle (S) und kulturelle (K) Atom von C. M. Sie umfassen 65 Personen. Im kulturellen Atom erreicht sein Ausdehnungsvermögen den höchsten Grad; er kommt hier mit 40 Personen zusammen. Sein Ausdehnungsvermögen ist im sexuellen Atom am schwächsten; er wird von drei Personen angezogen. In seinem Heimatom wird er abgestoßen und isoliert; in dem Werkatom hat er disharmonische Beziehungen.

Durch den soziometrischen Test wurde es uns möglich, die Personen zu ermitteln, mit denen jemand zusammen sein möchte, und zu erforschen, wie viele Menschen in bezug auf ein bestimmtes Kriterium mit ihm zusammen sein wollen. Auf diese Weise kann der *äußere* Umfang eines sozialen Atoms ermittelt werden (Klassifikationsformel I). Gemäß den Anweisungen von Formel I konnten wir durch das Gruppeninterview und andere Methoden die vom Kernindividuum auf die andern Individuen (die peripheren Individuen) ausstrahlenden und von diesen zurückgeworfenen Anziehungen und Abstoßungen feststellen. Dadurch erhielten wir einen ersten Einblick in die innere Konstitution dieses sozialen Atoms (Klassifikationsformel II).

In Formel II gaben wir die Stärke dieser Anziehungen und Abstoßungen in fünf verschiedenen Graden an. Nach den Anweisungen von Formel III versuchten wir im Spontaneitätstest die Gefühle zu bestimmen, aus denen diese Anziehungen und Abstoßungen hervorgehen. Wir versuchten außerdem jene Gefühle zu registrieren, die für den Verlauf der Strömungen mehr oder weniger ausschlaggebend sind.

Tieferes Verständnis der soziodynamischen Organisation eines Atoms erhielten wir durch den *Bekanntschaftstest*. Das Bekanntschaftsvolumen ist an sich schon ein oberflächliches Maß für das Ausdehnungsvermögen eines Individuums und seine Fähigkeit, in einer gegebenen Gemeinschaft Bekanntschaften zu schließen und aufrechtzuerhalten. Eine genauere Beurteilung des emotionalen Ausdehnungsvermögens ermöglichte uns der *soziometrische Test*. Wir stellten zum Beispiel fest, daß die Person JN in bezug auf das Kriterium des Zusammenlebens 11, bezüglich des Kriteriums der Zusammenarbeit 8, hinsichtlich gemeinsam zu verbringender Freizeit 3 und in bezug auf das kulturelle Kriterium 5 anderen Personen verbunden ist. Ihr Bekanntschaftsvolumen umfaßte während des Tests 102 Personen.

Durch den Bekanntschaftstest konnten wir feststellen, ob ein soziales Atom rhythmisch wächst, einen großen Umfang erreicht und dann wieder auf einen Durchschnittsumfang zusammenschrumpft, ob es in Ausdehnung oder Einschrumpfung begriffen ist, ob es sich in geographischem Sinne vom Haus des Einzelnen auf das nächste Haus erstreckt und innerhalb seiner Werkgruppe und anderen Kollektiven anwächst oder ob es unabhängig von diesen wächst und sich wahllos über die ganze Gemeinschaft ausbreitet; ob es nach einigen Wochen eine gewisse Konstanz erreicht oder nach einem beträchtlichen Anstieg wieder abfällt. Schließlich läßt sich noch ermitteln, mit welchen Gruppen der Gemeinschaft der Einzelne bekannt wurde und an wen er sich z. Z. des Tests erinnern kann.

Unsere Kenntnisse über das soziale Atom wurden noch erweitert durch die Anwendung des Tests des emotionalen Ausdehnungsvermögens auf jede zum „Kernindividuum" in Beziehung stehende Person. Falls wir nur das auf ein bestimmtes Kriterium bezogene Ausdehnungsvermögen eines Einzelnen bestimmten, erhielten wir ein falsches Bild von der Gesamtheit seiner Interessen. Jemand kann in bezug auf ein Kriterium ein geringes Ausdehnungsvermögen besitzen, dies aber durch eine große emotionale Ausdehnung bezüglich anderer Kriterien ausgleichen. *Wenn die emotionale Ausdehnung der Personen seines Atoms groß ist, kann man schließen, daß das Kernindividuum mit Personen in Verbindung steht, die Beziehungen zu vielen anderen Personen haben, während bei niedrigem Ausdehnungsvermögen diese in stärkerer Abhängigkeit zum Kernindividuum stehen.*

Das soziale Atom kann einerseits vom Gesichtspunkt des Einzelnen aus im Verhältnis zur Gemeinschaft und anderseits vom Gesichtspunkt der Gemeinschaft aus im Verhältnis zum Einzelnen betrachtet werden. Im ersten Fall kann man beobachten, wie die Gefühle vom individuell-zentrierten Atom in vielen Richtungen gegen andere Personen ausstrahlen, deren sympathische, antipathische und indifferente Erwiderungen dem Kernindividuum bekannt sind oder deren Zugehörigkeit zu seinem Atom es sich nicht bewußt ist. Dies ist der psychologische Aspekt des sozialen Atoms. Im zweiten Fall kann man das Atom vom Gesichtspunkt der Gemeinschaft aus betrachten, und tatsächlich ist das soziale Atom auch auf diese Weise entdeckt worden. Bewegt man sich von der Gemeinschaft aus auf das Atom zu, so tritt man den gleichen um ein bestimmtes Kernindividuum gescharten Personen gegenüber. Man gewahrt jetzt aber auch die Verbindung dieser Personen und ihre Gefühlsausstrahlungen auf andere, die nicht unmittelbar der betreffenden sozioatomaren Konfiguration angehören. Man steht hier einem Phänomen gegenüber, das bei der Beschreibung des individuell zentrierten Atoms leicht unberücksichtigt bleibt. Man sieht, wie die dem Kernindividuum A verbundenen Personen mit Teilen ihres eigenen Atoms nicht nur dem Kreis um A angehören, sondern gegenseitig in ihre verschiedenen Kreise eingreifen. Das zentrale soziale Atom erscheint umgeben von planetar-sozialen Konfigurationen,

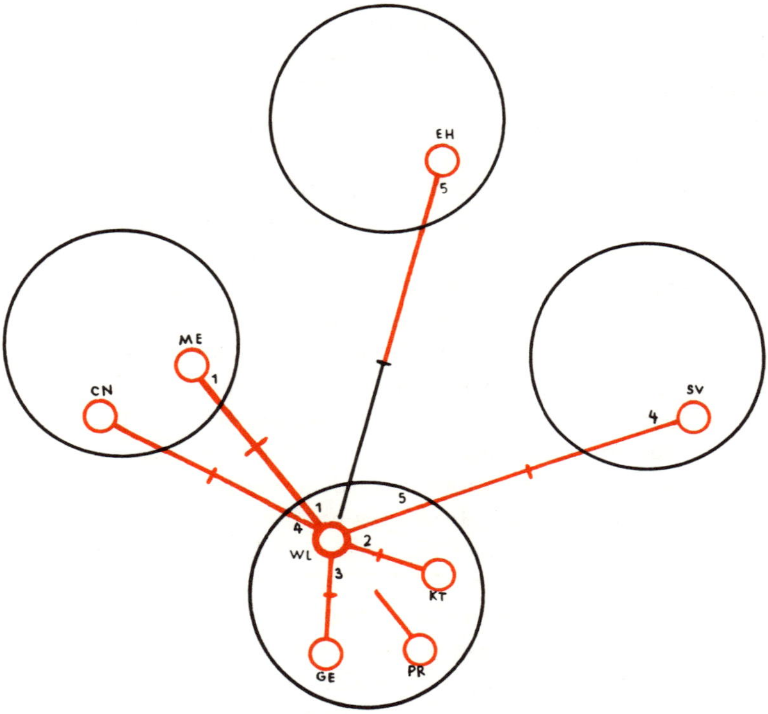

Abb. 36

Organisation eines sozialen Atoms

Das soziale Atom des Individuums WL.
Vom Individuum aus gesehen. (Zentrifugaler Aspekt.)
Kriterium: Zusammenleben.

Auf diesem Soziogramm wurde das Ergebnis einer eingehenderen Untersuchung des soz. Atoms von WL in bezug auf das Kriterium des Zusammenlebens dargestellt. Die Antworten auf die zunächst unerwidert gebliebenen Wahlen wurden ermittelt. KT, GE, CN erwidern WLs Wahl mit Anziehung. WL stößt EH und PR ab.

Dieses Soziogramm gibt die „individuell-orientierte" psychosoziale Version des sozialen Atoms wieder.

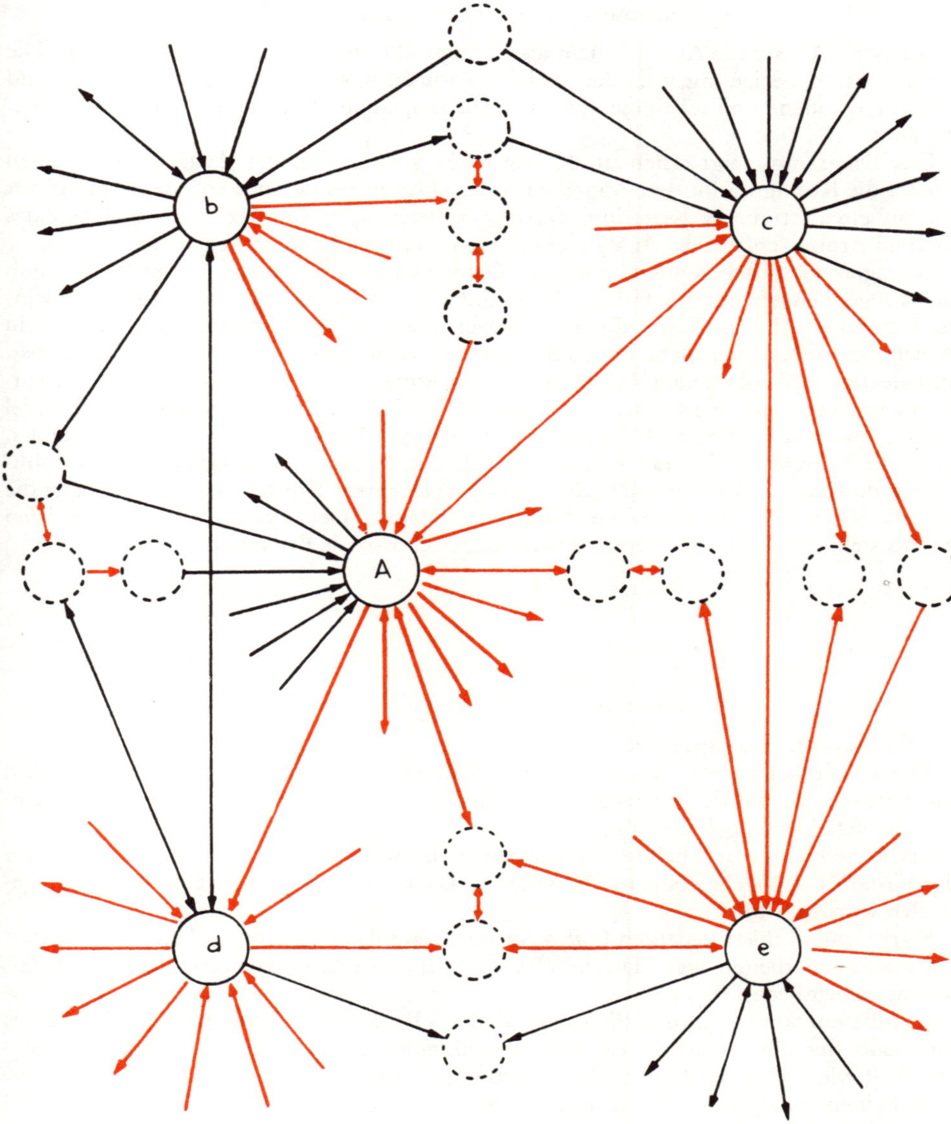

Abb. 37

Konfiguration eines sozialen Atoms
vom Gesichtspunkt der Gemeinschaft aus (Zentripetal)

Text zu Abb. 37

Konfiguration eines sozialen Atoms vom Gesichtspunkt der Gemeinschaft aus (Zentripetal)

Analyse: Das soziale Atom A zieht als Mittelpunkt die Aufmerksamkeit auf sich. Die unmittelbaren Beziehungen zu den sozialen Atomen b, c, d und e sind angedeutet und zeigen teils offene und teils geschlossene Beziehungen an. Ketten sind gleichfalls eingezeichnet.

Das Diagramm zeigt schematisch, wie wichtig es ist, bei der Analyse des sozialen Atoms die Konfiguration vor Augen zu haben. Das zu studierende soziale Atom ist nur ein auf ein bestimmtes Kriterium bezogener Beziehungskomplex. Die Analyse eines sozialen Atoms schließt die Analyse des ganzen umgebenden Netzwerkes ein.

Bewegen wir uns von allen Seiten der Gemeinschaft auf ein bestimmtes Individuum zu, so begegnen wir, bevor wir dieses Individuum erreichen, einer ganzen Anzahl handelnder Individuen, die das Kernindividuum einschließen und in bestimmter Weise zu ihm in Beziehung stehen, die nicht unbedingt zueinander in Beziehung zu stehen brauchen und die nicht unbedingt eine Verbindung zu entfernteren Gemeinschaftsteilen herstellen. Man kann auch vom Kernindividuum aus auf die Gemeinschaft zugehen (vgl. Beispiel eines sozialen Atoms Seite 161) und auf zentrifugale Weise die im Umkreis lebenden Individuen erreichen. Da braucht man die Beziehungen zwischen den Individuen des Umkreises und nach außen nicht zu berücksichtigen. Der erste Typ des sozialen Atoms ist die auf die Gemeinschaft bezogene kollektive Form. Der zweite Typ des sozialen Atoms stellt die auf das Individuum bezogene pychosoziale Form dar.

Text zu Abb. 38

Soziogramm, auf zahlreiche Kriterien bezogen

Schlüssel zum Soziogramm:

Die kräftig schwarzen Linien bedeuten *Bekanntschaften*, die angegeben worden sind als Antwort auf die Frage: Schreibt die Namen aller Personen auf, die Ihr an Euerm Arbeitsplatz kennengelernt habt.

Starke, schwarzgestrichelte Linien bedeuten *Wahlen* (Anziehungen), die in bezug auf das Kriterium „Welche Leute möchtest Du als Gäste in Deinem Haus beherbergen?" getroffen worden sind.

Starke rote Linien bedeuten *Wahlen* in bezug auf das Kriterium „Mit wem möchtest Du zusammenarbeiten, wenn Du aufgefordert wirst, eine Arbeit zu verrichten, die der Zusammenarbeit bedarf?"

Auf diesem Soziogramm wird gezeigt, daß das Bekanntschaftsvolumen die Matrix ist, innerhalb der die Anziehungen und Abstoßungen zwischen den Individuen entstehen. Außerdem wird hier die kumulative Wirkung von drei verschiedenen Kriterien gezeigt.

Auf einem einzigen Kriterium aufgebaute Soziogramme geben nur ein einseitiges Bild der Stellung eines Individuums innerhalb einer sozialen Gruppe. Die soziometrische Stellung eines Individuums kann sich mit jedem Kriterium ändern. Ein als isoliertes Individuum oder als Star eingestuftes Individuum kann in bezug auf ein anderes Kriterium zur selben Zeit oder in bezug auf dasselbe Kriterium zu einem späteren Zeitpunkt anders klassifiziert werden.

deren jede eine von zahlreichen planetar-sozialen Konfigurationen umgebene Zentralsonne darstellt und deren Beziehungen ad infinitum ineinandergreifen. Anstatt unsere Aufmerksamkeit ausschließlich dem von vielen Personen umkreisten Kernindividuum zuzuwenden, können wir jetzt das Ineinandergreifen zahlreicher sozialer Atome von verschiedener Größe und Konfiguration beobachten. Dies veranschaulicht, wie selbst kleinste soziale Einheiten der menschlichen Gesellschaft in immer komplexere soziale Strukturen übergehen.

Die Klassifikation des sozialen Atoms illustriert auf anschauliche Weise das „Doppelspiel" unseres Daseins, das zugleich Schein und Wirklichkeit ist. Sie zeigt, daß wir häufig nicht mit den von uns gewünschten Personen zusammenleben, daß wir mit Menschen zusammenarbeiten, die wir nicht gewählt haben, daß wir intime Beziehungen zu Personen pflegen, die wir nicht lieben, daß wir andere Personen, die wir dringend brauchten, abstoßen und isolieren und daß wir unser Leben für Personen und Prinzipien wegwerfen, die es nicht wert sind. Der Begriff Atom gibt uns die Möglichkeit, den ungeheuren Komplex der Formen im sozialen Universum auf einen gemeinsamen Nenner zu bringen. Es ist, als ob ein Regisseur eine Reihe buntester und äußerst anziehender Bilder, Szenen und Heldengestalten geschaffen habe, um unsere Aufmerksamkeit von den ihnen zugrunde liegenden Tatsachen abzulenken. In analoger Weise haben wir auf der Bühne des sozialen Universums tausendfach verschiedenartige Kollektive vor Augen, Familien, Schulen, Fabriken, Kirchen und Nationen, und wir selbst sind die Rollenspieler auf dieser Bühne. Wir fahren unbestimmt und unaufhörlich fort, immer neue Kollektive zu bilden, sobald andere dahingeschwunden sind. Weil wir aber selbst in dieses soziale Netzwerk verstrickt sind, war es wohl schwierig, die ihm unterliegende Welt der Tatsachen zu erschließen und das menschliche Universum in all seinen Formen als Geflecht, Summe und dynamische Multiplikation sozialer Atome zu betrachten.

4. Das Tele

Einfühlung ist gemäß der Definition von Lipps[1] ein Eindringen in die private emotionale Welt eines Individuums oder in die ästhetische Struktur eines Objektes und ist als solches ein psychisches Phänomen, das die Bedürfnisse des Psychologen befriedigt. Sie erklärt jedoch nicht das zwei- und vielseitige Einfühlen in die private Welt verschiedener Individuen und die daraus entstehenden sozioemotionalen Strukturen. Für Soziologen und Soziometristen ist aber gerade dieser Prozeß von größter Wichtigkeit. Hierzu parallel entwickelte Freud[2] den Begriff der

Fortsetzung des Textes auf Seite 174

[1] Theodor Lipps, „Das Wissen von fremden Ichen", Psychologische Untersuchungen I., p. 694, 1907.
[2] Sigmund Freud, „Vorlesungen zur Einführung in die Psychoanalyse", Wien 1926.

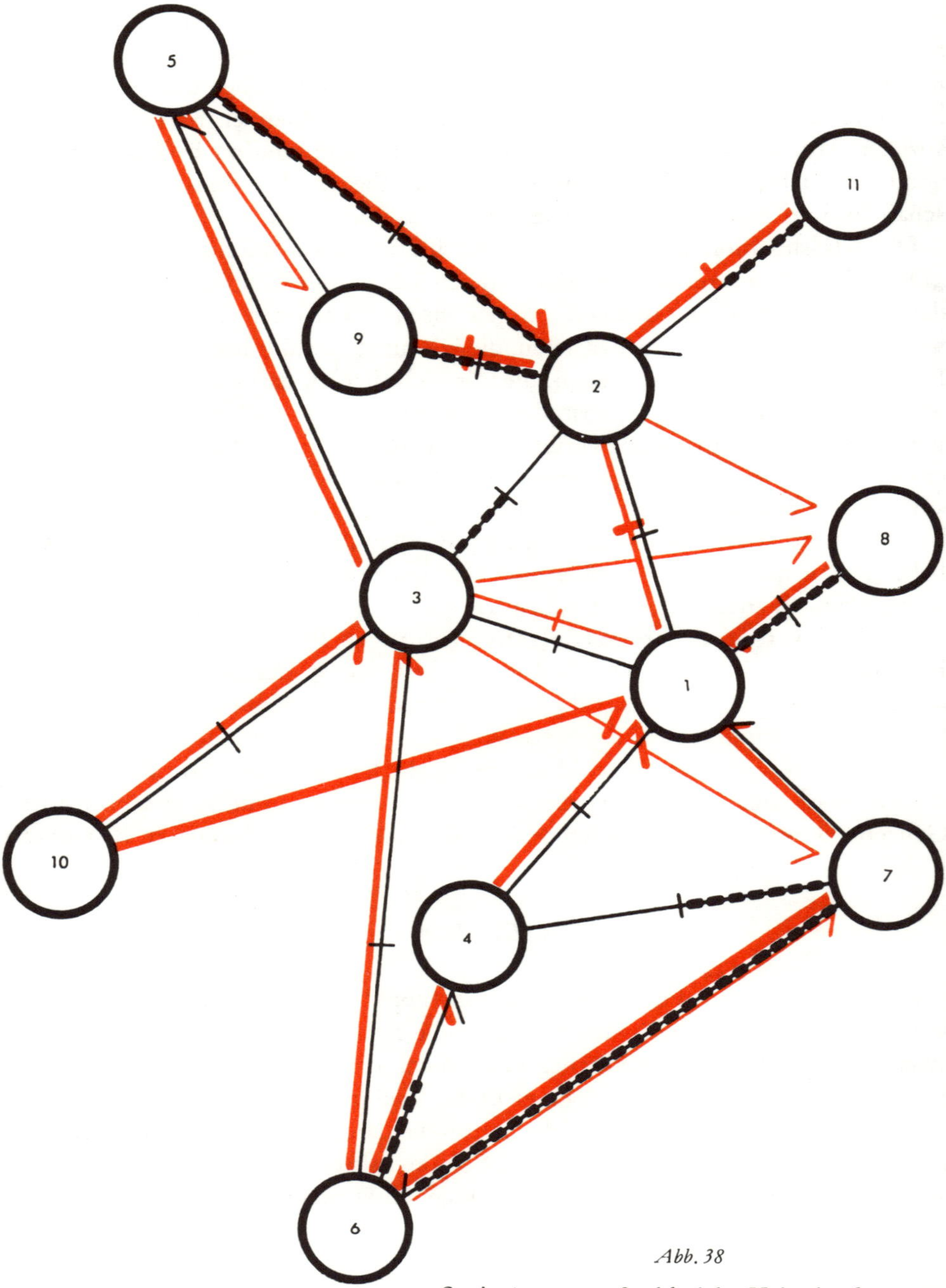

Abb. 38

Soziogramm, auf zahlreiche Kriterien bezogen

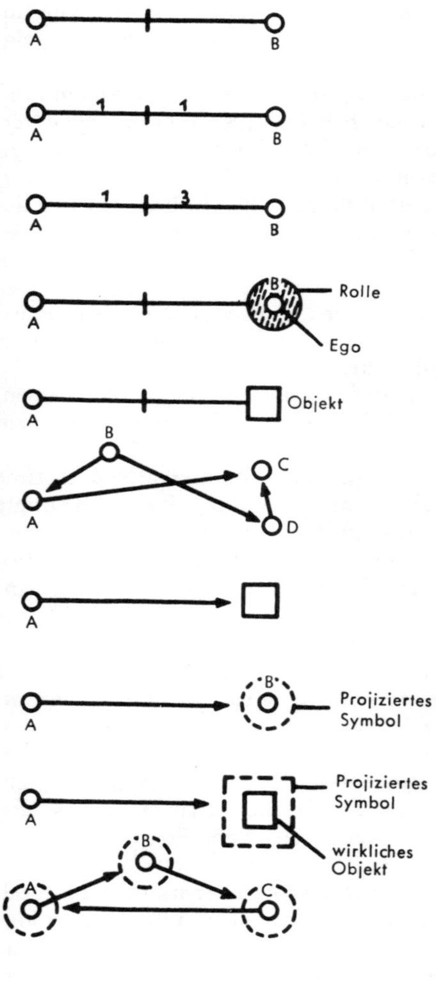

Einfaches Tele

Einfaches Tele (kongruent)

Einfaches Tele (inkongruent)

Symbolisches Tele

Objekt – Tele

Infratele zu Personen
(Unerwiderte, aber realistische Anziehungen zu einem wirklichen Ich oder einer wirklichen Rolle)

Infratele zu einem Objekt

Übertragung auf Personen

Übertragung auf Objekte

Übertragungsbeziehungen zwischen drei Personen einer Gruppe von Geisteskranken.

Abb. 39

Telestrukturen / Telediagramm I

Text siehe Seite 170

Text zu Abb. 39

Telestrukturen / Telediagramm I

Im Teleprozeß kommen viele verschiedene Telearten zum Ausdruck. Einige sind in obigem Diagramm dargestellt worden. Die Anziehung von A zu B wird in bezug auf die gleiche Lebenslage durch eine Anziehung von B zu A beantwortet. Dies ist ein einfaches Tele.

Entspricht das Tele demselben Grad der Anziehung, so handelt es sich um ein kongruentes Tele. A gibt B die erste Wahl, B gibt A die erste Wahl. Kommt hingegen verschieden starke Anziehung im Tele zum Ausdruck, so wird das einfache Tele inkongruent genannt. A braucht außerdem nicht unbedingt von Bs wirklichem Ich angezogen zu werden, sondern von seinem anderen Ich, einer von ihm dargestellten Rolle, der Rolle des Arztes, Pfarrers oder Richters etc. B seinerseits kann ebenfalls nur von As Rolle angezogen werden, der Rolle des Wissenschafters. Eine solche Telebeziehung wird symbolisches Tele genannt.

A wird von einem für ihn nützlichen Objekt angezogen, z. B. von einem Nahrungsmittel, nach dem er spontan greift und das seinerseits As Bedürfnisse befriedigt und seine Gesundheit erhält. Diese Telebeziehung ist ein Objekttele.

In diesen drei Fällen sind die Beziehungen beiderseits positiv, ungeachtet dessen, ob sie zwischen zwei wirklichen Ichheiten, zwei Rollen oder einer Person und einem Objekt bestehen.

Es gibt aber auch Anziehungen, die nur für das eine Individuum positiv sind. Eine solche Anziehung ist unerwidert. A wählt B, B wählt nicht A. A wählt in B eine bestimmte Rolle. B wählt A weder als Ich noch als Rolle. Ein solches Tele wird Infratele zwischen Individuen genannt. Es gibt aber auch Infratelebeziehungen zu Objekten. Der Teleprozeß beruht auf der Einfühlung des Handelnden in seine Rolle oder seine Partner. Einfühlung ist ein einseitiges Tele.

Der Teleprozeß kann auch psychopathische Züge aufweisen. So kann ein Individuum in B eine Rolle sehen, die von B in Wirklichkeit gar nicht dargestellt wird. A ist durch ein projiziertes Tele getäuscht worden. Dieser Vorgang wird Transferenz genannt.

Ein Individuum A kann von einem Objekt, z. B. einem Nahrungsmittel, als Symbol und nicht von seiner eigentlichen Beschaffenheit oder Wirkung auf den Körper angezogen werden. Eine gewisse mystische, absolut subjektive Bedeutung mag ihm beigemessen werden, die der Wirklichkeit keineswegs zu entsprechen braucht. Eine solche Anziehung ist pathologisch und kann für das Individuum schädliche Folgen haben; sie wird Objekttransferenz genannt.

Das quantitative Studium des Transferenzeffektes auf die soziale Struktur wird durch den Vergleich zwischen Gruppen von Geisteskranken und normalen Individuen ermöglicht. Studien an Gruppen von Geisteskranken ergaben, daß ihr Soziogramm nicht nur Transferenz- oder reine Telebeziehungen enthält, sondern eine Mischung beider darstellt. Die Struktur einer Geisteskrankengruppe befindet sich meist unter der Tele- und über der Wahrscheinlichkeitsebene. Sofern sie sich über der Wahrscheinlichkeitsebene befindet, können Schlüsse hinsichtlich des Grades der Mischung von Übertragungs-, Täuschungs- und wirklichen Teleprozessen gezogen werden.

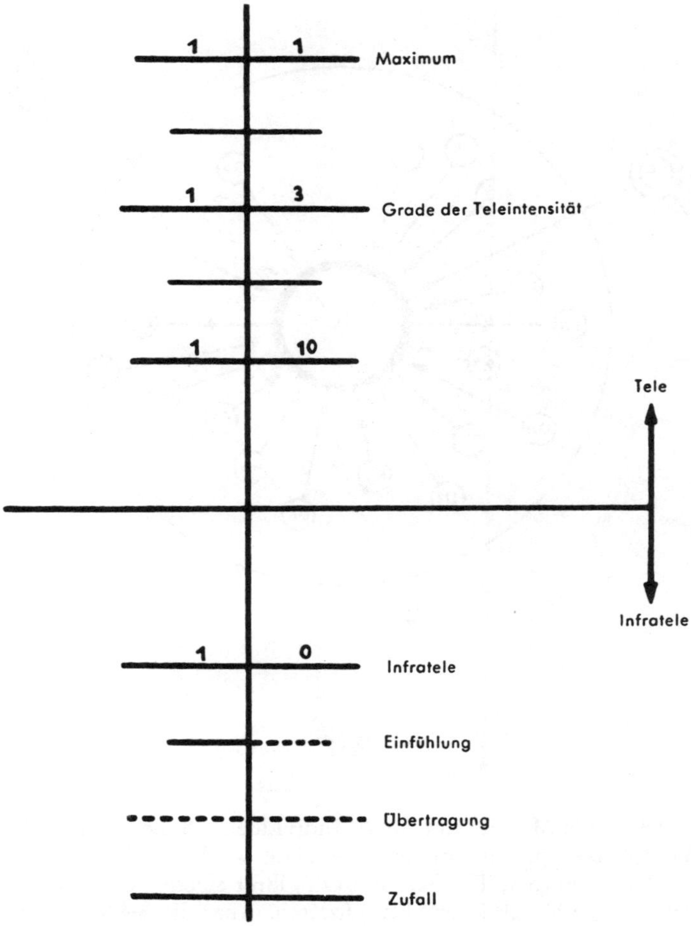

Abb. 40

Telestrukturen
Telediagramm II

Vertikale Ausbreitung des Teles innerhalb der sozialen Struktur
Dieses Diagramm zeigt alle Stufen zwischen maximalem Tele und reinem Zufall. Zwischen Tele und Zufall befindet sich ein Bereich unvollständiger Wahrnehmungen und pathologischer zwischenmenschlicher Beziehungen.

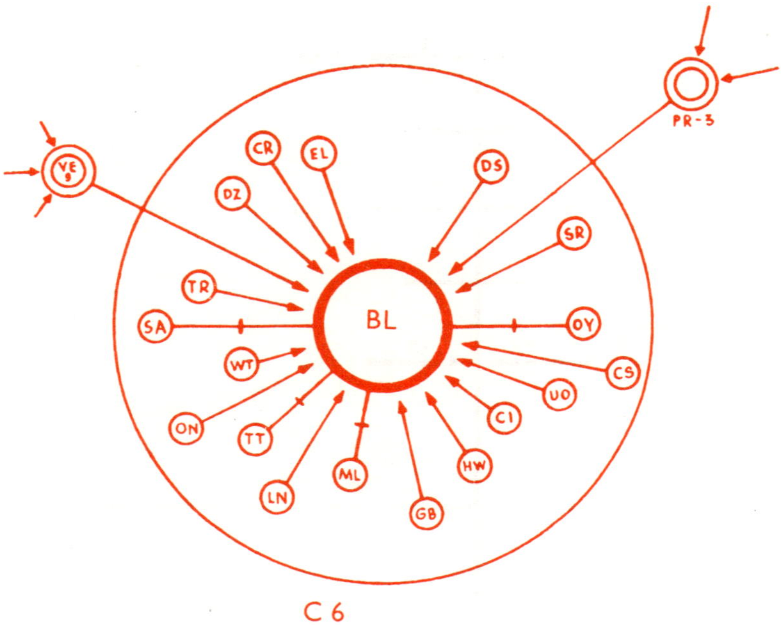

Abb. 41

Ein populärer Führer

BL ist der anziehende Mittelpunkt für 20 Individuen. 18 dieser Individuen leben mit ihr in derselben Hausgruppe zusammen. Das Haus wird von 25 Individuen bewohnt. BL wird von 4 Mädchen (SA, TT, ML und OY) ihrer eigenen Gruppe angezogen. Wir können sie demzufolge als „Führer" klassifizieren. Aber die beiden Individuen außerhalb der Gruppe, die von ihr angezogen werden, sind zwei isolierte und abgestoßene Individuen, VE von Haus C 9 und PR von Haus C 3. (C 11 und C 5, vgl. die Haussoziogramme und das große Soziogramm der ganzen Gemeinschaft.) Innerhalb dieser Gruppe werden Individuen von ihr angezogen, die von den Hauptströmungen der Gemeinschaft fast ganz abgeschnitten sind. Obgleich BL quantitativ großen Einfluß hat, beschränkt sich dieser Einfluß auf den Bereich ihres eigenen Hauses C 6. (Im Buche sonst C 8.)

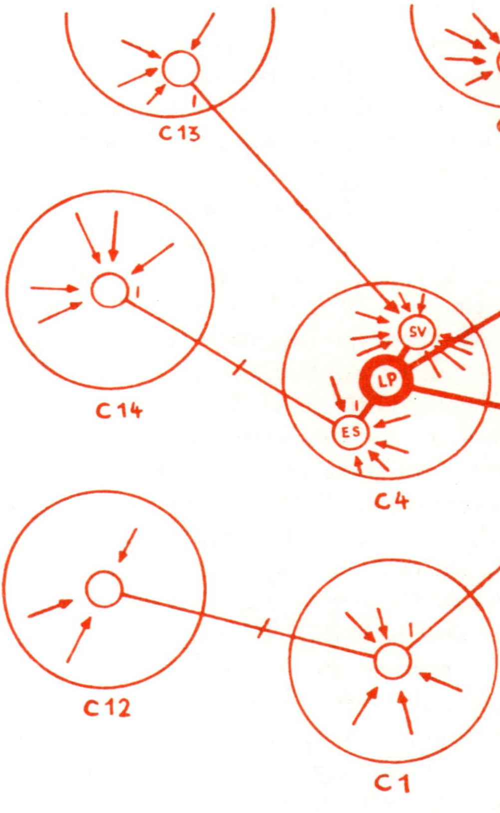

Abb. 42

Ein einflußreicher Führer

LP von Haus 4 (vgl. C 6 auf den Haussoziogrammen und dem großen Soziogramm der Gesamtgemeinschaft) ist der anziehende Mittelpunkt für 4 Individuen, SV und ES aus ihrer eigenen Gruppe, MM von Haus CA (C 1 auf den einzelnen Soziogrammen und dem großen Soziogramm) und KM in Haus C 5 (C 7 auf den anderen Soziogrammen). Auf sie fällt die erste Wahl dieser Individuen, wie dies durch die kleine Zahl 1 neben dem Strich angedeutet wird. Sie macht von vier ihrer Wahlmöglichkeiten Gebrauch und wird ihrerseits von SV, ES, MM und KM angezogen. Mit jedem dieser Individuen bildet sie ein Paar. Quantitativ könnte sie als ein Individuum mit durchschnittlichem Einfluß klassifiziert werden; aber durch SV, ES, MM und KM beeinflußt sie indirekt fast 100 Individuen, von denen 58 auf dem Soziogramm eingetragen worden sind. Innerhalb der Gemeinschaft hat sie tatsächlich eine machtvolle Stellung inne.

Übertragung, der die unbewußte Projektion eingebildeter Erlebnisse auf die Person des Arztes bedeutet. Sucht die Einfühlung in etwas Reales einzudringen, so richtet sich die Übertragung auf etwas Unreales und versucht die theoretischen Bedürfnisse des Psychiaters zu befriedigen. Trotz ihres psychopathologischen Charakters ist die Übertragung ein individuelles psychodynamisches Phänomen.

Als ich die theoretischen Grundlagen für meine soziometrischen und psychodramatischen Entdeckungen suchte, fand ich die oben geschilderten Verhältnisse vor. Weder Übertragung noch Einfühlung gaben eine befriedigende Erklärung für die Prozesse innerhalb einer sozialen Konfiguration oder das Doppelerlebnis in einer psychodramatischen Lage. Erstens stellen beide Interaktionsstrukturen dar; zweitens müssen sie von einer höheren Ebene aus als ein soziales Ganzes betrachtet werden und nicht als eine persönliche Erfahrung. Es handelt sich um ein soziologisches Phänomen. Meiner Hypothese nach müssen Einfühlung und Übertragung Teile eines umfassenderen Prinzips, des „*Tele*", sein. Dieser Telebegriff befriedigt die methodischen Bedürfnisse des Psychologen, Psychiaters *und* Soziologen. Ich definierte ihn als einen objektiven sozialen Prozeß mit Übertragung als pathologischer und Einfühlung als psychologischer Abzweigung. Einfühlung ist zwar positiv, bringt in ihrer Bedeutung aber nicht die *Gegenseitigkeit* des Prozesses zum Ausdruck. Übertragung ist negativ und verantwortlich für die Auflösung und den Zerfall sozialer Beziehungen. *Tele dagegen ist verantwortlich für zunehmende Interaktion zwischen den Gruppenmitgliedern und eine häufigere, die Wahrscheinlichkeit übertreffende Gegenseitigkeit der Wahlen.* Besteht der Psychologe darauf, daß der für alle Formen zwischenmenschlicher Empfindlichkeit verantwortliche Faktor die Einfühlung oder ein einfühlender Prozeß sei, und verwässern Psychoanalytiker den Begriff der Übertragung, so wird die Bedeutung dieser Begriffe ins Unkenntliche verzerrt; sie verlieren ihren ursprünglichen, allgemein anerkannten Sinn. Eine gute wissenschaftliche Bezeichnung hat ihr eigenes Profil. Durch das Spielen mit Worten würden wir zwei gute Begriffe verlieren und einen dritten verderben. Deshalb schlug ich eine Lösung vor, die beide Begriffe erhält und sie in logischer Weise auf einen höheren Begriff, die Telehypothese, bezieht.

Von Thales von Milet wird berichtet, er habe Kenntnisse über die Anziehungskraft des Eisens gehabt. Er schrieb ihm eine Seele zu. Sobald die physikalische Grundlage dieses Phänomens erkannt worden war, wurde seine Auslegung nicht mehr ernst genommen. Mehr als 2000 Jahre später glaubte Mesmer eine Anziehungskraft zu erkennen, die diesmal von tierischen Körpern ausgehen sollte. Er behauptete, daß bei der Hypnose ein magnetisches Fluidum vom Hypnotiseur auf das Subjekt übergehe, daß dieses Fluidum in tierischen Körpern aufgespeichert sei und mittels dieses Mediums ein Individuum auf das andere einwirken könne. Braid behauptete später, daß dieses zwischen den Personen hin und her strömende Fluidum nicht bewiesen werden könne und daß die Phänomene, welche die

Hypnose bewirkten, subjektiven Ursprungs seien. Von dieser Annahme ausgehend, entwickelten Charcot, Freud und andere die subjektive Psychologie von heute.

Vielleicht kann die Kontroverse zwischen Mesmer, Braid und Freud geschlichtet werden, wenn wir unsere Aufmerksamkeit von der Beziehung zwischen Operateur und Subjekt in der Hypnose und der Arzt-Patient-Beziehung im Suggestionsprozeß abwenden und auf den Interaktionsprozeß zwischen den Individuen richten. Dieser läßt einen subjektiven Ursprung der Interaktionen als sehr zweifelhaft erscheinen. Im Verlaufe der Stegreifübungen konnten wir beobachten, daß viele Personen eine gewisse „Empfänglichkeit" füreinander haben; sie scheinen wie durch eine gemeinsame Seele verbunden zu sein. Durch diese Wahlverwandtschaft entwickeln sie sofort eine Stegreiflage, in der es ihnen leicht fällt, sich füreinander zu erwärmen. Oft ist nicht das sprachliche Symbol für diese Anziehung verantwortlich, sondern Aktionstendenzen, die schon vor der Sprachbildung existiert haben müssen. Da die Ursachen dieser Affinität durch die Analyse eines einzelnen Individuums nicht zu ermitteln waren, konnten wir nicht umhin, zwei Hypothesen in Betracht zu ziehen: einerseits die Hypothese der soziogenetischen Kausalität einer kollektiven Verflechtung, die wir in einem früheren Kapitel bereits diskutiert haben, anderseits die Möglichkeit einer sozialen Physiologie. Wir nahmen an, daß innere und äußere Spannungen zwischen den Individuen durch korrespondierende Organe in anderen Individuen ausgeglichen werden könnten. Auf einer gewissen Entwicklungsstufe emanzipierte sich der Mensch nicht nur als Art, sondern auch als Gesellschaft vom Tier. Und innerhalb dieser Gesellschaft entwickeln sich seine sozialen Organe. Der Grad der Anziehungen und Abstoßungen, die jede Person auf andere Individuen ausübt, läßt einen Standpunkt vertreten, von dem aus eine Erklärung für die Entwicklung der sozialen Organe gegeben werden kann. Die funktionelle Beziehung zwischen den beiden Geschlechtern ist ein Beispiel; ein anderes ist die Sprache. Die sexuelle Organisation des Menschen ist funktional auf zwei verschiedene Individuen verteilt. Es besteht eine Korrespondenz physiologischer Spannungen, denen emotionale und soziale Prozesse parallel laufen. Die Anziehungen und Abstoßungen zwischen den Individuen können daher als übriggebliebene Reflexionen, als Distanz- oder Teleeffekt eines sozio-physiologischen und kulturgenetischen Prozesses aufgefaßt werden. Ohne die Annahme einer sozio-physiologischen Basis kann auch das Entstehen der Sprache nicht völlig verstanden werden. Genau wie im Fall der Sexualität korrespondierende innere und äußere Organe bestehen, sind die Sprachzentren im Gehirn eines Menschen auf die äußeren Gehörorgane und die Gehörzentren im Gehirn eines anderen Menschen bezogen. Die Sprache eines Menschen formte das Gehör und Sprachverstehen eines anderen Menschen und wurde vice versa ein anderer wichtiger Faktor der Anregung für

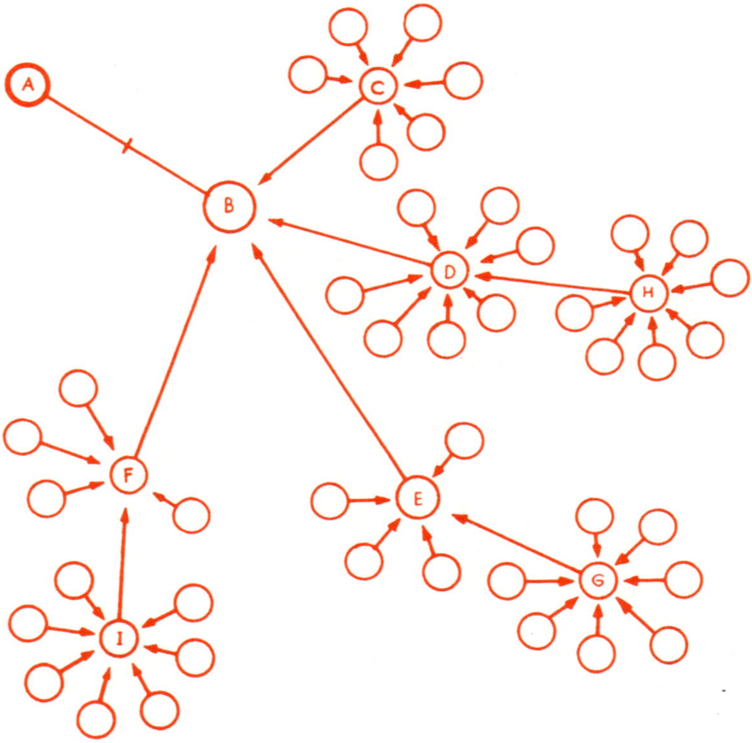

Abb. 43

Stellung eines isolierten soziometrischen Führers

Eine einzige Telebeziehung, die durch indirekte Beziehungen ein großes Einflußnetzwerk bewirkt, wird „Aristotele" genannt.

Auf Individuum A fällt die erste und einzige Wahl von Individuum B, und auf B fällt die erste und einzige Wahl von Individuum A. (A und B machen beide nur von einer der fünf Wahlen Gebrauch.) Abgesehen von der einen Telebeziehung zu B ist A innerhalb der Gemeinschaft isoliert. Auf B dagegen fällt die erste Wahl von C, D, E und F, die ihrerseits Mittelpunkte von 6, 8, 5 und 5 von anderen Individuen ausgehenden Anziehungen sind. Unter diesen letztgenannten 24 Personen befinden sich drei Individuen G, H und I, die jeweils Mittelpunkt von sieben Anziehungen sind. Durch die eine Telebeziehung von B zu A wird A gleich einem unsichtbaren Herrscher mit einer psychischen Hauptströmung verbunden, die es ihm ermöglicht, 50 ihm potentiell zugeneigte Individuen zu erreichen. Dieses Beispiel zeigt, wie durch strukturelle Analyse die soziometrische Stellung (Status) eines Individuums gründlicher ermittelt werden kann als durch eine quantitative Analyse (Abzählen der Wahlen und Abstoßungen).

die Entwicklung der menschlichen Gesellschaftlichkeit. Die Annahme, daß vor der Entstehung der kulturellen, sozialen und psychischen Interaktionen ein, zwei oder mehrere aufeinander abgestimmte Organe bestanden haben müssen und selbst heute noch bestehen, scheint uns eine wertvolle Arbeitshypothese zu sein. Das Prinzip der Bisexualität ist nur ein kleiner Teil eines weiteren Prinzips der Bisozialität. Man kann daher annehmen, daß die Anziehungen und Abstoßungen trotz der Verschiedenheit ihrer Derivate, wie Angst, Ärger, Sympathie oder komplizierter kollektiver Faktoren, wie Wertsystem und ökonomische Lebensformen, ebenfalls sozio-physiologisch verankert sind. Eine Anziehung oder Abstoßung, die Individuen trennt oder verbindet, kann daher als Resultante eines Kräfteparallelogramms aufgefaßt werden, dessen Komponenten physischen, kollektiven oder psychologischen Charakter haben. Die Erforschung dieser Kräftekomposition ist ein wichtiges Objekt der soziometrischen Forschung.

Die zahllosen Variationen der Anziehung und Abstoßung von Individuen verlangen einen gemeinsamen Nenner. Ein Gefühlsstrom geht von einer Person zur anderen und durch diese Vermittlung von einer Gruppe zur anderen. Er muß oft Hindernisse überwinden und über große Raumdistanzen und Zeitspannen hinwegprojiziert werden. Da wir Worte, wie Teleperceptor, Telencephalon und Telegraph benützen, um einer Fernwirkung unserer Aktion Ausdruck zu geben, schien es uns angebracht, die einfachste Einheit eines von einem Individuum auf ein anderes Individuum übertragenen Gefühls mit „Tele" zu bezeichnen.

Der Begriff Tele wurde nicht aus Bequemlichkeit von uns eingeführt, sondern von unseren sozioanalytischen Forschungsergebnissen gefordert. Unser Forschungsgebiet ist neu und wurde bis jetzt von keiner soziologischen oder psychologischen Schule systematisch studiert. Die Soziologie begnügt sich mit der Untersuchung der Gebilde. Die Massenpsychologie gibt eine Beschreibung der Massenreaktionen auf Kosten der Individualität. Die individuelle Psychopathologie versucht durch das Studium des Einzelnen zu einer Erklärung der Massenprozesse zu kommen. Sie befaßt sich mit neurotischen oder hysterischen Individuen und versucht aus diesem Studium Schlüsse auf den Charakter von Gruppen oder ganzen Nationen zu ziehen. Solche Schlüsse sind unwissenschaftlich wie auch gefährlich.

Es ist daher von größter Wichtigkeit, eine große Anzahl, beispielsweise 500 Individuen so zu analysieren, daß dem Einfluß eines jeden Individuums und den aus den Interaktionen resultierenden Massenkonfigurationen Rechnung getragen wird. Es wird dann offenkundig, daß die Untersuchungsobjekte des Soziologen die sozialen Oberflächenerscheinungen unberücksichtigter struktureller Tiefenschichten im Bevölkerungsaufbau sind. Selbstverständlich muß ein enger Zusammenhang zwischen den Oberflächenerscheinungen und Tiefenstrukturen bestehen. Die Ergebnisse der Massenpsychologie geben infolge der Vernachlässigung der interindividuellen Kräfte bei Massenuntersuchungen ein falsches Bild der Tatsachen. Es wird vom Gesichtspunkt des Zuschauers aus produziert und nicht von dem des Teilnehmers und Rollenspielers. Die Verflachung und übermäßige Vereinfachung der Massenforschung ermöglichte eine Übertragung individueller Syndrome, wie Hysterie, Paranoia usw., von Individuen auf Massen.

Die Untersuchung der Organisation einer Masse, der Stellung eines Individuums, der Verflechtung von Individuen und der psychosozialen Strömungen, die sie durchfließen, und die Erforschung der Kräfte der Anziehung und Abstoßung, die sie auf andere Gruppen ausübt, zwangen uns, neue Begriffe zu bilden und auch eine besondere, den neuen Forschungsresultaten besser angepaßte Terminologie einzuführen.

Vor der Einführung der Soziometrie litten die führenden soziologischen Schulen an einer Überbewertung der Kollektive, oder zumindest wurde kein ernsthafter Versuch gemacht, ihre Struktur auf experimentelle Weise zu untersuchen. Das Ergebnis war daher ein Erstarren der soziologischen Forschung in endlosen Diskussionen und Streitigkeiten um Definitionen und Konzeptionen theoretischer Systeme. Alle psychologischen Schulen schienen hingegen anzunehmen, daß die wesentlichen Elemente der sozialen Existenz an den individuellen Organismus gebunden und nur im Zusammenhang mit dem Individuum zu erkennen seien. Selbst die sozialen Impulse schienen von dieser Regel keine Ausnahme zu machen, obgleich der Umgebung ein großer Einfluß auf ihre Bildung zugeschrieben wurde. Ihre im Lauf der Entwicklung entstandene Form blieb an den individuellen Organismus gebunden; kein wirklich einflußreicher Faktor schien außerhalb des individuellen Organismus zu existieren. Außerhalb des Organismus existiert aber eine besondere Sphäre, die Sphäre *zwischen* den Organismen. Man erkannte, daß charakteristische Gebilde der menschlichen Beziehungen zwischen den Individuen existieren, daß bestimmte Gesetze die Entwicklung von Stufe zu Stufe, von Ort zu Ort beherrschen. Diese Gebilde sind von einer solchen Regelmäßigkeit der Formen und haben eine so anhaltende Wirkung auf nahe und entfernte Gruppen, daß die sozialen Impulse nicht nur an die individuellen Organismen gebunden sein können, sondern hauptsächlich aus den Wechselbeziehungen zwischen den Individuen hervorgehen. Rückstände dieser Prozesse können bei jeder Analyse sozialer Gruppen beobachtet werden. Diese zwischenmenschlichen Formen dürfen nicht als zufällig angesehen werden; die Regelmäßigkeit ihrer Entwicklung erfordert eine Erklärung. Die einfachste Lösung ist die Annahme, daß auf einer niedrigen Entwicklungsstufe der Gesellschaft die Individuen physisch und sozial viel enger miteinander verbunden waren und daß diese Verbindung mit der Entwicklung des Telencephalons und des Teleperceptors allmählich schwächer wurde.

Falls wir uns einen monistischen Ursprung des menschlichen Lebens vorstellen, können wir schwerlich annehmen, daß die Organismen, die aus dieser Einheit hervorgegangen sind und sich zu verschiedenen Arten und Rassen entwickelt haben, die zwischen ihnen bestehenden Bande ganz zerrissen haben sollen. Eine wenngleich schwache und rudimentäre Nachwirkung muß heute noch existieren. Entsprechend müssen die sozialen Konfigurationen auf einer ursprünglichen Entwicklungsstufe sich aus solch intimen zwischenmenschlichen Beziehungen zusammengesetzt haben, daß anfänglich Gruppenreaktionen vorherrschend waren und erst im Laufe der Entwicklung eine allmähliche Emanzipation des Individuums vor sich gegangen ist. Das Gruppenband zwischen den Individuen ist nie ganz zerrissen. Noch heute existieren Überreste von ihm und sind vielleicht ein Schutz in Notstandssituationen. Ein Anzeichen solcher Überreste ist das regelmäßige Auftreten verschiedener Stufen der Differenzierung vom psychoorganischen Stadium bis zum psychosozialen Stadium, in dem die Gefühle in höchst differenzierter Form zum Ausdruck kommen. Begriffe wie automatischer Reflex, konditionaler Reflex, Instinkt, geistiges Syndrom u.a.m., die in Beziehung zum individuellen Organismus entstanden sind, können keinesfalls die obigen Tatsachenkomplexe erklären. 50 Individuen, die einzeln als hysterisch klassifiziert werden, können als Gruppe eine von dem Bild der „Massenhysterie" völlig verschiedene Struktur bilden, z. B. eine extravertierte oder introvertierte Gruppenstruktur mit vielen ungleichen Paaren. Der sexuelle Charakter eines einzelnen männlichen oder weiblichen Mitgliedes kann gemischt- oder gleichgeschlechtlich sein; aber die Anziehungen, Abstoßungen und feineren Interaktionen solcher Individuen beweisen eine Organisation, die in ihrer Gesamtheit einen anderen, vom sexuellen Charakter ihrer Mitglieder unabhängigen Sinn hat. Es kann eine in einen gleichgeschlechtlichen und einen gemischtgeschlechtlichen Teil aufgespaltene Organisation entstehen. Diese beiden Teile können sich unter Umständen feindselig gegenübertreten, wenn sich die Wünsche gewisser Mitglieder der gemischtgeschlechtlichen Gruppe auf Mitglieder der gleichgeschlechtlichen Gruppe richten.

Jedes Individuum lebt in einem System, das durch das emotionale Ausdehnungsvermögen und den psychosozialen Druck der Bevölkerung abgeschlossen wird. Besonders in den Entwicklungsjahren beeinflussen die Variationen des Bevölkerungsdrucks die soziale Situation des Individuums. Selbst in dem scheinbaren Vakuum um die isolierte Person können wir seine starke Wirkung nachweisen. Die sozialen Institutionen, die wir zum Schutz des Individuums und zur Gewährleistung seiner normalen Entwicklung geschaffen haben, Familie, Arbeits- und Erziehungseinrichtungen, sind keine endgültigen Schranken für die soziale Entfaltung. Die Kräfte der Anziehung und Abstoßung gehen über diese Grenzen hinaus und bewirken die Wechselwirkung der sozialen und emotionalen Tendenzen. Die Tendenz zur Entfaltung und zum Wechsel der sozialen Emotionen ist ursprünglicher und oft stärker als die sozialen Institutionen, die der Mensch zum Schutz gegen undisziplinierte Ausbrüche seiner abenteuerlichen Natur eingerichtet hat. Die soziale Expansion drückt nicht die Intensität der auf eine Person gerichteten sozialen Gefühle aus, sondern das Interesse eines Individuums für andere Personen; sie ist der Anfang einer psychosozialen Strömung. Selbst wenn eines Tages der Gefühlskomplex Tele einer genaueren Messung unterzogen werden könnte, müßte die Trennung des Gefühlskomplexes von der größeren Einheit vom soziometrischen Gesichtspunkt aus als künstlich angesehen werden; denn er ist ein Teil des sozialen Atoms, der kleinsten lebendigen Einheit, die wir uns im sozialen Bereich vorstellen können. Daher ist die soziometrische Untersuchung des Tele eng verbunden mit unserer Erforschung der inneren Organisation eines sozialen Atoms. Bei der Betrachtung eines sozialen Atoms fällt uns zuerst auf, daß ein von einem Individuum ausgehender Gefühlskomplex nicht ziellos in den Raum ausstrahlt, sondern sich auf ein anderes Individuum richtet. Dieses andere Individuum empfängt den Gefühlskomplex nicht passiv wie ein Roboter, sondern reagiert auf ihn aktiv mit einem anderen eigenen Gefühlskomplex. Ein Tele kann sich mit einem anderen verketten und ein Beziehungspaar bilden. Das Tele an sich hat keine soziale Existenz; es ist eine Abstraktion und muß als Prozeß im sozialen Atom aufgefaßt werden. Ähnlich wie die Elektrizität wird es an seinen Wirkungen erkannt und gemäß seiner sozialen Ausdehnung und seines sozialen Effekts klassifiziert.

Dies wird durch folgendes Beispiel illustriert:

Auf Individuum A fällt die erste und einzige Wahl eines zweiten Individuums B, auf B die erste und einzige Wahl von A. Außer dem von B kommenden Tele ist A innerhalb der Gemeinschaft völlig isoliert. B jedoch erhält die erste Wahl von C, D, E und F. C, D, E, F werden von 6, 8, 5, 5 anderen Individuen gewählt, unter diesen letzteren befinden sich drei Personen G, H und I, die Zentren von jeweils sieben Wahlen sind. Die Wirkung des einen Tele von B zu A verbindet A mit einer wichtigen psycho-sozialen Strömung und ermöglicht ihm die Verbindung mit 49 Personen, die ihm potentiell zugänglich sind. Ein anderes Individuum hingegen mag keinen beachtenswerten Einfluß auf die Gemeinschaft ausüben, da sein Tele es nur mit relativ isolierten Individuen verbindet. Seine Tele laufen auf Nebengeleisen und erreichen nie die Hauptströmungen. Eine Person wie A ist ein verhältnismäßig unbekanntes Individuum, hat aber durch das Medium der anderen Individuen eine große Wirkung auf große Menschenzahlen; sie ist ein unsichtbarer Herrscher. Die Form, die das von A auf B gehende Tele annimmt, kann als aristokratisch bezeichnet und „Aristo-Tele" genannt werden. Ein solches „Aristotele" hat oft die kulturelle und politische Geschichte eines Volkes entscheidend beeinflußt. Als Beispiele seien Sokrates und Plato, Nietzsche und Wagner, Marx und Lassalle genannt.

Beim Studium einer Gemeinschaft als Ganzes berücksichtigen wir die Wirkung der einzelnen Teile aufeinander und erkennen, daß auch die Totalität der Gesamtheit sich nicht richtungslos und chaotisch ausbreitet, sondern genau wie der individuelle Organismus bis zu einem Stadium der Reife wächst. Auch die Gruppen zeigen in ihrem Wachstum die Tendenz zu einer endgültigen Organisation, die für das Ganze Endformen und Fortbestehen gewährleistet. Die Organisation entfaltet sich in genauer Übereinstimmung mit einem zuvor aufgestellten Plan. Aus einem amorphen Status allgemeiner Identität entwickelt sich zuerst eine horizontale und eine vertikale Differenzierung, ein Oben und ein Unten. Dann folgt eine Phase der anderen, und als weitere Differenzierung entsteht allmählich die soziale, sexuelle und ethnische Spaltung. Untersuchen wir die Mitgliedschaft dieser kristallisierenden Organisation, so erkennen wir, daß es in ihr keine willkürliche Verteilung der Stellung und Funktion gibt. Wenn es gestattet ist, die Analogie eines Unten und Oben weiter auszuführen, können wir behaupten, daß die unten isolierten Individuen verhältnismäßig untergeordnet sind und von der Gruppe abgestoßen werden. Die Individuen an der Spitze einer Gruppe und die Individuen auf dem Grunde können aggressiv gegen die Mittelgruppe werden. Diese bemüht sich, eine kohäsive Einheit und Stärke zu entwickeln, um die aggressiven Gruppen in Schach zu halten. Es scheint, daß in der angestrebten Endform der Gesamtsumme die schöpferische Funktion (Aristotele) mit den Repräsentanten der sozialen Funktion, den Führern der Gruppen, zusammenwirkt.

IV. MOTIVIERUNGEN

1. Motivierungsarten

Planmäßig nahmen wir die dritte Dimension unserer Forschung – die Untersuchung der Motivierungen – in Angriff.

Bei unserer Forschungsarbeit wurden die von den einzelnen Personen angegebenen Motivierungen auf Schallplatten aufgenommen, um die einzelnen Wünsche und Erwartungen den technischen Möglichkeiten der Gemeinschaft besser anpassen zu können. Es kam vor, daß ein Mädchen 15 andere anzog und von diesen gewählt wurde, da man mit ihm im selben Haus zusammenleben wollte. Sie selbst wählte aber nur zwei dieser 15 Mädchen. Es war daher wichtig, zu ermitteln, aus welchem Grunde sie die Wahlen der 13 anderen nicht erwiderte und ob eine

Annäherung möglich war. Außerdem war es notwendig, die Motivierungen gegenseitiger Anziehung kennenzulernen, da sie Anziehungen enthüllen konnten, die für beide Teile schädlich sein würden. Nachdem die Wünsche eines jeden Angehörigen der Gemeinschaft hinsichtlich der verschiedenen Objekte festgestellt worden waren, konnten wir den Mädchen bei der Analyse ihrer Handlungen helfen, damit sie ihre Ziele selbständig erreichten. Es ging uns nicht darum, ihnen unsere eigene Theorie aufzuzwingen, sondern nur um die natürliche Entwicklung ihrer eigenen Theorien. Die von uns erkannten Motivierungen bezogen sich auf die eigenen Überlegungen und Wünsche der Mädchen. Diese verwickelten Motivierungen wurden bis in die Einzelheiten untersucht, um weiterhin die Stellung eines jeden von ihnen in der Gemeinschaft zu bestimmen. Wir garantierten absolute Vertraulichkeit der Informationen. Kein Mädchen wußte, von wem es gewählt oder abgestoßen wurde. Auch die Motivierungen wurden geheimgehalten. Alle Mitglieder eines durch ein Kriterium bestimmten Atoms wurden aufgefordert zu begründen, weshalb sie sich von einem besonderen Mädchen angezogen oder abgestoßen fühlten. Es muß wohl darauf hingewiesen werden, daß trotz der Aufforderung zu strengster Diskretion nur wenige Motivierungen und Wahlen wirklich geheim blieben.

In bezug auf das Kriterium des Zusammenlebens wurden 107 Kategorien von Motivierungen abgegeben; 58 Motivierungen gaben der Abstoßung, 46 der Anziehung und 3 der Gleichgültigkeit Ausdruck. Die Abstoßungen wurden besser definiert als die Anziehungen. Sie wurden auf alle möglichen Weisen begründet, während die Motivierungen der Anziehung eine gewisse Einheitlichkeit aufwiesen. Es konnte stets festgestellt werden, daß zumindest die Personen, auf die sich unsere Forschungsarbeit richtete, ihre Abneigungen tiefer erlebten als ihre Zuneigungen.

Selbst ungenaue Motivierungen zeigen, wie individuell verschieden die Reaktionen sind. Das Soziogramm einer Gruppe unterrichtet uns lediglich über die Beziehungen zwischen den Einzelnen. Wir können ihm entnehmen, wie viele Personen isoliert und wie viele abgestoßen sind oder wie viele Paarformationen existieren; aber es ist uns an Hand des Soziogramms nicht möglich, zwischen den identischen Strukturen der einzelnen Paare zu unterscheiden. Erst durch die Motivierungen wird uns eine Differenzierung möglich. Eine der isolierten Personen wird als Neuling erkannt, den sich die Gruppe noch nicht eingegliedert hat. Ein anderes isoliertes Mädchen war früher bereits abgestoßen und wird jetzt einfach vernachlässigt, „weil sie so dumm ist und schlechte Angewohnheiten hat".

In ähnlicher Weise erhält jede Isolationsstruktur innerhalb der Gruppe durch die Motivierung einen lebendigen Sinn. Eine gegenseitige Paarformation wird von der einen Partnerin mit den Worten: „Sie bemuttert mich", motiviert, von der andern mit: „Sie ist mir wie eine kleine Schwester." Ein anderes gegenseitiges Paar wird näher bestimmt durch die Motivierungen „gute Kameradschaft" und:

„Ich kann ihr vertrauen." Eine Abstoßungsstruktur erhält die Motivierungen: „Sie lügt, sie stiehlt, sie ist schmutzig und streitsüchtig"; eine andere: „Sie läuft immer weg." Jede Struktur erscheint als verschieden motivierter dynamischer Ausdruck einer Gefühlsbeziehung. Bisher hatten wir die Gruppen auf Grund ihrer durch die Anziehungen und Abstoßungen bestimmten Rangordnung erfaßt. Durch die Motivierungen machen wir einen Schritt vorwärts zu einem neuen Gruppenvergleich. Wir können z. B. die quantitativ niedrig eingestufte Hausgruppe C 4 mit der quantitativ hoch eingestuften Hausgruppe C 6 vergleichen. Die Mitglieder der Hausgruppe C 4 motivierten ihre Abneigungen gegeneinander auf 26 verschiedene Arten; die Mitglieder der Hausgruppe C 6 gaben nur 15 Motivierungen an. C 4 gab für die Zuneigungen 20 Motivierungen, C 6 25. Wir können die höchste Motivierungszahl der Zu- und Abneigungen in C 4 mit der entsprechenden Zahl in C 6 vergleichen. Die in C 4 am häufigsten vorkommende Motivierung war: „Ich möchte sie, da sie meine Nationalität hat." Diese Motivierung wurde 17 mal angegeben. In C 6 blieb sie ganz aus. In C 4 hatten 10 Mädchen eine von der Mehrheit verschiedene Nationalität, in C 6 nur 6. Wir untersuchten die Beziehungen der Mädchen verschiedener Nationalität zu ihrer Hausmutter und fanden, daß in C 4 acht dieser Mädchen eine Abneigung gegen die Hausmutter hatten, während in C 6 nur vier die Hausmutter ablehnten. In C 4 schien das Verhältnis der Hausmutter zu diesen Mädchen ihre Reaktionen zu bedingen. Sie bevorzugte Mädchen amerikanischer Abstammung, und diese Mädchen ahmten ihre Haltung gegenüber den anderen Zöglingen nach. Allmählich kristallisierte sich eine Spaltung in zwei Gruppen heraus, die sich gegenseitig zu überflügeln suchten. Da sich die Mädchen fremder Nationalität in der Minderheit befanden, wählten sie zum Zusammenleben aus anderen Häusern Mädchen ihrer eigenen Nationalität.

Die am häufigsten gegebene Motivierung der Abneigung war in C 4: „Sie ist eine Negerfreundin." In C 6 wurde diese Motivierung nur einmal angegeben. Freundschaft mit Negermädchen war in der Hausgruppe C 6 derart verfemt, daß eine heimliche Freundschaft zwischen einem ihrer Mitglieder und farbigen Mädchen sehr unwahrscheinlich war. In C 4 dagegen waren viele Mädchen mit Negermädchen befreundet, und die Entdeckung ihrer Beziehungen verursachte Eifersucht unter ihnen. Es konnte noch ein anderer auffallender Unterschied zwischen den beiden Hausgruppen C 9 und C 12 und den weißen Hausgruppen festgestellt werden. Die Negermädchen motivierten ihre Abneigungen nicht ein einziges Mal mit: „Sie hat weiße Mädchen gern"; aber von den weißen Mädchen wurde die Motivierung: „Sie ist eine Negerfreundin" 99mal angegeben. (Die Beziehungen zwischen Negern und Weißen werden auf S. 236 ff. erläutert.) Auf gleiche Weise können durch die Motivierungen die Unterschiede zwischen allen Gruppen untersucht werden.

Je mehr wir die Motivierungen der Einzelnen untersuchten, um so größere Aufmerksamkeit schenkten wir jeder Wahl eines Mädchens. Wir sahen ihre Bedeutung nicht auf psychoanalytische Weise in der Entwicklung des Einzelnen, sondern beurteilten vom Gesichtspunkt des Soziometristen aus das Feingefühl der Mädchen bei der Wahl der passendsten Personen aus ihrem Bekanntenkreis. Allerdings waren die Motivierungen oft ungenügend oder widerspruchsvoll: wechselnd in ihren Ansichten, unaufrichtig oder unbegründet in ihren Angaben über persönlich unbekannte Personen. Wir mußten daher eine Methode entwickeln, welche die zwischenmenschlichen Beziehungen wahrheitsgetreuer wiedergeben würde.

Tabelle 17

Einstufung der Hausgruppen gemäß der Häufigkeit der Motivierungen im Vergleich zu ihren soziometrischen Indizes

	Typen der Motivierungen	Kategorie d. Anziehungen	Kategorie d. Abstoßungen	Gleichgültig	Soziometr. Indizes Interesse a. d. eig. Gruppe	Anziehungsquotient für Außengruppen
Gesamtgemeinsch.	107	46	58			
C 4	46	20	26	1	46,67%	3%
C 6	40	25	15	1	77,2 %	3%

Die Kohäsion der Hausgruppe C 6 ist mehr als $1^1/_2$mal so groß wie die der Hausgruppe C 4. Dem soziometrischen Index entsprechend hat sie eine größere Anzahl positiver Motivierungen und eine niedrigere Anzahl negativer Motivierungen als C 4. Es ist auch interessant, festzustellen, daß beide Häuser nur von einem Teil (40%) der Motivierungstypen der Gesamtgemeinschaft Gebrauch machen. Aus der Tabelle geht daher hervor, daß der Vergleich der Motivierungsstruktur mit der soziometrischen Struktur von Gruppen ein neues Verständnis der mikroskopischen Organisation ermöglicht.

2. *Bewertung der Motivierungen*

Durch das Studium von noch nicht schulpflichtigen Kindergruppen lernten wir zwischen „eingetrichterten" Motivierungen der Zu- und Abneigungen und spontanen, auf unmittelbaren Zu- und Abneigungen beruhenden Motivierungen unterscheiden. Auf der Vorstufe des sozialen Reifens befinden sich die Kindergruppen in der psychoorganischen Entwicklungsphase, und ihre Mitglieder sind wenig oder gar nicht für äußere Indoktrination empfänglich und werden erst gegen Ende dieser Periode für äußere Beeinflussung zugänglicher. Vom Übergang in die psychosoziale Phase an beginnen die Mitglieder auf psychosoziale Strömungen zu reagieren; sie werden allmählich Glieder des Gemeinschaftsnetzwerkes. Als wir erkannt hatten, daß ein Studium der interethnischen und zwischennationalen Anziehungen und Abstoßungen auf Altersstufen, die durch allgemeine Meinungen beeinflußt werden, nur geringen wissenschaftlichen Wert hat, begannen wir das Studium der interrassischen Wahlen mit noch nicht schulpflichtigen Kindern und beobachteten sie in ihrer Entwicklung von Altersstufe zu Altersstufe. Wir fanden, daß a) die interrassischen Wahlen unter noch nicht schulpflichtigen Kindern anders ausfallen als später. Dies wird teilweise durch die Wirkung verursacht, welche die Indoktrination auf die Wahlen ausübt; b) daß das soziogenetische Gesetz auch auf die interrassische Unterscheidung Anwendung findet. Die interrassischen Anziehungs- und Abstoßungsstrukturen entwickeln sich mit höherer Differenzierung; c) sobald die Indoktrination auf die interrassischen Wahlen einzuwirken beginnt, tendiert die Unterscheidung in Kindergruppen zur Verfolgung der psychoorganischen Bahn; die Kinder versuchen die Doktrinen ihren spontanen Zu- und Abneigungen anzupassen; d) daß mit zunehmendem Alter und abnehmender Spontaneität die Menschen eher geneigt sind, die organische Bahn zu verlassen und sich durch die Indoktrination bestimmen zu lassen, die sie in Form kultureller Imperative und emotionaler Einflüsse durch die Netzwerke ihrer Lebensgemeinschaft erreicht.

Beim Studium der Wirkungen psychischer Strömungen auf Individuen wurden wir auf zwei Typen von Motivierungen aufmerksam, nämlich Motivierungen der Zu- und Abneigung gegen eine oder mehrere Personen, die auf eine direkte Bekanntschaft zurückgehen, und Motivierungen, die durch eine symbolische oder kollektive Bekanntschaft bestimmt werden, d. h. durch Hörensagen oder geistige Halluzinationen. HU ist ein Beispiel für symbolische oder kollektive Bekanntschaft. Sie wird von 55 Personen als Diebin betrachtet; 10 dieser Personen sind nicht bekannt mit ihr und 26 wiederholten diese Motivierung, weil sie davon gehört hatten. Kollektive und kulturelle Vorurteile, wie z. B. die Ansicht, daß Neger unkontrollierte sexuelle Impulse und einen verhältnismäßig niedrigen Intelligenzgrad haben, können in gewissen Bevölkerungskreisen herrschen, die selber noch nie mit Negern in unmittelbaren Kontakt gekommen sind. Das symbolische Urteil hat daher zwei wichtige Konsequenzen: Es kann sich direkt auf eine bestimmte Person beziehen oder aber auf eine Person als Mitglied einer bestimmten kulturellen, nationalen oder religiösen Gruppe. LS zum Beispiel wird abgestoßen, weil sie Jüdin ist. Sieben der Mädchen, die sie abstoßen, haben nie ihre Bekanntschaft gemacht. Die Grundlage dieser Entwicklung sind die lebendigen sozialen Netzwerke, welche die Gruppen durchdringen. Ihnen sind die kollektiven Wertungen und Gefühlsströmungen einverwoben. Daraus folgt, daß die öffentliche Meinung nicht durch die Maschine und die technischen Mittel der Übertragung, wie Buch, Zeitung, Rundfunk, entsteht, sondern von diesen nur verbreitet und vervielfältigt wird. In Wirklichkeit ist sie Produkt der soziometrischen Matrix.

V. SOZIALE INTERAKTION

1. Spontaneitätslage und soziale Interaktion

Wenn wir sagen: A haßt B, beschreiben wir in Wirklichkeit nicht, was dieser auf B gerichtete Haß innerhalb der ganzen Bewegung bedeutet. Falls wir anderseits behaupten, B sei eifersüchtig auf A, so vergessen wir wiederum, die Bedeutung dieser Bewegung zu beschreiben. Der Prozeß ist eine dynamische Bewegung mit zwei Polen, A und B. In bezug auf die Bewegung sind As Haß gegen B und Bs Eifersucht auf A miteinander verknüpft. Diese Bewegung ist nicht statisch, sondern in stetem Fluß. Zu einer gewissen Zeit erreicht sie als Panikgefühl einen Höhepunkt in A, der mit Wut und Herrschgelüsten auf Bs Seite parallel läuft. Eine getrennte Analyse des Zustandes von A und des Zustandes von B kann uns Verständnis für B *oder* A geben, nicht aber für B *und* A und das aus ihrer Interaktion resultierende Geschehen.

Da weder A mit B noch B mit A leben wollten – wie aus dem soziometrischen Test hervorgeht –, mußten wir die Gemütsbewegung zwischen ihnen einer Analyse unterziehen. Es stellte sich das Problem, Zustände zu studieren, die zwei oder mehrere Personen verbinden oder trennen, und die sich zwischen ihnen abspielenden Aktionen zu analysieren, um zu einer den verbalen Motivierungen überlegenen Interpretation der Gemütsbewegungen zu gelangen.

Emotionale Zustände, wie Ärger, Furcht, Liebe, und komplexere Zustände, wie Nachdenklichkeit, Überzeugung oder Neugierde, sind Realitäten mit individuellem Charakter. Sie existieren nicht in der sozialen Form, in der sie den von ihnen erfüllten Personen erscheinen. Sie sind Teile eines Ganzen und gehören der nächst größeren Realität, dem sozialen Atom, an. Falls die individuellen und subjektiven Begriffe diesem richtig eingefügt sind, entsteht eine *neue* Begriffklasse, die wir als *subjektive Gruppenbegriffe* zusammenfassen können, z. B. als „*harmonische*" Emotionen, wenn zwei Personen spontan übereinstimmen, als „*disharmonische*" Emotionen, wenn sie einander entgegengesetzt sind, als „*gebrochene*" Emotionen, wenn eine starke Emotion mit Gleichgültigkeit beantwortet wird, und als „*vorübergleitende*" Emotionen, wenn sich das Subjekt ihrer Gegenwart nicht bewußt wird. Die Klassifikation sozialer Emotionen ist von methodischer Wichtigkeit für die schärfere Unterscheidung zwischen mikropsychologischen und mikrosoziologischen Phänomenen.

Im Stegreiftheater sagte ich: „Der Stegreifmime hat seinen Ausgangspunkt nicht außer ihm, sondern innen: die Lage. Man muß Anlauf nehmen, um sie zu erreichen, wie um hoch zu springen; ist sie erfaßt, so schießt sie heiß und voll an. Aber mit der Lage ist nicht nur ein innerer Vorgang, sondern auch eine Beziehung nach *außen* gemeint, zur Lage einer anderen Person. Sie ist die Begegnung von zwei verschiedenen Zuständen, aus denen der Konflikt entsteht"[1]. Beide Lagen sind tatsächlich zwei sich spiegelnde und ändernde Pole einer einzigen Bewegung.

Diese Inszenierung einer Spontaneitätslage durch die Interaktion der Individuen ist von großer methodischer Bedeutung. Die Analyse einer einzelnen Person macht uns immer geneigt, jeden neuen Ausdruck auf frühere Haltungen zu beziehen. Stets sind wir versucht, sie für Derivate oder Teile vergangener Handlungen zu halten, und können sie endlos zurückverfolgen. Dennoch scheint es nicht in unserer Macht zu stehen, jemals der *ersten* Handlung, der ursprünglichen Lage gegenüberzutreten. Daher wird der Entwicklungsverlauf an Hand von Symbolen zurückverfolgt. *Sobald wir aber wie in Hudson Personen studieren, die sich nie zuvor begegnet sind und die vom Zeitpunkt ihrer ersten Begegnung an zusammenleben und derselben Gruppe angehören müssen, stehen wir unmittelbar dem ersten sozialen Akt, der ursprünglichen Lage gegenüber. Wir beobachten sie bei der spontanen Aufnahme von Beziehungen, die zur Gruppenbildung führen, sub specie momenti.* Die erste Begegnung kann die Geburt eines sozialen Keimes darstellen und zu einer echten Gruppenbildung führen. Aber wie im biologischen Bereich Millionen von Samen unbefruchtet zugrunde gehen, erfahren auch im sozialen Bereich Millionen von Begegnungen keine sinngemäße Fortsetzung und gehen verloren.

Wir untersuchen die spontanen Reaktionen der Personen im Anfangszustand der Gruppenbildung und die in dieser Organisation ausgeführten Handlungen. Wir beobachten die Entstehung der Beziehungen in der ersten Phase der Begegnung zweier Individuen und wir können, falls nötig – anstatt rückwärts – mit einer nach vorwärts gerichteten Behandlung einsetzen. Unser Vorgehen ist soziokreativ. Wir beginnen mit der Tat, der anfänglichen Haltung, die eine Person der anderen gegenüber einnimmt, und wir beobachten, wie diese zwischenmenschlichen Beziehungen zu einem Resultat führen und eine bestimmte soziometrische Organisation bewirken. Die Eltern- und Familientests sind Beispiele für dieses Vorgehen, in deren Verlauf sich völlig fremde Personen zusammengebracht werden.

a) Die Funktion des Spontaneitätstests

Durch den Spontaneitätstest scheint es möglich zu sein, Gefühlstendenzen in statu nascendi zu ermitteln. Wir erhalten ein besseres Bild der ursprünglichen Haltungen, die ein Individuum in seinem Benehmen einnimmt, und wir sind in

1 Das Stegreiftheater. Berlin 1923, Gustav Kiepenheuer Verlag.

der Lage, Handlungen im Augenblick ihrer Ausführung zu erfassen. In diesem Punkt haben die verschiedenen Testformen, besonders Binet, freie Wortassoziation und Gestalt, versagt. Stellen wir uns vor, daß drei Vertreter dieser Doktrinen eine Versuchsperson aufgefordert hätten, ihren Ideen und Gefühlen freien Lauf zu lassen und ihnen entweder durch spontanes Schreiben oder durch Skizzieren Ausdruck zu geben. Der Binettester vermag durch den Inhalt des Geschriebenen das geistige Alter der betreffenden Person einzuschätzen. Der Psychoanalytiker versucht eine Interpretation der Konflikte zu geben, auf die sich die Worte der Person beziehen, und die charakteristischen Symbole aufzufinden, die er später im Test der freien Assoziation weiterverfolgen kann. Der Gestaltanalytiker mag unter Umständen die Materialkonfigurationen untersuchen. Aber anstatt uns mit dem toten Material zu begnügen, das der Untersuchte hinterläßt, nachdem die Erregung der Produktionsphase vorübergegangen ist, wollen wir seine Äußerungen in statu nascendi erleben, oder im Sinne des im amerikanischen Sprachgebrauch von mir verwendeten Begriffs: wenn die Person zur Produktivität „angewärmt" ist. Man kann einwenden, daß auch während des Intelligenztests und der psychoanalytischen Situation das Subjekt anwesend sei. In beiden Fällen aber wird das Gewicht auf das vom Subjekt ausgedrückte *Material* gelegt anstatt auf seine *Handlung*. Es ist methodisch wichtig, die wachsende Erregung eines Individuums im Anwärmungsprozeß vom Produkt seiner Handlung zu unterscheiden. Sie gibt nicht nur geistige, sondern auch physiologische Zeichen, veränderten Atemrhythmus, Keuchen, Weinen, Lächeln, Zähneknirschen usw. Die körperlichen Anläufe zu einem beliebigen Verhalten, wie Handeln oder Sprechen aus dem Stegreif, werden von physiologischen Zeichen begleitet. Im Anwärmungsprozeß entfalten sich die mimischen Ausdrucksformen und lösen einfache Reaktionen aus, wie Angst, Ärger oder komplexere Zustände. Es ist nicht notwendig, daß verbale Reaktionen während des Anwärmungsprozesses eintreten. Sie können vorkommen oder auch nicht. Mimische Symbole hingegen sind meistens vorhanden; sie stehen mit grundlegenden physiologischen Prozessen und psychologischen Zuständen in direkter Verbindung.

b) Der Anwärmungsprozeß

Die Anwärmungsindikatoren sind experimentell bestimmt worden. Das Experiment wurde so gestaltet, daß es nicht in der Absicht des Subjektes lag, einen bestimmten Geisteszustand hervorzurufen. Der Getestete wurde aufgefordert, sich dieser oder jener körperlichen Handlung hinzugeben, ohne an das dabei herauskommende Resultat zu denken. Es wurde festgestellt, daß der Beginn dieser Handlungen von einem Anwärmungsprozeß angeregt und begleitet wird. Wir konnten selbst dann, wenn der Untersuchte ohne bestimmtes Ziel keuchte, den

Atem beschleunigte usw., die Entwicklung gewisser emotionaler Tendenzen beobachten. Letztere schienen weniger auf *ein* ausschließliches Gefühl, vielmehr eher auf eine ganze Gruppe von Gefühlen mit ähnlichen Eigenschaften bezogen zu sein.

Äußerungen wie z. B. Zähneknirschen, Fäusteballen, funkelnde Augen, Zusammenziehen der Augenbrauen, energische Bewegungen, schrille Stimme, Schlagen, Stampfen, Zurückwerfen des Kopfes, beschleunigter Atem und andere haben die Tendenz, emotionale Zustände, wie Ärger, Herrschsucht, Haß oder unbestimmte, schwächere Vorläufer dieser Gefühle auszulösen. Eine andere Gruppe: Keuchen, Zittern, Flucht, Zucken der Gesichtsmuskeln, Sprachunfähigkeit, plötzliches Aufschreien, sich anklammernde Hände, entwickelt eine andere Gefühlsrichtung: Ängstlichkeit, Furcht, Verzweiflung, allgemeine Panikzustände oder unklare Verhaltenstendenzen in dieser Richtung. Wieder eine andere Gruppe: Lächeln, Lachen, Kichern, Weiten der Augen, Küssen, Umarmen, bahnt einen Zustand glücklicher Erregung an.

Selbst wenn die entwickelten Gefühle undifferenziert sein mögen, kann man beobachten, daß die eine Gruppe der Bewegungen bestimmte Gefühlstendenzen verursacht, während eine andere Gruppe der Bewegungen andere Tendenzen im Gefolge hat. Jede dieser drei Gruppen von Anlaufzeichen scheint als Einheit wirksam zu sein. Wenn eine Gruppe zur Anwendung gekommen war und die Person aufgefordert wurde, zusätzlich einen zu einer anderen Gruppe gehörenden „Starter" zu verwenden, konnte beobachtet werden, daß der Entwicklungsverlauf gestört und der der ersten Gruppe koordinierte Zustand aufgelöst wurde oder an Intensität verlor. Wenn z. B. in der oben erwähnten dritten Gruppe, die warme, sympathetische Gefühle hervorzurufen bestrebt ist, die Person aufgefordert wird, die Zähne zusammenzubeißen und starr auf das Objekt zu blicken, wird die bereits begonnene Entwicklung aus ihrer Bahn geworfen. Es wurde festgestellt, daß gemäß dem ursprünglichen „Starter" die Körperbewegungen in einer bestimmten Reihenfolge aufeinanderfolgen. Wird diese Reihenfolge unterbrochen, so wird die zeitliche Ordnung gestört und die ausgelöste Gefühlssituation verwirrt. Auf dieser Grundlage können wir diagnostizieren, ob ein emotionaler Zustand den Höhepunkt erreicht hat oder erst im Werden begriffen ist. Die Anwärmungsindikatoren sind entscheidend für die Auslösung eines emotionalen Zustandes. Verbale Reaktionen sind weniger zuverlässig als die mimischen Zeichen für eine bereits oder beinahe erreichte Lage. Ein Subjekt kann ohne begleitende Gefühle gewandte Worte verwenden; aber es ist praktisch unmöglich, frei von tragenden Gefühlstendenzen zu handeln, wenn sich ein Gefühl bereits eingestellt hat. Alle verbalen und anderen Assoziationen sind in organischer Weise auf die entwickelte Gefühlstendenz bezogen.

Wir experimentierten dann auch mit der willkürlichen Entwicklung emotionaler Zustände. In diesem Experiment wird der körperliche „Starter" durch einen *psychischen* ersetzt. Das Subjekt wird aufgefordert, sich in einen gewissen Zustand zu versetzen, z. B.: „Versetze Dich in einen Zustand des Ärgers." Es kennt sein Ziel im voraus. Je leichter es für das Subjekt ist, sich in diesen gewünschten Zustand zu versetzen, desto besser werden diesem seine mimischen und verbalen Assoziationen koordiniert sein. Solange das Subjekt unpassende körperliche Starter benützt, wird die gewünschte Stegreiflage nicht erreicht. Falls die Starter nicht ganz zweckentsprechend sind, wird der erreichte Zustand inadäquat sein und die Produktionsorganisation ihrerseits undifferenziert, lose und von kurzer Dauer (inadäquater Starter). Werden die Starter falsch koordiniert, so ist die Produktion oberflächlich, verwirrt, plötzlich und steht in keinem Verhältnis zu den Anstrengungen (überhitzte Lagen). In der gut entwickelten Lage dagegen scheint das Individuum die Differenzierungsgrenzen der Emotion scharf einzuschätzen.

Wir haben Versuche mit *persönlichen* Startern gemacht, d. h. eine andere Person als Starter verwendet.

Schließlich wurden auch Versuche mit *psychochemischen* Startern gemacht, wie Kaffee, Alkohol, Sodium, Penthotal, Insulin usw., die zur Unterstützung der natürlichen Anwärmungsprozesse verwendet wurden.

Sowohl die körperlichen als auch die psychischen Starter spielen eine große Rolle bei allen wichtigen Tätigkeiten, in die der Gesamtorganismus einbezogen ist. In Hungerzuständen als Vorläufer der Nahrungsaufnahme werden bestimmte Muskelgruppen angeregt, die von psychischen Spannungen, wie Ängstlichkeit, Gier, begleitet werden und die sich – falls die Pause zwischen Drang und Befriedigung zu lange dauert – bis zur Panik steigern können. Ein Stegreifspieler kann solche unbewußte Experimente der Natur in kreative Darstellung umwandeln. Bei augenblicklich entstehenden Schöpfungen sind diese mimischen Zeichen oder Äußerungen notwendig, um das Anwärmen auf den betreffenden Zustand zu starten und zu beschleunigen. Anders verhält es sich bei der Darstellung einer auswendig gelernten Rolle auf der Bühne. Dort hat der Schauspieler die Möglichkeit, durch anhaltendes Proben seine Darstellung den künstlerischen Forderungen anzupassen. In einem Stegreifspiel aber wird auch er, je echter seine Darstellung ist, ein Opfer des Anwärmungsprozesses. Die Ursache hierfür kann erklärt werden. Im wirklichen Leben bildet gewöhnlich das Verhalten eines anderen Menschen das Motiv unseres Anwärmungsprozesses. Im Stegreifspiel fehlt jedoch dieses Motiv, da der fingierte Partner ein zu schwacher Ersatz ist. Das Anwärmen zu einem Gefühl erfordert eine besondere Anstrengung, die desto größer sein muß, je einfacher das Gefühl ist. Eine falsche Vorspiegelung dieser Anwärmungsindikatoren ist so schwierig wie ihre völlige Elimination bei der Darstellung einfacher Gefühle. Es ist für einen Menschen nachgerade unmöglich, nachdem er die entsprechenden Starter verwendet und sich in einen Angstzustand versetzt hat, gleichzeitig ein entgegengesetztes Gefühl, z. B. die Liebe, in einem entsprechenden Gespräch darzustellen.

2. *Interaktionsanalyse einer kleinen Gruppe*

Spontaneitätstheorie und Anwärmungstheorie sind die Voraussetzungen für jede *Interaktionsforschung*. Ohne sie könnte der Forscher mit einem des Motors unkundigen Autofahrer verglichen werden, der sich im Notfall nicht zu helfen weiß.

Planmäßig konnten wir mit unserer Forschung tiefer in die Gruppenstruktur eindringen. Zuerst bestimmten wir die Bekanntschaftsmatrix, dann die soziometrische Matrix und drittens die Motivierungsmatrix und beurteilten, welche Bedeutung eine jede für die dynamische Entwicklung der Gruppen hat. Aber der mit Anziehung, Abstoßung und Gleichgültigkeit klassifizierten Bewegung zwischen A und B kann eine Telestruktur entsprechen, die weder Anziehung, Abstoßung noch Gleichgültigkeit zu sein braucht. Es war daher unsere nächste Aufgabe, die sozio-emotionale Matrix zu bestimmen. Um die Entstehung sozialer Emotionen zwischen den Individuen beobachten zu können, mußten wir eine neue Methode entwickeln. Da die Anwärmung und Auslösung der Spontaneität dieser Individuen das A und O ist, nannte ich diese Methode Spontaneitätstest. Er kann auf völlig strukturlose Lagen, wie die Begegnung von Fremden, oder Lagen mit unterschiedlich entwickelter Struktur angewendet werden. Der Spontaneitätstest ermöglichte uns das Studium der intimeren emotionalen Interaktionen, wie sie während des Zusammenlebens in einer kleinen Gruppe entstehen. Das Subjekt wird im Test jenen Gemeinschaftsmitgliedern gegenübergestellt, die durch den soziometrischen Test als zu *einem* sozialen Atom gehörig festgestellt worden sind. Diese Personen haben das Subjekt in bezug auf ein bestimmtes Kriterium, z. B. des Zusammenlebens in einem Hause, gewählt oder abgestoßen. Aller Wahrscheinlichkeit nach werden die Einzelnen das Material ihrer Reaktionen vergangenen oder gegenwärtigen Gemeinschaftserlebnissen oder ihren Zukunftsplänen entnehmen.

Ich habe diese Gruppe nicht aufs Geratewohl gewählt, sondern Personen zum Test herangezogen, die in enger Verbindung leben und deren Bekanntschafts-, soziometrische und Motivierungsindizes gründlich untersucht worden sind. Hätte ich eine beliebige Gruppe gewählt, so hätten wir nicht auf den Zusammenhang der Ergebnisse der verschiedenen Dimensionen aufmerksam werden können. Ich wählte eine Gruppe von Haus 8, deren Kernindividuum Elsa TL war. Bevor wir näher auf den Spontaneitätstest eingehen, wollen wir uns die Ergebnisse des soziometrischen Tests und der Motivierungsanalyse unserer kleinen Gruppe vergegenwärtigen.

a) Der soziometrische Test

Die Gruppe setzt sich aus fünf Mädchen zusammen: Elsa, Maud, Gladys, Joan und Virginia. Die soziometrische Klassifikation Elsas wurde in folgender Klassifikationsformel zusammengefaßt:

Elsa:

Klassifikationsformel I:

		L
gesendet:	4	1
erhalten:	0	0

Klassifikationsformel II:

		L
gesendet:	4 — 1	1 — 3
erhalten:	0 — 16	0 — 15

„Isoliert" und „abgestoßen" innerhalb der Gruppe und der Gemeinschaft sind die hervorstechendsten Merkmale ihrer Klassifikation. Aus der Klassifikation geht hervor, daß außer der Hausmutter 31 andere Personen in bezug auf das Kriterium „Zusammenleben" zu Elsa in Beziehung stehen. Von den 31 zu ihrem Atomkern gehörigen Personen wurden Erkundigungen über ihr Verhalten eingezogen, soweit diese in der Lage waren, sich darüber zu äußern. Die Untersuchung ihres Netzwerkes erwies, daß 27 dieser 31 Personen unter dem Einfluß zweier anderer Mädchen standen. Diese beiden Mädchen waren Elsas Hausgenossinnen. Nur zwei andere Mädchen schienen unabhängig von ihnen zu sein. Es schien daher zu genügen, unsere Aufmerksamkeit auf diesen Kern von fünf Personen zu richten in der Annahme, daß die durch die Analyse dieses Kerns erhaltene Auskunft von selbst das Übrige erklären würde. Demzufolge werden hier nur Elsas eigene Angaben und die der vier anderen Mädchen wiedergegeben. Obgleich diese vier Personen (die von Elsa zwecks Zusammenlebens gewählt worden waren: Maud 1. Wahl, Gladys 2. Wahl, Joan 3. Wahl und Virginia 4. Wahl) mehr als ein Jahr mit Elsa im selben Haus C6 zusammengelebt hatten, stießen sie sie einstimmig ab. Im Hinblick auf die Haltung der Gruppe und Gemeinschaft gegen Elsa schien diese jene vier Mädchen gewählt zu haben, von denen sie sich am ehesten eine Erwiderung ihrer Wahl oder Hilfe versprach. Elsas fünfte Wahl fiel auf ein Negermädchen in C12.

Aus Klassifikationsformel I geht hervor, daß Elsa vier Personen innerhalb und eine außerhalb ihrer Gruppe gewählt hat. Formel II zeigt, daß alle vier Personen Elsa abstoßen und sie überdies von 12 anderen Mädchen ihrer Gruppe und 15 Personen außerhalb ihrer Gruppe abgestoßen wird, während sie selbst nur ein Mitglied ihrer Gruppe und drei Personen außerhalb abstößt.

Zunächst richteten wir unsere Aufmerksamkeit auf jene fünf Mädchen, die sie zum Zusammenleben gewählt hatte. Die nach außen gehende Wahl fiel auf ein Negermädchen, dessen Klassifikationsformeln ihre Isolation anderweitig bestätigten. Die Klassifikationsformeln der vier von ihr gewählten Gruppenmitglieder lauteten folgendermaßen:

Maud:

Klassifikationsformel I:

		L
gesendet:	2	1
erhalten:	2	1

Klassifikationsformel II:

		L
gesendet:	2—1	1—0
erhalten:	2—3	1—0

Maud wird von drei Personen gewählt, deren Stellungen mit keinen einflußreichen Strömungen innerhalb oder außerhalb der Gruppe in Zusammenhang stehen. Daher beschränkt sich ihre Abstoßung gegen Elsa hauptsächlich auf eine persönliche Beziehung. Gleich Elsa wählt auch sie ein Negermädchen, das im Gegensatz zu Elsas Fall ihre Wahl erwidert.

Gladys:

Klassifikationsformel I:

		L
gesendet:	3	2
erhalten:	1	0

Klassifikationsformel II:

		L
gesendet:	3—6	2—1
erhalten:	1—4	0—1

Da Gladys auch eine isolierte Stellung innerhalb und außerhalb der Gruppe innehat, dürfte ihre Abstoßung gegen Elsa über ihre persönliche Beziehung hinaus keinen bedeutenden Einfluß haben.

Joan:

Klassifikationsformel I:

		L
gesendet:	2	3
erhalten:	4	12

Klassifikationsformel II:

		L
gesendet:	2 — 2	3 — 2
erhalten:	4 — 0	12 — 0

Joan zieht vier Mädchen innerhalb und 12 außerhalb ihrer Gruppe an. Die Untersuchung der soziometrischen Stellungen dieser Mädchen ergab, daß Joan die erste Wahl dreier Mädchen erhält, die ihrerseits von 13, 16 und 18 anderen Gemeinschaftsmitgliedern gewählt werden. Da jede dieser 47 Personen ihrerseits 1 bis 7 Beziehungen zu anderen Gemeinschaftsmitgliedern hat und diese Mitglieder in weitere Beziehungen verknüpft sind, hat Joans Abneigung gegen Elsa eine große Auswirkung. Joan kann durch ihre Stellung direkt oder indirekt in allen Netzwerken einige Strömungen beeinflussen. Sie ist eine Schlüsselperson mit Beziehungen zu allen fünf Hauptnetzwerken aller Gemeinschaftsmitglieder.

Virginia:

Klassifikationsformel I:

		L
gesendet:	2	1
erhalten:	6	1

Klassifikationsformel II:

		L
gesendet:	2 — 6	1 — 2
erhalten:	6 — 2	1 — 1

Virginia wird von 6 Gruppenmitgliedern gewählt, die zusammen 21 Wahlen von anderen Gruppenmitgliedern erhalten. Obgleich sie selbst nicht am meisten gewählt wird, ist sie die Schlüsselperson der Gruppe. Der Einfluß ihrer Abneigung gegen Elsa dürfte weit über ihre persönliche Beziehung hinausreichen. Virginia vermag durch ihre Stellung direkt oder indirekt mindestens 27 Personen zu beeinflussen, d. h. mit Ausnahme von 4 Mädchen alle Gruppenmitglieder.

b) Motivierungen und ihre Analyse

Elsa über Maud:

Ich gab ihr die erste Wahl zum Zusammenleben. Sie ist von allen die netteste. Ich weiß nicht, warum ich sie so gern habe, trotz allem, was über sie gesagt wird. Sie sagt gerade heraus, was sie über andere denkt; das scheint mir ihr größter Fehler zu sein. Sie glaubt, deshalb für aufrichtig gehalten zu werden. Ich finde, Aufrichtigkeit ist nicht immer am Platze. Oft verletzt man andere, was man mit Stillschweigen und etwas Nachsichtigkeit vermeiden könnte. Wir sprechen oft miteinander und haben denselben Geschmack. Sie hat wie ich ähnliche Schwierigkeiten mit den andern Mädchen und der Hausmutter.

Maud über Elsa:

Ich will nichts mehr mit ihr zu tun haben. Sie spricht mit mir immer nur über Negermädchen und verpetzt mich. Außerdem glaube ich, daß sie in diesem Haus sonst auch nicht gut wegkommt. Wenn sie zum Beispiel Geschirr spülen muß, machen die Mädchen in der Küche dauernd scharfe Bemerkungen über sie. Eine sagt: „So tut man das nicht, Elsa!" oder: „Du hast den Teller nicht gut gewaschen!" oder: „Du kannst nicht einmal ein Glas richtig trocknen." Damit fahren sie fort, bis Elsa nervös wird, aufhört und vielleicht sogar auf den Boden wirft, was sie gerade in der Hand hat. Dann sagt die Hausmutter natürlich: „Was ist los mit Dir, Elsa?" und Elsa wird auf ihr Zimmer geschickt. Die Hausmutter findet nie heraus, daß die anderen Mädchen sie geärgert haben, weil sie es so verstohlen tun; sie hassen Elsa wirklich. Wir geraten uns auch immer in die Haare, wenn wir zusammen sind. Es ist daher besser, wenn wir nicht im selben Haus wohnen.

Elsa über Gladys:

Ich gab ihr meine zweite Wahl. Sie hat nichts gegen mich wie manche anderen Mädchen. Sie ist sehr nachsichtig und sagt nie, ich verdürbe das Gruppenleben, wie z. B. Virginia behauptet, wenn man gegen eine kleine Verordnung verstößt. Auf Gladys wird genau soviel geschoben wie auf mich.

Gladys über Elsa:

Sie wäre nicht so schlimm, wenn die anderen sie in Ruhe ließen. Mir geht sie nur dann auf die Nerven, wenn ich sie los haben möchte und sie mir dennoch auf der Pelle sitzenbleibt. Sie ist eine Plage, das muß jeder zugeben. Sie erwartet, daß man mit ihr spielt, wenn man was anderes zu tun hat, und dann hängt sie sich wie eine Klette an einen. Ich wünsche, sie wäre in einem anderen Haus; wir wären viel glücklicher ohne sie.

Elsa über Joan:

Ich gab Joan meine dritte Wahl. Schon immer hatte ich Joan sehr gerne und wollte sie zur Freundin haben. Aber einmal verhält sie sich wie eine Freundin und dann wieder nicht. Wenn man nicht immer nach ihrer Pfeife tanzt, wird sie sehr ungeduldig.

Joan über Elsa:

Jeder kann zuweilen einmal mürrisch sein, aber nicht dauernd wie Elsa. Sie freut sich über gar nichts. Als ihre kleine Schwester ihr zum Beispiel einmal ein eigenes Gedicht schickte, veröffentlichte ich es in der Schulzeitung und dachte, sie wäre stolz darauf. Aber nein, es rührte sie nicht im geringsten. Einmal schalt Fräulein ET Elsa, und da fing sie gleich an zu weinen. Meistens tut sie überhaupt nichts; sie antwortet nicht einmal. Ich hatte Mitleid mit ihr und tat alles für sie. Einmal lieh ich ihr einen Kriminalroman, und als ich ihn zurückverlangte, weil Kriminalromane hier so schwer zu bekommen sind, behauptete sie, ich hätte ihn ihr nie gegeben. Später fand ich heraus, daß sie ihn an Maud weitergeliehen hatte.

In dieser Hinsicht ist Elsa sehr kühn; sie lügt und tut, was ihr gerade in den Sinn kommt. Was andere über sie denken, kümmert sie nicht. Manchmal ist alles ganz belanglos; aber ihr Verhalten ist einfach abstoßend. Immer behauptet sie, sie ginge nicht mit Negermädchen, dabei sieht man sie um die Ecken schleichen, nur um sie sehen zu können oder ihrer Freundin einen Blick zuzuwerfen. Ich möchte nicht mit ihr zusammen wohnen.

Elsa über Virginia:

Ich wählte sie als vierte. Sie ist mir nicht so wichtig wie die anderen. Alle Mädchen bemühen sich um Virginia, obgleich sie für die andern nicht viel übrig hat. Sie ist immer dieselbe. Sie tadelt mich oft, aber hilft mir nicht. Wenn sie es versuchen würde, kämen wir wohl besser miteinander aus.

Virginia über Elsa:

Elsa scheint mir so tief gesunken zu sein, daß ein Zusammensein mit ihr sinnlos ist. Warum soll ich mich mit ihr abgeben? Wenn sie nur ein bißchen Willenskraft hätte, wäre sie nicht so schlimm. Es ekelt einen an, während der Pause im selben Raum mit ihr zusammen zu sein. Ich möchte nicht mit ihr zusammen wohnen.

Elsa über die Hausmutter:

Sie ist mir keine Freundin. Ich fühle, sie mag mich nicht. Sie hört auf die Mädchen, die gegen mich sind, und denkt, ich sei im Unrecht, selbst dann, wenn es nicht der Fall ist.

Hausmutter über Elsa:

Wenn Elsas Mutter zu Besuch kommt, weint Elsa; eine Stunde später aber hat sie sie bereits vergessen. Sie fühlt sich von allen Leuten verfolgt. Einmal machte sie einen Fluchtversuch mit WT, einem geistig zurückgebliebenen Kinde. Ruth warf ein Kissen zum Fenster hinaus, in das Elsa ihre Sachen gepackt hatte. Am Bettpfosten hatte sie ein Leintuch befestigt und versuchte an ihm hinunterzuklettern. Das flatternde Leintuch und die von Elsas Füßen verursachten Geräusche vor Annas Fenster weckten Anna auf, die dann gleich an die Tür klopfte, um mich zu verständigen. Bis ich das Licht angezündet hatte, klingelte Elsa bereits an der Türe. Sie hatte ihren Fuß verstaucht. Sie schien von dem ganzen Zwischenfall unberührt zu sein. Sie regt sich nie auf und gibt auch keine frechen Antworten. Ich habe den Eindruck, sie ist eine verspielte Einzelgängerin. Nie meldet sie sich freiwillig zu Arbeiten oder Spielen. Sie ist verträumt, unpünktlich und oberflächlich bei der Arbeit. Außerdem kaut sie heftig an den Fingernägeln. In der Schule hat sie guten Erfolg; sie ist eines der intelligentesten Mädchen meines Hauses. Sie liebt Flittersachen. Aus einer alten zerrissenen Spitzengardine machte sie einen Büstenhalter. Aus jedem Abfall stellt sie Unterwäsche und andere Kleidungsstücke her. Einmal nahm sie weggeworfenen Voile und machte daraus die reinsten Puppenschlüpfer und trug sie. Ihr Zimmer ist immer mit glitzerigem Tand angefüllt. Sie stiehlt, nimmt Dinge, die ich ihr gerne schenken würde, wenn sie mich darum bäte. In der Weihnachtszeit ließ sie in unserem Geschäft Waren im Werte von 2 Dollar mitgehen. Es waren Ringe, Taschentücher, Feder- und Bleistiftmäppchen, Puderquasten, Ketten u.a.m. Wahrscheinlich wollte sie diese Sachen weißen und Negermädchen schenken, um leichter Freundschaften anknüpfen zu können. Wir fanden alles in hübsche Päckchen gepackt. Sie weinte nicht, als sie dieses Diebstahls wegen gescholten wurde. Sie ist hartnäckig hinter den Negermädchen her. Meine Zöglinge haben deshalb keine Geduld mehr mit ihr. Sie gibt nichts zu, selbst dann nicht, wenn man sie mit ihnen zusammen erwischt. Ihre Redensarten und Briefchen sind schmutzig. Ich glaube, man sollte Elsa in einem andern Haus neue Möglichkeiten geben.

c) Der Spontaneitätstest

Im Spontaneitätstest wird das emotionale Element des Einzelnen angewärmt, um seine spontanen Gefühle für die ihm gegenüberstehenden Personen und deren Reaktionen zu ermitteln.

Das Subjekt erhält die Anweisung: „Nimm X gegenüber eine gefühlsbetonte Haltung ein. Das Gefühl sei entweder Ärger, Furcht, Sympathie oder Herrschsucht. Entwickle mit Deinem Partner die Situation, die Du hervorbringen möchtest, um Deinem betreffenden Gefühl Ausdruck zu geben. Schalte alle Gedanken aus, die nicht Deinen Partner betreffen, und stelle Dir vor, *er sei wirklich die Person, mit der Du es im täglichen Leben zu tun hast. Rufe ihn beim wirklichen Namen. Sobald Du eine solche Lage geschaffen hast, mußt Du versuchen, sie während der ganzen Situation lebendig zu erhalten.*" Der Partner wird lediglich aufgefordert, so zu reagieren, wie er sich auch in natürlichen Lebenslagen den Handlungen des Subjekts gegenüber verhalten würde. Es wird den beiden Personen nicht gestattet, vor dem Beginn ihres Handelns miteinander zu sprechen. Die zu testende Person wird jeder Person gegenübergestellt, die wir zu ihr in Beziehung stehend gefunden haben. *Und da wir an beiden Teilen der Beziehung interessiert sind, müssen wir jeden Partner des Subjekts ebenfalls zum Subjekt machen, d. h. der Partner muß, nachdem das Subjekt seine vier Situationen dargestellt hat, seinerseits eine dieser Situationen wählen und sie in bezug auf das Subjekt darstellen.* Die getestete Person versucht vielleicht, jedem Partner gegenüber die gleiche Haltung, z. B. Sympathie, einzunehmen, oder sie bemüht sich, jedesmal einen anderen Zustand, Herrschsucht usw., oder eine Zustandskombination zu entwickeln. Die Reaktionsgeschwindigkeit, die gesprochenen Worte und der mimische Ausdruck beider Spieler werden den Anweisungen des Testers gemäß auf Schallplatten und Filmen festgehalten. *Es kommt bei diesem Test darauf an, das Subjekt zu veranlassen, seiner ganzen Spontaneität freien Lauf zu lassen.*

Diese Methode wird durch das Testen der Beziehung Elsas zu Maud, Gladys, Joan und Virginia illustriert. Von den 32 Interaktionssituationen Elsas mit dem einen oder anderen der vier Mädchen veröffentlichen wir hier acht. Da Elsa von diesen vier Mädchen abgestoßen wird, haben wir nur diejenigen Situationen ausgesucht, die Ärger und Abneigung zum Inhalt haben. Es ist interessant zu beobachten, wie Elsa oft mit Ärger beginnt und durch den Anwärmungsprozeß in eine andere Richtung gedrängt wird.

d) Situationstest und Rollenspieltest

Planmäßig bewegte sich unsere Forschung in die fünfte und sechste Dimension der Gruppenstruktur. Der Situationstest erforscht die Situationsmatrix, welche sich aus Raum und Zeit, Beziehungen, Ort und Bewegungen, Handlungen und Pausen, Worten und Gesten ergibt. Der Rollenspieltest erforscht die Rollenmatrix einer Gruppe, welche aus privaten und sozialen Rollen besteht.

e) Protokoll der Rollenspiele

1. Situation: Elsa und Maud; Ärger.

Elsa: Nun, ich hoffe, es hat Dir gut getan, Fräulein Stanley zu sagen, daß ich noch mit meiner Freundin herumspazierte, anstatt heimzugehen.

Maud: Wer, ich?

Elsa: Ja, Du! Du würdest sogar den Verwaltungsleuten erzählen, daß ich nicht sofort nach Hause kam.

Maud: Beweise es!

Elsa: Es gibt nichts zu beweisen. Du hast es gesagt. Das genügt. Es war wirklich allerhand von Dir.

Maud: Ich möchte es bewiesen haben.

Elsa: Nun, der Verlust meiner Pause genügt wohl zum Beweis.

Maud: Warum bist Du mit Deiner Freundin herumspaziert, wenn Dich der Verlust der Pause so hart trifft?

Elsa: Weil ich Lust dazu hatte. Und außerdem gehst Du auch mit Deiner Freundin heim, wenn Du magst, nicht wahr?

Maud: Warum meldest Du mich nicht?

Elsa: Weil ich nicht so bin wie Du.

Maud: Ich habe es übrigens gar nicht gemeldet. Sprich nicht mehr darüber, sondern beweise es.

Elsa: Ich weiß genau, daß Du mich verpetzt hast.

Maud: Schön, so beweise es doch. Du kannst nicht..., weil es nichts zu beweisen gibt.

Reaktionsgeschwindigkeit: 15 Sekunden, Dauer: 1 Minute, 12 Sekunden. Mimischer Ausdruck Elsas: Elsa ist lebhaft zu Maud und dominiert zuweilen. Sie bewegt ihre Arme gegen sie, schaut ihr gerade ins Gesicht, spricht laut, stürzt auf Maud zu, blickt sie finster an und schiebt ihren Unterkiefer vor. Sie trieb Maud zweimal in die Enge. Ihre Augen blitzten und ihre Wangen röteten sich.

2. Situation: Maud und Elsa; Ärger.

Maud: Elsa, wo warst Du heute morgen in der zweiten Stunde?

Elsa: Warum? Ich war im Studierzimmer, wie gewöhnlich.

Maud: Ja, dort hättest Du sein sollen, aber zufällig warst Du nicht dort.

Elsa: Jawohl, ich war dort. Wo hätte ich denn sonst sein sollen?

Maud: Das möchte ich auch wissen. Nun, wenn Du dort warst, so sag mir, wo ich saß!

Elsa: Ganz vorne, ich war hinten.

Maud: Stimmt nicht. Ich saß heute fast ganz hinten.

Elsa: Das ist mir gleichgültig, jedenfalls war ich im Studierzimmer genau wie Du.

Maud: Ich möchte aber wissen, wo Du warst. Ich habe besonders nach Dir geschaut und Du warst nicht dort. Weil ich glaubte, Du kämst etwas später, wartete ich auf Dich, aber Du kamst nicht. Du gingst nicht über die Schwelle des Studierzimmers in der zweiten Stunde. Bevor Du weiter sprichst, möchte ich wissen, wo Du warst, sonst gehe ich deswegen zu Miß Stanley.

Elsa: Gut, ich gebe zu, ich war in der zweiten Stunde in der Bibliothek. Bist Du jetzt zufrieden?

Maud: Nein, keineswegs! Du lügst! Du warst – nun, ich weiß, wo Du warst, und ich werde sofort zu Miß Stanley gehen.

Reaktionszeit: 20 Sekunden; Dauer: 1 Minute. Mimischer Ausdruck Mauds gegenüber Elsa: Maud beginnt zögernd. Ihre Augen blicken bis gegen das Ende freundlich. Elsa scheint dieselbe Haltung getarnter Freundlichkeit einzunehmen. Durch die milde Reaktion Elsas auf ihre Worte wird Maud mutig und stampft beim letzten Satz vor Elsa auf den Boden und rennt dann entrüstet davon.

(Elsa und Maud nahmen in allen acht Situationen, in denen sie zusammen spielten, eine freundliche Haltung gegeneinander ein. Situation 1 und 2 wurden einer anderen Reihe entnommen.)

3. Situation: Elsa und Gladys; Ärger.

Elsa: So, Gladys, warum hast Du beim Schuhputzen das ganze Leder von meinen Absätzen abgerissen?

Gladys: Ich habe nicht das Leder von den Absätzen Deiner alten Schuhe gerissen. Du solltest froh sein, daß jemand so freundlich war, Deine Schuhe zu putzen.

Elsa: Ich bin dankbar, daß Du mir die Schuhe geputzt hast, aber sage mir gefälligst, warum Du das Leder von den Absätzen gezogen und dadurch die Schuhe verdorben hast!

Gladys: Das hab' ich nicht getan.

Elsa: Hm! Vermutlich hat es sich von selbst gelöst. Du tust mir leid, wenn Du nicht einmal Schuhe putzen kannst, ohne sie kaputt zu machen.

Gladys: Ich verzichte auf Dein Mitleid. Mir scheint, Du solltest eher Dich selber bemitleiden.

Elsa: Jedenfalls war es eine Gemeinheit, meine Schuhe so verdorben in mein Zimmer zurückzustellen.

Gladys: Es tut mir leid, aber ich habe sie unversehrt zurückgestellt.

Elsa: Das eine kann ich dir sagen: Du putzt meine Schuhe kein zweites Mal.

Gladys: Um so besser, wer möchte das schon?

Reaktionszeit: 18 Sekunden, Dauer: 1 Minute. Mimischer Ausdruck Elsas gegenüber Gladys: Elsa geht plötzlich auf Gladys zu, schaut sie zögernd an und schießt dann mit dem ersten Wortschwall los. Gladys steht aufrecht mit zurückgeworfenem Kopf und lächelt während sie ihrem Ärger Ausdruck gibt. Elsa wird dadurch in Stimme und Gesten weniger aggressiv. Sie lächelt ein wenig, ihre Augen sind traurig.

4. Situation: Gladys und Elsa; Ärger.

Gladys: Sage mir, Elsa, was hast Du Dir gestern abend dabei gedacht, in Deinem Zimmer zu bleiben und mein Notizbuch zu zerreißen?

Elsa: In meinem Zimmer zu bleiben, um Dein Notizbuch zu zerreißen? Du bist verrückt! Ich habe nur gelernt und Notizen aus ihm abgeschrieben.

Gladys: Du bist unverschämt. Du hast die Blätter herausgerissen und jetzt leugnest Du es. Oh, Du machst mich wild. Ich könnte Dich in Stücke reißen.

Elsa: Ich habe nichts dergleichen getan.

Gladys: Selbstverständlich hast Du es getan. Jetzt mußt Du Pappe kaufen und mein Heft reparieren. Ich möchte nur wissen, was Fräulein Kinderhook sagen wird, wenn sie solch ein Heft sieht. Und Du bist schuld daran.

Elsa: Ich bin es nicht gewesen.

Gladys: Du warst es! Widersprich mir nicht; Du warst es.

Reaktionszeit: 5 Sekunden, Dauer 1 Minute. Mimischer Ausdruck Gladys' gegen Elsa: Gladys scheint Elsa gegenüber verlegen zu sein. Der Gesichtsausdruck ist ärgerlich, aber die Stimme läßt keinen Ärger verraten. Ihre Bewegungen sind weich und langsam. Elsa steht still, sie hört alles gleichmütig an, schaut Gladys die ganze Zeit über gerade an, wird ihrerseits nicht ärgerlich, lediglich ihre Haltung wird abwehrend.

5. Situation: Elsa und Joan; Ärger.

Elsa: Du mußt den Aufenthaltsraum putzen, nicht wahr?

Joan: Ja, warum?

Elsa: Nun, ich hoffe, daß Du den Boden schön bohnerst, da es Dein Amt ist. Du verstehst, nicht so schlecht wie den Boden meines Zimmers.

Joan: Zupf Dich besser an der eigenen Nase, hörst Du?

Elsa: Natürlich hör' ich, sonst würde ich nicht mit Dir sprechen...

Joan: Wie klug, für so einen Dummkopf.

Elsa: Nun, bist Du bereit, den Aufenthaltsraum so zu putzen, wie Du sollst?

Joan: Vielleicht könnte ich es Dir überlassen?

Elsa: Mir?

Joan: Ja, Dir. Ich brauche nur zu sagen: Elsa komm, bohnere den Boden des Aufenthaltsraumes, und schon kommst Du gerannt.

Elsa: O nein, nicht ich!

Joan: O ja, Du, und das ist noch gar nicht alles. Du kommst auf meinen Pfiff, verstehst Du?

Elsa: Falls Du den Aufenthaltsraum nicht besser machst als mein Zimmer, wird – – –

Joan: Und falls Dir meine Putzerei in Deinem Zimmer nicht paßt, mach es gefälligst selber. Mach daß Du fortkommst.

Elsa: Zufällig mache ich mein Zimmer selber, seit ich nicht mit Dir zusammen schlafe.
Joan: Und wo geht der Schmutz hin? Hinter die Tür?
Elsa: Auf die Kehrschaufel, mein Liebling.
Joan: Auf die Kehrschaufel? – Schön, ich will's glauben.

Reaktionszeit: 20 Sekunden, Dauer 2 Minuten. Mimischer Ausdruck Elsas gegen Joan: Elsa lehnt an einem Stuhl und schiebt ihre Finger nervös ineinander. Bei ihren ersten Sätzen schaut sie Joan erwartungsvoll an. Ihre Augenbrauen sind hochgezogen. Joan antwortet mit herablassendem Grinsen. Bei der nächsten Bemerkung ahmt Elsa Joans sarkastischen Ton nach und sieht an ihr vorbei. Joan tritt daraufhin angriffslustig vor Elsa hin und treibt sie mehr und mehr in die Enge. Joans Stimme ist laut und herrschsüchtig. Elsa nimmt weiterhin Zuflucht zu einem sarkastischen Ton.

6. Situation: Joan und Elsa; Ärger.

Joan: Kann ich vielleicht das Buch zurückbekommen, das Du aus meinem Zimmer genommen hast, Elsa?
Elsa: Hast Du mit mir gesprochen? Ich habe kein Buch aus Deinem Zimmer genommen.
Joan: Ich will keinen Streit mit Dir anfangen; aber ich möchte mein Buch zurück.
Elsa: Aber ich weiß ja nicht einmal, worüber Du redest!
Joan: Lüg' nicht, Elsa. Was tut denn dieses Buch, das ich vermisse, auf Deinem Eckregal? Ich möchte das Buch, bitte.
Elsa: Ich habe das Buch von Miß Cranton bekommen. Das Buch gehört ihr; ich borgte es von ihr.
Joan: Zufällig war ich diejenige, die das Buch von Miß Cranton geborgt hat, gerade dieses Buch. Hör mal, Du wirst für alle Ewigkeiten um Deine Pause kommen, wenn Du dauernd Sachen aus den Zimmern anderer Mädchen nimmst. Ich dachte, mit der Zeit würdest Du Dir darüber klar sein.
Elsa: Ich möchte dieses Buch benützen, um meine Englisch-Aufgaben zu machen.
Joan: Oh, ich dachte, Du habest das Buch nicht genommen. Seit wann hast Du übrigens Englisch?
Elsa: Ich habe es schon im ganzen Tertial genommen.
Joan: Das ist eine gute Entschuldigung, um ein Buch zu klauen. Sag', welcher Englisch-Abteilung gehörst Du an?
Elsa: Englisch $8^1/_2$.
Joan: Welche Stunde?
Elsa: Dritte Stunde morgens.
Joan: Du bist verrückt. Ich habe Englisch in der dritten Stunde, und ich weiß genau, daß Du nicht dabei bist.
Elsa: Das ist mir gleich; ich behalte das Buch und benütze es.
Joan: So denkst Du! Mach daß Du fort kommst. Ich gehe sofort in Dein Zimmer und hole es.

Reaktionszeit: 5 Sekunden, Dauer $2^1/_2$ Minuten. Mimischer Ausdruck Joans gegen Elsa: Joan geht auf Elsa zu, steht unmittelbar vor ihr; Elsa bleibt unbeweglich stehen. Joan läßt mit lauter, brutaler Stimme eine Bemerkung nach der anderen auf Elsa los. Elsa behält ihren früheren sarkastischen Ton und ihre milde Stimme während der ganzen Zeit bei. Joan beherrscht Elsas mimischen Ausdruck und jagt sie schließlich aus dem Zimmer.

7. Situation: Elsa und Virginia; Ärger.

Elsa: Virginia, könntest Du mir vielleicht sagen, was mit meinem Kleid passiert ist, und wie Du es fertiggebracht hast, es so zu zerreißen?

Virginia: Dein Kleid? Du bist toll.

Elsa: Ja, mein Kleid, und zwar mein bestes! Du bist meine Zimmergenossin und die letzte, die es aufhängen würde. Es war gemein von Dir, das Kleid zu zerreißen. Du hättest besser aufpassen können.

Virginia: Es tut mir leid, aber ich weiß nicht, wie Dein Kleid zerrissen wurde. Bin ich für alles verantwortlich, nur weil ich zufällig Deine Zimmergenossin bin?

Elsa: Woher weißt Du, daß Du nicht irgendwo damit hängengeblieben bist?

Virginia: Aber ich sag' Dir, Elsa, ich weiß wirklich nichts über Dein Kleid. Warum nimmst Du es nicht zur Hausmutter, anstatt hier herumzustehen und mich anzuschreien? Ich brauche mir von Dir nichts gefallen zu lassen.

Elsa: Du hast es zerrissen, aber ich werde es nicht zur Hausmutter bringen; zumindest hättest Du es mir sagen können.

Virginia: Dir sagen? Ich habe Dir nichts zu sagen, denn ich hab' Dein altes Kleid nicht zerrissen.

Reaktionszeit: 22 Sekunden. Dauer 1 Minute, 2 Sekunden. Mimischer Ausdruck Elsas gegenüber Virginia: Elsa geht auf Virginia zu; sie macht einen großen Umweg um einen Stuhl herum und spricht mit freundlicher Stimme. Elsa zieht während der ganzen Zeit ein Taschentuch durch ihre Finger, als ob sie weben würde. Virginia schaut unentwegt auf den Boden. Ihre Farbe wird immer röter. Ihre Stimme ist höchst ärgerlich, aber sie behält eine überlegene Distanz bei und läßt sich nicht beirren.

8. Situation: Virginia und Elsa; Ärger.

Virginia: Um Himmels willen, Elsa, kannst Du nicht aufhören zu singen? Jedesmal wenn Du die Badezimmer putzt, mußt Du singen. Kannst Du zur Abwechslung nicht einmal ruhig sein? Hier versuche ich nun, meine Aufgaben bei Deiner Singerei zu machen, und ich arbeite an einer Landkarte. Wie soll man sich bei diesem Lärm konzentrieren können?

Elsa: Es macht einen so fröhlich, und die Leute hier herum sollten auch lustig sein, wenn jemand unter ihnen fröhlich genug ist, zu singen.

Virginia: Nun, wenn ich Dich nicht zur Ruhe bringe, gelingt es vielleicht Miß Stanley. Ich werde Dich einfach melden.

Elsa: Ich finde, ich singe recht gut. Jedenfalls macht es mir Spaß.

Virginia: Deine Singerei macht jeden anderen nervös. Willst Du gefälligst ruhig sein?

Elsa: Miß Stanley sagte, sie mag mein Singen gern.

Virginia: Ich bin jedenfalls nicht Miß Stanley, und außerdem hat Miß Stanley keine Aufgaben zu machen.

Elsa: Herrje, bist Du ein Griesgram. Ich verstehe sowieso nicht, warum Du Deine Landkarte am Morgen machen mußt. Warum machst Du Deine Aufgaben nicht am Abend, wie Du solltest?

Virginia: Ich denke, ich kann meine Aufgaben machen, wann es mir paßt.
Elsa: Nun, wenn Singen mein einziger Fehler ist, soll es mir recht sein.
Virginia: Nun, mir wäre es lieber, Du würdest jemand umbringen, anstatt mir in die Ohren zu singen, wenn ich an meiner Landkarte arbeite.

Reaktionszeit: 6 Sekunden. Dauer 1 Minute, 30 Sekunden. Mimischer Ausdruck Virginias gegenüber Elsa: Virginia macht eine abweisende Handbewegung und schaut weg, als ob sie Elsas Anblick nicht ertragen könne. Langsam kommt Farbe in ihr Gesicht. Sie stottert zweimal bei dem Versuch, durch Worte auszudrücken, was sie mimisch offenbar nicht ausdrücken kann. Elsa steht ruhig und entspannt, nur ihre Hände umklammern die Stuhllehne und lassen sie wieder los. Sie scheint sich in der Gewalt zu haben.

f) Die sozioemotionale Matrix

Eine Analyse der von den Partnerinnen Elsas ihr gegenüber eingenommenen Haltungen und der von Elsa ihren Partnerinnen gegenüber eingenommenen Haltungen in den 32 dargestellten Situationen ergab, daß die Häufigkeit, mit der bestimmte Haltungen eingenommen wurden, bei jeder Person verschieden war. Maud war es angenehm, viermal eine Situation zu gestalten, in der sie Elsa mit Sympathie gegenübertreten konnte. Virginia dagegen führte nicht ein einziges Mal eine solche Situation herbei, während Joan eine und Gladys zwei ihrer vier Möglichkeiten benützten, um ihrer Sympathie Ausdruck zu geben. Virginia stellte viermal ärgererfüllte und herrschsüchtige Haltungen dar, Joan dreimal, Gladys zweimal und Maud nicht ein einziges Mal. In keiner der sechzehn Situationen kam Furcht zum Ausdruck. Die folgende Tabelle gibt die Haltungen an, welche die vier Personen Elsa gegenüber einnahmen:

Interaktionstabelle I

Gegenüber Elsa:	Sympathie	Ärger	Furcht	Herrschsucht
Maud	4	0	0	0
Gladys	2	1	0	1
Joan	1	2	0	1
Virginia	0	2	0	2

Elsas Haltungen diesen vier Personen gegenüber werden in Tabelle II dargestellt.

Interaktionstabelle II

Elsa gegenüber:	Sympathie	Ärger	Furcht	Herrschsucht
Maud	4	0	0	0
Gladys	2	1	1	0
Joan	2	1	1	0
Virginia	0	4	0	0

Aus Tabelle II geht hervor, daß Elsa viermal eine Situation gestaltete, in der sie ihrer Sympathie für Maud Ausdruck geben konnte, zweimal für Gladys, zweimal für Joan, aber nicht ein einziges Mal für Virginia. Sie nahm viermal eine ärgerliche Haltung ein gegenüber Virginia, einmal bei Joan, einmal bei Gladys, kein einziges Mal bei Maud. Mit Gladys und Joan gestaltete sie eine Situation, in der Angst zum Ausdruck kam.

Ein Vergleich dieser Tabelle mit der Klassifikation der fünf Mädchen weist auf eine feinere Differenzierung der Beziehungen zwischen Elsa und den vier anderen Mädchen hin. Wir sehen, daß die Abneigung gegen Elsa bei Maud, Gladys, Joan und Virginia von verschiedenartiger Stärke ist.

Elsa ruft bei Virginia Ärger hervor, von Maud wird ihr die größte Sympathie entgegengebracht. Die Abneigung dieser vier Personen gegen Elsa könnte in vier verschiedenen Graden ausgedrückt werden. Aus Tabelle I geht außerdem hervor, daß Mauds Abneigung gegen Elsa nicht absolut ist. In allen vier Situationen ist sie ihr freundlich gesinnt. Mauds Abstoßung gegen Elsa in bezug auf das Kriterium des Zusammenlebens und ihre diesbezüglich bestimmte Motivierung läßt vermuten, daß Maud beim soziometrischen Test sich mit Elsa in einem vorübergehenden Streit befunden hat. Anderseits hat Elsa zu jener Zeit Maud, Gladys, Joan und Virginia zum Zusammenleben gewählt. Im Test bringt sie aber nur Maud volle Sympathie entgegen. Gladys und Joan erwecken in ihr einerseits Sympathie, anderseits Angst und Ärger. Über Virginia ärgert sich Elsa in allen vier Situationen. Was an der soziometrischen Oberfläche als Anziehung erscheint, ist in Wirklichkeit ein Komplex gemischter Gefühle. Elsas Fall zeigt außerdem, daß weitgehend abgestoßene oder ungewählte Personen in ihrem Anwärmen auf Anziehungen veränderlich sind. Um nicht völlig negativ zu sein, entschließen sie sich zu Wahlen, die ihnen unter den gegebenen Umständen als die günstigsten erscheinen.

Quantitative Untersuchungen der emotionalen Beziehungen zwischen den Individuen eines sozialen Atoms ermöglichen uns ein Eindringen in die zwischenmenschliche Umgebung, die oft auslösende Ursache geistiger Störungen ist. Elsa nahm in den 16 Tests ihren Partnerinnen gegenüber acht sympathetische und acht antipathetische Haltungen ein (Ärger, Herrschsucht oder Angst). Ihre Partnerinnen brachten ihr siebenmal Sympathie und neunmal Antipathie entgegen.

Interaktionstabelle III

	Sympathie	Ärger	Angst	Herrschsucht	Sympathie	Antipathie
Elsa gegen ihre Partnerinnen: . .	8	6	2	0	8	8
Partnerinnen gegen Elsa: . . .	7	5	0	4	7	9

Die spontanen Reaktionen der Testpartner auf Elsa entsprechen der Zahl nach den acht sympathetischen Reaktionen Elsas; auch die Zahl der antipathetischen Reaktionen gegen Elsa (9) entspricht der Zahl ihrer antipathetischen Haltungen (8). Die Summen der von Elsa ausstrahlenden und auf sie zurückstrahlenden Gefühle scheinen sich auszugleichen. Dieser Tendenz zum *Ausgleich* der vom Kernindividuum ausstrahlenden und zu ihm zurückstrahlenden Gefühle innerhalb des sozialen Atoms begegneten wir bei unserer Forschung so oft, daß wir sie als spezifisches Phänomen des sozialen Atoms anerkennen mußten.

g) Die Situationsmatrix

1) Analyse der Handlungen und Pausen

Wir wollen die Interaktionen vom Gesichtspunkt des Situationstesters aus beobachten. Dabei bemerken wir, daß Elsas Anfangswiderstand jeder Partnerin gegenüber wechselt. Ihre Reaktionszeit ist Maud gegenüber am kürzesten, Virginia gegenüber am längsten. Wir unterscheiden zwischen Anfangsunfähigkeit, Anfangsverzögerung und Anfangsschwankungen. Eine Verzögerung kann durch Schwierigkeiten bei der Suche nach einem Thema verursacht werden. Die Handlung kam im Test Elsa-Maud am schnellsten in Gang. Elsa gelang es in allen vier Situationen, sich Maud gegenüber zu behaupten. Im Spiel mit Virginia und Joan waren Elsas Handlungen kühl, schwach und zögernd, mit Maud überhitzt und wortreich. In jeder Situation mit Maud ergriff Elsa die Initiative und hatte die meisten Einfälle, während in Situationen mit ihren anderen Partnerinnen die Initiative von diesen ergriffen wurde. Sieben der acht Ärgersituationen wurden von ihren Partnerinnen beendet, da Elsa ohne Anstoß der Partnerin nicht in der Lage war, selbst ein Ende herbeizuführen. Für das Studium der in diesen Situationen beobachteten feinsten und unscheinbarsten Interaktionen sind Film- und Schallplattenaufnahmen von größtem Wert.

2) Analyse des Wortvolumens

Die Anzahl der beim ersten Anlauf verwendeten Wörter und die Länge der Sätze sind ein Maß für die Angriffslust des Subjektes anderen Personen gegenüber. Elsa verwendete 27 Wörter bei ihrem ersten Angriff auf Maud, 22 Wörter beim Angriff auf Gladys, 19 gegen Virginia und 12 gegen Joan. Offenbar fällt es Elsa leichter, ihrem Ärger gegen Maud Ausdruck zu geben als gegen Joan. Es ist interessant, hiermit die während der ganzen Situation von Elsa jeder Partnerin gegenüber geäußerte Wortzahl und Länge der Sätze zu vergleichen: sie verwendete Maud gegenüber 98 Wörter, Gladys gegenüber 99, Virginia gegenüber 101 und Joan gegenüber 112. Das Bild hat sich nun umgekehrt. Joan, die beim ersten Wortschwall die wenigsten Wörter erhielt, bekommt jetzt die meisten, und Maud, auf die beim ersten Wortschwall die meisten Wörter kamen, erhält jetzt die wenigsten. Die

Analyse der Dialoge läßt jedoch vermuten, daß die große Wortzahl Virginia gegenüber nicht auf die Angriffsstärke zurückzuführen ist, sondern die Folge der starken Ärgerreaktion Virginias war. Elsa wurde zu Erwiderungen und heftigen verbalen Reaktionen gezwungen.

Die Zahl der beim ersten Wortschwall von jedem der vier Mädchen verwendeten Wörter war: Maud 8, Gladys 20, Joan 13, Virginia 58 Wörter. Während der ganzen Situation: Maud 135, Gladys 95, Virginia 137 und Joan 161 Wörter. Elsas Aggression ist Maud gegenüber am stärksten, wird schwächer gegenüber Gladys, noch schwächer gegenüber Virginia und ist Joan gegenüber am mildesten. Elsa selber wird von Virginia am heftigsten und von Maud am schwächsten angegriffen.

Interaktionstabelle IV

Vergleich des soziometrischen Status mit den Wortvolumen in 32 Situationen.

Soziometrischer Status	Wortvolumen	
Virginia (Star)	Virginia	Elsa
	1300	600
Joan (Star)	Joan	Elsa
	1050	700
Maud.	Maud	Elsa
	900	600
Gladys	Gladys	Elsa
	850	500
Elsa (Isoliert und abgestoßen)		

Virginia hat den höchsten soziometrischen Status und das größte Wortvolumen, Elsa den niedrigsten soziometrischen Status und das geringste Wortvolumen.

Interaktionstabelle V

Soziometr. Status	Zahl der Situat.	Zeit	Wortvolumen Elsa	Wortvolumen Partner	Anfang Elsa	Anfang Partner	Endbewegung Elsa	Endbewegung Partner
Isoliert und abgestoßen	8	12 min. 42 sec.	672	1033	1	7	1	7
	8	17 min.	400	1255	1	8	1	7
Gesamtergebnis:	16	29 min. 42 sec.	1072	2288	2	15	2	14

Hypothese I:

Zwischen dem soziometrischen Status und dem Interaktionsstatus, d. h. der Zahl der während der Interaktion gesprochenen Wörter (wahrscheinlich auch der Zahl der Gesten) besteht ein enger Zusammenhang. Niedriger soziometrischer Status geht Hand in Hand mit einem niedrigen Wortvolumen in der Interaktion.

Das gleiche gilt für die begleitenden Gesten. Ist der soziometrische Status einer Person hoch, wie z. B. der eines Industriedirektors, eines politischen Führers, eines Chefarztes eines Krankenhauses usw., so wird auch die Zahl ihrer Worte und Gesten entsprechend hoch sein.

Hypothese II :

Die Initiative eines Individuums am Anfang und in kritischen Augenblicken seiner Interaktion mit anderen Individuen wächst proportional seinem soziometrischen Status innerhalb der Gruppe (vgl. Tabelle IV). Elsas soziometrischer Status ist niedrig; ihre Initiative ist ebenfalls gering.

Hypothese III:

Die Zahl der in einer Stegreiflage gefällten Entscheidungen und gezogenen Schlüsse ist höher bei einem Individuum mit hohem soziometrischem Status, niedriger bei einem Individuum mit niedrigem soziometrischem Status. In obiger Tabelle wird Elsa mit ihren Partnerinnen als Beispiel angeführt.

3) Analyse des Wortgehalts

Es folgt ein Überblick über die ärgererfülltesten Sätze, die in den 8 Tests Elsa von ihren Partnerinnen entgegengeschleudert wurden.

Maud: Du lügst!

Joan: Hörst Du?
Wie klug für so einen Dummkopf.
Ich brauche nur zu sagen: „Elsa komm..." und schon kommst Du gerannt.
Mach', daß du fortkommst.

Gladys: Du tust mir leid.
Jedenfalls war es eine Gemeinheit.
Du bist unverschämt.
Ich könnte Dich in Stücke reißen.
Widersprich mir nicht.
Selbstverständlich hast Du es getan.
Du warst es.

Virginia: Kannst Du nicht aufhören zu singen?
Willst Du gefälligst ruhig sein?
Deine Singerei macht jedem anderen übel.
Wie soll man sich bei diesem Lärm konzentrieren können?
Warum nimmst Du es nicht zur Hausmutter, anstatt hier herumzustehen und mich anzuschreien.
Ich brauche mir von Dir nichts gefallen zu lassen.
Ich habe Dir nichts zu sagen.

Elsas ärgererfüllteste Sätze gegen ihre Partnerinnen sind folgende:

zu Maud: Du würdest es sogar den Verwaltungsleuten sagen.
zu Gladys: Jedenfalls war es eine Gemeinheit.
zu Joan: Keine.
zu Virginia: Es war gemein von Dir, das Kleid zu zerreißen.

Die Zahl der ärgererfüllten Sätze bestätigt das verschiedene Gewicht der Elsa entgegengebrachten Abneigungen. Virginia gibt ihrem Ärger in den meisten Worten und verschiedensten Sätzen Ausdruck. An zweiter Stelle kommt Gladys, an dritter Joan und an letzter Stelle Maud. Elsas ärgererfüllte Äußerungen sind allen Mädchen gegenüber ungefähr gleich schwach.

Elsas Haltung ihren Partnerinnen gegenüber ist immer schwach und gleichgültig. Sie spricht in inhaltlosen Worten mit Joan und bringt es nicht fertig, wirklich ärgerlich zu werden. Auch bei der Umkehrung der Situation mit Joan als Subjekt und Ärger gegen Elsa steht diese gleichgültig herum und nimmt die Vorwürfe passiv entgegen. Joan sagte: „Wie klug für so einen Dummkopf", ohne daß Elsa darauf reagierte. Sie sagte außerdem: „Mach, daß Du fortkommst", ohne von Elsa eine entsprechende Erwiderung zu erhalten. Als Elsa Virginia beschuldigte, ihr Kleid zerrissen zu haben – ein Streich, den sie selber einem anderen Mädchen gespielt hatte –, war sie nicht fähig, dieses Motiv in überzeugender Weise auszuführen. Sie gab nach und sagte: „Du hast es zerrissen, aber ich werde Dich bei keiner Hausmutter verpetzen." Virginia forderte Elsa höchst verärgert auf, das Singen und Lärmen einzustellen; sie sagte: „Mir wäre es lieber, Du würdest jemanden umbringen, anstatt dauernd zu singen." Auf diesen Angriff hin rannte Elsa weg und sagte: „Wenn Singen mein einziger Fehler ist, soll es mir recht sein." Elsa beschuldigte Gladys, beim Schuhputzen das Leder von ihren Absätzen gerissen zu haben. Während des Tests schien es, als ob Elsa keinen motivierten Grund des Ärgers gegen Gladys finden könnte und sie daher in ihrer Verlegenheit nach einem sehr unwahrscheinlichen suchte. Es konnte allerdings festgestellt werden, daß Elsa einige Tage zuvor die Schuhe eines anderen Mädchens ähnlich behandelt hatte. Im Dialog Elsa–Maud sind Hinweise auf heimliche Machenschaften der beiden und die daraus entstandenen Konflikte enthalten. Elsa wird warm und verhält sich Maud gegenüber ganz natürlich.

Der Wortgehalt der spontanen Wechselbeziehung zwischen Elsa und Maud enthüllt einen gemeinsamen Konflikt: ihre Beziehung zu Negermädchen und die Furcht, der Hausmutter verraten zu werden und Strafe zu erhalten. Elsa und Maud standen beide zu einer sexuellen Strömung in Beziehung, die eine Negerinnengruppe und eine Gruppe weißer Mädchen verband. Die oft plötzlich wechselnden Gefühle zwischen Maud und Elsa können daher als Folge von Eifersucht verstanden werden. Die gegenseitige Reaktionsgeschwindigkeit verrät eine Vertraulichkeit, die Elsa bisher in keinem anderen Spiel anderen Partnerinnen gegenüber gezeigt hatte. Die Plötzlichkeit, mit der Maud beim ersten Test in Gelächter ausbrach, als Elsa ihr vorwarf, einen von ihr an ein Negermädchen geschriebenen Liebesbrief der Hausmutter gezeigt zu haben, stand in keinem Zusammenhang mit der Stimmung der ärgererfüllten Szenen. Aus der spontanen Natürlichkeit ihres Handelns konnten wir erraten, daß die Mädchen vor unseren Augen eine

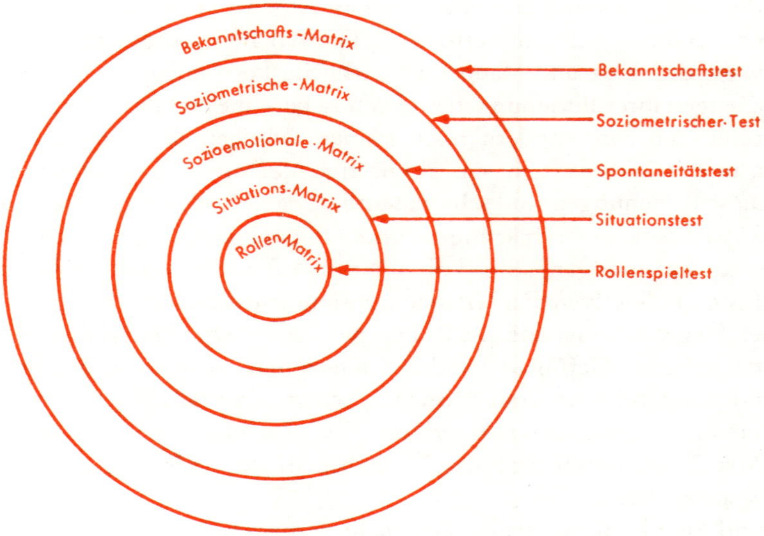

Abb. 44

Fünf Dimensionen der soziometrischen Forschung

Diese fünf Tests wurden eingeführt, um in fünf aufeinanderfolgenden Schritten von der Peripherie nach den zentral gelegenen und weniger zugänglichen Bereichen der Gruppe vorzudringen. Sie bedeuten wichtige soziometrische Forschungsmittel und liefern die diagnostische Grundlage für wissenschaftlich gültige Formen der Gruppenpsychotherapie.

ihnen vertraute Lebensszene darstellten. Nachher lachten sie sich gegenseitig aus und erzählten, Maud habe Elsa beauftragt, einem Negermädchen Liebesbriefe zu bringen, bis Elsa eines Tages selbst anfing, dem gleichen Mädchen zu schreiben und sich weigerte, länger den „Postillon d'amour" zu spielen. Während diesen letzten Minuten der Handlung schienen sie sich ihrer wirklichen Lage nicht bewußt zu sein, sondern ganz in Erinnerungen aufzugehen. Sie umarmten, küßten und streichelten sich. Vermutlich wollten sie den Anschein erwecken, als ob die Darstellung ein solches Verhalten erfordere. Die Art ihrer aufgeschlossenen Gesten aber bewies, daß Elsa und Maud ihre wirkliche Persönlichkeit offenbarten. Wir wurden Zeugen ihrer Beziehungen und Wünsche – die nicht nur als Erinnerungen rekonstruiert wurden, sondern noch immer zwischen ihnen bestanden – und glaubten in der Lage zu sein, das zukünftige Verhalten der Mädchen vorauszusagen. Diese Beziehungen sind sehr wesentlich, da sie kollektiven Charakter haben. Sie sind Ausdruck einer mächtigen und feingegliederten sexuellen Unterwelt. Es entstehen Spannungen, sobald die Welt des offiziellen sexuellen Betragens mit der Welt der kollektiven Perversionen zusammenstößt.

Bei der Stegreifübung und im Rollenspiel haben wir die Erfahrung gemacht, daß ein dargestellter Gefühlszustand meistens von selbst alle verborgenen Gefühle und Handlungstendenzen zum Ausdruck bringt. Und falls der Partner keine fingierte Person, sondern der wohlvertraute Gefährte einer Lebenssituation ist, löst dieser Prozeß wie durch mediales Verstehen in der anderen Person einen Anwärmungsprozeß aus.

Elsa und Maud wurden lange Zeit nicht warm, da beide dachten, sie müßten „spielen". Sobald sie sich aber gehen ließen, wurde das Spiel „Wirklichkeit". Beide lebten sich selbst, ohne künstliche Anstrengung. Dadurch wurde das Spiel eine Offenbarung auf der Ebene instinktiver Spontaneität. Wir wußten, daß Elsa die einzige Hausbewohnerin war, mit der Maud spielen wollte und die ihrerseits gerne mit Elsa spielte. Auch bei ihren verschiedenen Abenteuern waren sie sich gegenseitig behilflich. In sozialer Hinsicht gehörten beide derselben Gruppe an, obwohl Elsa mit einem IQ von 115 der ein wenig beschränkten Maud mit einem IQ von 72 überlegen war. Elsas Negerfreundin stand mit einem IQ von 65 ebenfalls unter ihrem Intelligenzniveau. Es scheint, daß ihre Zuneigung zu Personen unter ihrem geistigen Niveau auf zwei Ursachen zurückzuführen ist: Elsa fühlt sich in minderwertigen Gruppen wohler, da ihre Organisiertheit dem Differenzierungsgrad jener sozialen Gruppen entspricht, denen sie angehören möchte, nämlich dem Differenzierungsgrad von Gruppen chronologisch jüngerer oder geistig zurückgebliebener Mädchen. Außerdem fühlt sie sich von ihren geistig ebenbürtigen Gruppenmitgliedern abgestoßen.

Ein Studium der soziometrischen Stellung Elsas, bevor sie nach Hudson kam, brachte ein ähnliches Ergebnis. Sie ist unfähig, sich Personen anzupassen, die von ihr angezogen werden; sie ist isoliert und abgestoßen in der eigenen Gruppe. Durch die Erfolglosigkeit ihrer Anstrengungen, während einer Zeitspanne von 2 Jahren ihre Stellung innerhalb der Gruppe zu ändern, wurde sie vollends entmutigt. Ihr dauerndes Aufbegehren erinnert an das Benehmen der Angehörigen von unreifen sozialen Gruppen, wie z. B. in der 1. und 2. Volksschulklasse. Einer siebzehnjährigen Oberschülerin erscheinen auf Grund dieser Tatsachen weniger differenzierte soziale Gruppen natürlicher. Dies erklärt auch, warum man sie im Freien ständig mit Mädchen zusammenfinden konnte, die weit unter ihrer Altersstufe und ihrem geistigen Niveau standen.

In beiden Ärgersituationen hing bei Elsa und Maud das ärgererregende Motiv mit verbotener Sexualität zusammen. Das sexuelle Motiv kam in keiner von den mit anderen Partnerinnen gespielten Stegreiflagen vor. Das Diebstahlmotiv wurde dreimal ganz spontan aufgegriffen, indem entweder Elsa selbst ihre Partnerinnen des Diebstahls bezichtigte oder diese Elsa beschuldigten. Elsa wurde rasch aufgeschlossener, als sie Gladys für die schlechte Behandlung ihrer Schuhe zur Rechenschaft zog. Sobald aber Gladys Elsa angriff, wurde diese passiv und in ihren Bewegungen unsicher und ausweichend. Ihre Antworten waren nur noch Entschuldigungen. Die ursprüngliche Angreiferin hatte sich in eine Verteidigungsstellung zurückgezogen. Ihre beiden Klagen gegen Gladys und Joan erschienen so bedeutungslos und nichtig, daß sie keinen echten Ärger auslösen konnten – beide betrafen sie nur dumme Jungmädchenstreiche. Aus den höchst verärgerten Antworten jener Partnerinnen konnte jedoch geschlossen werden, daß Elsa selbst ihnen wiederholt derartige Streiche gespielt und sie dadurch gegen sich aufgebracht hatte. Warum sollte sie sich nicht über diese Mädchen ärgern, da sie in den Situationen Elsa auf gleiche Weise behandelten?

Ihr Hang, wertlose Gegenstände zu stehlen und sie unter ihrem Bett anzusammeln – dessen Virginia sie angeklagt hatte –, steht in Zusammenhang mit ihrer Sehnsucht nach der ihr fehlenden Liebe und ihrem Versuch, sich mit kleinen Geschenken die Liebe jener zu erwerben, von denen sie innerhalb der Gruppe abgestoßen wird. Auch bemühte sie sich, auf diese Weise die an Maud verlorene Negerfreundin zurückzugewinnen. Ihre rastlosen, impulsiven Handlungen enthüllen sie als Träumerin, die sich in ihrer Isolation zwar glücklich fühlt, aber dennoch die Liebe ihrer Mutter vermißt und der ihr entgegengebrachten Abneigungswelle verständnislos gegenübersteht.

Virginia und Joan waren Elsa am feindseligsten gesinnt. Joan ist eine Schlüsselperson und Führerin in der Gemeinschaft; Virginia ist eine Schlüsselperson und Führerin innerhalb der Gruppe. Ihrer Stellung in den betreffenden Netzwerken zufolge scheint der Einfluß ihrer Abneigung gegen Elsa mit den netzwerkverbindenden psychischen Strömungen geflossen zu sein und andere Mädchen zu einer ähnlichen Haltung gegen Elsa angestachelt zu haben.

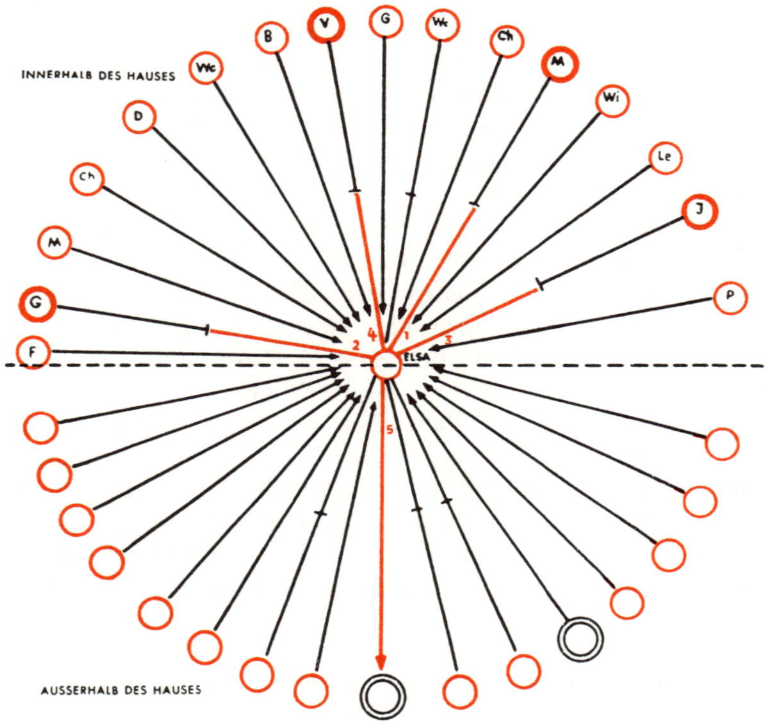

Abb. 45

Soziometrische Matrix vor dem Spontaneitätstest und Rollenspiel

Dieses Soziogramm stellt die soziometrische Matrix von Elsa vor dem Spontaneitätstest und Rollenspiel dar. Elsa von H aus C 8 ist ein in der Gemeinschaft abgestoßenes Individuum. Die gestrichelte Linie teilt die Struktur in zwei Hälften; die obere Hälfte gibt Elsas Stellung in C 8, die untere Hälfte ihre Stellung außerhalb der Gruppe wieder. Von 31 Individuen, die Elsa abstoßen, befinden sich 16 innerhalb und 15 außerhalb ihrer Gruppe. In ihrer Gruppe stößt sie WC ab, die Elsa in gleicher Weise abstößt, außerdem steht sie noch mit drei Mädchen anderer Gruppen in Beziehung gegenseitiger Abstoßung. Vier ihrer Wahlen fallen auf Gruppenmitglieder, die erste auf Maud M, die zweite auf Gladys G, die dritte auf Joan J, die vierte auf Virginia V. Die von Elsa gewählten Individuen sind durch starke rote Ringe dargestellt. Ihre fünfte Wahl fällt auf eine Negerin in Haus C 12, welche die Wahl nicht erwidert. Die von ihr innerhalb der Gruppe gewählten Individuen stoßen sie ab.

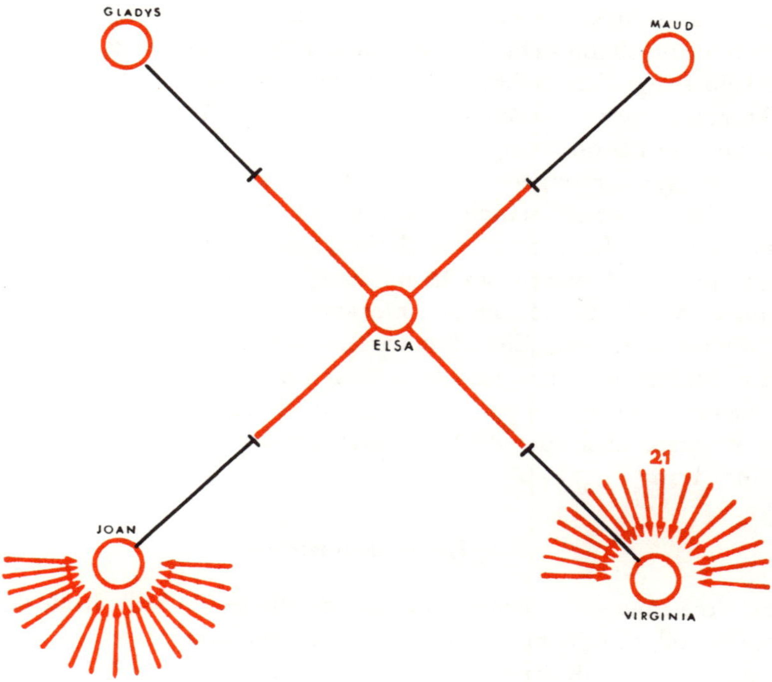

Abb. 46

Analyse kleiner Gruppen

Eine eingehendere Analyse der ersten soziometrischen Matrix ergab, daß von den 31 Elsa abstoßenden Individuen 29 nur eine unbedeutende Stellung innerhalb der Gemeinschaft innehatten. Die Haltung dieser Individuen gegenüber Elsa konnte demzufolge über den unmittelbaren Kontakt hinaus für Elsa keine Gefahr bedeuten. Es erwies sich, daß nur zwei, Virginia und Joan, großen Einfluß auf die Netzwerke hatten. Bemerkenswerterweise machte Elsa durch die Wahl dieser beiden einen Versuch, sich einen höheren soziometrischen Status zu verschaffen. Obiges Soziogramm zeigt Elsa inmitten der vier von ihr zum Zusammenleben gewählten Individuen: Maud, Gladys, Joan und Virginia. Sie fühlt sich von allen vier angezogen, wird aber von allen vier abgestoßen. Wie das Soziogramm zeigt, sind jedoch die von Gladys und Maud ausgehenden Abstoßungen außerhalb des persönlichen Rahmens bedeutungslos. Bei Joan dagegen, die zu 47 Individuen verschiedener Gemeinschaftsbezirke in Beziehung steht und bei Virginia, die durch die Anhängerschaft von 21 ihrer Gruppenmitglieder Führerin ihrer Hausgruppe ist, sind die Abstoßungen die Ursache für Elsas dauernde und zunehmende Unbeliebtheit.

Jetzt können wir auch Elsas eigentümlichsten Charakterzug, ihre Gleichgültigkeit gegen kritisierende Angriffe, verstehen. Diese Apathie ist um so überraschender, als sie in krassem Gegensatz zu Elsas lebhaftem, kämpferischem Verhalten in ihrer früheren Umgebung steht. Auch zu Anfang ihres Aufenthalts in Hudson hatte sie noch keineswegs diese Gleichgültigkeit gezeigt. Der Wechsel scheint durch zwei Faktoren bewirkt worden zu sein. Ihre Gleichgültigkeit wuchs einerseits proportional ihrer Absonderung von der Gruppe und Übertragung auf eine andere Gruppe, in der sie sich ungehemmt gehen lassen konnte. Dies schien anderseits eine notwendige Folge des ständigen von ihrer Lebensgruppe auf sie ausgeübten Druckes zu sein. Ihr Versuch, sich durch Gleichgültigkeit gegen eine Situation zu behaupten, der sie sich nicht gewachsen fühlte, ließ sie hilflos erscheinen. Sie vermochte nicht zwischen Personen zu unterscheiden, die sie direkt abstießen und anderen, die nur unter dem Einfluß gewisser Führerpersonen standen. Das ihren Konflikt verstärkende Netzwerk war so weit verbreitet, daß eine spontane Anpassung beinahe unmöglich geworden war. Eine heilvolle Änderung ihrer Lage mußte selbstverständlich auch die Individuenkette betreffen, durch die Elsas Stellung bedingt war.

h) Die Rollenmatrix

Die drei bezeichnendsten Rollen in Elsas Privatleben sind: die Rolle der Negerfreundin, der Diebin und der Rebellin. Als Negerfreundin bekleidet sie eine führende Stellung in der Unterwelt der Gemeinschaft. Sie ist nicht nur selbst an Negerinnen interessiert, sondern spielt die „Briefträgerin“ und Vermittlerin für andere Mädchen. Maud ist die andere Negerinnenfreundin in ihrer Gruppe, während Virginia und Gladys sich in entgegengesetzten sexuellen Rollen bewegen. Sie sind beide nur an Weißen und verschiedengeschlechtlicher Liebe interessiert. Obgleich sie in ihren Oberflächenrollen stark und überlegen erscheinen, befinden sie sich in Abwehrstellung gegenüber den eigenartigen sexuellen Strömungen, die niemand in der Gemeinschaft verhindern oder kontrollieren kann. In ihrer Rolle als Diebin folgt Elsa nicht einem impulsiven Drang zum Stehlen, sondern sie handelt aus ganz bestimmten Beweggründen heraus. Gleich einem Jüngling, der seiner Freundin kleine Geschenke macht, wenn er mit ihr ausgeht, muß auch Elsa sich für die ihr geschenkte Liebe erkenntlich zeigen. Die Negerfreundin äußert ihre Wünsche und Elsa bemüht sich, diese zu erfüllen, indem sie Joan und Virginia kleine Gegenstände entwendet, die diese für gutes Betragen oder von weißen Freunden erhalten haben. In ihrer Rolle als Rebellin steht sie auf ständigem Kriegsfuß mit Joan und Virginia, die konforme Rollen bekleiden und die Gemeinschaftsverwaltung repräsentieren. Elsa plant Fluchtversuche und Aufstände. Dieser sozialen Rollendynamik zufolge ist sie gleichgültig gegen Kritik und Angriffe von autoritärer Seite. Ihre Gleichgültigkeit ist jedoch kein individueller Charakterzug; denn ihre ganze emotionale Ausdehnung wird von verschiedenen Zielen beansprucht. Als sie in Rollenspielen ihre Konflikte mit ihrer Mutter und einige furchtbare Erlebnisse mit Männern darstellte, kam ihre warme, träumerische Persönlichkeit zum Ausdruck. Sie rührte das Publikum, auch ihre Gegner zu Tränen.

3. Die Soziopsychopathologie der Gruppenstruktur

Gemäß dem in diesem Buch dargestellten Forschungsplan untersuchten wir zahlreiche kleine Gruppen normaler und anomaler Individuen in Gefängnissen, Irrenanstalten und offenen Gemeinschaften. Unsere interessanteste Entdeckung lag in der Ermittlung des Zusammenhangs zwischen pathologischem Verhalten der Gruppe und Änderungen in der sozioatomaren Struktur. Durch quantitative Studien gelang es uns, das spezifische Abhängigkeitsverhältnis zwischen sozioatomarer Struktur und Verhaltensstörungen zu bestimmen. Ausschlaggebend für die Struktur eines sozialen Atoms ist nicht nur ein bestimmtes Individuum A, sondern alle zu ihm in Beziehung stehenden Individuen. Man stelle sich vor, wir hätten nach Elsas Analyse in bezug auf ihre vier Partnerinnen, Maud in bezug auf Elsa, Gladys, Joan und Virginia, nachher Gladys in bezug auf die anderen und schließlich auf die gleiche Weise Joan und Virginia analysiert. Hätten wir die Analyse aller fünf Personen in allen fünf soziometrischen Dimensionen ausgeführt, so hätte das dadurch erhaltene Bild nicht nur Vollständigkeit erreicht, sondern hätte sich auch auf eine ganz andere Forschungsebene verlagert. Wir hätten unser Forschungszentrum noch weiter vom Individuum entfernt und der kollektiven Sphäre genähert. Dieser Weg führt meiner früheren Formulierung nach zur Soziopathologie der Gruppenstruktur und ist wert, hier zitiert zu werden[1]. Die psychoanalytische Auslegung des Ödipusdramas ist verständlich, solange die Ödipussituation als individuelle, die menschliche Umgebung des Ödipus spiegelnde Reaktion aufgefaßt wird. Zur Darstellung des tatsächlichen und vollständigen Ödipusdramas ist eine „Beziehungsanalyse" erforderlich. Die drei Personen Ödipus, sein Vater Laius und seine Mutter Jocaste müssen einzeln einer individuellen und einer Beziehungsanalyse unterzogen werden. Wir sehen dann, daß Ödipus' Vater, Laius, Ödipus und Jocaste gegenüber einen Komplex hat (Jocastekomplex), der dem Ödipuskomplex mit seinem Haß gegen den Vater und seiner Liebe zur Mutter entspricht. Die Verwicklung dieser drei Menschen, ihre Reibungen und der Zusammenprall ihrer Komplexe löst den tatsächlichen Prozeß ihrer zwischenmenschlichen Beziehungen aus, der sich qualitativ unterscheidet von der

[1] J. L. Moreno: Psychological Organisation of Groups in the Community. Boston 1933.

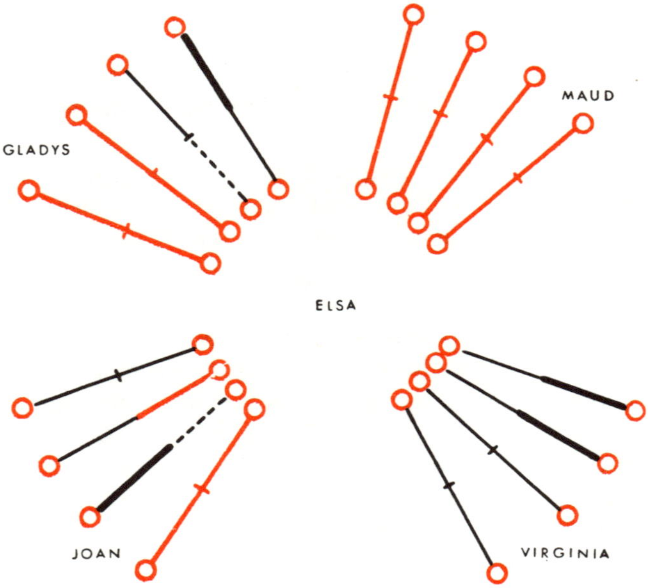

Abb. 47

Schlüssel der sozio-emotionalen Matrix

Rot bezeichnet *Sympathie*
Schwarze Linie gestrichelt bezeichnet *Furcht*
Dünne schwarze Linie bezeichnet *Ärger*
Starke schwarze Linie bezeichnet *Herrschsucht*
Test der Spontaneität (oder „Stegreifprobe").

Elsa ist das Subjekt. Die Karte bringt die Ergebnisse von 32 Rollenspiel-Situationen zum Ausdruck. In 16 dieser Situationen nimmt Elsa viermal die Führung, einmal gegenüber Maud, einmal gegenüber Virginia, einmal gegenüber Joan und einmal gegenüber Gladys. In den anderen 16 Situationen übernimmt jedes der vier Mädchen die Führung gegenüber Elsa in vier verschiedenen Situationen. Das Protokoll von acht dieser Situationen ist auf Seite 198-203 wiedergegeben. Eine rote Linie auf der Karte weist darauf hin, daß der Führer Sympathie, eine gestrichelte schwarze Linie, daß er Furcht, eine dünne schwarze Linie, daß er Ärger, eine starke schwarze Linie, daß er Herrschsucht hat.

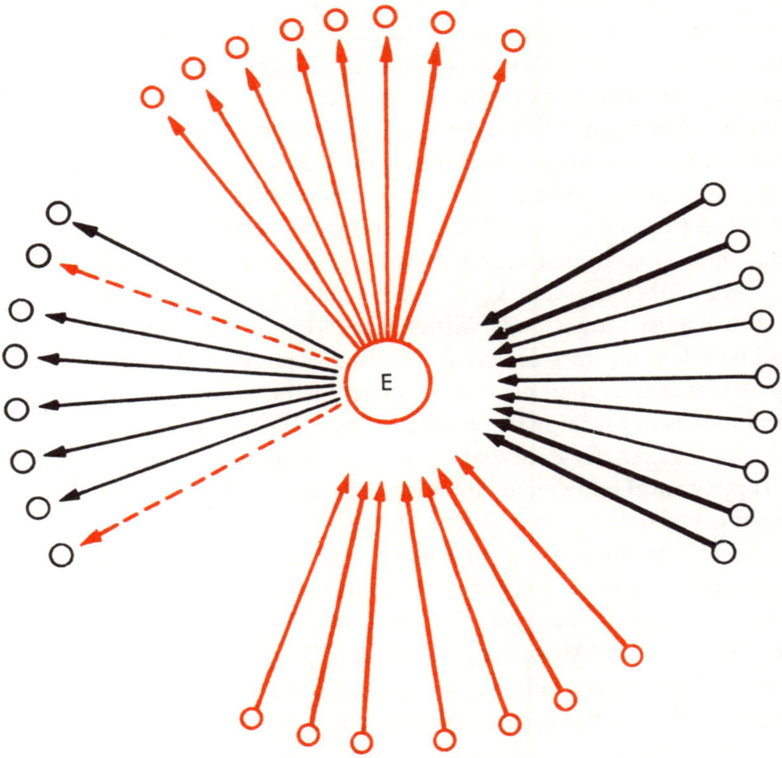

Abb. 48

Dieses Diagramm zeigt, daß die von Person E auf vier ihr bekannte Individuen, M, G, J und V, ausstrahlenden und von diesen Individuen auf E zurückstrahlenden Gefühle im sozialen Atom gleichmäßig verteilt sind. 16 Testsituationen in bezug auf Elsa ergaben, daß die aus- und einstrahlenden Sympathiegefühle im Verhältnis 8:7, die aus- und einstrahlenden Antipathiegefühle im Verhältnis 8:9 standen. In 64 Testsituationen war das Verhältnis 34:28, beziehungsweise 30:36. Aus diesen Verhältnissen geht hervor, daß die sozial-aufbauenden (bindenden) Gefühle und die sozial-zerstörenden (trennenden) Gefühle in diesem sozialen Atom nur wenig vom Gleichgewichtszustand abweichen. Daraus kann geschlossen werden, daß Elsas Haltung im wirklichen Leben gegen die verschiedenen Teilnehmer an ihrem sozialen Atom ungefähr diesen Verhältnissen entspricht und dieser Durchschnitt wahrscheinlich beibehalten wird.

Spiegelung des dramatischen Prozesses in Ödipus allein, seinem Vater allein oder seiner Mutter allein. Durch eine solche Beziehungsanalyse erhalten wir Einblick in die innere mikroskopische Organisation der ganzen Familie.

In Irrenanstalten konnten wir das soziometrische Gewebe psychopathischer Gruppen und die Gleichgewichtsstörungen in ihren sozialen Atomen studieren. Das Soziogramm einer Station, die Kranke, Ärzte und Pflegerinnen umfaßt, weist oft Strukturänderungen auf, die von der Zahl und den Beziehungen der Patienten bestimmt werden. Bei manisch-depressiven oder schizophrenen Patienten weicht die Gefühlssumme im sozialen Atom stark vom Gleichgewichtszustand ab. Das hypoaktive, deprimierte Individuum, dessen motorisches Verhalten gelähmt ist, neigt zu gleichen Reaktionen gegen alle ihm gefühlsmäßig nahestehenden Personen, die ihm gegenüber jedoch verschiedene Haltungen einnehmen. Ungeachtet der Art (ob Liebe, Angst oder Mitleid) und Häufigkeit ihrer Reaktionen wird die Gefühlsverteilung im sozialen Atom höchst unausgeglichen sein, solange die Haltung des Patienten allen gegenüber gleichbleibt. Genau wie für den individuellen Organismus nur wenige Entwicklungsmöglichkeiten bestehen, sind für Gruppen nur eine begrenzte Zahl zwischenmenschlicher Strukturen wahrscheinlich. Jedes Gruppenmitglied bewegt sich instinktiv in dem Feld sozialer Strukturen, in dem ihm die Herstellung und Aufrechterhaltung des Gleichgewichts am besten möglich ist („Soziostasis"). Vom Gesichtspunkt des soziometrisch orientierten Psychiaters aus konnten folgende Tendenzen der Gruppendynamik ermittelt werden: a) Soziometrische Tests der Patientengruppen ergaben zahlreiche „ambivalente" Wahlen und Abstoßungen. Häufige Testwiederholungen in Abständen von zwei bis drei Stunden zeigten, daß die makroskopisch ambivalent erscheinenden Wahlen in Wirklichkeit von einem raschen Wechsel gewisser Gefühlseinstellungen bestimmt werden. Ambivalenz wird vorgetäuscht, wenn das Verhalten nicht oft genug getestet wird. Ein Patient kann im ersten Test einen anderen Patienten mit echter Herzlichkeit und anderen Zeichen der Zuneigung umarmen, ihn aber im zweiten Test nach einigen Stunden mit gleich echtem Haß ohrfeigen. Wieder wenige Stunden später bringen sich beide Patienten in einem dritten Test vielleicht Gleichgültigkeit entgegen. b) Manchmal entwickelten Patientengruppen soziometrisch konstante Strukturen von einer Dauerhaftigkeit, die sonst in normalen Gruppen nur selten beobachtet werden kann. Eine bestimmte soziopathologische Konfiguration erfährt Monate hindurch praktisch keinen Wechsel. Das andere Extrem, sehr rascher Strukturwechsel, kann ebenso häufig festgestellt und nur durch oft wiederholtes Testen verfolgt werden. Patientengruppen scheinen entweder zu extremer Starrheit, geringer sozialer Spontaneität oder zu einer extremen Wechselhaftigkeit mit einem Übermaß an sozialer Spontaneität zu neigen, während die gemäßigten Mittelformen nur selten zu beobachten sind. c) Psychopathische Gruppen haben ihre eigenen psychopathischen Führer und bringen ihre eigenen Isolierten hervor. Trotz ihrer unklaren Empfindungen und Wahnvorstellungen beurteilen sie sich gegenseitig oft mit großer Treffsicherheit. d) Geisteskranke bilden ihre eigenen psychopathischen Netzwerke und bestimmen dadurch ihren Standard. Je psychopathischer die Gruppe, desto schärfer unterscheidet sich ihr Netzwerk von normalen Netzwerken. Ihre Mitglieder ahmen einander nach und distanzieren sich von den oft gefürchteten oder gar gehaßten normalen Menschen.

Von einem allgemeinen Gesichtspunkt aus gesehen, stellen die Anomalen eine Minderheit dar. Sie sind verhältnismäßig harmlos, da sie, noch bevor sie gefährlich werden können, schnell abgesondert werden. Außerdem sind sie verhältnismäßig immun gegen soziale Empfindungen und Vorurteile, die sich durch die sozio-emotionalen Netzwerke der sogenannten Normalen rasch verbreiten. Nur zu oft vergessen wir, daß die großen Manifestationen sozialer Unausgeglichenheit, wie Kriege und Revolutionen, Produkte normaler Durchschnittsgruppen sind. Die Mitglieder dieser Gruppen beeinflussen sich gegenseitig durch die mächtigen, von ihnen unbewußt geschaffenen Netzwerke, durch die ihre Liebes- und Haßgefühle und ihre direkten und symbolischen Vorurteile fließen. Der Pathologie und Therapie normaler Gruppen wurde bis jetzt nur wenig Rechnung getragen, obgleich die soziale Gesundheit der Menschheit gerade von diesen Gruppen abhängt.

Gleichgewichtsstörungen im sozialen Atom und ihre Wirkung auf die Entwicklung psychologischer Strömungen und Netzwerke geben der sozialen Psychiatrie eine nosologische Grundlage und unterscheiden sie von der eigentlichen Psychiatrie. Psychiatrische Begriffe wie Neurose und Psychose können nicht auf sozioatomare Prozesse angewendet werden. Eine Menschengruppe kann höchstens „*soziotisch*" werden. Das diesem Zustand zugrundeliegende Syndrom können wir „*Soziosis*" nennen.

Die Einführung der „Soziatrie" als Wissenschaft fällt mit der historisch-kritischen Lage der Jahrhundertmitte zusammen. Als Disziplin befaßt sie sich in erster Linie mit der Erforschung der „Pathologie normaler Gruppen". Ihre therapeutische Aufgabe liegt in deren Diagnose, Prophylaxe und Behandlung. Weder die Gesetze des Zufalls oder der Vererbung noch ökonomische Kräfte können die Entstehung der menschlichen Gesellschaft erklären. Neue, an ihrer Bildung unbedingt beteiligte Faktoren, Tele und Spontaneität, sind nachgewiesen worden. Die Ziele der Soziatrie können nicht durch Abreaktionen oder eine Anpassung à tout prix an die vorhandene soziale und kulturelle Weltordnung erreicht werden. Die Menschheit muß mit einem neuen Wertsystem durchdrungen werden, das in Einklang mit soziometrischen und soziatrischen Gesetzen steht. Nur eine radikale Revolution auf allen Lebensgebieten wird die Einführung dieses neuen Wertsystems ermöglichen.

VI. DAS VERHALTEN

1. Organisation und Verhaltensweise

Wir alle haben mit unseren Blicken oft Vögel verfolgt und ihre Gruppierung beobachtet. Meistens fliegt ein Vogel voraus, zwei oder drei hinter ihm; dann folgt ein großer Schwarm dicht beieinander fliegender Vögel, der sich allmählich bis auf drei oder vier Vögel lichtet. Zwei oder drei einzelne bilden die Nachhut und einige einzelne Vögel fliegen nebenher. Oft fragten wir uns, welchen Gesetzen diese Gruppierungen unterworfen sind. Wahrscheinlich werden die Vögel von einem sozialen Instinkt angetrieben, in Gruppen zu fliegen. Doch wir überlegten uns, ob die Konfigurationen, die sie innerhalb dieser Gruppierung bilden, lediglich durch mechanische Kräfte, Fluggeschwindigkeit, Ausdauer usw. bestimmt werden oder ob soziometrische Anziehungen und Abstoßungen an ihrer Bildung beteiligt sind.

Bei Menschen verhält es sich zweifellos so. Wenn wir Kinder beim Spiel im Freien beobachten, sehen wir, wie sich drei oder vier bemühen, mit einem Kind an der Spitze Schritt zu halten, wie andere Arm in Arm gehen und zwei oder drei verstreut und alleine spielen. Falls wir eine solche Gruppe täglich beobachten, können wir feststellen, daß die Anordnung keine zufällige ist, sondern zumindest über eine gewisse Zeitspanne hinweg bestehen bleibt, bis vielleicht das eine oder andere Kind ihrer müde wird, neue Beziehungen eingegangen werden und ein anderes die Führung übernimmt. Ein Kontrastelement, z. B. ein Negerkind, verursacht meistens Interesse und Sympathie. Unter Umständen verhalten die anderen Kinder sich ihm gegenüber gleichgültig, sehr selten aber feindselig. Anders verhält es sich bei einer Vergrößerung des Kontrastelementes. Wenn einer Gruppe von 20 bis 30 weißen Kindern 3 bis 5 Negerkinder beitreten, neigt die emotionale Haltung der Gruppe gewöhnlich zu einem Wechsel. Jeder Neger beobachtet argwöhnisch das Verhalten der weißen Gruppe anderen Negern gegenüber, weshalb diese zur spontanen Bildung einer besonderen Gruppe neigen. Sind die beiden rassischen Gruppen gleich stark, so entstehen leicht Feindseligkeiten und weit seltener Gleichgültigkeit und Sympathie.

Folgender Zwischenfall ist ein Beispiel für die Entwicklung einer solchen Situation innerhalb einer Hausgruppe. In Hausgruppe 13, die 23 weiße Mädchen umfaßte, wurde eine Indianerin, WI, eingewiesen. Sie wurde der Liebling der Hausmutter und der anderen Mädchen. Später wurden zwei andere Indianerinnen dieser Gruppe zugewiesen. Die Haltung dieser beiden Mädchen gegenüber der ersten Indianerin wurde kritisch. Sie schenkten ihr weniger Aufmerksamkeit beim Spielen und traten bei Streitigkeiten selten auf ihre Seite. Als jedoch die beiden neuen Indianermädchen von der Hausmutter gescholten wurden, fühlte sich WI gleichfalls betroffen. Allmählich nahmen alle drei eine einheitliche Haltung ein. Die weißen Mädchen fühlten sich als Gruppe von den Indianermädchen getrennt und waren fortan weniger vertraulich mit ihnen. Die Minderheitsgruppe wurde rasch durch die veränderte Lage beeinflußt. Ein viertes dieser Gruppe zugewiesenes Indianermädchen mußte infolge der Streitigkeiten zwischen den Mädchen in eine andere Gruppe versetzt werden. Kontrastierende Elemente scheinen bis zu einem gewissen Grad eine anregende Wirkung zu haben, wirken aber störend, sobald ein bestimmter Grad überschritten wird. Der soziometrische Test dieser Zeit zeigte die Indianermädchen in Cliquenbildung, abgestoßen von den Weißen und diese ihrerseits abstoßend. Die Sättigungsgrenze für Indianermädchen schien in dieser Gruppe erreicht zu sein. Bald hernach wurde bereitwillig ein im Ausland geborenes Polenmädchen und eine russische Jüdin aufgenommen. Dies bedeutet, daß eine Gruppe für ein Kontrastelement gesättigt sein kann, aber immer noch fähig ist, sich mit Leichtigkeit *anderen* Kontrastelementen anzupassen. Die strukturelle Organisation der Gruppe und ihr Differenzierungsgrad sind Indikatoren für den Grad ihrer Sättigung durch verschiedene Kontrastelemente.

Das Anpassungsproblem kontrastierender rassischer und nationaler Elemente innerhalb einer Gruppe schien in Heimgruppen schwieriger zu sein als in anderen Kollektiven. Bei einem so engen Zusammenleben machen sich gegensätzliche rassische, nationale und kulturelle Charaktereigenschaften deutlicher bemerkbar und stoßen auf größeren Widerstand. Der Sättigungsgrad für Neger und Indianer war innerhalb derselben weißen Gruppe in der Arbeits- und Spielabteilung höher als in der Heimgruppe. Mitglieder verschiedener Nationalität und Rasse erweisen sich oft als anregend zum Wettbewerb und Fortschritt einer Gruppe. Diese Anregung scheint in Arbeits- und kulturellen Gruppen vorteilhafter zu sein als in Heimgruppen. Wir stellten fest, daß ein Bedürfnis für gleichmäßige Verteilung der verschiedenen Rassen und Nationalitäten in jeder Gruppe und auch in der Gesamtgemeinschaft vorhanden war. Daher war es möglich, eine Art Rassenquotient zu entwickeln. Ein Faktor des Rassenquotienten scheint vom Kriterium des betreffenden Kollektivs abhängig zu sein.

Gleich dem Einfluß kontrastierender nationaler und rassischer Elemente auf Gruppenorganisation und Verhalten müssen auch andere Kontrastelemente, wie z. B. das Geschlecht, berücksichtigt werden. Wenn in einer von normal organisierten Gemeinschaften getrennt lebenden Gemeinschaft von 500—600 Mädchen plötzlich eine Männergruppe erscheint und sich niederläßt, verlagert sich das emotionale Interesse vom eigenen Geschlecht auf die Männer. Man kann sagen, das Tele ist durch gleichgeschlechtliche Beziehungen gelangweilt worden und nimmt eilig die neue Gelegenheit wahr. Falls einige Männer dauernd in einer solchen Gemeinschaft leben, werden sie zu Knotenpunkten der sexuellen Strömungen und durch unnatürlich große Aufmerksamkeit verwöhnt. In Hudson, wo eine Gruppe von 60 Negermädchen in zwei Häusern untergebracht war, entwickelte sich noch eine andere Situation: die Negermädchen gaben dem emotionalen Interesse eine neue Richtung und bedeuteten unter den gegebenen Verhältnissen einen therapeutischen Vorteil für die Gemeinschaft.

In jeder Gemeinschaft gibt es gewisse Gruppierungen, die von inneren Kräften beeinflußt werden. Heim- und Arbeitsgruppen in Hudson stehen unter dem Einfluß von Kräften, die ausschließlich aus dem Inneren der Gemeinschaft herauswirken. In jeder beliebigen Gemeinschaft entwickeln sich aber auch Gruppierungen, deren Organisation von äußeren Kräften beeinflußt wird. Ein Beispiel hierzu gibt uns die dualistische Organisation einer staatlichen Institution: auf der einen Seite befinden sich die Insassen, auf der anderen das Verwaltungspersonal. Gleichsam notwendigerweise entwickelt jede Gruppe entsprechend dieser zwei Kriterien der anderen gegenüber eine verschiedenartige Gruppenhaltung. Wenn, wie z. B. in Hudson, der Versuch gemacht wird, diese beiden Gruppierungen zu einer monistischen Organisation zu verschmelzen, nimmt die Gemeinschaft den Charakter einer ungeheuer großen Familie an. Es ist dann, als ob die Kinder für eine gewisse Zeitspanne ihre Eltern gewechselt hätten und der Staat an ihre Stelle getreten sei. Auf diese Weise verliert dann auch das staatliche Vorgehen seinen harten Charakter; es ist als ob die Kinder „gezwungen" würden, bis zu einem gewissen Alter – solange sie unmündig sind – mit ihren „soziometrischen Eltern" zu leben.

Wir haben bereits nachgewiesen, daß Gruppen mit einer Bevölkerung beiderlei Geschlechts eine wachsende Organisation haben und daß der Entwicklungsstand vom Differenzierungsgrad einer solchen Gruppe abhängig ist. Gleich einem einzelnen Individuum kann auch eine ganze Gruppe „sozial zurückgeblieben" sein. Sie hat dann eine Organisation, die dem normalen Entwicklungsstand auf einer früheren Altersstufe entspricht. Außerdem beobachteten wir zerfallende Organisationen, in denen ein Teil der Mitglieder dazu neigt, niedrigere Differenzierungsstrukturen zu entwickeln. Andere Gruppenorganisationen können als „sozial frühreif" bezeichnet werden; ihre Organisation ist charakteristisch für den einer höheren Altersstufe entsprechenden Entwicklungsstand. In unisexuellen Bevölkerungen weist die Differenzierung andere Strukturen auf als in bisexuellen Gruppen. Der gleichgeschlechtlichen Strömung zwischen den Mitgliedern wirkt keine gemischtgeschlechtliche Strömung entgegen wie in gemischten Gruppen.

Durch den soziometrischen Test wurde es uns möglich, den Zeitpunkt zu bestimmen, in dem Kinder ihre eigenen Gesellschaften entwickeln, und zu ermitteln, auf welchen Altersstufen diese Assoziationen einen so starken emotionalen Einfluß auf ihre Mitglieder ausüben, daß ihr Verhalten in erster Linie durch diese Einflüsse bestimmt wird und weniger durch den Einfluß gemischter Erwachsenen-Kindergruppen. Es scheint, daß das kritische Alter in der Beziehung zwischen Erwachsenen und Kindern um das achte Lebensjahr beginnt, und daß zur selben Zeit die *Kind-Kindbeziehungen* innerhalb der Kindesassoziationen höher organisiert und unabhängiger von den Erwachsenen werden. Bei Isolationsfällen, die sich zwischen dem achten Jahr und dem Pubertätsalter herausbilden, handelt es sich nicht mehr um isolierte, vergessene, übersehene Kinder wie auf der Kindergartenstufe; sie haben jetzt verschiedene Ursachen. Ein Teil der Kinder steht in engerer Beziehung zu und unter stärkerem Einfluß von Erwachsenengruppen, Familie, Lehrern, während ein anderer Teil sich anderen Kindergruppen stärker verbunden fühlt. Aber es gibt noch eine dritte Kindergruppe. Diese Kinder stehen zwischen den beiden sozialen Gruppen, die zu jedem heranwachsenden Individuum in Beziehung stehen. Sie gehören beiden Gruppen an, aber keiner ganz. Diese soziometrische Stellung scheint die Ursache vieler isolierter Charaktere zu sein, die sich unter Umständen wie bei der schizophrenen Isolation unabhängig von beiden Gruppen herauskristallisieren oder aggressive Züge entwickeln. Solche Isolierte ziehen schließlich die Jugendgruppe der Familiengruppe vor, da ihre Aggressionen der Familie gegenüber meistens ein Fehlschlag sind, ihr Angriff auf die Jugendgruppe aber gelegentlich Erfolge zeitigt. Der isolierte Angreifer hat hier bessere Möglichkeiten. Solche Entwicklungen konnten wir in Hudson im großen studieren. Durch den soziometrischen Test stellten wir fest, daß nur 19% der ganzen Gemeinschaft Erwachsenen stark verbunden und von diesen beeinflußt waren, während 70% in engerer Beziehung zu anderen Mädchen standen. 11% wurden von beiden Gruppen nur schwach beeinflußt; sie blieben isoliert.

Diese Tatsachen wiesen auf Schwierigkeiten bei dem therapeutischen Problem der Gemeinschaft hin. Die Erwachsenengruppe, Hausmütter, Lehrer und andere, insgesamt 80 Personen, die in direktem Kontakt mit den Mädchen standen, schienen nicht in der Lage zu sein, den größeren Teil der Gemeinschaft emotional zu beeinflussen. Diese Tatsache scheint Anstaltsverwaltungen oft dazu zu zwingen, strenge Disziplin und harte Strafen einzuführen, um ihren Willen bei den Anstaltsinsassen durchzusetzen, deren Mehrheit sich ihrem spontanen Einfluß entzieht. In Hudson mußten daher Hausmütter und Lehrer die anderen 19% als Vermittler benützen, um auf diese Weise die 70% zu erreichen. Aus den Soziogrammen aber konnten wir ersehen, daß nur wenige dieser 19% Schlüsselpersonen für die Mehrheit waren. Oft lebten sie innerhalb ihrer Hausgruppe in enger Beziehung zur Hausmutter, abgestoßen und getrennt von vielen anderen Mädchen. Sie eiferten der herrschenden Hausmutter nach, was die übrigen keineswegs zu kameradschaftlicher Zusammenarbeit anregte. Dies war um so mehr der Fall, wenn das Verhalten der übrigen Mädchen zur Bildung von Cliquen Jugendlicher neigte.

2. *Das psychologische Heim*

Die Familie ist eine komplexe soziale Gruppe. Sie setzt sich aus zwei Gruppierungen mit verschiedenen Kriterien zusammen. Die Gruppierung zwischen Mann und Frau ist eine sexuelle Gruppierung, in der die sexuelle Beziehung von größter Bedeutung ist. Sie wurde nur von den beiden Personen eingegangen und bestand lange bevor Kinder geboren wurden. Diese Gruppierung wurde ohne die Absicht gebildet, weitere Mitglieder aufzunehmen, oder zumindest ohne zu wissen, wer später in sie eintreten würde. Die zweite Gruppe setzt sich aus Vater, Mutter und Kindern zusammen und ist eine monastische, da in ihr ein klösterlich asketischer Geist vorherrscht. Das asketische Prinzip stellt einen religiös-soziologischen Angriff auf die erste Gruppierung dar, schiebt sie beiseite und unterstützt bewußt den anderen, nicht sexuellen Teil der Familie. Ein anderer Angriff auf die Familienstruktur geht vom kommunistischen Ideal aus. Es versucht die Erziehung der Kinder den Eltern zu entreißen und auf den Staat zu übertragen. In diesem Fall wird der zweite Teil der Familie aufgelöst und nur die erste Gruppierung bleibt bestehen.

Aus diesen Angriffen kann geschlossen werden, daß die beiden Gruppierungen *verschiedenen* Ursprungs sind und vielleicht nicht immer vereinigt waren. Der zweite Teil ist wahrscheinlich eine weitere Differenzierung eines totemistischen Prinzips, und es kann angenommen werden, daß die Anerkennung der Blutbande zwischen Vater und Kind die Verschmelzung der beiden Gruppierungen herbeigeführt hat. Das psychische Erlebnis der Elternschaft muß ungeheuer stark gewesen sein und ist es auch heute noch. Es wurde allerdings etwas erschüttert, als der Mensch erkannte, daß sein auf das Kind übergegangenes Erbgut dem rassischen Erbe gegenüber nur teilweise ins Gewicht fällt. Die soziometrische Familienhygiene strebt die völlige Synthese beider Gruppierungen an.

Hausgruppen „elternloser" Gemeinschaften sind einfacher organisiert als die Familie. Das sexuelle Vater-Mutter-Verhältnis fällt hier weg. Nur der zweite monastisch-asketische Teil ist vorhanden und setzt sich aus einer gleichgeschlechtlichen Kindergruppe und Hausmutter oder Hausmutter und Hausvater zusammen. Es besteht keine Blutsverwandtschaft zwischen den Mitgliedern. Sie bilden ein experimentelles Heim. Die ersten sexuellen Gruppierungen sind aber nur scheinbar ausgeschaltet; sie schleichen sich auf geheimnisvolle Weise in die Gemeinschaft ein.

Neuen Mädchen in einer Gemeinschaft wie Hudson fällt es zuerst schwer, sich zu Hause zu fühlen. Alle wirklichen Motive für eine solche Haltung fehlen: das natürliche Zusammengehörigkeitsgefühl einer glücklichen Familie, das Gefühl der persönlichen Freiheit und des Privatbesitzes, das Gefühl der Dauerhaftigkeit der Beziehungen. Daher entwickelt sich ein Widerstand gegen die aufgezwungene kollektivistische Lebensweise. Wir wissen aus Erfahrung, wie wichtig es für Jugendliche ist, in engerer Beziehung zu einem Personenkreis zu stehen, der ihrer emotionalen Entwicklung Schutz und Anregung bietet. Daher ist es für uns wichtig, tiefere Erkenntnisse des psychologischen Heims zu gewinnen, das von manchen Menschen leicht, von anderen nur schwer errungen werden kann. Ist hier ein Messen möglich? Kein Mädchen kann dieses Heimatgefühl entwickeln, solange es von den anderen Gruppenmitgliedern abgestoßen wird und diese ihm ein Zusammensein mit ihnen nicht wünschenswert erscheinen lassen. Die Art des Lebensraumes ist der Brennpunkt aller starken und dauerhaften Beziehungen. Überwiegen Anziehungen, so steigert sich das Heimatgefühl; überwiegen Abstoßungen, so entartet es und das Zusammengehörigkeitsgefühl wird proportional abgeschwächt.

Jeder Einzelne sehnt sich nach Lebenslagen, in denen seine ganze Persönlichkeit spontan zum Ausdruck kommen kann, und jeder sucht dauernd nach teilnehmenden Gefährten. Ziel ist das psychologische Heim. Diese Heimidee kann mit seiner wirklichen Heimgruppe identisch sein oder sich auf anziehende Personen außerhalb der Heimgruppe beziehen. Oft ist sie auch nur eine unklare Vorstellung und bedarf einer sozialen Analyse. Dennoch mag sie das Verhalten des Einzelnen in seiner gegenwärtigen Heimgruppe beeinflussen. Die Dauerhaftigkeit einer Heimgruppe ist vom gegenseitigen Interesse ihrer Mitglieder abhängig. Jede erfolgreiche Heimgruppe muß von einem Teil ihrer Mitglieder unterstützt werden. Das einzige dauerhafte und unveränderliche Kennzeichen jeder beliebigen Heimstruktur ist ihre soziale Beziehungskonfiguration, ihr soziometrischer Kern. Je größer die Gruppe, desto wichtiger ist die Bestimmung derjenigen Mitglieder, die sich zu Personen außerhalb der Gruppe hingezogen fühlen. Eine Heimgruppe in Hudson möge als Beispiel dienen. Hausgruppe C 8 hat 31 Mitglieder. Beim ersten soziometrischen Test wurden ihrer Hausmutter so viele positive Tele (warme Zuneigung) entgegengebracht, daß sie das Verhalten von Kathryn, May, Grace, Marion, Mafalda, Anna, Jane, Bertha, Felma, Kathleen, Gail und Dorothy ständig beeinflussen konnte. Vier dieser Mädchen, Marion, Anna, Jane und Kathleen, hatten eine einflußreiche Stellung innerhalb der Gruppe. Zwischen Marion und sechs anderen Mädchen bestand gegenseitige Anziehung. Fünf dieser Mädchen, Alice, Sylvia, Gladys, Merline und Lucille, gehörten nicht zu dem Kreis um die Hausmutter. Anna stand mit drei anderen Mädchen, Bertha, Jane und Kathleen, in gegenseitig positiver Beziehung. Da diese zum Gefühlskreis der Hausmutter gehörten, stärkte Anna die Stellung der Hausmutter. Außerdem hatte sie zwei weitere Freundinnen, die der Hausmutter gleichgültig gegenüberstanden.

Jane erfreute sich der Sympathie zweier Schlüsselpersonen, Anna und Marion. Kathleen hielt zu Felma, Anna, Kathryn, May und Grace, Mädchen des Kreises um die Hausmutter, und außerdem zu Eva und Letitia. Zwei Mädchen, Gail und Dorothy, hatten nur zur Hausmutter eine starke Beziehung, jedoch zu keinem anderen Mädchen. Sechs Mädchen waren von der Hausmutter und den anderen Mädchen isoliert: Lillian, Violet, Louise, Virginia, Mary, Sarah. Vier Mädchen, Norma, Edith, Eileen und Charlotte bildeten eine Gruppe für sich und entzogen sich dem Einfluß der Hausmutter und der anderen Mädchen. Somit blieben zehn Mädchen außerhalb des psychologischen Kerns von 21 Mädchen der Hausgruppe C 8. Diese zehn Mädchen verhalten sich offenbar gleichgültig gegen Gruppe und Hausmutter und fühlen sich zu Personen außerhalb der Gruppe hingezogen. Der psychologische Kern der Hausgruppe kann als *Kettenführerschaft* bezeichnet werden. Die Hausmutter im Mittelpunkt wird von 12 Mädchen umgeben. Falls sechs dieser Mädchen infolge Krankheit oder Anweisung die Gruppe gleichzeitig verlassen müßten, befände sich die Hausmutter in einer heiklen Lage. Der psychologische Kern wäre stark erschüttert und der Gruppe drohte Zerfall.

Die Heimkerne anderer Gruppen unterscheiden sich durch ihre Struktur. Hausgruppe C 1 zählt 19 Mädchen. Der psychologische Kern beschränkt sich auf die Hausmutter und 14 Mädchen, die alle in starker Beziehung zur Hausmutter stehen, unter sich aber nur schwache Verbindungen haben. Fünf Mädchen sind isoliert. In Hausgruppe C 3 kreist der Kern um *ein* Mädchen, während die Hausmutter als Außenseiterin eher die Stellung einer Haushälterin inne hat. Daß nur wenige dieser Mädchen Fluchtversuche machen, rührt daher, daß sie nicht wissen wohin oder daß andere Dinge ihnen die Schule angenehmer erscheinen lassen als ihre früheren Aufenhaltsorte. Ein wichtiger Faktor ist der Energiebetrag, den jedes Mitglied auf die Heimgruppe verwendet. Er wird um so wichtiger, je größer die Gruppe ist und betrifft hauptsächlich das für den Zusammenhang der Gruppe am meisten verantwortliche Mitglied, die Hausmutter. Es stellt sich die Frage: wieviele Mädchen kann die Hausmutter halten und wieviele Mädchen haben keine Anhänglichkeitsbeziehung zur Hausmutter oder zu einer anderen Person, die sie der Gruppe einzugliedern vermöchte? Von diesem Gesichtspunkt aus kann man sagen, daß eine Gruppe mit 10 Mädchen, von denen ihr fünf psychologisch eingegliedert sind, weniger erfolgversprechend sei als eine andere mit 25 psychologisch nicht eingegliederten Mädchen. Je größer die Mitgliedszahl einer Gruppe ist, desto leichter fällt es dem Einzelnen, ein Verbindungsglied zu ihr zu finden. Die Messung des emotionalen Ausdehnungsvermögens der Hausmutter richtet sich nicht nur auf die Zahl, sondern auch auf den Charakter der Mädchen, die sie zu halten vermag. Manche Mädchen stellen geringere Anforderungen an die Hausmutter, während sie anderen ihre volle Aufmerksamkeit schenken muß. Jedes Mädchen benötigt eine gewisse Zeit, um mit der Hausmutter in ein Verhältnis zu kommen. Manchen Mädchen gelingt es sehr schnell, mit ihrer Hausmutter warm zu werden; andere brauchen längere Zeit. Das ideale Prinzip wäre: kein Kind einer Gruppe einzuweisen, solange ihr noch nicht jedes gegenwärtige Mitglied psychologisch eingegliedert ist. Es ist daher notwendig, das Wirkungsvermögen der Hausmutter genau zu ermitteln, um eine bestimmte Trainingsart und bestimmte Methoden zur Stärkung der natürlichen Kräfte empfehlen zu können. Die natürliche Mutter schenkt — wie groß die Familie auch immer sein möge — dem hilflosesten Mitglied die größte Aufmerksamkeit. Daher sollte auch die Hausmutter einer Gruppe sofort ihre Aufmerksamkeit auf das neu eingetretene Kind richten. Falls die natürliche Mutter ein benachteiligtes Kind hat, schenkt sie gerade ihm die meiste Liebe und fordert die übrigen Familienmitglieder zu gleichem Verhalten auf. Durch dieses Verhalten wird das Kind zwar oft verwöhnt und zu sehr von der Mutter abhängig; das zugrunde liegende Prinzip aber ist gesund und kann in vielen Hausmutter-Kindsituationen künstlich aufgebauter Familien angewendet werden.

Die Hausmutter sollte daher nicht nur sich selbst bemühen, sondern auch beobachten, zu welchem der älteren Kinder sich das neue Kind hingezogen fühlt. Diesem Mädchen sollte sie einen Teil der Verantwortung für das neue Kind übertragen. Sie muß lernen, die Gruppe innerlich einzuteilen und zahlreiche Pflichten älteren Mädchen zu übertragen, um ihre Aufmerksamkeit immer den schwächsten Punkten der Gruppe zuwenden zu können. Ein Mädchen muß dem anderen zugewiesen werden, zwei Mädchen einem dritten, eine Gruppe einem Führer; nie aber darf ein Mädchen bevorzugt werden. Sie sollte dagegen stets die Bildung neuer Knotenpunkte begünstigen, da im allgemeinen die Mädchenführerin ihren Anhängerinnen gegenüber ähnlich begrenzt ist wie die Hausmutter den Mädchen gegenüber. Nur in gewissen Grenzen ist es einer solchen Führerin möglich, Liebe zu empfangen und zu erwidern. Es ist statistisch festgestellt worden, daß hauptsächlich große Familien Delinquenten haben. Hierfür können das begrenzte emotionale Ausdehnungsvermögen des Menschen und sein begrenztes emotionales Empfangsvermögen verantwortlich gemacht werden. Selbst eine natürliche Mutter wird zur „mechanischen" Mutter, sobald sie ein oder zwei Kinder sich selbst überlassen muß, um anderen Pflichten nachgehen zu können, oder wenn die Familie so groß ist, daß sie nicht allen Kindern ihre Aufmerksamkeit schenken kann. Dies kommt in unseren Hausgruppen noch augenfälliger zum Ausdruck. Die Hausmutter ist sich der Begrenzung ihres natürlichen Wirkungsvermögens nicht bewußt und wird — scheinbar unbegründet — rastlos, nervös und reizbar. Die verborgene Ursache ist immer ein Gefühl der Unzulänglichkeit und der Versuch, Mängel durch Ausflüchte zu verbergen. Sie wird oft empfindlich gegen Kritik, unbeherrscht, selbst wenn dies an sich ihrem

Wesen nicht entspricht, und verwendet Redensarten der Mädchen, um diese rascher zu beeindrucken. Dieses Benehmen kann den Erfolg der Hausmutter einschränken und in wenigen Minuten die Aufbauarbeit von Monaten zerstören. Es kann außerdem indirekt ihre Beziehung zu den Freundinnen und Anhängerinnen des gescholtenen Mädchens beeinflussen. Andere Hausmütter versuchen vielleicht, ihre Begrenzung durch eine „Laissez-faire-Devise" zu überwinden; sie beachten lediglich das Oberflächengeschehen der Hausgruppe. Dies ist ein anderer Beweis der Unzulänglichkeit, ein anderes Beispiel für die mechanische Mutter, die das emotionale Vakuum innerhalb der Gruppe nicht durch Beziehungen zwischen sich und den Mädchen oder den Mädchen unter sich auszufüllen vermag. Falls die Hausmutter aber die Gruppe als ihr eigenes Heim betrachtet, wird sie versuchen, ihm ihre ganze Liebe und ihr ganzes Wollen und Können zufließen zu lassen. Richtet sich hingegen ihr Interesse auf Personen außerhalb der Gemeinschaft, so wird sie als Hausmutter weniger erfolgreich sein, da diese Aufgabe den Einsatz der ganzen Persönlichkeit erfordert.

Die Hausmutter und das neue Mädchen stellen ein besonderes Anpassungsproblem dar. Je introvertierter die Organisation einer Gruppe ist, desto schwieriger ist es, in sie einzubrechen und Aufnahme zu finden. Stark introvertierte Gruppen neigen zur Bildung eines Gefühls der Absonderung und Unterscheidung von anderen Gruppen; ebenso unterscheidet sich jedes ihrer Mitglieder von den anderen Angehörigen der Gemeinschaft. Falls eine Hausmutter die Gruppe verläßt und eine neue ihre Stelle einnimmt, so beginnt diese meistens mit großer Begeisterung, wird aber bald nervös, unsicher und sucht ihre Fähigkeiten zu beweisen. Bevor sie diese Frist überstanden hat, stellen sich meistens Müdigkeit, Entmutigung und Niedergeschlagenheit ein. Zuflucht zur mechanischen Ausübung ihres Berufes oder Niederlegen ihres Amtes erscheinen ihr als einziger Ausweg. Es ist daher notwendig, eine Hausmutter *allmählich* auszubilden. Im ersten Halbjahr darf man ihr nur wenige Mädchen (nicht mehr als die Zahl einer gewöhnlichen Familie) und höchstens zwei oder drei schwierige Kinder anvertrauen. Wird die Leistungsgrenze der Hausmutter nicht beachtet, so bleibt ihr Arbeitserfolg aus oder sie wird krank. Die Gruppenreaktion auf die neue Hausmutter und das neue Mädchen wird noch durch einen weiteren Faktor bestimmt: den Einfluß des physischen Raumes und der Gruppenorganisation auf das Verhalten ihrer Mitglieder. Wird ein Haus überbelegt, so beklagen sich die Mädchen häufiger übereinander. Wir fühlen uns an die Parole „Übervölkerung führt zum Krieg" erinnert. Reibungen entstehen leichter, wenn viele Mädchen im *selben Raum* untergebracht sind. Da Überbelegung das Verhalten der Gruppe beeinflußt, nahmen wir an, daß durch Verminderung der Zahl ihr Verhalten günstig beeinflußt werden könnte. Diese Annahme wurde bestätigt, als in Hausgruppe C4 fast gleichzeitig fünf Mädchen anderen Gruppen zugewiesen oder entlassen wurden. Sofort

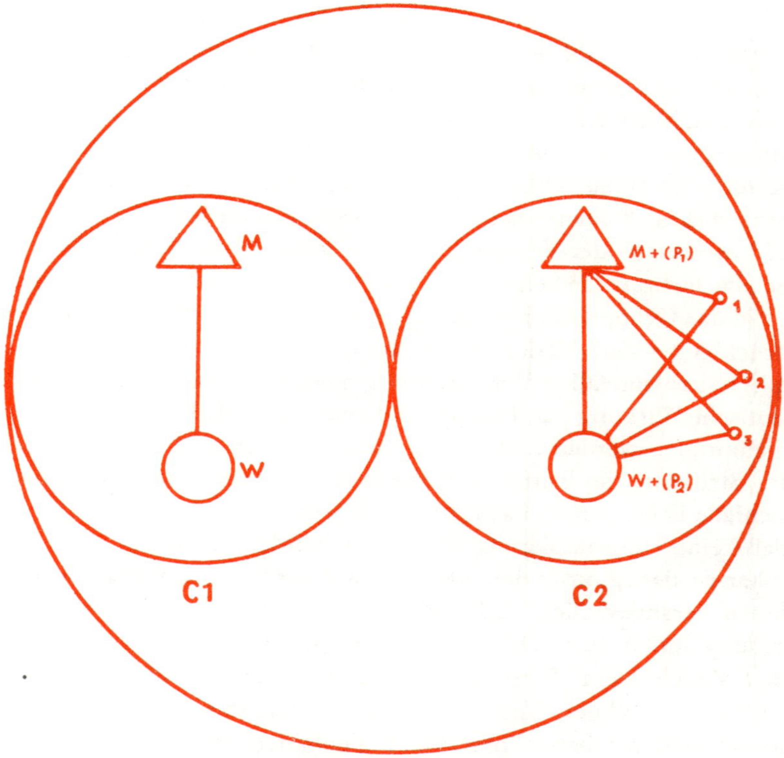

Abb. 49

Spaltung einer Familiengruppe

In Kreis C 1 wird die sexuelle Gruppierung, in Kreis C 2 die monastische oder soziale Gruppierung dargestellt. Der große Kreis zeigt, daß C 1 und C 2 zwei Zellen innerhalb einer Organisation sind. In der zweiten Zelle gehen von Kind 1, 2 und 3 Linien zu Elter 1 und Elter 2. Dadurch wird gezeigt, daß diese fünf Individuen eine Gruppe bilden. Von Kind 1, 2, 3 gehen aber keine Linien zu dem Mann oder der Frau in Gruppe I, die sich dadurch als selbständige Gruppe erweist. Die beiden Zellen repräsentieren verschiedene Funktionen: Zelle I hat sexuelle und reproduktive, Zelle II elterliche und protektive Funktionen. Diese beiden Gruppierungen innerhalb der Familie sind nicht immer in einer einzigen Konfiguration vereint gewesen. Sie repräsentieren wahrscheinlich zwei verschiedene Entwicklungsrichtungen. Hauptstadien in der Entwicklung der ersten Zelle sind: Gruppenehe, Polyandrie und Polygamie; Hauptstadien in der Entwicklung der zweiten Zelle sind: die Totemgruppe und die klösterliche Gemeinschaft.

Aus der Spaltung in diese zwei Zellen kann auf die zukünftige Entwicklung der Familie geschlossen werden. Offensichtlich brauchen die beiden Zellen nicht unbedingt vereinigt zu bleiben. Die elterliche Dyade kann durch eine von der sexuellen Dyade unabhängige Institution ersetzt werden. Möglich sind drei Entwicklungstypen der Familie: 1. Sexuelle Dyaden (ohne Reproduktion), 2. reproduktive Dyaden (ohne elterliche Verpflichtung), 3. parentale Konstellationen (soziale Eltern, welche die Erziehung fremder Kinder verschiedenen Ursprungs übernommen haben).

verringerte sich die Zahl der Zwischenfälle. Als wir jedoch die Hausgruppe C3 einem ähnlichen Test unterwarfen und die Mitgliederzahl unter den normalen Stand senkten, blieb der Erfolg aus. Eine Analyse der Hausgruppe C4 ergab, daß die fünf ausgetretenen Mädchen zwar die Zahl verringerten, selbst aber in der Gruppe nie eine Schlüsselstellung innegehabt hatten. Sie verursachten dauernd Unruhen, da sie sich einerseits um Eingliederung in die Gruppe bemühten, anderseits auf Entlassung oder Versetzung in eine andere Hausgruppe hofften. Die Analyse der Hausgruppe C3 zeigte, daß wir ihrer Struktur Mädchen weggenommen hatten, die der Gruppe harmonisch eingeordnet gewesen waren. Dadurch wurde den zurückbleibenden Mädchen nur wenig geholfen. Wir erkannten, daß eine mechanische zahlenmäßige Verminderung einer großen Hausgruppe nicht immer therapeutische Wirkung hat. Es kommt darauf an, *welche* Personen aus der Gruppe herausgenommen werden und welche zurückbleiben. C 4 hatte eine höher differenzierte Struktur; die Entfernung der fünf Mädchen war notwendig gewesen. Zwischenfälle ließen sofort nach. In C 3 dagegen war die Struktur so undifferenziert, daß keine Umgruppierung sofortigen Erfolg versprach.

Offenbar ist der „konservierende“ Einfluß der Gruppenorganisation für diese Reaktionen verantwortlich. C 3 und C 4 haben als Gruppe eine geschichtliche Entwicklung hinter sich. Da die Zahl der pro Jahr entlassenen oder neu eintretenden Mädchen ein Viertel aller ausmacht, dauert es vier Jahre, bis in einer Hausgruppe ein völliger Wechsel stattfindet. Alle durch die Gruppe hindurchgegangenen Mädchen haben ihrer Stellung entsprechend Spuren hinterlassen. Die neu eintretenden Mädchen stehen daher immer einer Organisation gegenüber, die nicht nur von den gegenwärtigen Gruppenmitgliedern gebildet wird, sondern auch durch die nachhaltige soziometrische Wirkung ausgetretener und abwesender Personen. Sie begegnen außerdem der sogenannten Nachwirkung psychischer Eindrücke, welche die Gruppenhaltung ihnen gegenüber vorbestimmt. Dieser Umstand bewahrt die Gruppe vor radikalen Neuerungen, die ein Neuling vielleicht plötzlich erzwingen möchte; es ist der *Verteidigungs- und Konservierungsmechanismus einer Gruppe*. Gruppen, die mehrere Jahre bestehen, entwickeln einen bestimmten Charakter. Die Organisation einer solchen Gruppe tritt äußerlich in Erscheinung und läßt erkennen, welche Personen eingewiesen werden sollten oder nicht.

Es scheint, als ob die Nachwirkung früherer Gruppenstrukturen der Hauptfaktor im Organisationswachstum sei und es in stetem Gleichgewicht halte. Eine Hausmutter z. B. hat die Gruppe mit Liebe geleitet und eine persönliche Beziehung zu jedem Mädchen angestrebt. Sie verläßt die Gruppe und wird durch eine andere Hausmutter mit unpersönlicher, geplanter Methode ersetzt. Hat die frühere Hausmutter Erfolg gehabt, so kann die neue ihren Einfluß auf die Gruppe nicht über Nacht vernichten. Dieser Einfluß wirkt sich nicht nur in den Reaktionen eines einzelnen Mädchens aus, sondern besonders in den Beziehungen *zwischen* den Mädchen. Alte Strukturen weichen nur allmählich neuen Strukturen.

In ähnlicher Weise hinterläßt die Persönlichkeit eines ausgetretenen Mädchens soziometrische Eindrücke, die noch lange nach seiner Entlassung in der Gruppe lebendig sind. Immer wieder geben uns Familiensituationen Beispiele hierfür. Heiratet ein Sohn, so ist man um *seine* neue Lage besorgt, schenkt aber der Lücke, die er in seiner alten Familienorganisation hinterlassen hat, nur wenig Beachtung. Häufig kommt in der Klage der Mutter, niemand könne seinen Platz ausfüllen, die psychische Nachwirkung der ausgetretenen Person zum Ausdruck. Innerhalb der Gruppe treten mancherlei Störungen als Folge dieser *negativen* Ursache auf. Durch den Austritt werden Beziehungen aus der Gruppenstruktur herausgelöst, die nicht so schnell ersetzt werden können.

3. Fluchtgenossinnen

Im Herbst 1932 machten zwei Mädchen der Hausgruppe C 14 einen Fluchtversuch. Beide Mädchen Ruth (SR), 17, und Marie (LS), 16, waren Töchter im Ausland geborener italienischer Eltern und in italienischen Vierteln von zwei verschiedenen Städten im Staate New York aufgewachsen.

Ruth hatte mit 14 Jahren geheiratet. Ihr Mann war arbeitslos und vorbestraft. Er steckte sie in ein Bordell. Auf ihren Protest hin schlug er sie bis zur Bewußtlosigkeit. Nach zwei Tagen rannte sie aus dem Bordell fort. Er wurde verhaftet, verurteilt, und die Ehe wurde annulliert. Danach verrichtete Ruth ein Jahr lang Hausarbeit und zog sich am Ende dieser Zeitspanne von einem anderen Italiener, einem Dieb und Schieber, Syphilis zu. Sie bewarb sich dann selbst um Aufnahme in Hudson. Beide Männer, die ihr Unglück gebracht hatten, fürchtete sie, fühlte sich aber noch immer zu ihrem früheren Nachbarn, einem anderen Italiener, hingezogen.

Marie dagegen hatte noch kein sexuelles Erlebnis hinter sich. Sie kam aus einer zerbrochenen Familie. Ihre Eltern waren geschieden und beide wieder verheiratet. Mit Ausnahme von einem fünfjährigen Aufenthalt in einer Klosterschule (zwischen 8 und 13 Jahren) lebte sie abwechselnd beim Vater oder bei der Mutter. Ihre Überweisung nach Hudson erfolgte auf einen Antrag der Mutter hin, die das Kind für unverbesserlich hielt. Das Verhalten beider Mädchen war bis zu ihrem ersten Fluchtversuch ausgezeichnet gewesen.

Ruths soziometrische Klassifikation vom August 1932 war folgende:

Fortsetzung des Textes S. 235

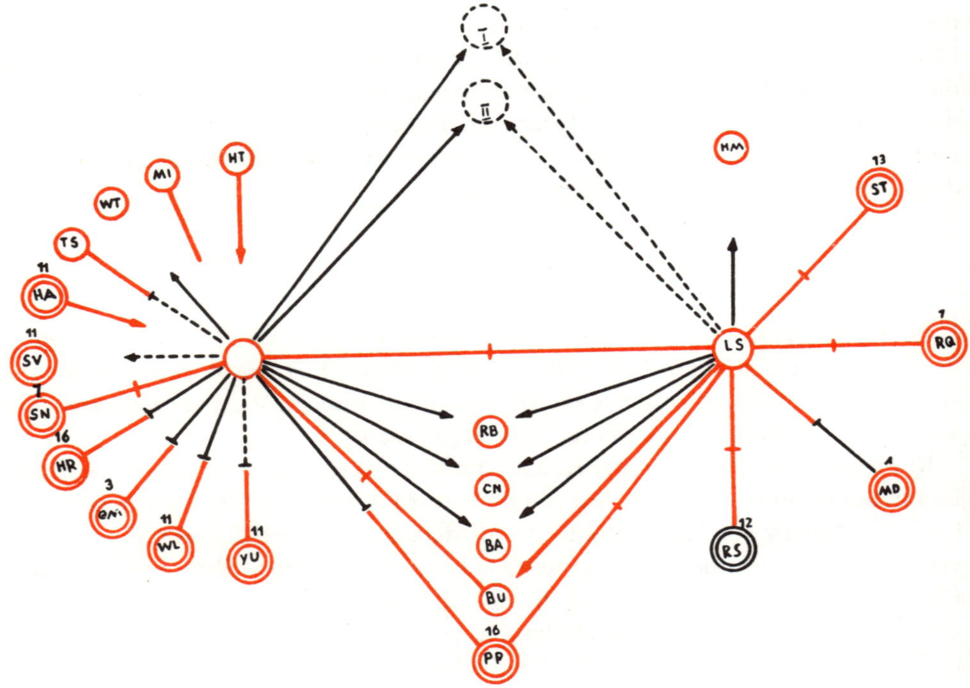

Abb. 50

Fluchtgenossinnen SR und LS

Text siehe Seite 234

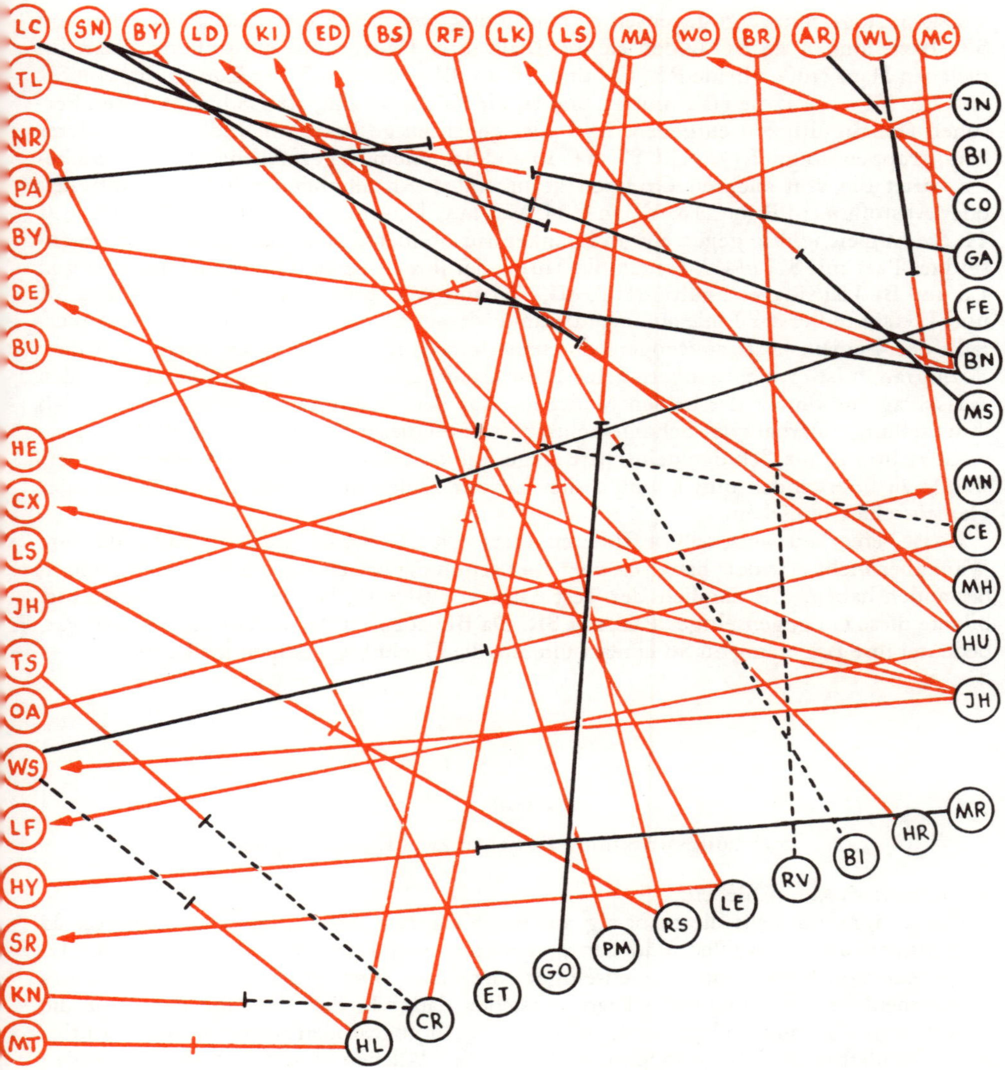

Abb. 51

Beziehungsstrukturen zwischen zwei Rassengruppen

Text siehe Seite 234

Text zu Abb. 50

Fluchtgenossinen SR und LS

Das Soziogramm zeigt gegenseitige Anziehung zwischen SR und LS. Abgesehen von SRs Beziehungen zu BU bilden sie innerhalb ihrer Hausgruppe ein isoliertes Paar. Im gleichen Haus stoßen beide RB, CN und BA ab. BU erfreut sich der Zuneigung von SR und LS. SR stößt I, die Hausmutter, und II, die Küchenchefin, ab. LS bringt diesen Personen Gleichgültigkeit entgegen. LS bildet gegenseitige Paare mit Individuen anderer Hausgruppen, so mit RQ in C 7, ST in C 13 und RS, einem Negermädchen, in C 12. SR beantwortet die von anderen Gruppen kommenden Anziehungen mit Gleichgültigkeit oder Abstoßung: PP in C 16, YU in C 11, WL in C 11, GM in C3, HR in C 16, HA in C 11. Sie ist gleichgültig gegen SV im Krankenhaus, bildet aber ausnahmsweise ein gegenseitiges Paar mit SN in C7. Gegen die Mitglieder ihrer eigenen Gruppe (abgesehen von LS und BU) ist sie gleichgültig (HT, MI, TS) und WT stößt sie ab. Beide Mädchen, SR und LS, sind in erster Linie aufeinander angewiesen. SR wird von einem Mann außerhalb der Gemeinschaft angezogen, der seinerseits von SR angezogen wird. (Auf dem Soziogramm ist er nicht eingetragen.) Diese dauerhafte Anziehung gab schließlich den Ausschlag zur Flucht der beiden Mädchen. Aus dem Soziogramm ist zu ersehen, daß ihre Stellung innerhalb der Schulgemeinschaft sie zu dieser Handlung beeinflußte. Da sie nicht richtig in die Schulgemeinschaft eingefügt waren, brauchten sie keinerlei Widerstände zu überwinden und konnten sich leichter Zielen und Wünschen außerhalb der Gemeinschaft hingeben.

Es ist bemerkenswert, daß in früheren Tests von C14 SR BU gewählt hatte, die ihre Wahl aber nicht erwidert hatte. Es mag aber schon damals eine gegenseitige Anziehung bestanden haben. Als nämlich der Test kurz vor BUs Entlassung wiederholt wurde, bildete diese ein gegenseitiges Paar mit SR. Da BU zur Zeit der Flucht bereits fort war, bedeutet ihre Beziehung zu SR einen weiteren, die Flucht begünstigenden Faktor.

Text zu Abb. 51

Beziehungsstrukturen zwischen zwei Rassengruppen

Kriterium: Zusammenleben.

Das Diagramm stellt die in bezug auf das Kriterium des Zusammenlebens von 23 Negerinnen und 34 weißen Mädchen eingenommenen Haltungen dar. 6 weiße und 6 Negermädchen bilden Paare gegenseitiger Anziehung hinsichtlich des Kriteriums des Zusammenlebens. 18 ungleiche Paare entstehen dadurch, daß die eine Partnerin die andere zum Zusammenleben wählt, von dieser aber abgestoßen oder mit Gleichgültigkeit behandelt wird. 5 Negerinnen wählen 6 weiße Mädchen, von denen sie abgestoßen werden. 1 Negerin wählt 1 weißes Mädchen, das ihr gegenüber gleichgültig ist. 6 weiße Mädchen wählen 6 Negerinnen, von denen sie abgestoßen werden. 5 weiße Mädchen wählen 4 Negerinnen, die ihnen gegenüber gleichgültig sind. 13 Negerinnen wählen weiße Mädchen, die auf diese Wahlen überhaupt nicht reagieren. Ein weißes Mädchen wählt eine Negerin, die nicht reagiert. Die Bevölkerung, in welcher der soziometrische Test diese Beziehungen ermittelte, bestand aus 377 weißen und 59 Negermädchen.

SR Formel I

L

2	1
5	7

SR Formel II

L

2—6	1—4
5—0	7—0

Maries Klassifikation zur gleichen Zeit war:

LS Formel I

L

2	5
1	4

LS Formel II

L

2—4	5—0
1—0	4—1

Das Soziogramm auf Seite 232 stellt ihre soziometrische Stellung kurz vor ihrem Fluchtversuch dar. Es war ein Jahr nach ihrem Eintritt in die Anstalt. Der Test wurde nach einem Monat wiederholt und wies keine wesentlichen Veränderungen auf. Auf Grund ihrer Klassifikation stellten wir fest, daß ihre Stellung in der Gemeinschaft sie zu einem Fluchtversuch veranlaßte. Sie standen beide auf der Liste soziometrischer Umgruppierung, die als Folge unserer Untersuchungen vorgenommen wurde. Bevor jedoch ihre gewünschte Versetzung in eine andere Hausgruppe erfolgte, rannten sie fort.

Das Soziogramm zeigt in bezug auf das Kriterium des Zusammenlebens eine gegenseitige Anziehung zwischen den beiden Mädchen SR, Ruth, und LS, Marie. Auch im Hinblick auf die Zusammenarbeit gaben sie sich gegenseitig die erste Wahl. Marie war Ruths erste Bekanntschaft im Haus C 14. Ihre Anziehung scheint tief verankert zu sein, da beide dieselben Mädchen der Hausgruppe abstoßen (RB, CN und BA). Es ist bedeutungsvoll, daß die von ihnen abgestoßenen Mädchen allgemein innerhalb der Gruppe abgestoßen werden. Das eine weitere Mädchen, dem Ruth Sympathie entgegenbringt, BU, erwidert im Wiederholungstest diese Wahl (vgl. das Soziogramm) und wird auch von Marie gewählt. Mit Ausnahme von BU, die im September entlassen worden war, waren beide selbst gegen Mädchen, die sich zu ihnen hingezogen fühlten, gleichgültig oder abstoßend. Ruth stößt die Hausmutter I und die Köchin II ab, während Marie ihnen gegenüber gleichgültig ist. Die beiden Mädchen bilden innerhalb ihrer Hausgruppe ein isoliertes Paar. Aus den Motivierungen dieses Personenkreises kann geschlossen werden, daß meistens Ruth die Einstellung der beiden bestimmte. Maries Stellung außerhalb der Hausgruppe war freundlicher als die Ruths. Sie bildete vier gegenseitige Paare mit Mädchen anderer Hausgruppen. Ihre Freundschaft mit dem Negermädchen RS war der einzige Stein des Anstoßes zwischen Ruth und Marie.

Beide Mädchen schienen von den Hauptströmungen abgeschnitten, isoliert und aufeinander angewiesen zu sein, da BU schon vor längerer Zeit entlassen worden war. Im Oktober erfuhr Ruth von einem neuen Mädchen, daß einige ihrer Verehrer noch immer an sie dächten. Der Grund zu einem Fluchtversuch war dadurch gegeben. Beim Höhepunkt einer Halloweenfeier spielte ein drittes Mädchen den Hehler, wurde ohnmächtig und zog die Aufmerksamkeit der Hausmutter und der anderen Mädchen auf sich, während Ruth und Marie das Weite suchten.

Durch regelmäßig wiederholte, sorgfältige Klassifikation einer jeden Person können Fluchtversuche oft vorhergesehen und verhindert werden. Genau wie ein Kind in einer offenen Gemeinschaft manchmal versucht ist, seiner Familie oder dem ganzen Beziehungskomplex seiner Heimatstadt davonzulaufen, so hegt auch das Kind einer geschlossenen Gemeinschaft ähnliche Wünsche. Wir unterscheiden drei verschiedene Arten der Fluchtversuche:

1. Personen, die keine positiven Beziehungen zur Gruppe haben und aus ihrem Haus weglaufen. Oft bitten sie um Versetzung in eine andere Gruppe und versuchen diese durch mancherlei List herbeizuführen. Sobald sie ihrer Gruppe besser eingegliedert sind, läßt ihre Unruhe nach und sie fügen sich in die Umgebung. Bis ihre Eingliederung stattgefunden hat, sind sie zur Flucht bereit. Allerdings befinden sich manchmal isolierte und abgestoßene Personen in einer Hausgruppe, die trotzdem nicht an ein Weglaufen denken, da sie sich zu Mitgliedern anderer Hausgruppen hingezogen fühlen.

2. Personen, die vor der Gesamtgemeinschaft fliehen. Sie sind nicht nur innerhalb ihrer Hausgruppe, sondern auch in bezug auf andere Kriterien innerhalb der Gemeinschaft isoliert und abgestoßen. Die Eingliederung ist in solchen Fällen allerdings schwieriger.

3. Personen, die auf einen plötzlichen Einfall hin auf und davon laufen. Das Verhalten manch einer impulsiven Person konnte durch ihre Stellung erklärt werden. Ihr spontanes Handeln stand in enger Beziehung zu ihrer Umgebung. Wie im Falle Ruth müssen oft die emotionalen Strömungen, in denen die Person früher gestanden hat, und ihre soziometrische Stellung in ihrer Heimatstadt gleichzeitig mit ihrer Stellung in der unmittelbaren Gemeinschaft untersucht werden.

4. Rasse

Das Studium einer gegebenen Gruppenorganisation ermöglicht nicht nur ein frühes Erkennen kleinerer Zwischenfälle, sondern auch größerer Gruppenausbrüche, die anderen Teilen der Gemeinschaft gefährlich werden können. Wir haben bewiesen, daß schon sehr früh innerhalb der Gemeinschaftsorganisation Anzeichen solcher Störungen beobachtet werden können. Bisher wurde nur das Individuum unabhängig von der Gemeinschaft und die Masse unabhängig von jedem ihrer Individuen studiert. Die Anwendung der Soziometrie auf dieses

Problem enthüllt hingegen die psychologische Stellung eines *jeden* Individuums innerhalb der Masse und spürt durch Beobachtung der Interaktionen bestimmter Individuen Gefahrenzonen für spontane Massenausbrüche oder allmähliche Entwicklung solcher Reaktionen auf.

Während sechs Monaten wurde eine solche Miniaturzone in einem Teil der Negerbevölkerung in Hudson erforscht.

Zu Anfang der Forschungsarbeit:

Die Negermädchen waren in den Häusern C 9 und C 12 untergebracht. Der soziometrische Test ermittelte zu Anfang unserer Forschungsarbeit die Organisation von Hausgruppe C 9 und C 12 (vgl. Soziogramm Seite 132). Hausgruppe C 12 zählte 33 Mitglieder. In C 12 waren Sarah und Susan Mittelpunkt von 19 Anziehungen. Zwischen beiden Mädchen konnte außerdem eine gegenseitige Anziehung festgestellt werden. Motivierungen und Spontaneitätstest zeigten, daß Susan die stärkere Partnerin und daher die wirkliche Führerin der Gruppe war. Durch die Analyse ihrer Abstoßungen trat ihre Führerschaft noch eindeutiger hervor. Sie stieß neun Mädchen ihrer Gruppe ab. Die Analyse der spontanen Reaktionen dieser neun Mädchen erwies hauptsächlich Angst vor Susan. Bezeichnend für ihre Stellung ist die gegenseitige Abstoßung zwischen ihr und Jane MS. Jane war die beste Schülerin und hatte den höchsten I Q der Gruppe (116). In C 9 war neben drei anderen Schlüsselpersonen Elisabeth Gruppenführerin und Mittelpunkt der Anziehungen. Das Soziogramm der Gesamtgemeinschaft (vgl. Soziometrische Geographie einer Gemeinschaft) weist zahlreiche Abstoßungen zwischen C 9 und C 12 auf. Sie schienen teilweise durch die Haltung der sich gegenseitig abstoßenden Hausmütter verursacht worden zu sein. Die Negergruppen scharten sich auch in den Arbeitsabteilungen um Susan und Elisabeth. Solange die beiden Mädchen diese Stellung innehatten, waren keine bedeutenden Zwischenfälle vorgekommen.

Vier Monate später:

Die während der folgenden vier Monate wiederholten Tests wiesen auf keinerlei beunruhigende Veränderungen in den Negergruppenorganisationen hin. Am Ende dieser Zeitspanne wurden Susan und Sarah entlassen und mehrere neue Mädchen – unter ihnen Stella – aufgenommen. Die beiden Gruppen wurden einem weiteren Test unterworfen. Die Organisation der Hausgruppe C 12 wies jetzt starke Veränderungen auf. Niemand bildete mehr einen Mittelpunkt der Anziehungen. Die Gruppe schien in sechs Parteien zerfallen zu sein. Nur die Beziehungsgruppe um Jane hatte sich erhalten. Vier Mädchen wurden von ihr angezogen; alle hatten aber nur bedeutungslose Stellungen inne. Zwölf Mädchen stießen Jane ab, elf davon waren frühere Anhängerinnen von Susan oder Sarah.

Die Motivierungen der Mädchen beschrieben ihre Stellung als die eines abgestoßenen Führers. Spontaneitätstests von Jane und den 12 Mädchen ließen in neun Fällen Ärger erkennen, der durch Janes Einbildung, „besser zu sein als die anderen", hervorgerufen worden war. Stellas Stellung war unbedeutend. Sie stieß Philamina, ihre Arbeitskameradin in der Dampfwäscherei, ab und wurde selbst von dieser und Jane abgestoßen. Zwei andere Mitarbeiterinnen, Hilda und Rosalie, fühlten sich in bezug auf das Kriterium des Zusammenlebens von ihr angezogen. C 9 wies ebenfalls bedeutende Organisationsveränderungen auf. Nach Elisabeths Entlassung hatte die Hausmutter ihre Stellung eingenommen und war zum Mittelpunkt zahlreicher Anziehungen geworden. In keiner Gruppe konnten beunruhigende Strukturen beobachtet werden.

Als wir jedoch dieses Mal die Arbeitsabteilung der Negerinnen einem Test unterwarfen, fanden wir in der Dampfwäscherei Beziehungsstrukturen, die Voraussetzung zu ernstlichen Störungen sein konnten. Sieben Mädchen aus C 12, Stella, Philamina, Esther, Hilda, Myrtle, Rosalie und Lillian, wurden hier beschäftigt. In der Organisation dieser Gruppe kam eine gegenseitige Abstoßung zwischen Stella und Philamina, den Beschickerinnen der Mangel, zum Ausdruck. Hilda und Myrtle, die beide die gemangelte Wäsche annehmen, stießen sich ebenfalls gegenseitig ab. Myrtle stieß die ihr gegenüber arbeitende Beschickerin ab. Die beiden Wäschefalterinnen, Lillian und Rosalie, zogen sich gegenseitig an und stießen Myrtle ab. Esther, die Schüttlerin, fühlte sich von Rosalie angezogen und stieß Hilda ab. Hilda wurde von der ihr gegenüber arbeitenden Beschickerin Stella angezogen. Diese wurde ihrerseits von Lillian angezogen und von Myrtle abgestoßen. Esther, Stella, Hilda und Lillian stießen die Abteilungsleiterin ab, von der nur Stella abgestoßen wurde. Philamina, Myrtle und Rosalie wurden von ihr angezogen. Auch sie hatte diese Mädchen gern. Die Motivierungen waren, in Kürze, folgende:

Philamina hatte Angst vor Stella, da diese sie geschlagen hatte. Stella behauptete: „Philamina mag uns nicht, sie hält zur Arbeitsleiterin, Frl. O." Hilda war gegen Myrtle, da sie Stella nicht leiden konnte. Myrtle stieß Hilda ab, „weil Hilda Stella immer recht gibt, selbst dann, wenn sie unsere Arbeit stört". Lillian sagte: „Stella bemüht sich, Rosalie zu gewinnen, um mit ihr zusammen Miß. O. Streiche zu spielen, aber Rosalie hört auf mich und nicht auf Stella." Rosalie meinte: „Stella ist eine gute Kameradin und nimmt die Schuld auf sich; aber Lillian hilft mir bei der Arbeit." Esther hatte Lillian gerne, „weil sie nett ist und nicht wie Stella schlecht über die Weißen spricht". Hilda dagegen fand sie dumm: „Sie folgt Stellas verrückten Einfällen." Myrtle stieß Philamina ab, „weil sie mit Jane befreundet ist und ihr unsere Streiche in der Dampfwäscherei erzählt. Jane verpetzt sie dann der Hausmutter." Lillian und Rosalie mochten Myrtle nicht, „da sie zu freundlich zu weißen Mädchen ist". Stella war der Abteilungsleiterin feindlich gesinnt: „Wenn sie die Maschine anhalten muß, gibt sie mir die Schuld. Sie befürchtet immer, ich würde mich verletzen, wenn ich schnell an der Maschine vorbeispringe, um Rosalie zu helfen." Hilda sagte: „Sie ist böse, daß Stella und ich nicht auf sie hören, und doch tun wir es." Esther und Rosalie hatten sie nicht gern, konnten aber nicht den Grund dafür angeben. Die Leiterin sagte: „Ich hab' sie alle gern, nur Stella ist herausfordernd, trotzig und stiftet die anderen zu dummen Streichen an."[1]

Vier Wochen später:

Der Test zeigte Stella als Mittelpunkt aller Anziehungen mit Ausnahme von Philamina. Zwischen ihr und Stella bestand eine gegenseitige Abstoßung. Außer Philamina stießen alle die Leiterin ab.

Ursachen:

Der soziometrische Test der Dampfwäscherei deckte die um Stella kreisende Gruppenorganisation in ihrem Anfangsstadium auf. An Hand des Soziogramms und der Motivierungen konnten Spannungen zwischen Esther-Hilda und Philamina-Myrtle und ungleiche Beziehungen zwischen beiden Paaren und der Leiterin festgestellt werden. Diese Umstände ebneten Stella den Weg. Esther und Hilda hatten vorübergehend der Leiterin gegrollt, als diese sie zu gründlicherer und schnellerer Arbeit anhielt. Myrtle und Philamina stießen Esther und Hilda ab; sie waren schon vor diesen beiden in der Wäscherei gewesen und standen meistens auf der Seite der Abteilungsleiterin. Die Leiterin hatte bisher immer die Spannungen zu lösen vermocht. Plötzlich trat Stella auf die Bildfläche. Sie war frech genug, die Leiterin heimlich lächerlich zu machen und die anderen Mädchen zu gleichem Verhalten aufzufordern, und trieb es so weiter, bis Esther, Hilda und Lillian sich zu ihr gesellten und ihrem Beispiel nacheiferten. Gemeinsam nahmen sie eine aufrührerische Haltung ein. Als der Test nach vier Wochen wiederholt wurde, standen alle Mädchen auf Stellas Seite, ausgenommen Philamina, die mit Stella zusammen die Mangel versorgte. Stella arbeitete weiterhin nach Laune, oft schneller oder langsamer als es die Zusammenarbeit mit Philamina erfordert hätte. Als Folge davon wurden Hilda und Myrtle, die Empfängerinnen auf der anderen Seite der Maschine, mit Arbeit überlastet, verwirrt oder arbeitslos. Nach Streitigkeiten mit Philamina arbeitete Stella manchmal überhaupt nicht. Ein anderes

[1] Im Soziogramm sind die Mädchen durch folgende Initialen gekennzeichnet:

Susan	LW	Philamina	LR
Sarah	WT	Hilda	GR
Jane	LS	Rosalie	CV
Elizabeth	PA	Esther	GM
Stella	DR	Myrtle	WL
		Lillian	FR

Mal stopfte sie zu viele Stücke in die Maschine, sprang auf die andere Seite und zog sie heraus, bevor sie hängenblieben und die Maschine verstopften. Ja sie machte sich schließlich einen Spaß daraus, ihre Hände in die heiße, laufende Maschine zu stecken und sich dadurch selbst zu gefährden.

Der Test der Hausgruppe konnte zu dieser Zeit keine von Stella ausgehenden Störungen ermitteln. Auch die Feindschaft mit Philamina war nicht in die Hausgruppe gedrungen. Dennoch befürchteten wir auf Grund der Testergebnisse in der Dampfwäscherei Störungen in der Hausgruppe, falls eine Verstärkung der Spannungen nicht rechtzeitig verhindert würde. Bei einer Belegung mit 33 Mädchen wies der Test der Hausgruppe C 12 dieses Mal 35 ungleiche Paare auf. Damit übertraf C 12 jede andere Hausgruppe der Gemeinschaft. Durch ihre introvertierte Organisation wurden die Reibungen zwischen den Hausgruppenmitgliedern noch verstärkt; die Gruppe war seit Susans Entlassung führerlos. In Hudson hatten beide Negergruppen eine Organisation mit einer Führerin an der Spitze entwickelt, der sie blindlings folgten. Als Susan und Sarah austraten, wurde allgemein angenommen, daß Jane die Führung übernähme. Doch während Jane das Vertrauen der Hausmutter gewann, stieß sie die Gruppe ab und wurde von dieser abgestoßen. Die Organisation wurde locker und zerfiel sehr rasch.

Zu dieser Zeit kam Stella nach Hudson und wurde in Haus C 12 eingewiesen. Stella schloß sich an die Mädchen an, die Jane abstießen, und lag selbst von Anfang an mit ihr im Streit. Die Gruppe in der Dampfwäscherei hatte sich um Stella geschart und wurde von der Abteilungsleiterin nur schwach beeinflußt. Es konnte angenommen werden, daß dieselben Mädchen auch in der Hausgruppe der weißen Hausmutter gegenüber eine ähnliche Haltung einnehmen würden. Sie stellten den Herd chronischer emotionaler Spannungen dar.

Außer den beschriebenen emotionalen Streitigkeiten beeinflußten die Rassenunterschiede zwischen den Mitgliedern die Gruppenorganisation. Bei jeder Gelegenheit zogen die Mädchen dunklere Negermädchen den helleren vor; letztere umfaßten 10% der Hausgruppe C 12. Es ist daher bedeutungsvoll, daß die Führerinnen beider Hausgruppen zu den dunkelsten Mädchen gehörten und die hellere Jane um so heftiger abgestoßen wurde, je mehr sie ihren Rat anbot. Das Verhältnis zur Hausmutter, das Elisabeth und Susan in den Augen der anderen ausgezeichnet hatte, machte Jane noch mehr zur Ausgestoßenen. Diese beiden Pole rassischer Strömung spiegelten sich auch in der Gruppenorganisation. Die helleren Mädchen standen ausschließlich in Nebenströmungen.

Wie beim Verlauf einer Krankheit stellten sich in bestimmter Reihenfolge Warnungssymptome ein, die zu präventiven Maßnahmen Anlaß gaben. Wir schlugen Stellas Versetzung von der Dampfwäscherei in eine andere Arbeitsabteilung vor. Zwei Wochen nach dem zweiten Test ihrer Stellung wurde diese

Versetzung vorgenommen und die Gruppe in der Wäscherei aufgebrochen. Das Verhalten der zurückgebliebenen Mädchen besserte sich dadurch von selbst.

Ein drei Wochen vor dem Ausbruch der Rebellion ausgeführter soziometrischer Test ermittelte grundlegende Organisationsveränderungen in der Hausgruppe C 12: Stella war Mittelpunkt von 12 Anziehungen, Jane Mittelpunkt von 15 Abstoßungen, Stella stieß Jane und die Hausmutter ab. Jane und die Hausmutter waren durch gegenseitige Anziehung verbunden. Der Kreis um Stella bestand teilweise aus ihren früheren Arbeitskameradinnen von der Dampfwäscherei; acht von ihnen stießen Jane ab. Aus den Motivierungen konnten wir entnehmen, daß Jane wegen ihrer Freundschaft mit einem weißen Mädchen und ihrer Zuneigung zur Hausmutter verspottet wurde. Zahlreiche kleine Verletzungen des Rassenstolzes schienen bei der Wahl der Führerin von ausschlaggebender Bedeutung zu sein (rassische Strömung). Die Strömung floß mit großer Geschwindigkeit durch die Netzwerke der Hausgruppen C 9, C 12 und einen Teil der Hausgruppe C 15.

Auslösende Ursachen:

1. Die Hausmutter der Gruppe C 12 geht auf Urlaub.
2. In den nächsten Tagen kommen mehrere kleine Zwischenfälle vor.
3. Stella wird von ihrer Mutter besucht. Nach ihrem Besuch äußert Jane in Gegenwart einiger anderer Mädchen: „Stellas Mutter ist nett, aber sie ist dick, schwarz und schlampig." Diese Bemerkung kommt Stella zu Ohren. Sie stellt Jane, die nicht für ihre Äußerung einsteht.

Schlußphase:

Der nächste Tag war kritisch. 26 der 35 Mädchen ergriffen Stellas Partei gegen Jane, die wahrscheinlich auch ihre eigene Mutter dick und schlampig genannt hätte. Diese Mädchen fanden es berechtigt, daß Stella für ihre Mutter und ihre Rasse eintrat. Sechs von ihnen hielten wiederholte Beratungen mit Stella ab (vier gehörten der Wäscheabteilung an). Stella beschloß, Jane zu schlagen. Jane rannte in ihr Zimmer und ließ sich von einem anderen Mädchen einschließen. Die Hausmutter bemerkte, daß die Mädchen mit Scheren und anderen Gegenständen bewaffnet waren. Sie versuchte zusammen mit anderen Lehrerinnen die Raufbolde zu beruhigen. Von diesem Augenblick an wendete sich der auf Jane gerichtete Angriff gegen die Hausmutter und alle, die ihr zu Hilfe kamen. Die Mädchen begannen zu schreien und Stühle, Pulte, Tische, Gläser, Lampen - was ihnen in die Hände kam - zu zerbrechen.

Es ist einleuchtend, daß

1. die Rebellion in all ihren Einzelheiten von der Organisation der Gruppen und der Gemeinschaft abhängig war, der die Aufständischen angehörten;

2. es möglich ist, die Entwicklung dieser Organisationen Schritt für Schritt zu verfolgen und die ersten Störungsursachen zu ermitteln;
3. die Rebellion keine Massenreaktion im massenpsychologischen Sinne war, sondern die Endphase der Interaktionen vieler Individuen innerhalb einer gegebenen Gemeinschaft, in der jeder Einzelne eine bestimmte Stellung innehatte und unter einem bestimmten Druck handelte. Unbedeutende Gefühle und Haltungen, wie Eifersucht, Haß, rassische Minderwertigkeitsgefühle u.a.m., entwickelten sich auf sichtbare Weise von einfachen, undifferenzierten Formen zu höchst differenzierten und gingen schließlich in eine aufrührerische Haltung über;
4. zahllose, unscheinbare, spontane Haltungen und Interaktionen vieler Individuen dauernd das Netzwerk ihrer Kollektive durchwirkten.

5. Der Rassenquotient

Durch die soziometrische Klassifikation einer gegebenen Gemeinschaft konnten wir bei Anwachsen der Mitgliederzahl zwei Gruppen unterscheiden. Erstens treten Personen ein, die in ihrem Typ der Mehrheit entsprechen, selbst wenn sie sich als Einzelne stark voneinander unterscheiden. Zweitens treten neue Individuen der Gemeinschaft bei, deren Typ nicht der Mehrheit entspricht und die offenbar aus diesem Grunde geneigt sind, mit anderen Personen gleicher Nationalität und Rasse ein Kollektiv zu bilden.

Wir haben beobachtet, daß eine heterogene Gruppe in gewisser Hinsicht homogen sein kann, ohne daß sich ihre Mitglieder dessen bewußt werden. Die Homogenität wirkt in diesem Falle nicht als psychologischer Faktor. Eine Bevölkerung kann sich z. B. aus weißrassischen Individuen verschiedener Nationalitäten zusammensetzen und in mancher Hinsicht heterogenen Charakter haben. Sobald ihr jedoch eine Negergruppe eingegliedert wird, fühlen sich die Weißen plötzlich durch ein Zusammengehörigkeitsgefühl verbunden. Man muß sich daher klar darüber sein, daß eine Gruppe einerseits homogenen, anderseits heterogenen Charakter haben kann und daß ein Fortschritt in der Gruppenerkenntnis unmöglich ist, solange die Gruppenorganisation nicht bezüglich dieser Unterschiede ermittelt worden ist.

Im chemischen Sinne ist eine Lösung gesättigt, sobald die zu lösende Substanz im Lösungsmittel nicht mehr weiter in Lösung geht. *In der Soziometrie sprechen wir vom „Sättigungsgrad" einer bestimmten homogenen Gruppe hinsichtlich einer bestimmten, ihr unter gegebenen Bedingungen eingegliederten Kontrastgruppe.* Der chemische Sättigungsgrad für eine bestimmte Substanz kann z. B. durch Temperaturänderungen variiert werden. Bei sozialen Gruppen kann sich der Sättigungsgrad mit der soziometrischen Organisation der betreffenden Gruppe ändern.

Das Bild einer Gemeindesituation kann diese Behauptung vielleicht veranschaulichen. Eine Negergruppe siedelt sich in einer weißen Gemeinde an. Alle drei Bestandteile der neuen Lage müssen gleichmäßig berücksichtigt werden: die Organisation der weißen Bevölkerung, die Organisation der neu angesiedelten Negergruppe und die aus den Interaktionen beider Gruppen entstandenen psychologischen Strömungen. Bis zu einem gewissen Grad verursacht der Negereinschlag vielleicht keinerlei sichtbare Unstimmigkeiten. Sobald dieser aber überschritten wird, stellen sich mancherlei Störungen ein. Schon vor der Ankunft der Neger erfreute sich die weiße Bevölkerung eines gewissen Wohlstandes. Ein großer Teil der Bevölkerung sehnte sich zu dieser Zeit nach mehr Muße. Die Negergruppe befand sich in einer wirtschaftlichen Notlage und befriedigte gerne die Wünsche der weißen Bevölkerung, indem sie ihr billige Arbeitskräfte und dadurch mehr Muße verschaffte. Der Abstand zwischen den höher geachteten und sich selbst für besser haltenden Weißen und den Negern wurde dadurch scharf umgrenzt. Bisher hatte ein Unterschied zwischen einigen Teilen der weißen Bevölkerung und der Arbeiterklasse bestanden. Die neu angesiedelte Negergruppe trug zur Verwischung dieses Unterschiedes innerhalb der weißen Bevölkerung bei. Durch Überlegenheits- und Unterschiedsgefühle der Negergruppe gegenüber wurden jetzt alle weißen Männer und Frauen vereinigt. Solange nur dieser Komplex in Erscheinung trat, floß eine warme soziale Strömung zwischen beiden Rassen. Aber das Problem blieb keineswegs so einfach. Der sexuelle Faktor beeinflußte auf andere Weise die Organisation innerhalb der weißen Gemeinschaft. Vor 50 Jahren hatten sich italienische Einwanderer in der Gemeinschaft niedergelassen und seither das stärkste Element der Rassenmischung dargestellt. Es lebten weniger Männer als Frauen in der Gemeinschaft. Anderseits war die Negergruppe im Aufstieg begriffen, unverbraucht und mit genügend weißem Blut vermischt, um zumindest auf einen Teil der weißen Bevölkerung anziehend zu wirken und von diesem sexuell angezogen zu werden. Dieses Bild einer Gemeinschaft entspricht völlig den wirklichen Umständen in vielen Städten der Vereinigten Staaten, gleichgültig, ob es sich um Neger-, italienische, spanische oder andere Einwanderer handelt.

Der soziometrische Test gibt uns die Möglichkeit, über diese Symbole hinauszugehen und die *wirklichen objektiven* Beziehungen zu erforschen. Er unterrichtet uns über die intersexuellen Wahlen zwischen den Mitgliedern der beiden Gruppen, zwischen weißen Männern und Negerinnen, weißen Frauen und Negern. Er veranschaulicht zweitens die Abstoßungen, die sich von selbst ergeben, sobald weiße Frauen sich über eingedrungene Negerinnen empören und weiße Männer durch die Beziehungen weißer Frauen zu Negern aufgebracht sind. Diese sexuellen Anziehungen und Abstoßungen beeinflussen die Organisation beider Gruppen, die durch sexuelle Strömungen zueinander hingezogen und durch interrassische

Strömungen getrennt werden. Im Laufe der Zeit verursachen diese Prozesse noch weitere Schwierigkeiten. Falls sich beide Gruppen in der Schule und am Arbeitsplatz mischen, entstehen soziale und kulturelle Strömungen zwischen ihnen, welche die beschriebenen interrassischen Strömungen selbst dann oft stören, wenn beide Gruppen verschiedene Stadtteile bewohnen.

Durch die soziometrische Klassifikation kann ermittelt werden, welche Rolle die Führerschaft in einer Gruppe spielt. Soziale Gruppen bringen meistens im Verhältnis zu ihren Bedürfnissen Führernaturen hervor. Auf jeder Stufe der Gruppenentwicklung haben sie ihre besonderen Führer. Hat jedoch eine homogene Gruppe eine gewisse Festigkeit erreicht, so strebt sie oft eine introvertierte Organisation an, wodurch der Sättigungsgrad für Führerpersönlichkeiten gesenkt wird. Eine solche konservative homogene Gruppe kann fast ohne Führer leben. Bringt sie zu viele Führer hervor, so können ernstliche Störungen im psychologischen Gleichgewicht der Gruppe entstehen. Im Falle eines Führerüberschusses werden einige Führer von den die Gemeinschaft durchfließenden psychologischen Strömungen isoliert. Unbefriedigt grübeln sie weiter, bilden Parteien und verursachen Revolutionen. Das Eindringen einer rassisch kontrastierenden Gruppe in eine homogene Gemeinschaft löst besonders dann eine derartige Entwicklung aus, wenn die Eindringlinge über ihren eigenen Bedarf hinaus Führerpersönlichkeiten hervorbringen und diese sich der einheimischen Bevölkerung aufdrängen. Das Soziogramm dieser Situation gibt uns folgendes Bild: Eine einheimische und eine fremde Führergruppe versuchen die unselbständigen Schichten der einheimischen Bevölkerung auszubeuten und zu unterjochen. Zuerst können feindselige interrassische Strömungen zwischen der einheimischen und der fremden Führergruppe, dann zwischen der einheimischen Bevölkerung und der fremden Führergruppe beobachtet werden. Eine derartige Analyse gibt uns Verständnis für Konflikte, wie sie sich zum Beispiel zwischen Deutschen und Juden abgespielt haben.

Schließlich wird es uns möglich, den Sättigungsgrad der Gruppen und das emotionale Ausdehnungsvermögen ihrer Mitglieder auf einen gemeinsamen Nenner zu bringen. Wir haben festgestellt, daß das emotionale Ausdehnungsvermögen eines Individuums in bezug auf homogene Elemente seine größte Ausdehnung erfährt. Offenbar scheint nach erfolgreicher Anpassung an einige homogene Elemente weniger Anstrengung für weitere derartige Verbindungen erforderlich zu sein. Das emotionale Ausdehnungsvermögen wird um so geringer, je mehr kontrastierende Elemente in die Gruppe eindringen und je schärfer die Unterschiede sind. Stellen wir uns vor, das Ausdehnungsvermögen der einzelnen Mitglieder sei hinsichtlich kontrastierender Elemente ebenso niedrig wie das der homogenen Gesamtgruppe, so können wir verstehen, daß die Mitglieder ihre Gefühle lieber auf leicht anpaßbare Individuen verteilen und sich weigern, mit wesensfremden Individuen Beziehungen einzugehen. Aus den gefühlsmäßigen Interaktionen und dem emotionalen Ausdehnungsvermögen der Mitglieder entsteht als Gruppenmerkmal der Sättigungsgrad für ein bestimmtes rassisches Kontrastelement, der *Rassenquotient*.

6. *Das Geschlecht*

In der von uns untersuchten Public-School war der Prozentsatz der intersexuellen Anziehungen zwischen Knaben und Mädchen gemischter Klassen des achten Schuljahrs 8%, der Prozentsatz gleichgeschlechtlicher Anziehungen betrug 92%. Der Prozentsatz der Anziehungen zwischen Mädchen derselben Altersstufe war in Hudson 96,7%. In einer Preparatory-School kam mit 94,2% der Prozentsatz der Anziehungen zwischen Knaben derselben Altersstufe dieser Zahl beinahe gleich. In gemischten Gruppen vermindert die Möglichkeit intersexueller Anziehungen die Zahl der gleichgeschlechtlichen Anziehungen, während in gleichgeschlechtlichen Gruppen das Fehlen intersexueller Anziehungen die Zahl der gleichgeschlechtlichen Anziehungen vergrößert. Die Anziehungszahl der neuen Mädchen betrug in den ersten Wochen ihres Aufenthalts in Hudson 70 bis 75%, die Gleichgültigkeit 25 bis 30%. Der Prozentsatz der Gleichgültigkeit verminderte sich nach dieser Zeitspanne sehr rasch.

Im Verhältnis zur Altersstufe der Mitglieder, der Dauer ihres Aufenthalts in der Gruppe, dem Bekanntschaftsvolumen eines jeden Individuums und anderen Faktoren steigen und fallen diese Strömungen. Es konnte festgestellt werden (vgl. Bekanntschaftsindex), daß die Erweiterung des emotionalen Ausdehnungsvermögens bis zu seiner organischen Begrenzung und die Vermehrung der Anziehungen um so leichter fällt, je größer das Bekanntschaftsvolumen der einzelnen Gemeinschaftsmitglieder ist. Die Gemeinschaft wird dadurch geschlossener und ihre Mitglieder besser eingegliedert. Umgekehrt wird die Übung des emotionalen Interesses und die Vermehrung der Anziehungen durch ein kleines Bekanntschaftsvolumen der Gruppenmitglieder erschwert, da viele Mitglieder nicht von den Strömungen in der Gemeinschaft festgehalten werden.

Je mehr man Individuen am Zusammenkommen mit geliebten Personen hindert, desto stärker wird ihr Drang, auf irgendeine Weise mit diesen in Verbindung zu treten. Liebesbriefchen sind die interessanteste Verbindungsform in einer geschlossenen Gemeinschaft. Obgleich die Freiheitsbeschränkung der Mädchen in Hudson nicht größer war als in irgendeinem anderen uns bekannten privaten Mädcheninternat, wurden außerordentlich viele Briefchen ausgetauscht. Ihr Inhalt wechselte von einfachen, unbedeutenden Sympathieäußerungen und poetischen Schwärmereien bis zu ausschließlich sexuellen Mitteilungen. Das Studium des

Verhaltens eines neuen Mädchens in der Zeit bevor es das erste Briefchen erhält oder schreibt, Zahl und Charakter der ihm in dieser Hinsicht verbundenen Personen und die Anzahl der von ihm geschriebenen Briefe verschaffen uns Einsicht in dieses weitverbreitete psychologische Phänomen. Es scheint eine normale Reaktion auf die für alles Sexuelle sehr empfindliche Umgebung zu sein. Nur ganz selten stießen wir auf echte Homosexualität. Wir beobachteten nicht einen Fall, in dem sie auf das oben beschriebene Verhalten hätte zurückgeführt werden können.

Wir wurden allerdings auf eine Form der Anziehung aufmerksam, die unsres Wissens noch nie in der Literatur analysiert worden ist. Es handelt sich um die seltsame sexuelle Beziehung weißer Mädchen zu Negermädchen in Gemeinschaften wie Hudson. Im sozioemtrischen Test der gesamten Gemeinschaft von Hudson wählten in bezug auf das Kriterium des Zusammenlebens 8% der weißen Mädchen Negerinnen und 36% der Negermädchen weiße Mädchen.

Das Schwärmen

Dichter spielen oft auf eine der normalen, gemäßigten Anziehungsformen zwischen Mädchen an. Bald nach ihrer ersten Begegnung schwärmen die Backfische füreinander, geloben sich ewige Freundschaft, träumen und planen zusammen und ziehen sich gegenseitig ins Vertrauen.

In Mädcheninternaten, wo kein anderes Ventil für das sexuelle Kräftespiel vorhanden ist, nimmt diese Schwärmerei oft eine lebhafte und übertriebene Form an. Nicht weil gewisse Mädchen sexuell empfindlicher reagieren, sind sie lebhafter und übertrieben, sondern weil einmal eine auf das gleiche Geschlecht gerichtete Strömung in der Gemeinschaft vorherrscht und zum anderen größere Eifersucht entsteht, wenn ein Mädchen die Aufmerksamkeit mehrerer anderer Mädchen auf sich zieht.

Solange diese Schwärmerei innerhalb der weißen Bevölkerung entsteht, hat sie ähnliche Wirkung wie in einer offenen Gemeinschaft. Anders und ohne Gegenstück in offenen Gemeinschaften verhält es sich, wenn weiße Mädchen nicht nur für einzelne Negermädchen, sondern für Negerinnen als Gruppe schwärmen. Diese Form der Schwärmerei übertrifft an Stärke, Wechselhaftigkeit und Einfluß auf das Verhalten jede „Schwäche" eines weißen Mädchens für ein anderes weißes Mädchen. Sie ist ein paradoxes Phänomen.

Dieses eigenartige Verhalten beruht nur selten auf Gegenseitigkeit. Nur das weiße Mädchen fühlt sich zu einem Negermädchen hingezogen. Mit Briefchen und Stelldichein macht es ihm den Hof und versucht sein seltsames Benehmen geheimzuhalten. Es ist geistesabwesend, vernachlässigt Schule und Arbeit und denkt nicht einmal mehr an eine Flucht. Solange die „Schwärmerei" dauert, lebt es wie in Trance. Ist sie vorbei, so lacht das Mädchen beim Gedanken an seine

Schwärmerei und kann nicht verstehen, so „verrückt" gewesen zu sein. Manchmal arbeiten weiße Mädchen zu zweit. Sie weihen sich gegenseitig in das Geheimnis ein und spielen den Briefträger für einander. Nichts kann sie abhalten — weder ein Tadel der Hausmutter, noch das Gespött der anderen Mädchen, die ein solches Verhalten verachten und herumklatschen.

Die Negerin hat in diesem Spiel eine andere Rolle. Sie wird angeschwärmt und ist sehr selten selbst die „Freierin". Oft ist sie stolz auf die ihr geschenkte Aufmerksamkeit. Dieses Gefühl ist meistens mit der Siegesbefriedigung der unterdrückteren Rasse gemischt. Während sie die Zuneigung manchmal öffentlich erwidert, hält sie die Schwärmerei fast ausnahmlos für lächerlich. Es macht ihr Spaß, die Briefchen und Geschenke ihren Negerfreundinnen zu zeigen, da diese Aufmerksamkeiten nicht nur sie selbst, sondern den Rasseninstinkt der ganzen Gruppe befriedigen. Als Rasse freut sich die Negergruppe, in einer Hinsicht endlich einmal der weißen Rasse überlegen zu sein. Mit diesem ihnen schmeichelnden Verhältnis können sie protzen. Meistens benimmt sich das Negermädchen wie ein stolzer, ungehobelter Jüngling, der sich über die Schwärmerei freut, aber so tut, als ob sie ihm gleichgültig sei. Bei Gelegenheit führen diese Schwärmereien zu physischen Beziehungen. Je schwärzer eine Negerin, desto mehr scheint sie angeschwärmt zu werden und desto heftiger die Schwärmerei zu verachten. Anderseits scheint ein blonderes Mädchen erfolgreicher in seinen Bemühungen zu sein. Gelegentlich wird dunklen Indianerinnen ähnliche Verehrung entgegengebracht. Meistens verhalten sie sich ihren Anbeterinnen gegenüber ähnlich wie die Negermädchen. Negerinnen erscheinen den weißen Mädchen muskulöser und kräftiger als sie selbst. In manchen Fällen jedoch entsteht zwischen weißen und schwarzen Mädchen eine rein ideelle und phantasievolle Freundschaft.

Erklärung

Der erste Eindruck dieses Prozesses läßt vielleicht vermuten, es handle sich um die übelste Form der Jugendsexualität. Durch eingehende Analyse konnten wir jedoch zu einer anderen Erklärung kommen. Zuerst untersuchten wir die Haltung der weißen Mädchen. Das weiße Mädchen war aus einer Umgebung herausgerissen worden, zu der selbstverständlich Jungen und Männer gehört hatten. Es wurde dann in eine männerlose Gemeinschaft verpflanzt, in der Männer auf jeden Fall eine unnatürliche Rolle spielten. Anderseits ist das Mädchen in einem Alter, wo die gedankliche Beschäftigung mit dem anderen Geschlecht zum natürlichen Entwicklungsprozeß gehört. Von einem pragmatischen Nützlichkeitsstandpunkt aus gesehen, verschwenden Jugendliche beiderlei Geschlechts viel Zeit mit solchen Träumereien. Für den Jugendlichen aber sind diese Gedankenspiele sehr wichtig. In einer nur weiblichen Gemeinschaft fehlen den Mädchen daher Männer

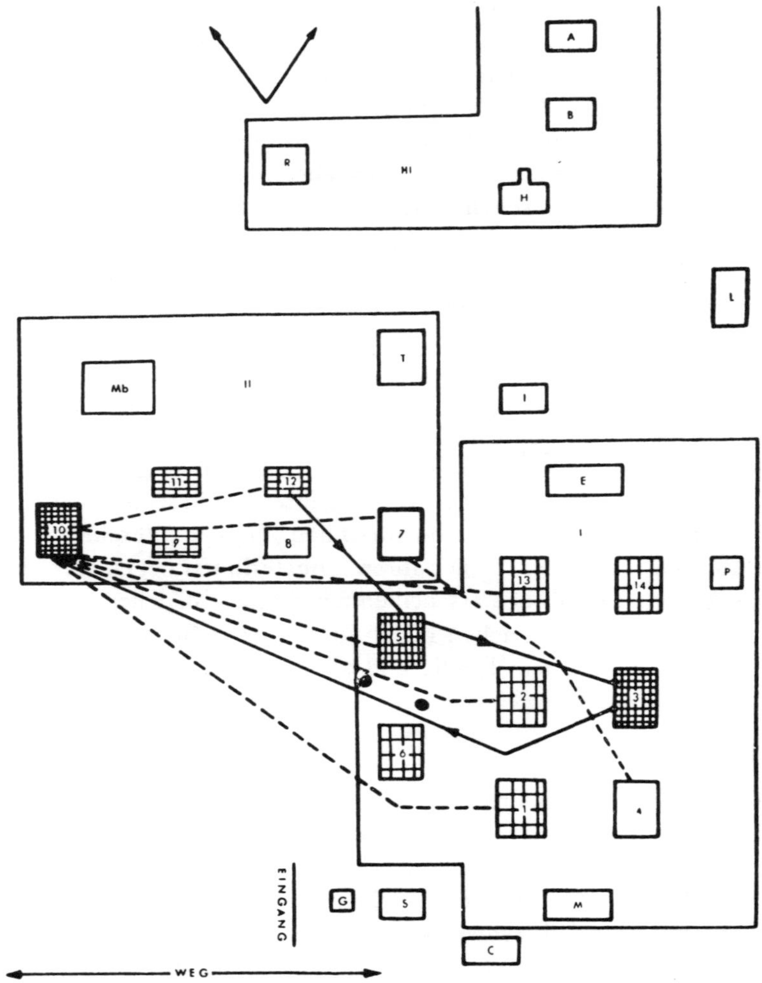

Abb. 52

Psychologische Geographie, Karte I

Abb. 52

Psychologische Geographie, Karte I

Das Soziogramm zeigt die Topographie Hudsons und den psychologischen Stand eines jeden Bezirks in bezug auf Fluchtversuche und interethnische Tendenzen.

Die Gemeinschaft besteht aus drei verschiedenen Bezirken, deren jeder eine Nachbarschaft darstellt. Nachbarschaft I wird gebildet von den Häusern C1 (jetzt C3), C2 (jetzt C4), C13 (jetzt C15), C14 (jetzt C16), C3 (jetzt C5), C4 (jetzt C6), C5 (jetzt C7) und C6 (jetzt C8). Nachbarschaft II wird gebildet von den Häusern C7 (jetzt C9), C8 (jetzt C10), C9 (jetzt C11), C10 (jetzt C12), C11 (jetzt C13) und C12 (jetzt C14). Nachbarschaft III wird gebildet von den Häusern CA (jetzt C1) und CB (jetzt C2). Die beiden Negerhäuser an der Grenze von Nachbarschaft II sind durch stärkere schwarze Umrisse markiert. Die gestrichelten Linien kennzeichnen interethnische Wahlen zwischen farbigen Mitgliedern der Hausgruppe C7 und weißen Mitgliedern der Hausgruppe C4 und C9 und Wahlen zwischen farbigen Mitgliedern der Hausgruppe C10 und weißen Mitgliedern der Hausgruppen C1, C12, C8, C2, C13, C9 und C5. Der Fluchtstatus der einzelnen Hausgruppen zwischen dem 1. 6. 1931 und dem 1. 9. 1933 ist folgendermaßen angedeutet: Häuser, in denen während dieser Zeit keine Fluchtversuche vorgekommen waren, sind weiß gelassen: CA, CB, C4, C7 und C8. Die Häuser, welche die meisten Fluchtversuche aufzuweisen hatten (6 oder mehr) sind durch kleine schwarze Vierecke gekennzeichnet: C3, C5 und C10. Häuser mit weniger als fünf Fluchtversuchen sind durch große schwarze Vierecke gekennzeichnet: C1, C2, C6, C13, C14, C9, C11 und C12.

Eine durchgehende Linie verdeutlicht den Verlauf einer Fluchtversuchskette, die am 31. 10. 1932 ihren Anfang genommen und bis zum 13. 11. 1932 gedauert hatte. Pfeile geben die Richtung der Fluchtkette an; sie verlief von C12 nach C5, von C5 nach C3, von C3 nach C10, wo die Kette endete.

Weitere Schlüssel zum Soziogramm:

G–Pforte; S–Kaufladen; C–Kirche; M–Hauptgebäude; P–Malerwerkstätte; E–Schule; I–Industriegebäude; T–Lehrerhaus; Mb–Warenhaus; L–Wäscherei; H–Krankenhaus; R–Empfangshaus.

(Ursprünglich waren die Häuser numeriert von A, B, 1, 2, 3 – 14. Bei einer späteren Numerierung wurden die Häuser A und B als 1 und 2, die Häuser 1, 2, 3 als 3, 4, 5 etc. bezeichnet. Der Leser wird gebeten, bei Vergleich der Soziogramme I, II, IV mit den übrigen, neunumerierten Soziogrammen diesem Umstand Rechnung zu tragen.)

und Knaben als Gegenstand ihres emotionalen Interesses. In dieser Umgebung wird das Negermädchen als gänzlich andere, erleichternde Abwechslung empfunden. Das andere Geschlecht wird in der Jugend hauptsächlich durch seine Distanz und Unerreichbarkeit interessant. Die körperlichen Unterschiede zwischen der weißen und schwarzen Rasse und die verhältnismäßig fremdartige Erscheinung der Negerin verursachen ebenfalls eine gewisse „Distanz" und Unnahbarkeit. Die Negerin wird vom weißen Mädchen für kühn und tapfer gehalten und sowohl um die Spontaneität ihres Verhaltens als auch um ihren muskulöseren und kräftigeren Körperbau beneidet. Für das weiße Mädchen stellt sie einen „Männerersatz" dar. Diese Ansicht wird durch den Inhalt der Briefchen und die Aussagen der Mädchen bestätigt. Ein Umstand scheint allerdings nicht in unsere Erklärung zu passen. Fast ausschließlich ergreift das weiße Mädchen die Initiative und verehrt die Negerin. Nur ganz selten fängt ein Negermädchen die Schwärmerei an. Vom Standpunkt der Negerin aus gesehen, ist dieses Verhalten jedoch gut zu verstehen. Obgleich sie ein Mädchen ist, erwartet die weiße Freundin männliches Verhalten von ihr. Sie soll als Männerersatz dienen und ist doch selbst ein Mädchen. Sie spürt keinen Antrieb, selbst die Initiative zu ergreifen. Instinktiv fühlt sie, daß sie für etwas gehalten wird, was sie nicht ist. Sie lacht darüber. Gutmütig läßt sie sich die Verehrung gefallen und prahlt mit ihr. Um in das „Spiel" zu passen, benimmt sie sich wild wie ein Junge. Sie schreibt Antwortbriefe, die eine seltsame Mischung sexueller Schmutzigkeiten und Offenheiten zum Inhalt haben.

Bei der natürlichen Schwärmerei bringt das Kind dem Partner volles Vertrauen entgegen und erzählt ihm alles, was sein Herz bewegt. Ausschlaggebend für das Verhältnis ist jedoch der Partner. Hier kommt ein feiner Instinkt des Jugendlichen zum Ausdruck. Er fühlt sich zu anderen Jugendlichen hingezogen, da höchste therapeutische Wirkung nur von Personen ausgehen kann, die auf einer ähnlichen Stufe sozialer Differenzierung stehen. Ein Erwachsener kann zwar zum Gegenstand der Schwärmerei werden, nie aber die Stelle des stets in reziproker Rolle handelnden Kameraden einnehmen. Anstatt die Partnerinnen zu trennen, können wir ihre Beziehung zu therapeutischen Zwecken verwenden, indem wir das eine Mädchen zum Heilmittel des anderen machen.

VII. PSYCHOLOGISCHE STRÖMUNGEN UND NETZWERKE

1. *Psychologische und soziometrische Geographie*

Die Kartographierung der Mitglieder und Kollektive einer ganzen Gemeinschaft in bezug auf a) den Ort und b) die psychologischen Strömungen zwischen den Individuen wird psychologische und soziometrische Geographie genannt. Es folgen zwei Tafeln, welche die psychologische Geographie der Gemeinschaft Hudson darstellen. Tafeln I und II geben die geographische Lage von Straßen, Plätzen und Gebäuden wieder. Auf Tafel III ist jedes Haus und jede Hausbewohnerin zu erkennen. Durch Symbole der Anziehung, Abstoßung und Gleichgültigkeit werden die Beziehungen zwischen den Individuen dargestellt. Häuser und Individuen werden hier nicht in Übereinstimmung mit ihrer geographischen Lage, sondern entsprechend ihrer soziometrischen Stellung innerhalb der Gemeinschaft wiedergegeben. Tafel IV ist eine Vereinfachung der Tafel III und bestimmt, dem Leser Lesen und Analyse des Soziogramms Nr. III zu erleichtern.

Tafel I

Tafel I zeigt die Beziehungen der einzelnen Häuser zu ihren Nachbarhäusern. Die Gemeinschaft zerfällt in zwei Vierecke, die beide eine unabhängige Nachbarschaft bilden. Nachbarschaft I setzt sich aus Haus C1, C2, C13, C14, C3, C4, C5 und C6 zusammen. Nachbarschaft II wird von den Häusern C7, C8, C9, C10, C11 und C12 gebildet. Nachbarschaft III besteht aus den beiden entlegeneren Häusern CA und CB. Die beiden Negerhäuser an der Grenze von Nachbarschaft II werden durch stärkere schwarze Linien gekennzeichnet. Durch gestrichelte Linien werden die interrassischen Beziehungen zwischen weißen und schwarzen Mädchen in bezug auf ihre Unterbringungsorte dargestellt. C7 hat Beziehungen zu den weißen Häusern C4 und C9. C10 steht mit den weißen Häusern C1, C12, C8, C2, C13, C 9 und C5 in Verbindung.

Auf dieser Tafel ist auch der Fluchtstatus einer jeden Hausgruppe zwischen dem 1. Juni 1931 und dem 1. September 1933 vermerkt. Die Häuser ohne Fluchtversuch (CA, CB, C4, C7 und C8) bleiben auf der Tafel weiß. Häuser mit vielen Fluchtversuchen (C3, C5, C10) sind schwarz. Häuser, in denen bis zu fünf Fluchtversuche vorgekommen sind, werden durch kleine Quadrate hervorgehoben (C1, C2, C6, C9, C11, C12, C13, C14). Eine einfache Linie zeigt den Verlauf einer Kette von Fluchtversuchen, die am 13. 10. 1932 begann und bis 13. 11. 1932 dauerte. Sie bewegte sich von C12 über C5, C3 zu C10.

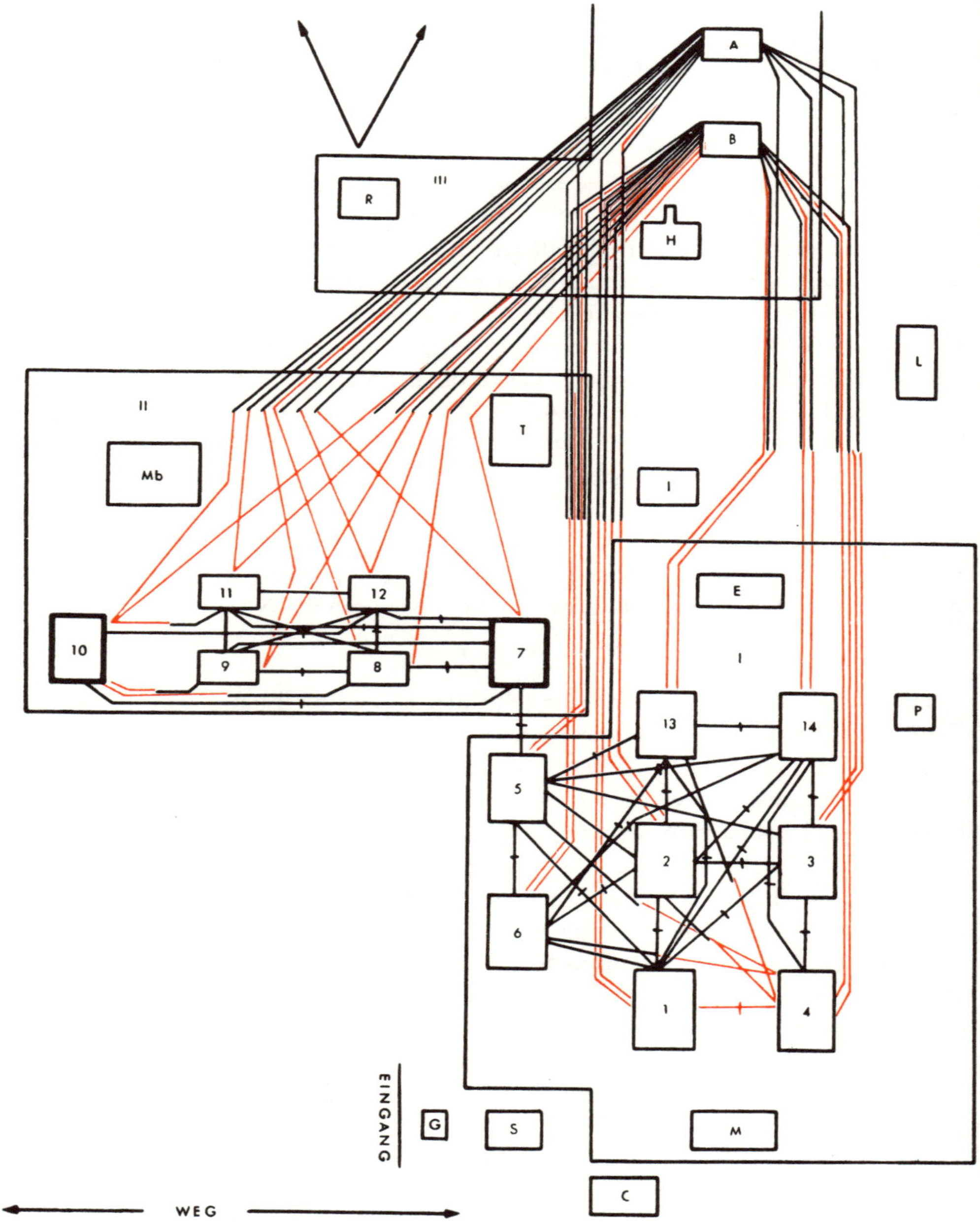

Abb. 53

Psychologische Geographie, Karte II

Abb. 53

Psychologische Geographie, Karte II

Diese Karte stellt die topographische Entfaltung des Hudsondorfes dar und die *psychologischen Strömungen, die einen Bezirk mit jedem anderen Bezirk verbinden.* Die Beschreibung der verschiedenen Bezirke und die Lage der wichtigsten Gebäude sind auf Karte I gegeben worden.

Rote, schwarze und doppelte (rot und schwarze) Linien von einem Haus zum andern bezeichnen Strömungen der Anziehung, der Abstoßung und „gespaltene Strömungen" (das heißt, die eine Hälfte ist Anziehung, die andere Hälfte ist Abstoßung). Die Strömungen von roten und schwarzen Linien, die von einem Hause zum anderen gehen oder von ihnen zurückkehren, sind folgendermaßen klassifiziert worden: a) Wenn alle Linien, die von einem Hause zum anderen gehen, von einer und derselben Farbe sind, ist die Strömung entweder eine rote, eine schwarze oder eine blaue Strömung; b) wenn die Linien, die von einem Haus zum anderen gehen, überwiegend gleichfarbig sind, so wird die Strömung eine führende rote, eine führende schwarze oder eine führende blaue Strömung; c) wenn die Linien, die von einem Hause zum anderen gehen, fast eine gleiche Zahl haben, so wird die Strömung als gespalten bezeichnet (rot-schwarz, blau-schwarz, rot-blau). Rot bezeichnet Anziehung, schwarz bezeichnet Abstoßung und blau bezeichnet Neutralität.

Beschreibung: Im Bezirke I, C1 zeigt entweder Abstoßung oder Neutralität gegenüber C2, C3, C5, C6, C13 und C14, aber gegenüber C4 zeigt es Anziehung. Hingezogen zu den am weitesten gelegenen Häusern sind CA und CB. Ähnlich sind die Häuser C2, C13, C14 und C5 weniger freundlich zu ihrem nächstliegenden Nachbarn als zu solchen Häusern, die in größerer Distanz zu ihren liegen. Die einzige Ausnahme in dieser Nachbarschaft ist C4, das freundliche Beziehungen zu allen Häusern der Nachbarschaft hat mit Ausnahme von C14 und C3. Im Bezirke II sind C11, C12, C9, C8 und C7 antagonistisch gegen ihre nächstliegenden Nachbarn mit Ausnahme von C10, das selbst freundlich gegenüber allen Häusern der Nachbarschaft ist. C7 hat eine besondere Lage unter ihnen, es ist entweder abgestoßen oder ganz einfach isoliert.

Im Bezirke III sind CA und CB freundliche Nachbarn, aber ihre Haltung ist unfreundlicher gegenüber den Häusern im Bezirke II als im Bezirke I.

Tafel II

Hausgruppe C1 in Nachbarschaft I trägt den Hausgruppen C2, C3, C5, C6, C13 und C14 gegenüber Gleichgültigkeit oder Feindseligkeit zur Schau, während sie C4 gegenüber eine freundliche Haltung einnimmt. Sie wird von den entferntesten Hausgruppen CA und CB angezogen. Desgleichen vertragen sich C2, C13, C14 und C5 mit ihren unmittelbaren Nachbarn weniger gut als mit entfernteren Hausgruppen. Die einzige Ausnahme bildet Hausgruppe C4. Sie pflegt harmonisch erwiderte Beziehungen zu allen Nachbargruppen, ausgenommen C14 und C3. In Nachbarschaft II sind die Hausgruppen C11, C12, C9, C8 und C7 ihren unmittelbaren Nachbarn feindlich gesinnt. Lediglich Hausgruppe C10 bleibt von ihnen unbehelligt; abgesehen von C7 steht sie mit allen anderen Hausgruppen auf gutem Fuß. Von beiden Nachbarschaften isoliert oder verunglimpft, hat C7 eine außergewöhnliche Stellung inne. In Nachbarschaft III stehen CB und CA in einem freundschaftlichen Verhältnis. Ihre Beziehungen zu den Hausgruppen der Nachbarschaft II sind feindseliger als zu den Hausgruppen der Nachbarschaft I. All diese Beziehungen lassen eine Neigung zu größerer Freundlichkeit gegen entferntere Gruppen und Nachbarschaften erkennen. Angrenzende Gruppen scheinen unverträglicher zu sein. Durch die Gelegenheit zu häufigeren und intimeren Begegnungen entstehen leichter Reibungen zwischen unmittelbaren Nachbarn. Es scheint, als ob Nachbarn ihre guten Seiten nicht zu schätzen wissen und durch den Zusammenstoß ihrer unangenehmen Charakterzüge entzweit und in die Ferne getrieben würden.

Eine Ausnahme machen Hausgruppe CA und CB. Durch ihre Entfernung von den anderen Gruppen sind sie aufeinander angewiesen. Da die beiden Hausmütter einander freundlich gesinnt sind, entwickeln sich die Gruppen eher wie eine in zwei Häusern untergebrachte Familie.

Die interrassischen Beziehungen zwischen weißen und schwarzen Gruppen bilden eine weitere Ausnahme. Hier scheint sich das Verhältnis genau umzukehren. Die Beziehungen werden um so freundlicher, je näher sich weiße Häuser bei Negerhäusern befinden; das gegenseitige Interesse verringert sich mehr und mehr, je weiter die weißen Häuser von Negerhäusern entfernt sind. Dafür gibt es folgende Erklärung: Interrassische Wahl und Anziehung werden hier hauptsächlich von sexuellen Interessen bestimmt. In sexuellen Angelegenheiten wird ein Zusammenleben in nächster Nähe der Entfernung vorgezogen. Die sexuelle Strömung zwischen Weißen und Negerinnen ist in Nachbarschaft III stark genug, um die Entstehung feindseliger rassischer Strömungen zu verhindern. Durch diese sexuelle Strömung kann bis zu einem gewissen Grad der Vorliebe weißer Personen für ein Zusammenleben mit anderen Weißen entgegengewirkt werden.

Gleiches drückt sich in der Haltung weißer Gruppen gegen die benachbarte Negergruppe C7 aus (auch auf Tafeln III und IV, C9). Sie sind unverträglich. Diese Feindseligkeit ist — wie sich durch die Motivierungen herausgestellt hat — teilweise bedingt durch frühere Sympathien, die sich infolge der auf die Gruppe übertragenen isolierten und herausfordernden Haltung der Hausmutter in Antipathien verwandelt haben. Das größere Interesse der Negergruppen an benachbarten weißen Gruppen hat noch eine andere Ursache. Oft baten weiße Mädchen mit Negerfreundinnen um Versetzung in die den Negergruppen benachbarten Häuser.

Ein Vergleich des Fluchtstatus der Gemeinschaft vom 1. Juli 1931 bis 1. September 1933 mit der Fluchtkette von 1932 zeigt, daß die Gruppen C3, C5 und C10 (im übrigen Text und auf den Tafeln III und IV C5, C7 und C12), die Gruppen mit den meisten Fluchtversuchen während dieser 27 Monate, auch die meisten Fluchtversuche in der Kette aufzuweisen hatten, d. h. C3, C5, C10 und C12. Diese Gruppen waren hinsichtlich des Interesses an der eigenen Gruppe niedrig eingestuft worden, hatten demzufolge eine stark extravertierte Gruppenorganisation und C3 die meisten Fluchtversuche während dieser 27 Monate. In Gruppe C5, die nach ihr die meisten ungleichen Paare aufwies, waren ebenfalls viele Fluchtversuche vorgekommen. Während der Fluchtkette war C5 (sonst C7) gut organisiert und der Hausmutter eng verbunden. Neun ihrer Mitglieder waren jedoch isoliert und von der übrigen Gruppe abgeschnitten. Das Soziogramm der dritten Gruppe mit vielen Fluchtversuchen C10 (sonst C12) weist zu jener Zeit die meisten ungleichen Paare auf, d. h. mit Gleichgültigkeit oder Abstoßung erwiderte Zuneigungen. Immer ist es die Organisation der Gruppe, die ein Individuum in der Gruppe festhält oder aus ihr hinaustreibt.

Tafel III (Siehe die Beilage zu dem Buch)

Mit Ausnahme der besonders behandelten Hausgruppen C8 und C5 wird auf Tafel III die gesamte, 435 Personen zählende Mädchenbevölkerung von Hudson wiedergegeben (20. 8. 32). Jedes Mädchen wird durch einen Kreis repräsentiert; helle Kreise stellen weiße Mädchen, schwarze Kreise Negerinnen dar. Diese kleinen Kreise sind in 14 große Kreise eingezeichnet, von denen jeder ein Haus darstellt. Mehrere tausend Linien bedeuten die zwischen den Individuen bestehenden Gefühle der Anziehung, Abstoßung und Gleichgültigkeit. An Hand des Soziogramms können wir sofort die Stellung eines jeden Individuums innerhalb seiner Hausgruppe und sein Verhältnis zu Mitgliedern anderer Gruppen überblicken. Die dargestellten Beziehungen betreffen lediglich das Kriterium des Zusammenlebens. Die soziometrische Geographie der gleichen Individuen ändert sich mit dem Kriterium, das einmal das Zusammenleben, dann die Zusammenarbeit etc. betreffen kann.

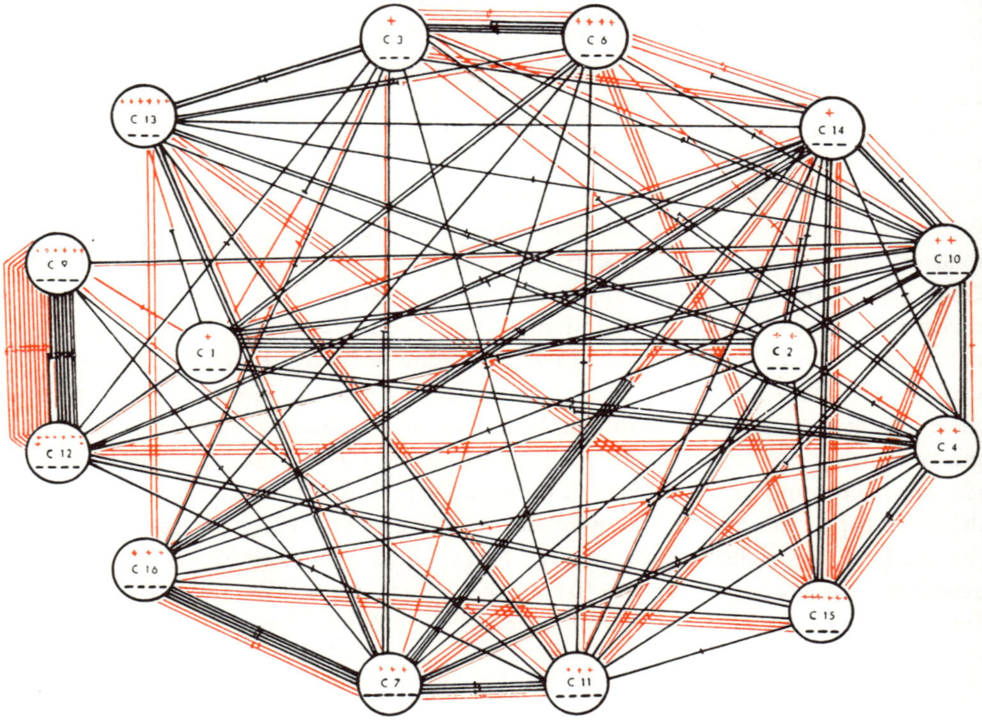

Abb. 55

Psychologische Geographie, Karte IV

Abb. 55

Psychologische Geographie, Karte IV

Ein Reduktionssoziogramm.

Der Leser sei auf die sich am Ende des Buches befindliche Karte III, die vollständige soziometrische Geographie einer Gemeinschaft, einschließlich des erläuternden Textes hingewiesen. Obiges Soziogramm ist eine reduzierte Form der Karte III.

Schlüssel zum Soziogramm:

Jedes Plus (+) Zeichen steht für 10 Anziehungen, jedes Minus (–) Zeichen für 10 Abstoßungen *innerhalb* der Hausgruppe. Ein Strich mit zwei Punkten stellt ein halbes Zeichen dar: fünf Abstoßungen oder fünf Wahlen.

Jede rote Linie repräsentiert fünf Anziehungen, jede schwarze Linie fünf Abstoßungen *zwischen* zwei Häusern. Die Gefühle verlaufen in beiden Richtungen. Anziehungen und Abstoßungen können in entgegengesetzter Richtung aneinander vorbeifließen.

Dieses Soziogramm ist eine reduzierte Wiedergabe der psychologischen Geographie einer Gemeinschaft. Durch Verwendung eines Dezimalsystems zur Soziogrammreduktion kann die Anzahl der Linien, 4127, auf ein Zehntel reduziert werden. In diesem Soziogramm wurde diese Reduktion nur *innerhalb* der Hausgruppen vollzogen. Die Linien *zwischen* den Hausgruppen wurden auf ein Fünftel der ursprünglichen Zahl reduziert. Die tatsächliche Anzahl der Anziehungen und Abstoßungen zwischen den Häusern kann durch Multiplikation der roten und schwarzen Linien mit fünf errechnet werden. Durch Multiplikation eines jeden + und — Zeichens mit 10 und jedes Punkt-Strichzeichens mit fünf kann die Gesamtzahl der Anziehungen und Abstoßungen zwischen den Mitgliedern innerhalb einer jeden Hausgruppe ermittelt werden.

Dank dieser graphischen Darstellungsmethode können Soziogramme zur Darstellung der psychologischen Geographie großer Bevölkerungsmassen verwendet werden. Soziogramme, die über die Darstellung der Beziehungen zwischen 20 bis 25 Individuen hinausgegangen waren, wurden oft als unleserlich erachtet. Wie jedoch oben gezeigt worden ist, können mittels des Dezimalsystems z. B. 1000 Linien auf 100 Linien reduziert werden. Steht der Kartograph vor der Aufgabe, die Struktur zwischen Gruppen großer Bevölkerungen auf noch gut entzifferbare Art darzustellen, so sollte er ein Centennial- oder Millennialsystem verwenden, in dem eine Linie zur Darstellung von 100 bezw. 1000 Beziehungen dient.

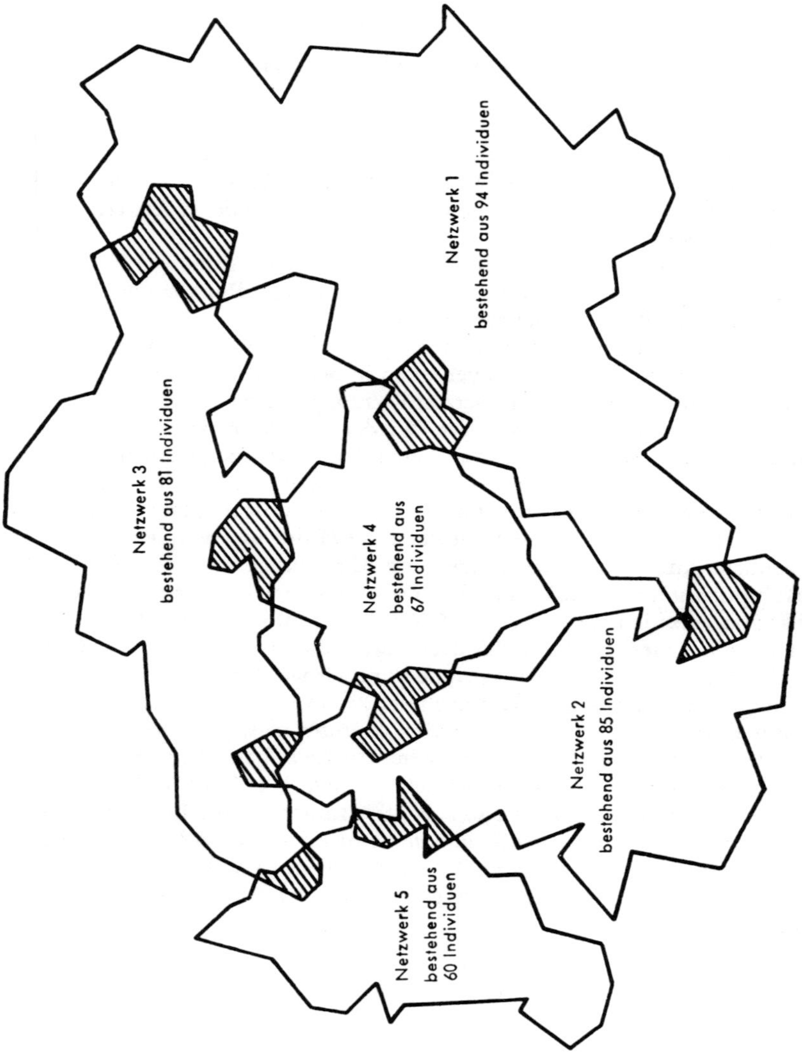

Abb. 56

Psychologische Geographie, Karte V

Netzwerke (soziale Verbindungs- und Verkehrswege) in einer Gemeinschaft.

Diese Karte zeigt die Aufteilung der ganzen Gemeinschaft in fünf mehr oder weniger deutlich umgrenzte Bezirke, deren jeder eine bestimmte Anzahl Individuen umfaßt. Die einem solchen Netzwerk angehörenden Individuen stehen in so starker direkter oder indirekter Beziehung zueinander, daß sich Gefühle ohne Verzögerung unter den Mitgliedern der betreffenden Netzwerke verbreiten können.

Diese Netzwerke sind unsichtbar. Sie konnten durch Untersuchungen der soziometrischen Geographie auf Karte III mittels einer mikroskopischen Methode nachgewiesen werden. Diese Untersuchungsmethode wird folgendermaßen gehandhabt: Jede Linie (Tele) führt von einem Mitglied einer Gruppe zu einem Mitglied einer anderen Gruppe, von hier zu einem Mitglied einer dritten Gruppe und von diesem Individuum zu einem Mitglied einer vierten Gruppe. Gezählt werden nur solche Personen, die dem gleichen Netzwerk angehören und zueinander in Beziehung stehen. Dabei wird ihre Hausgruppenzugehörigkeit nicht weiter berücksichtigt. Wir fingen bei einem bestimmten Mitglied der Hausgruppe C4 an zu zählen, folgten der Linie, die zu einem Individuum des Hauses C1, von hier zu einem Individuum in C6 und weiter zu einem Individuum in C7 leitete, um dort zu enden. An diesem Punkt bricht das Netzwerk auf. Hierauf wendeten wir uns erneut der Hausgruppe C4 zu und verfuhren in ähnlicher Weise mit jedem Mitglied der Gruppe, das Beziehungen zu Mitgliedern anderer Hausgruppen hatte, bis wir jedesmal wieder an jenem Punkt anlangten, wo das Netzwerk aufbrach. Auf diese Weise gelang es uns, die sog. Hauptkommunikationslinien (Verbindungslinien) des Netzwerkes festzustellen.

Sobald die Hauptkommunikationslinien des Netzwerkes ermittelt waren, untersuchten wir die direkten Beziehungen eines jeden Individuums zu den anderen Individuen seiner Gruppe. Es versteht sich von selbst, daß jedes Individuum einer Seitenlinie in seinen Beziehungen zu anderen Gruppen beobachtet und auch diese in gleicher Weise der Untersuchung unterworfen wurden.

Auf diese Weise ermittelten wir in Hudson komplizierte Netzwerke: In ein und demselben Haus C4 gehören einige Individuen zu Netzwerk 1, während andere, den vorigen nicht direkt verbundene Individuen, einem anderen Netzwerk, Netzwerk 2, angehören. Die diesem Netzwerk angehörenden Individuen unterscheiden sich allgemein von den Individuen des anderen Netzwerkes. Keineswegs sind sie aber von jenen ganz abgeschnitten. In Haus C1 sind einige Individuen an vier verschiedenen Netzwerken beteiligt. Aber nicht jede Hausgruppe ist in so viele verschiedene Beziehungen verwickelt.

Abgesehen von kleinen Brücken zwischen den Netzwerken, die durch dünne Linien dargestellt werden, konnten in der Gemeinschaft fünf mehr oder weniger deutlich umrissene Bezirke festgestellt werden: Netzwerk 1 mit 94 Personen, Netzwerk 2 mit 85 Personen, Netzwerk 3 mit 81 Personen, Netzwerk 4 mit 67 Personen und Netzwerk 5 mit 60 Personen.

Im Ganzen sind demnach 387 Personen am Aufbau der Netzwerke beteiligt. Nur 48 Individuen der 435 Köpfe zählenden Bevölkerung gehörten keinem Netzwerk an. Diese Zahl ist noch kleiner als die der Ungewählten. Einige der ungewählten Personen wählten kettenbildend. Es fragt sich nun, wie sich diese Nichtbeteiligung an den Hauptkommunikationsströmungen der Netzwerke auf die Entwicklung der sozialen Rollen, der sozialen Vorstellungen und der sozialen Symbole dieser vernachlässigten Individuen auswirkt und inwiefern dieser Umstand ihr Verhalten in ihren sozialen Lebensgruppen beeinflußt.

Netzwerke sind die älteste Form sozialer Kommunikation. Ansätze sind bereits in nicht-humanen Gesellschaften zu finden. Diese Netzwerke sind kollektive Formationen, deren sich die einzelnen Teilnehmer nicht bewußt zu sein brauchen, obgleich ihnen diese oder jene Verbindung mit anderen Individuen bekannt sein mag. Kein Individuum kann sich diesen Netzwerken entziehen; sie bestehen zeitlich schon vor dem Individuum und seinen sozialen Gruppen.

Analyse

a) Die Massenstruktur

Wir können das Soziogramm vom allgemeinen sozialen Standpunkt aus betrachten, indem wir zuerst die Masse und die Konzentrationspunkte der Beziehungen und nicht ihre Beschaffenheit berücksichtigen (d. h. ob sie positiven oder negativen Charakter haben). Wir sehen beispielsweise, daß sich die Verbindungslinien in der nördlichen Hälfte konzentrieren, mit der Beziehung zwischen den Häusern C1 und C2 als Achse. Die südliche Hälfte weist dagegen eine schwächere Konzentration auf. Der östliche Teil mit den Negerhäusern C9 und C12 erscheint von dem allgemeinen Netzwerk abgeschnitten.

b) Die Struktur der persönlichen Beziehungen

An Hand des Soziogramms kann man die Stellung jeder Person innerhalb ihres Hauses und innerhalb der ganzen Gemeinschaft feststellen und untersuchen, zu welchen Personen innerhalb des eigenen Hauses und auch in anderen Häusern sie sich hingezogen fühlt oder in anderer Weise in Beziehung steht. Infolge der Dynamik der Situation besteht ein großer Unterschied zwischen den Stellungen der einzelnen Personen und Hausgruppen. Es sind manche Personen aufgezeichnet, von denen keine Linie ausgeht und zu denen keine Linie hinführt. Solche Personen wählten niemanden und wurden von keinem gewählt. Sie sind „isolierte Personen" (Kategorie I).

Außerdem sehen wir Personen, von denen Linien ausgehen, zu denen aber keine Linie hinführt, d. h. solche Personen haben Gefühle der Zuneigung, die nicht erwidert werden. Sie sind nicht ganz isoliert, sondern „ungewählte Personen" (Kategorie II). Isolierte und ungewählte Personen machen 11,5% der Gemeinschaft aus.

Dann sehen wir 52 positive und 36 negative Schlüsselpersonen, die oft Führercharakter haben und Knotenpunkt vieler Linien sind (Kategorie III). Außerdem erkennen wir 310 positive und 175 negative Paare, 31 Dreiecke, 19 Vierecke, 13 Pentagone, 31 Ketten, atomische Strukturen und konzentrierte Netzwerke, die einen ungeheuren Einfluß auf die Entwicklung der Ereignisse haben, deren Existenz aber den meisten Beteiligten nicht bewußt ist.

Die zentripetalen Kräfte, welche die Individuen innerhalb ihrer Hausgemeinschaften festhalten, sind um 3,8% größer als die zentrifugalen Kräfte, die sie aus den Häusern treiben. Die Kräfte der sozialen Kohäsion sind nur um einiges größer als die der Diffusion. Der Unterschied ist so gering, daß soziale Konflikte und kleine Revolutionen jederzeit ausbrechen können.

c) Die Struktur der Gruppen

Zunächst sehen wir die isolierte Gruppe. Es sind die beiden Negerhäuser C9 und C12. Mit Ausnahme von wenigen Linien scheinen sie vom allgemeinen Netzwerk abgeschnitten zu sein.

C2 ist die anziehendste Gruppe innerhalb der Gemeinschaft. Außer den Negerhäusern C9 und C12 senden ihr alle Häuser positive Linien zu. Wir sehen Hausgruppen mit gegenseitiger Anziehung, die „positive Paare" bilden, wie z. B. C1 und C2, C7 und C16; desgleichen beobachten wir andere Häuser mit gegenseitiger Abstoßung, die „negative Paare" bilden, wie z. B. C3 und C16, C7 und C4.

Andere Hausgruppen sind ambivalent. Sie fühlen sich von Gruppen angezogen, die mit Abstoßung oder Gleichgültigkeit auf die Zuneigung reagieren, wie C13 und C11, C1 und C13. Dann gewahren wir Hausgruppen, deren Haltung anderen Hausgruppen gegenüber in einem anderen Sinne uneinheitlich ist. Ein Teil der Mitglieder fühlt sich gegenseitig angezogen oder abgestoßen oder ist sich gleichgültig, wie C3 und C11, C1 und C13.

Es fallen außerdem Häuser auf, denen eine sehr große Antipathie entgegengebracht wird, wie C14, das von C1, C15 und C13 abgestoßen wird und nur mit C4 in einem Verhältnis der Gleichgültigkeit steht. C1, C2 und C13 bilden ein Dreieck; C16, C2, C11, C15, C10, C4, C6, C3 und C13 bilden eine Kette. All diese Gruppenreaktionen sind durch genaue soziometrische Messungen bestimmbar.

Die Beobachtung einer Gemeinschaft aus der Vogelschau, wie sie durch dieses Soziogramm ermöglicht wird, enthüllt auf den ersten Blick die Absonderung der weißen Mehrheit von der schwarzen Minderheit, die in den Häusern C9 und C12 untergebracht ist. Diese Absonderung ist aber nicht vollkommen. 10% der Gemeinschaft haben intime Beziehungen zur anderen Rasse.

Diese Art der Aufzeichnung sozialer Gefühle ist von großer Wichtigkeit für das Studium von Vorurteilen. Sie kann zum Beispiel aufdecken, daß die tatsächlich zwischen zwei Rassen oder politischen Gruppen bestehende soziale Anziehung und Abstoßung beträchtlich von dem abweicht, was ein offizieller Zensus zu ermitteln vermöchte.

Man kann auch auf dem Soziogramm die Cliquenbildung ganzer Gruppen beobachten, wie zwischen C7, C11 und C14. Eine solche dreieckige Struktur innerhalb der Gemeinschaft, wie sie sich hier gebildet hat, entsteht spontan—nicht auf Grund formeller Bestrebungen und Bündnisse. Sie ist vielmehr ein natürliches Gebilde. Das Zusammenwirken verschiedener Konfigurationen bildet jedoch die Grundlage formeller Verbindungen und Beschlüsse. Der Grad des zwischen den Häusern bestehenden Verkehrs kann auf diesem Soziogramm genau gemessen werden und die Häuser können dementsprechend eingestuft werden.

Alle Kernprobleme des sozialen Lebens können ohne sorgfältige Berücksichtigung der im Untergrund bestehenden sozialen Gefühle nicht objektiv behandelt werden. Daher sind soziometrische Untersuchungsmethoden erforderlich.

Tafel IV

Tafel IV soll das Lesen von Tafel III erleichtern. Mittels des Dezimalsystems wurde die Gesamtzahl der Linien innerhalb eines Hauses durch 10 dividiert und graphisch nur in dieser reduzierten Form dargestellt. Statt 50 Linien wurden nur 5 Linien eingezeichnet. (Der auf diese Tafel angewandte Reduktionsmaßstab ist nicht 10, sondern 5:1.) Ein solches System proportionaler Reduktion — das Dezimalsystem— kann natürlich auf ein Centennial- (eine Linie für 100) oder ein Millenialsystem (eine Linie für 1000) erweitert werden. Die wirklichen Werte können durch Multiplikation ermittelt werden. Sie ermöglichen es dem soziometrischen Kartographen, die Gemeinschaften großer Bevölkerungen graphisch darzustellen. Ein solches „omni"-Soziogramm kann die Interaktionen jeder beliebig großen Gesellschaft wiedergeben bis zur $2^1/_2$ Milliarden zählenden Bevölkerung der Erde. Solche Soziogramme sind soziometrisch einwandfrei und gleichzeitig leicht zu entziffern.

Analyse

Das Soziogramm ermöglicht uns die strukturelle Analyse einer kleinen Gruppe; die soziometrische Geographie ermöglicht uns die strukturelle Analyse einer ganzen Gemeinschaft. Die Strukturen innerhalb der Gemeinschaft Hudson stehen in Beziehung zum Verhalten der Einwohner, die für die Bildung dieser Strukturen verantwortlich sind. Aus der isolierten Stellung der Negergruppen geht hervor, daß für die Mehrheit der weißen Bevölkerung der Wunsch der Absonderung von den Negerinnen doch noch größer ist als ihr sexuelles Interesse an ihnen. Die zur Rassenabsonderung neigende Strömung ist stärker als die sexuelle Strömung, welche die Überwindung solcher Schranken anstrebt. C1 stößt viele der von ihr angezogenen Hausgruppen ab oder bringt ihnen Gleichgültigkeit entgegen. Die Mitglieder der Hausgruppe C1 scheinen Angehörige einer besseren Klasse zu sein oder sich zumindest als solche zu fühlen. Mit ihrem neugebauten Haus und ihrer außergewöhnlichen Lage hat C1 tatsächlich eine hervorragende Stellung inne. Überdies ist die Hausmutter eine sehr feine Dame, die von ihren Zöglingen damenhaftes Benehmen erwartet. C4 und C7 stoßen sich mit kriegsähnlicher Heftigkeit ab.

Aus der Haltung der einzelnen Gruppenmitglieder gegen die Mitglieder anderer Gruppen ergibt sich ein Bild der ganzen Gruppe. Diese im Zick-Zack verlaufenden Einzelbeziehungen zwischen den Mitgliedern der verschiedenen Gruppen ergeben schließlich den soziometrischen Status einer Gruppe. In der Folge ist es für das Mitglied einer abgestoßenen Gruppe schwieriger, seinen eigenen Status aufrechtzuerhalten, als für das Mitglied einer günstig gestellten Gruppe. Es ist daher auch in Hudson keineswegs bedeutungslos, welcher Gruppe ein neues Mitglied zugewiesen wird.

2. Soziometrische Spekulationen

Der richtige Gebrauch von Zahlenwerten hat methodische Bedeutung beim Vergleich soziometrischer Statistiken. Die Zahlen müssen erstens auf Kollektive mit gleichem Kriterium bezogen werden; zweitens auf Kollektive, deren Mitglieder einer ähnlichen Altersstufe angehören — dies gilt besonders für die entscheidenden Jahre der Kindheit und Jugend—; drittens auf Kollektive mit ähnlicher Verteilung der Geschlechter (gemischte Gruppen und gleichgeschlechtliche Gruppen neigen zur Bildung verschiedener Strukturen; desgleichen streben Gruppen mit gleichmäßiger Verteilung der Geschlechter andere Strukturen an als Gruppen, in denen ein Geschlecht vorherrscht); viertens auf Gruppen mit ähnlicher rassischer oder nationaler Zusammensetzung.

Nach der quantitativen Analyse einer jeden Klasse in der Public School 181 (im ganzen 42 Klassen) gingen wir zur Analyse der gesamten Schulgemeinschaft über. Innerhalb einer Schülerschaft von 1853 Kindern zwischen 4 und 16 Jahren blieben 260 Kinder ungewählt. Zwischen Mädchen bestanden 238 gegenseitige Anziehungen, zwischen Knaben 208, zwischen Mädchen und Knaben 35. Da die Schule durch die vielen vertretenen Nationalitäten kosmopolitischen Charakter hat, mögen sich bei weiteren Untersuchungen ähnliche Zahlenverhältnisse für das gesamte Schulsystem New Yorks ergeben. Unter 1 000 000 Volksschulkinder mögen sich in den entsprechenden Klassen 140 000 ungewählte Kinder befinden.

Auf Grund der quantitativen Analyse einer jeden Hausgruppe unterzogen wir die gesamte Schulgemeinschaft Hudson einer quantitativen Analyse. In der Schülerschaft von 505 Mädchen zwischen 12 und 21 Jahren betrug die Zahl der isolierten oder isoliert und abgestoßenen Individuen 58 oder 11,5%. Es waren 358 Paare gegenseitiger Anziehung, 48 Paare gegenseitiger Abstoßung und 139 ungleiche Paare vorhanden.

Da die in Hudson gefundenen Zahlenwerte Heimgruppen betreffen und die Stellung innerhalb der Heimgruppe für ein Individuum höchst entscheidend ist, lassen sie auf ähnliche Stellungen der Bevölkerungsmehrheit in anderen Kollektiven schließen. Sie können zu Berechnungen auf nationaler Ebene verwendet werden, z. B. zur Bestimmung der Zahl isolierter und isoliert und abgestoßener Personen in den USA. Auf eine Bevölkerung von 133 836 000 (Census von 1928) kämen dann ungefähr 15,4 Millionen (oder 11,5% von 133 836 000) isolierter oder isoliert und abgestoßener Personen. Selbst wenn diese Zahl den wirklichen Verhältnissen entsprechen sollte, müssen wir vor Verallgemeinerungen dieser Art warnen. Es bestehen grundlegende Unterschiede zwischen der Struktur der Hudsongemeinschaft und der Gesamtstruktur der Nation. Eine Familiengruppe (Hausgruppe) in Hudson ist fünf bis sechsmal größer als eine gewöhnliche Familie. Anderseits stellt eine Familie mit 20 oder mehr Mitgliedern in sich eine soziale Gruppe dar und bietet zu mancherlei Beziehungen Gelegenheit, wogegen besonders in Großstädten die Mitglieder einer durchschnittlichen Familie dauernd außerhalb ihrer Heimgruppe nach neuen sozialen Beziehungen suchen müssen, sofern sie sich in ihrer Familiengruppe nicht wohlfühlen. In großen städtischen Bevölkerungen stehen wahrscheinlich viel mehr Individuen außerhalb der sozialen Netzwerke als in Hudson. Der soziometrische Test wurde in New York 26 unverheirateten Frauen und 26 unverheirateten Männern zwischen 18 und 25 Jahren gegeben, um ihre Stellung innerhalb ihrer Familiengruppe zu ermitteln. 12% der Männer und 13% der Frauen waren isoliert. Da diese 52 unverheirateten Personen nur zufällig für Studienzwecke gewählt worden waren, dürfen aus den Ergebnissen keine Schlüsse gezogen werden.

Die in Hudson gefundenen Werte können noch unter einem anderen Licht gesehen werden. Die Analyse des ersten soziometrischen Tests erwies, daß bei der 1. Wahl 204 Mädchen oder 46,5% einer Gesamtbevölkerung von 435 Personen ungewählt blieben; bei der 2. Wahl waren es noch 139 oder 30%, bei der 3. Wahl 87 oder 20%, bei der vierten Wahl 79 oder 17%, bei der 5. Wahl 66 oder 15%. (Eine weitere Verminderung von 15 auf 11,5% erfolgte in den nächsten Phasen des Tests. Durch weitere Untersuchungen stellten wir fest, daß einige ungewählte Mädchen doch von der einen oder anderen Person geschätzt wurden, was beinahe einer spontanen Wahl gleichkam.) Solche Beziehungen können auf einem Dreiecksoziogramm dargestellt werden. An der Spitze des Dreiecks stehen die zuerst gewählten Individuen, dann folgen die an 2., 3., 4. und 5. Stelle gewählten. Auf der Grundseite des Dreiecks werden die bei allen Wahlen übergangenen Individuen eingezeichnet. Bildlich gesprochen bedeutet dies, daß Millionen Menschen bei ihrer Liebe zu einer Frau erst an fünfter Stelle stehen, da andere Männer für die betreffende Frau eine stärkere Anziehungskraft besitzen. Bewirbt sich ein Mensch um Arbeit, so stehen vor ihm bereits andere in der Schlange, die dem Arbeitgeber besser gefallen können. Selbst den Eltern gegenüber kann er hinter seinen Geschwistern zurückgestanden haben. Diese Millionen sind keineswegs physisch oder geistig benachteiligt; sie bilden einen Querschnitt durch unsere Bevölkerung. Es darf dabei nicht vergessen werden, daß sie oft mitten in ihren eigenen sozialen Gruppen isoliert oder abgestoßen werden. Diese Tragödie kann sich in ganzen Gruppen oder sogar in der ganzen Nation abspielen. Wir haben bewiesen, daß dieser Prozeß in engem Zusammenhang mit der Struktur der Gruppen und Gemeinschaften steht. Wie aber verhalten sie sich, wenn sie sich immer wieder in einer benachteiligten Situation befinden?

Dieses Phänomen wiederholt sich zweifellos in der ganzen Nation, obgleich die Zahl der Ungewählten zwischen der ersten Wahl und späteren Wahlen infolge unberechenbarer Einflüsse der ökonomischen, sexuellen, rassischen, kulturellen und anderen psychologischen Strömungen wechseln kann. Auf New York mit einer Einwohnerzahl von 7 000 000 kämen nach der ersten Wahl 3 200 000 ungewählte Individuen, nach der zweiten Wahl 2 100 000, nach der dritten Wahl 1 400 000, nach der vierten Wahl 1 200 000, nach der fünften Wahl 1 050 000. Aus diesen Berechnungen kann geschlossen werden, daß die Menschheit nicht nur in Rassen, Nationen, Religionen und Staaten, sondern auch in soziometrische Teile aufgespalten ist. Durch die Unterschiede in der Anziehungskraft bestimmter Individuen und Gruppen für andere bestimmte Individuen und Gruppen entsteht eine soziometrische Hierarchie. Der Einfluß dieser Unterschiede auf die Anziehungskraft innerhalb großer Bevölkerungsteile ist schwer zu bestimmen. Es ist aber sicher, daß sie den Willen zur Macht entweder unterdrücken oder außerordentlich stark anregen können. Weniger anziehende Gruppen versuchen selbstverständlich mittels Gewalt das zu erreichen, was ihnen infolge des Mangels an spontaner Anziehungskraft versagt geblieben ist.

3. Psychologische Strömungen

Die Kartographierung der psychologischen Geographie einer Gemeinschaft gibt uns einen Überblick über ihre psychologischen Strömungen. Zwei gleichgerichtete elektrische Ströme verursachen gegenseitige Anziehung ihrer Leiter. Entsprechend kann eine psychologische Strömung zwischen zwei Gruppen eine Strömung gegenseitiger Anziehung oder Abstoßung sein. Obgleich die Verhältnisse auf elektrophysikalischem Gebiete viel einfacher sind, kann man doch auch in der Psychogeographie hinsichtlich eines bestimmten Kriteriums ein Positiv und ein Negativ unterscheiden, ohne näher auf seine Motivierungen eingehen zu müssen. Im Leiter befinden sich Spannung und Stromstärke in ausgeglichenem Zustand. Entsprechend bezeichnen wir eine weder positive noch negative Strömung mit Indifferenz.

Psychologische Strömungen bestehen aus Gefühlen einer Gruppe gegen eine andere Gruppe. Sie werden nicht von einzelnen, gruppenunabhängigen Individuen gebildet und sind auch nicht Summe von potentiell in jeder Einzelperson enthaltenen Gefühlen, wie z. B. der Ärger eines jeden Einzelnen, der letzten Endes die ganze Gruppe erfüllen kann. Der Beitrag der Individuen zur psychologischen Strömung ist ungleich. Das Ergebnis braucht nicht unbedingt der Summe der einzelnen Beiträge zu entsprechen. Im Gegensatz zu anderen Personen bestimmen meistens nur wenige Individuen Richtung und Verlauf der Strömung. Aber aus der spontanen Interaktion der verschiedenen Teilnehmer entstehen die Strömungen, sobald die Einzelbeiträge gleichgerichtet, d. h. auf das gleiche Kriterium bezogen sind. An Hand der Kartographierung der Gefühle der Hudsonbevölkerung konnten wir unterschiedliche psychologische Strömungen untersuchen.

a) Sexuelle Strömungen

Das sexuelle Verhalten in einer Mädchengruppe wurde vom Tage ihres Eintritts an beobachtet. Die Mädchen waren den Hausgruppen C 12, C 16 und C 13 zugewiesen worden. Nach einer Zeitspanne von 50—110 Tagen zeigten neun dieser 15 Mädchen Interesse an den Negermädchen der Nachbarschaft II. Den Motivierungen und dem Verhalten nach schien es sich um eine sexuelle Strömung zu handeln. Wie wir aber bereits erläutert haben, war diese Strömung eine Perversion jugendlicher Sexualität: für beide Gruppen bedeutete sie lediglich einen Ersatz. Die Strömung ging von der weißen Gruppe aus und wurde nach einiger Zeit von den Negerinnen mit einer Gegenströmung erwidert. Ganz allmählich traten die neun Mädchen zu acht Negermädchen in Beziehung. Anfänglich wurden nur zwei Mädchen, A und B, von zwei Negerinnen angezogen. Beide hatten zu Hause Negerfreunde gehabt. Ein drittes Mädchen C spielte für A den Briefträger, bis sie eines Tages selber As schwärmerisches Verhalten nachahmte. E wurde als nächste von der Strömung erfaßt. Sie war ein isoliertes Mädchen, dem die anderen Gruppenmitglieder keine Beachtung schenkten. Als fünfte schloß sich F der Strömung an. Sie war der Hausmutter, welche die Strömung zu unterdrücken suchte, feindlich gesinnt. Während der nächsten drei Wochen stellte sie drei Mädchen G, H und I als Briefträgerinnen an, die allmählich selber Gefallen an der Sache fanden. Dem Werben der weißen Mädchen wurde zuerst von fünf Mädchen der Negergruppe C 12 Gehör geschenkt. Drei der Mädchen waren früher schon angeschwärmt worden, zwei waren Neulinge. In Hausgruppe C 9 beteiligten sich drei weitere Negerinnen an dieser Strömung. Diese 17 weißen und schwarzen Mädchen traten aus den gewöhnlichen Gruppennetzwerken aus und bildeten ihr eigenes sexuelles Netzwerk.

b) Rassische Strömungen

Wir verfolgten die Entwicklung einer rassischen Strömung von den ersten unauffälligen Anfängen an bis zu ihrem öffentlichen Erscheinen. Die weiße Bevölkerung bildete die Mehrheit und verursachte in der Negergruppe, die 14% der Bevölkerung ausmachte, potentielle Minderwertigkeitsgefühle. Im ersten Stadium bewirkten Verhaltensschwankungen in Hausgruppe C 12 eine feindselige interrassische Strömung zwischen der dunkleren, von Stella angeführten Schar und der helleren, um Jane gruppierten Clique. Im darauffolgenden Stadium griff Stellas Schar den weißen Vormann der Arbeitsabteilung an. Schließlich ging sie in der Endphase zum Angriff auf einige erwachsene Personen der weißen Bevölkerung über. Die meisten Negerinnen blieben fast bis zum Schluß gleichgültig oder unparteiisch. Die Gruppenorganisation bildete die Grundlage dieses Geschehens.

Falls sich aggressive Strömungen auf Selbsterhaltungstrieb oder Rassenunterschiede beziehen, kann eine verschwindende Minderheit diese Strömungen lenken.

c) Soziale Strömungen

Tafel III spiegelt die durch den soziometrischen Test ermittelten Reaktionen der einzelnen Mitglieder jeder Hausgruppe im Hinblick auf das Kriterium des Zusammenlebens. Sie zeigt uns, in welcher Richtung ihre das Heim betreffenden Wünsche gehen. Die Strömungen fließen in vier Hauptrichtungen. Die wahrscheinlich stärkste strömt von Nachbarschaft I und II zu Nachbarschaft III. Die zweitstärkste Strömung verläuft zwischen C 7 und C 10, während die stärkste Strömung der Abstoßung auf Hausgruppe C 5 zufließt. Die gemischte, auf die Negergruppen gerichtete Strömung isoliert gewissermaßen diese beiden Hausgruppen. Aus dem Verlauf dieser Strömungen geht hervor, daß es selbst in einer kleinen Gemeinschaft wie Hudson verschiedene soziale Sphären gibt.

Wir können psychologische Strömungen 1. gemäß ihrer Ursachen in a) sexuelle, b) rassische, c) soziale, d) arbeitsbedingte, e) kulturelle Strömungen zerlegen und sie 2. gemäß der sie bestimmenden Kräfte in a) positive und negative Strömungen, b) spontane und Gegenströmungen, c) primäre und sekundäre Strömungen, d) Anfangs- und Endströmungen und e) Haupt- und Nebenströmungen aufspalten.

Die Ausdehnung dieser Strömungen kann gemessen werden. Auf Tafel III der Hudsongemeinschaft ist keine soziale Strömung zwischen den Mitgliedern der Hausgruppe C 12 und C 16, C 12 und C 13, C 12 und C 6, C 16 und C 9, C 9 und C 3, C 9 und C 13, C 9 und C 14 und endlich C 1 und C 16 zu finden. Unter diesen acht Hausgruppenpaaren sind siebenmal die beiden Negergruppen C 9 und C 12 vertreten. Nur ein einziges Paar wird von weißen Gruppen gebildet. C 2 dagegen stellt den Knotenpunkt der von allen Hausgruppen ausgehenden sozialen Strömungen dar. Diese Untersuchung ist ein Beispiel für die Bestimmung der Strömungsausdehnung bezüglich eines gegebenen Kriteriums. Da viele Kriterien auf dieselbe Gruppe bezogen werden können, ist sie vielleicht auch Knotenpunkt zahlloser anderer Strömungen. Wir können die Ausdehnung der Strömungen bezüglich einer bestimmten Gruppe messen, indem wir die Zahl der von der Strömung beeinflußten Gruppen bestimmen und den Durchschnitt der emotionalen Ausdehnung einer Gruppe in der gegebenen Gemeinschaft berechnen. Die Strömung zwischen C 9 und C 13 beträgt beispielshalber 0 Tele, die Strömung zwischen C 9 und C 6 hat 1 Tele, zwischen C 4 und C 10, 8 Tele; zwischen C 14 und C 12, 20 Tele; zwischen C 12 und C 9, 27 Tele. Diese Werte sind ein oberflächliches Maß für die Stärke einer Gemeinschaftsströmung. Um ein genaueres Maß für die Stärke einer bestimmten Strömung zu erhalten, muß die Wirkung eines jeden Teles bestimmt und berücksichtigt werden Selbst fähige

Individuen mit einflußreicher Stellung sind in einer isolierten Seitenströmung verhältnismäßig machtlos, da ihr Einfluß mit der Strömung in einer Sackgasse endet. Sobald ihre Tele in die Hauptströmung münden, vergrößert sich ihre Macht.

Durch den Bevölkerungsdruck werden die von den Individuen ausgehenden Strömungen mit viel weniger Gegenströmungen beantwortet. In diesen Zickzackströmungen scheint ein großer Energiebetrag verlorenzugehen und Unzufriedenheit hervorzurufen. Es kann uns aber gelingen, den Verlauf psychologischer Strömungen genau so gut zu lenken, wie wir bis jetzt Flüsse und Ströme kanalisiert haben. Entsprechend den Millionen vergessener, isolierter Individuen auf der Welt, wird die Menschheit von zahllosen isolierten Strömungen durchlaufen.

Im weiteren Verlauf unserer Forschung untersuchten wir die bio-psychologische Beschaffenheit dieser Strömungen, ob das tragende Gefühl Furcht, Haß, Eifersucht, Liebe oder eine Mischung dieser Gefühle ist, oder ob es durch die den zwischenmenschlichen Beziehungen zugrundeliegenden intellektuellen Entscheidungen oder organischen Bedingungen bestimmt wird. Diese Untersuchung gelang uns durch die soziodynamische Betrachtung des Teles und der Strömung. Die psychologischen Strömungen sind nicht an einzelne Individuen gebunden und ihr Verlauf ist kein willkürlicher. Unbehindert von natürlichen Einflüssen, wie Klima oder Rasse, fließen sie durch die vom Menschen errichteten Kanäle, durch Familie, Schule, Fabriken und andere Gebilde. Die Darstellung der Tatsachen durch die soziometrische Gleichung war daher ungenügend. Die Strömungsausdehnung muß in ihrem Zusammenhang mit den Knotenpunkten unserer sozialen Struktur betrachtet werden. Falls die Soziogramme einer jeden Gruppe der Gemeinschaft (Familie, Fabriken, Kirche) auf einer Karte zusammengefügt und die zwischen den Mitgliedern der verschiedenen Gruppen hin und her fließenden Strömungen eingezeichnet werden, entsteht ein Bild der Gesamtgemeinschaft, das sowohl geographisch als auch psychologisch ist. Dieses Bild ist eine psychologische Geographie. Wir dürfen den Menschen nicht nur im Lichte seiner Vergangenheit oder auf den verschiedenen Bewußtseinsebenen untersuchen, sondern müssen ihn inmitten der mächtigen psychologischen Gegenwartsströmungen sehen, zu deren Entstehen jeder Einzelne seinen Beitrag geleistet hat und fortwährend leistet.

4. Netzwerke

Die psychogeographische Kartographierung einer Gemeinschaft zeigt: 1. den Zusammenhang der örtlichen Geographie mit sozio-psychologischen Prozessen, 2. die psychologische Gesamtheit der Gemeinschaft, die Beziehungen zwischen ihren Teilen, d. h. Familien, industriellen Verbänden usw., 3. den Verlauf psychologischer Strömungen wie rassischer, sozialer, sexueller und kultureller

Strömungen, welche die Gruppennetzwerke aufbrechen und durchdringen. Aber dieses Strömungsnetz ist nicht die tiefste Strukturschicht, die wir zu beleuchten suchten; es gibt noch tiefere Schichten. Wir nahmen an, daß sich unter den stets fließenden und wechselnden Strömungen eine dauerhaftere, flußbettähnliche Struktur befände, die all die verschiedenen Strömungen trage und vereinige. Bei Spekulationen dieser Art erinnerten wir uns einmal an die Ergebnisse der strukturellen Gruppenanalyse, die das regelmäßige Erscheinen bestimmter Strukturen (Paare, Ketten, Dreiecke usf.) in ihrem Zusammenhang mit einem bestimmten Differenzierungsgrad der Gruppenorganisation nachwies, und gedachten zum anderen der Individuen, die durch gewisse psychologische Strömungen veranlaßt, die gewöhnlichen Netzwerke zu sprengen suchten. Wir erkannten, daß selbst diese netzwerkzerreißenden Strömungen bestimmten Gesetzen unterliegen. Sie stehen in Beziehung zu mehr oder minder dauerhaften Strukturen, welche die Individuen in große Netzwerke zusammenschließen.

a) Der Beweis für das Bestehen von Netzwerken

Im Herbst 1932 setzte in Hudson eine „Fluchtepidemie" ein. Innerhalb von vierzehn Tagen suchten 14 Mädchen das Weite. Dieser Zwischenfall war um so außergewöhnlicher, als die Mädchen sonst sehr gern in der Gemeinschaft lebten. In den sieben vorhergehenden Monaten waren nur 10 Mädchen geflohen. Für die Fluchtwelle schienen keine stichhaltigen Gründe vorzuliegen. Obgleich die Motivierungen Aufschluß über die einzelnen Fälle gaben, konnten sie die ganze Fluchtkette und den Umstand, daß so viele Mädchen gleichzeitig flohen, nicht erklären. Massensuggestion als Ursache zu betrachten, ist unbefriedigend. Unsere Klassifikationen und Soziogramme zeigten, daß gleich den 14 geflohenen Mädchen noch viele andere durch ihre Stellung in der Gemeinschaft zur Flucht bereit waren. Die Annahme, daß diese 14 Mädchen Netzwerken angehörten, in denen die übrigen zur Flucht bereiten nicht eingegliedert waren, scheint die Fluchtkette besser zu erklären.

Zwei Mädchen, LS und SR, flohen im Oktober 1931 aus C 14. Am nächsten Tag, dem 1. November, liefen fünf Mädchen aus C 7 fort: RC, GA, RT, HN und FL. Vier Tage später, am 5. November, folgten vier Mädchen aus C 5: HC, HL, DR und HIL. Nach einer Woche verließen drei Mädchen die Negergruppe C 12: LW, HL, JN. Danach folgte bis zum 8. Januar kein weiterer Fluchtversuch. Im Jahre 1933 fanden zur selben Zeit nur 3 Fluchtversuche statt.

Folgende Tatsachen ließen vermuten, daß die 14 Mädchen einer Kette im Netzwerk angehörten: Nur zwei der 14 Mädchen hatten schon früher einen Fluchtversuch gemacht und stellten den einzigen chronischen Herd der „Fluchtepidemie" dar. Die anderen drei Fluchtgruppen waren neu hinzugekommen. HN hatte schon 15 Monate zuvor von einer anderen Hausgruppe aus zu fliehen versucht. FL war am 27. August, ungefähr neun Wochen vor ihrem zweiten Fluchtversuch, aus Haus C 7 fortgerannt. Wir fragten uns, weshalb die Kette von 14 Mädchen nicht schon zu diesem Zeitpunkt von der „Epidemie" befallen worden war. Antwort erhielten wir durch die damalige Stellungsanalyse der vier Gruppen. Ein anderes Mädchen, CE, hatte seit Wochen mit Fluchtgedanken gespielt und sich nach einer Fluchtgenossin umgeschaut. Am 23. zog sie FL ins Vertrauen, die sich ohne lange Überlegung für die Flucht entschied. FL wurde einige Tage später aufgegriffen und nach Haus C7 zurückgebracht. CE, die Anstifterin vom August, hatte nicht dem beschriebenen Netzwerk angehört. In ihrem eigenen Netzwerk war es ihr nicht gelungen, andere Mädchen zur Flucht zu veranlassen. FL hatte nicht von sich aus die Flucht geplant und vermochte auch nicht, andere Mädchen zu verleiten. Bildlich gesprochen, setzt selbst die beste Straße—in unserm Fall Netzwerk—noch kein Auto in Bewegung. Der Fahrer muß den Motor anlassen. FLs Stellung im Netzwerk war noch nicht gefestigt.

Wir betrachteten die Stellung dieser 14 Mädchen auf Soziogramm III und stellten fest, daß zwischen den zur selben Hausgruppe gehörenden Personen und zwischen den Mädchen der Fluchtgruppen Beziehungen bestanden hatten. Dieses Netzwerk wurde aus der Gesamtkarte gelöst und für sich auf einer Karte wiedergegeben. Die Stellungen der vier Gruppen erwiesen sich als folgende: Die Fluchtgruppe in C 14 hatte ein isoliertes Paar, SR und LS; die Gruppe in C 7 hatte ebenfalls ein isoliertes Paar, RC und GA. RT bildete mit drei Gruppenmitgliedern gegenseitige Paare; in der Fluchtgruppe des Hauses C 5 war ZR Mittelpunkt von 8 Anziehungen, bildete ein gegenseitiges Paar mit HIL und wirkte anziehend auf HC und HL. Die Fluchtgruppe des Hauses C 12 bestand aus drei isolierten Mädchen LW, HL und JN, die aber durch indirekte Beziehungen verbunden waren. Die Fluchtgruppen waren einander auf folgende Weise verbunden: LS in C 14 bildete ein gegenseitiges Paar mit RC von C 7; FD in C 7 war mit ZR in C 5 befreundet; HC in C 5 hatte Beziehungen zu LW in C 12; außerdem stand LS von C 14 mit JN von C 12 in Verbindung. SN gehörte nicht zur Fluchtgruppe, stand aber in einer Kettenbeziehung zu JN in C 12; FL von C 7 bildete ein Paar mit HL von C 12. Die Hauptbahn des Netzwerkes scheint von SR zu LS in C 14 von da zu RC und FL in C 7, zu ZR und HC in C 5 und schließlich zu LW in C 12 gelaufen zu sein.

Diese durch das Kriterium des Zusammenlebens bedingten Beziehungen waren im soziometrischen Test ermittelt worden. Die betreffenden Mädchen hatten nur von wenigen dieser Beziehungen eine genaue Vorstellung. SR war sich völlig im klaren über ihre Beziehung zu LS und ihre gemeinsamen Fluchtpläne. Sie wußte aber nicht Bescheid über die Pläne und Vorbereitungen der anderen Gruppe. LS spielte ihre Rolle mit SR ganz bewußt und kannte außerdem die Unzufriedenheit und Fluchtgedanken von RC in C 7, hatte aber nie mit RC eine gemeinsame Flucht erwogen. RC hatte ihrerseits ihre Beziehungen zu FL, HN, RT und GA vor LS geheimgehalten. LS hatte daher keine Ahnung von den Beziehungen zu den ihr unbekannten Mädchen FL, HN, RT und GA und wußte auch nichts über die Verbindung der Fluchtgruppen von C 7 und C 5. Mittelsleute zwischen diesen beiden Gruppen waren die ihr unbekannten Mädchen FL und ZR. Genau sowenig wie die Fluchtgruppe von C 14 über die Verbindung der Fluchtgruppen von C 7 und C 5 Bescheid wußte, waren der Gruppe in C 7 die Pläne der Gruppen in C 14 und C 12 bekannt. Umgekehrt wußte C 12 nichts von den Fluchtgruppen in C 7 und C 14 und Gruppe C 5 nichts über die Gruppe in C 14 und nur wenig über das Geschehen in C 7.

Obgleich die Mitglieder der vier Fluchtgruppen vor den Fluchtversuchen in verschiedenen Teilen der Gemeinschaft gelebt hatten, waren sie von ähnlichen Gedanken beherrscht worden. Sie wußten aber nichts von den zwischen ihnen hin und her fließenden sozialen Strömungen, die allmählich einige dauerhafte Beziehungen ausgelöst und Kanäle gebildet hatten, durch die sich Gefühle und suggestive Ideen ohne Zensur der einzelnen Gruppen und ohne Wissen der Gesamtgemeinschaft verbreiten konnten.

Als FL aufgegriffen und zur Hausgruppe zurückgebracht wurde, veränderte sich die Lage. Durch ihren ersten Fluchtversuch hatte sie Aufsehen erregt und war vier Mädchen ihrer Hausgruppe nähergekommen. Die Gedanken dieser Mädchen bewegten sich in ähnlicher Richtung. Dadurch festigte sich die Fluchtgruppe in C 7 zwischen dem 23. August und 1. November. Als am 31. Oktober SR und LS aus Haus C 14 fortliefen, kam der Stein ins Rollen. Die suggestive Strömung erfaßte alle zum gleichen Netzwerk gehörenden handlungsbereiten Mädchen. Ohne das Netzwerk hätten sich die Fluchtgedanken wahrscheinlich nicht verbreitet und die Fluchtgenossinnen aus C 14 wären ein isoliertes Paar geblieben.

Noch ein weiterer Faktor muß besprochen werden. Nur selten flieht ein Mädchen allein. Kommt es aber doch vor, wie im Fall BN aus C 12 vom 28. 8. 32 und CI aus C 5 vom 14. 11. 33, so handelt es sich um isolierte Personen. Sie gehören zu den außerhalb der Netzwerke stehenden Mädchen, weil sie entweder noch Neulinge in der Gemeinschaft sind oder zu keinem anderen Gemeinschaftsmitglied innere Beziehungen haben. Oft haben sie nie einen längeren Aufenthalt in der Gemeinschaft beabsichtigt. In den 27 Monaten unserer Untersuchung waren nur vier Mädchen allein geflohen. Die meisten flohen in Paaren, zu dritt oder zu mehreren. Für den Ausreißer hat der Gefährte ähnliche Bedeutung wie der Briefträger für die Negerfreundin.

Ein weiterer Beweis für das Bestehen der Netzwerke sind die von DV, TB und DN am 18. 8. 1932 unternommenen Fluchtversuche, die keinerlei Fluchtkette auszulösen vermochten. Am 23. August flohen CN und FL aus C 7 und am 28. August verließ BN allein Haus C 12. Darauf erfolgten keine weiteren Fluchtversuche. BN hatte außerhalb derNetzwerke gestanden, und die anderen Mädchen vermochten keine Fluchtkette auszulösen, da ihnen Kanäle für die ungehinderte Verbreitung ihrer Ideen fehlten.

Nachdem 14 Mädchen fortgelaufen waren, fand die Fluchtkette am 14. November ein plötzliches Ende. Da ihre Netzwerke 94 Personen umfaßten, wurden noch 80 andere Mädchen von der Strömung berührt. 13 von ihnen hätten sicherlich auch die Flucht ergriffen, wenn die Strömung gleich stark geblieben und nicht auf Widerstand gestoßen wäre. Drei Dinge scheinen ihr Einhalt geboten zu haben: Die Wachsamkeit des Verwaltungspersonals verstärkte sich mit den zunehmenden Fluchtversuchen. Außerdem war die letzte Fluchtgruppe der Negergruppe C 12 entlaufen, die sowieso das schwächste Netzwerk hatte. Es war unwahrscheinlich, daß die Fluchtkette von dieser vom allgemeinen Netzwerk fast völlig abgeschnittenen Gruppe neue Antriebe erhalten würde. Wie ein elektrischer Strom innerhalb eines Stromkreises verschiedene Stärke hat, nehmen auch psychologische Strömungen innerhalb des Netzwerkes verschiedene Stärken an. Letztlich wurden die beiden ersten Flüchtlinge der Kette fünf Tage nach ihrer Flucht am 4. November wieder in Hausgruppe C 14 zurückgebracht. Das Mißlingen ihrer Flucht und ihre große Enttäuschung wurden durch die gleichen Netzwerke verbreitet und teilten sich jenen Mädchen mit, die zuvor einen Antrieb empfangen hatten. Dies bewirkte einen entgegengesetzten Höhepunkt (anti-climax), konnte aber nicht die Flucht der Gruppe in C 5 verhindern. Dennoch hatte das Mißlingen der Flucht die Gruppe in C 12 gewarnt und einige Zeit von ihrem Vorhaben zurückgehalten. Andere Mädchen ließen ihre Fluchtpläne daraufhin fallen.

Ein anderer Beweis für die Existenz der Netzwerke gibt die auf bestimmte Teile der Gemeinschaft beschränkte Verbreitung von Gerüchten. Als Beispiel analysieren wir Fall TL aus Hausgruppe C 8. TL wollte einige Geschenke machen und entwendete zu diesem Zweck einige wertlose Gegenstände aus dem Schulgeschäft. Bevor sie jedoch die Sachen weiterschenken konnte, wurde der Diebstahl entdeckt. Da TL einen großen Bekanntenkreis in der Gemeinschaft hatte, konnten wir die Verbreitung der Gerüchte über ihr Verhalten beobachten. Wir untersuchten den Umlauf der Gerüchte in drei Abschnitten: nach 24 Stunden, nach einer Woche und nach sechs Wochen. Nach 24 Stunden war der Vorfall bereits den meisten Angehörigen des Netzwerkes II bekannt, während er in den Häusern C 16, C 5, C 7, C A und C B nur wenigen Personen zu Ohren gekommen war. Diese Häuser gehörten nicht zu Netzwerk II. Nach einer Woche hatte das Gerücht das ganze, 86 Personen starke Netzwerk durchdrungen und war bereits tief in die Netzwerke I und II gesickert. Nach sechs Wochen konnte keine weitere Verbreitung festgestellt werden. Offenbar war das Gerücht von augenblicklich interessanteren Redereien verdrängt worden.

Bevor wir das Kapitel über die Beweise der Netzwerke abschließen, soll noch die Verbreitung des Diebstahlgerüchts in Negergruppe C 12 erwähnt werden. Das Gerücht hatte sich in weiten Bezirken der Netzwerke I, III und IV verbreitet, Netzwerk II aber völlig umgangen. Diese Tatsache widersprach allen Erwartungen und muß daher näher erläutert werden. Zwei Umstände scheinen der weiteren Verbreitung Einhalt geboten zu haben: erstens bemühte sich das Verwaltungspersonal, den unerfreulichen Vorfall geheimzuhalten, und zweitens hatte er sich während der Ferien zugetragen, als die Anstaltsschule geschlossen war. Bildlich gesprochen, waren zu dieser Zeit gewisse Netzwerke entkuppelt.

b) Entstehungsursachen und Organisation der Netzwerke

Das Netzwerk wird von Strömungen durchflossen und verhält sich zu diesen Strömungen wie ein Glas zum eingefüllten Wasser. Doch während das Glas nicht von der eingefüllten Flüssigkeit angefertigt wird, entstehen die Netzwerke als Folge der Strömungen. Das psychogeographische Netzwerk ist dem Nervensystem analog, dessen Netzwerk ebenfalls von den durchlaufenden Strömungen gebildet wird und so beschaffen ist, daß bei einem Minimum an Anstrengung höchste Wirkung erzielt wird. Es kann dagegen nicht mit einem Telefonnetz verglichen werden, da dieses nicht von den durchlaufenden Strömen gebildet wird.

Gemäß dem Bildungsprinzip sozialer Atome steht jedes Individuum zu einer bestimmten Anzahl anderer Individuen in Beziehung. Die meisten Individuen seiner Gemeinschaft werden „ausgelassen", d. h. sie sind ihm durch keine Tele verbunden. Dies ist die soziodynamische Ursache der Netzwerkbildung. Das ökonomische Prinzip, nach dem mit einem Minimum an Anstrengung stärkste Wirkung erzielt wird, stellt eine andere Ursache der Netzwerke dar. Für die Organisation eines bestimmten Netzwerkes sind aber noch weitere Faktoren verantwortlich. Wir haben z. B. festgestellt, daß manche durch bestimmte Gefühle ausgelöste Strömungen nicht jedes beliebige Netzwerk durchfließen. Neuigkeiten, Klatsch, Gedanken und Tatsachenberichte über Ereignisse äußerlicher und intimer Art strömen dagegen ungehindert durch die Netzwerke, solange sie dem Erzähler nicht gefährlich sind. Berichte über heimliche sexuelle, rassische oder politische Machenschaften sickern jedoch nicht einmal durch die gewöhnlichen festen Netzwerkbahnen. Wir beobachteten dieses Phänomen im Zusammenhang mit der Schwärmerei für Negermädchen und heimlichen Fluchtplänen, die von Hausmutter und Verwaltungspersonal streng gerügt wurden. In solche Geheimnisse eingeweihte Personen müssen sich daher stets vor Verrätern in acht nehmen. Die Hausmutter ist ihrerseits darauf bedacht, durch Vertrauensmädchen herauszubringen, welche Zöglinge sich mit Fluchtgedanken tragen. Diese Mädchen versuchen instinktiv, mit Mitgliedern jener Netzwerke vertraut zu werden, in denen

Fluchtpläne geschmiedet werden. Eine besorgte Hausmutter bemüht sich außerdem immer, Anhaltspunkte für sexuelle Interessen zu finden (Liebesbriefchen usw.). Die Mädchen sind daher vorsichtig und auf die Wahrung ihrer Rufes bedacht. In ihrer Vorsicht entwickeln sie einen instinktiven Widerstand gegen die Netzwerke, die sie gefühlsmäßig als Widersacher ansehen. Sie befürchten, daß ihre Gedanken durch die Netzwerke dem Personal und anderen Vorgesetzten weitergeleitet werden; aber sie können diese Netzwerke nicht eliminieren, da sie aus ihren eigenen Gefühlen gebildet werden. Mitteilungen können aber vor unzuverlässigen Personen zurückgehalten werden. Ein solcher Versuch ist um so erfolgloser, je größer das Netzwerk ist. Die Wahrung eines Geheimnisses und die Beschränkung der Mitteilung auf einige auserwählte Personen gelingt recht selten. Eines Tages sickert sie in das allgemeine Netzwerk durch. Es bestehen aber innerhalb der Netzwerke solche feineren Netze mit bedeutungsvoller psychogeographischer Organisation. Sie können mit Privatwegen verglichen werden, deren Wegweiser die Verlaufsrichtung des Pfades bezeichnen. Ein Netz trägt das Schild: Sexualität, ein anderes hat die Aufschrift: Flucht, wieder ein anderes: Personal kontra Zöglinge, usw. Derartige Gedanken können nicht jedem mitgeteilt werden, sondern müssen selbst vor Freunden und Freundesfreunden geheimgehalten werden. Es ist, als ob man Telefonnummern habe, die im Telefonbuch nicht verzeichnet sind.

c) Methode zur Bestimmung von Netzwerken

Wir verfolgten auf der psychogeographischen Tafel III jedes Tele, das von einem Gruppenmitglied zu einem Mitglied einer anderen Gruppe lief, von diesem zum Mitglied einer dritten Gruppe, weiter zu einem Individuum einer vierten Gruppe und weiter bis ans Ende der Kette. Wir zählten nur die in ein und dasselbe Netzwerk verketteten Mädchen, ohne ihre wirklichen Hausgruppen zu berücksichtigen (vgl. Schema der Netzwerke). Diese Kette bezeichneten wir als Hauptlinie des Netzwerkes. Wir untersuchten anschließend jedes Mitglied dieser Hauptlinie und stellten fest, wie viele Mädchen seiner Hausgruppe zu ihm in unmittelbarer Beziehung standen. Diese Zweige stellten die Nebenlinien des betreffenden Netzwerks dar. Selbstverständlich wurden die Beziehungen jedes Mitglieds einer Seitenlinie zu Angehörigen anderer Hausgruppen untersucht. Falls wir in diesen Hausgruppen auf Netzwerkmitglieder stießen, untersuchten wir auch diese Personen.

Wir zählten zuerst die Tele, die gewisse Mitglieder von Hausgruppe C 4 mit einigen Mädchen in Haus C 1 verbanden. Diese Mädchen standen ihrerseits mit Angehörigen der Hausgruppen C 6, C 7 und C 16 in gegenseitiger Televerbindung. Sie senden außerdem Tele in die Hausgruppen C 9 und C 11 und bildeten ein untergrundbahnähnliches Netzwerk, das viele Gemeinschaftsteile verband. In Hudson fanden wir viele solche Netzwerke. Unser besonderes Netzwerk hat Mitglieder in Hausgruppe C 4, in der andere Mädchen ohne Beziehungen zu Netzwerk I mit Mitgliedern der Hausgruppen C 3, C 6, C 9 und C 14 Netzwerk II bilden. Die Mitglieder dieses Netzwerkes unterscheiden sich im allgemeinen von den Mitgliedern des ersten Netzwerkes. Wir sagen „im allgemeinen", weil diese Mädchen nicht gänzlich voneinander abgeschnitten sind. In C 1 befinden sich einige Personen, die Mitglieder vier verschiedener Netzwerke sind. Aber nicht jede Gruppe ist so uneinheitlich. Abgesehen von einigen wenigen Verbindungslinien zwischen den einzelnen Netzwerken, können wir die Gesamtgemeinschaft in fünf mehr oder weniger abgeschlossene Netzwerke aufteilen: Netzwerk I umfaßt 94 Personen, Netzwerk II 85 Personen, Netzwerk III 81, Netzwerk IV 67 und Netzwerk V 60 Personen.

In größeren Netzwerken vergrößert sich auch die Zahl wirkungsloser Verbindungen, d. h. die Zahl der Beziehungen, die nicht auf gegenseitiger Wirksamkeit beruhen. Es werden anderen Personen Gefühle entgegengebracht, ohne bei ihnen eine Reaktion hervorzurufen. Eine solche Beziehung kann Verbindungswiderstand genannt werden, da der Gesamtwiderstand durch den inneren Aufbau des Netzwerkes bewirkt wird. Während dieser Faktor in größeren Netzwerken eine entscheidende Rolle spielt, verliert er in kleinen Netzwerken seine praktische Bedeutung. Je größer das Netzwerk ist — z. B. die Organisation einer Großstadt oder einer politischen Partei — desto stärker kann die Wirkung seines inneren Widerstands werden.

d) Funktion der Netzwerke

Freie und unabhängige Lebensbedingungen sind ein konstanter Faktor der Gemeinschaftsorganisation. Diese Konstanz wird durch die Gemeinschaftsnetzwerke und die sie durchlaufenden psychologischen Strömungen bedingt. Erst hochdifferenzierte und komplexe Gemeinschaften ermöglichen den Einzelmitgliedern diese freie und unabhängige Lebensweise. An der Organisation von Kindergesellschaften haben wir bewiesen, daß undifferenzierte und fluktuierende Gesellschaften ihren Mitgliedern keine solche freie Lebensweise gewähren. Kindergesellschaften sind vor dem achten Lebensjahr besonders undifferenziert, weil ihre Mitglieder von höher differenzierten Gruppen genau so abhängig sind wie die von ihnen gebildeten Gruppen. Netzwerke haben in der Gemeinschaft auch architektonische Bedeutung und sind infolgedessen Kontrollfaktoren ihrer Entwicklung. Mit zunehmendem Alter und größerer Reife verwandelt sich das Gesellschaftsnetzwerk mehr und mehr in eine machtvolle Superorganisation.

Örtliche Bezirke und Nachbarschaften stellen nur äußerlich eine Einheit dar. Unsere Analyse zeigt, daß sie nicht in kleinere Einheiten, sondern in Teile aufgespalten wird, denen Teile anderer Bezirke und Nachbarschaften entsprechen. Die psychologischen Strömungen fließen über örtlich abgegrenzte Bezirke hinaus und schließen ohne Rücksicht auf Nachbarschaft, Bezirk oder Viertel große Individuengruppen in Einheiten zusammen. Diese Netzwerke sind Entstehungsorte der öffentlichen Meinung. Durch ihre Kanäle können Menschen sich gegenseitig beeinflussen und erziehen. Auch Suggestionen werden durch diese Netzwerke übertragen. In *einem* Gemeinschaftsteil kann ein Individuum für ehrlich, in einem anderen für unehrlich gehalten werden. Wie der Tatbestand auch sein mag, der Ruf des Individuums wird von zwei verschiedenen Netzwerken bestimmt, in denen verschiedene Meinungen herrschen. In Hudson werden die Netzwerke von Fluchtplänen durchzogen, in der ganzen Welt von Kriegsgedanken. Diese Netzwerke können aber ermittelt und mit der Zeit kontrolliert werden.

5. Das Gesetz der sozialen Gravitation

Wir haben in diesem Werk zweierlei Data gesammelt. Die eine Art hat zeitlichen Charakter und befaßt sich mit den der Entwicklungsstufe entsprechenden Merkmalen der Gruppenorganisation. Sie gibt Anlaß zu der Vermutung, daß differenzierte Formen der Gruppenorganisation aus einfachsten Formen hervorgegangen seien (Soziogenetisches Gesetz).

Die anderen Data haben räumlichen Charakter. Sie betreffen jene Merkmale der Gruppenorganisation, die den Bevölkerungscharakteren in verschiedenen geographischen Gebieten entsprechen. Die durch räumliche Nähe bedingten Merkmale treten schon auf frühen Entwicklungsstufen der Gruppe — als horizontale und vertikale Differenzierung — in Erscheinung (vgl. Soziogramme auf Seite 75 und Seite 76). Mit zunehmender Differenzierung einer Gesellschaft nehmen Zahl und Verschiedenheit der Atome zu und wirken weiter differenzierend auf die von ihnen gebildete Gruppenorganisation. Dementsprechend werden auch die in der Gruppenorganisation enthaltenen Kollektiva weiter differenziert. Diese Differenzierung der Gruppenorganisation vollzieht sich auf verschiedenen Entwicklungsstufen entsprechend der zunehmenden Reife der Individuen und ihrer Interaktionen. Die Organisationsunterschiede in der soziometrischen Geographie werden durch die Beziehungen zwischen nahen und entfernteren Kollektiven bedingt. Je größer die durch gewisse Merkmale hervorgerufene Entfernung von zwei in Entwicklung begriffenen Gruppen ist, desto größer ist die Neigung zu gegenseitiger Abschließung. Wir können uns leicht eine Gesellschaft vorstellen, in der zahlreiche Gruppen diesen Zustand der Vereinzelung und Selbstzufriedenheit erreicht haben. Er erinnert uns an die analoge Lage isolierter Individuen, die entweder durch selbstzufriedene Überlegenheit oder unzureichende

Telebeziehungen zu anderen Individuen von der Gruppe isoliert sind. Diese isolierten Gruppen entwickeln allmählich eine immer stärker werdende zentripetal-introvertierte Organisation. Sollte dieser Organisationstyp jedoch nicht verwirklicht werden können oder nach seiner Verwirklichung von inneren Reibungen durchsetzt werden, so kann ein Teil der Gruppe sich aggressiv nach außen wenden und unter Umständen die ganze Gruppe mitreißen, die als Einheit dann alle Merkmale extravertierter Organisation aufweist. Ursachen dieses Vorgangs können von Hungersnot begleitete Bevölkerungszunahme, Überschuß an Führerpersönlichkeiten u. a. m. sein.

Diesen Prozessen horizontaler Differenzierung sind jedoch gewisse Grenzen gesetzt. Nach einem bestimmten Ausdehnungsgrad wirkt dieser Entwicklung ein anderer Prozeß entgegen. Wie bereits geschildert, verlaufen psychosoziale Strömungen räumlich zwischen verschieden stationierten Individuen und Gruppen. Je mehr solcher bevölkerungsbindender und bevölkerungstrennender Strömungen vorhanden sind, desto leichter entstehen ihre Verbindungsbahnen – die Netzwerke.

Der dynamische Charakter psychosozialer Strömungen, die Individuen und Gruppen zu immer stärkerer Differenzierung treiben, bewirkt auch seine eigenen Schranken. Der Differenzierungsprozeß reißt die Gruppe auseinander, während Verkehr und Verbindung zwischen den Individuen als Prozeß die Gruppe wieder zusammenzieht. Dieses rhythmische Wechselspiel der Kräfte der Zusammenziehung und Ausdehnung weist auf ein soziales Gravitationsgesetz hin. Die soziometrische Hypothese der sozialen Gravitation kann folgendermaßen formuliert werden: Gruppe 1 (G 1) und Gruppe 2 (G 2) bewegen sich zwischen Ort X und Ort Y aufeinander zu in direkt proportionalem Verhältnis zum Betrag der gesendeten oder empfangenen Anziehung (A 1 oder A 2), in umgekehrt proportionalem Verhältnis zum Betrag der gesendeten oder empfangenen Abstoßung (R 1 oder R 2) und in umgekehrt proportionalem Verhältnis zur räumlichen Distanz d unter der Voraussetzung, daß die Verkehrsmöglichkeiten zwischen X und Y konstant sind.

VIERTER TEIL

AUFBAU UND UMGESTALTUNG EINER GEMEINSCHAFT

I. EINLEITUNG

Die Religionen haben uns mit einem wunderbaren Mythus beschenkt. Lange bevor wir geboren werden, leben wir in einer anderen Welt, in Eden, und der weise Weltenvater, der alle geborenen und ungeborenen Wesen sieht und alle Nöte der Welt kennt, entscheidet, auf welchem Planeten, in welchem Land und in welcher Familie wir leben sollen. Diese Mär könnte „kosmischer Platzanweisungsmythus" genannt werden. Sie will uns zumindest für den Augenblick glauben machen, unser Erscheinen in einer bestimmten Umgebung werde nicht von einem genetisch-sozialen Zufall bedingt, sondern sei die Folge einer weisheitsvollen Vorherbestimmung. Sollen wir diesen Mythus als Prophezeiung auffassen und glauben, der Mensch werde dieses Bild des Schöpfers eines Tages verwirklichen?

Die Geburt ist der schicksalsschwerste Augenblick im Menschenleben. Der biologische Fortpflanzungsprozeß findet sein Ende; das Leben auf der Erde beginnt. Aber als fatalistische Folge der Fortpflanzung sind Eltern und Erzieher des Neugeborenen identisch mit seinen Erzeugern und der ersten sozialen Organisation, in der sich seine Persönlichkeit zu entfalten beginnt. Unsere Eltern werden uns gegeben, anstatt von uns gewählt zu werden. Es ist eigenartig, daß die Vorbestimmung im sozialen Bereich uns viel heftiger herausfordert als die biologische Vorbestimmung; daß uns unsere Ahnen gegeben, nicht aber von uns auf die Probe gestellt werden, stört uns wenig. Mit wem wir aber zusammen leben und wirken sollen, scheint uns ebensowichtig wie der Eintritt in das Leben zu sein. Das neugeborene Kind wird oft als Besitz oder vielleicht als Belohnung für die Leiden und Schmerzen der Geburt betrachtet.

Dieses Gefühl findet sein Gegenstück im Verhältnis eines kreativen Menschen zu seinem Werk; auch er ist geneigt, sein geistiges Kind als absolutes Eigentum zu betrachten. Eltern und Schöpfer aber sind beide Opfer derselben menschlichen Lust, die „Elternillusion" genannt werden kann. Sie ist im ersten Falle eine mehr gefühlsmäßige, im zweiten Falle eine mehr intellektuelle Illusion und bedarf einer eingehenderen Erklärung.

Ein Schöpfer hat nach der Vollendung nur noch ein moralisches und psychisches Recht auf sein Werk. Solange er an seinem Werk arbeitet, hat er alle Rechte, verwirkt sie aber, sobald seine Ideen aus ihm hinausgetreten und ein Teil der Welt geworden sind. Dann gehören sie der Allgemeinheit. Nur selten kennt das Individuum seine Stellung innerhalb der kulturellen Strömungen der Gemeinschaft und ist sich all des aufgenommenen Gedankengutes bewußt, an dem oft tausend andere individuelle Geister geformt haben. Diesen ist jeder Einzelne verschuldet. Welch einflußreiche Stellung ein Mensch inmitten der zahllosen Strömungen auch immer bekleiden mag, sein Arbeitsmaterial wird dem Universum entnommen und von der Allgemeinheit vorbereitet. Für die Elternschaft hat diese Behauptung noch höhere und buchstäblichere Geltung. Die biogenetische Forschung steht noch in ihren Anfängen; aber wir wissen, daß die auf das Kind übergehenden Chromosomen nicht von den beiden Eltern allein erzeugt worden sind. Zukünftige Studien mögen nachweisen, daß der biologische Beitrag der Eltern entscheidender ist, als wir heute vermuten. Verglichen mit dem Beitrag der gesamten Menschheit und des ganzen Universums wird er aber auch dann noch recht unbedeutend sein. Gleich dem Schöpfer eines Werkes haben auch Eltern lediglich ein moralisches und psychisches Recht auf ihre Nachkommenschaft. Die Kinder gehören der Allgemeinheit.

Wir besprechen diese Tatsache nicht einer kommunistischen oder platonischen Utopie willen. „Alle" ist so gut wie „Niemand", und Allgemeinheit ist ein ähnlich oberflächlicher Begriff. Genauer: kein Kind kann mit der Allgemeinheit leben oder wetteifern. Es bedarf besonders auf der Vorstufe der sozialen Reifung des elterlichen Schutzes. Wir schlagen nicht die Abdankung der Eltern vor, sondern versuchen ihre wirkliche Stellung zu beleuchten. Elternschaft wird immer eine individuelle Angelegenheit bleiben.

Die Beobachtung der Beziehungen zwischen Kindern und Erwachsenen, welche die Rolle von Eltern zu spielen versuchen, wirft noch ein weiteres Licht auf dieses Problem. Wir alle kennen nachlässige und herzlose Eltern und wissen, daß kinderlose Leute solchen vernachlässigten Kindern oft gute Eltern geworden sind. Der Fortpflanzungsinstinkt ist nicht identisch mit dem Elterninstinkt. Daher schlagen wir vor, die Elternschaft ihren beiden Funktionen nach zu klassifizieren und „biologische Eltern" von „sozialen Eltern" zu unterscheiden. Beide können in einem Individuum oder einem Paar vereinigt sein. Es handelt sich darum, eine soziometrische Methode zu entwickeln, welche die hergebrachte Ordnung zu ersetzen und vielleicht zu verbessern vermag. Der Soziometrist hat keine vorgefaßte Meinung hinsichtlich der biosozialen oder soziometrischen Familienform. Er läßt sich nur von Erfahrungen und Experimenten leiten.

Die erste Situation, die uns beim Betreten dieser Welt erwartet, wiederholt sich durch das ganze Leben. Brüder und Schwestern, Schul- und Arbeitskameraden werden uns gegeben, aber nicht von uns gewählt. Wir leben in einem sozialen Universum, dessen Organisation in den Fabriken und Werkstätten mechanischen und ökonomischen Gesetzen und in der Familie biologischen Gesetzen unterliegt. Fast nirgendwo erblicken wir des Menschen eigene Welt. Wollen wir aber die Welt dem menschlichen Willen nach gestalten, so müssen wir zuerst das Bild einer soziometrischen Gesellschaft schaffen.

Gemeinschaften wie Hudson haben zwei Mängel und stellen für die Soziometrie ein außergewöhnliches Problem dar. Der biologische Faktor, der normale Gemeinschaften weitgehend bestimmt, fällt weg. Desgleichen fehlt der ökonomische Faktor, der sonst in normalen Gemeinschaften entscheidenden Einfluß hat. Aber gerade diese beiden Nachteile ermöglichten uns das eingehende Studium der soziometrischen Grundlagen. In offenen Gemeinschaften werden sie von den beiden anderen Faktoren dauernd an ihrer Entfaltung gehindert. Zwischen den Mitgliedern der Hudsongemeinschaft bestanden weder Blutsbande noch ökonomische Beziehungen.

Auf Grund unserer Analyse der Hudsongemeinschaft versuchten wir eine Gemeinschaftsumgestaltung in drei Stufen. a) Den soziometrischen Tests der Gruppenorganisation entsprachen soziometrische Methoden zur Umgestaltung der verschiedenen Familien-, Schul- und Arbeitsgruppen der Gemeinschaft. b) Den Spontaneitäts- und Rollenspieltests, welche die sozialen, emotionalen und beruflichen Fähigkeiten prüfen, entsprachen Methoden zur Übung dieser handwerklichen und künstlerischen Fähigkeiten und Berufe. c) Den soziometrischen Tests der psychosozialen Netzwerke und Strömungen einer Gemeinschaft entsprachen Methoden zur Lenkung, Bestimmung und Erzeugung solcher Strömungen und Netzwerke. Im vorigen Teil des Buches wurde die analytische Untersuchung einer Gemeinschaft beschrieben, die mit dem Heim beginnt und mit der soziometrischen Geographie endet. Wir erkannten die starken Gleichgewichtsstörungen und die Gefahr des völligen Zusammenbruchs. Im folgenden werden wir Methoden beschreiben, die eine Gemeinschaftsumgestaltung gemäß soziometrischer Prinzipien ermöglichen.

II. SOZIOMETRIE DES AUFBAUS

1. Die Familie

Die biologische Familie beginnt damit, daß zwei Menschen sich eines Tages aufs Rathaus begeben, um vom Standesbeamten als Mann und Frau erklärt zu werden. Liebe und Fortpflanzungstrieb bestimmen diese Vereinigung. Nach einiger Zeit werden diese beiden Menschen Eltern und bilden mit ihren Kindern zusammen eine Familie. Die Kinderliebe geht einen langen Weg bis zur Schaffung jener einzigartigen Beziehung zwischen Kind und Eltern, die noch immer der offizielle Eckstein unseres Gemeinschaftslebens ist. Sie wirkt schon lange vor der Geburt des Kindes, beginnt aber erst nachher, sich voll zu entfalten.

Die soziometrische Familie ist auf freie, spontane Anziehung zwischen Eltern und Kindern aufgebaut; sie ist nicht weniger natürlich als die biologische. Beide unterscheiden sich dadurch, daß die eine Form biologischen, die andere Form soziometrischen Gesetzen gehorcht.

Aus dem ganzen Staat New York wurden von Fürsorgestellen Kinder in die Hudsongemeinschaft eingewiesen. Sie alle hatten ihre Eltern und ihre Zugehörigkeit zu einer natürlichen Gruppe verloren oder verwirkt. Hunderte solcher Kinder wurden auf einigen Quadratmeilen zusammengewürfelt. Ihnen standen einige Frauen gegenüber, die vom Staat zu ihren Müttern ernannt worden waren. Diese Umstände schufen natürliche Verhältnisse für eine soziometrische Neuordnung. Wie aber können wir ohne Gewalt und mechanische Maßnahmen diese Frauen und Kinder zusammenbringen? Wo schlägt hier ein Mutterherz und wo entsteht jene Anhänglichkeit, durch die ein Kind seiner natürlichen Mutter verbunden ist? Wo zeigt sich das Verlangen, unter diesen vielen Kindern einem besonderen Kinde Mutter zu sein? Für diese Kinder mußten hier in Hudson bessere Verhältnisse geschaffen werden als jene, die sie verlassen hatten. Die natürliche Entwicklung einer Familie sollte auch hier gewährleistet werden. Da aber keine natürlichen Anhänglichkeits- und Zusammengehörigkeitsgefühle vorhanden waren, mußten sie durch etwas Gleichwertiges ersetzt werden. Wir waren daher bestrebt, ein Kind der neuen Mutter möglichst so gut wie seiner natürlichen Mutter anzupassen und es mit anderen Kindern zusammenzubringen, die ihm natürliche Brüder und Schwestern zu ersetzen vermöchten. Wie aber können wir wissen, welche Mutter für welches Kind geeignet ist und welches Kind zu welchem anderen Kinde paßt?

2. *Der Elterntest*

a) Methode

Alle neuen Mädchen werden gleich nach ihrer Ankunft jenen Hausmüttern gegenübergestellt, die in ihren Häusern Platz für neue Mädchen haben. Da dieser Test sehr fein und heikel ist, muß auf richtige Anwendung geachtet werden. Die Teilnehmer werden zu einer Versammlung in die Empfangshalle gerufen. Der Tester wendet sich zuerst mit folgenden oder ähnlichen Worten an die neuen Mädchen: „Ihr werdet jetzt einigen Damen vorgestellt, deren jede Euch gerne während Eures Aufenthalts in Hudson Mutter sein möchte. Ihr dürft Eure Hausmutter selbst wählen und müßt uns sagen, zu welcher Frau Ihr Euch am meisten hingezogen fühlt. Selbstverständlich dürfen auch die Mütter ihre Meinung äußern, bevor sie Euch in ihr Haus aufnehmen. Diese Angelegenheit ist kein Scherz. Ihr wählt jetzt die Frau, zu der Ihr Euch hingezogen fühlt, Vertrauen wie zu einer Mutter habt und von der Ihr auch gerne Ratschläge entgegennehmen wollt. Seid Euch klar darüber, daß Ihr jetzt entscheidet, mit wem Ihr bis zum Ende Eures Aufenthalts in Hudson zusammen leben werdet."

Aldann wendet sich der Tester an die Hausmütter: „Es sind einige neue Mädchen in unsere Anstalt eingetreten. Ihr alle wollt sie während ihres Aufenthalts in Hudson an Kindes Statt annehmen. Ihr wißt, wie schädlich ein disharmonisches Heim für Kinder ist und wie segenbringend glückliche Familienverhältnisse sein können. Bevor Ihr ein Kind in Euer Haus nehmt, möchten wir aus zwei Gründen Eure Gefühle für dieses Kind kennenlernen. Zu einem Kind mögt Ihr Euch stärker hingezogen fühlen als zu einem andern und ihm auch größere Hilfe leisten können. Außerdem seid Ihr mit Eurer Hausgruppe vertraut. Nur Ihr könnt beurteilen, welches Kind sich wohl am besten den anderen Kindern Eurer Gruppe anpassen würde. Sprecht unbefangen mit jedem dieser Mädchen und folgt bei der Beurteilung Eurer spontanen Eingebung und Eurer Erfahrung."

Die neuen Mädchen spielen daraufhin die Rolle der Gastgeberin und bitten die Hausmütter zu sich. Jedes Mädchen unterhält sich in seinem Zimmer einige Zeit ($^1/_2$–1 Stunde) mit jeder Hausmutter. Damit beide in ein Verhältnis kommen, müssen sie allein gelassen werden. Eine Hausmutter nach der anderen plaudert mit jedem Mädchen, bis jede jedes Mädchen gesprochen hat.

Um den noch frischen, spontanen gegenseitigen Eindruck kennenzulernen, spricht der Tester gleich nach ihrer Unterhaltung getrennt mit der Hausmutter und dem neuen Mädchen. Sobald alle Begegnungen beendet und die gegenseitigen Eindrücke eines jeden Paares ermittelt worden sind, fragt der Tester noch einmal jedes Mädchen: „Welche dieser Frauen soll Deine Mutter werden?" Hat das Mädchen eine Hausmutter genannt, so fährt der Tester fort: „Wen würdest Du wählen, falls Du aus irgendeinem Grund dieser Hausmutter nicht zugewiesen werden könntest?" Nachdem das Kind eine zweite Hausmutter gewählt hat, sagt der Tester: „Würdest Du noch eine andere Frau wählen, falls Du auch der zweiten Hausmutter nicht zugewiesen werden könntest?" Hat das Mädchen eine dritte Hausmutter genannt, so wird es aufgefordert, seinen Gefühlen für die übrigen Frauen freien Ausdruck zu geben und zu begründen, weshalb es sich zu einer Frau stärker hingezogen fühlt als zu einer anderen. Die Angaben eines jeden Kindes werden in seiner Gegenwart wörtlich festgehalten. Die Mädchen sind ganz bedenkenlos, da sie wissen, daß diese Maßnahmen der Verwirklichung ihrer eigenen Wünsche dienen.

Dann wendet sich der Tester wieder an die Hausmütter und fragt: „Welches Mädchen würdet Ihr gerne in Eurer Familie haben?" Nachdem jede Hausmutter ein Mädchen genannt hat, fährt er fort: „Wen würdet Ihr wählen, falls aus irgendeinem Grunde dieses Kind nicht in Euer Haus eingewiesen werden könnte?" Sobald ein zweites Mädchen genannt worden ist, sagt der Tester: „Würdet Ihr noch ein anderes Mädchen wählen, falls Euch keines dieser beiden zugewiesen werden könnte?" Nachdem die Hausmütter ein drittes Mädchen genannt haben, werden sie aufgefordert, ihre Eindrücke von den anderen Mädchen zu schildern und ihre Bevorzugung der drei gewählten Mädchen zu begründen. Auch die Hausmütter haben keine Vorurteile gegen den Tester, da sie wissen, daß größte Offenheit am schnellsten eine Berücksichtigung ihrer Wahlen bewirkt.

b) Verfahren

In vielen Institutionen werden Neulinge in Häuser und Schlafsäle mit zufällig freien Betten eingewiesen. Der Einzelne hat dann bis zu seiner Entlassung an diesem Platz zu bleiben. Eine oberflächlichere Anweisungsmethode kann man sich kaum vorstellen. Sie ist die logische Folge eines Verfahrens, welches das Individuum als Einzelwesen und nicht als Teil der Gruppe behandelt, wie dies bei der Psychoanalyse, Hypnose, Suggestion usw. der Fall ist. Erst wenn sich unerfreuliche Vorfälle zwischen zwei oder mehreren Personen ereignen, merkt die Verwaltung, daß diese Individuen „nicht miteinander auskommen". Falls Strafe und persönlicher Einfluß nicht den gewünschten Erfolg zeitigen, werden die Personen versetzt. Veränderungen werden aber so lange wie eben möglich vermieden. Von den Anstaltsmitgliedern wird ein Ausharren am Platze erwartet. Diese Einstellung den Einzelnen gegenüber kann in Heimschulen, Erziehungsanstalten, Irrenhäusern, Waisenhäusern, aber auch in unseren gewöhnlichen Schulen, Fabriken und Geschäften beobachtet werden. Ausnahmen kommen am häufigsten in Heimschulen vor. Das neue Kind wird dort durch „intuitive Erfahrung" in die bestgeeignete Hausgruppe eingewiesen. Dieses Verfahren ist manchmal erfolgbringend, oft aber bringt es auch Fehlschläge. Da ihm keine analytischen Prinzipien zugrunde liegen, können wir aus beiden Fällen nichts lernen. Selbst wenn über solche intuitive Anweisungen Buch geführt wird und man versucht, die Gründe des Fehlschlags zu ermitteln, sind die Ergebnisse unzulänglich; denn viele Faktoren wirken in dieser komplexen Situation zusammen. Wir selbst waren von dieser Methode zu verfrühten theoretischen Verallgemeinerungen und praktischen Fehlurteilen verleitet worden. Unter den vielen die Lage beeinflussenden Faktoren fehlt der archimedische Punkt, in dem eine Anweisungsmethodologie verankert sein könnte.

Wir suchten nach einem Verfahren, das diese Versuchs- und Irrtumsmethode durch eine wissenschaftlich begründete *organische* Anweisung ersetzen würde. Bei der Untersuchung zwischenmenschlicher Beziehungen schenkten wir den spontanen Wahlen größere Aufmerksamkeit. Eine Anweisung ohne Kenntnis der gegenseitigen Beziehungen der zum Zusammenleben bestimmten Individuen nimmt ihnen die Ausdrucksmöglichkeit für ihre Gefühle bezüglich dieser für sie wichtigen Angelegenheit und bringt uns um eine grundlegende Untersuchungsmethode. Die Hausgruppenanweisung eines neu in die Erziehungsanstalt eingetretenen Kindes ist von größter Wichtigkeit. Ein solches Kind muß in seiner eigenen Familie schlecht gestellt gewesen sein, da sonst keine Überweisung in die Erziehungsanstalt erfolgt wäre. Die „therapeutische Platzanweisung" darf nicht einem Einzelnen, einem einzelnen Psychologen oder Fürsorger überlassen werden, da sonst einigen wenigen diktatorische Gewalt in einer Situation gegeben wird, bei deren Beurteilung selbst ein Weiser irren kann. Die gegenseitige emotional-soziale Reaktion der zum Zusammenleben bestimmten Individuen ist jedoch von ausschlaggebender Bedeutung. Anstatt diese wie Material zu behandeln und sie ohne Rücksicht auf ihre zwischenmenschlichen Beziehungen zusammenzubringen, können sie gemeinsam einem Test unterworfen werden.

Das bedingungslose Ausharren an einem Platze hat in der Geschichte der Ehebeziehungen eine ähnliche Entwicklung durchgemacht. Noch vor nicht allzu langer Zeit wurden die meisten Menschen von ihren Eltern verheiratet, und auch heute noch wird hier und dort an dieser Sitte festgehalten. Den Gefühlsbeziehungen zwischen Braut und Bräutigam wurde nur wenig Rechnung getragen. Obgleich heutzutage in zivilisierten Ländern die meisten Ehen auf freier Wahl aufgebaut werden, sind die sozialen Gefühlsbeziehungen und Motivierungen junger Eheleute noch keiner wissenschaftlichen Untersuchung unterzogen worden. Durch die Anwendung des soziometrischen Tests auf dieses Problem erhielten wir bessere Einsicht in die Ursachen zerbrochener Ehen.

Wir stellten die Begegnung der zum Zusammenleben bestimmten oder durch ein anderes Kriterium verbundenen Individuen an den Anfang des soziometrischen Verfahrens. Falls die Individuen sich nicht von früher her bekannt waren, bezeichneten wir ihre gegenseitigen Reaktionen als spontan und ihre Eingliederung in die Gemeinschaft als ursprüngliche Platzanweisung.

c) Anwendung des Tests

Im folgenden geben wir ein Beispiel des Tests und seiner Anwendung. Acht Mädchen, Louise (15 Jahre alt), Dora (15), Hazel (16), Lena (14), Adeline (13), Evelyn (16), Shirley (14) und Muriel (13) waren neu in die Erziehungsanstalt Hudson eingetreten. In den Häusern C4, C10, C11, C13, C16 und C2 waren noch Plätze frei. Die Hausmütter dieser sechs Häuser erschienen bei der Versammlung. Die auf Dora und Muriel bezogenen Testergebnisse sind in den folgenden Soziogrammen als Beispiele dargestellt worden:

Schon bei oberflächlicher Analyse des Soziogramms kann man erkennen, wie verschieden die Mütter den einzelnen Kindern gegenüber reagierten. Unter den acht Mädchen wurde nur Muriel von keiner der vertretenen Hausmütter gewählt. Die anderen sieben wurden von mindestens einer Hausmutter gewählt. Aber noch ein zweites Mädchen, Shirley, blieb isoliert, da es sich zu der einzigen Hausmutter (C 8), von der es gewählt wurde, nicht hingezogen fühlte. Sechs dieser acht Mädchen bildeten mit fünf Hausmüttern gegenseitige Paare. Zwei der Mädchen reagierten nicht auf den Test. Obgleich die Hausmutter von C 9 von Lena gewählt worden war, konnte sie sich als einzige der Hausmütter zu keiner Wahl entschließen. Eine Hausmutter und zwei Mädchen schienen demzufolge vom Test ausgeschlossen zu sein. Bei eingehenderer Analyse der Reaktionen der Hausmütter und Kinder konnten zahlreiche feine Unterschiede wahrgenommen werden. Nur zwei Mädchen, Dora und Adeline, und die Hausmütter von C 8 und C 2 wählten sich gegenseitig bei der ersten Wahl. Bei der zweiten Wahl fühlten sich Hazel und die Hausmutter von C 16 zueinander hingezogen. Lena wählte bei der ersten Wahl die Hausmutter von C 13, welche die Zuneigung erst bei der dritten Wahl erwiderte. Bei der zweiten Wahl wählten sich Lena und die Hausmutter von C 4 gegenseitig, desgleichen Louise und die Hausmutter von C 10. Ihre erste Wahl fiel auf die Hausmutter von C 2, wurde aber mit Abstoßung erwidert. Bei der dritten Wahlmöglichkeit fand zwischen Evelyn und der Hausmutter von C 10 eine gegenseitige Wahl statt.

Wir können verschiedene Grade der Anziehung unterscheiden: Dora wird bei der ersten Wahl von zwei Hausmüttern gewählt, bei der zweiten Wahl von zweien. Von einer Hausmutter wird sie abgestoßen; eine andere bringt ihr Gleichgültigkeit entgegen. Louise wird bei der ersten Wahl von zwei Hausmüttern gewählt, bei der zweiten Wahl von zweien. Eine Hausmutter bringt ihr Abstoßung entgegen, eine andere Gleichgültigkeit. Lena wird bei der zweiten Wahl von einer Hausmutter gewählt, bei der dritten Wahl von zweien, abgestoßen von einer, während zwei Hausmütter ihr Gleichgültigkeit entgegenbringen. Auf Hazel fällt die zweite Wahl einer Hausmutter und die dritte Wahl einer anderen. Eine Hausmutter stößt sie ab, drei andere sind ihr gegenüber gleichgültig. Zwei Hausmütter wählen Evelyn bei der dritten Wahl, eine stößt sie ab und drei sind ihr gegenüber gleichgültig. Adeline erhält die erste Wahl einer Hausmutter, fünf andere bringen ihr Gleichgültigkeit entgegen. Shirley wird bei der vierten Wahl von einer Hausmutter gewählt, abgestoßen von einer anderen und von vieren gleichgültig behandelt. Muriel wird überhaupt nicht gewählt, sondern viermal abgestoßen. Zwei Hausmütter verhalten sich ihr gegenüber gleichgültig.

Ein anderes Unterscheidungsmerkmal der Individuen ist ihre Erwiderungsfähigkeit. Dora wird von vier Hausmüttern gewählt und erwidert zwei Wahlen mit einer Gegenwahl. Louise erwidert zwei der vier auf sie gefallenen Wahlen, Lena zwei von dreien, Evelyn eine von zweien, Hazel eine von zweien. Adeline erwidert die eine erhaltene Wahl. Shirley erwidert die eine auf sie gefallene Wahl nicht, und Muriel wird nicht gewählt. Auch die Hausmütter unterscheiden sich durch ihre Erwiderungsfähigkeit. Die Hausmutter von C11 wird einmal gewählt, ohne die Wahl zu erwidern. Auf die Hausmutter von C10 fallen sechs Wahlen, von denen

Hausmutter von C 10
Elterntest

	Anziehungen	Abstoßungen	(Gleichgültigkeit)
Gesendet:	4	2	(2)
Empfangen:	6	0	(2)

		E	
C 13:	3	3	(2)
	6	0	(2)
		E	
C 2:	3	1	(4)
	5	1	(2)
		E	
C 16:	2	1	(5)
	4	1	(3)
		E	
C 4:	3	3	(2)
	1	2	(5)
		E	
C 11:	2	0	6
	1	2	(5)

sie drei erwidert. Die Hausmutter von C2 erwidert von fünf Wahlen zwei, die Hausmutter von C4 erwidert die eine auf sie fallende Wahl. Die Hausmutter von C16 erwidert von vier Wahlen eine, die Hausmutter von C13 zwei von sechs Wahlen. Dies zeigt, daß nicht alle Gefühlsbemühungen erfolgreich sind. Gefühle gehen oft über ihre Befriedigungsmöglichkeiten hinaus. Ein gewisser Betrag der Gefühlsbemühungen scheint immer verschwendet zu werden. Die Beobachtung von Malthus, daß Bevölkerungen sich schneller vergrößern als ihre Unterhaltsmöglichkeiten, findet in dieser Verschwendung ihr soziometrisches Gegenstück.

Die emotional-sozialen Reaktionen jeder Hausmutter auf eine gegebene Kindergruppe werden in den Formeln auf S. 289 klassifiziert. Auch die Reaktionen der Kinder sind in diesen Formeln enthalten.

d) Analyse

Aus dem Elterntest haben wir folgende praktischen Lehren gezogen: a) Die Aussichten für eine erfolgreiche Platzanweisung sind am schlechtesten bei gegenseitiger Ablehnung der Beteiligten. Die Lage ist nicht ganz so schlecht, wenn bei einseitiger Ablehnung b) die Hausmutter das Kind ablehnt, selbst aber von diesem gewählt wird; sie ist etwas besser, wenn c) das Kind die Hausmutter ablehnt, selbst aber von ihr gewählt wird. d) Die gegenseitige Wahl zwischen Hausmutter und Kind bildet – besonders wenn es sich um gegenseitige *erste* Wahl handelt – die beste Voraussetzung für eine erfolgreiche Platzanweisung. Falls die übrigen Tests keine andere Anweisung wünschenswerter erscheinen lassen, gelten diese Regeln unter gleichen Umständen, d. h. wenn die Motivierungen der Anziehung sich nicht auf eine Benachteiligung des Kindes beziehen, daß z. B. eine Hausmutter ein geistig zurückgebliebenes Kind wegen leichterer Lenkbarkeit wählt. Falls ein Individuum nach dem Elterntest zur Einweisung in eine Hausgruppe ungeeignet erscheint, kann sein Status durch andere bei der ersten Platzanweisung zu berücksichtigende Faktoren immer noch verändert werden.

Muriel kann dieser Hausmüttergruppe nicht zugewiesen werden, da sie von den drei Hausmüttern, auf die ihre Wahl fällt, abgelehnt und von keiner anderen gewählt wird. Auch Shirley kann anscheinend keiner dieser Hausmütter zugewiesen werden. Sie wird nur von einer Hausmutter gewählt, der Shirley Gleichgültigkeit entgegenbringt. Die von ihr gewählten Hausmütter sind ihr gegenüber gleichgültig oder lehnen sie ab. Dora scheint mit Hausmutter 10 am besten zusammenzupassen. Sie könnte aber auch der Hausmutter von C 2 zugewiesen werden. Diese Anweisung wäre jedoch weniger gut als die erste. Auch die Hausmutter von C 13 käme für sie in Frage. Trotz Doras Gleichgültigkeit gibt ihr diese Hausmutter die erste Wahl. Sie könnte jedoch den Hausmüttern von C4, C11 und C16 zugewiesen werden. Die Entscheidung muß zwischen C10, C2 und C13 gefällt werden. Für Adeline scheint eine Einweisung in Hausgruppe C2 günstig zu sein, da sie ihrer Hausmutter durch gegenseitige Wahl verbunden ist. Louise könnte in C10 oder C13 eingewiesen werden. Zwischen ihr und beiden Hausmüttern besteht gegenseitige Anziehung. Sie ist außerdem von Hausmutter C4 und C11 gewählt worden. Lena kann dem Hausmuttertest zufolge in C4 oder C13 eingewiesen werden. Zwischen ihr und beiden Hausmüttern besteht gegenseitige Anziehung. Die Hauptmöglichkeit für Hazel ist Hausgruppe C16 und für Evelyn Hausgruppe C10.

3. Familientest

Mußten für den Neuling Ersatzeltern gesucht werden, so nannten wir das Verfahren Elterntest. Sollten ihm Personen in der Rolle seiner Geschwister zugeteilt werden, so bezeichneten wir das Verfahren als Familientest. Auf diese Weise wurden Tests zur Behebung individueller Nöte geschaffen.

Das neueingetretene Kind muß nicht nur einer Hausmutter zugeteilt, sondern auch in eine Gruppe mit vielen anderen Kindern eingegliedert werden. Wir haben nachgewiesen, daß Kinder von einem gewissen Alter an bestrebt sind, eigene, von Erwachsenen unabhängige soziale Gruppen zu bilden, und daß sich diese Gruppen mit zunehmendem Alter ihrer Mitglieder differenzieren und das Verhalten der Gruppe entscheidend beeinflussen. Die Gruppenhaltung einem Neuling gegenüber ist ausschlaggebend für seine Eingewöhnung. Der Familientest hat zur Aufgabe, die für ihn bestgeeignete Gruppe zu bestimmen.

a) Verfahren

Aus jeder durch die Hausmutter beim Elterntest vertretenen Hausgruppe wählt der Tester eine soziometrische Schlüsselperson. Je günstiger und klarer gezeichnet ihre Stellung innerhalb der Gruppe ist, desto besser wird sie dem neuen Mädchen gegenüber die Gruppe vertreten. Neben ihrer analytischen Eigenschaft als emotional-soziale Vertreterin der Gruppe hat sie die Aufgabe, eine ihr besonders sympathische Schülerin in ihre Gruppe einzuführen. Da die Hausmutter ein ständiges Mitglied der Gruppe ist, sind ihre Reaktionen im Elterntest etwas einseitig. Zum Ausgleich muß der Familientest so vielseitig wie möglich gestaltet werden. Die Hausgruppen werden bei jedem Familientest durch ein anderes Mädchen vertreten, so daß jedes Mitglied einmal die Gelegenheit hat, ein neues Mädchen einzuführen. Dieses Verfahren hat außerdem den Vorteil, kein bestimmtes Mädchen als Gruppenvertreterin den übrigen Gruppenmitgliedern vorzuziehen. Falls Reaktions- und Ausdrucksschwäche einiger Gruppenmitglieder eine solche Handhabung des Tests vereiteln sollten, müssen zumindest alle Schlüsselpersonen der Gruppe einmal am Test beteiligt werden. Dieses Verfahren ermöglicht es allen Personen, selbst am Aufbau ihrer Gruppe mitzuwirken.

b) Anwendung des Familientests

Die Anwendung des Familientests entspricht der Anwendung des Elterntests. Doch die einzelnen Hausgruppen werden jetzt nicht durch die Hausmütter, sondern durch beauftragte Mädchen vertreten. Der Tester wendet sich mit folgenden oder ähnlichen Worten an diese Mädchen: „Einige Mädchen sind in unsere Anstalt neu eingetreten. Ihr selbst wart einmal Neulinge und wißt, was der Eintritt in eine fremde Gemeinschaft bedeutet. Ihr erinnert Euch der Wichtigkeit eines guten Anfangs, wie wohltuend es ist, in die richtige Gruppe eingewiesen zu werden und sich dort willkommen zu fühlen. Plaudert unbefangen mit jedem neuen Mädchen. Vielleicht fühlt Ihr Euch einem Mädchen besonders verbunden und könnt ihm behilflich sein. Die anderen Gruppenmitglieder sind Euch vertraut. Versucht Euch vorzustellen, wie das neue Mädchen nicht nur mit Euch, sondern auch mit den anderen Gruppenmitgliedern zurechtkommen würde. Sprecht mit jedem Mädchen und entscheidet, welches Euch am liebsten ist."

Ruth, Leona, Harriet, Marion, Alberta und Katherine waren die Vertreterinnen der Hausgruppen C 4, C 10, C 11, C 13, C 16 und C 2. Die Anziehungen, Abstoßungen und Gleichgültigkeit zwischen ihnen und den neuen Mädchen sind auf den beiden beigefügten Soziogrammen graphisch dargestellt worden. Auf dem Soziogramm ist die gegenseitige Anziehung zwischen Dora und Leona von Haus C10 und Dora und Harriet von Haus C11 zu erkennen. Sie wird von drei weiteren Mädchen gewählt, deren Wahlen sie jedoch mit Abstoßung oder Gleichgültigkeit erwidert. Gemäß der zuvor besprochenen Regel würde Dora am besten zu Leona passen, da beide Mädchen durch gegenseitige erste Wahl verbunden sind. Doras Einweisung in Harriets Gruppe wäre ungünstiger, da die Mädchen sich erst bei der 2. und 3. Wahl wählen. Zu Marion von Haus C13, Alberta von Haus C16 und Ruth von C4 fühlt sich Dora nicht hingezogen; sie brauchen bei der Platzanweisung nicht berücksichtigt zu werden. Katherine von Haus C2 erwidert Doras Wahl mit Gleichgültigkeit. Es muß daher eine Entscheidung zwischen C 10 und C 11 getroffen werden.

Zwischen Adeline und Katherine von Haus C 2 kam bei der ersten und zweiten Wahl gegenseitige Anziehung zum Ausdruck. Ihre Beziehungen zu den Mädchen der anderen Hausgruppen sind disharmonisch. Dem Test zufolge scheint nur Hausgruppe C 2 für Adeline in Frage zu kommen.

Louise und Harriet von C 11 sind sich durch gegenseitige erste Wahl verbunden. Bei der dritten und ersten Wahl tritt zwischen Louise und Ruth von Haus C 4 eine

Anziehung in Erscheinung, bei der zweiten und ersten Wahl eine gegenseitige Anziehung zwischen Louise und Marion von C 13. Auf alle anderen Gruppenvertreterinnen reagiert Louise mit Abstoßung oder Gleichgültigkeit. Sie muß auf Grund dieses Tests entweder in Haus C11, C13 oder C4 eingewiesen werden.

Bei der dritten Wahl wählt Lena Ruth von C 4, welche die Wahl bei der vierten Möglichkeit erwidert. Keine Anziehungen bestehen zwischen Lena und den Vertreterinnen der Hausgruppen C11, C10 und C2; von den Mädchen der Hausgruppen C13 und C16, die sie selbst anzieht, wird sie abgestoßen. Dieser Test läßt nur Lenas Einweisung in Haus C4 günstig erscheinen.

Hazel hat mit keinem der Mädchen eine gleichartige Beziehung. Nur Hausgruppe C10, deren Vertreterin Hazel die erste Wahl gibt, sollte vielleicht bei der Einweisung berücksichtigt werden.

Evelyns zweite Wahl fällt auf Leona von C 10, welche die Wahl bei der dritten Möglichkeit erwidert. Alle anderen Beziehungen sind disharmonisch. Ihre Einweisung in Haus C 10 dürfte am günstigsten sein.

Shirley hat zu allen Hausgruppenvertreterinnen disharmonische Beziehungen. Dieses Testergebnis spricht gegen ihre Einweisung in die entsprechenden Häuser.

Muriel gibt Ruth von Haus C 4 ihre erste Wahl. Ruth wählt Muriel bei der vierten Wahlmöglichkeit. Bei der dritten und zweiten Wahl kommt zwischen ihr und Marion von C 13 gegenseitige Anziehung zum Ausdruck; bei der vierten und dritten Wahlmöglichkeit wählen sich Muriel und Katherine. Die übrigen Beziehungen sind disharmonisch. Dem Test nach wäre Muriels Einweisung in C 2, C 4 oder C 13 erfolgversprechend.

c) Klassifikation

Auf Grund des Eltern- und Familientests werden die acht neuen Mädchen folgendermaßen klassifiziert:

Dora:

E	2 — 3	(1)	3 — 1	(2)	F
	4 — 1	(1)	5 — 0	(1)	

Louise:

E	3 — 0	(3)	3 — 1	(2)	F
	4 — 1	(1)	6 — 0	(0)	

Lena:

E	3 — 0	(3)	3 — 0	(3)	F
	3 — 1	(2)	1 — 1	(4)	

Evelyn:

E	3 — 0	(3)	2 — 1	(3)	F
	2 — 1	(3)	4 — 0	(2)	

Hazel:

E	3 — 0	(3)	3 — 2	(1)	F
	2 — 1	(3)	0 — 1	(5)	

Adeline:

E	3 — 0	(3)	1 — 0	(5)	F
	1 — 0	(5)	2 — 0	(4)	

Shirley:

E	3 — 0	(3)	3 — 0	(3)	F
	1 — 1	(4)	2 — 4	(0)	

Muriel:

E	3 — 3	(0)	4 — 0	(2)	F
	0 — 4	(2)	3 — 0	(3)	

Wörtliches Protokoll der Eltern- und Familientests

Dora B.

Wählt unter den Hausmüttern:	Reaktion der Hausmütter:
1. Wahl, Frau Reid, C 10: „Sie gleicht meiner Großmutter und war so nett mit mir."	Frau Reid, *1. Wahl:* „Sie gefällt mir, sie hat ein offenes, gerades Wesen und spricht mit der Bestimmtheit einer Erwachsenen. Mit ihr kann man alles offen besprechen. Ich selber bin gradeheraus und glaube, wir würden uns wunderbar vertragen. Sie wäre augenblicklich wertvoll für die Gruppe; denn viele zuverlässige Mädchen sind entlassen worden."
2. Wahl, Frau Dickey, C 2: „Sie scheint mit allen Mädchen auszukommen, ohne einen besonderen Liebling zu haben. Ich mag es, wenn sich jemand zu mir setzt und offen mit mir spricht." Keine weiteren Wahlen.	Frau Dickey, *2. Wahl:* „Sie gefällt mir sehr gut. Sie gibt sich natürlich und scheint Selbstvertrauen zu haben, gibt kluge Antworten und ist wirklich nett."
Stößt Frau Brett, C 11, *ab:* „Ich mag sie kein bißchen. Sie ist nicht fröhlich."	Frau Brett, *2. Wahl:* „Bei den vielen kleinen Mädchen in meinem Haus könnte ich die Hilfe eines Mädchens mit starker Persönlichkeit, wie Dora, gut gebrauchen. Sie hat klare Pläne und scheint sich wenig um die Angelegenheiten anderer zu kümmern."
Stößt Frau Dorsey *ab,* C 16: „Sie würde mich nicht verstehen. Ich könnte nicht mit ihr auskommen. Sie ist unangenehm."	Frau Dorsey: *Gleichgültig.*
Stößt Frau Bradley, C 4, *ab:* „Ich glaube, sie zieht gewisse Mädchen vor. Einmal lächelte sie, sonst aber war sie ernst während unserer Unterhaltung. Ich möchte nicht in ihr Haus eingewiesen werden."	Frau Bradley, *stößt ab:* „Ich weiß nicht warum, aber ich glaube, ich würde nicht mit ihr auskommen; sie würde sich nicht gut in meine Gruppe eingliedern."

Gleichgültig gegen Frl. Nellis, C 13.

Frl. Nellis, *1. Wahl:* „Sie gewann mich bei unserer Begegnung. Sie war weder dreist noch schüchtern. Von der ganzen Gruppe gefällt sie mir am besten. Sie ist nicht verwöhnt und macht einem nichts vor. Ich würde gerne mit ihr arbeiten."

Unter den Gruppenvertreterinnen wählt sie:

1. Wahl, Leona, C 10: „Ich weiß nicht, was ich so besonders gern an ihr habe. Sie gefällt mir einfach."

2. Wahl, Katherine, C 2: „Ich gab ihr die zweite Wahl, weil sie Leona sehr ähnlich ist."

3. Wahl, Harriet C 11: „Sie hat einen schönen Ausdruck und wirkt ermutigend auf mich."

Gleichgültig gegen Marion und Ruth

Stößt Alberta C 16 *ab:* „Sie kichert zu viel."

Reaktion der Gruppenvertreterinnen:

Leona, *1. Wahl:* „Die Entscheidung fällt schwer. Ich beurteile niemanden auf den ersten Blick. Obgleich ich Dora gerne mag und ihr die erste Wahl gebe, werde ich erst nach einiger Zeit des Zusammenlebens sagen können, ob diese Wahl richtig war."

Katherine, *gleichgültig:* „Ich mag sie, glaube aber, daß sie mit jeder beliebigen Gruppe auskommen könnte. Sie würde sich gewiß gut in unserer Gruppe eingewöhnen, aber sie scheint mir nicht unbedingt zu unserer Gruppe zu gehören. In andere Gruppen würde sie ebenso gut hineinpassen. Sie verstehen mich. Manchmal sehe ich ein Mädel und weiß sofort, daß es sich in meiner Gruppe zu Hause fühlen würde. Dann wieder begegne ich Mädchen, die mir gefallen, aber mir nicht im Zusammenhang mit meiner Gruppe in den Sinn kommen. Ich kümmere mich weniger um sie, da sie überall zurechtkommen. Ich wähle immer Mädchen, die meine Gruppe brauchen."

Harriet, *2. Wahl:* „Sie ist geistesgegenwärtig und würde sich von anderen Mädchen nicht in die Irre führen lassen."

Marion, *2. Wahl:* „Sie ist wirklich ein nettes Mädchen, das jeder gern in seiner Gruppe haben möchte."

Alberta, *2. Wahl:* „Sie ist mit allen Wässerlein gewaschen und wäre ein Spaß für unsere Gruppe."

Ruth, *2. Wahl:* „Sie ist ein guter Charakter. Ich wünschte, wir würden sie in unsere Gruppe bekommen; denn wir brauchen sie; und sie würde die Gelegenheit ergreifen, Führerin in unserem Hause zu werden. Uns fehlt eine solche Führerin."

Muriel F.

Wählt unter den Hausmüttern:

1. Wahl, Frau Reid C 10: „Sie ist sehr lustig und hört einem gerne zu."

Reaktion der Hausmütter:

Frau Reid, *stößt* sie *ab:* „Zu nervös für meine Gruppe; sie spricht zu viel und kann keine Minute still sitzen."

2. Wahl, Frl. Nellis C 13: „Sie macht einen glücklich, da sie selbst ein glücklicher Mensch ist."	Frl. Nellis; *stößt* sie *ab*: „Sie ist goldig und sagte: ‚Ich hab Sie gern wie ein kleines Kind'. Ich glaube aber, sie ist krank; sobald sie gesünder ist, werde ich sie gerne aufnehmen, aber nicht jetzt. Sie würde augenblicklich zu viel Geduld beanspruchen."
3. Wahl, Frau Dorsey C 16: „Frau Dorsey erzählt viel Interessantes. Sie weiß sehr viel."	Frau Dorsey, *stößt* sie *ab*: „Sie ist übernervös, reizbar und sprunghaft. Sie sagte, sie sei krank gewesen. Sie sieht wirklich schlecht aus und scheint für das Gruppenleben nicht genug auf der Höhe zu sein."
Stößt Frau Dickey C 2 *ab*: „Ich könnte einfach nicht mir ihr zusammen leben."	Frau Dickey: *Gleichgültig.*
Stößt Frau Bradley C 4 *ab*: „Auch mit ihr könnte ich nicht zusammen leben."	Frau Bradley, *stößt* sie *ab*: „Sie beklagt sich über Kopfschmerzen und ist höchst nervös; schwierig für jede Gruppe. Vor ihrer Einweisung in eine Gruppe sollte sie einen Krankenhausaufenthalt haben."
Stößt Frau Brett C 11 *ab*. „Ich könnte ein Zusammenleben mit ihr nicht ertragen."	Frau Brett: *Gleichgültig.*
Wählt unter den Vertreterinnen:	Reaktion der Vertreterinnen:
1. Wahl, Ruth C 4: „Man kann sich kein besseres Mädchen zum Plaudern wünschen. Man fühlt sich wohl in ihrer Nähe."	Ruth, *4. Wahl*: „Ich würde ihr gerne helfen. Sie hat ein gutes Herz und ist bemitleidenswert."
2. Wahl, Alberta C 16: „Sie ist freundlich."	Alberta: *Gleichgültig.*
3. Wahl, Marion C 13: „Sie sprach sehr nett mit mir."	Marion, *2. Wahl*: „Muriel tut mir herzlich leid. Sie zappelt unentwegt, versucht ein Gespräch zu beginnen, ist in ihren Antworten aber einsilbig und langweilig. Ich glaube, sie braucht viel Hilfe, und wenn ihr Mütterlichkeit entgegengebracht würde, wäre sie wohl gar nicht so schlimm. Sie ist irgendwie hilflos, als ob sie immer allein gewesen wäre. Wahrscheinlich ist sie viel herumgestoßen worden. Ich würde ihr gerne helfen."
4. Wahl, Katherine C 2: „Sie ist fröhlich und ermuntert mich."	Katherine, *3. Wahl*: „Sie tut mir leid. Sie gibt sich so viel Mühe, andern gegenüber nett zu sein. Ich glaube, sie braucht gute Behandlung von der Hausmutter und den andern Mädchen. Ich könnte die Mädchen unserer Gruppe dazu bewegen, nett mit ihr zu sein. Und unsere Hausmutter ist auch sehr gütig."
Gleichgültig gegen Leona C 10.	Leona: *Gleichgültig.*
Gleichgültig gegen Harriet C 11.	Harriet: *Gleichgültig.*

4. Hausgruppenorganisation

Die durch den soziometrischen Test ermittelte Organisation der Hausgruppen C 4, C 10, C 11, C 13, C 16 und C 2 war folgende:

C4: Quantitative Analyse:
Interessenquotient für die eigene Gruppe: 46,67%.
Betrag der Anziehung: 48,41%, der Abstoßung: 51,59%.
Strukturelle Analyse:
Ungewählt: 1; Ungewählt und abgestoßen: 4; Ungewählt, abgestoßen und abstoßend: 2; Paare: 9; Paare gegenseitiger Abstoßung: 3; Ungleiche Paare: 2; Ketten: 1; Dreiecke: 1; Stars (der Anziehung): 3; Stars (der Abstoßung): 2.
Stellung der Hausmutter: 13 Anziehungen, 10 Abstoßungen, 3 gleichgültige Beziehungen.

C10: Quantitative Analyse:
Interessenquotient für die eigene Hausgruppe: 32,2%.
Betrag der Anziehung: 49,20%, der Abstoßung: 50,80%.
Strukturelle Analyse:
Isoliert: 1; Ungewählt: 6; Ungewählt und abgestoßen: 7; Paare: 10; Paare gegenseitiger Abstoßung: 6; Ungleiche Paare: 9; Ketten: 2; Dreiecke: 0; Vierecke: 0; Kreise: 0; Stars (der Anziehung): 3; Stars (der Abstoßung): 2.
Stellung der Hausmutter: 4 Abstoßungen, sonst Anziehungen.

C11: Quantitative Analyse:
Interessenquotient für die eigene Hausgruppe: 53,57%.
Betrag der Anziehung: 68,47%, der Abstoßung: 31,53%.
Strukturelle Analyse:
Ungewählt: 2; Paare: 24; Paare gegenseitiger Abstoßung: 1; Ungleiche Paare: 4; Ketten: 12; Dreiecke: 1; Vierecke: 2; Kreise: 2; Stars (der Anziehung): 2; Stars (der Abstoßung): 2.
Stellung der Hausmutter: 3 Abstoßungen, sonst Anziehungen.

C13: Quantitative Analyse:
Interessenquotient für die eigene Hausgruppe: 71,03%.
Betrag der Anziehung: 84,43%, der Abstoßung: 15,57%.
Strukturelle Analyse:
Ungewählt: 2; Ungewählt und abgestoßen: 2; Paare: 40; Paare gegenseitiger Abstoßung: 1; Ungleiche Paare: 5; Ketten: 6; Dreiecke: 8; Vierecke: 6; Kreise: 3; Stars: 8.
Stellung der Hausmutter: Lauter Anziehungen.

C16: Quantitative Analyse:
Interessenquotient für die eigene Hausgruppe: 46%.
Betrag der Anziehung: 67,30%, der Abstoßung: 32,70%.
Strukturelle Analyse:
Ungewählt: 7; Ungewählt und abgestoßen: 5; Paare: 17; Paare gegenseitiger Abstoßung: 2; Ungleiche Paare: 7; Ketten: 6; Dreiecke: 2; Vierecke: 0; Kreise: 0; Stars: 5.
Stellung der Hausmutter: Drei Abstoßungen, sonst Anziehungen.

C2: Quantitative Analyse:
Interessenquotient für die eigene Hausgruppe: 55,45%.
Betrag der Anziehung: 85,36%, der Abstoßung: 14,64%.
Strukturelle Analyse:
Isoliert: 2; Paare: 23; Paare gegenseitiger Abstoßung: 1;
Ungleiche Paare: 9; Ketten: 2; Dreiecke: 2; Vierecke: 2; Stars: 2.
Stellung der Hausmutter: Nur Anziehungen.

Auf Grund der quantitativen und strukturellen Analyse dieser Hausgruppen scheinen die Häuser C 4 und C 10 ungeeignet zur Aufnahme jener Individuen zu sein, die sich weder zur Hausmutter noch zu den beiden Vertreterinnen dieser Gruppen hingezogen fühlen. Die Mitglieder dieser Gruppen zeigen wenig Interesse an ihrer eigenen Gruppe; viele von ihnen sind isoliert. In C 4 sind überdies zahlreiche Fluchtversuche vorgekommen. Für Mädchen wie Shirley, Muriel, Adeline und Hazel ist die Gefahr der Unzufriedenheit und Flucht in diesen Gruppen größer als in anderen Häusern. Falls die anderen Bedingungen es erlauben, sollten Mädchen mit starker und spontaner Zuneigung zur Hausmutter oder den Gruppenvertreterinnen in diese Gruppen eingewiesen werden. Solche Mädchen können das Gleichgewicht der Gruppe festigen. Neue Mädchen wie Dora, Louise, Lena und Evelyn sollten, sofern sie sich zu diesen Gruppen ebenso stark wie zu anderen hingezogen fühlen, vorzugsweise in diese Häuser eingewiesen werden. Auf Grund der quantitativen und strukturellen Organisationsanalyse kann angenommen werden, daß sich schwierige Mädchen wie Adeline, Muriel und Shirley, in den Hausgruppen C 2 und C 13 leichter einleben werden.

Die soziometrischen Stellungen der Hausmütter innerhalb ihrer Hausgruppen zeigen, daß den Hausmüttern von C 4, C 10, C 16 und C 11 gegenwärtig starke Antipathie von ihren Gruppenmitgliedern entgegengebracht wird. Daher sollte diesen Hausmüttern kein neues Mädchen zugewiesen werden, das sich ihnen nicht spontan verbunden fühlt. Muriel und Dora sind ungeeignet für die Häuser C 4 und C 11.

Alle Hausgruppenvertreterinnen haben günstige Beziehungen zu ihrer Hausmutter und den anderen Gruppenmitgliedern und eignen sich zur Einführung neuer Mädchen. Marion von C 13, Katherine von C 2 und Leona von C 10 scheinen jedoch besonders gut für dieses Amt geeignet zu sein. Marion ist Mittelpunkt von sieben Anziehungen, von denen fünf auf Gegenseitigkeit beruhen. Durch diese Stellung beherrscht sie das ganze Netzwerk. Die neuen Mädchen Louise, Muriel und Dora sind Marion durch gegenseitige Anziehung verbunden und dürften durch eine Einweisung in Haus C 13 große Vorteile haben. Katherine von C 2 erfreut sich dreier gegenseitiger Anziehungen innerhalb ihrer Gruppe. Ihre drei Partnerinnen sind Glieder verschiedener Ketten, denen fast alle Hausgruppenmitglieder angehören. Sie könnte durch ihre Stellung und gegenseitige Anziehung zu Adeline und Muriel diesen Mädchen eine wahre Hilfe sein. Leona bildet ein gegenseitiges Paar mit einem Star ihrer Gruppe und fühlt sich außerdem zu einem zweiten Star hingezogen. Dora und Evelyn sind ihr durch gegenseitige Anziehung verbunden. Sie ist dazu geeignet, Dora oder Evelyn in das Gemeinschaftsleben einzuführen.

5. Psychologische Strömungen

Auf der psychogeographischen Karte IV ist zu sehen, daß die Gruppen C 10 und C 11 durch sexuelle Strömungen mit der Negerbevölkerung verbunden sind. Keines der neuen Mädchen scheint jedoch an derartigen Beziehungen Interesse zu haben. In C 4 werden durch eine rassische Strömung Unruhen verursacht. Neun der acht gegen die Hausmutter eingestellten Mädchen sind fremder Nationalität. Alle neuen Mädchen sind dagegen echte Amerikanerinnen. Dieser Faktor hat noch in anderen Tests eine Rolle gespielt. Eine Woche zuvor verursachte die Platzanweisung einer Indianerin derartige Schwierigkeiten, daß C 13 und C 10 vom Test ausgeschlossen werden mußten. In C 4 und C 11 sind viele Fluchtversuche vorgekommen. Dora, die etliche Male von zu Hause fortgelaufen ist, darf daher nicht dieser Gruppe zugewiesen werden.

6. Eintrittstest (Rollenspiel)

Im Eintrittstest wird jeder Neuling in drei Rollenspiellagen versetzt: eine Familien-, eine Arbeits- und eine Gemeinschaftslage. Dort treten sie in den wichtigsten Rollen, als Töchter, Geschwister und Mitarbeiter den Hausmüttern und Gruppenvertreterinnen gegenüber. Solche Rollenspiele geben uns entscheidende Richtlinien für die Platzanweisung der Neulinge.

7. Platzanweisung

		Scheint günstig in:
Adeline:	Elterntest	C 2
	Familientest	C 2
	Organisation	C 2 oder C 13
	Stellung der Hausmutter	C 2 oder C 13
	Stellung der Vertreterin	C 2
	Psychologische Strömungen	C 2
	Eintrittstest	C 2
	Soziale Geschichte	C 2, C 13 oder C 14
	Endgültige Platzanweisung	C 2

Fortsetzung Seite 302

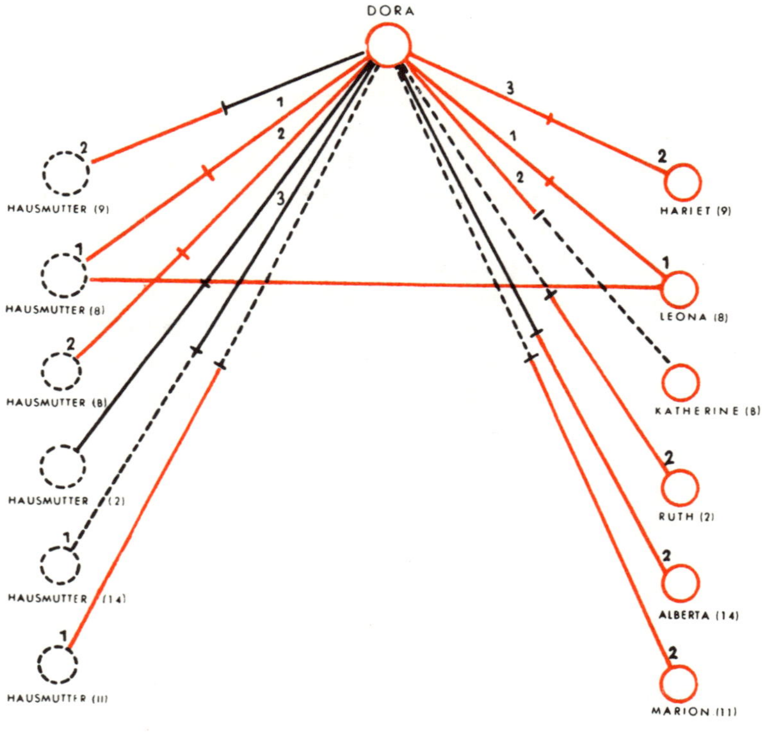

Abb. 57

Das Soziogramm illustriert die Ergebnisse des Eltern- und Familientests von Dora, die Reaktionen der Hausmütter von C9, C8, CB, C2, C14 und C11 auf Dora und Doras Empfindungen für die betreffenden Hausmütter. Die Zahlen neben den Linien, die Doras Sympathien für bestimmte Individuen darstellen, beziehen sich auf den Grad der Wahl, 1., 2. oder 3. Wahl. Die zwichen der Hausmutter und der Gruppenvertreterin von C8 gezogene Linie zeigt, daß Dora in diese Hausgruppe eingewiesen werden soll. Dora ist sowohl der Hausmutter als auch der Gruppenvertreterin von C8 durch gegenseitige 1. Wahl verbunden. Gemäß Hypothese 1 und 2 in Teil IV sollte dieser Umstand für Dora einen guten Anfang und ein schnelles Einleben in die Gruppe bedeuten.

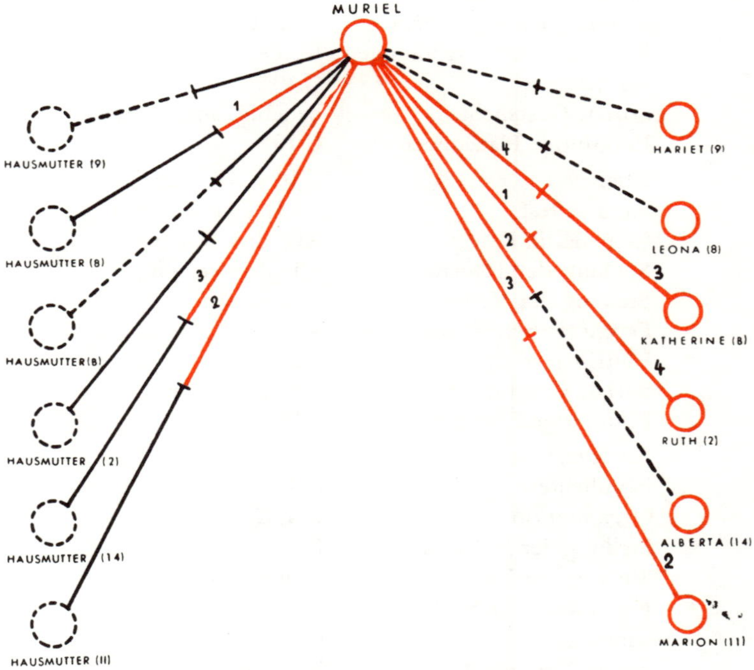

Abb. 58

Das Soziogramm illustriert die Ergebnisse des Eltern- und Familientests von Muriel: Die Reaktionen der Hausmütter von C9, C8, CB, C2, C14 und C11 auf Muriel und Muriels Empfindungen für die betreffenden Hausmütter. Die Zahlen neben den Linien, die Muriels Sympathien zu bestimmten Individuen darstellen, beziehen sich auf den Grad der Wahl, 1., 2. oder 3. Wahl. Zuweisungen sind nicht im Soziogramm eingetragen. Muriel stellt ein momentan nicht lösbares Einweisungsproblem dar. Ihre Hausmutterwahl C8 wird mit Abstoßung erwidert und Muriel steht mit dem Schlüsselindividuum von C8 in einem Verhältnis gegenseitiger Gleichgültigkeit. Auch ihre 2. Hausmutterwahl C11 stößt auf Abstoßung. Ihre 3. Wahl des Schlüsselmädchens von C11 wird von Marion mit einer Gegenwahl beantwortet. Sie hat außerdem Gegenseitigkeitsbeziehungen zu den Schlüsselindividuen von C2 und CB, aber die Hausmütter dieser beiden Häuser stoßen Muriel ab und Muriel stößt die Hausmutter von C2 ab. Weil Muriel von keiner Hausmutter gewählt wird, läßt man sie noch einige Zeit im Empfangshaus wohnen.

Dora:	Elterntest	C 10, C 13, C 2
	Familientest	C 10, C 11
	Organisation	C 10, C 4
	Stellung der Hausmutter	C 10
	Stellung der Vertreterin	C 10, C 13
	Psychologische Strömungen	Keine
	Eintrittstest	C 10
	Soziale Geschichte	beliebig, ausgenommen C 4 und C 11
	Endgültige Platzanweisung	C 10
Louise:	Elterntest	C 10, C 13 oder C 4
	Familientest	C 13, C 11 oder C 4
	Organisation	Alle drei beliebig
	Stellung der Hausmutter	Alle drei beliebig
	Stellung der Vertreterin	C 13
	Psychologische Strömungen	Keine
	Eintrittstest	C 13
	Soziale Geschichte	Nimmt C 4 aus
	Endgültige Platzanweisung	C 13
Lena:	Elterntest	C 4, C 13
	Familientest	C 4
	Organisation	C 4, C 10
	Stellung der Hausmutter	C 4
	Stellung der Vertreterin	beliebig
	Psychologische Strömungen	C 4
	Eintrittstest	C 4
	Soziale Geschichte	beliebig
	Endgültige Platzanweisung	C 4
Evelyn:	Elterntest	C 10
	Familientest	C 10
	Organisation	C 10
	Stellung der Hausmutter	C 10
	Stellung der Vertreterin	beliebig
	Psychologische Strömungen	beliebig
	Eintrittstest	C 10
	Soziale Geschichte	beliebig
	Endgültige Platzanweisung	C 10
Hazel:	Elterntest	C 16
	Familientest	beliebig
	Organisation	C 16, C 13, C 2; keineswegs C 4, C 8
	Stellung der Hausmutter	Keineswegs C 4, C 10, C 11; andere beliebig
	Stellung der Vertreterin	gleichgültig
	Psychologische Strömungen	keineswegs C 4, C 11

	Eintrittstest	C 2
	Soziale Geschichte	beliebig
	Platzanweisung	C 16
Shirley:	Elterntest	keiner
	Familientest	keiner
	Organisation	C 13, C 2
	Stellung der Hausmutter	C 13, C 2
	Stellung der Vertreterin	beliebig
	Psychologische Strömungen	Keineswegs C 4, C 11, sonst beliebig
	Eintrittstest	C 6, C 8
	Soziale Geschichte	beliebig
	Endgültige Platzanweisung	wurde nicht vollzogen
Muriel:	Elterntest	Keine
	Familientest	C 2, C 4, C 11
	Organisation	C 2, C 13
	Stellung der Hausmutter	Keineswegs C 4, C 10, C 11
	Stellung der Vertreterin	C 2
	Psychologische Strömungen	C 13
	Eintrittstest	beliebig
	Soziale Geschichte	erfordert Krankenhausaufenthalt
	Endgültige Platzanweisung	Krankenhaus.

Shirley und Muriel werden zurückgestellt, um bei nächster Gelegenheit mit anderen neuen Mädchen einem Eltern- und Familientest unterworfen zu werden. Ein Beispiel für die Zweckmäßigkeit dieses Verfahrens gibt Lenas Fall. Ihre Platzanweisung ist oben beschrieben worden. Sie ist unter den vor einer Woche getesteten Mädchen zurückgestellt worden, da die Testergebnisse keine endgültige Platzanweisung befürworteten. Von keiner der vertretenen Hausgruppen ist sie gewählt worden, hat aber im jetzigen Test eine Hausmutter gefunden.

8. Analyse

Durch eine vergleichende Studie von 102 bisher vollzogenen Platzanweisungen kamen wir zu der Erkenntnis, daß eine Übereinstimmung der Mehrzahl der Testfaktoren die beste Voraussetzung für eine Platzanweisung ist. Die verläßlichsten Faktoren sind der Eltern-, Familien- und Eintrittstest. Über die analytischen Platzanweisungsbedingungen ist Buch geführt worden, so daß die Erfolge und Mißerfolge der Platzanweisung systematisch verfolgt werden können. Auf diese Maßnahmen geht eine neue Forschungsrichtung zurück, die den relativen Wert verschiedener Platzanweisungsfaktoren zu ermitteln sucht.

9. Eltern- und Familientest in offenen Gemeinschaften

Eltern-, Familientest und die übrigen soziometrischen Verfahren werden auch in offenen Gemeinschaften auf verschiedene Probleme angewendet. Oft werden mehrere Kinder durch eine soziale Vermittlungsstelle in ein Pflegeheim eingewiesen und verursachen dort Reibungen zwischen den natürlichen und adoptierten Familienmitgliedern. Diese Spannungen zwischen natürlicher und sozialer Gruppierung versetzen das Pflegekind in eine äußerst ungünstige Lage. Heimschulen sind in dieser Hinsicht vorteilhafter, da all ihre Mitglieder den anderen Mitgliedern und Hausmüttern gegenüber gleiche Rechte haben. Diese Schwierigkeit wird für das Adoptivkind bis zu einem gewissen Grad behoben, wenn die Pflegeeltern kinderlos sind oder ihre eigenen Kinder bereits ein selbständiges Leben führen. Adoptionen könnten jedoch zweckentsprechender und erfolgreicher gestaltet werden, wenn die Anweisung der Kinder nicht vom sozialen Fürsorger, sondern durch die Ergebnisse eines soziometrischen Tests bestimmt würde. Der Elterntest kann in der bereits beschriebenen Weise durchgeführt werden. Alle Eltern, die sich um ein Adoptivkind bewerben, werden vom Fürsorgeamt aufgefordert, die zur Adoption vorgesehenen Kinder kennenzulernen. Auf der Fürsorgestelle werden alle Eltern mit jedem Kind bekannt gemacht. Väter und Mütter werden getrennt getestet. Nach einer genauen Analyse der Testergebnisse wird der Familientest angewendet. Dieser Test braucht nicht genau wie in Hudson durchgeführt zu werden. Bei durchschnittlich großen Familien sollten besonders dann, wenn ihnen Kinder im Alter des betreffenden Pflegekindes angehören, alle Mitglieder getestet werden. Oft ist es nützlich, diesen Tests ein Rollenspiel der Beteiligten folgen zu lassen, das sich manchmal zu einem Psychodrama entwickelt. Auf Grund der analysierten Testergebnisse kann für jede einzelne Familie ein entsprechendes Kind bestimmt werden.

III. SOZIOMETRIE DER UMGESTALTUNG

1. Gruppenanalyse

Die ganze Gemeinschaft, ihre Haus-, Schul- und Arbeitsgruppen wurden in regelmäßigen Abständen, meist in Intervallen von vier Wochen, einer soziometrischen Analyse unterzogen. Aus dieser geht hervor, welche Formen der

Hilfe am zweckmäßigsten sind: 1. Individuelle Behandlung, 2. Gruppenpsychotherapie, 3. Soziometrische Umgestaltung. Kenntnisse über die Gemeinschaftsstruktur und Stellung jedes Einzelnen entscheiden die Wahl der Methode.

2. *Individuelle Behandlung*

Bei der individuellen Behandlung wird der Einzelne mit den für seine Lage bedeutungsvollen soziometrischen Ergebnissen bekannt gemacht, um jede seiner Beziehungen und alle psychologischen Strömungen zu vollem Bewußtsein zu bringen. Diese Methode kann Individuen mit analytischem Sinn, besonders gewissen Erwachsenen, nützlich sein. Auf Kinder oder Jugendliche ist sie schwieriger anzuwenden.

3. *Gruppenpsychotherapie*

Der von mir eingeführte Begriff und die Bezeichnung „Gruppenpsychotherapie“ beziehen sich auf die Behandlung einer ganzen Gruppe. Die Gruppenpsychotherapie behandelt nicht nur ein sich durch seine schlechte Stellung auszeichnendes Individuum, sondern befaßt sich mit den dem Einzelnen verbundenen Personen und der gesamten Gruppe. Auch die medizinische Therapie wendet sich dem Gesamtorganismus zu, während der Patient nur auf die Beseitigung eines ihm besonders unangenehmen Übels bedacht sein mag. Die Gruppenpsychotherapie kann entweder a) gruppenanalytisch sein, indem sie allen Gruppenmitgliedern die manchen Individuen schädlichen Wirkungen ihrer Beziehungen klar macht; die Analyse kann durch Diskussion und Suggestion ergänzt werden. Oder sie kann b) aktive Formen annehmen und „in situ“, d. h. während der praktischen Arbeit der Mädchen in Haushalt, Schule, Teppichweberei, Dampfwäscherei usw. angewendet werden. Wir haben die Erfahrung gemacht, daß die analytische und aktive Gruppenpsychotherapie nur auf eine gewisse Art von Störungen im Gruppenleben angewendet werden können oder in Fällen, in denen die Gruppe während der Behandlungszeit künstlich von der übrigen Gemeinschaft abgeschnitten ist, so daß von außen kommende Einflüsse unberücksichtigt bleiben können. Es können allerdings Umstände eintreten – ökonomische Probleme, Überschuß an Führerpersönlichkeiten, gewissen ethnischen Elementen usw. –, die durch Gruppenpsychotherapie im begrenzten Sinne nicht beeinflußt oder geändert werden können. Selbst wenn die Probleme eines Einzelnen durch sie gelöst werden könnten und das Individuum einen so hohen Grad der Ausgeglichenheit erreicht hätte, daß es alle Schwierigkeiten seiner Lage gleich einem Heiligen fröhlich und duldsam ertrüge, würden die Ursachen der ihm entgegengebrachten feindlichen Gefühle fortbestehen. Wäre das Einzelproblem auch gelöst, die Schwierigkeiten der Gemeinschaft würden fortbestehen. Die wirkliche Aufgabe besteht nicht nur in der Befreiung des Individuums, sondern auch der ganzen Gruppe. Dieses Ideal ist selbst von christlichen Orden nur selten verwirklicht worden. Bei Kindern und Jugendlichen scheint seine Verwirklichung überhaupt nicht erwartet werden zu können. Für sie kann keine halbe, sondern nur eine Gruppenpsychotherapie der ganzen Gemeinschaft erfolgbringend sein.

Gewisse Voraussetzungen der Gruppenpsychotherapie sind für alle Therapeuten gleich. a) In Wirklichkeit oder in der Klinik treffen sie mit einer bereits geformten oder zur Formung bestimmten Gruppe zusammen. b) Die Gruppe versammelt sich entweder ohne jede Vorbereitung oder wird durch Intelligenztest, Interview, Rorschachtest, kurze Psychoanalyse u.a.m. beurteilt. c) Das Verfahren erfordert ein Durchdenken und Durchleben aller Probleme der Gruppe, der Einzelteilnehmer (einschl. des Testers). d) Unterricht, Interview, Diskussionen, Kommentare und Erläuterungen werden durch einen Anfang mit soziometrischen Methoden erleichtert und unterstützt. Die Beziehungen zwischen den Teilnehmern werden in einem Soziogramm festgehalten. Das Soziogramm ist der beste Wegweiser für eine Gruppenarbeit; es ist ein nützlicher Ausgangspunkt, gibt sofort ein Bild der Gesamtgruppe und verkürzt das Verfahren. Als sozialer Kompaß führt es den Therapeuten durch das Labyrinth der Gruppenstruktur. Gefahren für die Gruppenkohäsion können blitzschnell erkannt werden. Emotionale Ansteckungen und ihre Verlaufsrichtung können diagnostiziert und an einer Weiterverbreitung gehindert werden. Der Therapeut kann sein Glück natürlich auch ohne Soziogramm versuchen. Häufig stellt er sich in die Gruppe und macht sich selbst oder einen anderen Teilnehmer zum Brennpunkt des Geschehens. Ohne Hilfe des Soziogramms läuft er jedoch Gefahr, die klare Handlungsrichtung zu verlieren und die therapeutische Wirkung abzuschwächen.

4. *Rollenspiel und Rollentherapie*

In einem früheren Kapitel haben wir das Rollenspiel bereits als diagnostische Methode eingeführt. Es kann aber auch zur Verbesserung der Beziehungen zwischen den Gruppenmitgliedern dienen. Oft ist die Zahl der Rollen, in denen sich die Hausbewohner gegenübertreten, sehr beschränkt. Im Rollenspiel kann jedes Mitglied in einer neuen Rolle auftreten. Oft beeinflußt das Rollenspiel den nächsten soziometrischen Test und verbessert die Stellung z. B. eines unerwünschten Individuums. Das Rollenspiel wird auf diese Weise zu einer Rollentherapie.

IV. METHODEN DER UMGESTALTUNG UND UMGRUPPIERUNG

In manchen Fällen bleiben individuelle Behandlung, analytische Gruppenpsychotherapie und Rollenspiel erfolglos. Das Individuum muß daher aus seinem alten Boden in einen besseren Grund verpflanzt werden. Wie aber können wir einen für die Entwicklung des Individuums bekömmlicheren Boden finden oder bereiten? Nur eine vergleichende Analyse aller Hausgruppen oder verschiedenen Gemeinschaften kann uns den gewünschten Erfolg bringen. Wie der Gärtner um die Beschaffenheit des wachstumhindernden Bodens weiß und das Gewächs in bessere Erde verpflanzt, bemühen auch wir uns bei der Verpflanzung von Individuen, die am ersten Platz das Mißlingen bewirkenden Faktoren in der zweiten Umgebung auszuschalten. Dieses Prinzip der soziometrischen Umsiedlung kann auch auf soziale Gruppen angewendet werden.

Das Problem des die Gesetze einer offenen Gemeinschaft übertretenden Individuums unterscheidet sich von dem Problem des Individuums, das mit den Gesetzen einer geschlossenen Gemeinschaft in Konflikt gerät. Jede außerhalb der geschlossenen Gemeinschaft erhaltene Auskunft hat für den Soziometristen nur geringen Wert, da sie nicht das Ergebnis einer soziometrischen Untersuchung ist. Ungeachtet der Art der Testergebnisse (ob gut oder schlecht) können wir dem Individuum bei der Verbesserung seiner Stellung helfen, wenn wir die ganze Gemeinschaft auf ähnliche Weise untersuchen. Während Neulinge der Bevölkerung und dem Verwaltungspersonal unvoreingenommen gegenübertreten und von diesen ebenfalls vorurteilslos behandelt werden, haben ältere Mitglieder einen bestimmten Ruf und eine feste Stellung in der Gemeinschaft. Dieser Ruf wird durch das Verhalten des Individuums und verschiedene psychologische Strömungen verursacht, die durch die Gemeinschaftsnetzwerke verbreitet werden. Unsoziale und asoziale Elemente, Herumtreiber und Diebe, die sich nicht ins Gemeinschaftsleben eingewöhnen können, verursachen in den zu ihrer Heilung bestimmten Gemeinschaften dasselbe Problem, dessentwegen die menschliche Gesellschaft solche Institutionen einrichten mußte. Die gleichen sozialen Kräfte, die den Staat zur Einrichtung von Gefängnissen und Besserungsanstalten gezwungen haben, veranlassen die Leiter dieser Anstalten oft zu ähnlichen, wenn nicht gleichen Maßnahmen Zuflucht zu nehmen. Tatsächlich sind in vielen Institutionen besondere Häuser für jene Delinquenten zu finden, die sich nicht einmal ins Gefängnisleben fügen können. Da aber eine solche Institution zu therapeutischen Zwecken bestimmt ist und den Nöten der Insassen Abhilfe geschaffen werden muß, sollte die Verwaltung zur Anwendung therapeutischer Methoden angeregt werden.

Das hohe Ideal der christlichen Klöster der ersten Jahrhunderte unserer Zeitrechnung kann die Lage und Zukunftsmöglichkeiten moderner Besserungsanstalten beleuchten. Nicht einzelne Heilige wollte das Kloster beherbergen. Sein Ziel war die Gemeinschaft der Heiligen, eine therapeutische Gesellschaft. Es beabsichtigte, der Welt ein Beispiel einer Gemeinschaft zu geben, in der nicht nur jedes Individuum ein vorbildliches Leben führe, sondern keinerlei Haß und Streit unter den Gemeinschaftsmitgliedern bestehe. Auch die Leiter von Besserungsanstalten und ihre sündigen, in der Außenwelt unverbesserlichen Insassen vermögen ihren höchste menschliche Schwäche spiegelnden Gruppen einen tieferen Sinn zu geben. Sie sollten beweisen, daß in der Außenwelt für unverbesserlich gehaltene Individuen sich in der Anstalt eine bessere Stellung schaffen können. Während der normale Ablauf des gesamten Gesellschaftslebens durch Gefängnisse und Besserungsanstalten gesichert werden muß, ist es die Aufgabe dieser Institutionen, therapeutische Lösungen zu finden und ohne Gefängnisse auszukommen.

In Hudson haben wir in großem Stil Versuche mit der Umgestaltungsmethode gemacht. Bevor die ungünstige Stellung eines Individuums beunruhigende Formen annimmt, wird eine Versetzung in eine andere Gruppe verordnet. Der therapeutischen Wirkung halber muß eine solche Versetzung im psychologisch richtigen Augenblick erfolgen. Findet sie statt, bevor das Individuum und seine Gruppe sich wirklich um gegenseitiges Verständnis bemüht haben, so wird ihr Erfolg beeinträchtigt. Wird sie verzögert, so stellen sich oft Groll und Gleichgültigkeit ein und nehmen dem Kinde die Möglichkeit zu einem hoffnungsvollen Anfang in einer neuen Gruppe. Die Versetzung muß zu gegebener Zeit, am besten auf Wunsch des Individuums erfolgen und so rasch wie möglich ausgeführt werden.

1. Versetzung von Haus- und Arbeitsgruppenmitgliedern

a) Beispielsfall Anna GU: Stellung und Verhalten in Hausgruppe C 6

1) Bekanntschaftstest

Annas auf die Häuser C 10, C 1, C 11 und C 4 verteilter Bekanntenkreis umfaßte 37, sechs Monate später 55 Personen (in C 10, C 1, C 11, C 3, C 2, C 16); zwölf Monate später waren es 101 Personen, deren Mehrheit in C 10, C 1, C 7 lebte.

2) Soziometrischer Test

Der auf das Kriterium des Zusammenlebens bezogene soziometrische Test enthüllte Annas Stellung innerhalb der Gemeinschaft. Sie wählte kein Mitglied ihrer eigenen Hausgruppe C 6. Ihre fünf Wahlen fielen auf Bewohnerinnen anderer Häuser. Sie wurde von keiner ihrer Hausgenossinnen gewählt, erhielt aber drei Wahlen von Mitgliedern anderer Hausgruppen. Zwei dieser Wahlen beruhten auf Gegenseitigkeit.

Klassifikationsformel I

L

0	5
0	3

Bei eingehenderer Untersuchung dieser Ergebnisse schien Anna von drei Hausgruppenmitgliedern abgestoßen zu werden. Sie selbst stieß niemanden ab. Drei der fünf von ihr außerhalb der Gruppe gewählten Mädchen (in C 10, C 4, C 3) erwiderten die Wahl. Die beiden anderen in C 1 und C 11 brachten ihr Gleichgültigkeit entgegen. Außerhalb der Gruppe wurde sie nicht abgestoßen und stieß sie auch nicht ab.

Klassifikationsformel II

L

0 — 0	5 — 0
0 — 3	3 — 0

Vom Personal stieß Anna die ihr zugeneigte Hausmutter ab. Mit der Hausmutter von C 10 war sie durch gegenseitige Anziehung verbunden; die außerdem von ihr gewählte Hausmutter von C 1 brachte ihr Gleichgültigkeit entgegen. Formel zwei lautet demzufolge:

Klassifikationsformel

L

0 — 1	7 — 0
1 — 3	4 — 0

Der zur gleichen Zeit in bezug auf das Kriterium der Zusammenarbeit gegebene Test ermittelte ihre weitere Stellung innerhalb der Gemeinschaft. Sie wählte zwei Mädchen ihrer Kunstklasse und drei der Handels- und Gewerbeklassen, denen sie selbst nicht angehörte. Diese fünf Individuen erwiderten ihre Wahl. Sie fühlte sich zu zwei Lehrern hingezogen. Drei andere stieß sie ab. Diese Lehrer hatten Anna ebenfalls gerne oder stießen sie ab.

Klassifikationsformel

A

3 — 0	4 — 3
3 — 0	4 — 3

Annas Stellung in Hausgruppe C 6 nach 6 Monaten:

Anna und die Hausmutter von C 6 stießen sich gegenseitig ab. Sie stieß zwölf Mitglieder der Hausgruppe ab und verhielt sich den übrigen gegenüber gleichgültig. Sechs dieser Mädchen stießen Anna ab. Sie fühlte sich zu zwei Mädchen in anderen Hausgruppen (C 10 und C 1) hingezogen.

Klassifikationsformel

L

0 — 13	2 — 0
0 — 7	4 — 0

Die Lage in ihrer Arbeitsgruppe blieb unverändert:

Klassifikationsformel

A

3 — 0	4 — 3
3 — 0	4 — 3

Annas Stellung nach 12 Monaten:

Anna und die Hausmutter von C 6 stießen sich gegenseitig ab. Sie bildete mit einem anderen Mädchen ihrer Hausgruppe ein gegenseitiges Paar. Allen anderen Gruppenmitgliedern gegenüber verhielt sie sich gleichgültig. 18 dieser Mädchen stießen sie ab. Sie wurde von den Hausmüttern der Häuser C 7, C 10 und C 1 angezogen; die beiden ersten erwiderten Annas Wahl, die andere brachte ihr Gleichgültigkeit entgegen. Sie fühlte sich zu zwei ihr zugeneigten Mädchen in C 10 hingezogen, zwei von ihr gewählte Mitglieder der Hausgruppe C 1 brachten ihr Gleichgültigkeit entgegen.

Klassifikationsformel

L

1 — 1	7 — 0
1 — 19	4 — 0

In bezug auf das Kriterium der Zusammenarbeit wurde sie von denselben Mädchen wie vor 6 Monaten angezogen, dieses Mal aber von zweien abgestoßen. Ihre Beziehungen zum Verwaltungspersonal hatten keine Änderung erfahren.

Klassifikationsformel

A

3 — 0	4 — 3
2 — 1	3 — 4

Annas Beziehungen in ihrer Lebens- und Arbeitsgruppe werden insgesamt durch folgende Formel wiedergegeben:

Totale Klassifikationsformel

L und A

4 — 1	11 — 3
3 — 20	7 — 4

3) Hausgruppenorganisation

	C 6 zu Anfang	Nach 18 Monaten
Bevölkerung	25	25
Interessenquotient (für die eigene Gruppe)	71,20%	71,00%
Betrag der Anziehungen	75,42%	67,56%
Betrag der Abstoßungen	24,58%	32,44%
Interessenindex	3,00%	3,00%
Struktur:		
Ungewählt und abgestoßen	1	2
Paare	28	31
Gegenseitige Abstoßungen	1	3
Ungleiche Paare	8	10
Ketten	5	6
Dreiecke	4	5
Vierecke	5	6
Kreise	6	6
Stars (der Anziehung)	6	9
Stars (der Abstoßung)	1	1

4) Elterntest

Da alle anderen Hausgruppen der Gemeinschaft getestet und ihre Strukturen ermittelt worden waren, konnte der Tester jene Hausgruppen beim Test weglassen, die Annas gegenwärtiger Umgebung ähnlich waren und dafür förderlich erscheinende Gruppen aussuchen. Unsere Unterlagen ließen C 6 ungünstig, C 1, C 10 und C 7 erfolgversprechend erscheinen. Anna wurde mit diesen Hausmüttern bekannt gemacht. Sie wählte zuerst die Hausmutter von C 10, die diese Wahl erwiderte. Auf die Hausmutter von C 7 fiel ihre zweite, auf die Hausmutter von C 1 ihre dritte Wahl, doch beide Hausmütter stießen Anna ab.

5) Rollenspieltest

Anna wurde in verschiedene Lagen versetzt, in denen sie den Schlüsselpersonen der Hausgruppen C 1, C 7 und C 10 in der Rolle einer Hausgenossin, Tochter, Schwester oder Arbeitskameradin gegenübertreten mußte. Im Spiel mit den Mitgliedern der Hausgruppe C 10 brachte sie die höchste Spontaneität zum Ausdruck.

6) Platzanweisung

Durch wiederholte soziometrische Tests lernten wir Annas anfängliche Lage, ihre und der Gruppe Entwicklung während eines Jahres und die Situation am Ende dieses Jahres kennen. Eine Untersuchung ihrer Beziehungen zu den wichtigsten psychologischen Strömungen der Gemeinschaft erwies, daß sie von sexuellen und rassischen Einflüssen unberührt blieb, aber durch ihre Beziehungen zu

Fortsetzung Seite 315

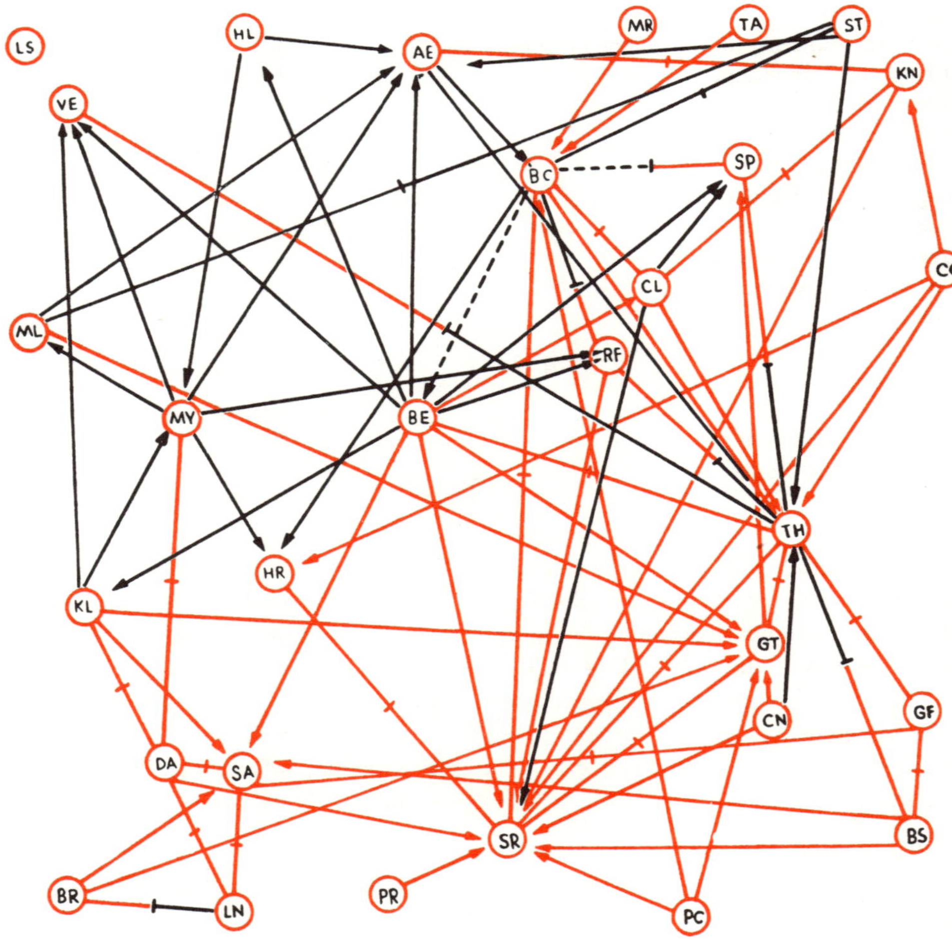

Abb. 59

Struktur einer Hausgruppe, C 16, *vor* der Umgestaltung

Kriterium: Zusammenleben im gleichen Haus. 5 Wahlmöglichkeiten, unbegrenzte Abstoßungsmöglichkeit.

30 Mädchen. Isoliert: 1; Ungewählt: 6; Ungewählt und abgestoßen: 5; Nichtwählend: 1; Paare: 18; Gegenseitige Abstoßungen: 2; Ungleiche Paare: 7; Ketten: 6; Dreiecke: 2; Vierecke: 0; Kreise: 0; Stars (der Anziehung): 5; Stars (der Abstoßung): 1.
Klassifikation: Extravertiert. Besonderes Merkmal: Sehr viele ungewählte und abgestoßene Individuen.

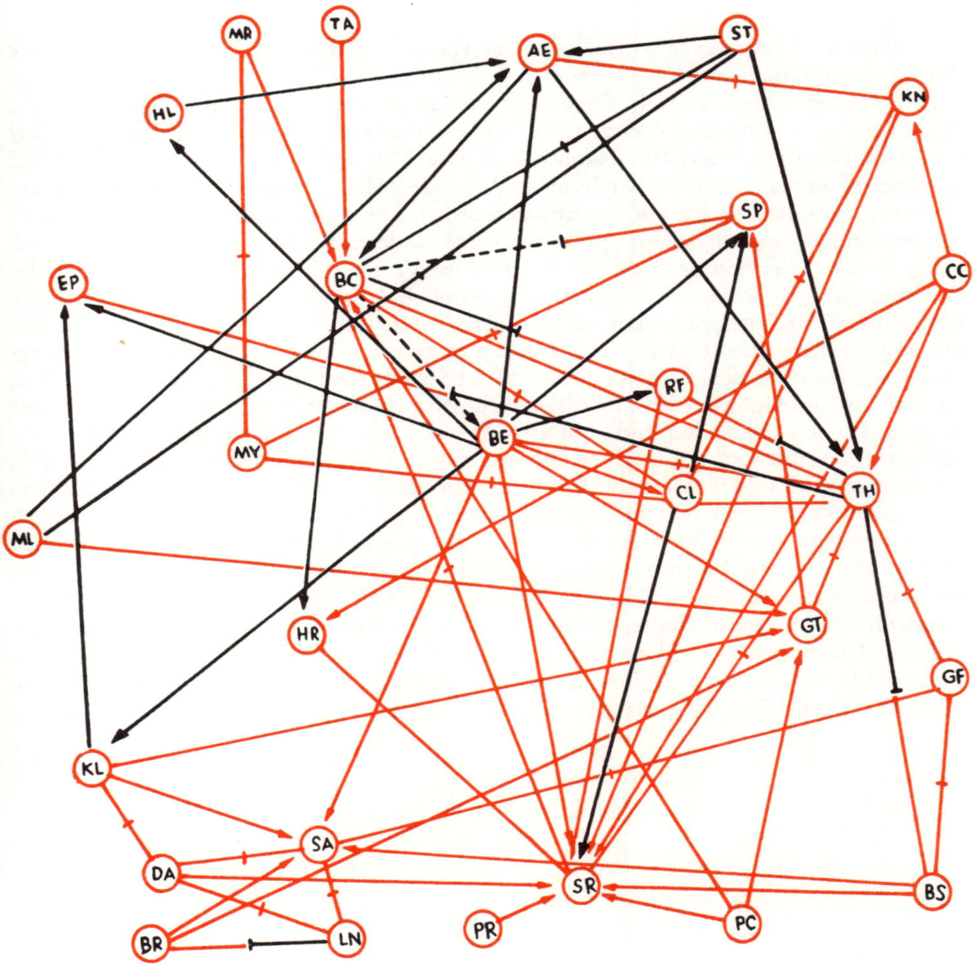

Abb. 60

Struktur einer Hausgruppe, C16, *nach* der Umgestaltung

Text siehe Seite 314

Text zu Abb. 60 (Seite 313)

Struktur einer Hausgruppe, C16, *nach* der Umgestaltung

Kriterium: Zusammenleben im gleichen Haus. 5 Wahlmöglichkeiten, unbegrenzte Abstoßungsmöglichkeit.

28 Mädchen. Ungewählt: 4; Ungewählt und abgestoßen: 5; Paare: 17; Gegenseitige Abstoßungen: 2; Ungleiche Paare: 6; Ketten: 6; Dreiecke: 1; Vierecke: 0; Kreise: 0; Stars (der Anziehung): 5; Stars (der Abstoßung): 0. Drei Mitglieder dieser Gruppe CN, LS, VE in isolierter oder abgestoßener Stellung sind in andere Hausgruppen eingewiesen worden. Als neues Mitglied ist EP aufgenommen worden. Die numerische Analyse der Anziehungen und Abstoßungen zeigt praktisch keine Änderung. Die Hausmutter gab jedoch einen Bericht über den beachtlichen Wechsel im Verhalten der Mädchen. Die Zahl der Wutausbrüche, gestohlenen Gegenstände, heimlicher Rendez-vous und Anklagebriefe hat sich im Vergleich zu früher auf die Hälfte reduziert. Um eine soziometrische Erklärung für diesen Umschwung im Verhalten zu geben, muß das Soziogramm aufs Sorgfältigste gelesen werden. Obgleich die Zahl der Strukturen keine Änderung erfahren hat, hat sich die Verteilung der Kommunikationslinien geändert und es sind neue bedeutsame Konstellationen entstanden. Individuum MY z. B. stößt im 1. Soziogramm 5 Individuen ab und wird selbst von 2 Individuen abgestoßen. Abgesehen von ihrer Beziehung zu DA, ist sie ungewählt und wählt nicht. Infolgedessen steht sie abseits des Verkehrs. Auf dem Soziogramm nach der Umgestaltung sehen wir MY in drei Gegenseitigkeitsbeziehungen mit Individuen, von denen sie früher übersehen worden ist. Überdies stößt sie niemanden ab und wird auch selbst von keinem Gruppenmitglied abgestoßen. Sie ist einer neuen Konstellation beigetreten: MR, CL, TH, SP und GT. Diese Konstellation bewirkte durch direkte und indirekte Verbindung mit 6 Individuen eine Verzweigung, an der insgesamt 21 Gruppenmitglieder beteiligt waren. Vor der Umgestaltung war die Gruppe in eine Anzahl kleiner, um Führerindividuen gescharter Cliquen aufgespalten gewesen, an denen eine größere Zahl der Gruppenmitglieder keinen Teil hatte.

zwei Mädchen in C 1, der Kunstlehrerin und drei Leuten vom Personal von einer kulturellen Strömung erfaßt worden war. Während ihre Stellung in C 7 sie von der Gemeinschaft wegtrieb, hielt ihre Stellung innerhalb der kulturellen Strömung dieser Situation die Wage.

Die gegenseitige Anziehung und das warme Verständnis im Rollenspiel zwischen Anna und der Hausmutter von C 10 spricht sehr für ihre Einweisung in C 10. Allerdings ist die soziometrische Organisation dieser Hausgruppe jener der Hausgruppen C 1 oder C 7 nicht ebenbürtig. Vielleicht aber ist sie Annas Streben nach Selbständigkeit und Ansehen ein geringeres Hindernis als die höher organisierten und strenger disziplinierten Hausgruppen C 6, C 7, C 1, in denen sich die wichtigsten soziometrischen Stellungen bereits herauskristallisiert haben.

Soziometrischer Test	wies auf C 10 oder C 1
Gruppenorganisation	„ „ C 7 oder C 10
Elterntest	„ „ C 10
Rollenspieltest	„ „ C 10
Psychologische Strömungen	„ „ C 1 oder C 10
Bekanntschaftstest	„ „ C 10, C 1 oder C 7
Endgültige Platzanweisung	in C 10

b) Verhalten und Entwicklung in Hausgruppe C 10

1) Die Organisation der Hausgruppe C 10

Zu Beginn unserer soziometrischen Untersuchung bei Annas Einweisung war die Organisation folgende:

C 10

	Zu Anfang	Nach 18 Monaten
Mitglieder der Hausgruppe	33	32
Interessenquotient (für die eigene Gruppe)	32,12%	39,00%
Betrag der Anziehungen	49,20%	57,17%
Betrag der Abstoßungen	50,80%	42,83%
Interessenindex	2,90%	1,7 %
Struktur:		
Isolierte	1	1
Ungewählte	6	2
Ungewählte und Abgestoßene	7	2
Paare	10	18
Gegenseitige Abstoßungen	6	3
Ungleiche Paare	9	3
Ketten	2	2
Dreiecke	0	3
Vierecke	0	0

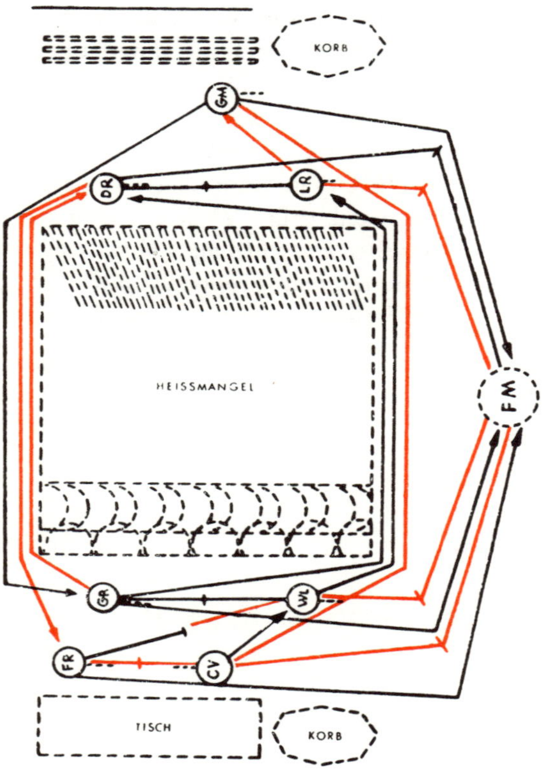

Abb. 61

Dampfwäscherei, Struktur *vor* der Neugestaltung

Abbildung 1. 7 Arbeiterinnen und 1 weiße Arbeitsleiterin. DR und LR, die beiden Versorgerinnen der Mangel stoßen sich gegenseitig ab. GR und WL, die beiden Empfängerinnen der Wäsche, stoßen sich gegenseitig ab, WL stößt auch die ihr gegenüber arbeitende Empfängerin LR ab. FR und CV, die beiden Wäschefalterinnen, ziehen sich gegenseitig an, FR und CV stoßen WL ab. GM, die Schüttlerin, wird von CV angezogen und stößt GR ab. GM, DR, GR und FR stoßen die Arbeitsleiterin (FM) ab; diese stößt hingegen nur DR ab. LR, WL und CV wird von der Arbeitsleiterin Sympathie entgegengebracht. Die 7 Arbeiterinnen leben in Haus C 12, auf dessen Soziogramm jedoch nur WL eingezeichnet ist. Die meisten Mädchen traten erst später in die Gemeinschaft ein. Auf dem Soziogramm von C 12 befindet WL sich links oben in der Ecke. In ihrer Heimgruppe ist sie ein ziemlich starker Star der Anziehung (5). In der Dampfwäscherei hat sie eine andere Stellung inne. Sie wird von drei Arbeiterinnen abgestoßen. Die gegenseitige Anziehung zwischen ihr und der weißen Arbeitsleiterin geht auf die Hausgruppe zurück, in der sie eine der wenigen stabilisierenden Kräfte ist und eine Anhänglichkeitsbeziehung zur weißen Hausmutter hat.

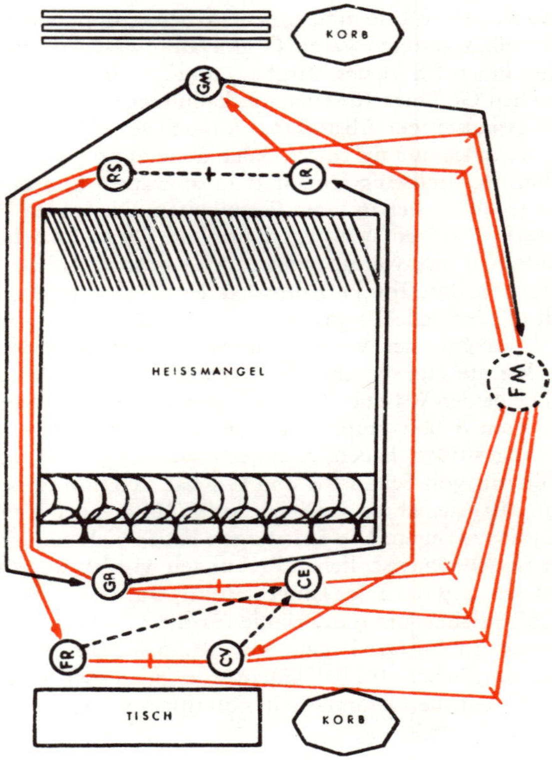

Abb. 62

Struktur einer Arbeitsgruppe
Die Dampfwäscherei *nach* der Umgestaltung

Text siehe Seite 318

Text zu Abb. 62 (Seite 317)

Struktur einer Arbeitsgruppe
Die Dampfwäscherei *nach* der Umgestaltung

Dieses Soziogramm zeigt die neue, durch einen neuen soziometrischen Test ermittelte Struktur, nachdem DR und WL in eine andere Arbeitsgruppe versetzt und RS und CE an deren alten Arbeitsplatz getreten waren. (Vgl. Dampfwäscherei *vor* der Umgestaltung.) Die beiden Versorgerinnen RS (neues Mitglied) und LR sind einander gleichgültig. Der Mangel an persönlichen Gefühlen für einander kann hier von Vorteil sein. Gegenseitige Gleichgültigkeit ist gegenseitiger Abstoßung vorzuziehen. Manchmal aber kann gegenseitige Anziehung, wenn sie nur auf emotionaler Zuneigung und nicht auch auf Kompetenz in der Arbeit beruht, nachteilig sein. Statt zu schwatzen, konzentrieren sie sich dann auf ihre Arbeit und ergänzen sich in ihren Fertigkeiten. Die beiden Empfängerinnen CE (neues Mitglied) und GR ziehen sich gegenseitig an. Diese Anziehung wird nicht nur durch ihre Kameradschaft motiviert, sondern auch dadurch, daß sie beide die andere für die beste Mitarbeiterin halten. Ihr Verhältnis zu den Versorgerinnen hat sich gebessert. Vor der Umgestaltung hat jede Empfängerin eine Versorgerin abgestoßen. Nach der Umgestaltung wird nur eine der Versorgerinnen von einer Empfängerin abgestoßen. Auf beiden Seiten konnte eine beachtliche Verbesserung der Arbeitsbeziehungen beobachtet werden. Die beiden Wäschefalterinnen ziehen sich auch jetzt an, wie zuvor, ihre Beziehung zur gesamten Arbeitsgruppe hat sich verbessert. Die beiden Falterinnen, die eine Empfängerin abgestoßen haben, sind jetzt zu ihr gleichgültig. Die Abstoßung gegen die Arbeitsleiterin von Seiten FR und GR hat sich nun in beiden Fällen in Anziehung verwandelt. Mit Ausnahme der Schüttlerin GM bringen jetzt alle Arbeiterinnen der Leiterin Sympathie entgegen. Die Leistungen haben sich bei verminderter Arbeitszeit erhöht und die zwischenmenschlichen Reibungen wurden wesentlich reduziert. Der soziometrische Test vor und nach der Umgestaltung wurde von Aussprachen mit jeder einzelnen Arbeiterin begleitet, um die Gründe für die Wahl oder Abstoßung ihrer Arbeitsgenossinnen zu ermitteln. Die Ergebnisse des Soziogramms wurden mit dem tatsächlichen Verhalten verglichen. Im Fall anhaltender Schwierigkeiten wurde zu Rollenspielen gegriffen, in denen die Gesamtarbeitssituation zu diagnostischen und Umschulungszwecken dargestellt wurde.

Kreise	0	1
Stars (der Anziehung)	3	3
Stars (der Abstoßung)	2	1

2) Annas Stellung in Hausgruppe C 10 nach drei Monaten

Klassifikationsformel
L

gesendet:	3 — 0	2 — 0
empfangen:	7 — 0	5 — 0

Klassifikationsformel
A

gesendet:	3 — 0	3 — 3
empfangen:	2 — 2	4 — 2

3) Annas Stellung in Hausgruppe C 10 nach einem Jahr

Sie wählt fünf Mädchen in C 10, ihre Hausmutter und deren Vertreterin, die beide die Wahl erwidern. Außerdem wird Anna von zwölf Mädchen ihrer Gruppe gewählt. Sie fühlt sich zu zwei Lehrern, zwei Mädchen und zwei Hausmüttern anderer Gruppen hingezogen; sie stößt ein Mitglied einer anderen Hausgruppe ab und wird von drei Mädchen und sechs Angehörigen des Personals gewählt. Ihre Klassifikation lautet daher:

Klassifikationsformel
L

7 — 0	6 — 1
14 — 0	9 — 0

4) Soziometrisches Endergebnis

Nach einem ungünstigen Anfang in C 6 verschlechterte sich Annas Stellung derart, daß sie nach einem Jahr als außergewöhnlich schlecht bezeichnet werden konnte. Die während dieser Zeitspanne Neueingewiesenen trugen weder direkt noch indirekt zu einer Verbesserung ihrer Stellung bei. Ihre Wahlen richteten sich unentwegt auf Hausmütter und Freundinnen in drei anderen Häusern (C 10, C 7 und C 1). Fast alle ihre Bekannten gehörten diesen Gruppen an. Die oben gegebene Klassifikation zeigt den nach einem Jahr in der neuen Gruppe C 10 erreichten Anpassungsgrad. Der in und um Anna abgelaufene Prozeß kann als eine durch Versetzung ausgelöste Geisteskatharsis bezeichnet werden.

c) Umgestaltungsmethode in einer Werkgruppe

Der Fall der beiden Wäschereiarbeiterinnen Stella DR und Myrthle WL:
Stella war Führerin einer Clique innerhalb der Werkgruppe. Ihre und ihrer Kameradin Myrthle WLs soziometrisch unterbaute Versetzung in die Teppichweberei und Ablösung durch zwei neue Mädchen löste die emotionale Spannung des Vormanns und befreite die Gruppe von einem Überdruck, der seinerzeit in einem offenen Zwist zwischen den Angehörigen verschiedener Rassen seinen Höhepunkt gefunden hatte.

(Vgl. Soziogramm der Dampfwäscherei vor und nach der Umgestaltung)

d) Beispielsfall Elsa TL: Versetzung aus Hausgruppe C 8 in Hausgruppe C 13

Wie wir in früheren Kapiteln beschrieben haben, war Elsa TL isoliert und von den meisten ihrer Hausgenossinnen abgestoßen. Elsa gehörte einer Rollenspielgruppe an und hatte oft Gelegenheit, verschiedene Rollen zu spielen — die Rolle einer Tochter oder Mutter, einer Freundin oder einer Geliebten, eines Dienstmädchens oder einer reichen Dame, eines Diebes oder Richters. In vielen verschiedenen Szenen spielte sie diese Rollen auf eine Weise, wie sie einen Jugendlichen des Armenviertels einer Großstadt beeindrucken. In diesen Szenen stellte sie einen *Familienkonflikt* dar — Vater und Mutter befinden sich in heftigem Streit, der schließlich zur Scheidung führt; einen *Arbeits*konflikt, in dessen Verlauf sie entlassen wird, da sie abends zu lange ausbleibt; einen *Liebes*konflikt, in dem sie einen gleich ihr abgestoßenen und armen Jüngling liebt. Die Analyse des in diesen Lagen entwickelten Textes und ihrer Gesten ermöglichte uns ein besseres Verständnis ihres früheren Familienlebens und der Gefühlsspannung, die allmählich ihren gegenwärtigen Zustand herbeiführte.

Nachdem es uns durch Gruppenpsychotherapie, Suggestionsbehandlung, Situationsanalyse, Interview und Genossinnenwechsel innerhalb ihrer Hausgruppe nicht gelungen war, Elsa der Gruppe harmonisch einzugliedern, zogen wir für Elsa die Gestaltung einer neuen Umgebung in Erwägung. Es fragte sich aber, wo und wem sie zugewiesen werden sollte. Der soziometrische Test war uns durch seine Angaben über den Richtungsverlauf der Sympathien, die Elsa anderen Mädchen, Hausmüttern oder Lehrern entgegenbrachte, eine wertvolle methodische Hilfe. Als wir festgestellt hatten, daß ihr Interesse sich mehr oder weniger stark auf gewisse Personen in drei verschiedenen Hausgruppen richtete, schenkten wir diesen und auch Elsas Begründungen ihrer Zuneigungen sowie den Reaktionen dieser Personen größere Beachtung. Da ihr Bekanntenkreis innerhalb der Gemeinschaft klein war, nahmen wir an, neue Bekanntschaften könnten günstigen Einfluß haben und versuchten, in der Spielgruppe diesen Kreis durch

Begegnungen mit anderen Mädchen zu vergrößern. Diese Methode ermöglichte es, Elsa in selbstgewählten oder von uns bestimmten Rollen den im soziometrischen Test gewählten Individuen und bisher unbekannten Mädchen gegenübertreten zu sehen.

Bei der Wiederholung des Tests nach vier Wochen dünkten Elsa außer den zuvor gewählten Individuen drei weitere Mädchen für ein Zusammenleben angenehm. Sie selbst wurde von vier Mädchen gewählt. Die von Elsa gewählten Mädchen unterschieden wir danach, ob sie Elsas Wahl mit Zuneigung, Abneigung oder Gleichgültigkeit erwiderten. Um zu ermitteln, welche Verbindungen dauerhafter und günstiger zu werden versprachen, veranlaßten wir Elsa, mit den anderen Mädchen in Rollenspielen Lebenslagen darzustellen, ohne zu berücksichtigen, ob diese Mädchen ihr Zu- oder Abneigung entgegenbrachten. Prinzipiell ließen wir die Zöglinge beliebige Situationen darstellen, die ihnen eines Tages im gewöhnlichen Leben begegnen mochten. Der Vergleich einer Reihe von 82 Rollenspielprotokollen erwies, daß immerhin zwei Mädchen Elsa ein spontanes inniges Verstehen und warme Gefühle entgegenbrachten. In den Rollenspielen schien Elsa sich um Florences und Jeanettes Zuneigung zu bemühen. Nach der stufenweisen Ausscheidung ungeeigneter Hausgruppen und einer eingehenden Untersuchung der Beziehungen Elsas zu diesen beiden Mädchen und der Hausmutter von C 11 schien uns Elsas Einweisung in Hausgruppe C 11 am erfolgversprechendsten zu sein.

2. *Wirkung der Umgestaltung auf die Gemeinschaft*

In 18 Monaten sind 102 Personen (ungefähr $^1/_5$ der Gemeinschaft) in Hausgruppen eingewiesen oder in andere versetzt worden. Am Ende dieser Zeitspanne konnte im Vergleich zur Zeit vor der Anwendung unserer Umgestaltungsmethoden ein bedeutender Wechsel im Status einer jeden Gruppe festgestellt werden.

Der Wert geplanter Platzzuweisung kann an seiner Gesamtwirkung auf die ganze Gemeinschaft und ihre Gruppen erkannt werden. Die ständige Einweisung neuer Mädchen in verschiedene Hausgruppen verursacht Strukturänderungen, die mittels des soziometrischen Tests verfolgt werden können. Schon durch einen einzelnen Fall erster Platzanweisung werden zahlreiche Personen betroffen.

Der oben gegebene Bericht bezieht sich auf 20 Personen. Unter Berücksichtigung des sozialen Atoms, Bekanntschaftskreis und Stellung eines jeden innerhalb der Netzwerke, müßte er sich mit mehr als 200 Personen befassen.

Aus Tabelle 18 geht hervor, daß fünfzehn Hausgruppen ihren Interessenquotienten erhöht und eine ihn gesenkt hat. Durchschnittlich ist er um 9,67% angestiegen. Tabelle 19 zeigt einen Anstieg des Anziehungsbetrages in 12 Hausgruppen

Tabelle 18

Einstufung der Hausgruppen gemäß ihres Interessenquotienten

	Ursprünglicher Status	Status nach 18 Monaten
C 6	71,20%	71,00%
C 13	71,03%	74,46%
C 15	69,63%	71,24%
C 9	59,00%	62,16%
C 12	56,36%	66,73%
C 8	56,10%	57,05%
C 2	55,45%	62,38%
C 11	53,57%	62,00%
C 1	47,00%	70,91%
C 4	46,67%	65,34%
C 16	46,00%	70,25%
C 7	44,57%	53,78%
C 3	39,17%	43,62%
C 14	37,93%	45,84%
C 10	32,12%	39,00%
C 5	31,00%	55,71%
Durchschnitt der Interessenquotienten:	51,05%	60,72%

Tabelle 19

Einstufung der Hausgruppen gemäß der in Prozenten ausgedrückten Summe der Anziehungen und Abstoßungen.

	Anziehungen	Abstoßungen	Anziehungen	Abstoßungen
C 2	85,36%	14,64%	88,77%	11,23%
C 13	84,43%	15,57%	82,93%	17,07%
C 1	83,93%	16,07%	89,29%	10,71%
C 7	78,79%	21,21%	91,08%	8,92%
C 15	76,23%	23,77%	67,23%	32,77%
C 6	75,42%	24,58%	67,56%	32,44%
C 11	68,47%	31,53%	84,09%	15,91%
C 16	67,30%	32,70%	72,95%	27,05%
C 12	66,67%	33,33%	85,16%	14,84%
C 9	65,49%	34,51%	67,03%	32,97%
C 14	59,14%	40,86%	65,48%	34,52%
C 8	58,48%	41,52%	62,94%	37,06%
C 3	55,81%	44,19%	57,58%	42,42%
C 10	49,20%	50,80%	57,17%	42,83%
C 4	48,41%	51,59%	52,02%	47,98%

Tabelle 20

Einstufung der Hausgruppen gemäß der Gruppenanziehung (Interessenindex)

	Ursprünglicher Status Anziehung in Prozenten	Status nach 18 Monaten Anziehung in Prozenten
C 2	4,0%	1,5%
C 1	3,8%	0,8%
C 7	3,3%	2,0%
C 6	3,0%	3,0%
C 4	3,0%	1,0%
C 13	3,0%	0,4%
C 14	3,0%	2,4%
C 10	2,9%	1,7%
C 11	2,6%	1,0%
C 16	2,5%	0,7%
C 15	2,5%	3,0%
C 8	2,0%	2,3%
C 3	1,7%	1,9%
C 12	1,6%	2,0%
C 5	1,2%	1,0%
C 9	0,9%	0,9%

und einen Abfall in drei Hausgruppen. Der Interessenindex hat sich Tabelle 20 nach für vier Hausgruppen erhöht und für zehn Gruppen vermindert.

Zusammenfassende Analyse

Aus der Zahl der in einer Gemeinschaft wie Hudson vorgekommenen Fluchtversuche kann geschätzt werden, in welchem Grad diese Gemeinschaft ihren Mitgliedern eine psychologische Heimat geworden ist und wie groß die Wirksamkeit der Umgestaltungstherapie war. Es ist uns keine andere staatliche Anstalt mit so wenigen Fluchtversuchen bekannt, wie die Institution in Hudson. Im letzten Jahr ging die Zahl der Fluchtversuche stark zurück. Erst unter Berücksichtigung der am 22. Februar 1933 begonnenen soziometrischen Platzzuweisungen kann dieses Nachlassen wirklich geschätzt werden. Nach vier Monaten konnte bereits die Wirkung dieser Anweisungen und Umgestaltungen festgestellt werden. In den folgenden neun Monaten fiel die Zahl der Fluchtversuche langsam weiter und war schließlich mit sechs Fluchtversuchen so niedrig wie nie zuvor. Auch für gleich große, offene Gemeinschaften Jugendlicher wäre diese Zahl außergewöhnlich niedrig. Da in dieser Zeit weder in der Verwaltung noch in der Art der eingewiesenen Mädchen ein Wechsel stattgefunden hatte, darf die Vorliebe der Mädchen für Hudson den soziometrischen Methoden zugeschrieben werden.

3. Anwendung der Umgestaltungsmethode auf die offene Gemeinschaft

Es hat sich erwiesen, daß die auf Grund soziometrischer Verfahren ausgeführte Verteilung und Versetzung der Mitglieder innerhalb einer gegebenen Gemeinschaft eine wertvolle Hilfe zur Hebung ihres Status ist. Die Anwendung der Umgestaltungssoziologie auf zahlreiche Gemeinschaften hat unsere methodische Erfahrung vergrößert und uns überzeugt, daß kein Individuum aus einer Gemeinschaft ausgestoßen werden sollte, bevor nicht seine soziometrische Eingliederung versucht worden ist. Durch eine soziometrische Ergänzung der gesetzlichen und ökonomischen Gesellschaftsplanung dürften sich viele unserer modernen Besserungsanstalten erübrigen.

Das Fluchtproblem steht in enger Beziehung zu Umzugs- und Auswanderungsproblemen, deren Ursachen allerdings schwerer zu erkennen sind. Die soziometrische Untersuchung umziehender Gruppen innerhalb ihrer alten Umgebung weisen nach und ermitteln, ob soziale und psychologische Strömungen oder ökonomische Motive diese Gruppen zum Umzug oder zur Auswanderung bewegen.

An dieser Stelle wollen wir einem seit der Einführung soziometrischer Verfahren oft gemachten Einwand begegnen. Immer wieder hieß es: Werden derartig behandelte Gemeinschaften nicht so friedlich und harmonisch, daß ihre Mitglieder in anderer Umgebung der Unbill des Lebens nicht mehr standhalten können? Hierauf entgegnen wir, daß nicht die Ausschaltung heterogener und kontrastierender Elemente oder die Unterdrückung aggressiver Individuen diese Friedlichkeit verursacht. Gerade das Gegenteil wird durch unser Verfahren bewirkt. Wir bringen alle potentiell vorhandenen spontanen Bevölkerungsregungen zu Bewußtsein und voller Entfaltung und versuchen, durch Zusammenarbeit mit der ganzen Bevölkerung ihre Strömungen aufeinander abzustimmen und zu lenken. Dadurch wird nicht eine scheinbare Eintracht erzielt, sondern ein Zustand herbeigeführt, in welchem sich Disharmonien und Harmonien das Gleichgewicht halten. Die Gefahren überglücklicher Familien sind überdies außerordentlich klein. Nur selten sind ungeteilte Liebe und wahre Eintracht anzutreffen. Das Vorherrschen von Grausamkeiten, Angriffslust und Eifersucht jeglicher Art im sozialen Universum hat sich durch unsere Untersuchungen als erschreckende Wahrheit erwiesen. Diese Neigungen sind nicht nur im Individuum vorhanden, sondern tief in der komplizierten Struktur sozialer Interaktionen verwurzelt.

V. SOZIOMETRIE DER NEUORDNUNG

Die Aufgabe von Familie und Schule bestand schon immer in der Vorbereitung des jungen Menschen für das Leben in der Gesellschaft. Seine Emanzipation von Eltern und Lehrern stellte den Übergang von einer vertrauten in eine unbekannte Ordnung dar. Eine Brücke ist um so schwieriger zu schlagen, je komplizierter die Gesellschaft ist. Wie der Kindergarten das Kind vom Spiel zum ernsteren Schulleben leitet, so sollen die neuen Methoden des Psychodramas, des Rollenspiels und des Soziodramas den jungen Menschen in die Gesellschaft einführen.

1. *Psychodrama, Rollenspiel und Soziodrama*

Selbst wenn wir jedes Individuum allen möglichen Gruppen der gegebenen Gemeinschaft harmonisch eingegliedert hätten, wäre seine spätere Stellung in offenen Gemeinschaften noch keineswegs gesichert. Die Rückkehr der Zöglinge in eine viel komplexere Umgebung ist für Anstalten wie Hudson eine große Bewährungsprobe. Damit die Individuen aus ihren Versuchen und Fehlern lernen, sollte man sie dauernd anderen Umgebungen aussetzen. Dieses Verfahren stellt uns vor ein schwieriges Problem; denn in Wirklichkeit stehen uns solche Umgebungen nicht immer zur Verfügung oder sie bilden die Voraussetzung zur Entwicklung anderer Vorurteile und Gewohnheiten. Mangels verschiedenartiger Umgebungen und lebendiger Rollen gestalten wir „experimentelle" Umgebungen und künstliche Rollen möglichst lebensnah. Für eine derartige Ausbildung der Spontaneität und des Rollenbewußtseins haben wir Stegreifübung, Rollenspiel und Soziodrama eingeführt.

Das Problem kann noch von einem anderen Gesichtspunkt aus betrachtet werden. Je ähnlicher der Aufbau einer geschlossenen Gemeinschaft dem Aufbau einer offenen Gemeinschaft ist, desto eher wird unser Verfahren zum „Wirklichkeitstest". Erst die klare Erkenntnis der sozialen Wirklichkeit ermöglicht uns die Bestimmung der Mittel zur Vorbereitung für die Wirklichkeit. Dadurch werden wir sofort einer großen Schwierigkeit gegenübergestellt, da uns keinerlei Mittel zur Verfügung stehen, um auch nur annähernd genau die auf unsere Zöglinge wartende Wirklichkeit zu bestimmen. Durch die soziometrische Studie haben wir ein gutes Bild der wirklichen Verhältnisse in Hudson bekommen. Uns, die wir dieses soziometrische Experiment ausgeführt haben, ist Hudson vertraut, der

Welt aber ist es unbekannt. Wir haben ein Kriterium zur Messung des Erfolgs der Individuen beim Einleben in die Hudsongemeinschaft gefunden, besitzen aber kein Kriterium, das uns eine Vorhersage hinsichtlich ihres Erfolges in einer offenen Gemeinschaft ermöglichen würde, solange diese selbst noch nicht soziometrisch organisiert ist.

Die Zahl der Werkgruppen und der sozialen Gruppen war in Hudson klein und, verglichen mit den Verhältnissen großer offener Gemeinschaften, außerordentlich leicht zu bestimmen. Wenn wir heute noch immer eine so dauerhafte und starre Gesellschaftsstruktur wie im Mittelalter hätten, könnten wir Zahl und Charakter sozialer und beruflicher Verhältnisse voraussehen und die Individuen für ihre Aufgaben vorbereiten. Heutzutage aber sind von Land zu Land und Staat zu Staat andere Verhältnisse anzutreffen, die sich selbst in kleinen Städten oft schon in wenigen Jahren ändern. Unsere gegenwärtige soziale Wirklichkeit ist einem dauernden Wechsel unterworfen. Durch moderne Erfindungen legt der technische Prozeß angesehene Gewerbe lahm und begünstigt neue Berufe.

Die Neigung zu höherer Differenzierung zeigt sich nicht nur in sozialen und beruflichen Lagen, sondern auch in instinktiven Trieben, besonders in den sexuellen und familiären Impulsen des Menschen. Unsere Gesellschaftsordnung versagt bei der Lenkung dieser Tendenzen zum Vorteil der Individuen und der Gattung und ist letztlich für das Unglück der vielen Mädchen unserer Besserungsanstalten verantwortlich. Ihre Überweisung in Institutionen kann irreführend sein, da das Problem an sich nicht geändert wird. Es spielt keine Rolle, ob ein Verstoß gegen die Gesetze stattgefunden hat oder nicht; denn alle diese Mädchen haben ohnehin in sexueller Hinsicht ein verhältnismäßig großes emotionales Ausdehnungsvermögen und nur geringe Beherrschung ihrer Gefühle. Da ihre Schwierigkeiten auf Beziehungen zum anderen Geschlecht beruhen, müssen sie dem anderen Geschlecht gegenüber ein gereifteres Verhalten erlernen. In unseren Schulen und Instituten aber wird gerade dieses Problem nicht therapeutisch angegangen.

Hinsichtlich der dynamischen Wirklichkeit einer offenen Gemeinschaft und der Ausrüstung eines diese Wirklichkeit meisternden Individuums können zwei Schlüsse gezogen werden. Der erste Schluß ist z. T. negativ. Das dauernde Einführen neuer Berufe, die Unbeständigkeit der sozialen Verhältnisse und immer neue Abwechslungen erschweren die Bestimmung eines der Erziehung dienlichen Kriteriums. Der zweite Schluß geht auf die bisher ausgeführten soziometrischen Studien offener Gemeinschaften zurück. Die Organisation sozialer Gruppen wird durch das Alter ihrer Mitglieder und die Art der anderen Gruppen, deren Mitglied sie sind, bestimmt. Von der Stellung des Einzelnen innerhalb einer bestimmten Organisation kann auf die Stellung geschlossen werden, die er nach der Umsiedlung in ähnlich organisierten Gruppen einnehmen wird.

Die erfolgreiche Anpassung an verschiedene Umgebungen erfordert eine bewegliche und spontane Persönlichkeit. Welche Methoden ermöglichen uns die Heranbildung solcher Persönlichkeiten? Unser bisheriges Erziehungssystem besorgte die Ausbildung für eine Reihe gegebener sozialer Verhältnisse und fester Berufe. Die Laufbahn des Einzelnen war vorherbestimmt. Seine Entwicklung konnte nur innerhalb dieser dogmatisch klar vorgezeichneten Grenzen stattfinden; denn jenseits war Zerfall und Chaos. Im letzten Jahrhundert hat sich ein Wechsel vollzogen. Aber an Stelle der alten dogmatischen Verhältnisse sind nicht etwa neue dogmatische Verhältnisse getreten, sondern die bisherige Sicherheit ist einer großen Unsicherheit gewichen. Es wird oft behauptet, die industrielle Revolution sei Ursache dieser Entwicklung; nur durch ein Aufhalten des Sieges-zuges der Maschine könne Abhilfe geschaffen werden. Andere machen die Entartung der menschlichen Instinkte für unsere gegenwärtige Lage verantwortlich und sehen das Heil in der Rückkehr zu einer primitiveren Lebensweise. Vom soziometrischen Standpunkt aus kann man behaupten, der Mensch sei zu einer Höherdifferenzierung geeignet und werde innerhalb der jetzt entstandenen höher differenzierten und beweglicheren Gesellschaftsordnung selbst beweglicher werden.

Im Falle Elsa TL haben wir folgende Begleiterscheinungen des Spontaneitätstests und Rollenspiels beobachtet: Ohne jegliche Beeinflussung von unserer Seite änderten viele Personen infolge des Rollenspiels ihre Einstellung zu Elsa; Elsa selbst wurde durch diese Handlungen angeregt, Wesenszüge zu enthüllen, die sie im disziplinierten Gruppenleben nie hätte zum Ausdruck bringen können. Den anderen Rollenspielern war es bisher auch nicht möglich gewesen, Elsa gegenüber ihr wahres Wesen zu offenbaren. Durch diese Beobachtungen erwachte in uns der Plan, das alltägliche Gruppenleben durch Rollenspiele zu bereichern und den Gruppenmitgliedern die Ausbildung ihrer Interessen und ein Handeln in verschiedenen Rollen und Funktionen zu ermöglichen. Als Folge dieser Maßnahmen versprachen wir uns eine Auflockerung der zwischenmenschlichen Beziehungen und der gesamten Gruppe. Die positiven und negativen Erlebnisse einer wirklichen Familie und das Erleben natürlicher Liebes- und Geschäftsbeziehungen waren in unserer Schulgemeinschaft nicht möglich. Wir fügten unseren Spielen aus derartigen Beziehungen hervorgehende Situationen ein, um dadurch auf das Verhalten der Zöglinge in wirklichen Lagen dieser Art einzuwirken. Auf diese Weise gelang es uns, das Fehlen einer geschlossenen Gemeinschaft auszugleichen.

Die Individuen wählen die Lagen, Rollen und Partner oder sie *wechseln* ihre Rollen des natürlichen Lebens: die Hausmutter spielt die Rolle eines Mädchens, das Mädchen die Rolle der Hausmutter (Rollenwechsel). Manchmal werden sie auch in bestimmte Lagen versetzt. Da alle Spiele aus dem Stegreif improvisiert werden, kann vom Spielverlauf auf die Wirklichkeitshandlungen der Spieler geschlossen werden. Doch während das Verhalten in natürlichen Lebenslagen nicht ungeschehen gemacht werden kann, kann jede Spielphase durch die Kritik des Leiters, der anderen Teilnehmer oder des Spielenden selbst verbessert werden. Die Spielenden haben Gelegenheit, Methoden zur Erkenntnis anfänglich ungenügenden Verhaltens zu erlernen. Wir hielten es für wesentlich, die Stegreiflagen möglichst gemäß jener Stellung zu gestalten, die das Individuum in der offenen Gemeinschaft einzunehmen gedachte. Befand sich der Betreffende z. B. in der Berufsausbildung, so versetzten wir ihn in Lagen, die mit seinem Berufe zusammenhingen.

Im sozialen Leben wird jeder Einzelne gewöhnlich mit einer bestimmten *Rolle* betraut, die sich allmählich zur Hauptrolle entwickelt und vom Einzelnen ausgefüllt wird. Besorgnis, Angst, Groll und Minderwertigkeitsgefühle werden oft durch diesen Umstand begünstigt. Die von ihnen bedingten Spannungen spiegeln sich im Gruppenleben. All diese Gefühle und Spannungen können durch geschickte Lenkung der im Rollenspiel begriffenen Personen gemildert und gelöst werden.

Im Rollenspiel kommt manches zum Ausdruck, was die Mädchen im natürlichen Leben nicht darstellen oder gar der Hausmutter mitteilen würden. Durch den Humor des Spiels werden viele potentielle Beschwerden verhindert und geheilt, die sonst vielleicht zu ernsten Konflikten geführt hätten. Je strenger differenziert das soziale Leben ist, desto wichtiger ist noch ein anderer Punkt. Von jedem wird erwartet, daß er gemäß seiner offiziellen Rolle lebt — ein Lehrer soll sich als Lehrer, ein Schüler als Schüler verhalten usw. Aber jeder Einzelne sehnt sich nach viel mehr Rollen, als er im wirklichen Leben bekleidet, und möchte selbst in einer gegebenen Rolle Abwechslungen erleben. In Gedanken spielt jeder Mensch mit allerlei Rollen, die er gerne ausfüllen möchte und die verschieden stark in ihm entwickelt sind. Diese vielen unsichtbaren und ungelebten Rollen üben einen starken Druck auf seine offizielle Rolle aus und verursachen oft Gefühle der Angst und Unruhe.

Diese Methode hat besonders für Jugendliche echten Lebenserfahrungen gegenüber große Vorteile. 1. Im wirklichen Leben ist es infolge des Ernstes der Lage oft recht schwer, aus Fehlern zu lernen. In seiner Ängstlichkeit wiederholt der Einzelne bei nächster Gelegenheit seine Vergehen und verzögert dadurch die Überwindung seiner Schwächen. 2. Falls er in einer Rolle erfolgreich ist, bewirken wirkliche Lebenslagen oft eine emotionale Trägheit in anderen Rollen. 3. Füllt er im wirklichen Leben eine Rolle voll und ganz aus, so wird er oft einseitig und bringt anderen Situationen und Berufen kein Interesse entgegen. Für Entwicklungs- und Existenzzwecke sind Stegreifübungen wirklichen Lebenslagen überlegen. Durch die Erziehung der Personen für alle möglichen Lebenslagen und

Rollen, die sie vielleicht einmal spielen müssen, wird ihnen die Meisterung des Lebens erleichtert. Die Rollenspiele machen den Menschen wendiger und schlagfertiger. Möglicherweise kann die menschliche Entwicklung durch Stegreifübungen so stark beeinflußt werden, daß unser kostbares Erbe, unsere Spontaneität, stark differenziert und vergrößert wird. Unser Unterricht wird sich dann nicht mehr mit der Verbreitung und Aufrechterhaltung bestimmter Gewohnheiten befassen, sondern sich um die Entwicklung und Übung der menschlichen Spontaneität bemühen.

Im Rollenspiel wird eine Reihe bestimmter Lebenslagen gestaltet. Diese Situationen werden nicht willkürlich bestimmt, sondern auf die Ergebnisse des auf die Spieler bezogenen soziometrischen Tests und des Spontaneitätstests aufgebaut. Jede Lage wird von ihrer einfachsten Möglichkeit an bis zu höchst differenzierten Formen dargestellt und den Erfordernissen des Spielers angepaßt. Durch die Darstellung der einfachsten Möglichkeit einer bestimmten Lage und das Fortschreiten durch all ihre Differenzierungsgrade wird dem Einzelnen die Meisterung dieser Situationen ermöglicht. Da sich der Einzelne im Leben in vielen Lagen zurecht finden muß, darf sich die Spontaneitätsausbildung nicht nur mit den Möglichkeiten einer einzigen Situation befassen, sondern muß sich auf viele verschiedene Lagen erstrecken.

Für die allmähliche Entwicklung in verschiedenen Stegreiflagen des Rollenspiels sei folgendes Beispiel gegeben. In der ersten Phase bringt der Spieler einem anderen Sympathie entgegen. In der zweiten Phase muß er im Zusammenhang mit einer bestimmten Handlung, z. B. als Verkäufer in einem Kleidergeschäft, dasselbe Gefühl aufbringen. In der dritten Phase bestimmt der Spielleiter eine Situation für die gleiche Rolle. Der Spieler muß beispielsweise einem sehr geschäftsmäßigen Kunden Kleider anpreisen. Später kann seine Aufgabe noch stärker differenziert werden. Der Spieler muß dann in der gleichen Rolle dieselbe Haltung einnehmen, während der Spielleiter ihm einen aufbegehrenden Kunden gegenüberstellt. Der Spieler soll lernen, selbst in hitzigen Lagen seine freundliche Haltung, seine Geduld nicht zu verlieren. Seine Rolle kann den Erfolgen und Fähigkeiten entsprechend weiter differenziert werden.

Bei der Bestimmung der Lage, der Rolle und der Partner des Spielers hat der Spielleiter die Stellung eines kritischen Beobachters inne. Gelegentlich greift er handelnd ins Spiel ein, um den einen oder anderen zum Spielen zu veranlassen, da viele Personen Angst haben, die Initiative zu ergreifen. Der Spielleiter bestimmt zuerst die Schwächen des Einzelnen und die Art der Personen, an die er sich anpassen lernen muß. Er gestaltet Lagen, in denen der Spieler gemeinsam mit einer oder mehreren Personen handelt. Die Art der Lage, Einzelheiten der Ausführung und die Rolle des Spielers nehmen in seinem Geist bestimmte Gestalt an. Auf diese Weise erwärmt er sich selbst für die Lage, die seiner Beurteilung nach vom

Subjekt gespielt werden sollte. Er erklärt in diesem Zustand dem Spieler die Rolle. Wir nennen diese Phase des Rollenspiels „Rollenübertragungsakt“. Der Erfolg des Spiels hängt teilweise von der Eindruckskraft dieses Aktes und der Klarheit der Rolle ab. Der Übertragungsakt selbst dient nur zur Auslösung des Spiels. Der wesentliche Teil des Rollenspiels ist dem freien Ausdruck des Spielers und der Gruppe gewidmet.

Die unmittelbare Analyse der Handlung stellt eine andere wichtige Spielphase dar. Sie zeigt, daß eine Handlung im Übereifer des Spielers zu hastig ausgeführt wurde, der Spieler „zu schnell durchging“ und in andere Situationen übersprang. Eine solche Stegreiflage kann als „überhitzt“ bezeichnet werden. Durch die Analyse wird manchmal auch die Unfähigkeit des Spielers zur Darstellung der betreffenden Rolle erkannt. Diese Lage kann „verkümmert“ genannt werden. Manchmal zeigt sich, daß der Spieler die Handlung nicht im Einklang mit den Forderungen der Lage beenden kann, oder die Analyse stellt seine Herrschsucht unter Beweis, zeigt, daß er in bestimmten Lagen nicht mit seinem Partner auskommt. Oft kann auch festgestellt werden, daß der Spieler unfähig ist, körperliche Bewegungen seinen Worten oder dem Spiel der Partner richtig beizuordnen. Oder es zeigt sich, daß der Spieler über den dargestellten Stoff nicht genügend unterrichtet ist. Die analytischen Ergebnisse können für die nächste Rolle des Subjektes ausschlaggebend und ein Maß seiner bisher errungenen Spielerfolge sein.

Da wir uns um die Übung von Stegreiflagen und nicht nur um das Lernen ihres Inhalts bemühen, versuchen wir, die durch traditionelle Erziehungsmethoden gefestigte Verbindung von Lage und Inhalt zu lockern. Überschätzung und Eintrichterung des Inhalts spaltet den Spieler in eine Inhalts- und eine Handlungspersönlichkeit. Es war uns eine wertvolle Hypothese, zwei Gedächtniszentren, ein Handlungs- und ein Inhaltszentrum, anzunehmen. Diese Gedächtnisspaltung kann folgendermaßen erklärt werden: Zumindest in unserer Gewöhnung wird ein Inhalt nicht schon im Handlungsbeginn erlebt. Im Gegensatz zu den in erregten Situationen ausgeführten Handlungen lernen wir ihn in einer gefühlsarmen Lage kennen. Beide Lagen bewegen sich wahrscheinlich durch verschiedene Bahnen des Nervensystems und erfüllen daher unser Gedächtnis nicht gleichzeitig, sondern getrennt und zu verschiedenen Zeiten. Der gelernte Stoff gelangt nicht ins Handlungszentrum der Persönlichkeit. Die dadurch entstandene Gedächtnisspaltung verhindert die Einfügung des Wissens in die handelnde Persönlichkeit. Die Kenntnisse bleiben „unverdaut“ und ohne Einfluß auf die Tat- und Urteilskraft des Individuums. In wirklichen Lebenslagen ist aber gerade dieses Zusammenwirken von größter Wichtigkeit.

Es muß noch ein anderes Problem der Stegreifübung berücksichtigt werden. Jede beliebige Handlung kann aus dem Stegreif begonnen werden. Je häufiger dieselbe Lage aus dem Stegreif dargestellt wird, um so öfter ist der Spieler geneigt, auf die besten Gedanken und Sätze früherer Spiele zurückzukommen. Er improvisiert immer weniger und entwickelt durch Wiederholungen seiner besten Stegreiferzeugnisse einen Inhalt, der ihm schließlich erlaubt, von seinen Improvisationen abzukommen. Der spontane Ausdruck dient nur mehr zur Auslösung eines Prozesses, der dank vieler Wiederholungen in einem „geheiligten Inhalt" endet. Alle Bemühungen um Spontaneität sind jetzt überflüssig. Dies ist jedoch Verrat am Prinzip der Spontaneität. Wollen wir den spontan beweglichen Persönlichkeitstyp erhalten und entwickeln, so müssen wir versuchen, mit der beschriebenen Spontaneitätsmethode der Trägheit und Resignation des Einzelnen entgegenzuwirkem

2. Die architektonische Planung einer soziometrischen Gemeinschaft

Das äußere Bild einer Gemeinschaft sollte eine Funktion ihrer soziometrischen und soziopsychologischen Gestalt sein. Je mehr Kriterien der Bevölkerungstest umfaßt, desto eher kann die physische Struktur mit den Zentren des öffentlichen Lebens, den Häusern usw. gemäß der Testindikation organisiert werden.

Die Geographie einer Gemeinschaft kann bei der Verteilung der soziometrisch untersuchten Bevölkerung nutzbar gemacht werden. Das Problem der Nachbarwahl sollte nicht durch eine willkürliche Bevölkerungsverteilung gelöst werden, da die Familieneinheiten mit ihren Nachbarn dauernd in nächster Nähe zusammenleben müssen. Auf Grund der mittels soziometrischer Methoden gesammelten Unterlagen können Familien, die sich gegenseitig anziehen und günstig beeinflussen, zu Nachbarn gemacht werden. Die Familieneinheiten können geographisch so angesiedelt werden, daß bereits bestehende harmonische soziale Beziehungen begünstigt und disharmonische Beziehungen vermindert werden.

In diesem Zusammenhang stellt sich die Frage, ob die Häuser in langen Ketten oder in verschiedenen Nachbarschaften gruppiert werden sollen. Dieses Problem wird gewöhnlich durch den Zufall oder durch industrielle und architektonische Planung gelöst. Durch den Bevölkerungstest ist uns noch die andere Möglichkeit gegeben in der physischen Organisation einer Stadt die psychosoziale und soziometrische Struktur ihrer Bevölkerung zu spiegeln. Auf diese Weise können die Kräfte der sozialen Gravitation, welche Gruppen auseinanderreißen oder zusammenziehen, für die Gruppierung der Häuser und die Bevölkerungsverteilung innerhalb der Stadt ausschlaggebend werden.

Das Studium der Psychogeographie von Hudson veranlaßte uns, verschiedene wichtige Fragen aufzuwerfen: Besteht ein Zusammenhang zwischen den zwei Häuser verbindenden Anziehungs- und Abstoßungskonfigurationen und der geographischen Entfernung? Ist es möglich, daß sowohl zu große Nähe als auch zu

Fortsetzung Seite 335

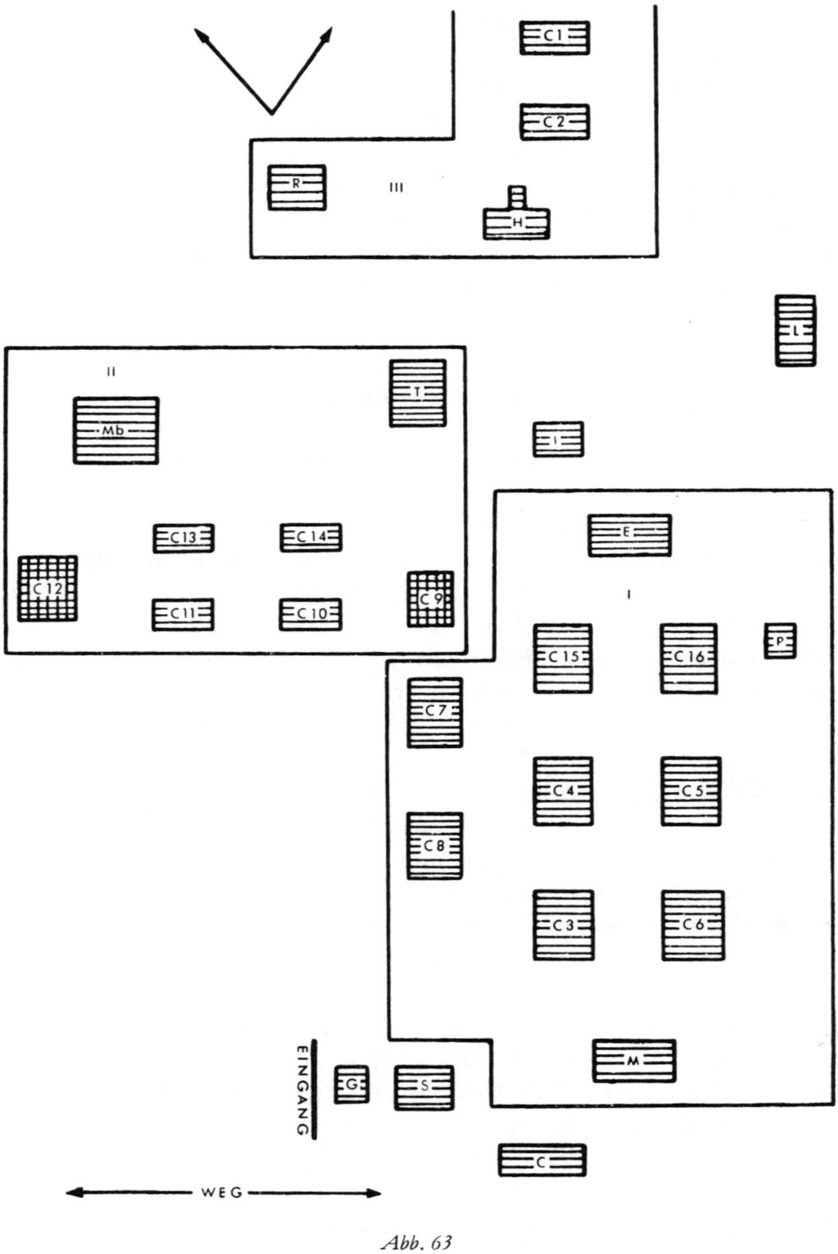

Abb. 63

Die architektonische Struktur einer Gemeinschaft *vor* ihrer soziometrischen Behandlung

Text siehe Seite 334

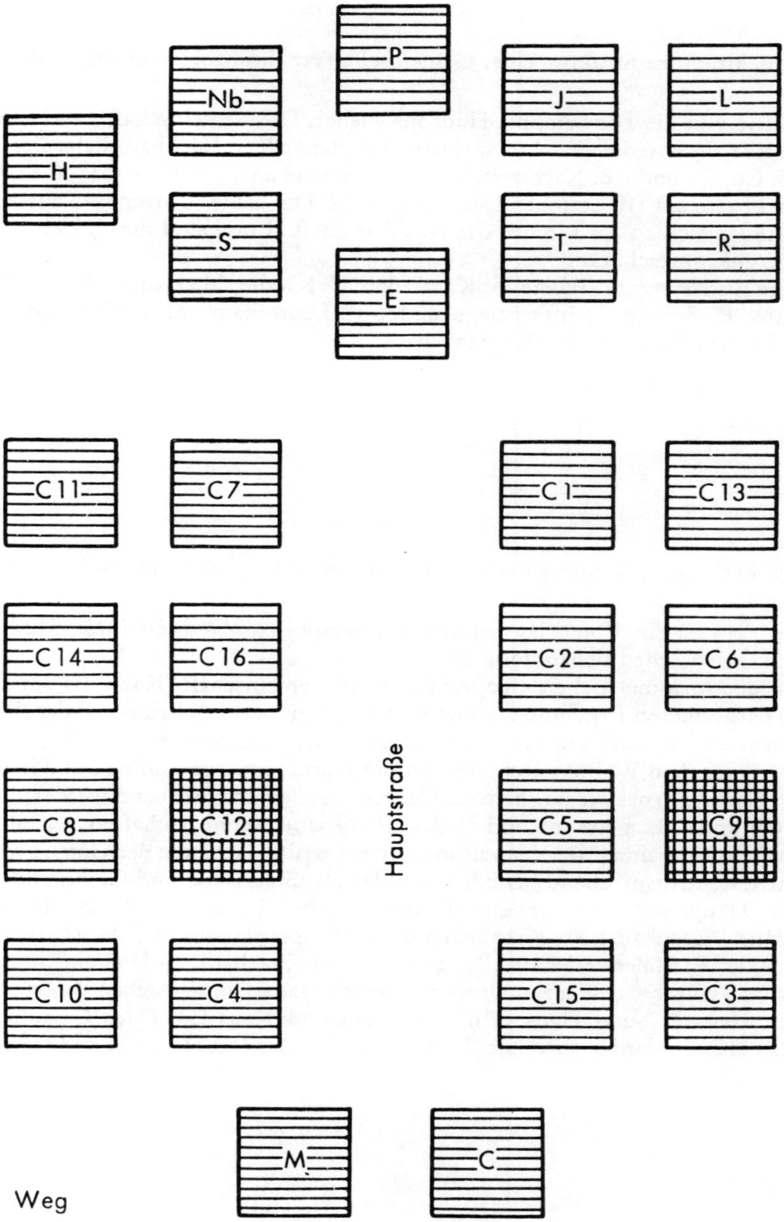

Abb. 64

Die architektonische Struktur einer Gemeinschaft *nach* der soziometrischen Behandlung

Text siehe Seite 334

Text zu Abb. 63 (Seite 332)

Die architektonische Struktur einer Gemeinschaft *vor* ihrer soziometrischen Behandlung

Die Karte gibt die Topographie Hudsons wieder. Die Gemeinschaft hat drei verschiedene Bezirke, deren jeder eine Art Nachbarschaft darstellt: I. Nachbarschaft: C3, C4, C15, C16, C5, C6, C7 und C8. Nachbarschaft II, bestehend aus: C9, C10, C11, C12, C13 und C14. Nachbarschaft III, bestehend aus C1 und C2. Die beiden Farbigen-Häuser, C9 und C12, befinden sich an der Grenze der Nachbarschaft II und sind durch kleine schwarze Quadrate gekennzeichnet.

Weitere Erklärung: G: Pforte; S: Kaufladen; C: Kirche; M: Hauptgebäude; P: Malerwerkstätte; E: Schule; I: Industriegebäude; T: Lehrerhaus; Mb: Warenhaus; L: Wäscherei; H: Krankenhaus; R: Empfangshaus.

Text zu Abb. 64 (Seite 333)

Die architektonische Struktur einer Gemeinschaft *nach* der soziometrischen Behandlung

Dieser Plan ist ein Vorschlag für eine topographische Neugestaltung Hudsons *nach* seiner soziometrischen Behandlung.

Die in der soziometrischen Geographie einer Gemeinschaft (Karte III am Ende des Buches) dargestellten Ergebnisse lassen es wünschenswert erscheinen, a) den Bezirk der „modernen und neuen" Häusern aufzubrechen; dementsprechend werden die Häuser C1 und C2 aus dem Wohnviertel oben auf der Karte herausgenommen und in ein neues Viertel versetzt; b) das Negerghetto aufzubrechen; dementsprechend werden die Negerhäuser C9 und C12 getrennt und in 2 verschiedene Nachbarschaften gestellt; c) eine gleichmäßige Verteilung der Verwaltungs- und sozialen Gebäude der Gemeinschaft vorzunehmen; dementsprechend befinden sich das Hauptgebäude und die Kirche am einen Ende der Hauptstraße, alle anderen Gebäude stehen im nördlichen Bezirk: S: Kaufladen; Mb: Warenhaus; H: Krankenhaus; R: Empfangshaus; L: Wäscherei; I: Industriegebäude; P: Malerwerkstätte; E: Schule; T: Lehrerhaus. In Übereinstimmung mit den Soziogravitationstendenzen werden folgende Häuser in denselben Wohnbezirk einbezogen: Haus C7 und Haus C16, Haus C14 und Haus C4, Haus C1 und C2. Die folgenden Häuser werden getrennt: Haus C9 und Haus C12, Haus C3 und Haus C4.

große Entfernung der Häuser die gesunde Gruppenbildung verzögern? Durch welche Typen architektonischer Gemeinschaftsorganisation wird die Gruppenbildung angeregt oder gehemmt? In welcher Beziehung stehen die ästhetischen Faktoren, die Häßlichkeit der Häuser und Straßenzüge der Ghettos und Armenviertel zur Entwicklung sozialer Beziehungen und soziometrischer Gruppenbildung? Der zukünftige Architekt wird ein Schüler der Soziometrie sein; die Lage der Städte, Industriebezirke und Erholungsorte wird nach den Erfordernissen der Bevölkerung bestimmt werden, die in ihnen leben und arbeiten muß.

ANHANG I

STATISTISCHE ANALYSE DER SOZIOMETRISCHEN ERGEBNISSE

STATISTISCHE ANALYSE DER SOZIOMETRISCHEN ERGEBNISSE

1. Entwicklung der Gruppen

Die Kindergruppen, die wir zuvor in bezug auf ihre soziometrischen Beziehungen untersucht haben, sollen jetzt auf ihren statistischen Gehalt hin geprüft werden. Um festzustellen, ob ein wirklicher Unterschied zwischen den Gruppenprozentsätzen an intersexuellen Anziehungen besteht, haben wir die Differenz zwischen beiden Gruppenprozentsätzen durch das P.E. (probable error = wahrscheinlicher Fehler) dividiert. Aus nachfolgender Tabelle geht hervor, daß zwischen den Prozentsätzen der intersexuellen Anziehungen in zwei verschiedenen Gruppen von Kindergartenschülern, Schülern der ersten, der fünften, sechsten und siebten Klasse kein beträchtlicher Unterschied besteht. In allen fünf Beispielen scheinen die Reaktionen der Kinder durch die gleichen Faktoren beeinflußt worden zu sein. Andererseits konnte in den anderen vier Beispielen der beiden Gruppen der zweiten, dritten, vierten und achten Klasse ein beträchtlicher Unterschied festgestellt werden. Es müssen hier Faktoren wirksam gewesen sein, die einen größeren Unterschied in den Reaktionen bewirkten.

Im Verlauf unserer Untersuchung fanden wir einige Faktoren, die einen direkten Einfluß auf diese Testergebnisse zu haben schienen. Der Wechsel in der Schülerschaft einer öffentlichen Schule ist ungleichmäßig. An Stelle der ausgeschiedenen Kinder treten nicht immer Kinder der gleichen Altersstufe ein. Das durchschnittliche Alter der Schüler der dritten Klasse kann in einem Jahr höher oder niedriger sein als im anderen. Die intersexuellen Wahlen der Kinder sind direkt abhängig von der Altersstufe. Außerdem wechselt die Zahl der Kinder in den verschiedenen Klassen von einem Jahr zum anderen. In einem Jahrgang kann eine Klasse 34 Schüler, die andere 45 oder 49 enthalten. Um zwei Schülerschaften unter gleichen Bedingungen untersuchen zu können, sollten in den verschiedenen Klassen eines jeden Schuljahrs der beiden Schülerschaften a) Knaben und Mädchen in gleichem Verhältnis vertreten sein, b) die Zahl der Schüler übereinstimmen und

Unterschied der beiden Gruppenprozentsätze der intersexuellen Anziehung
Dargestellt in Form des wahrscheinl. Fehlers

Schuljahr	Zahl der Personen 1. Test	Zahl der Personen 2. Test	1. Test Prozentsatz der intersex. Anziehungen	2. Test Prozentsatz der intersex. Anziehungen	Differenz %	PE %	Differenz / PE.
Kindergarten	55	66	25	27	2	4	0,5
1. Schuljahr	102	167	27	21,6	5,4	4	1,4
2. ,,	177	177	16,5	25,8	9,3	2,5	3,7
3. ,,	131	153	8,5	19,8	11,3	2,6	4,3
4. ,,	159	183	2,5	8,9	6,4	1,4	4,6
5. ,,	103	198	5,5	3,9	1,6	2,0	0,8
6. ,,	174	187	4,1	1,1	3,0	1,1	0,3
7. ,,	198	255	3,0	3,4	0,4	0,8	0,5
8. ,,	203	226	8,0	1,6	6,4	0,1	6,4

c) die Altersstufen annähernd gleich sein. Die Ergebnisse werden außerdem stark durch die Dauer des Zusammenseins der Kinder beeinflußt. Befinden sich z. Zt. des ersten Tests in der zweiten Klasse mehr Kinder, die längere Zeit zusammengelebt oder die gleiche Schule besucht haben, als zur Zeit eines unter sonst gleichen Bedingungen ausgeführten zweiten soziometrischen Tests, so bewirkt dieser Umstand einen Unterschied in den Reaktionen der beiden Schülerschaften. Der Test sollte in beiden Gruppen zur gleichen Zeit ausgeführt werden. Wird der Test in einem Fall in der ersten Woche des dritten Monats der zweiten Schuljahrhälfte ausgeführt, so muß er in jedem beliebigen zweiten Fall, den wir aus Vergleichsgründen untersuchen wollen, zur selben Zeit angewendet werden. Von unseren beiden Tests wurde der zweite um einen Schuljahrmonat später als der erste ausgeführt. Obgleich der Unterschied gering ist, kann er doch die Ergebnisse bis zu einem gewissen Grad beeinflußt haben. Trotz dieser solche Unterschiede verursachenden Faktoren ist der in Gruppenprozenten ausgedrückte Korrelationskoeffizient (Produkt-Moment-Methode) zwischen zwei verschiedenen Testreihen vom Kindergarten bis zur 8. Volksschulklasse erstaunlicherweise 0,80. Diese hochgradige Korrelation hinsichtlich der intersexuellen Anziehung beweist, daß in beiden Gruppen im wesentlichen die gleichen Faktoren wirksam sind. Außerdem ist sie Beweis dafür, daß die Häufigkeit der intersexuellen Anziehung zwischen Kindern von 4—14 Jahren nicht von einer Bevölkerungseinheit zur anderen wechselt, sondern eindeutig allgemeinen Regeln folgt. Sie ist auch Beweis für die Verläßlichkeit des soziometrischen Tests bei Messungen sozialer Phänomene. Die Zuverlässigkeit, mit welcher der soziometrische Test mißt, was er zu messen beabsichtigt, kommt auch in Tabelle 2 und Tabelle 4 Seite 53-54 klar zum Ausdruck. Die Gruppenprozentsätze an Isolierten und die Gruppenprozentsätze an gegenseitigen Paaren stimmen in beiden Untersuchungsreihen der beiden Schülerschaften weitgehend überein.

2. Soziometrische Verhältnisse in einer Gemeinschaft

Wir wollen uns jetzt den anderen in diesem Buch dargestellten Ergebnissen zuwenden. Die Messung des *Interesses an der „Eigengruppe"*, die Messung des *Anziehungs- und Abstoßungsquotienten innerhalb der Eigengruppe* und die Messung des *Anziehungsquotienten für „Außengruppen"* bilden die drei Kriterien, nach denen Struktur und Stellung der Gruppen innerhalb der Gemeinschaft eingestuft worden sind. Um Beziehungen zwischen diesen drei Einstufungen feststellen zu können, haben wir die Korrelationskoeffizienten (gemäß der Produkt-Moment-Methode) berechnet. Sie lauten:

Zwischen den Interessenquotienten an der Eigengruppe:	0,20	∓	0,17
Zwischen den Anziehungs- und Abstoßungsquotienten innerhalb der Eigengruppe:	0,375	∓	0,13
Zwischen den Anziehungsquotienten für Außengruppen:	0,07	∓	0,17

Jede mögliche Fehlerquelle muß in der niedrigen Zahl der Gruppenmitglieder gesucht werden. (Jede Hausgruppe zählt ca. *30 Mitglieder*. Hier wenden wir unsere Aufmerksamkeit jedoch nur den Beziehungen zwischen den *15 Gruppen* zu.)

Die Korrelation zwischen den beiden Untersuchungsreihen ist hinsichtlich des Interesses jeder Gruppe an sich selbst (Eigengruppe) und des Anziehungsquotienten innerhalb der Gruppe mit 0,20 zu gering, um Anspruch auf Zuverlässigkeit erheben zu können. Wir können daraus schließen, daß die beiden Quotienten von verschiedenen Faktoren bestimmt werden, die praktisch in keinem Zusammenhang stehen. Eine Gruppe, die hinsichtlich eines dieser beiden Quotienten hoch eingestuft ist, kann in bezug auf die anderen niedrig eingestuft sein. Zwischen dem Anziehungsquotienten innerhalb der Gruppe und dem Anziehungsquotienten für Außengruppen ist die Korrelation noch geringer, 0,07. Hinsichtlich dieser beiden Quotienten kann daher der gleiche Schluß gezogen werden. *Diese umgekehrte Beziehung ist wichtig und läßt vermuten, daß ein hoher Interessenquotient an der Eigengruppe mit einem verhältnismäßig niedrigen Anziehungsquotienten für Außengruppen Hand in Hand geht.* Im Hinblick auf die emotionale Ausdehnung und Zusammenziehung und die Neigung des sozialen Atoms zur Aufrechterhaltung des Gleichgewichts gewinnt die negative Beziehung zwischen dem Anziehungsquotienten für Außengruppen und dem Interessenquotienten an der Eigengruppe besondere Bedeutung. Sie ist ein Beweis für den ambivalenten Charakter der emotionalen Ausdehnung. Je mehr emotionale Energie von einer Anzahl von Gruppenmitgliedern innerhalb der Eigengruppe verausgabt wird, desto weniger Energie haben sie für Außengruppen übrig; je weniger Aufmerksamkeit sie anderen Gruppen entgegenbringen, desto weniger Aufmerksamkeit wird ihnen von diesen Gruppen entgegengebracht und um so geringer wird ihr Anziehungsquotient für Außengruppen. Da die Entwicklung eines sozialen Gruppenquotienten unter anderem davon abhängt, ob die zur Bestimmung der sozialen Beziehungen einer Gruppe gewählten Kriterien auch wirklich verschieden sind oder ineinander übergreifen und dadurch eine in bezug auf den einen Quotienten hoch eingestufte Gruppe notwendigerweise auch in bezug auf den anderen Quotienten hoch einstufen, haben die Indikationen der Korrelationskoeffizienten eine große Bedeutung. Es scheint, daß die drei zur Einstufung der Gruppen verwendeten Quotienten voneinander *unabhängig* sind und jeweils eine andere Seite sozialer Beziehungen messen.

3. Zufallsexperimente

Eine Bevölkerungseinheit von 26 Personen erschien uns günstig für einen Vergleich mit einer zufälligen Gruppierung einer Gruppe von 26 gedachten Individuen. Von jedem Mitglied wurden drei Wahlen getroffen. Für unsere Analyse wäre eine beliebig große Bevölkerungseinheit geeignet gewesen. Eine Einheit von 26 Personen ermöglichte uns jedoch den Vergleich mit verschiedenen bereits getesteten Gruppen. Ohne dieselbe Gruppe mehr als einmal zu verwenden, wurden sieben 26-Personen starke Gruppen unter jenen ausgesucht, die zufällig diese Größe hatten. Die Testwahlen bezogen sich auf das Kriterium der Tischnachbarschaft. Da alle Wahlen nur innerhalb der Gruppe getroffen wurden, konnten diese Gruppen zu einem Vergleich herangezogen werden.

Tabelle 21

Zufallsexperimente mit dem soziometrischen Test
Statistische Wahlanalyse

Zahl der Wahlen	0	1	2	3	4	5	6	7	8	9
Zufallswahl 1	2	4	4	4	8	2	2	—	—	—
Zufallswahl 2	2	3	6	3	8	3	—	1	—	—
Zufallswahl 3	1	1	10	5	4	4	1	—	—	—
Zufallswahl 4	—	3	10	5	2	4	2	—	—	—
Zufallswahl 5	3	5	2	9	2	3	2	1	—	—
Zufallswahl 6	1	3	8	5	5	1	2	1	—	—
Zufallswahl 7	2	2	5	8	5	2	2	—	—	—
Gesamtzahl	11	21	45	39	34	19	11	3		
Durchschnitt	1,6	3,0	6,3	5,6	4,9	2,7	1,6	0,4		

Tabelle 22

Wirklicher soziometrischer Test
Statistische Wahlanalyse

Zahl der Wahlen	0	1	2	3	4	5	6	7	8	9	10	11
Test 1	4	7	4	3	—	2	2	2	1	—	1	—
Test 2	6	3	4	3	2	4	1	1	1	1	—	—
Test 3	5	4	3	4	4	1	2	1	2	—	—	—
Test 4	3	5	4	6	3	1	—	3	—	1	—	—
Test 5	7	3	5	1	2	4	—	2	—	1	—	1
Test 6	3	2	5	8	3	2	2	—	1	—	—	—
Test 7	7	5	5	1	2	—	1	1	1	1	—	2
Gesamtzahl	35	29	30	26	16	14	8	10	6	4	1	3
Durchschnitt	5,0	4,1	4,3	3,7	2,3	2,0	1,1	1,4	0,9	0,6	0,1	0,4

Tabelle 23

Statistische Analyse der Zufallsstrukturen

	Isolierte	Ungleiche Bez.	Gegenstg. Bez.	Kettenbz.	Geschl. Strukturen (wie Dreiecke usw.)	Führerstrukturen
Zufallswahl 1 . .	2	68	5	—	—	4
Zufallswahl 2 . .	2	74	2	—	—	4
Zufallswahl 3 . .	1	64	7	2	—	5
Zufallswahl 4 . .	—	72	3	—	—	6
Zufallswahl 5 . .	2	68	5	2	—	6
Zufallswahl 6 . .	1	70	4	1	—	4
Zufallswahl 7 . .	2	70	4	1	—	4
Gesamtzahl . .	10	486	30	6	—	33
Durchschnitt . .	1,4	69,4	4,3	0,9	—	4,7

Die Zufallsexperimente wurden folgendermaßen gestaltet. Die Namen der gedachten Personen X 1, X 2, X 3 usw. bis X 26 wurden auf Wahlzettel geschrieben. Die Wahlzettel wurden mit Ausnahme dessen von X 1 in einen Mischapparat gelegt. Für die Wahl von X 1 wurden drei Zettel gezogen. Der erste Zug wurde als seine erste Wahl, der zweite als seine zweite Wahl, der dritte als seine dritte Wahl betrachtet. Daraufhin wurden die Zettel in den Mischapparat zurückgelegt und für X 2, X 3 usw. jeweils drei Zettel gezogen. Die 26 gedachten Personen trafen bei ihren drei Wahlmöglichkeiten 78 blinde Wahlen. Es wurden sieben solcher Zufallstests ausgeführt mit 546 Wahlmöglichkeiten wie im wirklichen soziometrischen Test. Tabelle 21 enthält die Analyse der Zufallswahlen. Die Analyse der

Zufallsstrukturen ist aus Tabelle 23 zu ersehen. Tabelle 22 enthält die Wahlanalyse von sieben Hausgruppen. Tabelle 24 zeigt die Analyse der wirklichen Strukturen.

Es erwies sich beim Studium der soziometrischen Testergebnisse, daß wir zum Vergleich der ermittelten Konfigurationen einer gemeinsamen Grundlage bedürfen, um von dort aus Abweichungen messen zu können. Der beste Ausgangspunkt für die Herstellung einer solchen Grundlage schien die Ermittlung der durch Zufallswahlen bestimmten Strukturen gewisser typischer Konfigurationen einer ungefähr gleich großen Bevölkerung mit gleich vielen Wahlen zu sein. Es bestand die Möglichkeit, für jedes Experiment das entsprechende Soziogramm zu zeichnen, damit jede dieser gedachten Personen in ihrem Zusammenhang mit den anderen gedachten Personen derselben Gruppe gesehen werden kann; wir konnten außerdem die ganze Reihe der Strukturtypen einer jeden Zufallskonfiguration der Gruppe ermitteln.

Tabelle 24

Statistische Analyse der Konfigurationen im wirklichen soziometrischen Test

	Isolierte Bez.	Ungleiche Bez.	Gegenseitige Bez.	Ketten-Bez.	Geschl. Strukturen (wie Dreiecke usw.)	Führerstrukt.
Test 1	4	54	12	4	1	8
Test 2	6	48	15	1	1	8
Test 3	5	56	11	4	—	6
Test 4	3	46	16	2	2	5
Test 5	7	48	15	1	2	8
Test 6	3	44	17	2	1	5
Test 7	7	62	8	2	—	6
Gesamtzahl . .	35	358	94	16	7	46
Durchschnitt . .	5	51,1	13,4	2,3	1	6,6

Sobald die Ergebnisse der Zufallswahl ermittelt waren, stellte sich das Problem der theoretischen Bewertung dieser Data. Unter den Voraussetzungen unserer Studien wird ein Kind mit der Wahrscheinlichkeit $p = \frac{3}{25}$ von den anderen Kindern gewählt. Die Wahrscheinlichkeit nicht gewählt zu werden ist:

$$q = 1 - p = \frac{22}{25}$$

Die beiden Werte p und q sind für die gesamte Analyse entscheidend.

Die erste Frage lautet: Wieviele Kinder werden aller Wahrscheinlichkeit nach bei der Zufallswahl von anderen Kindern gewählt, nicht gewählt, einmal, zweimal usw. gewählt? Die betreffende Wahrscheinlichkeit kann der Binominalformel entnommen werden.

Durch die Bewertung der ersten zehn Mitglieder der Reihe $\left(\frac{22}{25}+\frac{3}{25}\right)^{25}$ erhielten wir folgende Werte:

$$\left(\frac{22}{25}\right)^{25} = 0{,}0409 \qquad 53130\left(\frac{22}{25}\right)^{20}\left(\frac{3}{25}\right)^{5} = 0{,}1023$$

$$25\left(\frac{22}{25}\right)^{24}\frac{3}{25} = 0{,}1395 \qquad 177100\left(\frac{22}{25}\right)^{19}\left(\frac{3}{25}\right)^{6} = 0{,}0465$$

$$300\left(\frac{22}{25}\right)^{23}\left(\frac{3}{25}\right)^{2} = 0{,}2281 \qquad 480700\left(\frac{22}{25}\right)^{18}\left(\frac{3}{25}\right)^{7} = 0{,}0172$$

$$2300\left(\frac{22}{25}\right)^{29}\left(\frac{3}{25}\right)^{3} = 0{,}2383 \qquad 1681575\left(\frac{22}{25}\right)^{17}\left(\frac{3}{25}\right)^{8} = 0{,}0053$$

$$12650\left(\frac{22}{25}\right)^{21}\left(\frac{3}{25}\right)^{4} = 0{,}1787 \qquad 2042975\left(\frac{22}{25}\right)^{16}\left(\frac{3}{25}\right)^{9} = 0{,}0014$$

Die allgemeine Formel für n Kinder mit jeweils a Wahlmöglichkeiten lautet:

$$(p+q)\,r-1 \qquad p=\frac{a}{n-1} \qquad q=1-p$$

Die zweite Frage lautet: Wieviele Wahlen sind wahrscheinlich gegenseitig? Die Möglichkeit für eine gegenseitige Wahl zweier Kinder ist:

$$p^{2}=\left(\frac{3}{25}\right)^{2}$$

Für ein Kind bestehen 25 Möglichkeiten gegenseitiger Wahl mit anderen Kindern. Mit 26 Kindern sind für die Gruppe

$$m=\frac{26\cdot 25}{2}\left(\frac{3}{25}\right)^{2}$$

Wahlen möglich, da A s Wahl von B und B s Wahl von A die gleiche gegenseitige Wahl darstellen.

Die wahrscheinliche Häufigkeit gegenseitiger Zufallswahlen war unter den Voraussetzungen unseres Experimentes: $m = 4{,}68$.

Die allgemeine Formel für n Kinder mit jeweils a Zufallswahlen lautet:

$$m=\frac{n\,(n-1)\cdot p^{2}}{2} \qquad p=\frac{a}{n-1}$$

Die dritte Frage lautet: Wie viele unerwiderte Wahlen können der Wahrscheinlichkeit nach erwartet werden? Eine „ungleiche Wahl“ zwischen zwei bestimmten Kindern hat die Wahrscheinlichkeit:

$$p=\left(\frac{3}{25}\right)\cdot\left(\frac{22}{25}\right)$$

Auf demselben Wege leiteten wir die wahrscheinliche Häufigkeit ungleicher Wahlen unter 26 Kindern ab:

$$u = 26\cdot 25\cdot\frac{3}{25}\cdot\frac{22}{25} = 68{,}64$$

Der zweite Bruch fällt hier weg, da eine ungleiche Wahl A s auf B unabhängig von der ungleichen Wahl B s auf A gezählt werden muß. Die allgemeine Formel für die Wahrscheinlichkeit ungleicher Zufallswahlen lautet:

$$u = n(n-1)\,p \cdot q \qquad p = \frac{a}{n-1} \qquad q = 1 - p$$

Der Unterschied zwischen berechneten und experimentellen Zufallswahlen E wurde mit dem Chisquare Test festgestellt. Dem Zweck des Tests zufolge wurde berücksichtigt, daß wie beim ursprünglichen Zufallsexperiment auch bei den berechneten Wahrscheinlichkeitswerten Wiederholungen vorkommen können. Der Testwert ist:

$$x^2 = \frac{(E-C)^2}{C}$$

Für diese Tabelle ist der Chisquarewert 4,055, was einer Wahrscheinlichkeit von 85% entspricht. Dies bedeutet, daß wir in fünf der sechs Zufallsexperimente wahrscheinlich eine Verteilung erhalten, die noch stärker als die im Zufallstest ermittelte von der berechneten abweicht. Als Resultat der großen Übereinstimmung des Zufallsexperimentes mit der theoretischen Verteilung haben wir selbstverständlich eine ebenso große Übereinstimmung der Werte für „gegenseitige" und ungleiche Wahlen.

Durch Erweiterung dieser Gedankengänge konnten wir die Wahrscheinlichkeitswerte aller beliebigen Wahlen, z. B. für drei oder mehrere ringbildende Kinder oder ein von vielen anderen gewähltes, aber nicht wählendes Kind usw. berechnen. Die durch Anwendung der Binominalausdehnung $\left(\frac{22}{25} + \frac{3}{25}\right)^{25}$ und Multiplikation mit der Personenzahl 26 ausgeführte theoretische Analyse ergab folgendes Resultat:

Zahl der Wahlen	0	1	2	3	4	5	6	7	8
Zahl der Personen	1,1	3,6	5,9	6,2	4,6	2,7	1,2	0,5	0,2

Die Durchschnittszahl gegenseitiger Wahlen im Zufallsexperiment ist 4,3 (vgl. Tabelle 23). Die theoretischen Ergebnisse bei drei Wahlmöglichkeiten für eine Bevölkerungseinheit von 26 Personen ist 4,68. Die Zahl unerwiderter Strukturen beträgt in den Zufallsexperimenten 69,4 (vgl. Tabelle 23). Das theoretische Ergebnis unter gleichen Voraussetzungen ist 68,64. Die experimentellen Wahrscheinlichkeitsergebnisse entsprechen weitgehend den theoretischen Wahrscheinlichkeitsergebnissen, so daß für den Vergleich mit wirklich soziometrischen Ergebnissen nur die experimentellen Ergebnisse verwendet werden.

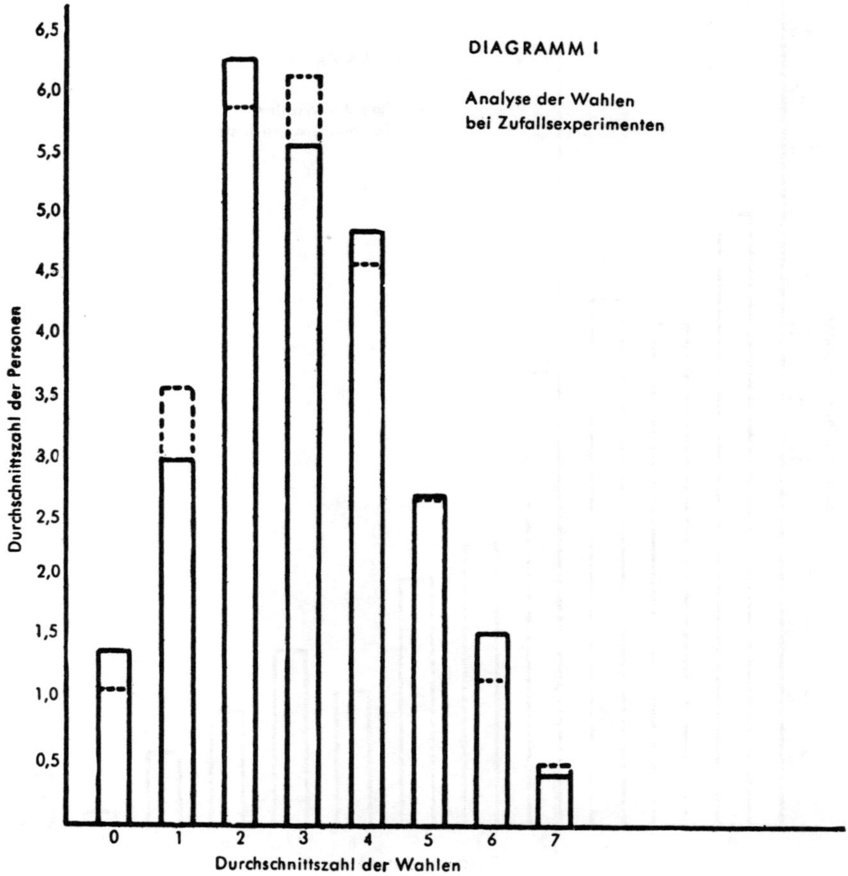

Abb. 65

4. *Vergleich wirklich soziometrischer Ergebnisse mit Zufallsexperimenten*

Das Studium der wirklichen Werte der sieben verschiedenen soziometrischen Konfigurationen zeigt, daß die beiden Extreme stärker sind als beim Zufallsexperiment (vgl. Diagramm I). Die Zahl der Isolierten und anderen am unteren Ende der Verteilung ist höher als im Zufallsdiagramm. Es sind verhältnismäßig weniger gut gestellte Individuen in den Mittelteilen als bei den Zufallsexperimenten. Die Überwählten sind dagegen nicht nur der Zahl, sondern auch dem Volumen nach viel stärker als im Zufallsexperiment. Während man im Zufallsexperiment selten mehr als sechsmal gewählt wird, gibt es Menschen, die im wirklichen Test

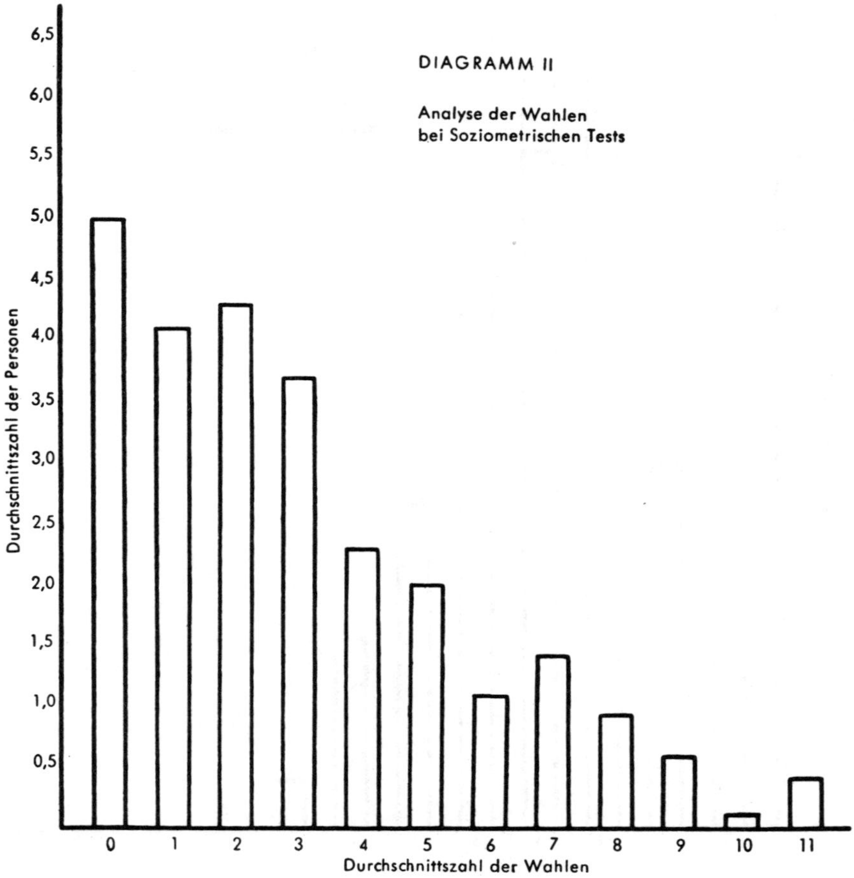

Abb. 66

7, 8, 9, 10 und 11 Wahlen erhalten. Die Möglichkeiten sind bei der wirklichen Verteilung praktisch fünfmal größer als bei der experimentellen Zufallsgruppierung. Andererseits ist auch die Möglichkeit, überhaupt keine Wahl zu erhalten, viel größer als im Zufallsexperiment (vgl. Diagramme II und III).

Eine stärkere Konzentration vieler Wahlen auf wenige Individuen und eine schwache Konzentration weniger Wahlen auf viele Individuen beeinflußt die Verteilung noch stärker als das Zufallsexperiment und in einer Weise, die keine Parallele im Zufallsexperiment zu haben braucht. In dieser Verteilung kommt das als „soziodynamischer Effekt" bezeichnete Phänomen zum Ausdruck. Als Ganzes gesehen, ist auch die Zufallsverteilung ausgeglichen. Nur die Mittelteile sind

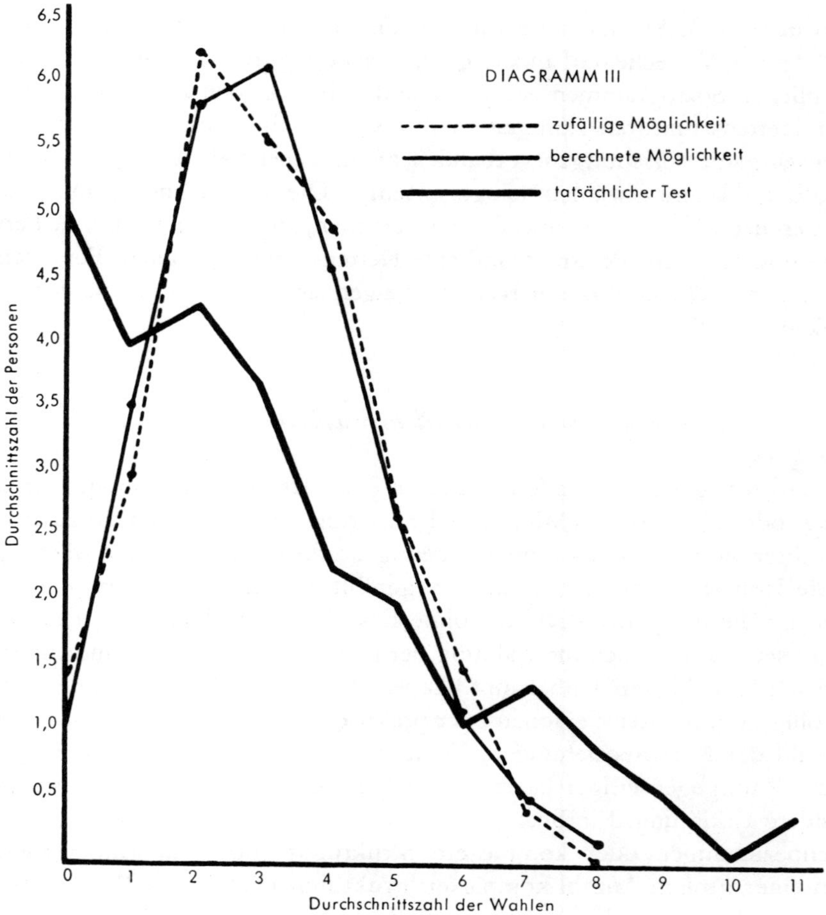

Abb. 67

stärker und die Extreme schwächer betont. Durch den Vergleich konnte festgestellt werden, daß die Zahl der Isolierten um 250% höher ist. Die Zahl überwählter Individuen (solcher mit fünf oder mehr Wahlen) ist um 39% höher, während das Volumen ihrer Wahlen um 73% stärker ist. Aus diesen statistischen Ergebnissen geht hervor, daß bei wachsender Bevölkerungszahl und konstanter Zahl der Wahlmöglichkeiten ein sehr großer Unterschied zwischen Zufallsverteilung und tatsächlicher Gruppierung entstehen kann.

Der Vergleich der Zufallssoziogramme mit den tatsächlichen Soziogrammen weist andere Unterschiede auf. In den tatsächlichen Konfigurationen ist die Wahrscheinlichkeit gegenseitiger Strukturen um 213% größer und die Zahl ungleicher

Strukturen um 35,8% kleiner als im Zufallsexperiment. Komplexere Strukturen, wie Dreiecke, Vierecke und andere geschlossene Figuren, von denen sieben in den tatsächlichen Soziogrammen enthalten sind, fehlen in den Zufallssoziogrammen. Selbst Kettenstrukturen konnten in nur sechs Fällen beobachtet werden. Die Gegenseitigkeitsbeziehungen verbanden niemals mehr als drei Individuen (d. h. A und B und B und C wählen sich gegenseitig). Die tatsächlichen Konfigurationen enthalten neun Ketten von jeweils drei Personen, zwei von jeweils vier Personen, vier von jeweils fünf Personen und eine Kettenstruktur von acht Personen. Von verschiedenen Gliedern dieser Ketten zweigen sich hier und dort andere Gegenseitigkeitsstrukturen ab.

5. Gegensatz zwischen quantitativer und struktureller Analyse

Es wird oft gefragt, ob alle Strukturen einer Konfiguration bestimmt werden müssen oder ob schon ein Minimum der wichtigsten Strukturen ein zuverlässiger Index ihrer Messung sein könnte. Ungenügend für einen Vergleich wäre es, wenn nur die Isolierten einer Konfiguration gezählt werden würden. Es bliebe unbekannt, ob die übrigen Individuen ohne Erwiderung wählen oder Paare bilden. Andererseits würde auch die Zählung der gegenseitigen Paare keine zuverlässige Vergleichsbasis bilden. Unbekannt bliebe, ob sich der Rest der Konfigurationen aus völlig ungewählten Personen oder praktisch isolierten Paaren zusammensetzt. Die Zahl der Kettenbeziehungen, Dreiecke, Vierecke usw. scheint weitgehend von der Zahl gegenseitiger Paare abzuhängen. Diese Tatsache erfordert eine eingehendere Erklärung. Ein Soziogramm kann viele gegenseitige Paare, aber keine Kettenbeziehungen oder komplexere Strukturen enthalten. Andererseits sind neben einer großen Anzahl komplexer Strukturen relativ viele Paare vorhanden. Aus Sachlichkeitsgründen muß das statistische Verfahren soziale Konfigurationen in ihrer Gesamtheit behandeln. Statistiken einzelner, von der Gesamtkonfiguration gelöster Strukturen geben ein falsches Bild.

Um zwei Bevölkerungseinheiten mit fast gleichen quantitativen Werten zu betrachten, wählten wir den Zufallstest Nr. 7 und den soziometrischen Test Nr. 6. Beide haben gleichviel einmal gewählte, gleichviel zweimal, dreimal, viermal, fünfmal und sechsmal gewählte Individuen. Nur eine Person erhält im soziometrischen Test keine Wahl. Als einziger anderer Unterschied erreicht die Empfangsrate im Zufallstest Nr. 7 ihren Höhepunkt bei sechs Wahlen, während im soziometrischen Test Nr. 6 eine Person acht Wahlen erhält.

Die strukturelle Analyse der durch Wahlen entstandenen Konfigurationen weist einen Unterschied auf, der nicht durch die reine Wahlanalyse erklärt werden kann. Der Zufallstest 7 ergab folgende Strukturen: 2 Isolierte, 70 ungleiche

Beziehungen, 4 gegenseitige Beziehungen, 1 Kettenbeziehung, keine geschlossenen Strukturen und 4 Führerpersonen (Personen, die 5 oder mehr Wahlen erhalten). Der soziometrische Test Nr. 6 ergab 3 Isolierte, 44 unerwiderte Beziehungen, 17 gegenseitige Beziehungen, 2 Kettenbeziehungen, 1 geschlossene Struktur und 5 Führerstrukturen.

Strukturtabellen sind aufschlußreicher als Wahltabellen, und Soziogramme geben noch bessere Auskunft. Im Soziogramm können wir noch tiefergehende Unterschiede ermitteln. Beim Betrachten des Soziogramms dieser Konfigurationen (vgl. Soz. I und II) stellen wir fest, daß die bei der Zufallswahl Nr. 7 entstandene Kettenbeziehungsstruktur drei Personen verbindet (Person 4, 13 und 12), während die Kettenbeziehungsstruktur des soziometrischen Tests Nr. 6 in einem Fall acht Personen (Maxine, Eva, Martha, Marion, Adele, Mary, Jane und Ruth) mit Gegenseitigkeitsbeziehungen zu anderen Personen umfaßt. (Marion und Mary haben Gegenseitigkeitsbeziehungen zu Frances und Edna.) Die geschlossene Dreiecksstruktur wird von Helen, Robin und Jean gebildet, steht aber zu keinem der Kettenmitglieder in Beziehung. Nur zwei der Führerindividuen der Zufallstestkonfiguration bilden eine Gegenseitigkeitsstruktur mit andern (Person 5 und Person 12 haben jeweils eine), während im Soziogramm des soziometrischen Tests Nr. 6 zwei Führerindividuen, Mary und Marion, drei Gegenseitigkeitsstrukturen bilden (Maximum bei drei Wahlmöglichkeiten), zwei andere Führerindividuen (Adele und Eva) zwei, und ein weiterer Führer (Edna) eine.

Dieser Vergleich ist ein Beweis für die Bedeutung des Soziogramms in der soziometrischen Forschung. Es erweist sich als eine den Forschungszwecken dienliche Erfindung, die mehr ist als eine weitere schematische Datendarstellung. Das Soziogramm ist eine genaue Wiedergabe der Ergebnisse des soziometrischen Untersuchungstests und darf mit geometrischen Raumkonstruktionen verglichen werden. Es befriedigt unser Verlangen nach einer räumlichen Wissenschaft, die in bezug auf Ideen, Dinge und Personen das leistet, was die Geometrie im Bereich geometrischer Zahlen vollbringt.

Seit der Einführung der Soziometrie haben die graphische Darstellung der Daten in Form eines Soziogramms und die eingehende Untersuchung der Soziogramme von einer Entdeckung zur anderen geführt: zur Entdeckung des Teles, des sozialen Atoms, des sozialen Netzwerkes und schließlich zu einer neuartigen statistischen Methode.

Die oben angeführten Vergleiche beweisen, daß soziometrisches Material in seiner eigentlichen Form, d. h. in Form der soziometrischen Konfigurationen selbst, bewertet werden muß und nicht in Form seiner Einzelelemente.

Die quantitative Wahlanalyse hat nur begrenzten Wert. Sie ist eine künstlich abstrakte Betrachtung der Konfigurationen. Die strukturelle Analyse der Konfigurationen vermittelt uns ein besseres Bild.

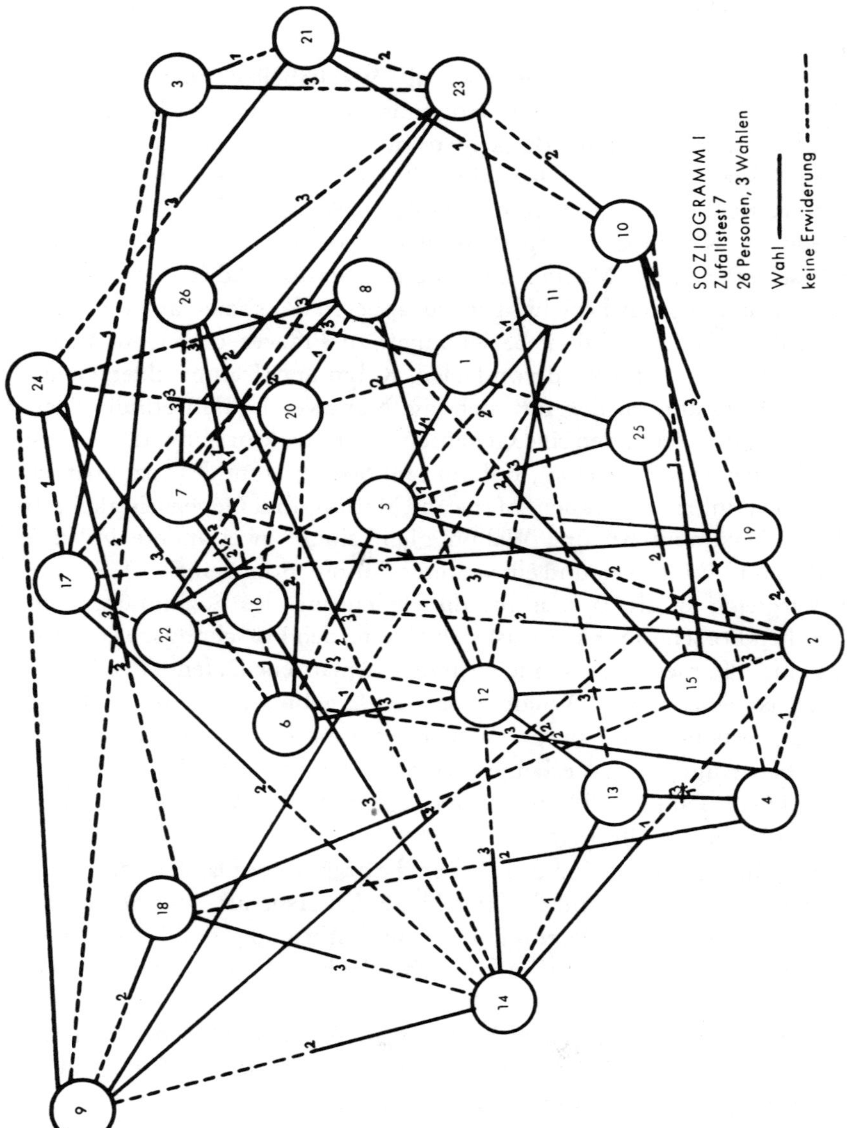
SOZIOGRAMM I
Zufallstest 7
26 Personen, 3 Wahlen
Wahl
keine Erwiderung

Abb. 68

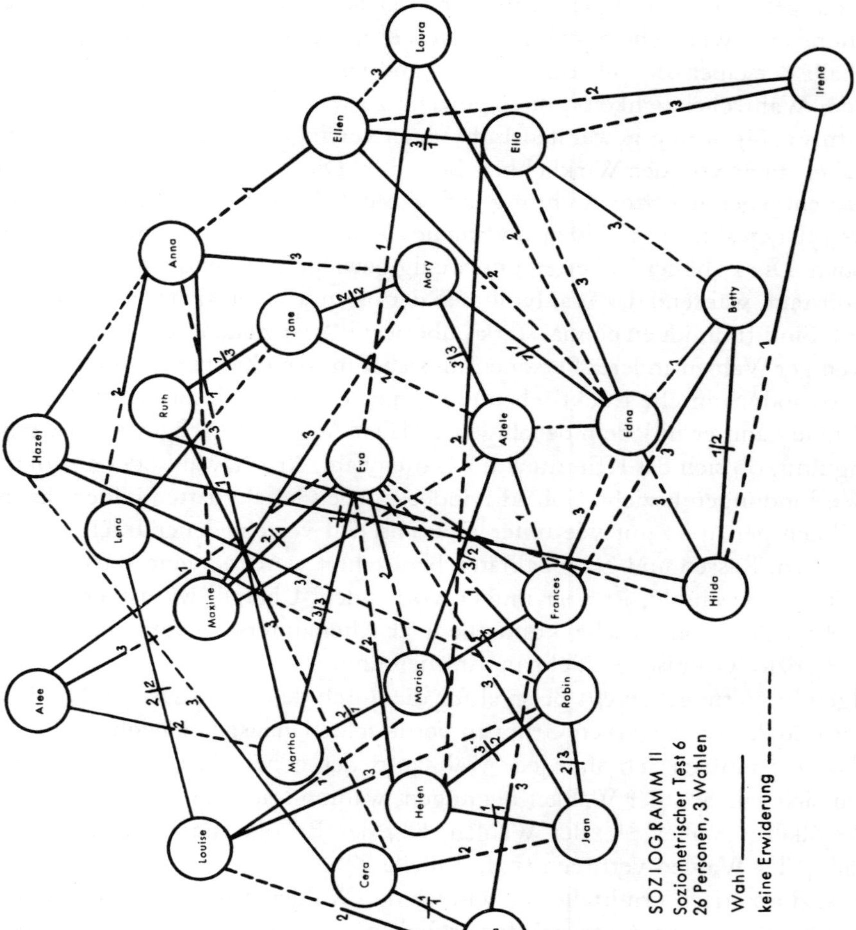
Laura
Irene
Ellen
Ella
Anna
Mary
Jane
Betty
Ruth
Adele
Edna
Hazel
Eva
Lena
Frances
Hilda
Maxine
Alee
Marion
Robin
Martha
Helen
Louise
Jean
Cera
Ada
SOZIOGRAMM II
Soziometrischer Test 6
26 Personen, 3 Wahlen
Wahl
keine Erwiderung

Abb. 69

6. Der soziodynamische Effekt

Die statistische Analyse gibt uns neue Anhaltspunkte zur Erklärung der Theorie des soziodynamischen Effekts. Unausgeglichenheiten in der Wahlverteilung zugunsten der häufiger gewählten Individuen sind charakteristisch für alle soziometrisch getesteten Gruppen. Es kann vielleicht vermutet werden, daß eine Erhöhung der Wahrscheinlichkeit durch Vergrößerung der Wahlmöglichkeiten innerhalb derselben Bevölkerungseinheit und eine dadurch bewirkte Verminderung der Wahrscheinlichkeit, „nicht gewählt zu werden", allmählich die Zahl der verhältnismäßig wenig gewählten Individuen verringern würde. Diese Annahme wird aber nicht von der Wirklichkeit bestätigt. Die Tatsachen weisen eine Tendenz in entgegengesetzter Richtung auf. Zusätzliche Wahlen fallen meistens auf bereits oft gewählte Individuen und nicht auf ungewählte oder wenig gewählte Personen. Die Zahl der isolierten und wenig gewählten Individuen bleibt schließlich konstant, während das Wahlvolumen der oft gewählten sich fortwährend vergrößert. Sind Individuen einmal stark „überwählt", so ziehen sie als *Individuen* immer weniger Wahlen anderer Personen auf sich, um so mehr aber als Wahlsymbole.

Der soziodynamische Effekt scheint allgemeine Gültigkeit zu haben. In gewissem Grade kann er in jedem beliebigen sozialen Aggregat nachgewiesen werden, gleichgültig, ob sich das Kriterium auf Gattenwahl, Arbeitswahl oder soziokulturelle Verbindungen bezieht. Sobald Kinder eigene Gesellschaften bilden, kann er unter ihnen genau so gut wie unter Erwachsenen verschiedener Intelligenz und Altersstufen, Rassen und Nationalitäten beobachtet werden. Seine Wirkung kann in der Stärke wechseln, ist aber immer vorhanden. Überall, wo ästhetische, rassische, sexuelle, ökonomische, kulturelle oder Altersunterschiede gefühlt werden, tritt der soziodynamische Effekt in Erscheinung.

Folgende Werte geben ein Beispiel für die durch den soziodynamischen Effekt in sieben 26 Personen starken Gruppen verursachte Unausgeglichenheit: 20% der Bevölkerung müssen sich ohne jede Wahl zufrieden geben, 35% der Bevölkerung müssen sich mit 5% der Wahlen begnügen, während auf der anderen Seite 2% der Bevölkerung über 8% der Wahlen, 8% der Bevölkerung über 23%, 25% über 58% der Wahlen verfügen (vgl. Tabelle 22).

Die soziometrisch ermittelte Verteilung der Wahlen kann mit der Güterverteilung innerhalb einer Gesellschaft verglichen werden. In diesem Falle sind die Extreme gleichfalls stark betont. Es gibt wenige extrem reiche Leute, aber sehr viele arme. Diese charakteristische Übereinstimmung zwischen der ökonomischen und der soziometrischen Kurve ist wohl nicht zufallsbedingt. In beiden Kurven scheint sich dasselbe Gesetz der Soziodynamik auszudrücken.

7. Die Netzwerktheorie

In den untersuchten Gruppen können gewisse strukturelle Prozesse beobachtet werden, die sich am besten durch die Annahme von Netzwerken erklären lassen. Eines dieser strukturellen Phänomene ist die Kettenbeziehung. In der Konfiguration des Kindergartens oder der ersten Volksschulklasse nur sind selten Kettenbeziehungen zu finden. Sie entwickeln sich manchmal langsam mit zunehmenden Paarstrukturen. Eine Vermehrung der Paarstrukturen braucht jedoch nicht unbedingt von einer Kettenstrukturbildung begleitet zu werden. In Kleinkinderstrukturen sind oft viele unverbundene Paarstrukturen zu finden. Allerdings befinden sich unter den paarbildenden Individuen solche, die in reiferen Stadien eine besondere Fähigkeit entwickeln: Nachdem es ihnen gelungen ist, sich in einen Partner einzufühlen, können sie sich auch in andere Personen einfühlen, die gleich ihnen einen ähnlichen Sinn für zwischenmenschliche Beziehungen entwickelt haben. Auf diese Weise entstehen und wachsen Kettenbeziehungen. Dieses Phänomen stellt sich gleichzeitig mit der Reifung und Differenzierung der sozialen Organisation ein, die ein struktureller Wachstumsprozeß ist. Kettenstrukturen dürfen nicht nur als Niederschlag des soziodynamischen Effekts angesehen werden. Nicht allein isolierte oder wenig gewählte Individuen, sondern auch Paarstrukturen und Führerindividuen brauchen von der Kette nicht erfaßt zu werden. Demzufolge muß ein anderer dynamischer Gruppenprozeß der Kettenformierung zugrunde liegen.

Beim soziometrischen Studium ganzer Gemeinschaften wurde beobachtet, daß Individuen ein soziales Aggregat auf einem bestimmten Kriterium, andere Aggregate auf anderen Kriterien errichten und daß Mitglieder einer Kettenstruktur in anderen Aggregaten ebenfalls Ketten bilden können. Verfolgt man den Verlauf dieser Kettenbeziehungen innerhalb eines bestimmten Aggregates, so wird man auf eine noch größere Konfiguration, das psychosoziale Netzwerk, aufmerksam. Die einfache Tatsache, daß Individuen sich zu einigen Individuen stärker als zu anderen hingezogen fühlen, zieht weitreichende Folgen nach sich. Individuen, mit denen keine gegenseitige Beziehung eingegangen worden ist, werden nicht von ihm erfaßt. Ein und dieselbe Gruppe kann unter Umständen mehrere Netzwerke enthalten, die nicht durcheinanderlaufen oder miteinander verknüpft sind.

Die dynamische Bedeutung der Kettenbeziehungen in einem sozialen Aggregat kann mit Hilfe der Netzwerkhypothese leichter verstanden werden. Die Kettenbeziehungen in den einzelnen Aggregaten sind nicht nur an der Netzwerkbildung beteiligt, sondern können selbst schon netzwerkartig wirken. Da sich Kettenbeziehungen zwischen verschiedenen sozialen Aggregaten entwickeln, regen die bereits vorhandenen Netzwerke die Entwicklung und Vermehrung der Kettenbeziehungen in den einzelnen Aggregaten an. Der Zusammenhang zwischen soziodynamischem Effekt und Netzwerkbildung ist komplex. Seine Wirkung ist oft nur negativ. Je größer der soziodynamische Effekt ist, desto größer ist die Zahl der Isolierten und Häufiggewählten und desto weniger Individuen sind frei für Kettenbeziehungen oder Netzwerkbildung.

Diese Analyse erweitert das Verständnis für ein eigenartiges Phänomen, die Anfänge einer sozialen Organisation. Marx hat bekanntlich die Möglichkeiten analysiert, unter denen der Staat „abstirbt". Für die einigermaßen differenzierte Funktion einer sozialen Organisation ist ein Minimum an soziodynamischem Effekt und Netzwerken erforderlich. Ohne ein solches stirbt nicht nur der Staat, sondern die ganze Gesellschaft ab. Hierbei beziehen wir uns auf die Gesellschaft der gegenwärtigen Entwicklungsstufe. Es können nämlich Gesellschaften geschaffen werden, in denen kein soziodynamischer Effekt vorkommt, sondern mehrere Individuen eine Wahl und ein Individuum teilen. Dieser Gedanke ist zumindest für unsere tiefsten Gefühle und sozialen Phantasien keineswegs paradox. Millionen teilen in unseren Religionen die Liebe eines einzigen Wesens, Gottes.

8. Das Tele

Durch eine Analyse der getroffenen und erhaltenen Wahlen und der auf Gruppenmitglieder oder Personen außerhalb der Gruppe fallenden Wahlen kann die Kräftekohäsion innerhalb der Gruppe untersucht werden. Eine andere Untersuchung der Gruppenkohäsion geht auf die Analyse soziometrischer Konfigurationen zurück. Anstatt sich mit Einzelelementen, wie Wahlen, zu befassen, berücksichtigt sie die zwischen den Individuen bestehenden Strukturen und den von ihnen bewirkten Kohäsionsgrad. Bleiben viele Wahlen innerhalb der Gruppe unerwidert, so ist der Kohäsionsgrad niedrig. In einer solchen Konfiguration entsteht dann trotz einem Überschuß an Wahlen ein Televerlust. Tele wurde als ein elementares Verhältnis definiert, das sowohl zwischen Individuen als auch zwischen Individuen und Gegenständen bestehen kann und im Menschen von der Geburt an allmählich einen Sinn für zwischenmenschliche Beziehungen entwickelt. Häufig wird es auch als soziometrische Struktur definiert: „daß ein wirklicher Lebensprozeß eines Menschen der Lebenslage eines anderen Menschen entspricht und für diese empfänglich ist, daß diese Empfänglichkeit in zahllosen positiven und negativen Graden anzutreffen ist". Der Teleprozeß ist ein objektives System zwischenmenschlicher Beziehungen. Der Nachweis der Telewirkung des soziodynamischen Effekts und des sozialen Netzwerkes mittels anderer Messungsmethoden als der soziometrischen wäre eine wertvolle Erweiterung unserer gegenwärtigen Forschung. Die elementaren soziometrischen Phänomene müssen natürlich allen Ergebnissen beliebiger soziologischer Studien zugrunde liegen, gleichgültig, ob die Studien mittels Beobachtungen, Befragung der öffentlichen Meinung, sozialen Abstandstests oder Haltungsfragebogen ausgeführt werden.

Die Objektivität des Teleprozesses wurde indirekt durch quantitative Kalkulationen bewiesen. Unter den Individuen von Soziogramm Nr. II kam es zu wesentlich mehr Kontakten als unter den Individuen des Zufallssoziogramms Nr. I. Für eine diese Zufallsmöglichkeiten übertreffende Tendenz zur Wahlgegenseitigkeit ist der Telefaktor verantwortlich. Durch ein eingehendes Studium beider Soziogramme wurden wir auf weitere Eigenschaften des Tele aufmerksam. In Wirklichkeit werden nicht nur mehr Paare als im Zufallsexperiment gebildet, sondern erste Wahlen häufiger mit ersten, zweite mit zweiten und dritte mit dritten Wahlen beantwortet. Die Paarbeziehungen des Zufallsexperimentes erweisen sich meist als inkongruent. Durch unsere Studien an Kindergruppen aller Altersstufen werden diese Ergebnisse weiterhin bestätigt. Die Zahl ungleicher Wahlen ist im Kindergarten und in den ersten Volksschulklassen höher als in späteren Klassen und kommt den Zufallsverhältnissen näher. Kontakte und Paarbeziehungen sind auf diesen niedrigen Altersstufen seltener als auf höheren und entsprechen ihrer Zahl nach den Ergebnissen des Zufallsexperimentes.

Auf Grund der oben besprochenen quantitativen Eigenschaften des Teleaspektes kann geschlossen werden, daß bei schwachem Telefaktor in frühester Kindheit der Zufallsfaktor eine größere Rolle in der Bildung soziometrischer Konfigurationen spielt. Sobald der Telefaktor mit zunehmendem Alter stärker wird, übt er größeren Einfluß auf die Struktur aus als der Zufallsfaktor. Wäre der Teleprozeß gleich der Übertragung ein subjektives System, so würden sich Treffer, Fehlschläge oder vage Intuitionen, die Zahl der Kontakte, Ketten und Netzwerke innerhalb der untersuchten Konfigurationen nicht über die Zufallswerte hinaus entwickeln. Die der zunehmenden Reife der Individuen parallellaufende Zunahme an Paar- und Kettenbeziehungen führte uns zur Hypothese eines elementaren Prozesses, Tele, mit Übertragung als psychopathologischer – und Einfühlung als ästhetisch-psychologischer Abzweigung.

ANHANG II

ALLGEMEINE HYPOTHESEN UND HINWEISE FÜR DIE WEITERE FORSCHUNG

GLOSSARIUM SOZIOMETRISCHER TERMINI

ALLGEMEINE HYPOTHESEN UND HINWEISE FÜR DIE WEITERE FORSCHUNG

Hypothesen zum ersten Teil

1. Die Menschheit ist eine soziale und organische Einheit. Eine Wissenschaft der Menschheit muß mit der Unterscheidung der Menschheit von den „menschlichen Gesellschaften" beginnen. Die Menschheit umfaßt alle menschlichen Gesellschaften, die jemals existiert haben; sie ist uns aber erst in neuester Zeit als selbständiges System, als historisch wachsende und erfaßbare Tatsache zu Bewußtsein gekommen.

2. Die Menschheit als Ganzes entwickelt sich nach bestimmten Gesetzen.

3. Die Tendenzen, welche die Menschheit durchströmen, treten an der Oberfläche als Anziehungen, Abstoßungen und Gleichgültigkeit in Erscheinung. Sie müssen zu biologischen, sozialen und psychischen Faktoren in Beziehung stehen.

4. Die sozio-emotionalen Zickzackströmungen positiver und negativer Natur – die Anziehungen und Abstoßungen, die zwischen den Gruppen hin- und herfließen – sind Formen der Energieverteilung. Nach der soziometrischen Theorie gibt es zweierlei Energieformen: konservierbare und unkonservierbare Energie. Die konservierbare Energie fällt unter das Gesetz der Erhaltung der Energie, so wie es die Physik postuliert; die „Kulturkonserve" im Sinne der Soziometrie ist ein Beispiel konservierbarer Energie. Spontaneität dagegen ist ein Beispiel für unkonservierbare Energie.

5. Die Energieverteilung im sozialen Bereich erfolgt nach dem Gesetz der sozialen Gravitation. Die soziometrische Formulierung der sozialen Gravitation lautet: „Bevölkerung 1 (P1) und Bevölkerung 2 (P2) bewegen sich aufeinander zu – zwischen Ort X und Ort Y – in direkt proportionalem Verhältnis zum Betrag der gegebenen Anziehung (a1) oder erhaltenen Anziehung (a2) und in umgekehrt proportionalem Verhältnis zu der erhaltenen Abstoßung (r1) oder erwiderten Abstoßung (r2) und dem sich gleichbleibenden Betrag der Entfernung (d) zwischen Ort X und Ort Y, den Wohnplätzen der Bevölkerungen P1 und P2 bei konstanten

äußeren Verkehrsmöglichkeiten." Durch Einfügen von Zahl und Entfernung wird folgende Änderung der Formel bewirkt.

„Bevölkerung 1 (P1) und Bevölkerung 2 (P2) bewegen sich aufeinander zu in direktem Verhältnis zum Betrag der gegebenen oder erhaltenen Anziehung und in umgekehrt proportionalem Verhältnis zum Betrag der erhaltenen und erwiderten Abstoßung und dem Betrag der physischen Entfernung zwischen Ort X und Ort Y, den Wohnplätzen der Bevölkerungen P1 und P2 bei konstant bleibenden Verkehrsmöglichkeiten zwischen X und Y."

Die „gegebene Anziehung" und die „erhaltene Anziehung" werden von verschiedenen Kriterien, z. B. sexuellen oder axiologischen ausgelöst und erhalten durch sie ihre Richtung. Die irreführende Ansicht, daß die soziometrisch definierte Anziehung und Abstoßung ausschließlich private oder emotionale Sympathie oder Antipathie seien, hat noch nicht ganz ausgemerzt werden können. In Wirklichkeit handelt es sich um *funktionelle* und *operative* Prozesse.

6. Unserem heutigen psycho-sozialen Stadium ging das psychoorganische Stadium der Gesellschaft voraus. In ihm waren die Interaktionen zwischen den Gruppenmitgliedern physisch noch intimer. Soziale Verbindungsorgane wie das Alphabet, die Sprache, Zahlen und Mathematik, Musik und andere Kulturkonserven waren im psycho-organischen Stadium noch nicht entwickelt.

7. Die „Gruppentheorie der Evolution" postuliert, daß sich eine allmähliche Entwicklung einfacher sozialer Strukturen zu komplexeren Strukturen nach dem soziogenetischen Gesetz vollzieht. Unter einfachen sozialen Strukturen verstehen wir „soziometrisch einfache" Strukturen, die sich auf ein Minimum einfachster Kriterien aufbauen, wie dies z. B. zwischen Kindern und prätechnologischen Gesellschaften der Fall ist. Unter komplexen Strukturen verstehen wir „soziometrisch komplexe" Strukturen, die sich auf zahlreiche Kriterien beziehen. Gruppenbildung und Komplexität sind unmittelbar abhängig von der Art und Zahl der innerhalb einer Bevölkerung wirksamen Kriterien.

8. Die menschliche Gesellschaft hat eine atomistische Struktur, die der atomistischen Struktur der Materie entspricht. Ihre Existenz kann durch die soziale Mikroskopie einem empirischen Test unterworfen werden.

9. Die heutige menschliche Gesellschaft ist ein Präferentialsystem, das sich in großem Ausmaß auf dem soziodynamischen Effekt — oft auch soziodynamisches Gesetz genannt — aufbaut. Dieses Gesetz besteht aus zwei Teilen. Der *erste Teil* sagt aus, daß das Einkommen an emotionalen Wahlen ungeachtet seiner Art und Größe zwischen den Gruppenmitgliedern ungleich verteilt ist. Verhältnismäßig wenig Individuen erhalten den über ihre Bedürfnisse und Konsumfähigkeit hinausgehenden Löwenanteil aller emotionalen Wahlen. Die Mehrzahl hat ein Durchschnittseinkommen an Wahlen, das ihre Konsumfähigkeit nicht überschreitet. Eine beträchtliche Anzahl bleibt ungewählt und vernachlässigt. Die

graphische Darstellung ergibt eine J-Kurve. Auf ungefähr zwei Drittel der Bevölkerung kommen Werte, die unter den Zufallswerten liegen. Nur wenige erfreuen sich hoher Werte. Obgleich auf Grund der Zufallsergebnisse ungefähr gleichviel Isolierte und Stars zu erwarten gewesen wären, hatten die Isolierten im allgemeinen das Übergewicht. *Der zweite Teil* des Gesetzes: Wird durch Erhöhung der Zahl der Gruppenmitglieder und Wahlmöglichkeiten die Wahrscheinlichkeit des Gewähltwerdens erhöht, so fallen die meisten Wahlen weiterhin auf die Stars, und zwar in direkt proportionalem Verhältnis zu der Größe der Gruppe und der Zahl der Wahlmöglichkeiten per capita, wodurch die Kluft zwischen der kleinen Stargruppe, der Durchschnittsgruppe und der benachteiligten Gruppe noch vergrößert wird. Dieser Mehrwertprofit der bereits Überwählten wird durch einen Kettenverbindungs- und Netzwerkeffekt bedingt, der in Fällen, da keine Bekanntschaft mit dem gewählten Individuum vorliegt, neben den auf Bekanntschaft beruhenden Wahlen wirksam ist. Unmittelbare Wahl ist ein direkter, symbolische oder kollektive Wahl ein indirekter Faktor. Ein Individuum, das in seiner unmittelbaren menschlichen Umgebung oft gewählt wird, kann aber infolge seiner „Rolle“ (des Fußballspielers, Schauspielers oder Abgeordneten) im Ganzen ein Vielfaches seiner direkten Wahlen erhalten. In diesem Fall ist seine Rolle übereinstimmend mit dem, was man gewöhnlich unter Status versteht.

10. Wirklich therapeutische Maßnahmen müssen auf die Menschheit als Ganzes gerichtet sein.

Die oben aufgestellten Hypothesen und Postulate können nicht wie Glaubensartikel angenommen oder verneint werden. Es handelt sich nicht darum, daß alle Vertreter der sozialen Wissenschaften eine Anzahl natürlicher sozialer Gesetze — wie z. B. das soziogenetische Gesetz — anerkennen, sondern darum, daß sie diese Gesetze durch eigene Experimente prüfen. Erst dadurch kann ein Consensus wissenschaftlicher Meinungen entstehen. Wenn diese Ursachen der menschlichen Gruppenbildung zugrundeliegen, so müssen sie nicht nur durch soziometrische, sondern auch durch andere Methoden nachgewiesen werden können. Die Existenz des soziogenetischen Gesetzes kann leicht geprüft werden: Mehrere parallele Studien der Entwicklung spontaner Gruppierungen vom Säuglingsalter bis zu Gruppen von etwa Sechzehnjährigen, ausgeführt in indischen Dörfern, kollektiven Sowjetfarmen, Siedlungen australischer Eingeborener, sollten den in Amerika getesteten und wieder getesteten Musterbeispielen vergleichbar sein oder gegenteilige Ergebnisse zeitigen. Allen anderen oben aufgestellten Hypothesen und Postulaten muß mit derselben wissenschaftlichen Haltung gegenübergetreten werden. Die allgemeinen soziometrischen Methoden haben durch ihre anregende Wirkung auf die Forschung große heuristische Bedeutung. Sie gehen auf eine große und noch wachsende Zahl spezifischer Hypothesen zurück. Es versteht sich von selbst, daß *kulturelle* Faktoren konstanten Einfluß auf die hier angeführten Hypothesen haben.

Hypothesen zum zweiten Teil

1. Die ersten Strukturen in der Gruppenentwicklung treten auf im Stadium der organischen Isolation (Identität), im Stadium horizontaler und vertikaler Differenzierung, im Verschmelzungsstadium differenzierter Strukturen zu Formen neuer und höherer Identität und im Kohäsionsstadium, in dem die Integration und Stabilisierung der gesamten Gruppenstruktur auf einer bestimmten Entwicklungsstufe erfolgt. Diese Konfigurationen pflegen sich regelmäßig zu wiederholen. Frühere Stadien haben einen Haloeffekt auf spätere Stadien; sie können in beliebig weit und komplex gewordenen Gruppen noch nachgewiesen werden.

2. Die Gruppenbildung vollzieht sich keineswegs zufällig oder ziellos. Der Nachweis des autonomen Charakters der sozialen Realität und ihrer Abweichung vom Zufall wird durch den Konfigurationstest und mathematische Analysen erbracht.

3. Jede Gruppe hat eine innere Struktur, die sich oft von ihrer äußeren Struktur unterscheidet.

4. Emotionales und soziales Ausdehnungsvermögen entwickeln sich mit zunehmendem Alter.

5. Die Gruppenanziehung zwischen den Geschlechtern entwickelt sich mit zunehmendem Alter. Die intersexuelle Anziehung beginnt etwa im Alter von zwei Jahren, erreicht ein Maximum zwischen drei und sechs Jahren, nimmt nach etwa dem 7. Jahr wieder langsam ab, um zwischen dem 10. und 11. Jahr ein Minimum zu erreichen. Vom 11. bis 14. Jahr nimmt sie langsam wieder zu. Der erste gemischtgeschlechtliche Zyklus fällt in die Zeit zwischen dem 3. und 8. Lebensjahr, der erste gleichgeschlechtliche Zyklus in die Zeit vom 8. bis 13. Lebensjahr, der zweite gemischtgeschlechtliche Zyklus in die Zeit zwischen dem 13. und 18. Lebensjahr, der zweite gleichgeschlechtliche Zyklus zwischen dem 14. und 19. Lebensjahr überschneidet den zweiten gemischtgeschlechtlichen Zyklus. Diese Ergebnisse sind durch die Untersuchungen zahlreicher Forscher an ganzen Schulgemeinschaften vom Kindergarten bis zur Oberschule bestätigt worden. Die Tests wurden unter Berücksichtigung der Zeitvariablen wiederholt.

6. Die Anziehung zwischen rassischen und ethnischen Gruppen entwickelt sich mit zunehmendem Alter. Schon früh bringen Kinder Vertretern des anderen Geschlechts und anderer ethnischer Gruppen auf Grund erfühlter ästhetischer und physischer Unterschiede ein Übermaß an positiver oder negativer Aufmerksamkeit entgegen. Es konnte nicht bewiesen werden, daß Kinder spontane Vorurteile gegen andere Nationalitäten und ethnische Gruppen haben und daß, falls solche auftreten, diese ausschließlich auf elterlichen Einfluß zurückzuführen sind. Es gibt Abweichungen. Werden Kinder von ihren Eltern angezogen oder von sonstigen Erwachsenen, mit denen sie zusammenleben, so werden sie auch von jedem

anderen angezogen, der auf die Eltern anziehend wirkt. Sie absorbieren und akzeptieren die Vorurteile der Erwachsenen. Stoßen sie die Eltern dagegen ab, so werden sie wohl auch ihre Vorurteile abstoßen und ihre Gefühle umkehren. Sie werden sich gerade zu solchen Individuen hingezogen fühlen, die von den Eltern abgestoßen werden. Kommt in ihrer Entwicklung der Zeitpunkt, da sie Gruppen unter sich selbst formen, so machen sie sich von ihren Anziehungen zu Erwachsenen in dem Maß frei, in dem sie spontane Zuneigungen zu Altersgenossen entwickeln. Die Ursachen dieser Vorurteile sind hauptsächlich in der Peergruppe (Gruppe gleichaltriger Kinder) zu suchen, deren Norm und Standard sie beeinflussen. Beim Herauskristallisieren der Norm spielen Schlüsselindividuen eine große Rolle. Die „Tele“empfänglichkeit für die Mitglieder anderer ethnischer Gruppen tritt ungefähr gleichzeitig mit der Teleempfänglichkeit für sexuelle Unterschiede auf. Minderheitsgruppen pflegen sich mit zunehmendem Alter von der herrschenden Mehrheitsgruppe freizumachen.

7. Die soziale Kohäsion wächst mit zunehmendem Alter. Die Kohäsion von Kindergruppen bis zum 6. und 7. Lebensjahr ist schwach; diese negative Tendenz fällt zusammen mit der Abhängigkeit von und der Anhänglichkeit an die Eltern. In diesen jungen Jahren erreicht der elterliche Einfluß seine größte Wirkung. Im Soziogramm kommen diese Umstände durch einen hohen Grad der Isolation und wenig Paarkonfigurationen zum Ausdruck. Zwischen etwa dem 7. und 14. Lebensjahr nimmt die Kohäsion in Kindergruppen zu: die Gruppen sind besser integriert und die Beziehungen zwischen den Gruppenmitgliedern beständiger. Die Kohäsion der Gesamtgruppe erreicht einen neuen (bisher unbekannten) Höhepunkt. Im Soziogramm spiegelt sich das Zurückgehen des elterlichen Einflusses und der verstärkte Einfluß der wachsenden Peergruppe. Die Kohäsion der Gruppen von Jugendlichen im Alter von 14 bis 18 Jahren erreicht einen hohen Grad der Festigkeit. Ihre gegenwärtige Stellung in der Gruppe weist auf ihre zukünftige Stellung in der weiteren Gemeinschaft hin.

8. Zwischen dem 6. und 7. Jahr entsteht eine Kluft zwischen Kindergruppen und Erwachsenengruppen – eine soziale Spaltung. In unserer Kultur fällt diese Spaltung zusammen etwa mit dem 1. Schuljahr; aber infolge der „potentiellen Bereitschaft der Gruppenstrukturen“ würde diese Spaltung wahrscheinlich auch ohne Schule in jeder beliebigen Umgebung einsetzen, sobald die Möglichkeit für dauerhafte Beziehungen zu Kameraden außerhalb des Elternhauses gegeben ist.

9. Zwischen dem 7. und 14. Jahre etwa besteht eine Kluft zwischen den Geschlechtern – eine sexuelle Spaltung. Der Höhepunkt gegenseitiger Zurückhaltung wird unter zehnjährigen Gruppenmitgliedern erreicht. Danach geht die sexuelle Spaltung wieder zurück. In irgendwelcher Form bleibt sie aber während des ganzen Lebens der Gruppen erhalten. In Gruppen von Jugendlichen und Erwachsenen beiderlei Geschlechts sind gewöhnlich „Unterspaltungen“ zu beobachten.

10. Es gibt eine Kluft zwischen Rassen oder Nationalitäten — eine rassische oder ethnische Spaltung.

11. Kinder zeigen keine spontane Abneigung gegen andere Rassen und Nationalitäten.

12. Kinder werden von Vertretern des anderen Geschlechts auf Grund ästhetischer und physischer Unterschiede angezogen.

13. Die Gruppenstrukturen ändern sich in direkter Abhängigkeit vom chronologischen Alter der Mitglieder und der Lebensdauer der Gruppe.

14. Verschiedene Kriterien bewirken verschiedenartige spontane Gruppierungen der gleichen Gruppenmitglieder.

15. Die spontanen inneren Gruppenstrukturen und die Stellung der Individuen in ihnen haben unmittelbaren Einfluß auf das Verhalten jedes Individuums und der ganzen Gruppe.

16. Formelle, starre Gruppierungen, die den informellen, spontanen Gruppierungen durch eine Autorität überlagert werden, sind Ursache dauernder Konflikte. Reibungen zwischen Gruppen erfolgen in direkt proportionalem Verhältnis zur Differenz zwischen dem auf freien Wahlen beruhenden und dem erzwungenen Status ihrer Mitglieder. Zwischen Gruppenstrukturen, die auf demokratisch-soziometrische Verfahren zurückgehen und solchen, die autoritär angeordnet worden sind, besteht eine negative Korrelation.

17. Es besteht eine Korrelation zwischen dem dauernden soziometrischen Status und dem normativen Verhalten eines Individuums; es besteht auch eine Korrelation zwischen der soziometrischen Organisation und dem Verhaltensindex der ganzen Gruppe. Durch ausgedehnte Studien können die Abweichungen von den soziometrischen Normen im Soziogramm festgestellt werden. Antisoziales Verhalten und physische Störungen können vorhergesehen werden.

18. Reststrukturen von Strukturen früherer Altersstufen wiederholen sich oder setzen sich auf höheren Altersstufen fort.

19. Geistig zurückgebliebene Kinder bilden häufiger „zurückgebliebene Gruppenstrukturen“ als Durchschnittskinder. Unter „zurückgebliebenen Gruppenstrukturen“ verstehen wir Strukturen, deren soziometrische Organisation Ähnlichkeit mit Strukturen ein oder zwei Jahre jüngerer Kindergruppen hat, sich z.B. durch anhaltenden Mangel an Paarformationen, viele unerwiderte Wahlen und Isolierte auszeichnet.

20. Eine Stabilisierung des soziometrischen Status findet erst allmählich statt. Es gibt ein Frühstadium, in dem die Individuen ihre Wahlen häufig ändern. Dieser Prozeß wird immer schwächer und langsamer, bis eine für die Gruppe relativ konstante Änderungsrate erreicht worden ist. Die Entwicklung geht von der Beweglichkeit zur Stabilisierung über, die abhängt a) von der Zahl der sozialen Kontakte und b) von der Konstanz der Mitgliedschaft und Größe der Gruppe.

21. Die unter Mädchen mit zunehmendem Alter größer werdende Bereitschaft zu Paarbildungen sollte eingehend untersucht werden, um ein weiteres Licht auf folgende Hypothese zu werfen: Die Frau hat eine stärkere Neigung zur Sozialisierung als der Mann. In ihren Wahlen zeigt sie größere Konstanz.

22. Das Alter der einzelnen Individuen spielt eine um so größere Rolle, je jünger die Gruppenmitglieder sind. Mit zunehmendem Alter der Mitglieder gewinnt das Alter der Gruppe an Bedeutung.

23. Erste Wahl und erste Abstoßung sind die zuverlässigsten soziometrischen Ergebnisse. Unzuverlässigkeit und Wechselhaftigkeit der Wahl wächst mit der Entfernung von der ersten Wahl; die dritte Wahl ist unzuverlässiger als die zweite, die vierte unzuverlässiger als die dritte usw. Das Tele wird immer schwächer.

24. Sexuelle Affinitäten und sexuelle Spaltungen in Kindergruppen treten früher und ausgeprägter auf als ethnische Anziehungen und Spaltungen.

25. Hypothese der ethnischen Spaltung und des ethnischen Sättigungspunktes. Es gibt einen Punkt in der Gruppenentwicklung, an dem eine Mehrheitsgruppe keine weiteren Mitglieder einer Minderheitsgruppe mehr aufnehmen und halten kann. Diese Situation kann sich auf zwei verschiedene Arten bemerkbar machen: a) Selbständige Absonderung der einen Gruppe oder beider Gruppen (Spaltung), b) offene Reibung (Feindseligkeiten und Angriffe). Sobald die Minderheitsgruppe ihren Zustrom über den Sättigungspunkt hinausgehen läßt, entsteht entweder eine ethnische Spannung oder ein ethnischer Konflikt.

26. Das Tele entwickelt sich mit zunehmendem Alter der Individuen und Gruppen. Unter kleinen Kindern ist es schwächer und weniger differenziert. Die Differenzierung prägt sich in vielerlei Form aus. Mit zunehmendem Alter findet ein außergewöhnlich schnelles Ansteigen des sexuellen Teles statt. Mit zunehmendem Alter findet auch eine sehr rasche Differenzierung des ethnischen Teles statt. Es erfolgt ein Übergang von Neutralität zu Selbstwahl und Selbstbevorzugung.

27. Individuen sind Unfällen aller Art und physischen oder psychischen *Verletzungen* durch mächtige Mitglieder oder Cliquen der Gruppe um so mehr ausgesetzt, je niedriger ihr soziometrischer Status ist (z.B. häufig beobachtet in militärischen Gruppen oder Arbeitergruppen).

28. Wenn Gruppenmitglieder die Verwirklichung ihrer Wahlen innerhalb ihrer Gruppe finden, erfordern die Resultate keine weitere Bewertung. Dann bringt das Soziogramm das „Jezt“ und „Hier“ zum Ausdruck; es ist ein existentielles Soziogramm.

29. In Gemeinschaften, deren Mitglieder teils innerhalb, teils außerhalb der Gemeinschaft leben, wie z. B. in Internaten und Arbeitssiedlungen usw., haben die intern lebenden Mitglieder mehr soziometrische Affinitäten als die extern lebenden und zwar in proportionalem Verhältnis zu ihrer Zahl (vgl. Riverdale Schule, Seite 88-89).

30. Soziometrischer Status und Interaktionsvolumen einer Gruppe sind voneinander abhängig. Je höher der soziometrische Status eines Individuums ist, desto häufiger ist seine Interaktion mit anderen Gruppenmitgliedern. Falls sich offizielle Normen und soziometrische Kriterien (Handlungen) nicht unterscheiden, steigen soziometrischer Status und Interaktionsvolumen der Individuen mit der spontanen Aneignung dieser Normen an.

Besteht dagegen eine Kluft zwischen den offiziellen und soziometrischen Normen der Gruppe, so steigt der soziometrische Status unter Umständen nur in bezug auf die offizielle Norm oder nur in bezug auf die soziometrische Norm an; das Interaktionsvolumen steigt z. B. nur in der informellen und nicht in der formellen Gruppe an.

31. Infolge der soziosexuellen Entwicklung ändert sich der soziometrische Status der Individuen zu Beginn der Pubertät.

32. Soziale Distanz und symbolische Distanz sind nicht gleichwertig. Die soziale Distanz bringt die Beziehung zu symbolischen Gruppen, die soziometrische Distanz die Beziehung zu konkreten Individuengruppen zum Ausdruck. Demzufolge können soziale Distanz und soziometrische Distanz der Gruppen stark voneinander abweichen.

33. Der soziometrische Status bezieht sich lediglich auf konkrete und spezifische Gruppen, er hat keine universelle Bedeutung (Verallgemeinerungen sind nicht erlaubt).

34. Die soziometrische Rate gibt an, wieviel mal ein Individuum im Hinblick auf eine spezifische Handlung von anderen Individuen gewählt, abgestoßen oder übersehen worden ist.

35. Die Telestruktur zwischen den Individuen ist der soziometrische Kern einer Gruppe.

Hypothesen zum dritten Teil

1. Der soziometrische Status kann durch verschiedene Methoden bestimmt werden: a) durch quantitative Analyse, die auf dem Index der Wahlen, Abstoßungen und Gleichgültigkeitsbezeugungen beruht. Wir sprechen dann von einem *quantitativen Status;* b) durch eine strukturelle Analyse der soziometrischen Beziehungen. In diesem Falle werden nicht nur die Zahl der Wahlen, Abstoßungen und Indifferenzen, sondern auch die Zahl der Wahlen, die das Individuum A von den Individuen B, C, D erhält, ferner auch die Zahl der Individuen E, F, G, H, die B, C, D oder E wählen und so ad infinitum . . . untersucht. Wir sprechen dann von einem *strukturellen Status;* c) durch strukturelle Analyse ganzer Gruppen wird die Zahl der Isolierten, Paare, Dreiecke, Ketten und anderer Strukturen

bestimmt; d) Bestimmung der Rollenbeziehungen durch eine Rollenanalyse führt zur Feststellung des *Rollenstatus*.

2. Der soziometrische Status eines Individuums steigt, wenn die Individuen, zu dem es in positiven Telebeziehungen steht, einen höheren soziometrischen Status haben.

3. Ein Individuum mit einem niedrigeren soziometrischen Status hat es in einer Gruppe, deren Mitglieder im allgemeinen einen hohen Status haben, leichter, sich einzuleben, als ein Individuum mit einem hohen Status in einer Gruppe von niedrigerem Status.

4. Das emotionale Ausdehnungsvermögen von Gemeinschaften kann dadurch gemessen werden, daß ihren Mitgliedern bis zum Erlöschen von Spontaneität und Tele unbegrenzte Wahlmöglichkeiten gegeben werden.

5. Die Hypothese des soziodynamischen Effektes besagt, daß a) eine gewisse Zahl der Gruppenmitglieder hartnäckig aus produktiven Kontakten und Verbindungen ausgeschlossen wird; b) die dauernde Vernachlässigung einiger Individuen die meist unter ihren Ansprüchen liegt, und die dauernde Begünstigung anderer über deren Bedürfnisse hinaus; c) Konflikte und Spannungen in der Gruppe steigen mit zunehmendem Wachstum des soziodynamischen Effektes, d. h. mit Ansteigen der Polarität zwischen den Begünstigten und Benachteiligten. Konflikte und Spannungen in der Gruppe fallen mit Abnahme des soziodynamischen Effektes, d. h. mit der Reduktion der Polarität zwischen Begünstigten und Benachteiligten. Diese Hypothese ist einem empirischen Test unterworfen und von vielen Forschern bestätigt worden. Die Soziometrie ist eine neutrale und objektive Methode; sie fällt kein Werturteil hinsichtlich des soziodynamischen Effektes und verschreibt nicht unbedingt eine Therapie. Es ist aber die Frage aufgeworfen worden, ob eine Gesellschaft ohne soziodynamischen Effekt möglich sei, ob eine solche Gesellschaft jemals bestanden habe oder in Zukunft existieren werde und ob sie unserer gegenwärtigen Gesellschaft überlegen sein würde. Viele religiöse Gruppen haben versucht, den differenzierten Charakter der Gruppen durch Verwischung der Wahrnehmung der Differenzierungsgefühle in der eigenen Vorstellung auszulöschen und zwar in Übereinstimmung mit ihrem Wertsystem, das z. B. besagt, daß alle Menschen gleich, Brüder und Kinder Gottes seien. Für eine solche Auffassung wird Differenzierung eine Kardinalsünde und Soziometrie eine Teufelswissenschaft. Eine andere Möglichkeit ist die Hinnahme des soziodynamischen Effektes als Schicksal.

6. Extrem zentrifugale (oder extravertierte Gruppen) und extrem zentripetale (oder introvertierte Gruppen) Organisation verleihen der Gruppe nur geringe Stabilität.

7. Die Hypothese des sozialen Atoms besagt: a) daß ein Individuum seinem sozialen Atom so eng verbunden ist wie seinem Körper. b) Bewegt sich ein

Individuum von seiner alten zu einer anderen Gemeinschaft, so ändert sich die Mitgliedschaft des Atoms, während dessen Konstellation die Neigung hat, konstant zu bleiben. Obgleich das soziale Atom in eine neue Struktur eingetreten ist, wird eine Wiederholung seiner früheren Konstellation angestrebt; die einzelnen konkreten Mitglieder mögen wechseln, die Konstellation bleibt sich ungefähr gleich.

8. Verhältnis des Bekanntschaftsvolumens zum Volumen des sozialen Atoms. a) Das Volumen des sozialen Atoms eines Individuums nimmt zu in proportionalem Verhältnis zu seinem Bekanntschaftsvolumen. b) Ein Individuum, dessen Bekanntschaftsvolumen und soziales Atom stets identisch sind, hat sozusagen einen idealen soziometrischen Status. Kein Kontakt ist verlorengegangen; ein jeglicher hat sich in eine soziale Wirklichkeit verwandelt.

9. Jeder Wechsel im soziometrischen Status eines Individuums zeigt einen Verhaltenswechsel in seinem Lebensraum an.

10. Interaktionshypothesen. Die Stärke des Wortwechsels eines mit anderen Individuen in Interaktion begriffenen Individuums hat eine bestimmte Beziehung zu seinem soziometrischen Status innerhalb der betreffenden Gruppe.

11. Das Volumen der ausgesprochenen und erhaltenen Wörter steigt oder fällt proportional dem soziometrischen Status des Individuums. Ist ein Individuum in der betreffenden Gruppe isoliert oder abgestoßen, so wird das von ihm ausgesprochene Wortvolumen klein sein im Vergleich zu dem seiner sozialen Partner, die das Individuum entweder abstoßen oder isolieren. Je höher der soziometrische Status eines Individuums ist, um so höher ist auch das von anderen Mitgliedern von ihm erwartete und empfangene Wortvolumen.

12. Je höher der soziometrische Status eines Individuums ist, um so häufiger wird ihm Gelegenheit gegeben sein, in manchen Situationen die Initiative zu ergreifen; je niedriger sein soziometrischer Status ist, um so seltener wird seine Initiative erwartet und angenommen. Je höher der soziometrische Status eines Individuums ist, um so häufiger wird eine Situation von ihm bestimmt und beendet.

13. Im Verlaufe einer Interaktion zwischen zwei Aktoren wärmt ein Partner um so schneller an, je stärker der andere angewärmt ist. Spontaneität erzeugt Gegenspontaneität.

14. In einer spontanen Interaktion zwischen Aktoren gibt das Volumen der Anfangswörter einen Hinweis auf den Grad der Sympathie oder Herrschsucht des Handelnden.

15. Anwärmungsspaltung. Im Verlaufe einer Interaktion zwischen zwei Aktoren kann – falls der eine schneller im Erfassen und Ausspielen eines Themas ist als der andere Partner – der glatte Fluß der Interaktion gestört oder aufgehalten werden.

16. Der Aktor, der gewöhnlich schnell Neues aufgreift, und der Aktor, der hartnäckig auf ein bestimmtes Ziel hin anwärmt, gehen oft aneinander vorbei. Sie bringen zwei verschiedene Arten des Anwärmungsprozesses zum Ausdruck.

Der eine Aktor mag Feuer, aber keine Ausdauer und klare Vorstellung eines Zieles haben, der andere mag ausdauernd ein bestimmtes Ziel anstreben, aber der Geistesgegenwart entbehren.

17. Gleichgültigkeit und Apathie in den verbalen Äußerungen eines Individuums gegenüber aggressiv-verbalem Verhalten anderer Individuen in einer bestimmten Situation ist ein Zeichen für einen anhaltend schwachen soziometrischen Status.

18. Psychodramatische Tests haben die Hypothese bestätigt, daß im Verlaufe eines Tests oder einer therapeutischen Handlung die Körperhaltung des Subjektes konstanten Einfluß auf Gefühle, Gedanken und zwischenmenschliche Reaktionen hat. Beim Szenenwechsel kann das Subjekt auf einem Stuhl sitzen, auf einer Couch oder im Bett liegen, aufstehen oder umhergehen. Jede Körperstellung regt eine andere therapeutische Beziehung an.

19. Fähigkeit im Rollenspiel ist wesentlich für adäquate Verständigung und Entwicklung des sozialen Selbst.

20. Die Fähigkeit, kollektive Rollen zu spielen, ist wichtig für die Prägung und Anpassungsfähigkeit der Persönlichkeit.

21. Hypothese soziometrischer Zwillinge. Gleicher soziometrischer Status zieht — obgleich die ihn herbeiführenden individuellen Motivierungen stark voneinander abweichen können — in der Mehrzahl aller Fälle gleiche oder ähnliche soziodynamische Folgen im Lebensmilieu nach sich. Manchmal aber sind grundlegende Verschiedenheiten zu beobachten. Das Studium soziometrischer Zwillinge wird uns vielleicht einmal eine spezifische Antwort geben auf die alte Frage, weshalb zwei, auf dem gleichen sozialen Boden aufgewachsene Brüder ihr Leben ganz verschieden führen. Der eine kann zum Verbrecher werden, während der andere ein gut bürgerliches Leben führt.

22. Hypothese der Führerschaft. Führerschaft ist eine Funktion der Gruppenstruktur. Ihre Form ist von der Konstellation der betreffenden Gruppe abhängig. Die Macht eines Führers ist abhängig von der Macht der ihn wählenden und von ihm beeinflußten Individuen. Ihre Macht drückt sich wiederum aus in der Macht der sie wählenden und der von ihnen beeinflußten Individuen. Die Macht des Führers ist aber außerdem noch abhängig von den psychosozialen Netzwerken, denen seine Anhänger angehören, und der Stellung dieser Netzwerke innerhalb des gesamten Kollektivs, das seiner Führerschaft unterliegt.

23. Hypothese der Wahlkonstanz. Es ist von größter ethischer Bedeutung, daß alle Wahlen von den Individuen selbst (und nicht *für* sie) getroffen werden. Bewußt oder unbewußt ist das Individuum aber eher ein Durchgangskanal für wichtige kollektive Werte und Bestrebungen. Da ein solcher Kanal jedoch kein Automat, sondern eine lebendig-spontane Persönlichkeit ist, findet bei jeder Wahl ein Zusammentreffen kollektiver und privater Kräfte der Gemeinschaft statt. Die

Hirnrinde scheint der Sitz der Wahlen und Entscheidungen zu sein. Obgleich die physiologische Perspektive keinen direkten Einfluß auf unsere Forschung hat, weist sie doch auf die Wichtigkeit des Wahltrainings hin. Da Wahl, Entscheidung und Handlung die wichtigsten Elemente der soziometrischen Methode sind, wird die Entwicklung dieser Fähigkeiten durch jeden Test oder jedes Experiment der Individuen gefördert. Wahlen haben eine Tendenz, konstant zu bleiben. Sie sind bestrebt, sich in gewissen Zeitabständen in proportionalem Verhältnis zu der Spontaneitätsfreiheit zu wiederholen, die den Individuen z. Z. des Testes gegeben wird.

24. Hypothese des sozialen Gleichgewichts („Soziostasis"). Sind die von einer Gruppe ausgehenden und in sie hineingehenden Wahlen ungefähr gleich (1:1), so werden ihre Organisation und das Verhalten ihrer Mitglieder sich einem Gleichgewicht nähern. Diese Regel zeigt die Richtung des Gruppenverhaltens an, besagt aber nicht, daß 50 hinausgehende und 50 hineingehende Wahlen die optimale Verteilung des sozialen Gefühls darstellten. Zur Feststellung der optimalen Verteilung ist eine *strukturelle* Analyse erforderlich. Das Optimum kann von Kriterium zu Kriterium und von Gruppe zu Gruppe verschieden sein.

25. Hypothese der sozialen Desorganisation. Geht die Mehrzahl der Wahlen einer Gruppe nach außen (zentrifugal), so nähert sich ihre Organisation der Auflösung und das Verhalten der Gruppenmitglieder zeigt Unregelmäßigkeiten. Die Tendenz zur Auflösung einer Gruppe ist proportional der Zahl der nach außen gehenden Wahlen; sie erreicht ihr Maximum, wenn alle Wahlen auf Mitglieder der Außengruppe fallen und keine Wahl die Mitglieder der Innengruppe betrifft.

26. Hypothese der sozialen „Inzucht." Betrifft die Mehrzahl der Wahlen die Innengruppe (zentripetal), so neigt ihre Organisation infolge des Aufeinanderfallens der Wahlen zur Infiltration und das Verhalten der Mitglieder ebenfalls zu gegenseitiger Reizbarkeit. Ein Übermaß an Ingruppenwahlen bedingt eine starke Vermehrung der Wahlen und ein Übermaß an Ingruppenabstoßungen.

27. Hypothese des soziodynamischen Niedergangs (der „sozialen Entropie"). Das Abkühlen des soziometrischen Ausdehnungsvermögens der Mitglieder einer gegebenen Gemeinschaft oder die soziodynamische Abnahme des Interesses an anderen haben dann ihr Maximum erreicht, wenn der Zustrom neuer Mitglieder in die Gemeinschaft die alten Einwohner nicht zur Spontaneität für neue Wahlen veranlaßt. Die kollektive Spontaneität hat ihren Nullpunkt, ihre soziale Entropie erreicht. Die soziale Entropie erreicht ihr Maximum, wenn Wahlen und Abstoßungen gänzlich ausgelöscht sind. Nur noch Gleichgültigkeit ist vorhanden. Die Spontaneität ist dahingeschwunden; übriggeblieben ist eine Schar blindem Zufall überlassener Individuen.

28. Hypothese der Wahlambivalenz. Wenn ein Individuum in ein und demselben Test ein anderes wählt und abstößt, können solchem Verhalten verschiedene

Ursachen zugrunde liegen: a) Seine Beziehung bezieht sich auf zwei oder mehrere Kriterien, z. B., A wählt B infolge sexueller Anziehung, stößt sie dann aber wieder ab, weil sie Negerin ist. In diesem Falle besteht ein Konflikt zwischen einem privaten und einem kollektiven Kriterium und verursacht eine „pseudo"ambivalente Wahl. Ein anderes Beispiel: A wählt B als Arbeitskameraden, stößt ihn aber ab als Zimmergenossen. Die Ambivalenz ist leicht zu erklären, wenn die beiden Kriterien getrennt und zwei verschiedene Tests veranstaltet werden. Wird ein unscharfes Kriterium verwendet, z. B. „Wer ist Dein bester Freund hier?", so kann eine ambivalente Wahl das Ergebnis sein. Auf diese Weise gelingt es der soziometrischen Analyse, die durchscheinend unbewußten psychodynamischen Mechanismen aufzudecken. b) Fühlt sich ein Individuum zu drei anderen Individuen aus demselben Grunde gleich stark hingezogen, so mag es diese Individuen auf die gleiche Bevorzugungsstufe setzen. Es hat in diesem Fall dann drei erste Wahlen. Früher oder später muß es sich aber doch für ein Individuum entscheiden, das es z. B. heiratet. Diese Entscheidung mag einen bestimmten Grad von Abstoßung gegen seinen Ehepartner erzeugen, — weil es ihm in unserer Kultur zumindest nicht möglich war, alle drei Frauen bzw. Männer zu heiraten — und dadurch eine Ambivalenz der Gefühle zeitigen. c) Ambivalenz ist manchmal die Folge einer Vermischung von Rollen bei der soziometrischen Wahl. Z. B. wählt sie ihn als Versorger, stößt ihn aber ab als Liebhaber, zieht sie an als Vater ihres Kindes, stößt sie ihn ab als Sohn ihrer Schwiegermutter und als Halbjude. Wir sehen, daß eine Vermischung vieler Faktoren dieser Wahl zugrunde liegen können: private und kollektive, physische und axiologische Kriterien. Welche dynamische Faktoren aber auch immer die Wahl bestimmen mögen, ändert nichts an der Tatsache, daß Entscheidung und Wahl getroffen worden sind und die quantitative Stärke zumindest zur Zeit des Testes das gewählte Individuum begünstigt hat. d) Die Ambivalenz kann auf inneren Kriterien beruhen, z. B. auf der „Autotelestruktur" von Geisteskranken (das Tele für halluzinierte Personen oder Objekte).

29. Je stärker der Gegensatz zwischen offizieller Gesellschaft und soziometrischer Matrix ist, um so intensiver sind die zwischen ihnen bestehenden Konflikte und Spannungen. Soziale Konflikte und Spannungen sind proportional der soziodynamischen Differenz zwischen offizieller Gesellschaft und soziometrischer Matrix.

30. Wird ein soziometrischer Test in einer bestimmten Gemeinschaft ausgeführt, so wird der Widerstand gegen die Teilnahme und die wahrheitsgetreue Antwort auf soziometrische Fragen um so größer sein, je größer der vom Test nicht betroffene Teil der Bevölkerung ist. In Hudson z. B. war das Personal nicht in den Test einbezogen worden. Die Leute vom Personal konnten von den Mädchen gewählt oder abgestoßen werden, ohne selbst zu Wahlen aufgefordert zu werden. Interviews ergaben, daß dieser Umstand auf beiden Seiten Schwierigkeiten

verursacht hatte. Die Mädchen befürchteten, es könnte herauskommen, daß sie einige ihrer Hausmütter und andere Autoritätspersonen abgestoßen hatten, und die Hausmütter nahmen es übel, daß ihnen keine Gelegenheit gegeben worden war, die eigenen Gefühle für die Mädchen und die Gründe für diese Gefühle zum Ausdruck zu bringen; um so stärker drückten sie diese dann in den verborgenen Netzwerken aus. Um den Widerstand gegen Teilnahme am Test zu brechen, ist es notwendig, *alle* Mitglieder einer bestimmten Bevölkerung dem Test zu unterwerfen.

31. Der Widerstand gegen die Teilnahme am soziometrischen Test beruht oft auf Angst vor dem Bekanntwerden der Abstoßungsgefühle gegen gewisse Gruppenmitglieder; die Gründe können sein: a) religiöse oder ethische; z. B. „es ist unchristlich, ein anderes Individuum abzustoßen und noch schlimmer, dies offen zuzugeben", oder b) pragmatische: „es kann bekannt werden, daß ich gewisse Personen abgestoßen habe und diese können sich vielleicht einmal auf irgendeine Weise an mir rächen". Falls diese Einwände von einer großen Zahl der Gemeinschaftsmitglieder gemacht werden, ist es zweckmäßig, den soziometrischen Test auf „Wahlen" zu beschränken.

Der Grad des soziometrischen Bewußtseins einer bestimmten Bevölkerung bestimmt den Sicherheitspunkt für das Ausmaß des soziometrischen Tests. (Wahl, Abstoßung, Gleichgültigkeit.)

32. Um den Widerstand gegen eine Teilnahme an Psychodramasituationen auszuschalten, kann folgende Methode angewendet werden: Fordere die Gruppenmitglieder auf, ein gemeinsames Problem darzustellen, z. B. den Fall, daß alle einer zwangsweisen Enteignung und Umsiedlung entgegenzusehen haben. Falls die Mitglieder des Publikums direkt in ein aktuelles Problem verwickelt sind, z. B. Verfolgung auf Grund ethnischer Eigenschaften oder Enteignung ihres Besitzes usw., ist ihr Widerstand gegen eine Teilnahme am Drama sehr gering, ungeachtet dessen, ob sie Aktoren oder Zuschauer sind.

33. Ist das Problem kein wirkliches, sondern nur ein fiktives, so ist die Abnahme des Widerstandes proportional dem Anwachsen der Teilnehmerzahl aus dem Publikum. Die Teilnahme aller Anwesenden an der Handlung ist dann allgemeiner Wunsch.

34. Falls die Mitglieder einer Gruppe mit reifer Objektivität des soziometrischen Bewußtseins in bezug auf augenblicklich in der Gemeinschaft wirksame allgemeine soziale Kriterien frei ihre Wahlen, Abstoßungen und Gleichgültigkeitsbezeigungen bekanntgeben, wird sie der Anwärmungsprozeß, dank der Situationsdynamik in der sie stehen, zu einer tieferen, konzentrierteren und artikulierteren Darstellung ihrer soziometrischen Situation führen und zwar durch Methoden, die darauf zugeschnitten sind, ihren umfassenderen Ausdruck zu fördern. Der echte soziometrische Test ist der unvermeidliche *erste* Schritt zur Entfaltung sozialer Prozesse und darf auf keinen Fall umgangen werden.

35. Eine Gemeinschaft hat viele soziometrische Schichten, die durch verschiedene Methoden untersucht werden können. Die erste Schicht kann durch den soziometrischen Test erreicht werden, die Anziehungs-, Abstoßungs- und Gleichgültigkeitskonfigurationen einer Gemeinschaft werden aufgedeckt. Das Soziogramm zeigt z. B., daß die Gemeinschaft in drei einander opponierende Gruppen aufgeteilt ist. Der Konflikt zwischen diesen drei Gruppen stellt ein *neues* soziometrisches Problem dar, das durch eine Reihe soziodramatischer Tests untersucht werden kann. Das Soziogramm kann zeigen, daß die Bildung der drei sich opponierenden Gruppen auf Rollengegensätzen und Rollenverknüpfungen beruhte, denen der Konflikt zwischen einer älteren und einer neuen Kultur zugrunde liegt.

36. Stelle den soziometrischen Forscher mitten in verschiedene Gruppen hinein, nicht um einen Test auszuführen, sondern a) um seinen Anwärmungsprozeß für eine bestimmte Gruppe und den Anwärmungsprozeß der Gruppe für ihn auszulösen und b) um sein Gefühl für geeignete Kriterien zu prüfen.

Der Forscher, der einen Rapport herbeiführt, erreicht ein Maximum des Einlebens in die Gruppe und wird im Laufe seines Anwärmungsprozesses das richtige Kriterium wählen, um eine größere und eingehendere Beteiligung der Gruppe herbeizuführen als ein Forscher, der den Test kalt und unbeteiligt, z. B. schriftlich oder durch ähnliche, sein Einleben in die Gruppe auf ein Minimum reduzierende Methoden durchführt.

37. In der Gruppenpsychotherapie wird die Größe der Gruppe vom positiven und negativen emotionalen Ausdehnungsvermögen der Gruppenmitglieder füreinander abhängig gemacht.

38. Studenten seien gewarnt, Isolation oder Nichtgewähltwerden für ungünstig oder häufiges Gewähltwerden für günstig zu halten. Solche Gedankengänge könnten leicht zu einer soziometrischen Astrologie führen. Soziometrische Ergebnisse sind Schlüssel und Ausgangspunkte für weitere Untersuchungen. Sie beruhen nicht auf unabänderlichen Verhältnissen, wie dies in manchen Tiergesellschaften der Fall ist. Es gibt freiwillig Isolierte, deren bestimmte Zurückhaltung augenblicklich das ihnen von ihren Partnern entgegengebrachte Tele vernichten kann. Sie wählen nicht und sagen durch ihr Verhalten oder auch ganz offen: „Wähle mich nicht! Ich ziehe die Einsamkeit vor.“ Außerdem darf die Bedeutung der Gesamtstruktur einer Gruppe nicht auf Grund ihrer starken oder schwachen Kohäsion beurteilt werden. Sie ist ganz von dem Kriterium abhängig, auf dem die Gruppe aufgebaut ist. In einer Arbeitsgruppe z. B., in der Zweiergruppen einen Vorteil für die Produktion bedeuten, stellen die 12 Mitglieder, die 6 Paare bilden, ein gutes Beispiel für die günstige Struktur einer Arbeitsgruppe dar.

Das Studium unfreiwillig Isolierter oder Ungewählter, die wählen, deren Wahlen aber dauernd unerwidert bleiben, ergab, daß diese Individuen unter Angst- und Unsicherheitszuständen leiden. Oft mangelt es ihnen an genügend Spontaneität, um in angemessener Weise auf die Situation zu reagieren, in der sie sich unerwünscht finden. Ihre Ängstlichkeit wächst, wenn ihre Versuche immer wieder erfolglos bleiben. Oft ist ihr Telewahrnehmungsvermögen nicht empfindlich genug, um zu unterscheiden zwischen Individuen, die sie wählen und solchen, die sie nicht wählen.

39. Ein Kriterium, das für eine bestimmte Kultur bedeutungsvoll ist, kann in einer anderen unbedeutend oder bedeutungslos sein.

40. Der hervorstechende Einzelfaktor, der Erfolg und Fehlschlag der Gruppenpsychotherapie bestimmt, ist die *spontane Wahl* der Mitglieder oder die spontane Affinität unter ihnen. Um heilend aufeinander einwirken zu können, müssen sie sich durch spontane Affinitäten verbunden sein. Dabei spielt es keine Rolle, ob die Wahlen reife Entscheidungen, entsprechendes Resultat soziometrischer Verfahren darstellen oder das unbewußte Ergebnis eines Naturexperimentes sind. Hätten diese Affinitäten aber als automatische Selbstverständlichkeit existiert – so wie wir uns die Ameisen in einem Ameisenhaufen zusammengehalten vorstellen –, so wäre keine Soziometrie nötig gewesen und entstanden.

41. Der Wahl des Therapeuten wird von Psychoanalytikern oft große Bedeutung beigemessen. Diese Wahl des Therapeuten innerhalb der Individualpsychologie findet in der Gruppenpsychotherapie ihr Gegenstück in der Wahl der beteiligten Mitglieder. Ihre Bedeutung ist hier aber noch viel größer als in der Individualpsychologie.

42. In den Entwicklungsjahren eines Individuums wird nicht nur die Qualität, sondern auch die Quantität des emotionalen Ausdehnungsvermögens bestimmt. Der Ausdehnungsdrang wird früh von sozialen Institutionen in bestimmte Bahnen gelenkt. In unserer Kultur ist es die Familie, welche die nach außen gehende soziale Spontaneität in einem gewissen Zeitpunkt in Schach hält. Je größer die Kluft zwischen erworbenem und im späteren Leben benötigtem Ausdehnungsvermögen ist, um so dringender wird das Bedürfnis für besondere Institutionen, die der Ausbildung der sozialen Spontaneität dienen.

43. Die *Unfallrate* sinkt mit zunehmender Kohäsion der Gruppe. Um die Unfallrate bei Soldaten und Arbeitern zu reduzieren, sollten Militärgruppen und Arbeitsmannschaften soziometrisch organisiert werden.

44. Die Integration einer sozialen Klasse ist abhängig von dem Grad des zwischen offizieller Struktur und soziometrischer Matrix erreichten Gleichgewichts.

45. Maximum und endgültige Wirkung der soziometrischen Methoden können durch keinerlei experimentelle Proben bewertet werden. Ihre Beurteilung erfordert die Anwendung soziometrischer Methoden auf eine ganze Kultur und ihre Praxis innerhalb dieser Kultur während langer Zeit.

46. Ein Maß für die Wirklichkeitsentfremdung gibt die Zahl der falschen „Vermutungen" eines Individuums hinsichtlich der Beziehungen zwischen den

Individuen seines sozialen Atoms oder der Individuen, von denen es gewählt oder abgestoßen wird oder denen es selbst Zuneigung oder Abstoßung entgegenbringt. Die sog. Wirklichkeitsentfremdung kann hierdurch gemessen werden (durch den „soziometrischen Wahrnehmungs"-Test).

47. In unseren sozialen Atomen vollziehen sich dauernd nach innen und außen gerichtete Veränderungen. Im Verlauf der soziometrischen Verinnerlichung hat das Individuum alle Individuen seines sozialen Atoms und ihre Beziehungen verinnerlicht. Ohne äußeren Verkehr kann es ihnen Botschaften (Wahlen und Abstoßungen) übermitteln. Je selbständiger ein derartiger Prozeß abläuft, um so häufiger verwandelt sich die normale soziometrische Paranoia in eine wirkliche.

48. Soziometrische Paranoia ist eine normale Eigenschaft des Sozius. Je mehr Aufmerksamkeit ein Individuum auf sich lenkt, desto häufiger zieht es absichtlich oder unabsichtlich die normalen positiven oder negativen paranoischen Gefühle an sich.

49. Eine oberflächliche Diskussion von Gruppenentscheidungen führt zu Trugschlüssen. Was ist überhaupt eine solche, soziometrisch gesehen? Um irgendeine Veränderung zu bestimmen, muß das Soziogramm der Gruppe in bezug auf das Kriterium des Wechsels *vor*, *während* und *nach* der Entscheidung aufgestellt werden. Die zweite Phase erfaßt den Anwärmungsprozeß der Gruppenmitglieder. Es darf weder von Gruppenannahmen noch von Gruppenentscheidungen gesprochen werden. Hinter diesen Worten verbirgt sich ein wirklicher Prozeß. Allein durch Erforschung der individuellen und kollektiven Faktoren kann Einsicht in den wirklichen Prozeß gewonnen werden.

50. Das wirkliche Verhalten eines Subjektes ist nicht identisch mit seinem symbolischen Verhalten, das in Worten, Zeichnungen, Bildern und anderem Projektionsmaterial zum Ausdruck kommt. Psychoanalyse und Projektionstest verlassen sich auf dieses symbolische Verhalten des Subjektes. Seine Bedeutung muß mit Hilfe eines analytischen Kodex' bestimmt werden. Hierzu sind zwei Arten der Analyse erforderlich. Außer dem unmittelbaren Wahrnehmen eines Ereignisses muß eine Interpretation seines symbolischen Gehaltes gegeben werden. Psychodrama, Rollenspiel, Soziodrama, soziometrische Tests und ähnliche Gruppen- und Aktionsmethoden stehen dagegen in unmittelbarer Beziehung zum tatsächlichen Verhalten des Subjekts. Sprache, Bewegung usw. werden nicht als Fragment, sondern in ihrem lebendigen, der Handlung eingefügten Zusammenhang gesehen. In Handlung und Verhalten kommen für diagnostische und therapeutische Zwecke wichtige Veränderungen zu sichtbarem Ausdruck. Auf diese soeben beschriebenen Bedingungen geht der Unterschied zwischen analytischer und handelnder Psychotherapie zurück.

51. Alle heute angewendeten diagnostischen und therapeutischen Methoden der klinischen Psychologie und Psychiatrie können nach dem Beteiligungs- und

Erlebnisgrad des Forschers und des Protagonisten und nach dem Grad der Strukturbildung in eine Skala eingeordnet werden. (Morenos Erlebnis- und Beteiligungsskala). Am einen Ende der Skala befinden sich die Tintenkleckse des Rorschachtests und Rorschachanalytikers – mit einem Minimum an Strukturen und geringer Beteiligung des Untersuchenden – während an das andere Ende der Skala Psychodrama und Soziodrama – mit maximaler Beteiligung des Protagonisten und des Untersuchenden – zu setzen sind. In nächster Nähe des Rorschachtestendes der Skala folgen Bildertests wie TAT, Rosenzweig u. a. m.; in der Mitte der Skala befinden sich Psychoanalysierter und Psychoanalytiker und in nächster Nähe des Psychodramaendes Rollenspiel und Verhalten im wirklichen Leben. Eine solche Skala erleichtert dem Studierenden die Einführung neuer Methoden und ihre richtige Einordnung in die Skala.

Hypothesen zum vierten Teil

1. Je stärker die ursprüngliche Affinität zwischen einem Neuankömmling und dem elterlichen Partner (Gruppenvorsteherin) ist, um so williger wird der Neuankömmling von der Gruppe aufgenommen werden. Die beste Voraussetzung für gesundes und schnelles Einleben in die neue Umgebung wird durch gegenseitige erste Wahl zwischen elterlichem Partner und Neuankömmling gewährleistet.

2. Je stärker die ursprüngliche Affinität zwischen Neuankömmling und Schlüsselindividuum (hervorstechender Star) der Gruppe ist, um so besser wird der Neuankömmling von der ganzen Gruppe aufgenommen werden. Hier ist gegenseitige erste Wahl die wünschenswerteste Voraussetzung.

3. Die Affinität eines Neuankömmlings zu prominenten Mitgliedern seiner neuen Gruppe ist von größerer Bedeutung als ihre Affinität zu ihm. Für das Einleben ist zentripetale Spontaneität wichtiger als zentrifugale.

Es wurde die Frage aufgeworfen, warum 1) erste Wahl, 2) Gegenseitigkeit der Wahl und 3) zentrifugale Spontaneität für eine adäquate Gruppenaufnahme von ausschlaggebender Bedeutung sein sollten. Als Antwort ist zu sagen, daß wie bei jeder Liebe gegenseitige Liebe auf den ersten Blick ein ausgezeichneter Anfang einer dauernden Gemeinsamkeit ist. Gegenseitige erste Wahl verursacht eine Art axionormativer Verpflichtung zu guter Fortsetzung und den Versuch, diese Entscheidung aufrechtzuerhalten. Ein Individuum, das zu unerwiderter Liebe fähig ist, befindet sich in einer besseren Lage als ein Individuum, dem von allen Seiten Liebe entgegengebracht wird, ohne daß es selbst diese Liebe zu erwidern vermag.

Wir haben in Einfühlungstests die Erfahrung gemacht, daß einseitige Einfühlung und Wahl nur die Liebe und das Verständnis des einen für den anderen vergrößert, aber nicht unbedingt zu therapeutischen Resultaten führt. Findet hingegen eine Einfühlung in beiden Richtungen von A zu B und von B zu A statt, so entstehen Bedingungen, welche die Entwicklung der „Telebeziehung" bewirken, die selbst Einfühlung und Übertragung enthält.

Die drei Hypothesen sind vorläufigen Studien unterworfen worden. Soziometrierte Gruppen sind mit nicht soziometrierten Gruppen verglichen worden. Individuen, die auf Grund soziometrischer Tests eingewiesen worden sind, leben sich besser ein als wahllos eingewiesene Individuen.

4. Eine von einander absolut fremden Individuen in statu nascendi gebildete Gruppenstruktur zeigt Abweichungen von Zufallsgruppierungen und von Anfang an einen beachtlichen Grad an Organisation und Kohäsion. Dies weist darauf hin, daß schon hier kollektive Kräfte wirksam sind.

5. Die Wirkung, die allein die physische Nähe auf Interaktionen auszuüben vermag, beruht oft auf dem „amor fati loci". Wir haben Äußerungen gehört wie: Hier bin ich nun und damit muß ich mich eben abfinden; der Ort als Schicksal.

6. Die Wirkung der physischen Nähe auf Interaktionen gehorcht oft dem Gesetz der geringsten Anstrengung: Trägheit, Apathie und geringe Spontaneität sind dann stärker als das Tele; wir kennen Individuen, die jede Anstrengung vermeiden, dort bleiben, wo sie gerade sind, anstatt sich jenen zu nähern, die sie lieben.

7. Die Wirkung der physischen Räume auf Interaktionen beruht auf einer Anziehung zum *locus*, z. B. Nähe zum Wasser, Gebirge, Sitzen an einem Ecktisch, an einem Fenster (Licht, Sonne), Schlafen in bestimmter Entfernung von anderen, so nahe wie möglich an der Wand eines Raumes; Wahl physischer Isolation.

8. Die Wirkung der physischen Nähe auf Interaktionen ist eine Folge der Anziehung zu einem *Objekt*: ein Bild, ein Baum, ein Haus etc.

9. Die Wirkung der physischen Nähe auf Interaktionen hat selten rein physikalischen oder mechanischen Charakter; kulturelle Kräfte sind im Spiel: „Nimm jeden Deiner Umgebung hin und bemühe Dich, mit allen auszukommen!"

10. Gleichgültigkeit gegen Individuen ist oft Folge einer kulturellen Forderung, eine erworbene Stellungnahme zu asketischer Selbstlosigkeit, eine geschulte Objektivität oder unabhängig selbstsichere Haltung.

11. In der semantischen Entwicklung des Kindes gibt es drei bedeutungsvolle Momente: der erste Schrei, der erste Laut und das erste Wort. Die Lautmatrix geht der Sprachmatrix voraus. Die Übernahme der „Laute des anderen" geht der Übernahme der „Rolle des anderen" voraus. Im Erwerben der Sprache und der sozialen Rollen ist das Kind von anderen abhängiger als im Erwerben psychosomatischer Rollen, z. B. der Rolle des Essers oder Schläfers. In diesem Bereich ist das Individuum autonom und ergreift selbständig seine Rolle. In der Rolle des „Lautehervorbringers" bewegt sich das Individuum in beiden Bereichen. Einige Laute entnimmt es den Stimmkonfigurationen seiner Umgebung; es ahmt die

Stimmen anderer Menschen, Vögel und Tiere, klingelnde Objekte und Elementarlaute der Natur nach; aber es legt gleichzeitig einen Teil seines eigenen Wesens, seiner spontanen Souveränität hinein. *Der Körper des Kindes ist ein Laute produzierendes Instrument* und kann mit einem Musikinstrument verglichen werden, dem ein geübter Spieler Laute entlocken kann. Er lernt im Laufe der Zeit, noch mehr und kompliziertere Lautkonfigurationen auszudrücken. Der Ausgangspunkt aber war gegeben als eingeborene physische Lautspontaneität des Körpers.

FÜNFTER TEIL

DIE SOZIOMETRISCHE BEWEGUNG

1942-1966

I. FORTSCHRITTE IN DER SOZIOMETRISCHEN THEORIE

1. *Einleitung*

Als ein in Rumänien gebürtiger Europäer, der seine Jugend- und Studienjahre in Wien verbracht hat, bin ich von jeher zwischen Ost und West gestanden und schon früh marxistischen Theorien ausgesetzt gewesen. Bis zu meiner Emigration in die Vereinigten Staaten von Amerika im Jahre 1925 war mir die amerikanische Soziologie völlig fremd. Die ersten Anfänge des soziometrischen Systems und der Mikrosoziologie reichen jedoch in meine Entwicklungsjahre zwischen 1908 und 1925 zurück. Mir war es schon damals selbstverständlich, das marxistische System auf seine von Marx nicht erfaßten schwachen Punkte hin zu untersuchen. Mein soziometrisches System kann daher als eine Erweiterung und Weiterentwicklung des Marxismus betrachtet werden, sozusagen als seine Revision vom Gesichtspunkt der Mikrogruppe aus.

Dank meiner neutralen Stellung, von der ich mich in politischer Hinsicht weder dem bürgerlich-demokratischen System des Westens noch dem kollektivistisch-kommunistischen System des Ostens verschrieben habe, fand mein System größten Widerhall in den beiden extremen Gesellschaftsordnungen der Vereinigten Staaten von Amerika und der Sowjet-Union.

In Amerika und anderen westlichen Ländern sind die soziometrischen Methoden allgemein akzeptiert und in großem Maßstab angewandt worden. Die von mir im Jahre 1937 gegründete Zeitschrift „Soziometrie" ist seit 1956 ein offizielles Organ der Amerikanischen Soziologischen Gesellschaft und somit in die amerikanische Kultur integriert worden.

Ganz im Gegensatz zu dieser begeisterten Aufnahme in Amerika[1] und anderen westlichen Ländern löste ich im Osten ganz andere Reaktionen aus. Ich wurde als leibhaftiger Teufel und bürgerlicher Soziologe par excellence verschrien. Die Soziometrie, Mikrosoziologie und verwandte Theorien entfachten eine hitzige

[1] Vgl. *Die Grundlagen der Soziometrie*, XVIII und XIX.

Kontroverse. Den kommunistischen Theorien schien ein gefährlicher Gegner erwachsen zu sein, den es auszurotten galt.

Meine Theorien wurden öffentlich diskutiert. V. Kolbanovski[2], Moskau, bemerkte: „Gewiß muß man der Gerechtigkeit halber sagen, daß sich einige Sozialpsychologen seit Moreno heimlich, still und leise mit Mikrogruppen beschäftigt haben, d. h. mit der Begründung des Charakters der Wechselbeziehungen zwischen den Menschen in verschiedenen kleinen Gesellschaftsgruppen, die durch spezielle Merkmale charakterisiert sind."

„Die Soziometrie gibt die Möglichkeit, eine Fotografie von der Mikrogruppe anzufertigen und den Charakter der Sympathien und Antipathien herauszufinden, die sich zwischen den Mitgliedern herausgebildet haben, aber sie gestattet es nicht, die Dynamik dieser Wechselbeziehungen aufzudecken und, was die Hauptsache ist, sie beantwortet nicht die Frage, welcher Art die Ursachen sind, die die maximale und minimale Auswahl innerhalb einer gegebenen Gruppe beeinflussen. Eine Analyse des gesammelten Materials ergibt nicht selten, daß Meister in der Produktion oder Personen aus dem Verwaltungssektor bei der Auswahl minimale Bewertungen erhalten. Aber die Vertreter der Soziometrie entschließen sich nicht zu der Schlußfolgerung, daß die entscheidende Ursache hierfür in den Klassengefühlen der Durchschnittsarbeiter zu suchen ist[3]." Diese Kritik ist nicht richtig. Ich habe den Klassengefühlen der Arbeiter als sich in den Mikrogruppen auswirkenden Kräften stets Rechnung getragen. Über Marx hinausgehend, habe ich aber gezeigt, daß noch andere grundlegende Ursachen und Gefühle die Struktur der Mikrogruppen beeinflussen. Neben dem *ökonomischen* Faktor spielen *Rasse*, *Sexualität*, *Alters- und Reifungsgruppe* sowie *Kultur* eine entscheidende Rolle.

Nachdem meine diesbezüglichen Theorien und Methoden in amerikanischen Soziologenkreisen akzeptiert worden waren, verbreiteten sie sich allmählich auch auf andere Teile der Welt. In Frankreich fanden sie in Georges Gurvitch einen besonders eloquenten Anwalt. Ferner wurden sie auch in Deutschland (von Wiese) warm aufgenommen. Neuerdings wird ihnen selbst hinter dem „Eisernen Vorhang" echtes Interesse entgegengebracht.

2. *Die drei Quellen meines Systems*

Die in der theoretischen Darstellung der Soziometrie herrschende Verwirrung wurde teilweise von mir selbst verschuldet. Sie geht auf die drei verschiedenen Quellen meines Systems zurück. In meiner Jugend habe ich mir nämlich drei Ziele gesetzt:

[2] Hiebsch und M. Vorweg, *Sozialpsychologie im Sozialismus*. VEB Deutscher Verlag der Wissenschaften, Berlin 1965, S. 33–49.

[3] Ebenda.

a) Die Formulierung einer *kosmischen Theorie*. Diese Kosmogenese sollte eine Theorie der kosmischen Dynamik und des „kosmischen Menschen" sein. Sie wurde der Inhalt meiner frühen Werke, der Dialoge und des Testaments des Vaters, 1914–1920. Meine kosmische Theorie sollte eine Fortsetzung der Lehren Buddhas und Christi darstellen.

b) Die Formulierung einer *Theorie der Gesellschaft*, die dem Positivismus Comtes und den revolutionären Theorien von Marx überlegen sein sollte. Ich nannte sie Soziometrie und Mikrosoziologie Während die kosmische Theorie den Kosmos und den Menschen im Kosmos betrifft, bezieht sich die Soziometrie auf die menschliche Gesellschaft. Ihre Mikrogruppen sind von Comte und Marx so gut wie gar nicht beachtet worden. Mein wichtigstes Werk über die Soziometrie erschien 1934 unter dem Titel: „Who shall survive?" (Die Grundlagen der Soziometrie).

c) Die Formulierung einer *Theorie des Individuums*. Parallel meiner Bewegung von der universellen Ebene der kosmischen Theorie der menschlichen Gesellschaft bewegte ich mich jetzt auf einer tieferen Ebene zur Theorie des Kosmischen Individuums. Dem nähern wir uns vornehmlich durch das Psychodrama (1923–1937). Durch diese Methode versuchte ich die Psychoanalyse zu übertreffen.

3. Das soziometrische System

Das soziometrische System ist kein umfassendes System sozialer Beziehungen, sondern Teil eines größeren Systems[4]. Das übergeordnete Prinzip ist die Sozionomie mit ihren drei Zweigen: der Soziodynamik, der Soziometrie und der Soziatrie.

Sozionomie ist die Wissenschaft der sozialen Gesetze (oder das moderne Äquivalent für „Gesetz"). Beispiele sind das soziogenetische und das soziodynamische Gesetz.

Soziodynamik ist die Wissenschaft der Struktur sozialer Gruppen, einzelner Gruppen und Gruppenverbände.

Soziometrie (griechisch: metrein – messen) ist die Wissenschaft der Messung zwischenmenschlicher Beziehungen. Dem Sozius kommt größere Wichtigkeit zu als dem metrum.

Soziatrie (griechisch: iatreia – Heilkunde) ist die Wissenschaft der Heilung sozialer Systeme.

Die Zweige dieses Systems sind eng miteinander verflochten. Jeder Zweig verfügt über eine Anzahl bestimmter Methoden. Die Soziometrie bedient sich sozio-

[4] Der Autor hat sie ursprünglich als geschlossenes System präsentiert, diese Darstellung inzwischen aber aufgegeben. *Who shall survive?* 1934, S. 10.

metrischer Methoden, insbesondere des soziometrischen Tests und des soziometrischen Perzeptionstests. Die Soziodynamik verwendet Interaktionsmethoden, in erster Linie das Rollenspiel. Die Soziatrie wendet die Gruppenpsychotherapie an, besonders das Psychodrama und Soziodrama.

Sozionomie
Soziodynamik < > Soziatrie
Soziometrie

Die Soziologie befaßt sich als Wissenschaft mit den sozialen Phänomenen im allgemeinen, während die Soziometrie Messungen vornimmt.

Die Makrosoziologie ist die Soziologie großer Gruppen, ganzer Staaten, Nationen, Industrien etc. Im Gegensatz zu ihr sprechen wir in der Mikrosoziologie von Mikrogruppen[5]. Nach der Definition des Autors ist die Mikrosoziologie die „Soziologie kleiner Gruppen" (sociology of small groups). Wir sprechen daher auch von Mikrogruppen oder von der atomaren Struktur der Gruppen. Grundlage der Mikrosoziologie ist die soziale Mikroskopie. Die traditionelle Sozialpsychologie des ersten Viertels unseres Jahrhunderts hat einige ihrer Funktionen eingebüßt. In diesem Zusammenhang ist es schwierig, ihren Platz und ihre Grenzen zu definieren. Einerseits überschneidet sie sich mit der Makrosoziologie, andererseits auch mit der Mikrosoziologie.

Soziologie
Mikrosoziologie < > Makrosoziologie
Soziometrie

Nach der ursprünglichen soziometrischen Theorie sind die sozialen Systeme Preferentialsysteme, d. h. Systeme der Anziehung – Abstoßung – Gleichgültigkeit. Dies wurde nicht nur für menschliche Gruppen, sondern auch für subhumane Gruppen postuliert. Es wurde ferner behauptet, daß menschliche Preferentialsysteme mit den alten objektiven Untersuchungsmethoden, wie der Statistik oder Beobachtung, nicht in befriedigender Weise erfaßt werden können. Die Methoden müssen selbst einem *Subjektivierungsprozeß* unterworfen werden[6], bevor sie die tieferen sozialen Prozesse erfassen und dem Forscher objektivere Ergebnisse vermitteln können. Diese neue soziometrische Objektivität darf ohne weiteres der alten positivistischen Objektivität Comtes gegenübergestellt werden. Infolge des

[5] Die Soziometrie ist Resultat der Untersuchungen Hunderter von Forschern in verschiedenen Teilen der Welt. Sie ist ca. 50 Jahre als. Für sie bahnbrechend waren die Interaktionsdiagramme von Mikrogruppen in: „*Das Stegreiftheater*". Gustav Kiepenheuer Verlag 1923, Potsdam, S. 100–106.

[6] In einem bedeutsamen Symposium: „*Sozialpsychologie im Sozialismus*", VEB Deutscher Verlag der Wissenschaften, Berlin (DDR) 1965, von Hans Hiebsch und Manfred Vorweg weist Hiebsch auf die Rolle „der sogenannten subjektiven Faktoren in der gesellschaftlichen Entwicklung", d. h. in den entscheidenden sozialen „historischen Prozessen" hin, S. 9.

Bedürfnisses der Soziometrie nach einer höheren und umfassenderen Objektivität legte sie systematisch Wert auf:

a) die Untersuchung sozialer Strukturen in statu nascendi (Begriff des Augenblicks).
b) die Verschiebung des Schwerpunktes der sozialen Untersuchungen von den groben Erscheinungsformen sozialer Aggregate zu den feinen „atomaren" Vorgängen, von den makroskopischen zu den mikroskopischen Forschungsmethoden;
c) die Entwicklung einer situationsgerechten Soziologie (Situations- und Rollenanalyse).
d) eine Revolution in der Beziehung zwischen Forscher und Untersuchungssubjekte.

Diese Untersuchungssubjekte, d. h. die einzelnen Individuen, müssen selbst in Forscher ihrer eigenen Beziehungen verwandelt werden. So wurde z. B. eine Bevölkerungsgruppe von tausend Menschen durch soziometrische Methoden veranlaßt, Rechenschaft über ihre Gefühlsbeziehungen zu geben und diese nach Möglichkeit zu korrigieren.

Wir haben den Makrosoziologien Comtes, Sumners und anderer die „Mikrosoziologien" gegenübergestellt, deren markantester Vertreter die Soziometrie ist. Unter soziomikroskopischen Konfigurationen verstehen wir nicht nur informelle kleine Gruppen, sondern auch Kollektive, die sie umfassenden dynamischen Einheiten, die verschiedenen Konfigurationen sozialer Atome, die Zusammenballung sozialer Atome in größere, dem Auge des menschlichen Beobachters verborgene Verbände (soziale Moleküle), psychosoziale Netzwerke, die Verkettung zahlreicher Netzwerke zu noch größeren Formationen, letztlich auch das Studium zwischenmenschlicher Beziehungsformen wie Paarstrukturen, Dreiecke, Vierecke, Fünfecke und Kettenstrukturen. Wir gingen von der Annahme aus, daß das Studium dieser grundlegenden atomaren Strukturen zwischenmenschlicher Beziehungen die unumgängliche Vorarbeit für die meisten makroszíologischen Untersuchungen darstellt.

4. *Soziometrische Methoden*

Die Soziometrie hat mehrere Hypothesen aufgestellt:

1) Gruppen und Massen haben eine spezifische soziale Struktur, die erforscht, definiert und gemessen werden kann.
2) Die Soziometrie ermöglicht uns die Steigerung der sozialen Kohäsion und Produktivität von Gruppen und Massen durch ihre Neuorganisation.
3) Bei der Bildung von Gruppen werden immer gewisse Mitglieder ausgeschlossen bzw. nicht als Gruppenmitglieder gewählt. Diese ungewählten oder

vernachlässigten Menschen werden nicht eingeladen und finden oft nicht die Arbeit oder die Frau, die sie sich wünschen.

Sie sind jedoch oft die besten Glieder der Gesellschaft, mindestens so intelligent oder intelligenter als andere Menschen von gleicher geistiger, körperlicher und moralischer Qualität.

Die Soziometrie lehrte uns die menschliche Gesellschaft nicht nur als Fiktion, sondern als mächtige, von eigenen Gesetzen beherrschte Realität zu sehen, deren Ordnung bis in die kleinsten sozialen Einheiten reicht und deren Gesetze sich von anderen Gesetzen und Ordnungen im Universum unterscheiden. Eigene soziometrische Methoden mußten daher zur Erforschung dieser Realität und ihrer Gesetze entwickelt werden: der soziometrische Test, der Test des emotionalen Ausdehnungsvermögens, Bekanntschaftstest und Spontaneitätstest, Rollenspieltest, Psychodrama, Soziodrama und andere Methoden zur Erforschung der Interaktion kleiner Gruppen. Dank der großen Produktivität und des universellen Charakters der soziometrischen Methoden kann die Entwicklung weiterer soziometrischer Methoden für die Zukunft vorausgesehen werden.

II. DIE SOZIOMETRISCHE SCHULE

Die Kennzeichen der alten soziologischen Schule waren:

a) Philosophische Methoden und Darstellungen
b) Symbolische Darstellung der Konzeptionen
c) Indirekte Beobachtungsweisen, die selten konkreten Aufschluß über die Vorgänge in einer bestimmten Situation geben, sondern fiktive Illustrationen den konkreten vorziehen
d) Demographische Messungen.

Die soziometrische Schule zeichnet sich durch folgende Merkmale aus:

1) Neue theoretische Orientierungen:

a) Spontaneität–Kreativität
b) Das „Jetzt und Hier"
c) Direkte Forschungsmethoden, Direkte Therapie
d) Topologische Psychologie und Feldtheorie
e) Zwischenmenschliche Beziehungen
f) Rollenspiel und Psychodrama
g) Empirische Erfassung eines zentralen Problems

2) Konkretes Vorgehen: Konkrete Gruppen werden direkt behandelt und nicht im konzeptionellen Sinn der primären Gruppe Cooleys: man geht in sie hinein, um die sich in ihnen abspielenden Vorgänge zu erkennen. Die Unter-

suchung vollzieht sich nicht nur im Geist des Forschers, sondern im Feld oder Laboratorium.

3) Dynamik: Die Dynamik der Gruppenstruktur wird mittels empfindlicher Instrumente erforscht, die dank ihrer besonderen Konstruktion bedeutende soziale Prozesse oder Veränderungen der Beziehungen zwischen Individuen und Gruppen zu erfassen vermögen. Solche Instrumente sind: der soziometrische Test, die soziometrische Bewertung (sociometric rating), der soziometrische Fragebogen, soziale Entfernungsmessung (social distance scale), der Spontaneitätstest, zwischenmenschliche Beobachtung und Befragung, Rollentest, Psychodrama, Soziodrama, Situationstest, Gruppenpsychotherapie u.a.m. Neben den an der Oberfläche sichtbaren Strukturen wird den tieferliegenden sozio-atomaren Strukturen besondere Aufmerksamkeit geschenkt.

4) Meßmethoden: Systematische Methoden werden zur Messung zwischenmenschlicher Beziehungen und der Beziehungen zwischen den Gruppen eingeführt. Sie erleichtern die Arbeitsdefinitionen. Ferner regen sie die Bildung neuer Hypothesen über Aktionen und Verhaltensweisen der Individuen in einer Gruppe an und vermögen oft über die Gültigkeit von a priori-Hypothesen zu entscheiden. Sie konzentrieren sich auf faßbare und gezielte Studien. Realistische Experimentanordnungen und genaue soziometrische Maße werden vorausgesetzt. Ungezügeltes Messen stellt dagegen eine besondere Strömung innerhalb der soziometrischen Bewegung dar und ist das Ergebnis einer Abtrennung des Messens von der eigentlichen praktischen Soziometrie, eine Folge der Vernachlässigung des Soziusaspektes. Eine Übersicht soziometrischer Studien zeigt gewöhnlich einen Mangel an theoretischer und imaginativer Vorbereitung der betreffenden Untersuchungen und eine ungenügende Darstellung der Ergebnisse. Die Soziometrie läuft dadurch Gefahr, ein Zweig der Statistik zu werden. Diese Tendenz ist oft unter Akademikern zu beobachten.

5) Interdisziplinäre Untersuchungen und Konvergenz der Sozialwissenschaften.

6) Systematik: Sie fördert direkt oder indirekt die Bildung neuer Systeme auf Grund empirischer und experimenteller, zum Teil durch soziometrische Forschung gewonnener Ergebnisse. Bei den Unterschieden zwischen den einzelnen Soziometrikern handelt es sich eher um Konflikte der Systeme als der Methoden.

Zu Anfang der dreißiger Jahre konnte man die Anhänger der neuen Richtung an einer Hand abzählen. Doch gleich den ersten gen Norden fliegenden Vögeln, die das Herannahen der warmen Jahreszeit anzeigen, waren auch sie Vorboten eines neuen Klimas in den Sozialwissenschaften. Zweitrangig ist die Frage nach der Herkunft dieser neuen Ideen und Methoden. Im Jahr 2000 werden die Historiker den gesamten Prozeß klarer überblicken als unsere Zeitgenossen, die selbst noch in dieser Entwicklung stehen. Mit Gewißheit können wir heute nur eines sagen: die Fülle neuer Ideen wurde dem Publikum erstmalig auf den seiten des

Journals *Sociometry* unter der Führung des Autors (Moreno) nahegebracht. Die Beiträge stammten von Pionieren der Sozialwissenschaften: Psychologen, Soziologen, Anthropologen, Psychiatern und Pädagogen. Gleich einem Magneten hat das neue Gebiet sie angezogen und auf ein gemeinsames Ziel gelenkt.

Es ist an der Zeit, unser Augenmerk auf das Erreichte zu lenken, wie wenig es auch immer sein mag, und auf das weite Feld der Forschung und Entdeckungen, das die Zukunft für uns bereithält. „Soziometrie" war die allgemein verbindende Vorstellung und Bezeichnung innerhalb der ersten Periode und bringt auch heute noch das gemeinsame Vorhaben am besten zum Ausdruck. Dieser Terminus hatte im Laufe der Zeit einige sich überschneidende Bedeutungen. Ihr gemeinsamer Kern berechtigte, von einer soziometrischen Bewegung zu sprechen und alle Teilnehmer Soziometriker zu nennen. Die beiden Wurzeln des Terminus „Soziometrie" kennzeichnen den Versuch einer Vereinigung zweier bislang unvereinbarer Gegensätze: des direkten Studiums der mit kulturellen und psychologischen Faktoren verflochtenen Gruppen- und Strukturdynamik und ihrer Messung. Im Rückblick erscheint die Bildung getrennter Strömungen innerhalb der soziometrischen Bewegung natürlich. Diese Strömungen haben sich durch verschiedene Termini wie „Gruppendynamik" in den vierziger Jahren und „small group research" (Kleingruppenforschung) in den fünfziger Jahren identifiziert. Es fragt sich jedoch, was durch diese zusätzlichen Bezeichnungen gewonnen wird? Sollen sie den Terminus Soziometrie ersetzen, umreißen sie ein von der Soziometrie nicht erfaßtes Gebiet oder unterstreichen sie lediglich das jeweilige Forschungsklima? In diesem Zusammenhang erweist sich die Lektüre der jetzt klassischen Arbeit von Ernst Burgess: „Forschungsmethoden der Soziologie" als besonders interessant. Sie erschien 1944 im *American Journal of Sociology* und beschreibt die an die Namen Emory Bogardus, Lloyd Warner, Kurt Lewin und andere gebundenen Entwicklungen als eigentümliche Erscheinung neuer Richtungen „innerhalb" der „Soziometrie" und als charakteristische Bestandteile der soziometrischen Schule.

Die Soziometriker haben mit Nachdruck den Gebrauch praktischer Definitionen befürwortet. Bezeichnungen wie Positivismus und Operationismus entsprechen jedoch nicht dem neuen Trend in den Sozialwissenschaften, zumal sie in einem allgemeinen, alle Wissenschaften betreffenden Sinn angewandt werden. Sie bringen weder den Begriff der Gruppe noch des Messens, und somit die Grundelemente der Bewegung zum Ausdruck. Ein besonderer, den Prozeß in statu nascendi beschreibender Terminus war daher vonnöten. „Soziometrie" schien den Erfordernissen am besten zu entsprechen. Es ist noch immer zu betonen, daß jeder Aspekt sozialer Beziehungen bis zu einem gewissen Grade meßbar ist.

Soziometrische Methoden, besonders der soziometrische Test, Psychodrama und Rollenspiel, Gruppenpsychotherapie und Gruppendynamik haben weltweite

Verbreitung gefunden. Schlachtfeld ist die soziometrische Theorie. Die sich widersprechenden Ansichten über die Soziometrie gehen auf die Tatsache zurück, daß die den verschiedenen Methoden zugeordneten Theorien nicht von allen Soziometrikern anerkannt werden. Gegenwärtig liegen mehrere Wertsysteme miteinander im Kampf um den Supremat in Religion, Philosophie, Politik und Naturwissenschaft. Dieser Zustand wirkt sich auch auf die Sozialwissenschaften und die Soziometrie aus. Keine Gedankenrichtung kann sich aber am Leben erhalten, solange das ihr bewußt oder unbewußt zugrundegelegte Wertsystem nicht bekanntgegeben und offen untersucht wird. Die soziometrischen und soziodramatischen Methoden werden in katholischen, kommunistischen oder kooperativen Ländern ganz verschieden angewandt. Das einen Forscher bestimmende Wertsystem kann nicht Privatangelegenheit bleiben.

Die soziometrische Schule ist in der ganzen Welt verzweigt. Ihre Zweige weisen selten einen offiziellen Zusammenhang auf; hingegen zeichnet sich die Bewegung durch ihre einem großen zwischenmenschlichen Netzwerk gleichende Entwicklung aus. Die Impulse werden über Kettenverbindungen von einer Clique zu anderen, von einer Schlüsselperson an der einen Universität zu anderen Schlüsselpersonen an anderen Universitäten geleitet. Glücklicherweise hat die Soziometrie das Interesse einer großen Anzahl begabter Wissenschaftler aller sozialwissenschaftlicher Disziplinen erregt, deren Beiträge oft nicht quantitativ sondern qualitativ von großer Bedeutung waren.

Die Grundprobleme der Soziometrie haben eine lange philosophische und soziologische Tradition. Alte Theorien wurden wieder entdeckt, neu angegangen und in moderner, dynamischer Sprache aufgeworfen. Alte Ziele werden mit neuen Methoden angestrebt.

1) *Ziel der Soziometrie* ist die Entwicklung einer Welt, die jedem Menschen ungeachtet seiner Intelligenz, Rasse, Religion oder ideologischen Gebundenheit die Möglichkeit zur Entfaltung seiner Spontaneität und Kreativität gibt, die Möglichkeit zu leben oder die gleichen Rechte zu genießen. Diesem Ziel nähern wir uns durch revolutionäre soziometrische Aktion. Der Psychiater mag in ihm eine die ganze Menschheit umfassende kreative Gesellschaft sehen, in der alle Teile harmonisch aufeinander abgestimmt sind und allen Menschen die Möglichkeit zur Entfaltung ihrer Fähigkeiten und Verfolgung konstruktiver sozialer Ziele gegeben wird. Dieses Ziel bleibt so lange Utopie, als die Umwandlung ganzer Gemeinden oder der ganzen Menschheit durch eine einzige revolutionäre Maßnahme erreicht werden soll. Es rückt jedoch in den Bereich des Erreichbaren, sobald von den Wurzeln, den sozialen Atomen her gearbeitet und das „*soziometrische Bewußtsein*“ der Menschen entwickelt wird.

2) *Die soziometrische Methode* – Die Mitarbeit und *Autonomie der Versuchspersonen* am Experiment wurde erstmals im Rahmen der Soziometrie systematisch

ausgenutzt. Sie ließ sich von ihnen die Leitmotive zur Erforschung ihrer eigenen Gruppe oder Gemeinschaft geben. Daß die zu studierenden Menschen zu ausschlaggebenden Experten und Forschern gemacht werden können, war eine methodisch wichtige Entdeckung. Sowohl in der Soziometrie als auch im Soziodrama geben uns die zueinander in Beziehung stehenden Individuen die wichtigsten Aufschlüsse, die in Zusammenarbeit mit den Forschern untersucht werden.

3) *Soziometrische Kategorien* – Es war die erste Aufgabe der Soziometrie, Begriffe wie Universum, Spontaneität, Kreativität, Angemessenheit, Kompetenz, Tele, Soziales Atom, Anziehung, Abstoßung, Wahl, Ablehnung, zwischenmenschliche Kontaktquote, emotionales Ausdehnungsvermögen, Erwärmung, Selbstverwirklichung, Katharsis, Intuition, Rolle, Gruppe, Kohäsion und therapeutische Veränderung aus dem Bereich mystischer Vorstellungen herauszuheben, neu zu definieren und in die Kategorie jener Begriffe zu übertragen, die empirisch definiert, gemessen und bewertet werden können. Diese Aufgabe ist im Laufe der letzten dreißig Jahre teilweise bewältigt worden, doch ist noch immer unendlich viel Arbeit zu leisten. Die am besten bekannten soziometrischen Kategorien sind: a) Angemessenheit oder Meisterschaft, b) Kreativität, c) Spontaneität, d) zwischenmenschliche Kontaktrate, e) Tele oder Telesensitivität, f) Selbstverwirklichung oder Autonomie, g) Katharsis der Integration, h) Simulation.

a) Angemessenheit oder Meisterschaft: In meiner Definition spontanen Verhaltens spräche ich lieber von angemessenen oder meisterhaften Reaktionen als von passenden oder kompetenten. Passend oder schicklich impliziert gehorsames, dem allgemeinen Standard sich anpassendes Benehmen; – Kompetenz impliziert technische Gewandtheit und mechanisches Können.

Meisterschaft oder Angemessenheit des Auftretens ist in der Geschichte durch hervorragende Persönlichkeiten wie Jesus, Buddha, Franz von Assisi und zahllose unbekannt gebliebene Menschen aller Zeiten dargelegt worden. Im Grunde ist es eine meistens durch Selbstverwirklichung im Leben, selten durch Selbstanalyse erreichte autonome Errungenschaft. Der Mensch durchlebt zahllose innere und äußere Lagen und erweist seine Meisterschaft in ihnen. Ein Eremit mag in seiner Einsiedelei eine begrenzte Meisterschaft entwickelt und Erfüllung gefunden haben, seine eigentliche Prüfung erfolgt aber nach seiner Rückkehr ins Leben, im Umgang mit anderen Wesen. Die Meisterschaft muß sich „im Strom der Welt“ erweisen, nicht abseits vom Leben.

zu b) Kreativität[7]

zu c) Spontaneität[7]

zu d) Zwischenmenschliches Ausdehnungsvermögen[7]

zu e) Tele oder Teleempfänglichkeit[7]

[7] Vergleiche die entsprechenden Kapitel im Vorhergehenden.

Nach der Tele-Theorie ist die Entwicklung der Tele-Empfänglichkeit eng mit der Identitätsmatrix und der Entwicklung der Großhirnrinde verbunden. Wenn mütterliche Figuren und Kind langsam auseinanderwachsen und das Identitätsverhältnis sich allmählich abschwächt, treten gegenseitige telische Beziehungen auf und wirken als Rest-Funktion. Telische Gegenseitigkeit bedeutet, daß A und B eine Interaktions- und Kooperationseinheit zwei Teile desselben Prozesses darstellen, obwohl sie sich zeitweise an verschiedenen Orten in Raum und Zeit befinden. Tele-Empfänglichkeit ist daher ein doppelgleisiger Prozeß, eine Empfänglichkeit der Teile füreinander, ein gegenseitiges Erlebnis. Was den einen fördert und beglückt, fördert und beglückt auch den andern. Ihre Produktivität besteht in ihrer Doppelseitigkeit und Dauerhaftigkeit. Sie kann mit einer Telefonverbindung verglichen werden. Einfühlung ist ein Tele„fragment", das im Laufe der Individuation und Selbstintegration in Erscheinung tritt. A und B leben als getrennte Menschen und handeln nebeneinander. Einfühlung ist ein eingleisiger Prozeß, Gefühl des einen für den anderen. In der Einfühlung überwiegen die cognitiven Prozesse über die conativen. *Tele-Gegenseitigkeit ist der gemeinsame Charakterzug aller Begegnungserlebnisse.* Sie ist der überspringende Funke zwischen den Beteiligten – zwischen Mutter und Kind oder zwei Liebenden. Es sind keine gesprochenen Worte nötig. Ein intimes Gefühl hüllt sie ein, sie werden durch ein unbegreifliches Gefühl füreinander zusammengeschweißt. In echten Liebesbeziehungen teilen die Partner ihre Vorzüge sowohl als auch ihre Begrenzungen miteinander. Liebe ist eine Telebeziehung.

Im Leben wird von uns eine Empfänglichkeit für die Gefühle des gegenwärtig mit uns handelnden Mitmenschen erwartet. Sofern wir das Verhalten unserer Partner beobachten, uns in ihre Lage versetzen und im Geiste die Rollen vertauschen, erhalten wir laufend Vorstellungen von ihren Erwartungen uns gegenüber. Umgekehrt vermitteln wir ihnen Vorstellungen von unseren eigenen Erwartungen. In vielen stereotypen Lebenslagen hat die Empfindungslosigkeit der Partner für solche Hinweise in wichtigen Situationen zu ernsten und nur schwer zu lösenden zwischenmenschlichen Konflikten geführt.

Die Beziehung zwischen Therapeut und Patient setzt sowohl in der Individual- als auch in der Gruppentherapie Tele-Empfänglichkeit voraus. Therapeutischem Versagen liegt das Fehlen dieses Faktors zugrunde. Um irgendeiner therapeutischen Methode zum Erfolg zu verhelfen, müssen Telefaktoren wirksam werden. Die Übertragung bindet den Patienten an einen nicht anwesenden Menschen, die Gegenübertragung setzt den Therapeuten zu einem ebenfalls abwesenden Menschen in Beziehung. Demzufolge reden die beiden nicht miteinander, sondern aneinander vorbei. In entsprechender Weise summieren sich Einfühlung und Gegeneinfühlung nicht zu einer Telebeziehung. Sie können einander parallel laufen, ohne sich je zu vermischen, d. h. zu einer Telebeziehung zu werden. Ein

Mensch mit Einfühlungsvermögen vermag in die Seele eines anderen Menschen einzudringen und ihn zu verstehen. Dieser Vorgang ist ohne „gegenseitige" Liebe möglich. Ein Partner kann sich in den anderen einfühlen; es ist ihm durch geschickten Gebrauch seines Einfühlungsvermögens möglich, diesen auszunutzen, zu verletzen oder von sich abhängig zu machen. Aus diesem Grund führt die Übung des Einfühlungsvermögens bei Psychopathen meist nicht zum erwarteten Ergebnis sondern seinem Gegenteil. Ihr besseres Einfühlungsvermögen in die Gedanken ihrer Opfer ist die beste Voraussetzung für ihre verbrecherischen Unternehmungen. Nach den Angaben seiner Biographen hat Adolf Hitler über ein sehr großes Einfühlungsvermögen verfügt. Doch hat er dieses Talent oft zum Schaden und nicht zum Wohle seiner Zeitgenossen angewandt. Gleich der Intelligenz kann auch das Einfühlungsvermögen sowohl sozialen als auch antisozialen Zwecken dienen.

f) Selbstverwirklichung oder Autonomie.

g) Integrationskatharsis. Geistige Katharsis wird als ein Prozeß definiert, der ein jegliches therapeutisches Lernen begleitet, und nicht nur Erlösung von einem Konflikt bedeutet, sondern Selbstverwirklichung, nicht nur Befreiung und Erleichterung, sondern Gleichgewicht und Frieden. Sie ist nicht Abreaktions- sondern Integrationskatharsis.

h) Simulation. Simulation ist eine psychodramatische Methode des konkreten Durchlebens einer Situation. Der amerikanische Astronaut simuliert und probiert seine Flüge in den Raum, ehe er sie wirklich ausführt.

4) *Soziometrische Methoden* – Alle Methoden, die zur Förderung soziometrischer Experimente entwickelt worden sind, können als soziometrische Methoden angesehen werden. Sie beziehen sich entweder auf eine einzelne oder auf eine Reihe von Gemeinschaften. Der soziometrische Test und das soziometrische Experiment einer Gemeinschaft sind zweierlei. Der soziometrische Test ist eine soziale Meßmethode. Das soziometrische Experiment ist eine mittels soziometrischer Methoden ausgeführte Untersuchung einer Gemeinschaft und ihre in Übereinstimmung mit ihren Nöten erfolgende Umwandlung. In einem soziometrischen Test kann die Spontaneität der Wahl derart zersetzt sein, daß der natürliche Gruppierungsvorgang pathologische Züge annimmt und in einer ausweglosen Sackgasse endet. In Gefängnissen und Erziehungsanstalten ausgeführte soziometrische Tests haben gezeigt, daß die meisten Wahlen regelmäßig auf Individuen mit außergewöhnlich „asozialer" Haltung fallen und Insassen, die sich bessern wollten, ungewählt blieben oder von der Mehrheit abgelehnt wurden. Es wurde den Soziometrikern klar, daß die Einführung eines korrektiven Wertsystems so lange scheitern muß, als dieser Vorgang nicht umgekehrt werden kann. Jeder Konflikt zwischen zwei Wertsystemen, einem fortschrittlichen und einem reaktionären, zeigt sich im Soziogramm der Gemeinschaft. Sollen sich neue Werte durchsetzen,

so müssen die isolierten oder abgelehnten Individuen soziometrisch und soziodramatisch umgeschult werden. Sie können dann ihrerseits die Umschulung der Gemeinschaft übernehmen.

Die Frage nach dem Wert des soziometrischen Tests hat im Laufe der Jahre viele Kontroversen gezeitigt. Es gibt zwei Meinungen. Die eine hält „die gewöhnlichen Zuverlässigkeits- und Wertmaßstäbe nicht geeignet für die Soziometrie. Wenn jedes Individuum seine Bevorzugungen im Test ehrlich bekanntgibt, ist der Test tatsächlich zuverlässig und wertvoll" (Northway). Die andere will moderne Wertmessungen auf den soziometrischen Test angewandt sehen. Es ist richtig zu behaupten, daß der soziometrische Test keines Beweises bedarf. Er ist eine Aussage der Versuchspersonen selbst, Ausdruck ihrer eigenen Wünsche zu einer bestimmten Zeit in bezug auf eine gegebene Aktivität. Der soziometrische Test befaßt sich mit primären Handlungs- und Verhaltensweisen und nicht mit verborgenen Faktoren wie z. B. Intelligenz, Genstrukturen etc. Eine Wahl wird durch ihren statistischen Wert nicht ehrenvoller. Eine Bewertung ist so lange nicht nötig, als die Mitglieder einer Gruppe und ihr Verhalten so genommen werden, wie sie sich in der Gegenwart geben und auf Grund der Ereignisse und getroffenen Wahlen keine Voraussagen über das zukünftige Verhalten der Teilnehmer oder sonstige Verallgemeinerungen gemacht werden. Der Wichtigkeit, welche die Wahlen und Entscheidungen im entsprechenden Augenblick für die Teilnehmer haben, darf man hingegen mit Sicherheit größte Bedeutung beimessen. Es kann von einer „existentiellen Bewertung" gesprochen werden, die streng von der „wissenschaftlichen Bewertung" zu unterscheiden ist. Beim Gedanken an „existentielle Bewertung" sollte aber keineswegs eine impulsive und irrationale Verhaltensweise unterstellt werden. Das Verhalten kann geordnet und hochstehend sein. Wenn psychotherapeutische und religiöse Gruppen die Gültigkeit ihres Handelns betonen, werden oft existentielle und wissenschaftliche Bewertung miteinander verwechselt.

Die soziometrischen Methoden werden in Gruppenmethoden und Handlungsmethoden aufgeteilt. Gruppenmethoden, wie der soziometrische Test, der Bekanntschaftstest, der soziometrische Fragebogen und der soziometrische Perzeptionstest in weitesten Variationen sind ein Teil des gewöhnlichen Rüstzeugs des Sozialwissenschaftlers geworden. Aktionsmethoden, wie der Spontaneitätstest, Rollenspieltest, Situationstest, Psychodrama und Soziodrama, Rollenwechsel, Doppel-, Spiegel-, Simulations- und Selbstgesprächsmethode u. a. m. erfreuten sich im Laufe der letzten zehn Jahre immer größerer Beliebtheit und werden in Zukunft wohl noch mehr geschätzt werden als die Gruppenmethoden.

5) *Das soziometrische Experiment* – In den *Grundlagen der Soziometrie* wurde das soziometrische Experiment einer ganzen Gemeinschaft beschrieben. Der erste Satz meines Buches: „Ein wirklich therapeutisches Verfahren darf nichts weniger

zum Objekt haben als die gesamte Menschheit", bringt meine eigentliche Absicht zum Ausdruck. Obwohl ich diese Idee dem Leser direkt vor die Nase gesetzt habe, ist sie bedauerlicherweise gänzlich mißverstanden worden. Kein anderer Satz des Buches ist öfter zitiert und in seiner Bedeutung weniger begriffen worden. Zur Demonstration dieser Idee wird im Buch „eine ganze Gemeinschaft" (Hudson) aufgerollt und analysiert und der Versuch angestellt, diese nicht-therapeutische Gemeinschaft innerhalb ihrer Grenzen durch die Anwendung verschiedener Methoden in eine therapeutische zu verwandeln. Dieser erste Satz des Buches scheint von den meisten für die politische Metapher einer kranken Gesellschaft gehalten und sanft beiseite geschoben zu werden. Ich hatte diesen Gedanken jedoch kurz vor Beginn des Hudson-Experimentes angekündigt: „Ich betrachtete die Gemeinschaft als Ganzes und sah jene Prozesse, die in unserer Gesellschaft am Werk sind, in ihrer einfachsten Form vor mir. Jeder Mensch folgt seiner inneren Sehnsucht, jeder ist guten Willens, und dennoch scheitert die Gemeinschaft als Ganzes. Selbst wenn jedes Mitglied unserer Gesellschaft die Vollkommenheit eines Heiligen erreichte, wären die Interaktionen der Heiligen vielleicht immer noch unvollkommen. Zwei Heilige müssen miteinander harmonieren und mehrere auch als Gruppe segensreich wirken können! Hier wird der Sinn der ‚therapeutischen Gesellschaft' klar: das harmonische Zusammenleben einer Gruppe von verschiedenen Individuen zu verwirklichen" (1932). An diesem Punkt stoßen wir auf das Problem der „therapeutischen Gemeinschaft". Hauptaufgabe des Experimentes war daher die Einleitung eines therapeutischen Prozesses, der die gesamte Gemeinschaft erfaßte – nicht nur die Insassen, sondern auch das Betreuungspersonal vom Superintendenten herunter zu den einzelnen Lehrern, Fürsorgern, Pfarrern, Gemeindehelfern, Landwirtschaftsgehilfen, Handwerkern, Chauffeuren, Zimmerleuten. Das alte „Arzt, hilf Dir selbst" wurde durch das neue „Gemeinschaft, hilf Dir selbst" ersetzt.

Bei einem soziometrischen Experiment ist die Art des der Gemeinschaft zugrunde liegenden Wertsystems unbedeutend. Es ist auch nicht wichtig, ob die von den einzelnen hochgehaltenen Werte religiöser, therapeutischer, cooperativer oder politischer Natur sind oder ob eine noch unbekannte Ideologie vorherrscht. Wird das Experiment von geschickten soziometrischen Forschern unter Teilnahme aller Gemeinschaftsglieder ausgeführt und den soziometrischen Methoden als Kompaß vertraut, so wird sich das Resultat immer klärend und günstig auswirken. Das Ergebnis, die aus dem Experiment resultierende neue Gemeinschaft, wird dem Therapeuten therapeutisch, dem Religiösen religiös, dem Cooperativen cooperativ, dem Demokraten demokratisch und dem Kommunisten kommunistisch erscheinen.

6) *Soziometrie der Gemeinschaft* – Hypothese I: Jeder offiziellen und formalen Struktur einer Gemeinschaft liegt eine informale soziometrische Matrix zugrunde.

Diese Entdeckung war von großer Bedeutung. Zwar ist eine solche Spaltung schon früher vermutet worden; ihre genaue Untersuchung und Demonstration wurde jedoch erst durch soziometrische Methoden möglich.

Hypothese II: Soziale Konflikte und Spannungen nehmen in direkt proportionalem Verhältnis zur psychodynamischen Verschiedenheit der beiden Matrizes zu. Das Phänomen dieser grundlegenden Spaltung wurde von Joan Criswell neu entdeckt („A sociometric Analysis of Negro-White Groups", *Sociometric Review*, 1936) und von zahlreichen Forschern näher untersucht: George A. Lundberg and Mary Steele („Social Attraction Patterns in a Village", *Sociometry*, Vol. I, 1937), Shepherd Wolman („Sociometric Planning of a New Community", *Sociometry*, Vol. I, 1937), Charles Loomis („Sociometrics and the Study of New Rural Communities", *Sociometry*, Vol. II, 1939), Lloyd W. Warner and Paul S. Hunt (*The Social Life of a Modern Community*, Yale University Press, Vol. I, Yankee City Series, 1941). Cliquen und informale Gruppen waren das „Rohmaterial" für die Soziometriker, aus dem sie feiner gegliederte und spezifischere Strukturen herausfanden.

Hypothese III: Jede Gemeinschaft setzt sich nicht nur aus primären Gruppen, sondern auch aus „primären Strukturen" wie Sozialen Atomen, Sozialen Molekülen und zwischenmenschlichen Netzwerken zusammen. Gewisse Gruppenglieder der Primärstrukturen sind mit entfernteren Gruppenmitgliedern nicht bekannt, können aber dennoch einen indirekten Einfluß auf diese ausüben.

7) *Kommunikationssoziometrie* – Hypothese IV: Die unmittelbare Kommunikation von Mensch zu Mensch ist die einflußreichste Kommunikationsform. Sie unterscheidet sich von den Kommunikationseffekten der Massenmedien, deren eigentliche Matrix sie ist. Das wachsende Gebiet zwischenmenschlicher Kommunikation fußt auf soziometrischen Prinzipien.

Hypothese V: Der offenbar inkonsequente Charakter unmittelbarer Beziehungen zwischen einzelnen Individuen hat eine mächtige Fernwirkung auf weit voneinander entfernte Individuen. Er beeinflußt ihr Benehmen in Heim, Arbeitsstätte, unter Rassen- und Geschlechtsgenossen. Die Entdeckung des zwischenmenschlichen soziometrischen Netzwerkes öffnete unser Auge für die weitreichende und kumulierende Fernwirkung unmittelbarer zwischenmenschlicher Ereignisse. Die erste Beschreibung der Entdeckung des zwischenmenschlichen Netzwerkes findet sich in meinem Hauptwerk[8]. Die nächste wichtige Demonstration des Einflusses soziometrischer Netzwerke war die Untersuchung von Gerüchten und Analyse der Massenverfolgungen in Sowjet-Rußland (Foundations of Sociometry, 1941, *Sociometry*, Vol. IV, No. 1).

Hypothese VI: Stars und Schlüsselpersonen, die auch „Meinungsführer" genannt werden, wirken wie Katalysatoren und Fermente innerhalb der zwischen-

[8] *Who Shall Survive?*, 1. Ausgabe 1934, S. 256–265.

menschlichen Kommunikationsnetzwerke. Exponenten der Entwicklung auf diesem Gebiet waren Lazarsfeld, Lundberg und Stewart (Paul F. Lazarsfeld and Hazel Godet, „Who Gets a Job?“, *Sociometry*, Vol. IV, 1941; Frank Stewart, „A Sociometric Study of Influence in South Town“, *Sociometry*, Vol. X, 1947; George A. Lundberg, „Marketing and Social Organization“, *Charles Coolidge* Parlin Memorial Lecture, May 15, 1945; Robert K. Merton, „Patterns of Influence: A Study of Interpersonal Influence and of Communications Behavior in the Local Community“, in Lazarsfeld und Stanton, *Communication Research*, Harpers, 1948 bis 1949.

8) *Soziometrie und Erziehung* – Ihre intensivste Anwendung hat die Soziometrie auf dem Gebiet der Erziehung gefunden. Führend auf diesem Gebiet wurde Helen Jennings durch die Befürwortung soziometrischer Methoden in Schulsituationen (*Sociometry in Group Relations, A Work Guide for Teachers*, American Council on Education, Washington, D.C., 1948). Unterstützt wurde Jennings durch Mary L. Northway, Universität Toronto, Institute for Child Study, (*A Primer of Sociometry*, University of Toronto Press, 1953) und Merl E. Bonney, North Texas State College (*The Bonney-Fessenden Sociograph*, California Test Bureau 1955).

9) *Soziometrie in der Industrie* – Hypothese VII – In der Industriesituation wirksame zwischenmenschliche Beziehungen beeinflussen die Produktion. Diese Entdeckung wurde bei der Untersuchung der Werkstätten in Hudson gemacht (*Who Shall Survive?*, 1934, S. 112–120). Die Arbeiterinnen in der Dampfwäscherei lehnen sich gegenseitig an dem ihnen zugewiesenen Arbeitsplatz ab. In dieser Situation störten ihre feindseligen Handlungen den Arbeitsprozeß sowie die Gruppe als Ganzes und brachten die Arbeit einige Male zum Stillstand. Roethlisberger und Dickson [9] setzten die in Hudson ausgeführten Experimente fort und ergänzten sie. Nachdem diese Entdeckung gemacht worden war, haben Industriesoziologen wiederholt die funktionelle Beziehung zwischen Gruppenstruktur, zwischenmenschlichen Beziehungen und Produktivität nachgewiesen.

Hypothese VIII: Die Unfallbereitschaft in der Industrie ist eine Funktion des soziometrischen Status der Arbeiter. Nach Studien von Speroff und Kerr steigt die Unfallbereitschaft in umgekehrt proportionalem Verhältnis zu den erhaltenen Wahlen (B. Speroff & W. Kerr „Steel Mill ‚Hot Strip‘ Accidents and Interpersonal Desirability Values“, *Journal Clinical Psychology*, 1952).

10) *Soziometrie im Militär* (Heeressoziometrie) – Die Bedeutung zwischenmenschlicher Beziehungen für formale Organisationen wie Familie und Industriegruppe wurde erstmals in *Who Shall Survive?* durch soziometrische Analyse nachgewiesen. Bald danach wurde ihre Bedeutung für Heeresverbände dargestellt (J.L. Moreno, „The Advantages of the Sociometric Approach to Problems of National Defense“,

[9] Roethlisberger, F. J., & Dickson, W. J., *Management and the Worker*. Harvard University Press, Cambridge 1939.

Sociometry, Vol. IV, 1941; Leslie D. Zeleny, „Selection of Compatible Flying Partners“, *American Journal of Sociology*, III, March 1947; John G. Jenkins „The Nominating Technique as a Method of Evaluating Air Group Morale“, *Journal of Aviation Medicine*, Vol. 19, No. 1, Februar 1948). Diese Entdeckung wurde auch von Jenkins unter interessanten Umständen bei der Luftwaffe gemacht. Seine Aufgabe im Jahr 1946 war die Erforschung der sozialen Struktur der Fluggruppen und die Auswahl guter Kampfpiloten, „So griffen wir die Idee des soziometrischen Diagramms auf, das ursprünglich von Moreno entwickelt worden war, und zeichneten die uns zur Verfügung stehenden Kampfgruppen nach seiner Methode auf.“ Der Wert soziometrischer Methoden für die Moral und Kampffähigkeit der Gruppe führte zu der besonderen Heeresverordnung 600-150 „Übersee-Viermanngruppenersatz und individuelle Ersatzsysteme“, (D-15-223-(00) der Personalforschungsabteilung PR und P Division, TAGO, Forschungsmemorandum 53-26, August 1953). Auf meinen Vorschlag hin wurde die Unfallbereitschaft im Heer weiter verfolgt. Die in der Industrie beobachteten Beziehungen zwischen soziometrischen Wahlen und Unfallbereitschaft wurden durch Untersuchungen beim Militär bestätigt: Messungen der soziometrischen Beziehungen ergeben einen nützlichen Indikator der zukünftigen Wehrtüchtigkeit (Jane Srygley Mouton, R. Blake and Benjamin Fruchter, „The Validity of Sociometric Responses“, *Sociometry*, Vol. XVIII, No. 2, 1955).

11) *Reduktionstendenzen in der soziometrischen Forschung*. Wir tun gut an der Kritik gewisser Theorien, die das menschliche Verhalten aus einer einzigen Ursache, wie z. B. der Sexualität, dem Willen zur Macht, dem Kampf ums Dasein usw., erklären wollen oder komplexe Verhaltensweisen wie die eines Erwachsenen mit kindlichen oder tierischen Verhaltensweisen vergleichen. Hingegen schenken wir einem ähnlich schwerwiegenden Irrtum innerhalb unserer Forschung, nämlich der Tendenz zur Reduktion, nur selten unsere Aufmerksamkeit; die Tendenz „Stelle eine soziometrische Frage“ ist ein solcher Irrtum, der in der Hoffnung auf adäquate Antworten zu einer weit verbreiteten Haltung geworden ist. Von soziometrischer Seite wurde die Entdeckung gemacht, daß die Gruppierung selbst gänzlich fremder Menschen einen gewissen Grad der Struktur besitzt. Diese Tatsache ist jedoch keine Überraschung. Selbst wenn sich die einzelnen Menschen nicht kennen, so gehören sie doch derselben Kultur an und sprechen dieselbe Sprache. Und selbst wenn ihnen die Sprache nicht gemein ist, bestehen nicht-verbale Kommunikationsvariationen: Auge und Ohr, Zeichen und Signal, Gesten und körperlicher Kontakt. Die Feststellung, daß eine an eine beliebige Gruppe gerichtete soziometrische Frage selbst unter einer Ansammlung von Fremden ein beachtlich über der Wahrscheinlichkeit liegendes Minimum der soziometrischen Struktur nachzuweisen vermag, ist zweifellos ermutigend. Diese Tatsache wiederum hat viele Forscher zur Vernachlässigung der Motivationen der Teilnehmer und

ihrer Teleempfänglichkeit verleitet. Es entwickelte sich eine stille Übereinkunft über das Vorhandensein einer recht zuverlässigen Universalität soziometrischer Reaktionen und die Ansicht, daß beispielsweise beim Vergleich kontrollierter Studien soziometrische Fragestellungen an „nicht“ erwärmte Teilnehmer genügten. Die Tendenz, soziometrische Fragebogen auf die Ebene öffentlicher Meinungsfragebogen herabzusetzen, ist ein bedauerlicher Rückschritt innerhalb der soziometrischen Forschung. Lazarsfeld und andere wiesen darauf hin, daß selbst bei öffentlichen Meinungsfragebogen zwischenmenschliche Beziehungen und Erwärmung für den Sinn der Fragen von größter Bedeutung sind.

Auf allen Forschungsgebieten besteht die Tendenz, komplizierte Methoden durch einfachere zu ersetzen, sofern mit gleichwertigen Ergebnissen gerechnet werden kann. Es wäre somit ein Fortschritt, den kriteriumsgebundenen soziometrischen Test durch eine einfache Frage oder einen komplizierten Rollenspieltest durch ein alltägliches Gespräch unter beliebigen Fremden ersetzen zu wollen (Bales). Gleichwertige Ergebnisse sind bei derart vereinfachtem Vorgehen jedoch nicht zu erwarten und konnten auch nie nachgewiesen werden. Dennoch hat eine große Nachlässigkeit um sich gegriffen. Ähnlich dem Irrtum, „eine Frage zu stellen“, hat sich ein anderer Irrtum, den wir „Rollenspiel-Irrtum“ nennen können, verbreitet. Einige Menschen werden zusammengeführt und aufgefordert, ein beliebiges Gespräch zu beginnen. Auch hierbei wird stillschweigend auf die Universalität gewisser Tendenzen menschlichen Verhaltens vertraut in der Hoffnung, es möge etwas Bedeutsames bei der Konversation herauskommen, das typische Verhaltensweisen aufzeige oder zumindest einen genügend interessanten Ausgangspunkt für die Diskussion verschiedener Hypothesen und Annahmen und die Anwendung der eigenen statististhen Geschicklichkeit auf die entsprechenden Data biete. In Übereinstimmung mit psychodramatischen Grundsätzen besteht natürlich kein Zweifel am Aufschlußreichtum völlig ungeprobter Dialoge unter beliebigen Gruppen fremder Menschen. Ich konnte ihn selbst bei in „sinnloser Sprache“ geführten Konversationen beobachten. Die Beobachtung der Akteure durch einen Vorhang hindurch kann sich in der systematischen Rollenforschung als nützlich erweisen. Für sich allein ist sie jedoch nicht nur sinnlos, sondern setzt sie die Teilnehmer zu Versuchskaninchen herab. Die eigentliche Bedeutung des Rollenspieltests liegt in der Entzündung der Spontaneität und maximalen Beteiligung der Akteure.

12) Die neue „*Soziometrie*“, 1956–1966, Herausgeber American Sociological Society, hat im wesentlichen die Richtung der alten *Soziometrie*, 1936-1956, beibehalten. a) Wiederholung und Vereinfachung der klassischen Methoden, b) Modifikationen und Verfeinerung in der Darstellung von Problemen und statistischer Behandlung. c) Etwa 60% aller Artikel wären auch vom früheren Herausgeber (Moreno) akzeptiert worden.

Die Soziometrie hat ein dreifaches Beziehungssystem: Sozius – der Genosse. Metrum – das Maß, Drama – die Handlung. Daraus ergeben sich drei Forschungsrichtungen: Gruppenforschung, Messungsforschung, Aktionsforschung. Die authentische Soziometrie ist immer eine Aktionswissenschaft.

Drei Methoden haben die Soziometrie verbreitet sowie ihre neuartige Objektivität und ihren sozialen Realismus untermauert: Das Psychodrama (1923), das Soziogramm (1923 und 1932), die „Playback"methode (1932). Jede dieser Etappen hat unsere Vorstellungen grundlegend verändert: das Psychodrama hat den psychoanalytischen Diwan überwunden. Es hat Methoden entwickelt, dank derer die Handlung bis zu ihrem Ende abrollt und die Aufstellung einer Aktionstheorie möglich wurde. Das Soziogramm hat zu systematischen Studien der Gruppenspannungen geführt. Durch die Tonbandaufnahmen und das „playback" wurden genaue und vollständige objektive Ergebnisse gewonnen.

Burgess[10] unterscheidet folgende zwei Orientierungen innerhalb der soziometrischen Schule: a) das Werk Morenos und seiner Hauptrepräsentanten: Jennings, Criswell, Loomis, Lundberg, Northway, Bonney, Bronfenbrenner, Zeleny etc.; b) das Werk F. Stuart Chapins, Emory Bogardus' und die Methode Kurt Lewins.

Unter dem Vorbehalt, daß weder Bogardus noch Chapin sich direkt mit kleinen Gruppen befaßt haben, waren ihre Auffassungen zum Zeitpunkt der Publikation dennoch wertvoll. Wir kennen den einen als Erfinder der c) „Sozialen Distanzmessung", den anderen als den der sogenannten d) Ex post facto-Methoden. Im Laufe der letzten zehn Jahre hat sich die Perspektive der Soziometrie jedoch einzigartig erweitert. Sie umfaßt seither: e) die Interaktionsanalyse geschlossener Gruppen, Toeman, Haas, Bales etc.; f) Untersuchungen über Psychodrama und Soziodrama, Moreno, Cornyetz und DelTorto, Harrow, Enneis, Borgatta, Moldawsky; g) die Analyse der soziometrischen Perzeption durch Moreno und Tagiuri; h) die Aktionstheorie von Parsons und seinen Mitarbeitern; i) die Soziologie von Gurvitch, die soziometrischen Untersuchungen von Maucorps und Maisonneuve; j) die Auseinandersetzung zwischen Soziometrie und Beziehungslehre, von Wiese und seiner Schüler; k) das Werk Homans.

Mit der Zeit hat sich der Einfluß der Soziometrie auf die Soziologie, Psychologie, Psychiatrie, das Erziehungswesen und die politische Ökonomie ausgedehnt. Durch das ständige Angebot neuer Forschungsgebiete hat sie die Wandlung anderer Disziplinen provoziert. Verzweigt in den verschiedensten Gebieten der Sozialwissenschaften verbindet sie die verschiedensten Forscher. Die soziometrische Schule ist anders strukturiert als die diversen europäischen Schulen. Sie ist spezifisch amerikanischer Prägung. Während europäische Schulen sich meistens

[10] Burgess, E. W., *Sociometry*, Bd. 6, 1943, S. 223.

um einen fähigen Mann von Rang und Würde entwickeln, bilden sich ähnlich disziplinierte und geschlossene Schulen weniger leicht in den Vereinigten Staaten. Das Klima Amerikas ist weniger günstig für das Auftreten autoritärer Lehrer. Dementsprechend kann sich auch die soziometrische Schule in ihrer Konsistenz nicht mit europäischen Schulen vergleichen. Sie besitzt eine nur lose soziale Kohäsion und umfaßt eine Menge von Untergruppen, deren jede sich um einen relativ unabhängigen, seine Autorität kaum gebrauchenden und lediglich seiner Überzeugung verpflichteten Führer schart. Die Einheit der soziometrischen Schule und ihre ständige Weiterverbreitung erklärt sich nicht durch die Netzwerke zwischen Lehrern und Schülern, sondern durch die Fruchtbarkeit ihrer Prinzipien und Methoden. Charakteristischerweise wird das amerikanische Leben nicht von Menschen, sondern von Gesetzen und Ideen bestimmt.

Die in diesem Werk behandelten sieben Hauptrichtungen der soziometrischen Forschung sind früher dargestellt worden in *Das Stegreiftheater* (1923), *Application of the Group Method to Classification* (1932), *Psychological Organization of Groups in the Community* (1933). Ihnen folgen vier Arbeiten, die logischerweise zu *Who Shall Survive?* gehören: „Spontaneity Training" (1935), „Advances in Sociometric Technique" (1931), „Sociometry in Relation to other Social Sciences" (1937), und „Sociometric Statistics of Social Configurations" (1938). Hier seien die Hauptrichtungen aufgezeigt, in denen sich die soziometrischen Forschungen in den letzten zwanzig Jahren bewegt haben: 1) Untersuchungen über Kontaktaufnahme und sozialen Rapport (Gebiet der Mikrosoziologie). 2) Soziometrische Untersuchungen geschlossener Gruppen, Arbeitsgebiet der sozialen Mikroskopie und der Mikrosoziologie. 3) Sozio-affektive Untersuchungen über die Spontaneität und konkrete Situationstests. 4) Rollenspieltests, Gruppentherapie, Psychodrama, Soziodrama, Arbeitsgebiet der Mikroanthropologie. 5) Interaktionsforschung.

Zu den wichtigsten Manifestationen der soziometrischen Bewegung seit 1937 gehören: die Publikation von *Sociometry*, A Journal of Interpersonal Relations (1937), die psychodramatischen Theater in Beacon, N.Y. (1936), im Saint Elizabeths Hospital in Washington, D.C. (1941), in New York City (1941), an der Harvard Universität, Psychologisches Laboratorium (1949), die Eröffnung des Soziometrischen Instituts, heute Moreno-Institut (1942), die Schaffung der Zeitschrift *Sociatry*, heute Gruppenpsychotherapie (1947), die Organisation eines soziometrischen und psycho-sozialen Laboratoriums an der Ecole pratique des Hautes Etudes an der Sorbonne (1955), das Moreno-Institut, eine offiziell anerkannte Schule des Staates New York (1951).

13) Von den *neuen* Methoden werden vornehmlich folgende angewandt: a) „*Die Zeit als quantitativer Index* zwischenmenschlicher Beziehungen." Die Einführung zeitlicher Kriterien bei der Ermittlung des soziometrischen Status zur Zeit der

Wahl. Wenn A 24 Stunden zur Verfügung hat, wieviel Zeit verbringt er mit jedem der drei Personen A, B und C. b) Der *soziometrische Bildtest:* An Stelle der Begegnung von Angesicht zu Angesicht werden Versuchspersonen Photographien gezeigt und der soziometrische Status durch die Reihenfolge der von den Versuchspersonen neu angeordneten Bilder ermittelt. c) Der *soziometrische „Zitattest"*, eine Analyse von Referenzlisten bestimmter Autoren „Wen zitiert Autor A in seinen wissenschaftlichen Arbeiten und wer zitiert ihn?" d) Die *Soziomatrix.* Sie ergänzt das Soziogramm. e) Die *Registration auf Lochkarten.* f) *Komputierende Soziometrie.* Der Komputer ermöglicht die Zuordnung von Personen auf Grund „objektiver" Beziehungskategorien, ohne Begegnung von Angesicht zu Angesicht. g) Der *Rollenspieltest* und seine Auswertung. h) Der *Spontaneitätstest* und seine Auswertung. i) Der *Soziodramatest* und seine Auswertung. j) Das *soziometrische Verhalten in nicht strukturierten Situationen*, eine Proximitätsstudie. k) Die *Soziometrie der sozialen Perzeption.*

Die wichtigsten der in diesem Werk dargestellten Fortschritte der soziometrischen Theorie sind: 1) die Teletheorie, 2) die Spontaneitätstheorie, 3) die Theorie des sozialen Atoms, 4) die Theorie der Kommunikationsnetzwerke, 5) die Theorie des „actor in situ".

14) Die rasche Annahme der soziometrischen Methoden in den Vereinigten Staaten steht in krassem Gegensatz zu der langsamen Annahme der ihnen zugrunde liegenden Ideen und Theorien. Dies ist in erster Linie durch das axiologische Klima Amerikas bestimmt, wo die Intellektuellen dazu neigen, sich vor allem für die praktischen Aspekte einer Idee zu interessieren und alles übrige zu vernachlässigen. Ideen werden der Intimsphäre zugeordnet und mit Gleichgültigkeit behandelt. Es überrascht dagegen nicht, daß die besten theoretischen Erfassungen der soziometrischen Schule durch Georges Gurvitch, den eminenten französischen Soziologen erfolgt ist und durch Leopold von Wiese, den Führer der deutschen Soziologie.

Die rasche Assimilation soziometrischer Methoden bei gleichzeitiger Ignoranz ihrer Theorien oder gleichzeitigem Widerstand gegen diese, stellen eine der Entwicklungsschwierigkeiten der Soziometrie dar. Diese Schwierigkeit hat sich ungünstig auf die Formulierung neuer bedeutungsvoller Hypothesen und die Verfeinerung der Methoden ausgewirkt. Es ist immer wieder erstaunlich, zu beobachten, wie rasch sich soziometrische Methoden wie der soziometrische Test, die Analyse kleiner Gruppen, Rollenspiel, Psychodrama und Soziodrama als Methoden durchsetzen und als selbstverständlich hingenommen werden, während ihre theoretischen Grundlagen, die Begriffe, wie actor in situ, Hilfs-Ich, Spontaneität, Kreativität, Tele, Erwärmungsprozeß, soziales Atom, psychosoziale Kommunikationsnetze, soziodynamischer Effekt leicht genommen, ignoriert oder ohne Quellenangabe in die Literatur geschmuggelt werden. Dies wäre nicht weiter tragisch, sofern diese Theorien unabhängig von den Methoden aufgestellt worden wären. In Wirklichkeit sind sie jedoch auf dem Boden empirischer Ergebnisse durch folgerichtiges Denken entwickelt worden.

Mißlich ist dieser Umstand aber noch in anderer Hinsicht. Die von mir eingeführten Theorien und Konzepte sind nicht nur als Hypothesen aufschlußreich, sondern wichtige Voraussetzungen für die richtige Anwendung der Methoden und erfolgversprechende Versuchsanordnungen. In den Anfangsstadien einer jungen Wissenschaft können Theorie und Forschungsmethoden oft nicht sauber voneinander getrennt werden. Vielen Berichten nach sind die technischen Methoden von ihrer Bedeutung losgelöst angewandt worden. Unter Mißachtung theoretischer Betrachtungen unternahmen es einige Forscher, Soziogramme in einem soziologischen Vakuum aufzustellen. Wie in einem Gesellschaftsspiel erkundigten sie sich bei den Anwesenden nach ihren gegenseitigen Sympathien und Antipathien und zeichneten diese auf Papier auf. Andere führten das Rollenspiel als „kalte“ Forschungsmethode ein, so, als ob man Menschen wie Meerschweinchen manipulieren könnte (Bales).

Auf den verschiedenen durch die Soziometrie neu erschlossenen Forschungsgebieten haben fünf experimentelle und konzeptionelle Richtungen in den letzten Jahren besonderes Interesse erregt: 1) die Gruppendynamik, 2) die Interaktionsanalyse, 3) die soziometrische Perzeption, 4) die Aktionstheorie und 5) die Gruppenformation in statu nascendi. Sie alle sind lobenswerte Erweiterungen und ermutigende Zeichen sich ausbreitender Bemühungen um die Vergrößerung unserer experimentellen Errungenschaften und ihre Vereinbarung mit zahlreichen theoretischen Vorstellungen, doch sind ihnen allen folgende Mängel gemein: eine zunehmende Abkehr von der sozialen Wirklichkeit infolge mangelnder Vorstellungskraft, den tatsächlichen Zustand der Gruppe den Versuchsanordnungen und theoretischen Formulierungen zugrunde zu legen und der Fähigkeit, Abstraktionen im ganz Konkreten zu handhaben. In Analogie zu älteren Wissenschaften haben gewisse Forscher die konkrete soziale Situation in eine unbestimmte Anzahl kleinerer Probleme aufgebrochen, deren jedes experimentell untersucht werden soll. Dies hört sich zwar nach guter Laboratoriumslogik an, doch verlieren diese kleinen Teile, aus ihrem sozialen Zusammenhang herausgerissen, ihre einst in situ vorhanden gewesene Bedeutung. Das Untersuchungsmaterial wird nicht mehr in seiner lebendigen Form, sondern in verzerrtem und zersetztem Zustand studiert. Wer vermag post festum zu sagen, ob die in der künstlichen oder reduzierten Versuchsanordnung erfaßten Prozesse den Prozessen der lebendigen sozialen Aktion entsprechen oder das soziale Aggregat auf synthetische Weise herzustellen vermögen? Die dynamische Interaktionsfolge ist leicht auseinanderzunehmen, doch nur schwer wieder zusammenzufügen. Nur zu gut läßt sich die Verzweiflung des mit der Komplexität des sozialen Lebens konfrontierten Laboratoriumsforschers verstehen, sein Ausweichen vor der Realität und Hang zum Zerlegen komplexer Strukturen und Studium der einzelnen Teile. Seiner Ansicht nach erfordert das so komplizierte soziale Leben eine Vereinfachung der Methoden. Er hofft, unvermeidliche Fehler schließlich durch die Ergebnisse zahlreicher Experimente berichtigen zu können. Ebensogut läßt sich aber auch die Verzweiflung des Theoretikers begreifen (Talcott Parsons), der viele zeitgenössische Gedankenrichtungen zusammenfaßt und ein phantastisches Begriffssystem aufbaut, zu dem der Experimentator nach Prüfung der Hypothesen Zuflucht nehmen möge. Es ist irreführend, vor den empirischen Untersuchungen ein vollständiges formuliertes Beziehungssystem zur Verfügung gestellt und die zu untersuchenden Hypothesen „von einem Gott der Wissenschaft“ übermittelt zu bekommen.

Man kann sich allerdings auf einen optimistischen Standpunkt stellen und annehmen, es sei besser, ein mutmaßliches System zu haben als gar keines, die soziale Welt sei weniger komplex als sie aussehe und die zu untersuchenden Hypothesen seien nicht so weitreichend. Die Wahrscheinlichkeit des Gegenteils ist jedoch genau so groß, wenn nicht größer. Die Zahl der in einem sozialen Vakuum aufgestellten Hypothesen und Theorien wird vermutlich ins Uferlose steigen. Vor der Einführung der Soziometrie mag dieses Risiko gerechtfertigt gewesen sein. Seither steht uns jedoch ein brauchbarer Kompaß zur Verfügung. Theorie und Praxis lassen sich auf recht sichere Weise vereinen. So wollen wir vorderhand einmal nicht mehr Theorien aufstellen als nötig und uns nicht über den vor der Theorie zum Ziel gesetzten Punkt hinausbewegen. Erst seit kurzem navigieren wir etwas sicherer auf dem bislang unbefahrenen Ozean der Experimentalsoziologie. Müssen wir uns noch immer vor der Aktion formale Systeme und Hypothesen vorsetzen lassen? Lenken sie nicht den Kapitän durch den Traum von fernen Küsten nicht von seiner eigentlichen Aufgabe ab? Letztlich handelt es sich um die beinahe klassische Schwierigkeit der Veranstaltung von Gruppen- und Interaktionsexperimenten mit menschlichen Protagonisten. Im fortgeschrittenen Stadium einer Wissenschaft mögen die Allüren eines abstrakten Wissenschaftlers am Platze sein, in der noch jungen Forschung erweisen sich solche Allüren hingegen als unglücklich und unfruchtbar. Man versteht das Verlangen nach vereinfachten Experimenten um leicht zu verarbeitende Ergebnisse in die Hand zu bekommen. In den fortgeschrittenen Wissenschaften wie der Physik und Chemie, wo auf der Grundlage wohlfundierter Erkenntnisse Überschreitungen leicht festgestellt werden können, mag ein solches Vorgehen gerechtfertigt sein. Warnsignale veranlassen den abirrenden Forscher zum Anhalten. Man stelle sich in diesem Zusammenhang beispielshalber vor, Freud hätte die Assoziationsmethode nicht in der relativ menschlichen Situation der ärztlichen Praxis, sondern im psychologischen Laboratorium angewandt und studiert! Das Ergebnis wäre eine interessante wissenschaftliche Totgeburt gewesen. Auf dem Gebiet der Gruppenforschung und Interaktionsdynamik befinden wir uns heute in einer ähnlichen Lage wie die Psychodynamik vor fünfzig Jahren. Bis vor kurzem standen uns nur zwei Möglichkeiten offen: Die den Kontakt mit der sozialen Wirklichkeit aufrechterhaltende klinische Methode, wie primitiv die Analyse der wissenschaftlichen Tatsachen auch immer gewesen sein mag, und die überaus wissenschaftliche, aber sterile Laboratoriumsmethode. Kürzlich hörte ich einen alten Kliniker ausrufen: „Wir haben mit Psychodrama, Soziodrama und Rollenspiel einen guten Anfang gemacht, doch wohin führen uns diese Harvard-Forscher?" Zwischen diesen beiden Extremen, der unmenschlichen Laboratoriumsversuche und der allzumenschlichen und magischen der medizinischen Praxis steht uns eine dritte Möglichkeit als Ausweg offen. Dieser Ausweg ist die „*soziometrische Revision*" der experimentellen Methode. *Bei der Konstruktion eines Experimentes war ich daher immer bestrebt, so viel wie möglich der Lebenslage zu entsprechen und ihre Komplexität eher zu vergrößern als zu reduzieren.* Dadurch wurde es mir möglich, meine Theorien in Übereinstimmung mit der sozialen Wirklichkeit zu formulieren. Einige der gesichertsten Ergebnisse der Soziometrie sind auf diese Weise erhalten worden, z. B. die Abweichung von den Wahrscheinlichkeitsstudien sozialer Konfigurationen oder die konsequente Formulierung des psycho-sozialen Netzwerks und der Kommunikationshypothese auf Grund der Untersuchungen spontaner oder künstlicher Gerüchte. Die Kommunikationshypothese ist bedeutungsvollerweise von Charles P. Loomis angewandt und kürzlich bestätigt worden.

A. Gruppendynamik

Die soziometrische Forschung und Begriffsbildung hat sich besonders günstig auf die Anordnung der Experimente ausgewirkt. Sie ist lebensnäher und erfolgversprechender geworden. Das traditionelle kulturelle Nachhinken des Akademikers und altmodischen Laboratoriumforschers wird keinesfalls durch „das neue soziometrische Labor" kompensiert. Dies soll an Hand neuerer Arbeiten nachgewiesen werden. Gegenwärtig sind zweierlei Abweichungen von der adequaten soziometrischen Versuchsanordnung zu beobachten: das gesteuerte Experiment mit seinen bekannten Grenzen und das schlecht geplante, dessen Unzulänglichkeit den Forschern nicht bewußt ist. Seine schlechte Anordnung geht auf eine ungenügende analytische Vorbereitung zurück. Ein Beispiel hierfür ist Lewins Experiment im demokratischen und autokratischen Milieu, das ich an anderer Stelle mit einem meiner früheren auf dasselbe Problem bezogenen Experimente verglichen habe. Meine Fragestellung richtete sich nach der Produktivität der verschiedenen Forschungsrichtungen. Nach eingehender Analyse kam ich zum Schluß, daß Lewins Vorgehen zwar logisch elegant, aber ungenügend in seinen Voraussetzungen ist. Er beging zwei Fehler! Einmal hat er die soziometrische Lage zu wenig in Betracht gezogen, denn durch die Soziometrie war die Gruppe als dynamische Struktureinheit entdeckt worden. Bei der Gleichsetzung der beiden Gruppen vor den Experimenten im demokratischen und autokratischen Milieu hätte diese Entdeckung berücksichtigt werden sollen. Da die Gleichsetzung der Gruppen unbefriedigend war, konnte auch das Experiment an sich nicht befriedigend ausfallen. Der zweite Fehler bestand darin, daß die Rolle des autokratischen Führers vielleicht einem Menschen zugeteilt worden ist, der sich eher zum demokratischen oder überhaupt nicht zum Führer geeignet hatte, und daß die zum demokratischen Führer ernannte Versuchsperson einen autokratischen Führer unter Umständen hätte besser darstellen können. Wer weiß? Mit anderen Worten: die für die Entwicklung der beiden Atmosphären wichtigsten Anordnungen sind ohne die nötige Auswahl, Klassifikation oder Rollenvorbereitung getroffen worden. Im Gegensatz hierzu ist mein Experiment ganz naiv und ohne Anspruch auf logische Eleganz ausgeführt worden; doch hatten wir den empirischen Beweis, daß die Hausmütter in Hudson auf Grund ihrer Neigung, der Erfordernisse und Ausübung ihres Berufes den Zöglingen in den einzelnen Häusern gegenüber eine autoritäre Rolle einzunehmen pflegten, während die Soziometriker ihnen in demokratischen Rollen gegenüber traten und schließlich das Studium der Gruppe ohne einen gewählten Führer begannen; Führung entwickelte sich spontan aus der Gruppe.

B. Interaktionsanalyse

An dieser Stelle wollen wir auch das Werk von Robert F. Bales kritisch betrachten. Während Lewins Irrtum offen zutage tritt, bleiben die Irrtümer Bales verborgen. Er unterläßt es nämlich, gewisse Voraussetzungen zu analysieren oder zu diskutieren. Da seine Interaktionsstudien zugegebenerweise durch Gruppenpsychotherapie und Rollenspiel angeregt worden sind, wollen wir die von ihm beschriebene Methode mit den Vorgängen in einer typisch psychodramatischen Situation vergleichen. Bales berichtet: „Die Beobachter kommen sich vor, als ob sie durch Fenster schauten. Diese Fenster sind Einbahnspiegel. Im Zimmer jenseits der Spiegel beschäftigt sich eine Menschengruppe mit der Lösung eines Schachproblems. Die Gruppenmitglieder wissen, daß sie beobachtet werden. Es ist ihnen auch bekannt, daß die Rückseite der Spiegel transparent ist und die dahinter sitzenden Beobachter mit Tonbandgeräten ausgerüstet sind. Die Beobachter können von den Versuchspersonen aber nicht gesehen werden. Wenn diese umherschauen, sehen sie im Spiegel nur sich selbst. Die Beobachter haben eine Anzahl von Kategorien und Bewertungstabellen vor sich.“[11]

Die soweit beschriebene Methode unterscheidet sich kaum von gewissen

[11] F. Bales, „Interaction Analyse“.

psychodramatischen Experimenten, wie wir sie früher ausgeführt haben; die Methode der Interaktionsanalyse ähnelt der von mir in meinem Stegreiftheater-Experiment (1923)[12] und später in Hudson verwendeten. Ob die Beobachter von den Versuchspersonen gesehen werden können oder nicht, ist für die Methode unbedeutend. Der Unterschied liegt in dem, was Bales über die Versuchspersonen zu berichten unterläßt, nicht weiß oder für unwichtig hält. Wir erhalten keine Selbstbewertung der Akteure. Die Bedeutung der Versuchssituationen für den Beobachter liegt auf der Hand. Er bemüht sich, das Verhalten der in Interaktion begriffenen Versuchspersonen in eine Anzahl von ihm konstruierter Kategorien einzuordnen. Doch sagt man uns nicht, und wir können es auch nicht wissen, ob diese Situationen für die Akteure irgendwelche Bedeutung haben. Wie sind sie überhaupt in die Harvard-Laboratorien gekommen? Waren sie sich zuvor unbekannt oder bekannt? Nach welchen Kriterien sind sie ausgewählt worden? Man sagt uns, sie spielen Schach. Doch sind sie wirklich erfahrene Schachspieler? Ist ihre Geschicklichkeit im Schachspiel das Kriterium ihrer Wahl gewesen? Warum sollen sie Schach spielen? Vielleicht würden sie lieber im Garten spazieren oder zu einer Tasse Kaffee Zigaretten rauchen, tanzen oder ein Basketballspiel besprechen. Wer trifft für sie die Entscheidungen? Sofern die Situationen den Akteuren vorgezeichnet worden sind, ist es unterlassen worden, uns davon zu unterrichten. Im Gegensatz zur Methode Bales pflegt der soziometrische Experimentator uns ein möglichst vollständiges Bild des Aktionsmilieus und der Akteure zu vermitteln. Er gibt Auskunft über die Beziehung der Akteure zur gegenwärtigen Situation, ob sie für das Rollenspiel bezahlt werden, vertraute Mitarbeiter oder Voluntäre sind, ob es sich um Studenten handelt oder um Patienten, die ihre eigenen Probleme zu lösen versuchen. *Der Psychodramatiker beschränkt sich nicht auf den Beobachter und sein Objekt. Er ist ebenso besorgt um die Akteure und ihr Objekt. Der Spontanzustand der Akteure, ihre Erwärmung und die Unterschiede in den Erwärmungsprozessen von Akt zu Akt sind ihm erstes Anliegen.* Aus methodischen Gründen ist es wichtig, mit den die äußeren und inneren Handlungen der Versuchspersonen bestimmenden Bedingungen vertraut zu sein. Sofern jedoch der Experimentator die Gesamtsituation der Versuchspersonen kennt, ist sein Ausgangspunkt für die Beurteilung einzelner Aspekte ein weit besserer. Bei der Balesschen Methode liegen wie im psychologischen Tierexperiment sämtliche Entscheidungen im Willkürbereich des Forschers. In der echten psychodramatischen Situation ist der Beobachter nur ein Teil des Ganzen. Bales ist in erster Linie um die richtige Bewertung der Beobachter besorgt. Des Akteurs eigene Welt behandelt er wie ein unvermeidliches, sich „außerhalb" seines Gesichtskreises befindendes Übel. Seine Wissenschaft ist die des Beobachters und nicht die der Akteure und ihrer Handlungen. Das Referenzsystem bezieht sich auf die

[12] Vergl. *Das Stegreiftheater*, S. 197-219.

Beobachter und nicht auf die handelnden Versuchspersonen, ebenso wie die verwendete Methode dem Beobachter und nicht den Akteuren entspricht. Diese Kritik schmälert den möglichen Wert der von Bales aufgestellten Kategorien nicht. Doch können wir auf Grund unserer Erfahrungen sagen, daß wir dank dieser zu einer befriedigenden Erklärung der sich zwischen zwei Individuen abspielenden Interaktionen kommen können. Mit unserer Kritik beabsichtigen wir nachzuweisen, daß Bales von einer unzulänglichen Aktionstheorie ausgeht, ohne der Spontaneitätstheorie Rechnung zu tragen oder in seinen Experimenten den Versuchspersonen den ihnen gebührenden Platz einzuräumen. Bei Untersuchungen der Aktion und Dynamik der Gruppe stellt eine unzulängliche Aktionstheorie eine ernste Gefahr für die experimentelle Arbeit dar. Es resultieren im Prinzip falsche Experimente und schlecht fundierte Verallgemeinerungen[13].

C. Analyse der soziometrischen Perzeption, eine Erweiterung der Tele-Theorie

Im Jahre 1942 beschrieb ich eine Version des soziometrischen Tests, die ich „soziometrische Selbstbewertung“ nannte und die heute als „soziometrischer Perzeptionstest“ bekannt ist. Die Versuchsperson geht schrittweise vor:

1. Schritt: Es werden alle gegenwärtig für das betreffende Individuum wichtigen Situationen aufgezählt sowie die in dieselben Situationen verwickelten Menschen und ihre jeweiligen Rollen.

2. Schritt: Die Versuchsperson gibt sich Rechenschaft über ihre Gefühle für einen jeden dieser Menschen. Sie stellt sich vor, an einem soziometrischen Test teilzunehmen und schreibt ihre Wahlen und Ablehnungen in der ihrem Stärkegrad entsprechenden Reihenfolge auf. Die Motive jeder Wahl oder Ablehnung werden angegeben.

3. Schritt: Die Versuchsperson unternimmt es, die ihr von diesen Menschen entgegengebrachten Gefühle zu erraten und zu begründen.

4. Schritt: Die Versuchsperson schätzt die Beziehungen dieser Menschen untereinander ab.

5. Schritt: Nach ihrer Selbstbewertung kann die Versuchsperson einen vertrauten Bekannten um eine unabhängige Bewertung bitten.

6. Schritt: Wert und Zuverlässigkeit des soziometrischen Selbstbewertungstests können durch den soziometrischen Test geprüft werden. Er wird am besten nach der Selbstbewertung der einzelnen Gruppenmitglieder in der Gruppe ausgeführt. Die auf Intuition beruhenden Ergebnisse des soziometrischen Perzeptionstests können dann mit den Ergebnissen des soziometrischen Tests, d. h. mit dem wirklichen Status der Versuchsperson, verglichen werden.

Ich habe mit diesem Test ausgedehnte Untersuchungen ausgeführt. In jüngerer

[13] Vergl. René König, *Die Gruppe im Sport und die Kleingruppenforschung*, Sonderheft 10 der KZfS., herausgegeben von Günter Lüschen, Westdeutscher Verlag, Köln u. Opladen, 1966, S. 7.

Zeit haben sich Paul Maucorps und besonders Renato Tagiuri damit beschäftigt. Diese Tendenz der soziometrischen Forschung geht auf einen bislang wenig erforschten Aspekt der Teletheorie zurück.

Seit einiger Zeit wissen wir, daß Tele nicht nur einen konativen sondern auch kognitiven Aspekt hat und beide Aspekte die Wahlen und Ablehnungen bestimmen. „In Gruppen kleiner Kinder ... bleibt nach der Entwicklung der Fähigkeit, mit einem Partner in spontane gegenseitige Beziehung zu treten, dies kein einmaliges Ereignis. Die Kinder entwickeln den Sinn für Begegnungen mit anderen Personen, die ebenfalls einen Sinn für zwischenmenschliche Wahl entwickelt haben." P. Deutschberger kommt in einem dieses Problem betreffenden Artikel zu folgendem Schluß: „Tele ist in der Gesamtheit eines sozialen Atoms nicht gleichmäßig wirksam, sondern wirkt sich einesteils in einer Region mit großer Teleempfänglichkeit und genauer Perzeption der zwischenmenschlichen Beziehungen und andernteils in einer unstrukturierten Region aus, die durch unentschiedene und zufällige Wahlen mit entweder negativer oder positiver Reziprozität gekennzeichnet ist. In diesem Bereich zwischen Tele- und Zufallsebene, in dem der Wunsch nach Wahlerwiderung und falsche Perzeptionen zum Ausdruck kommen, spielen sich die meisten pathologischen zwischenmenschlichen Beziehungen ab. In Übereinstimmung mit dieser Feststellung habe ich das Gebiet zwischen der Tele- und der reinen Zufallsebene als Infratele (am weitesten vom Zufall entfernt), Einfühlungs- und Übertragungsebene bezeichnet.

In den Soziogrammen sind mir häufig Individuen aufgefallen, die zwar oft gewählt werden, deren eigene Wahlen aber unerwidert bleiben. Sie fühlen sich demzufolge isoliert und einsam. Bei der Analyse solcher Fälle stellt man fest, daß diese Individuen den von ihnen gewählten Personen starke Gefühle entgegenbringen, ohne sich jedoch über die Gefühle jener Personen Gedanken zu machen. Ebensowenig interessieren sie sich für Personen, von denen sie gewählt werden und deren Wahl sie nicht erwidern. Zur Zeit der Wahl scheint ihr konatives Tele stark, ihr kognitives Tele hingegen schwach zu sein. Ich habe solche Individuen in psychodramatischen Sitzungen einem Rollentest unterworfen und festgestellt, daß ihre Perzeption für die sozialen Rollen der von ihnen gewählten Individuen schwach war und in keinem Verhältnis zu deren Gefühl der Ehrfurcht und Bewunderung für Personen mit Status und Rollen stand, mit denen sie sich identifizierten. Es zeigte sich eine Störung auf der Rollenebene. Ein hoher Grad der Rollenerfüllung stand einem niederen Grad der Rollenperzeption gegenüber, analog dem Konflikt auf zwischenmenschlicher Ebene, wo ein hohes konatives Tele einem niederen kognitiven Tele gegenüber stand.

Als ich den Selbstbewertungstest (soziometrische Perzeption) einführte, war ich der Annahme, daß die Intuition solcher Individuen geweckt werden könnte, ihre Wahlen daraufhin adequater ausfallen und ihr soziometrischer Status sich bessern würde. Diese Hypothese hat sich in zahlreichen Fällen als richtig erwiesen.

Tagiuri variierte meine ursprünglichen Untersuchungen. Er führte den eigentlichen soziometrischen Test und den soziometrischen Perzeptionstest gleichzeitig aus und unterließ es, soziometrische Kriterien zu berücksichtigen. Im Hinblick auf empfindliche perzeptionelle Reaktionen dürfte die Gleichzeitigkeit der Tests nachteilig sein. Es ist verwirrend, sich gleichzeitig auf zwei verschiedene Brennpunkte zu konzentrieren. Der eine Test ist phantasievoll und hat autistisch-autonomen Charakter, der andere ist objektiver, realistischer und kollaborativer Natur. Für die Versuchspersonen ist es schwierig, zur selben Zeit von einem Fokus zum anderen zu wechseln; diese Umstellung erfordert eine Pause zur Reorientierung. Die Erfahrung mit großen Untersuchungsreihen werden uns zeigen, welche der Testanordnungen erfolgreicher ist. Je nach dem sollten die beiden Tests dann zusammen aber unmittelbar auf den wirklichen Test folgend, oder ohne Zusammenhang mit dem soziometrischen Test ausgeführt werden.

Ich habe einen dem soziometrischen Perzeptionstest ähnlichen psychodramatischen Perzeptionstest eingeführt, der auch „Aktionsperzeptionstest" genannt wird. In seiner ersten Phase wird die Versuchsperson aufgefordert, einige bedeutungsvolle Situationen zu nennen, deren Erlebnis von ihr im Laufe einer gegebenen Zeit erwartet wird (demnächst, morgen, in einer Woche etc.), die Begegnung mit ihrem Gatten, Arbeitgeber, Kind usw. Der Protagonist soll die Art seines vermutlichen Verhaltens und seine Vorstellungen von den Handlungen der betreffenden Personen in der zu erwartenden Lage schildern. In der zweiten Phase des Tests muß sie die Situationen ohne Hilfs-Iche darstellen, d. h. alle Rollen selbst spielen, den Konflikt darstellen und die Lösungen, die sie oder die Koprotagonisten vorschlagen. Während sich der soziometrische Perzeptionstest auf die Perzeption von Gefühlen bezieht, richtet sich der psychodramatische Perzeptionstest auf die Wahrnehmung von Aktion und Interaktion.

Eine Fehlerquelle im soziometrischen Perzeptionstest wie auch im eigentlichen soziometrischen Test ist die „ungenügende Erwärmung" des Subjektes für die von ihm zu bewertenden oder zu perzipierenden Situationen. Wird der erste Schritt in den oben gegebenen Instruktionen ausgelassen, so sind die Reaktionen des Subjektes, meiner Erfahrung nach, nur schlecht gezielt. Stehen ihm die Kriterien der Lage, in welcher er mit gewissen Individuen handeln soll, nicht vor Augen, so verlieren die Resultate an Bedeutung. Der Vergleich mit dem eigentlichen soziometrischen Test wird ungenau und bis zu einem gewissen Grad zwecklos. Es darf angenommen werden, daß die Genauigkeit der sozialen Beurteilung der Beziehungen einer Versuchsperson zu anderen Individuen und deren Beziehungen untereinander proportional dem Grad der soziometrischen Entfernung der Versuchsperson von diesen Individuen abnimmt.

III. SOZIOMETRIE UND THERAPIE

A. Gruppen-Psychotherapie

1. Einleitung

Die Soziometrie findet ihre therapeutische Anwendung in der Gruppenpsychotherapie. Diese hat ihre wissenschaftliche Grundlage in der „Wissenschaft der Gruppe", die wiederum gerade in den Vereinigten Staaten von Amerika besondere Bedeutung für die Erhaltung des sozialen Gleichgewichtes zukommt.

Die Gruppenpsychotherapie ist heute das am weitesten ausgedehnte und bedeutendste Anwendungsgebiet der Soziometrie. Sie bringt das Individuum zur Konfrontation mit anderen Gruppenmitgliedern, löst es aus seiner Verkapselung heraus und veranlaßt es, die eigenen Probleme und deren Lösungsmöglichkeiten in einem klareren Licht zu sehen und die Möglichkeiten der eigenen Persönlichkeit zweck- und zielgerichtet zu verwirklichen.

2. Ursprünge der Gruppenpsychotherapie

Die Priorität der Gruppenmethoden ist schwer zu bestimmen, da ihresgleichen seit Anbeginn unserer Kultur bewußt oder unbewußt angewandt worden sind (Sokrates, Paulus, Mesmer). Präziser zu bestimmen sind die Anfänge der *wissenschaftlichen* Grundlagen der Gruppenpsychotherapie. Sie sind vornehmlich von Moreno in den USA entwickelt worden.

Neben verschiedenen speziellen Gruppenmethoden ist in den USA eine besondere Bewegung entstanden, die sich vieler Methoden bedient und die Psychiatrie der ganzen Gemeinschaft zum Ziele hat. Dieses Vorgehen innerhalb der Gemeinschaft (community approach) verlieh der Bewegung ihre besondere Stärke und bewirkte ihre Verbreitung in allen Staaten, später in der ganzen Welt, besonders in Großbritannien und Frankreich.

Die erste Tagung für Gruppenmethoden fand im Mai 1932 im Rahmen einer Zusammenkunft der amerikanischen Psychiater-Assoziation[14] in Philadelphia statt. Ein ähnliches Ereignis hätte sich in Rußland zur selben Zeit kaum zutragen können. Zweifellos hätte sich in einem entsprechenden Fall die Regierung eingeschaltet und die Vertreter dieser neuen Richtung nach Sibirien geschickt.

Wegbereiter der Gruppenpsychotherapie in Amerika waren bis 1936 Ärzte wie Moreno, Pratt, Marsh und Emerson; Psychoanalytiker fanden sich nicht darunter. Zu Anfang der Gruppentherapie, d. h. zwischen 1925 und 1936, lag ihr Schwerpunkt ganz auf den Prozessen der therapeutischen Interaktion. Der Erforschung kleiner Gruppen (small group research), Soziometrie und später Gruppendynamik,

[14] „Anwendung der Gruppenmethode auf die Klassifikation", der Titel des ersten Buches über Gruppenpsychotherapie; 31. 5. 1932. Tagungsleiter: William, Alanson White.

wurde besondere Aufmerksamkeit geschenkt. Die Einführung der Termini „Gruppentherapie" und „Gruppenpsychotherapie" (1931) und anderer zu den Gruppenprozessen in Beziehung stehender Bezeichnungen wie „therapeutische Interaktion", „Soziogramm", „Soziostasis", „soziodynamisches und soziogenetisches Gesetz" erfolgte in jener Zeit durch Moreno.

Psychoanalytische Begriffe wie „Es", „Ego", „Superego", „Übertragung" und „Ödipuskomplex" sind erst später (zwischen 1936 und 1945) in die Gruppentherapie eingedrungen. Da sich in ihnen eine ganz auf das Individuum bezogene Theorie ausdrückt, die den kollektiven Prozessen und Gruppenstrukturen nicht gerecht wird, ist in der Entwicklung der Gruppenpsychotherapie eine Verwirrung eingetreten. Obgleich auf semantischer Ebene eine solche Therapie psychoanalytisch zu sein scheint, beruht ihre Wirksamkeit dennoch auf zwischenmenschlicher Interaktion. In den letzten Jahren ist der psychoanalytische Einfluß allerdings wieder zurückgegangen oder hat ganz besondere Formen angenommen.

3. Gegenüberstellung der Gruppenpsychotherapie in Amerika und Rußland

Die kommunistische Kritik an der Gruppenpsychotherapie unterliegt zweierlei Irrtümern. Der erste Irrtum ist politisch-dialektischer Natur und beruht auf der Unterstellung, den Wissenschaften werde in den Bourgeois-Ländern eine andere Bedeutung beigemessen als in den kommunistischen Ländern. Ein weiterer Irrtum bekundet sich in der Annahme, der in Amerika praktizierten Gruppenpsychotherapie lägen psychoanalytische Theorien zugrunde. Dem ist jedoch nicht so. Die Gruppentherapie in USA geht auf eine besondere Wissenschaft der Gruppe zurück und nicht auf die Psychoanalyse. Sie bedient sich der wissenschaftlichen Methoden der Soziometrie, Sozialpsychologie, Soziologie und Gemeinschaftspsychiatrie. Heimgruppen und Familien, Werkgruppen und klinische Gruppen stehen im Brennpunkt ihres Interesses[15].

Die jüngste Literatur der kommunistischen Länder bringt die zunehmende Ähnlichkeit der sozialen Studien in beiden Welten zum Ausdruck, was auf die Möglichkeit einer echten wissenschaftlichen Koexistenz hinweist[16, 17]. Die Tendenz zur Kontinuität der Wissenschaft, zumindest der Forschung, ergibt die erste Möglichkeit einer Annäherung. Selbst große politische Differenzen können nicht für immer Denken und Forschung blockieren. Alle Versuche in dieser Richtung haben sich als unwissenschaftlich erwiesen, wie z. B. die Diffamierung der Ein-

[15] Vgl. Moreno, J. L., *Who shall survive?* 1934, Nervous u. Mental Disease Pub. Co. Washington, D.C., revid. Ausgabe 1953.

[16] Winn, Ralph B., *Psychotherapie in der Sowjetunion*, Vortrag Psychotherapietagung Moskau 1956; publiziert: Philosophical Library New York City 1961.

[17] Hiebsch, H., und Vorweeg, M., *Sozialpsychologie im Sozialismus*, Internationales Symposium marxistischer Sozialpsychologie, Jena 1964, publ. VEB Deutscher Verlag der Wissenschaften, Berlin (DDR) 1965.

steinschen Relativitätstheorie auf dem Gebiete der Physik oder die Ablehnung der Theorien Mendels auf dem Gebiet der Biologie. Trotzdem steht der gewaltige Einfluß der Oktoberrevolution auf Rußlands soziales System außer Frage.

Vorteilhafterweise konnte sie wirksame Formen einer sozialen Therapie in die Struktur der kommunistischen Gesellschaft integrieren. Zum Nachteil gereichte dem Kommunismus aber seine Abneigung gegen die Untersuchung kleiner Gruppen und die mangelnde Anwendung der Gruppentherapie auf die in die Millionen gehenden kleinen Gruppen und Unterstrukturen in Familien, Fabriken, Schulen usw. Experimentelle wissenschaftliche Gruppenpsychotherapie, moderne soziale Psychologie, Soziometrie und Gruppendynamik hätten sich in der Revolutions- und Kriegszeit in Rußland nicht entwickeln können. Sie bedurften eines milderen Klimas.

Ein Vergleich zwischen der Gruppenpsychotherapie in den kommunistischen und bürgerlichen Ländern muß von der Hypothese der Kontinuität der Wissenschaft ausgehen und nicht von der Spaltung der Wissenschaft in gegensätzliche Gedankenrichtungen. Die Unterscheidung zwischen einer sowjetischen und bürgerlichen Gruppenpsychotherapie, zwischen sowjetischer Sozialpsychologie und bürgerlicher Sozialpsychologie, sowjetischer Soziometrie und bürgerlicher Soziometrie verstärkt lediglich die modernen Spaltungstendenzen und verletzt das Ziel jeder Wissenschaft, eine gemeinsame Theorie und gemeinsame Forschungsmethoden einzuführen. Sie entspräche zwei verschiedenen Raumwissenschaften mit kommunistischen und amerikanischen Raumschiffen. In Wirklichkeit lernen die Raumwissenschaftler aber glücklicherweise voneinander und ergänzen sich, anstatt unversöhnliche Gegensätze zu schaffen.

a) Verschiedene Bedingungen in Sowjet-Rußland und Amerika

aa) Auffassung der Persönlichkeit

Die kommunistische Kritik an der Gruppenpsychotherapie bekundet sich in der Annahme, die Individual- und Gruppenpsychotherapie in Amerika bediene sich einer von der Psychoanalyse geprägten Persönlichkeitstheorie. Ein Blick in die anerkannten Lehrbücher über die in den USA vertretenen Persönlichkeitstheorien ergibt ein anderes Bild. Zahlreiche Theorien konkurrieren miteinander. Keiner kommt Allgemeingültigkeit zu. Nur zwei Richtungen sind psychoanalytisch orientiert. L. Bischof[18] schildert elf bedeutende Theoretiker: Freud, Sheldon, Murray, Jung, Adler, Sullivan, Horney, Moreno, Rogers, Allport und Murphy. Sakakian[19] bespricht zwanzig Theoretiker, Lindzey und Hall[20] beschreiben ihrer

[18] Bischof, L. J., *Interpreting Personality Theories*, Harper u. Row, New York, Evanston, Ill., u. London 1964.

[19] Sakakian, William S., Rand McNally & Co. 1965, *Psychology of Personality.*

[20] Lindzey, Gardner, und Hall, Caloins, *Theories of Personality*, John Wiley and Sons, Inc. New York, 1965.

fünfzehn. Demgegenüber finden wir in Rußland nur eine grundlegende Theorie: das Paslowsche System.

Die Annahme der kommunistischen Kritiker, der Gruppenpsychotherapie lägen analytische Konzeptionen zugrunde, zeigt, wie wenig ihnen die Geschichte der gruppenpsychotherapeutischen Bewegung in den USA bekannt ist. Sie scheinen sich nicht immer der Tatsache bewußt zu sein, daß die älteste Zeitschrift auf diesem Gebiet, „Group Psychotherapy“ – die jetzt im 19. Jahr publiziert wird – im Prinzip keine psychoanalytischen Theorien vertritt, sondern der Verbreitung neuer Erkenntnisse über Interaktion und „Acting out“, Gruppenstruktur und Gruppenmessung, Lerntheorie und Gemeinschaftspsychiatrie dient.

Im übrigen gibt es in Amerika zwei große Gesellschaften für Gruppenpsychotherapie. Die älteste, 1941 gegründete, ist nicht analytisch. Sie untersucht und behandelt Gemeinschaftsprobleme und betrachtet das Individuum stets im Rahmen der Gruppe. Unglücklicherweise hat sich die später entstandene Gesellschaft ebenfalls der Bezeichnung „Gruppenpsychotherapie“ bedient, obwohl der Terminus „Gruppenanalyse“ ihren Konzeptionen und Methoden gerechter würde.

Trotz einiger intermediärer Strömungen bestehen in Amerika große Unterschiede zwischen Gruppenpsychotherapie und Gruppenanalyse. Die kommunistischen Kritiker scheinen mit der psychoanalytisch orientierten Gruppenpsychotherapie vertrauter zu sein als mit der nicht analytischen. (Vgl. die zwei größten Bibliographien der Gruppenpsychotherapie von Corsini, Putzi[21] sowie Lubin[22].)

ab) Ziel der Gruppenpsychotherapie

Die gruppenpsychotherapeutische Bewegung in der westlichen Welt hat, wie die russische Gruppentherapie, die Erschaffung einer „*therapeutischen Gesellschaft*“ zum Ziel[23]. Beide Richtungen unterscheiden sich nicht in ihrem Bestreben, wohl aber durch die verwendeten Methoden.

ac) Verbreitung der Gruppenpsychotherapie

Von Amerika ausgehend fand die Gruppenpsychotherapie von Anfang an eine globale Verbreitung. Sie wurde in 75 Ländern[24] eingeführt und auf die verschiedensten Probleme angewandt. Zwischen 1931 und 1954 befaßte sie sich mit den Problemen Jugendlicher, Alkoholiker, Allergiker, Aphasiker, schwieriger Kinder, Studenten, Krimineller, Süchtiger, Epileptiker, der Nachbarschaft, Familie, Ehe,

[21] Corsini, R. J., und Putzi, L., *The Bibliography of Group Psychotherapy* 1906–1956, Monograph No. 29, Beacon House, Beacon NY 1945.

[22] Lubin, B., *The Bibliography of Group Psychotherapy*, 1956–1964, publ. in *Group Psychotherapy*, Vol. XVII, Beacon House, Beacon NY 1964.

[23] Dieser Terminus wurde erstmals 1932 in den USA geprägt (Moreno). Er wird unabhängig davon in der UdSSR gebraucht.

[24] Vgl. Moreno, *International Handbook of Group Psychotherapy*, Philosophical Library, 1966.

Elternvorbereitung, des Alters, Militärs, der geistigen Unterentwicklung, Psychosen, physisch Behinderter, Prostituierter, Sprachgestörter, ferner des Unterrichts, der Heimschulen, gesellschaftlichen Clubs, der Berufsberatung etc. Die Zahl der in den USA über Gruppenpsychotherapie erschienenen Bücher und Arbeiten geht in die Tausende. (Vgl. die Bibliographien von Corsini[21] und Lubin[22].)

Vergleichszahlen entsprechender Publikationen in der Sowjetunion sind nicht zu erhalten, doch stehen sie zweifellos hinter den amerikanischen zurück. In ihrer Anwendung beschränkt sich die Gruppenpsychotherapie in Rußland auf die klinische Psychiatrie, nicht zuletzt auf Grund der Annahme, das kommunistische System übe ohnehin einen heilsamen Einfluß auf kleine Gruppen aus.

ad) Praxis der Gruppenpsychotherapie

Die Gruppenpsychotherapie russischer Psychiater unterscheidet sich nicht wesentlich von der ihrer amerikanischen Kollegen. Dr. Myassichev schreibt: „Der grundlegende Fehler der von ausländischen Spezialisten vertretenen Gruppenpsychotherapie geht auf Freud zurück. Wir haben andere leichter zu akzeptierende Varianten der Gruppentherapie wie z. B.: 1) die Diskussion über Art und Ursprung psychogener Erkrankungen zusammen mit den Patienten; 2) die Diskussion spezieller Fälle, 3) die Analyse eines typischen Falles in Anwesenheit anderer Patienten. Die Gruppenpsychotherapie ist keine Alternative der individuellen Behandlung, sondern ihre Ergänzung. Der Ratschlag des Arztes wird durch sie unterstützt und die individuelle Therapie in ihrer Wirkung verstärkt."

Die sowjetischen Psychiater sind der Ansicht, die Gruppentherapie in Kliniken sei nur im Verein mit den allgemeinen fürsorgerischen Maßnahmen ihrer „therapeutischen Gesellschaft" wirksam, also nur dann, wenn das Individuum nicht durch Arbeitslosigkeit bedroht ist, ihm eine seinen Fähigkeiten entsprechende Arbeitswahl, kostenlose Ausbildung, materielle Sicherheit in Krankheit und Alter garantiert werden, und Kindergärten und Heimschulen im ganzen Land in reichlicher Zahl vorhanden sind. Ihre Regierung sorgt bei ärztlicher Indikation für Arbeits-, Berufs- und Wohnungswechsel. In dieses therapeutische soziale System sind alle Sowjetbürger von Kindheit an eingegliedert. Zwar wird in bürgerlichen Ländern für ähnliche Einrichtungen Sorge getragen, doch sind diese nicht wie in der Sowjetunion ein integraler Bestandteil des Milieus des Patienten.

Die wichtigsten Gruppenmethoden in Amerika sind Gruppenpsychotherapie und Aktionstherapie, d. h. Psychodrama und Rollenspiel. Indikationsgemäß werden sie oft kombiniert. Aber auch individuelle Therapie und Gruppentherapie werden in der Praxis oft vereint.

ae) Politische Differenzen

Zur Lage in der Sowjetunion schreibt Dr. Ivanov[25]: „Die grundlegenden Ziele

[25] Int. Journal of Psychiatry, Vol. 2, No 2, 1966, USA.

der ausländischen Gruppenpsychotherapie werden in unserem Land durch die Organisation der Gesellschaft erreicht und durch die lebenslängliche Teilnahme aller Menschen an einem Kollektiv." Dieser Behauptung können wir uns nur fragend gegenüberstellen. Eine sorgfältige Untersuchung von Millionen kleiner Gruppen in der Sowjetunion, von Familien, Nachbarschaften, Fabriken, Arbeitslagern und Schulen würde vermutlich zeigen, daß selbst die hervorragenden Organisationen der Sowjetgesellschaft zur Bewältigung der zahlreichen emotionellen und kulturellen Störungen in ihrer Tiefe nicht ausreichen und die Organisation der Oberfläche allenfalls eine Teillösung darstellt. Sollte die Bevormundung durch die Sowjetregierung auf dem Gebiet der sozialen Experimentation allmählich fallen, wie dies bis zu einem gewissen Grad auf künstlerischem und intellektuellem Gebiet in den letzten Jahren geschehen ist, so würden Psychiater, Psychologen und Fürsorger Gruppenmethoden sicher auch in russische Gemeinschaften einführen. Mögen ihre Methoden von den unseren verschieden sein, die Probleme der Menschen sind nach Ansicht des Autors hier wie dort vorhanden und der Behandlung bedürftig. Diverse Formen der Gruppenpsychotherapie, des Gruppenpsychodramas und der Gemeinschaftspsychiatrie werden auch der Sowjetgesellschaft zur vollen Entfaltung ihres therapeutischen Potentials von Nutzen sein.

Die Lage in den USA ist durch folgendes gekennzeichnet: Eine der „sozialen Krankheiten" Amerikas ist die „Kohäsionsschwäche" der Volksstruktur. Könnten wir die soziale Struktur der ganzen Nation kartographieren, sozusagen alle zwischenmenschlichen Beziehungen in ihren positiven und negativen Aspekten mit Sympathien und Vorurteilen veranschaulichen, so würden wir vermutlich Millionen kleiner Gruppen sehen, deren jede sich um ihr eigenes Zentrum bewegt, zwischen denen in der Mehrzahl der Fälle aber keine Verbindungen bestehen. Es bedarf einer bindenden Masse, um diese Teile zusammenzufügen. Die modernen Methoden der Gruppenpsychotherapie – Soziometrie, Psychodrama und Gemeinschaftspsychiatrie – sind in dieser Richtung vielversprechend und haben auch schon einiges geleistet. Sie verwandeln Gebiete niedriger Kohäsion in Gebiete hoher Kohäsion, ohne die kleinen Gruppen in ihrer Freiheit und Spontaneität zu beschneiden. Die Gruppenkohäsion wird am Grad der Zusammenarbeit und Interaktion aller möglichen Untergruppen und Mitglieder in bezug auf den Zweck der Gruppe gemessen. In einer spontan wachsenden Gesellschaft steht und fällt die Kohäsion höchstwahrscheinlich mit der Zahl ihrer kleinen unabhängigen Untergruppen und dem Ziele, um die herum sie sich entwickeln.

Da eine freie demokratische Gesellschaft die Kristallisation und Ausrichtung vieler kleiner Gruppen auf zahlreiche unabhängige Ziele hin fördert, neigt sie zu einer niedrigen Kohäsion. Je autoritärer dagegen eine Gesellschaft ist, desto feindlicher ist sie der Entfaltung vieler unabhängiger Untergruppen gesinnt. Ihre Kohäsion ist demzufolge hoch. Die soziale Gesundheit einer Nation hängt bis zu einem gewissen Grad von ihrer Kohäsion ab. Für eine gesunde Gesellschaft muß das Ziel daher in der Vereinigung der größtmöglichen individuellen Freiheit mit höchster Kohäsion liegen.

In historischer Sicht dürfen wir behaupten, die Russen seien bei der Schaffung ihrer therapeutischen Gesellschaft von oben nach unten vorgegangen. Die therapeutische Gesellschaft sollte sich in der speziellen Struktur ihres sozialen Systems entfalten. In Amerika hingegen wurde der gruppentherapeutische Impuls von unten nach oben wirksam. Es wurden an so vielen Orten wie möglich therapeutische Gruppen organisiert. Während die Amerikaner von der persönlichen Freiheit ausgingen, begannen die Russen mit einer von oben diktierten Ordnung. Beide Methoden unterliegen jetzt einer Prüfung. Bewährt es sich mit Zwang und Diktatur zu beginnen und allmählich mehr und mehr Freiheit einzuräumen oder mit Freiheit zu beginnen und sich schließlich in größere Ordnung und äußeren Zwang zu schicken? Die Beantwortung dieser Frage wird die Zeit ergeben.

B. Psychodrama

1. „Symbolische Behälter"

Die Bedeutung des Kults oder „symbolischen Behälters" für die Entwicklung der großen Religionen ist wohlbekannt. In ihm kommt in ästhetischer oder symbolischer Form der Inhalt der betreffenden Religion zum Ausdruck, wie wir dies von der katholischen Kirche, der jüdischen Synagoge, der Moschee der Mohammedaner, der byzantinischen Kirche oder des buddhistischen Tempels her kennen. Die dramatische Geschichte des katholischen Glaubens wird durch Skulpturen und Gemälde von Propheten und Heiligen auf den Altarbildern der Kirche geschildert. Jeder symbolische Behälter stellt die Philosophie der betreffenden Religion auf konkrete Weise dar. Sobald der Gläubige die Kirche betritt, wird er von dieser Atmosphäre berührt und eingenommen.

Im Laufe der menschlichen Geschichte mag es zahlreiche Religionen und Therapien gegeben haben. Die meisten sind verschwunden und vergessen. Diejenigen, die sich erhalten haben, scheinen ihr Fortbestehen dem symbolischen Behälter zu verdanken, dessen Ausdruckskraft die menschliche Imagination, vornehmlich die der Intuitiven und Naiven, gefangen nimmt.

Die Psychotherapie kennt nur wenige symbolische Behälter. Lediglich ihrer zwei haben heutzutage besondere Bedeutung: die psychoanalytische „couch" und das psychodramatische Theater. Durch diese Mittler erfahren die psychotherapeutischen Prozesse eine lebendige Verankerung. Denn gleich den Religionen ohne Kult werden auch Psychotherapien ohne symbolische Vermittlung rasch in Vergessenheit geraten. In diesem Zusammenhang mag ein Vergleich zwischen psychotherapeutischen und religiösen Mittlern am Platze sein. Nicht gut läßt sich die „couch" mit religiösen Mittlern vergleichen. Sie ist ein „abstraktes Bett". Nur Abstraktionen des Lebens werden auf ihr zum Ausdruck gebracht, nicht das Leben und die Liebe selbst. Auf intellektuelle Weise soll Leben vermittelt werden – nicht das Leben, wie es sich in lebendiger Aktion manifestiert. Dadurch gehen dieser Therapie viele Aspekte der Therapie- oder Heilvermittlung ab, so z. B. das Element der Schönheit, das immer in die religiöse Therapie integriert war. Der Petersdom ist nicht nur Versammlungsplatz der Gläubigen, sondern auch Monument der Schönheit und menschlichen Verbundenheit. Auf ähnliche Weise wird im psychodramatischen Theater Wert auf Liebe und Schönheit gelegt; auf der physischen Aktionsebene zum Beispiel auf Farbe und Bewegung. Katharsis kann auf der ästhetischen Ebene der Partizipation stattfinden („ästhetische Katharsis") und eine wichtige Erweiterung der Handlungs- und Gefühlskatharsis sein.

Das psychodramatische Theater baut sich in verschiedenen Ebenen auf, deren jede ein anderes Lebensniveau darstellt. Von der unstrukturierten Ebene leitet es über das wenig strukturierte zum hochstrukturierten Niveau und schließlich dem durch eine Art Balkon dargestellten Niveau der Superstruktur über. Auf jeder dieser Ebenen erfordert die Handlung einen anderen Erwärmungsgrad. Gruppe und Handlung sind nicht streng getrennt, sondern fließen ineinander über und ergeben eine totale Handlungseinheit und den Eindruck einer alles umfassenden Liebe. Die architektonische Idee des psychodramatischen Theaters beeinflußte die Entwicklung der Raumbühne im Jahre 1924. Wenigstens im Prinzip sollte diese Art der Bühnenstruktur die Darstellung jeder Form physischen und geistigen Lebens ermöglichen. Sie gestattet das „acting-out" aller möglichen Extensionen des Bewußtseins und des Unbewußten. Der Schwerpunkt des Psychodramas liegt auf Leben und Tat.

2. *Wirklichkeits-Mehrwert*

Im Psychodrama werden nicht nur vergangene, gegenwärtige und zukünftige, real erfahr- und verstellbare Episoden gespielt und erlebt. Dies wäre ein Mißverständnis. Im Psychodrama können auch Erfahrungen gemacht werden, die über die Wirklichkeit hinaus ein neues und umfassenderes Wirklichkeitserleben ermöglichen.

Bei der Prägung des Terminus „Wirklichkeits-Mehrwert" (surplus-reality) ließ ich mich durch die Vorstellungen von Karl Marx über den „Mehrwert" beeinflussen. Unter Mehrwert wird jenes Anwachsen des Kapitals verstanden, das dem Arbeiter vom Arbeitgeber genommen wird. Der Wirklichkeits-Mehrwert bedeutet im Gegensatz dazu keinen Verlust, sondern eine Bereicherung der Realität durch eine Intensivierung und lebendige Anwendung der Imagination. Eine derartige Erweiterung der Erlebnisfähigkeit wird im Psychodrama durch besondere Methoden ermöglicht: die Hilfs-Iche, Doppelmethode, den leeren Stuhl, Rollenwechsel, Spiegelmethode, Zauberladen, den hohen Stuhl, das psychodramatische Baby, Selbstgespräche, Lebensprobe und andere Methoden. Zwar sind diese Methoden oft beschrieben worden, doch dürfte es wertvoll sein, auch im Zusammenhang mit dem Wirklichkeits-Mehrwert auf ihre Bedeutung hinzuweisen.

a) Das Hilfs-Ich

Das Hilfs-Ich (auxiliary ego) wird gewöhnlich als eine Person definiert, die einen Abwesenden darstellt; im Sinne des Wirklichkeits-Mehrwerts kann sie sich über Einschränkungen durch Geschlecht, Alter und Tod hinwegsetzen. Im Psychodrama kann ein Mann eine Frau spielen und umgekehrt. Es gibt kein Geschlecht im Psychodrama. Ein alter Mann kann ein Kind darstellen, ein Kind einen Greis. Es gibt kein Alter im Psychodrama. Ein Toter kann ins Leben zurückgerufen werden. Es gibt keinen Tod im Psychodrama. Das Psychodrama bedeutet die Rückkehr der Magie in die Wissenschaft. Es setzt quasi den ganzen Kosmos in Szene.

b) Der leere Stuhl

Der „leere Stuhl" wird als ein Stuhl definiert, der einen Abwesenden darstellt. Dieser braucht nicht unbedingt durch einen Stuhl symbolisiert zu werden, doch sollte das betreffende Objekt in irgendeiner Beziehung zu der dargestellten Person stehen. Dem Großvater kann ein alter bequemer Sessel, dem Kind ein Kinderbettchen gedient haben, dem Pfarrer eine leere Bank in seiner Kirche. Er wendet sich an die Bank, so als ob sie von Zuhörern besetzt sei. Für einen heimkommenden Sohn können um einen Tisch herum mehrere Stühle gestellt werden. Sie stellen die verschiedenen Familienmitglieder, Vater, Mutter, Schwestern und Brüder dar. Wichtig ist nur, daß der Stuhl, die Bank oder das Bettchen als von konkreten Personen besetzt erlebt werden, mit denen der Protagonist so lebhaft wie mit wirklich vorhandenen Menschen verkehrt. Das Erlebnis kann unter Umständen sogar stärker als in Wirklichkeit sein, da die wirkliche, der Spontaneität des Protagonisten entgegenwirkende Person nicht vorhanden ist. In Augenblicken starker Erregung übernimmt der Protagonist die Rolle des anderen, sitzt auf dem Stuhl, stellt den anderen dar, spricht und handelt für ihn. Dasselbe gilt für den Pfarrer, der die Rolle eines jeden Gläubigen übernimmt oder für die Mutter, welche die Rolle des Babys im Bettchen spielt, das geboren werden soll oder gestorben ist.

Die Methode des „leeren Stuhls" hat sich oft in politischen Kontroversen bewährt, so z. B. kürzlich in der Senatskampagne Keating–Kennedy. Es amüsierte mich, im Fernsehen und auf den Titelseiten der New Yorker Zeitungen mit Überschriften wie „Never Before a Debate Like This" Senator Keating vor einem leeren Stuhl gestikulieren zu sehen. Während der Debatte war der leere Stuhl vorhanden, doch als Robert Kennedy sich in den Sessel setzen wollte, gestattete Senator Keating es ihm nicht. Dieser Gebrauch des leeren Stuhls war untherapeutisch und lieblos. Es ist sehr wohl möglich, daß dieser Vorfall seine Nachwirkung am Wahltag hatte und Keatings Chancen verringerte. Jedenfalls war er von Millionen von Fernsehern beobachtet worden[26].

Es kommt auch vor, daß einer Frau ihr Mann unerträglich ist, selbst in der symbolischen Form des leeren Stuhls. Das Erlebnis ist in einem solchen Fall meist sehr stark. Kürzlich weinte ein Protagonist im Psychodrama, als ihm der leere Sessel des verstorbenen Vaters gegenübergestellt wurde. Er erlebte den Vater als anwesend und genauso kritisch wie zu Lebzeiten. Eine solche „psycho-dramatische Bewußtseinserweiterung" durch den „leeren Stuhl" ereignet sich recht häufig. Besonders bedeutungsvoll ist der leere Stuhl für Personen mit tiefen Schuldgefühlen, die aufgearbeitet werden sollen.

c) Körperlicher Kontakt

Jeder körperliche Kontakt ist eine grundlegende Form der Kommunikation. Oft ist es gut für den Patienten, berührt und umarmt zu werden. In manchen Fällen kann die Intimität und Wärme des körperlichen Kontaktes aber kontraindiziert sein. So wehren sich gewisse Schizophrene gegen Berührung und Umarmung. Sie lassen lieber ihre Hilfs-Iche symbolische und omnipotente Rollen darstellen. Oft erweisen sie sich als noch nicht reif für das direkte Eingreifen (the direct action approach). Sie müssen zunächst noch viele symbolische Handlungen erleben, bevor eine unmittelbare Begegnung akzeptiert werden kann.

d) Der Rollenwechsel

Ein Rollenwechsel findet statt, wenn zwei eng aufeinander bezogene Individuen ihre Rollen austauschen und sich gegenseitig darstellen. Zweck dieser Übung ist für die Agierenden, nicht nur auf intellektueller sondern auch auf der Aktionsebene, zu erfahren, was im anderen vorgeht. Im Sinne des Wirklichkeitsmehrwertes kommt dieser Methode besondere Bedeutung zu. So braucht der Mensch, mit dem die Rollen getauscht werden, nicht der wirkliche Vater oder die Frau zu sein, sondern kann auch durch ein Hilfs-Ich symbolisch repräsentiert werden. Im Jahre 1959 schlug ich während meines offiziellen Besuchs in Rußland als Applikation dieser Methode einen Rollenwechsel zwischen Premierminister Chruschtchow und Präsident Eisenhower bei ihrer ersten Begegnung in Washington vor[27]. Zweifellos wäre ein solcher Rollenwechsel ganz besonders interessant gewesen!

[26] The Evening News, Beacon and Newburgh, 31. 10. 1964.
[27] Moreno, J.L., „Encounter in Soviet-Russia", Prevention Magazine, 13. 9. 1963.

e) Der hohe Stuhl

Eine selten beschriebene Methode ist der „hohe Stuhl“, die als eine Erweiterung der „Methode des leeren Stuhls“ aufzufassen ist. Der mit Minderwertigkeitsgefühlen beladene und oft von einer feindseligen Welt umgebene Protagonist erklettert den alle Gruppenmitglieder überragenden Stuhl, um von dieser imposanten Höhe herunter mit ihnen oder den ihm im Leben feindlich gesinnten Personen zu sprechen.

Die erhöhte Position des Protagonisten vermittelt ihm ein Gefühl der Überlegenheit, das ihm im Leben abgeht. Tritt er jetzt seinem Chef oder Vater gegenüber, so ist er seinem Gefühl nach größer, reicher und mächtiger als sein Vater oder Chef.

f) Die Zukunftsprobe

Während die obengenannten Methoden die Entwicklung der Gefühle bzw. der Teleempfindlichkeit betreffen, gibt es zahlreiche Methoden zum Training des Verhaltens, so z. B. das Zukunftstraining, „die Probe fürs Leben“. Mit dieser Methode trainieren wir Menschen für Situationen, die in der nahen Zukunft zu erwarten sind – Anstellung, Begegnung mit dem künftigen Ehegatten –, aber auch für Situationen, die nie eintreten werden. Ein solches Training schult die allgemeine oder symbolische Empfänglichkeit für zukünftige Ereignisse.

Diese Proben fürs Leben können sich im Hinblick auf eine plötzliche Konfrontation mit Situationen von großer persönlicher und sozialer Wichtigkeit als äußerst hilfreich erweisen. Ich erinnere mich einer jungen verlobten Frau, die nach einer psychodramatischen Probe der ehelichen Situation zusammen mit ihrem Verlobten ihre Pläne änderte und die Verlobung löste.

g) Psychodrama und Politik

Ein amüsanter Artikel in der New York Times[28] beschreibt, wie Präsident Lyndon Johnson sich einer Zukunftsprobe bediente. Es wurde von der Anwendung des Rollenspiels und anderer psychodramatischer Methoden zur Vorbereitung einer wichtigen politischen Versammlung berichtet.

> „Am Donnerstag und Freitag besuchte der dicke, pfeiferauchende und äußerst artikulierte Harold Wilson das Weiße Haus. Zur Vorbereitung dieses Besuches ließ Herr Johnson David Bruce, den amerikanischen Botschafter in London, zu sich kommen und zwei Stunden lang die Rolle Harold Wilson's spielen, um auf diese Weise ein besseres Gefühl für die zu erwartenden Probleme entwickeln zu können.“

Der Präsident wollte sein Gefühl für eine in Bälde zu erwartende Situation schulen, um in kürzester Zeit soviel wie möglich zu erreichen. Es wäre inter-

[28] The New York Times, Sonntag, 19. 12. 1965, Sect. 4, S. 2E; „The News of the Week in Review.“

essant, zu ermitteln, inwieweit ihm die Zukunftsprobe das Erreichen dieses Ziels erleichterte.

Eine andere Zukunftsprobe auf politischer Ebene wurde von Jack O'Brien im Journal American unter dem Titel „Abe the Giant Killer" berichtet[29]. Diesem Bericht nach scheint der politische Kampf, welcher der Wahl John Lindsays zum Bürgermeister von New York am 1. 1. 1966 vorausgegangen ist, eine Reihe interessanter psychodramatischer Episoden enthalten zu haben. Die zwei sich gegenüberstehenden Männer, Abe Beame und John Lindsay, waren ihrer Herkunft und Persönlichkeit nach so verschieden wie nur möglich. Der kleine jüdische Emigrant von der East Side würde neben dem äußerst gewandten, ehemaligen Yale-Studenten überall, selbst in Vaudeville, eine dramatische Szene ergeben haben. Jack O'Brien berichtete über die Vorbereitung des Endkampfes in beiden Lagern. Beame ist auf eine Fernsehdebatte am Samstag, dem 30. Oktober, eingegangen und zur großen Überraschung der Millionen Zuschauer Lindsay besser den je entgegengetreten. Laut Jack O'Brien erwies er sich zu guter Letzt als „Abe the Giant Killer. Er ließ Lindsay keinen politischen Trick durchgehen, und zweifellos hat dieser äußerlich gewandte, glatte, junge Amerikaner dem sprühenden Beame ihrer viele gespielt. Welcher Kandidat die Wahl von morgen gewinnt, wird mit seinem Gewissen ins Reine kommen müssen."

Lindsay war über das meisterhafte Auftreten Beames überrascht. O'Brien schreibt folgendes darüber:

„Lindsay hatte vermutlich keine Ahnung von der intensiven Vorbereitung Abe Beame's für diese Fernsehdebatte. Kein Geringerer als Bobby Kennedy hat einen ganzen Nachmittag mit Beame in den Waldorftürmen geübt. Senator Kennedy spielte Lindsay's Rolle und ließ eine verfängliche Frage nach der anderen auf Beame hageln: Diese kompakte Zusammenfassung der möglichen Einwände seines Gegners war offenbar die beste Vorbereitung. Sie vermittelte Beame die Pose und Überzeugungskraft, die er für seine Auseinandersetzung mit seinem jugendlichen Gegner brauchte, zumal dieser Gegner eher einem Filmstar glich als einem Politiker und seine vielen Anklagen in zynisch kalter Weise darauf ausgerichtet hatte, die politische Reputation Beame's zu zerstören.

e) *Schlußfolgerung*

Dies waren nur einige Illustrationen des Wirklichkeits-Mehrwerts. Die Dimensionen des menschlichen Wirklichkeits-Mehrwerts auf diesem Planeten sind unendlich groß. Man kann die ganze kulturelle, religiöse, künstlerische, technische und philosophische Entwicklung der Menschheit im Sinne des Wirklichkeits-Mehrwerts verstehen. Gleich dem Astronauten im physikalischen Universum bewegt sich der Mensch als „Psychonaut" in allen Dimensionen des Kosmos.

[29] New York Journal American, Montag, 1. 11. 1965, Jack O'Brien's Spalte „On the Air".

IV. SOZIOMETRIE UND POLITIK

1. Einleitung

Die Anwendung der Soziometrie auf politische Probleme führte zu folgender These: Weder das auf kapitalistischen Vorstellungen aufgebaute, noch das auf dem wissenschaftlichen Sozialismus begründete demokratische System ist gesund; beide Systeme sollten durch ein umfassenderes auf empirische Tatsachen und experimentelles Beweismaterial zurückgehendes System ergänzt werden. Zur Lösung der gegenwärtigen Probleme der menschlichen Gesellschaft ist das soziometrische System besser geeignet als die kapitalistische Demokratie oder der wissenschaftliche Sozialismus. Der die Massen der Arbeiter ausbeutende Kapitalismus ist ein pathologisches Syndrom, das überwunden werden muß. Auf der anderen Seite muß aber auch das die individuelle Initiative auf ein Minimum reduzierende kommunistische System als gleichermaßen pathologisch betrachtet und demzufolge umgangen werden.

2. Soziometrische Methode und Marxismus

Vornehmlich während der letzten zehn Jahre haben marxistische Soziologen[30] sich kritisch mit der Mikrosoziologie und Soziometrie auseinandergesetzt. Ihre Angriffe haben mehrere Male eine heftige und persönliche Form angenommen. In einigen Büchern wurde ich als besonders markanter Vertreter der „bürgerlichen" Soziologie dargestellt. Art und Weise der Angriffe waren nicht wissenschaftlich objektiv, sondern im spekulativ aggressiven dialektischen Stil der marxistischen Doktrin gehalten. Da ich Hauptzielscheibe dieser Kritik bin, benütze ich hier die Gelegenheit zu einer Entgegnung. Die Ansicht, der Kapitalismus müsse als ein soziopathologisches Syndrom betrachtet und abgeschafft werden, teile ich mit Marx. (Vgl. „Soziometrie und Marxismus", S. 159, und „Experimentelle Methode und Gesellschaftswissenschaft", 1951.) Mit gleichem Nachdruck habe ich jedoch immer die Diktatur des Proletariats als ein diesem Zweck inadäquates Mittel abgelehnt und auf die Notwendigkeit einer tiefergehenden, die Mikrogruppen erfassenden und sich auf die Ergebnisse mikrosoziologischer und soziometrischer Forschung stützenden „soziometrischen Revolution" hingewiesen.

[30] Ausgelöst wurde die Kritik der Mikrosoziologie und Soziometrie durch die Übersetzung meines Buches „Sociometry, Experimental Method and the Science of Society", 1951, ins Russische für den Verlag für Ausländische Literatur, Moskau. M. Bachitow, „Mikrosoziologie und Klassenkampf", VEB Deutscher Verlag der Wissenschaften, Berlin 1961. Dieses Buch erschien zuerst auf Russisch in der Abteilung für sozio-ökonomische Literatur, Moskau 1958, später in ungarischer, rumänischer und deutscher Version. Die Namen weiterer führender Kritiker der Mikrosoziologie und Soziometrie sind in der Bibliographie zu finden.

(Vgl. Sociometry, Experimental Method and the Science of Society, S. 161–162, 167–169).

(1) Gruppen und Massen haben eine spezifisch soziale Struktur, die mittels soziometrischer Methoden erforscht, definiert und gemessen werden kann. (Hypothese I) Marx konnte sich zu seiner Zeit dieser Tatsache noch nicht bewußt sein. Ihm war die ökonomische Struktur der Gesellschaft das Hauptanliegen; ihre spezifisch soziale Struktur war ihm unbekannt. Hätten Lenin soziometrische Methoden zur Verfügung gestanden, so hätte die Oktoberrevolution vielleicht einen anderen Verlauf genommen.

(2) Marx sagte zwei Entwicklungsphasen der kommunistischen Gesellschaft voraus. In der ersten Phase nach sozialen Revolutionen „können Gleichheit und Gerechtigkeit noch nicht verwirklicht werden. Selbst ungerechte Unterschiede in der Güterverteilung werden noch eine Zeitlang existieren. Die Ausbeutung des Menschen durch den Menschen wird jedoch aufgehört haben. Der Lohn eines jeden wird sich nach der geleisteten Arbeit und nicht nach seinen Bedürfnissen richten". In der zweiten, höheren Phase der kommunistischen Gesellschaft, die nach unbestimmt langer Zeit eintreten soll, „wird die Menschheit von der formalen zur realen Gleichheit fortgeschritten sein und die Regel – von jedem nach seinen Fähigkeiten, für jeden nach seinen Bedürfnissen – in die Wirklichkeit umsetzen können". Über welche Stufen und praktische Maßnahmen die Menschheit sich diesem hohen Ziel nähern wird, „*wissen und können wir nicht wissen*", sagte Lenin[31]. Heutzutage kennen wir jedoch einige solcher praktischer Maßnahmen. Es gibt zwar noch vieles zu tun, doch können wir mit den soziometrischen Methoden wenigstens auf dieses Ziel hinarbeiten. *Wir können das Kollektiv allmählich so organisieren, daß ein jeder eine seinen Bedürfnissen entsprechende Produktivität entwickeln kann* (Hypothese II).

(3) Wie bereits erwähnt, werden bei der Gruppenbildung eine gewisse Anzahl potentieller Gruppenmitglieder ausgeschlossen oder zumindest nicht als Gruppenmitglieder gewählt. Diese ungewählten Menschen kommen nicht zu den gesellschaftlichen Veranstaltungen, sie werden selten eingeladen und finden oft nicht die richtige Gattin oder das erwünschte Einkommen. Dennoch sind sie oft die besten Glieder der Gesellschaft, so intelligent oder noch intelligenter als die anderen, aufmerksam, physisch anziehend und moralisch hochstehend. In Amerika und im übrigen Westen halten sich diese „Abgelehnten" für neurotisch oder nicht konkurrenzfähig und landen meistens auf der „couch" des Analytikers. In Rußland geht es diesen Unerwünschten ebenfalls schlecht. Stimmt ein Russe mit seinem sozialen System nicht überein, so gilt er zwar nicht als Neurotiker, jedoch als Verbrecher. Man denke an Pasternak. Ob ein Mensch von anderen Gruppen-

[31] „Handbook of Marxism, Lenin, The State and Revolution", Seite 156. International Publishers, New York 1935.

mitgliedern abgelehnt wird, ist abhängig von seiner soziometrischen Zugkraft, seinem Gruppen-„appeal“ und dem Bedürfnis der Gruppe für ihn. „Abgelehnte Personen“ werden bei einem Wechsel der Gruppe von einer neuen Gruppe oft vollständig integriert. Diese Tatsachen haben wenig mit Ökonomie zu tun. Gibt es doch ökonomisch arme Menschen, die soziometrisch reich sind. Manche Menschen haben ein zu großes emotionales Kapital, andere ein zu kleines. Diese Unterschiede können durch keine ökonomische Revolution ausgeglichen werden. In unserer Zeit verdient nicht nur das ökonomische, sondern auch das soziometrische Proletariat mit den Millionen Menschen, die, ob arm oder reich, dumm oder klug, ungewählt bleiben und von der Gruppe, in der sie leben, abgelehnt werden, unsere Aufmerksamkeit. Das soziometrische Proletariat beschränkt sich keineswegs nur auf Bourgeois-Länder, sondern ist in den kommunistischen Ländern ebenso vorhanden (Hypothese III).

Gegen die Verwendung des Wortes Proletariat wurde unter Hinweis auf die Abschaffung des Proletariats in Rußland besonders heftig protestiert. „Wir alle sind Arbeiter und arbeiten zusammen.“ Dem ist zu entgegnen, daß auch ohne den Gebrauch des Terminus Proletariat die Bedeutung meiner Ausführungen klar ist. Gewisse Formen der ökonomischen Ausbeutung mögen in der Sowjet-Union abgeschafft worden sein, die weniger leicht zu beseitigende soziometrische Ausbeutung geht aber auch in Rußland weiter. Sie ist beispielsweise auch eine Ursache der komplexen Güterverteilung in Rußland. Es gibt dort Menschen, die nicht mehr als 300–350 Rubel im Monat verdienen neben Rubelmillionären, Menschen mit mittlerem Einkommen, schönen Häusern, Kleidern und Automobilen. Zweifellos kann in Rußland keiner mit seinem Reichtum Ausbeutung betreiben. Aber auch in Rußland ist es nicht gleichgültig, ob man Millionär oder ein armer Schlucker ist.

Wann werden nun soziometrische Methoden eingesetzt? Immer sollten sie in einer echten Lebenslage, in situ, z. B. in einer Fabrik bei der Arbeit als Teil der Arbeitstherapie oder in Familien, Schulen und Gewerkschaften angewandt werden. Was für einen Wert haben soziometrische Methoden für die industrielle Produktion? Sie erhöhen die Produktion des Arbeitskollektivs sowie die Qualität, Zeit-, Material- und Arbeitsersparnis. Was für eine Bedeutung haben sie für die Erhaltung der psychischen Gesundheit? Die Desintegration der Persönlichkeit steht in enger Beziehung zur Desintegration der Gruppe. Soziometrische Methoden verbessern die zwischenmenschlichen Beziehungen unter den Arbeitern und heben die Arbeitsmoral. Moralische Werte fließen in die Gemeinschaft zurück (feedback).

3. Entwicklungen in den USA und der UdSSR

Man kann sich fragen, warum die dynamische Richtung der Sozialwissenschaft sich in Amerika und nicht in Sowjet-Rußland entwickelt hat. Dort wurde zwar ein sozialistischer Staat gegründet, für seine weitere Integration wichtige soziologische Methoden wurden jedoch in Amerika entwickelt. Nur in einem Lande mit einer großen Freiheit des Individuums und der kleinen Gruppen, das von keiner turbulenten sozialen Revolution erschüttert worden war, konnte dies möglich sein. Erforderlich war eine Regierungsform, welche die Erfindung und Anwendung „freiheitlicher Methoden" gestattete und der wissenschaftlichen Erforschung und Auswertung soziometrischer und anderer Gruppenmethoden positiv gegenüberstand.

In den ersten Jahren nach der Revolution sah sich die Sowjet-Union gezwungen, ihre bloße Existenz um jeden Preis zu erhalten und, wenn nötig, die persönliche Freiheit zu unterdrücken. Alle ihre Mittel flossen in die mächtige Armee, indessen die Verwirklichung ihrer hohen sozialen Ziele verschoben werden mußte. Die sowjetische Regierung mußte sich vor äußeren und inneren Gegnern schützen. Erst in den letzten zehn Jahren veränderten sich diese Verhältnisse allmählich. Zunächst absorbierte die Sowjet-Union alles, was in den Bourgeois-Ländern an materiellem Fortschritt erreicht worden war; heute ist sie auch zur Absorption aller dem sozialen Fortschritt dienlichen Ideen bereit.

Es gibt aber auch noch andere Gründe für das Fehlen der Soziometrie, Gruppendynamik, Mikrosoziologie und dynamischen Sozialpsychologie in der Sowjet-Union. Marx hatte z. B. erwartet, daß die erste erfolgreiche soziale Revolution in einem hochindustrialisierten Land wie England oder Deutschland stattfinden würde, sie brach aber in Rußland, einem Land mit wenig Industrie und einer großen Landbevölkerung, aus. Obgleich systematische Schritte zur Organisation des menschlichen Potentials im Kollektiv in einem sozialistischen Land zu erwarten gewesen wären, wurden sie erst in den USA, einem höchst demokratischen Bourgeois-Land unternommen. Man fragt sich warum?

Die Revolution der russischen Arbeiter und Bauern war eine Makrorevolution, eine Diktatur der Arbeiterkollektive. Lenin fürchtete, die Freiheit des Individuums und der kleinen Dörfer würde der Bourgeoisie an die Macht zurück verhelfen. Daher erstarrte die Revolution auf kollektiver Ebene. Ziel der Diktatur war die unumstößliche Sicherstellung der revolutionären Gewinne.

Im Allgemeinen wird der „wissenschaftliche Materialismus" der russischen Psychiatrie dem „psychodynamischen Idealismus" des Westens gegenübergestellt. Idealismus ist aber keineswegs nur ein „Defekt" der westlichen Welt (sofern man ihn überhaupt als einen solchen bezeichnen möchte!). Es sei hier nur an den „materialistischen Idealismus" eines Marx und Lenins erinnert, in dem das Eintreten der höheren Phase des Sozialismus, des echten Kommunismus, in die Zukunft verlegt wird. Dennoch ist diese Doktrin Kern der marxistischen Ideologie.

Der objektive Soziometrist steht über den Streitigkeiten zwischen Ost und West. Besuche wären für Wissenschaftler beider Seiten der beste Weg zu einem besseren gegenseitigen Verständnis. Es wäre äußerst begrüßenswert, wenn amerikanische Wissenschaftler eine Zeitlang in der Sowjet-Union und russische Wissenschaftler in Amerika leben, oder beide zusammen in einer neutralen Gemeinschaft, beispielsweise auf einer pazifischen Insel, Probleme von gemeinsamem Interesse untersuchen könnten.

Bei einer Zusammenkunft östlicher und westlicher Wissenschaftler bliebe selbst bei einem eventuellen Zusammenbruch der letzten Brücken zwischen den konträren Gesichtspunkten noch immer die Zuflucht zur „wissenschaftlichen Methode" offen.

4. Die kommunistische Kritik an der Soziometrie und Mikrosoziologie

Bachitow bezeichnet mich als einen Repräsentanten der bürgerlichen Soziologie. Er scheint beim Leser dadurch von Anfang an den Eindruck erwecken zu wollen, ich gehöre in die Kategorie antimarxistischer und antisozialistischer Autoren. Allerdings spannt er auf diese Weise „den Wagen vor das Pferd". Hätte er die soziometrische Literatur und meine eigenen Aussagen sorgfältig studiert, so wäre er zu anderen Schlüssen gekommen. Ein genaueres Verständnis jener Experimente, die uns zur Entdeckung der „Mikrostruktur der Gesellschaft" führten, welche sich aus sozialen Atomen, sozialen Molekülen, psychosozialen Netzwerken usw. zusammensetzt, hätte zweifellos eine objektivere Bewertung der Soziometrie und Mikrosoziologie bewirkt. Hinter meiner Beschreibung experimenteller Tatsachen suchte er eine boshafte politische Absicht. Seiner Meinung nach diene ich „unbewußt" den Zwecken der bürgerlichen Soziologie und dem amerikanischen Kapitalismus. Er bemühte sich auch, mich als zentrale Figur einer der bedeutendsten Strömungen der amerikanischen Soziologie darzustellen. Georges Gurtvich beschrieb er als den wichtigsten Vertreter der Mikrosoziologie in West-Europa. Andere, wie René König, Deutschland, Leopold v. Wiese, Deutschland, K. P. Mukerji, Indien, G. Lundberg, USA, Otto Klineberg, USA, wurden von Bachitow im gleichen Zusammenhang genannt.

Unglücklicherweise schenkte Bachitow den Aktionsmethoden wie Psychodrama, Rollentest, Rollentraining, Behavior-Training, die oft als ein Hauptbestandteil, wenn nicht wichtigster Bestandteil des Systems betrachtet werden, so gut wie keine Beachtung. Gerade diese Aktionsmethoden haben in allen auf dynamische Veränderungen des Gruppengeschehens ausgerichteten Experimenten die bedeutendste Rolle gespielt. Es sei darauf hingewiesen, daß Gurvitch in seiner Arbeit über Mikrosoziologie und Soziometrie eine Anzahl wertvoller Modifikationen meiner Aktionsmethoden angegeben hat.

Daß mich Bachitow einen Bourgeois-Soziologen nennt, entspricht seinem Vorurteil über die Überlegenheit der marxistischen Weltanschauung. Nur aus zufälligen Gründen lebe ich seit 1925 in Amerika und nicht in Rußland. Hätte ich nicht ein Tonband, das gleichzeitig optische und akustische Eindrücke festhält, erfunden, so wäre ich vielleicht nie nach Amerika eingeladen worden. Den ständigen Angriffen der Kommunisten auf mein Werk dürfte die Ansicht zugrunde liegen, daß jeder in einer kapitalistischen Gesellschaft lebende Mensch unbedingt auch Diener dieser Ideologie sein müsse. Zweifellos werden die meisten Menschen in ihrem künstlerischen und wissenschaftlichen Schaffen stark von Milieu und Kultur beeinflußt. In jeder Gesellschaft gibt es aber auch Individuen, die sich der vorherrschenden politischen Strömung entgegenstellen. Dogmatische Marxisten räumen den in nichtkommunistischen Gesellschaften lebenden Menschen jedoch kein Ausnahmerecht ein. Lebte Marx nicht ebenfalls in einer bürgerlichen Gesellschaft? Zu seiner Zeit und für seine Generation war er bei weitem fester in die bürgerliche Gesellschaft integriert als ich es bin. Er war von Geburt Deutscher, regulärer Bürger des deutschen Staates. Aus meiner Biographie geht hervor, daß ich weder in Österreich noch in Deutschland die Staatsbürgerrechte hatte. Ich war Flüchtling mit kritischer Einstellung gegen die monarchistischen und kapitalistischen Systeme, welche diese Länder beherrschten.

Der Ärger und die Kritik der Marxisten an der Soziometrie und Mikrosoziologie wird verständlich im Hinblick auf die ihnen bekannte Begrenztheit der Theorie von Karl Marx. Wer außerhalb der Sowjet-Union lebt und eine bedeutende Entdeckung macht die sich nicht ohne weiteres mit der marxistischen Ideologie vereinbaren läßt, wird von vornherein als zweifelhaft betrachtet und verdammt. In meinem persönlichen Fall haben mich die Kommunisten zum bürgerlichen Soziologen abgestempelt. Als Ironie der Geschichte werden in jüngster Zeit aber auch die sowjetischen Marxisten von den radikaleren Kommunisten Rot-Chinas als bürgerliche Soziologen gebrandmarkt. Sie müssen ihrerseits ein ähnlich bitteres Gift schlucken. Noch vor kurzem bewerteten marxistische Theoretiker Albert Einsteins Relativitätstheorie und Mendels Erbgesetze als Auswüchse der bürgerlichen Ideologie und demzufolge als wissenschaftlich wertlos. Soziometrie und Mikrosoziologie sind für die marxistische Theorie und die Grundlagen der kommunistischen Gesellschaft selbstverständlich gefährlicher als physikalische oder biologische Theorien. Es ist daher das Einfachste, die Soziometrie für eine reaktionäre, idealistische Utopie zu erklären. Durch eine objektive Untersuchung wäre jedoch rasch festzustellen, daß ebenso grundlegende Unterschiede zwischen der bürgerlichen Soziologie und Soziometrie und Mikrosoziologie auf der einen Seite bestehen wie zwischen der Soziometrie und dem wissenschaftlichen Sozialismus auf der anderen.

Zweifellos ist der ökonomische Klassenkampf für Leben und Fortdauer der menschlichen Gesellschaft von ausschlaggebender Bedeutung. Darüber hinausgehend hat die Soziometrie lediglich die Frage aufgeworfen, ob „alle“ sozialen Gesetze im ökonomischen Klassenkampf verankert sind, oder ob es noch andere für alle menschlichen Gesellschaften gültige soziale Gesetze gibt, deren Existenz unabhängig ist vom sozialistischen oder nichtsozialistischen Charakter der betreffenden Gesellschaften. Gibt es Gesetze, die in primitiven oder religiösen Gesellschaften beliebiger Prägung genauso exakt nachgewiesen werden können wie in der marxistisch-sozialistischen Gesellschaft?

Leider wird von kommunistischer Seite aus alles, was nicht unmittelbar auf die marxistische Formel paßt, sofort als idealistische Utopie verschrien. Erfreulicherweise wurde aber in den letzten zehn Jahren die Richtigkeit der soziometrischen Gesetze über jeden Zweifel hinweg auch in der sozialistisch-kommunistischen Gesellschaft nachgewiesen. Beispiele hierfür sind die in einer Modellschule bei Moskau und in einer Leningrader Schuhfabrik ausgeführten Experimente.

Es gibt nicht zwei verschiedene Formen der Sozialpsychologie, eine marxistische und eine bürgerliche, sondern lediglich verschiedene Definitionen einer umfassenden Sozialpsychologie. Desgleichen gibt es auch nicht zwei Formen der Soziometrie, sondern nur eine einzige, alle Differenzierungen umfassende Form.

5. Soziale Revolutionen in den USA in ihrer Beziehung zur Soziometrie. Die Negerrevolution

In Amerika brachten mir gewisse Soziologen und faschistische Autoren eine gleichermaßen heftige Kritik entgegen. Vertreter der Birch-Society in Amerika griffen mich unter Bezugnahme auf dasselbe Buch an, dessen russische Übersetzung Bachitow zitiert hat: „Sociometry, Experimental Method and Science of Society.“ Allerdings kamen sie zu entgegengesetzten Schlußfolgerungen. Sie nannten mich einen die Diktatur des Proletariats verherrlichenden Kommunisten und beschrieben mich als finsteren Führer der soziometrischen Bewegung, einer Bewegung, die den Umsturz des amerikanischen Regierungssystems plane. Dies ginge aus der Affinität hervor, welche viele mit Moskau sympathisierende Menschen für die Soziometrie hätten. (Vgl. *Human Events*, Vol. 15, No. 50, 15. Dez. 1958, Washington, D.C.)

Die während der letzten dreißig Jahre in zahllosen Orten der Vereinigten Staaten ausgeführten soziometrischen Tests, Rollenspiele, Psychodramen und Soziodramen haben einen tiefgreifenden Einfluß auf die rebellierenden, unzufriedenen Mitglieder der Minoritätsgruppen gehabt. Die Soziometrie darf demzufolge nicht nur als akademische Disziplin klassifiziert und abgetan werden. Von Anfang an war sie eine revolutionäre Wissenschaft, die der Umwandlung der Gesellschaft dienen sollte. Die Negerrevolution ist mindestens teilweise soziometrisch orientiert. Es besteht natürlich kein Zweifel an den verschiedenen Grundlagen der Negerrevolution, die sich zunächst aus den eigenen Kräften der Negerkultur, dann aber auch von Mahatma Gandhis Prinzip der „non-violence“ inspirieren läßt. In ihrer Ausführung spielen aber Aktions- und Gruppenmethoden eine große Rolle. Die Repräsentanten der soziometrischen Bewegung haben im Gegensatz zu der Bezichtigung in „Human Events" nie den Umsturz der Regierung oder die Auslösung einer soziometrischen Revolution auf makroskopischer Ebene geplant. Sie haben jedoch begabten Führern den aus ökonomischen, rassischen oder nationalen Gründen unzufriedenen Minderheiten Theorien und Methoden zur Vorbereitung und Ausführung ihrer revolutionären Aktivität in die Hand gegeben. Ein Beispiel für den Einfluß der Soziometrie und Mikrosoziologie ist die Negerrevolution in Amerika, deren Führer ihre Ziele oft durch Aktionsmethoden oder soziometrisches Vorgehen zu erreichen versuchten. Wir können auf zahlreiche Referenzen in der Literatur und öffentlichen Presse verweisen und zeigen, wann und wo unsere Methoden zur Erweckung des Negers im Kampf um seine Bürgerrechte und zur Aufrüttelung des Gewissens seines weißen amerikanischen Bruders eingesetzt worden sind. Soziometrische Methoden haben die Negermassen für ihren Kampf um Gleichberechtigung, Integration in Schulen, Kirchen, Fabriken und politische Geltung vorbereitet.

So haben beispielsweise von verschiedenen Soziometristen ausgeführte Untersuchungen folgende Informationen erbracht: Die frühen Soziogramme einer ca. 600 Personen umfassenden Gemeinschaft, in welcher Neger und Weiße in Heim-, Schul- und Arbeitsgruppen lebten, ergaben für die Neger auffallende Abweichungen von den normalen Gruppen. Diese Abweichungen bestanden in der hohen Zahl von isolierten, ungewählten und abgelehnten Individuen, welche zu ernstlichen Störungen der emotionalen und kollaborativen Interaktion führten. Auf Grund dieser Ergebnisse erwarteten und prophezeiten wir ein Zunehmen der Spannungen zwischen Schwarzen und Weißen und Ausbrüche in der gesamten Gemeinschaft, sofern nicht umfassende prophylaktische Maßnahmen eingeleitet würden. Unsere Untersuchungen wurden von Jennings, Criswell und anderen in Schulen, Familien, Nachbarschaften, Industriebetrieben etc. fortgesetzt. Auf dem Boden der Ergebnisse dieser Untersuchungen formulierten wir eine Anzahl von Hypothesen, deren Gültigkeit sich in den letzten zehn Jahren in der offenen Revolution der Neger in den Südstaaten und in jüngster Zeit in ganz Amerika auf frappierende Weise offenbarte.

Unsere erste Hypothese besagte, 1) daß Störungen in Weiße und Schwarze umfassenden Gemeinschaften nicht individuell bedingt sondern Gruppenprozesse sind und daß die Gruppe der Reorganisation und Neuanpassung bedürfe; 2) daß diese Störungen durch ökonomische, rassische, psychologische und kulturelle Faktoren ausgelöst werden; 3) daß es einen „rassischen Sättigungspunkt" gibt, der das Segregations- und Integrationspotential der Neger und Weißen, sowohl als anderer beliebiger Minderheitsgruppen bestimmt; 4) haben wir auf Grund dieser Hypothesen mehrere Methoden angegeben, mittels derer eine gewaltsame Revolution verhindert werden kann.

Durch die gegenwärtige Negerrevolution in den Vereinigten Staaten von Amerika sind die ursprünglichen Ergebnisse der Mikrogruppenforschung überaus aktuell geworden. Die soziometrischen und verwandten Methoden sollten *jetzt* angewandt werden, um einen weiteren Zerfall der Beziehungen zwischen Weißen und Schwarzen zu verhindern und zukünftigen Gewaltausbrüchen vorzubeugen.

6. Jüngste Veränderungen in der Sowjet-Union und in Amerika

Der Einfluß der Soziometrie und Mikrosoziologie auf die Sozialpsychologie und Gruppentherapie in den kommunistischen Ländern während der letzten zehn Jahre ist in der Literatur deutlich zum Ausdruck gekommen. Ein Beispiel hierfür ist der von Hans Hiebsch und Manfred Vorwerg über ein internationales Symposium, *Sozialpsychologie im Sozialismus*, Deutscher Verlag der Wissenschaften, VEB, Berlin 1965, gegebene Bericht. Trotz ihrer Bemühungen, die „marxistische Sozialpsychologie" von der bürgerlichen zu unterscheiden, beziehen sich die Autoren ständig auf die soziometrische und mikrosoziologische Literatur Amerikas und anderer westlicher Länder und erwähnen folgende Namen: J.L. Moreno, J.V. Neumann, J. Dollard, N.E. Miller, G. Homans, R.F. Bales, P.E. Slater, R. Solomon, T.B. Leemann, P. Hofstätter, K. Lewin, R.K. White, A. Bavelas, T. Newcomb, Chabot etc. In diesem wachsenden Geben und Nehmen kommt auf beiden Seiten eine wirklich wissenschaftliche Haltung zum Ausdruck.

Im politischen Bereich haben seit der Zeit, da Bachitow polemisch gegen die Soziometrie und Mikrosoziologie geschrieben hat, sowohl in Sowjet-Rußland als auch in Amerika tiefgreifende Veränderungen stattgefunden. Diese Veränderungen bestätigen die Richtigkeit meiner These, daß im Laufe der Zeit Rußlands System politische Methoden integrieren wird, die dem einzelnen Arbeiter immer mehr Initiative erlauben, indessen in den Vereinigten Staaten eine zunehmende Zentralisation der Regierung stattfinden wird und die Gewerkschaften größere monopolistische Macht gewinnen werden. In diesem Zusammenhang sei spaßeshalber auch an eine Notiz im *London Daily Telegraph* vom 3. Oktober 1965 erinnert. Sie lautet: „Die gegenwärtigen Veränderungen (in der Sowjet-Union) betreffen die Anerkennung dessen, was teilweise bereits existiert. Sie laufen auf eine Repudation der marxistischen Doktrin hinaus, nach welcher jeder Wert aus der Arbeit kommt und bewegen sich auf eine, allerdings nur in verkleideter Form stattfindende, Anerkennung der kapitalistischen Begriffe von Miete, Zins, Profit, Märkten und Preisen zu. Wie ermutigend ist es, die Sowjets eine Bresche für die freie Wirtschaft schlagen zu sehen! Wie ironisch wäre es, wenn Großbritannien sich genau in demselben Moment in entgegengesetzter Richtung bewegen würde."

Eine weitere Schilderung der neuen russischen Einstellung zur individuellen Initiative gab Vice-Präsident Humphrey am 14. 10. 1965 für die New York Times: „Die Sowjetführer sind zu der Ansicht gekommen, es sei besser, russische Konsumenten nach eigenem Dafürhalten einkaufen zu lassen als nach bürokratischer Vorschrift. Es stehen heutzutage aber noch revolutionäre Ideen in der Sowjet-Union zur Diskussion, so zum Beispiel die Arbeitslosenversicherung in einem Land, in dem es keine Arbeitslosigkeit geben soll – und sogar der Privatbesitz von Land. Einmal in den Mittelpunkt des Interesses gerückt, werden diese Ideen immer mehr an Bedeutung gewinnen."

In einem Artikel in der New York Herald Tribune vom 4. 10. 1965, „Even Russia Considers Incentive Vital" schildert David Lawrence die zunehmende Zentralisation der kapitalistischen Gesellschaften als Kehrseite der Medaille: „Wir stoßen überall auf denselben Geist, egal, ob es sich um das Programm der sozialistischen Partei Englands zur Verstaatlichung der Industrie handelt oder um die Stärkung des staatlichen Einflusses in unserem Lande (USA) durch staatliche Gelder oder Gewerkschaftspflicht als Preis für einen Arbeitsplatz. Die persönliche Freiheit muß zum Untergang verdammt sein, solange die Gesetzgeber sich über die menschliche Natur und ihren innersten Antrieb zum Erfolg hinwegsetzen."

Am 3. 11. 1965 hat C.L. Sulzberger einen Artikel unter dem Titel „Worin der Marxismus sich über uns im Irrtum befindet" in der New York Times veröffentlicht. Er zitiert darin Stevan Dedijer, „einen prominenten Soziologen, der zwanzig Jahre lang Kommunist war und jetzt schwedischer Staatsbürger ist". In seiner „Analyse der sozialen Veränderungen in den Vereinigten Staaten" sagt Dedijer: „‚Der New Deal' Roosevelts, die halbangefangene ‚New Frontier' Kennedys und die ‚Great Society' Johnsons sind nicht nur Schlagworte im politischen Wahlkampf, sondern Ausdruck eines zunehmenden und bewußten Bemühens um eine so human wie möglich zu vollziehende Rationalisation und Verwandlung der amerikanischen Gesellschaft in ein stabiles, entwicklungsfähiges, kreatives, von größeren sozialen Werten getragenes System. Dieses Bemühen wird heutzutage durch neue Erkenntnisse und den Druck des Zusammenspiels von Wissenschaft und Gesellschaft gefördert."

Nach der soziometrischen Lehre werden immer neue soziale Unterschiede und Konflikte in Erscheinung treten. Der Kampf zwischen Bourgeoisie und Proletariat ist nicht endlos, ewig aber wird es Kämpfe zwischen Gruppen verschiedenster Art geben. Daher müssen die alten soziologischen Systeme durch ein soziometrisches System ersetzt werden, das selber stets im Fluß bleibt und dauernd der Experimentation und Modifikation unterworfen werden muß.

Wir stehen nicht nur zur Absolutheit der marxistischen Theorie, sondern auch zur Absolutheit der soziometrischen oder jeder beliebigen Theorie in Opposition. Unser Sinn muß für die Entwicklung der Gesellschaft offengehalten werden. Kein System ist absolut genug, um zukünftigen Entwicklungen gerecht zu werden. Alle Systeme müssen letzten Endes den Test der wissenschaftlichen Methode und der übrigen Realität bestehen.

SECHSTER TEIL

DIE KREATIVITÄTSTHEORIE DER PERSÖNLICHKEIT UND DES SOZIALEN SYSTEMS

SPONTANEITÄT, KREATIVITÄT UND MENSCHLICHE MÖGLICHKEITEN

Da die Soziometrie und Mikrosoziologie auf der Kreativitätstheorie der Persönlichkeit und des sozialen Systems beruhen, kann man sie nicht völlig begreifen, ohne auf deren Wurzeln und Möglichkeiten zurückzugreifen.

1. Menschliche Möglichkeiten im 20. Jahrhundert

Seit Ende des zweiten Weltkrieges ist das Interesse an den Begriffen Spontaneität und Kreativität ständig gestiegen. Kreativitäts- und Spontaneitätsforschung, Tests und ihre Anwendung auf praktische Ziele wurden in der modernen Pädagogik zu einer Mode. Sie sind aber auch Brennpunkte aller Künste – der Dichtung, Musik, Malerei, des Tanzes, Dramas und Psychodramas.

In unserer sich rasch wandelnden Welt sehnen wir uns nach zuverlässigen Ankerpunkten. Bevor wir uns nun anschicken, Kreativität, Spontaneität und verwandte Begriffe zu definieren, dürfte es angebracht sein, einen Blick auf die der gegenwärtigen Kreativitätsexplosion vorausgegangenen Gedankenströmungen zu werfen.

Die beiden bedeutendsten Vorläufer dieser Entwicklung waren Henri Bergson und Charles S. Peirce. Bergson gehört das Verdienst, das Prinzip der Spontaneität zu einer Zeit in die Philosophie eingeführt zu haben, als die führenden Wissenschaftler diesem Prinzip keinerlei Bedeutung für die objektive Wissenschaft beimaßen. Seine „données immediates", sein „élan vital" und „durée" waren Gleichnisse der einen, sein ganzes Lebenswerk durchziehenden Grunderfahrung – der Spontaneität –, die er jedoch vergeblich zu definieren versuchte. Sie blieb für Bergson daher ein biologisches Mysterium.

Bald nach ihm, aber unabhängig von Bergson, machte der Amerikaner Charles Sanders Peirce, der Begründer des Pragmatismus, erstaunliche Bemerkungen über die Spontaneität. Erst lange nach seinem Tode wurden sie veröffentlicht: „Was ist Spontaneität? Das, was nicht gesetzmäßig aus Vorausgegangenem resultiert."

„Ich kann der Spontaneität keine andere Bedeutung als die des Neuen, Frischen, Andersartigen beimessen."[32] Im ganzen posthum veröffentlichten Werk Charles Sanders Peirces findet man Bemerkungen über die Spontaneität verstreut. Seine Spekulationen hatten aber in der Gleichsetzung von Zufall und Spontaneität einen schwachen Punkt. Solange diese beiden Begriffe nicht unterschieden wurden, konnte kein Fortschritt in der Spontaneitätsforschung gemacht werden. Bergson und Peirce vermochten uns keine klaren Definitionen der Kreativität und Spontaneität zu geben, die Ankerpunkte für die gegenwärtige Entwicklung hätten werden können. Mein Privilegium war es, diese Lücke seit dem Jahre 1914 durch Betrachtungen in einer Anzahl von Büchern und Artikeln zu überbrücken.

2. *Was ist Kreativität?*

Es genügt nicht, die Kreativität semantisch zu definieren, etwa als „die Ursache des Seins und Entstehens" oder nur zu sagen, „sie läßt eine neue Form aus präexistenter Substanz entstehen". Kreativität kann nur durch ihre innere Dynamik definiert werden. Zur Klärung dieses Begriffes müssen wir uns seinem dialektischen Gegenteil zuwenden. *Eine Möglichkeit zur Definition der Kreativität ist die Beschreibung ihrer maximalen Erscheinungsform, des Universums, das von Urbeginn an von Kreativität durchdrungen war und seit seiner Existenz nicht aufhört, kreativ zu sein. Das Gegenteil dieser maximalen Kreativität wäre die Kreativität an ihrem Nullpunkt, eine völlig unkreative, automatische Welt ohne Vergangenheit und Zukunft, ohne Entwicklung, Wechsel und Sinn.*

Kreativität kommt in zahllosen kreativen Zuständen und Handlungen zum Ausdruck. Als Beispiel sei die Entstehung neuartiger Organismen erwähnt, die zu einer Zeit, als das tierische Leben noch ans Wasser gebunden war, an Land weiterzuleben vermochten. Ein neuer tierischer Organismus war im Laufe des Evolutionsprozesses durch die anatomische und physiologische Verwandlung seines Vorgängers entstanden.

Als zweites Beispiel sei die Bergpredigt genannt, wie sie in ihrer ursprünglichen Form aus dem Herzen Jesu quoll.

Eine dritte Illustration liefert uns die musikalische Kreativität, beispielsweise die Entstehung der Neunten Symphonie. Diese Musik steht im Augenblick ihrer Erschaffung durch Beethoven im Gegensatz zur selben Musik in ihrer vollendeten, vom Komponisten bereits getrennten Form des vollendeten Kunstwerks. Bei oberflächlicher Betrachtung ist man geneigt anzunehmen, die musikalischen Themata, Harmonien und Höhepunkte seien in ihrer ursprünglichen Matrix in gleicher Form vorhanden gewesen und es bestehe zwischen ihrer Entstehung in Beethovens Geist und ihrer konservierten Form kein anderer Unterschied als der

[32] Charles Sanders Peirce, Collected Papers, Vol. I. Harvard University Press 1931.

des Ortes. Eine eingehendere Untersuchung zeigt uns jedoch, daß dem nicht so ist. Als Beethoven, in seinem Garten spazierend, seine musikalischen Ideen wahrnehmen und festhalten wollte, befand sich seine ganze Persönlichkeit in Aufruhr. Jedes geistige und physische Anregungsmittel war ihm recht, um seinen Ausdrucksdrang in die rechte Bahn zu lenken. Seine teils musikalisch, teils nicht unmittelbar musikalisch inspirierten Visionen, Imaginationen, Gedanken und Handlungen ergaben den für die Entstehung der 9. Symphonie unentbehrlichen Hintergrund. Dieser Hintergrund, der, von dem Beethoven in seinen kreativen Augenblicken nicht getrennt werden kann, ist im fertigen Produkt, der Partitur oder ihrer musikalischen Aufführung durch ein berühmtes Orchester, nicht mehr zu finden. Nur noch das Ergebnis der kreativen Tätigkeit Beethovens ist übriggeblieben.

3. Was ist Spontaneität?

Die Kreativität gleicht einem schlafenden Dornröschen, das zu seiner Erwekkung eines Katalysators bedarf. Der Erzkatalysator der Kreativität ist die Spontaneität. Vom Lateinischen „sua sponte" her definiert kommt sie aus dem Inneren. Was aber ist sie? Eine Form der Energie? Sie ist nicht konservierbare Energie, die sich im Augenblick ihres Entstehens verausgabt. Sie muß entstehen, um verausgabt zu werden, und muß verausgabt werden, um neu entstehen zu können – gleich jenen Tieren, die im Akt der Begattung Vollendung und Tod finden. Daß das Universum ohne konservierbare physikalische und geistige Energie nicht bestehen könnte, versteht sich für uns von selbst. Wichtiger ist es daher zu erkennen, daß ohne die andere Form der Energie – ohne die Spontaneität – die Kreativität des Universums weder anfangen noch weiterwirken könnte und alles zum Stillstand verdammt wäre. Spontaneität ist in der Gegenwart wirksam, im *hic et nunc*. Sie drängt das Individuum zu adäquaten Reaktionen auf eine neue Situation oder neuen Reaktionen auf eine alte Situation. Während die Kreativität auf die Handlung bezogen ist, bezieht sich die Spontaneität auf die Erwärmung für eine Handlung, die Bereitschaft zur Tat. Im folgenden seien drei Formen der Spontaneität zur Diskussion gestellt: Die eine Form ist die neue Reaktion auf eine alte Situation, die dieser Situation aber nicht adäquat ist. Wenn Psychotiker behaupten, zwei mal zwei ergäbe fünf, so stellt dies zweifellos eine neue, aber inadäquate Reaktion dar. Auch Kinder sind oft übervoll von Spontaneität und reich an neuen Erlebnissen. Der kreative Wert ihrer Reaktionen am Wertsystem der Erwachsenen gemessen, ist aber oft ebenso zweifelhaft wie der kreative Wert der neuen Reaktionen der Psychotiker, gemessen am Wertsystem der Normalen. Diese Form der Spontaneität ist pathologisch. Sie ist inadäquat, obgleich sie Neuheit beinhaltet.

Die zweite Form der Spontaneität ist ihre stereotype Variante. Die spontane Reaktion auf eine Situation ist adäquat, entbehrt aber einer ausreichenden Neuheit oder bedeutenden Kreativität, um sich in dieser Situation als fruchtbar zu erweisen. Die sich wiederholende Reaktion eines Komödianten auf eine gegebene Situation verliert bald ihre Frische. Obgleich sie auch später noch das Gelächter der Zuschauer auszulösen vermag, ist sie nicht mehr richtig spontan. Die dritte Form der Spontaneität geht mit einer hochwertigen Kreativität einher. Die adäquate Reaktion entbehrt nicht der kreativen Neuheit. Ihr Resultat kann in einer Tat oder substantiellen Form, einem Gedicht, Kunstwerk oder technischen Gegenstand zum Ausdruck kommen. Echte Spontaneität muß immer irgend etwas Neues hervorbringen und einem Zweck dienlich sein.

4. Was ist eine Kulturkonserve?

Das vollendete Produkt eines kreativen geistigen Vorgangs stellt eine Kulturkonserve dar. Die Konserve erhält die Werte einer besonderen Kultur. Sie kann die Form materieller Objekte, von Büchern, Partituren, Filmen oder Gebäuden annehmen oder in Form eines bestimmten Benehmens in Erscheinung treten, etwa in einer religiösen Zeremonie, der Aufführung eines geschriebenen Theaterstückes oder in Bruderschaftsinitiationen. Sie dienen zur Erhaltung der Errungenschaften menschlicher Vergangenheit und ermöglichen die Weiterentwicklung des kreativen menschlichen Egos. Ohne sie müßte der Mensch Tag für Tag gleiche Reaktionen auf gleiche Situationen in spontaner Weise hervorbringen. Eine Kulturkonserve wie das Lexikon erübrigt die Redefinition der Wörter bei ihrem jeweiligen Gebrauch. Die Kulturkonserve garantiert den Errungenschaften menschlicher Existenz aber nicht nur die nötige Kontinuität, sondern spielt eine noch bedeutendere Rolle in der Ausrichtung neuer Spontaneität auf echte Kreativität hin.

Es ist jedoch gefährlich, wenn die Menschheit sich zu sehr auf die Kulturkonserve verläßt. Die Gefahr liegt sowohl in der Begrenztheit der Konserve als auch in ihrem Mißbrauch durch den Menschen. Spontane Kreativität entbehrt der Definition nach vom Augenblick ihrer Konservierung an der Spontaneität und ist im Universum nicht mehr aktuell. Es gibt die frei entstehende fließende Kreativität und ihre konservierte Form. Die letztere kommt vor in Form von Kulturkonserven. Sie enthalten die Kreativität sozusagen in gefrorener oder schlafender Form, die auf Erlösung durch den erweckenden Prinzen – die Spontaneität – wartet. Sich selbst überlassen könnte die Welt der Kulturkonserven nichts Neues entstehen lassen. Dennoch repräsentieren die Konserven das kulturelle Kapital und somit eine Form des Besitzes und der Macht, von der wir auch dann noch leben, wenn unsere Lebendigkeit für spontane Kreativität nicht mehr ausreicht.

5. Kategorien des kreativen Menschen

Menschen verschiedenster Art haben die ihnen eigentümliche Beziehung zur Kreativität. Zwei hervorragende Kategorien bilden die „Anhänger des wahrhaft

Perfekten" und die „Anhänger des wahrhaft Imperfekten". Der Anhänger des Perfekten sieht in der Konserve den höchsten Wert und ist der Spontaneität gegenüber skeptisch. Er ist Anbeter der Theorie und ein Meister des Wortes. Aus diesem Grunde ist er zwanghaft, autoritär und dem Handelnden gegenüber kritisch. Er liebt es, große theoretische Systeme und soziale und kulturelle Pläne zu entwickeln. Er unterstützt Theorien der Religion, Liebe, des Altruismus vorzugsweise auf theoretischer Ebene. Vor dem existentiellen Experiment mit der religiösen oder theoretischen Kreativität schreckt er zurück. Er bemüht sich nicht, Heiligkeit in seinem eigenen Leben zu verwirklichen.

Der improvisierende kreative Mensch hingegen fühlt sich dem Experiment verpflichtet, gleichgültig ob in religiöser, therapeutischer oder wissenschaftlicher Form. Er improvisiert in Kunst, Wissenschaft und Religion. Anstatt Bücher zu schreiben und Systeme zu formulieren lebt er in der spontanen kreativen Tat. Ihm gilt die Liebe der Menge, während der wirkliche Perfektionist sich die Verehrung einer Elite erwirbt. Wir stoßen hier auf den Gegensatz zwischen dem Aristokraten und dem Führer des Volkes. Denselben tiefgreifenden Unterschied finden wir auch zwischen den Theoretikern der Religion, Heiligkeit und des Altruismus wie dem Hl. Johannes, Augustus, Plato, Plotin, Spinoza, Kant, Hegel und den Religionsschöpfern, Experimentatoren und Praktikanten der Religion und Heiligkeit wie Buddha, Jesus, dem Hl. Franziskus und Baal Schem. Diese Tatmenschen, aber auch weniger Erleuchtete wie Sabbatai Zwi, Savonarola, Pascal und Kierkegaard erscheinen uns oft inadäquat, unvollkommen, auffallend, überschwänglich, exzentrisch oder gar pathologisch. Es ist ihnen aber zugute zu halten, daß sie versuchten, nach ihren Ideen zu leben und eine imperfekte Existenz der perfekten Theorie vorgezogen haben.

Die Zukunft einer Kultur steht und fällt mit der Kreativität ihrer Träger. Falls die Elite der Menschheit von einer Krankheit, einer Kreativitätsneurose befallen ist, dann ist es von höchster Wichtigkeit, das Prinzip der Kreativität erneut zu definieren und seine pervertierten Formen mit der ursprünglichen gesunden Kreativität zu vergleichen. Es gibt höhere und niedrigere Formen der Kreativität. Die höchste Form menschlicher Kreativität manifestiert sich im Leben der Propheten, Dichter, Heiligen, Wissenschaftler; ihre niedrigere Form kommt Tag für Tag in jeder bescheidenen Existenz zum Ausdruck.

6. *Das Vermögen des Menschen* (Human Potentiality)

a) *Mensch und Spontaneität* (s. auch S. 18, 9.-26. Zeile)

Einem großen Teil der menschlichen Psycho- und Soziopathologie liegt eine ungenügende Entwicklung der Spontaneität zugrunde, mangels derer es dem Menschen nicht gelingt, die Quellen der Kreativität zum Sprudeln zu bringen.

Das Spontaneitätstraining sollte daher einen besonderen Platz in der Ausbildung von Wissenschaftlern, Pädagogen und Therapeuten einnehmen, damit sie ihren Studenten und Klienten beibringen könnten, spontaner zu sein, ohne dadurch pathologisch zu werden. Voraussetzung dafür ist die Anerkennung der weitreichenden Wirkung der Spontaneität und Kreativität im geistigen Universum, durch die im Menschen Schichten geordneten Ausdruck finden, die nicht durch in der Vergangenheit wirksam gewesene Determinanten befriedigend erklärt werden können. Diese Tatsache läßt uns den Wert mancher gegenwärtigen psychologischen und soziologischen Theorien in Frage stellen, die offen oder im Stillen auf die psychoanalytische Doktrin zurückgehen. Sie legt aber auch deren Ablösung durch eine kreative Persönlichkeitstheorie nahe.

b) *Mensch und Roboter*

Es darf angenommen werden, daß unser Universum sich unentwegt in gleicher Richtung weiterentwickelt, wie wechselnd auch die Konstellation der verschiedenen Kulturen in Höhe, Volumen und Intensität sein mag. Überblickt man die lange Geschichte der Entfaltung des menschlichen Kosmos, so scheint dieser sich in einer Richtung entwickelnde Prozeß durch das Phänomen des Roboters zu einem Stillstand oder einer Störung zu kommen. Der Terminus hat eine slawische Wurzel. „Robota“ bedeutet „arbeiten“. Der Roboter ist vom Buch bis zum hochentwickelten elektronischen Komputer oder Raumschiff in mancherlei Varianten entstanden und repräsentiert eine Existenzform, die von anderen Kreativitätsprozessen, mit denen der Mensch sich identifiziert hat, gänzlich verschieden ist. In manchen seiner Anwendungsformen dient er nicht der Bestätigung menschlicher Kreativität, sondern ihrer Verleugnung und Vernichtung. Er entspricht der Dissonanz in einer Symphonie, die der Dirigent verzweifelt mit der Gesamtkomposition in Einklang zu bringen versucht.

Was ist nun ein Roboter? In der menschlichen Entwicklung stellt er ein mysteriöses Paradoxon dar. Verwandt den Kulturkonserven bedeutet er einen Verlust an Kreativität und Spontaneität. Er ist tot. Er ist neutral. Er wächst nicht, er verändert sich nicht. Ein Menschenkind verdankt sein Leben der ehelichen Vereinigung von Mann und Frau; ein Roboter resultiert aus der Vereinigung des menschlichen Verstandes mit Substanzen der Natur. In beiden Fällen tragen die „Kinder“ Züge beider Eltern. So finden wir im Roboter neben Ähnlichkeiten mit seinem menschlichen Erzeuger die Ähnlichkeit mit der durch diesen modifizierten natürlichen Energie der Rohstoffe.

Es gab einmal eine Zeit, in der wir annahmen, Gott könne das Menschengeschlecht zu jedem beliebigen Zeitpunkt vernichten. Diese Gewalt ist in menschliche Hände übergegangen. Dank des Roboters liegt die Beherrschung oder Zerstörung des Universums in der Hand einiger Menschen. Dennoch vermag der Roboter nicht die geringste Spontaneität hervorzubringen.

Die Kontrolle über den Roboter fällt aus zweierlei Gründen schwer. Einmal ist er des Menschen eigenes Geschöpf. Doch tritt er diesem nicht von Angesicht zu Angesicht gegenüber wie einst den Tieren im Urwald, an deren Kraft und Spontaneität er seine Kraft, Intelligenz und Spontaneität zu messen hatte. Der Roboter ist dem menschlichen Verstand entsprungen und sein Erzeuger verwechselt sich mit ihm wie alle Eltern sich mit ihren Kindern verwechseln. Demzufolge sind in der Beziehung des Menschen zum Roboter rationale Faktoren neben irrationalen zu finden. Die Herstellung von Robotern begeistert den Menschen, der sich ihrer Gefährlichkeit daher nicht bewußt wird und nicht wahrhaben will, daß sie ihren „Eltern“ mit dem Tode drohen. Außerdem entfesselt der Mensch durch ihren Gebrauch Energieformen und tastet sich an Möglichkeiten heran, die weit über die Dimensionen seiner eigenen kleinen Welt hinausreichen und ins große unerforschte und vielleicht unkontrollierbare Universum gehören. Auf solcher Ebene Meister zu werden, scheint eine zweifelhafte Aufgabe zu sein. Es mag dem Menschen wie Goethes Zauberlehrling ergehen, der die Roboter entfesseln, ihrer aber nicht Herr werden konnte. Der Lehrling hatte des Meisters Zauberformel vergessen! Wir verfügen über die Herstellungsformel der Roboter, doch werden wir ihnen Einhalt gebieten können?

Des Menschen Schicksal droht in entgegengesetztem Sinn dem des Dinosauriers ähnlich zu werden. Jener mußte zugrunde gehen, weil er die Formen und Kräfte seines Körpers über die Nützlichkeit hinausentwickelt hatte. Dem Menschen könnte der Untergang durch die exzessive Herstellung von Robotern drohen, welche die Kräfte seines Organismus zu sehr reduzieren würden oder über die er die Kontrolle verlieren könnte.

Der Mensch mußte zur Sicherung seines Fortbestehens Roboter schaffen. Hätte es in der Welt des Menschen je ein Übermaß an Spontaneität gegeben, so wäre das Roboterwesen vielleicht nie zustande gekommen bzw. hätte es sich eher als Teil seines Erzeugers als getrennt von ihm entwickelt.

c) Des Menschen Zukunft

Die Zukunft des Menschen ist von tragischen Konflikten und erregenden Fragen umwittert. Evolution und natürliche Auslese werden das Zustandekommen einer beglückenden Harmonie unter Umständen verhindern. Steht der Mensch an einem Kreuzweg? Für seine Weiterentwicklung mag es zwei Alternativen geben: die Erhaltung des natürlichen Milieus, in welchem seine Freiheit als biologisches Wesen, die kreative Funktion als höchstes Kriterium gilt, oder eine technisch automatisierte bzw. konservierte und konservierende Umgebung, in welcher seine Freiheit und kreative Funktion gebunden und im Flußbett der mechanischen

Entwicklung kanalisiert sein werden. Eine solche Entwicklung würde unvermeidlich zu Gesellschaftsformen führen, die in ihrer Ordnung und Funktionstüchtigkeit denen der Insektenvölker ähnlich wären. Die andere Entwicklungslinie wird ebenso unvermeidlich eine neue menschliche Rasse entstehen lassen, welche sich in der Richtung ihrer Aszendenz weiterentwickeln und den Triumph über den Roboter feiern wird. Der Mensch wird in Zukunft also auf zwei verschiedene Weisen fortbestehen können: als zootechnisches Wesen, selbst quasi Roboter, oder als Kreator.

Darwins Begriff von der „natürlichen Auslese" gewinnt unter diesem Aspekt neue Bedeutung. Beide Milieuformen werden der Menschheit als Ganzes das Fortbestehen garantieren können. Doch mögen Menschen, die in dem einen Milieu leben können, im anderen zugrunde gehen. Die Kriterien der Auslese sind für die beiden Milieus verschieden. Im Bereich der Maschine und technischen Konserven wird sich der Diener der Maschine am besten behaupten können, indessen der in einer kreativen Umgebung hervorragende Menschentyp in ihm zum Untergang verdammt sein wird. Möglicherweise wird die Zukunft sogar zwei verschiedene Entwicklungen nebeneinander begünstigen, die zu zwei verschiedenen Menschenrassen und der vielleicht wichtigsten Aufzweigung der Säugetierreihe seit der Abzweigung der Art Homo von gewissen Affenarten führen werden.

Bei glücklichem Verlauf dieser Entwicklung wird dem Roboter vielleicht eine noch größere Bedeutung als Mittler zwischen der Welt des Menschen und dem Kosmos zukommen. Auch er trägt das Janushaupt. In den Händen kreativer Menschen wird er das Mittel zur Beherrschung des Universums durch den Menschen sein. Und dieses neue Universum wird seinerseits den Menschen weiter verwandeln. In diesen Verwandlungen dürfte die höchste Potenz des Menschen zum Ausdruck kommen; es ist wahrscheinlich, daß es dem Menschen eines Tages obliegen wird, den „Roboter Welt" in Gang zu halten. So wird vielleicht gerade der Roboter, ähnlich der Kulturkonserve, Anlaß zu ständiger Aktivation, Stimulation und Erneuerung des schöpferischen Potentials der Menschheit geben.

GLOSSARIUM SOZIOMETRISCHER TERMINI

Dieses Glossarium ist ein wesentlicher Teil des soziometrischen Systems. Kein Begriff hat selbständige Bedeutung. Termini und Begriffe müssen im Rahmen des gesamten soziometrischen Systems gesehen werden. Kein einziger Faktor ist eine unabhängige Veränderliche. Es konnte z. B. nachgewiesen werden, daß Kreativität durch kulturelle, zwischenmenschliche, sexuelle, ökonomische und physische Faktoren bedingt wird.

Eine klare Definition der Termini ist stets von größter Bedeutung. Klarheit in unseren Definitionen ist heute besonders wichtig, da die neueste theoretische Tendenz der Soziometrie (Northway, Jennings, Borgatta) auf die in diesem Buch vertretene Auffassung zurückgeht: Der Primat gründlicher Erforschung der sozialen Materie wird ihrer mathematischen Behandlung entgegengehalten und man behauptet, daß eine mathematische Analyse ihren Sinn verliert, wenn sie sich auf ungenaues Material bezieht und experimentelle Kompromisse erzwingt, um eine mathematische und statistische Behandlung zu erleichtern.

1. *Der soziometrische Test* (einer Gruppe) mißt die Differenz, den Konflikt zwischen der aktuellen, offiziellen Struktur einer Gruppe und der durch ihre Wahlen zum Ausdruck gekommenen Struktur.

2. *Der soziometrische Test* (eines Individuums) mißt die Differenz, die Diskrepanz, zwischen der aktuellen Stellung eines Individuums innerhalb der Gruppe und der durch Wahlen bekannt gewordenen Struktur.

3. *Der soziometrische Fragebogen* unterscheidet sich vom soziometrischen Test dadurch, daß in ihm das Individuum lediglich aufgefordert wird, für irgendeine Gruppe, der es angehört oder angehören möchte, seine Partner zu wählen. Der Konflikt zwischen der wirklichen Gruppe und der erwünschten Gruppe wird nicht in die Analyse einbezogen.

4. *Das Soziogramm* veranschaulicht mittels einer Reihe von Symbolen die beiderseitigen zwischenmenschlichen Beziehungen oder die zwischen den Mitgliedern einer Gruppe. Eine Wahl von A nach B stellt nur die eine Hälfte der doppelseitigen

Beziehung dar. Um die Beziehung in ihrer soziometrischen Bedeutung zu erkennen, muß auch die andere Hälfte in Betracht gezogen werden: B kann A wählen, abstoßen oder ihm Gleichgültigkeit entgegenbringen

Da jeder, der die Symbole kennt, ein Soziogramm lesen kann, darf das Soziogramm als *soziales Alphabet* betrachtet werden

5. „Tele" kommt aus dem Griechischen und bedeutet „entfernt". Im soziometrischen Sinne bedeutet es „Fühlen in die Ferne". Tele ist Zweifühlung im Gegensatz zu Einfühlung. Tele ist der Mörtel, der die Gruppe zusammenhält. Tele unterscheidet sich vom „Telos", einem ebenfalls aus dem Griechischen übernommenen Wort, das aber „Ende" oder „Zweck" bedeutet.

6. *Isoliert:* das Individuum wählt nicht und wird nicht gewählt in bezug auf alle Kriterien. Seine soziometrische Rate ist null. Das Individuum stößt niemanden ab und wird auch von niemandem abgestoßen.

7. *Erwiderte Wahl:* Wählen und Gewähltwerden in bezug auf das gleiche Kriterium, ein Paar.

8. *Paar:* Wählen und Gewähltwerden in bezug auf das gleiche Kriterium, eine erwiderte Wahl.

9. *Dreieck:* drei Individuen wählen einander in bezug auf das gleiche Kriterium.

10. *Kette:* Eine Kette ist in bezug auf ein beliebiges Kriterium eine Folge gegenseitiger Wahlen ohne Abschluß. – A wählt B, B wählt A, B wählt C, C wählt B, C wählt D, D wählt C u.s.w.

11. *Star:* ein Individuum, das die erwartete Anzahl oder einen Überschuß an Wahlen in bezug auf ein bestimmtes Kriterium erhält. (Beachte den Unterschied zwischen Star und populärem Führer.)

12. *Soziometrischer Status* gibt an, wie oft ein Individuum von anderen Individuen als bevorzugter Genosse zu allen zur Zeit des Tests vollziehbaren Handlungen gewählt worden ist. Er wird festgestellt durch Addition aller Wahlen, die ein Individuum in bezug auf alle Kriterien erhält.

Der soziometrische Status hat vier Formen: 1) Quantitativer Status, 2) Struktureller Status, die Fernwirkung des Teles auf den soziometrischen Status, 3) Projizierter Status, er wird durch den soziometrischen Wahrnehmungstest ermittelt, 4) Rollenstatus.

13. *Soziometrische Rate* (score): die Zahl der Individuen, die ein Individuum in bezug auf alle Kriterien gewählt haben.

14. *Rate des emotionalen Ausdehnungsvermögens:* Zahl der verschiedenen Individuen, die ein Individuum in bezug auf jedes beliebige Kriterium wählt oder zu denen es sich hingezogen fühlt.

15. *Wahlen* sind grundlegende Faktoren in allen menschlichen Beziehungen. Wahlen betreffen Menschen oder Gegenstände. Ob die Motive dem Wählenden bekannt sind oder nicht, ist von sekundärer Bedeutung. Sie sind nur im Hinblick

auf seinen kulturellen oder ethischen Index bedeutungsvoll. Es ist zunächst nebensächlich, ob sie unklar oder höchst deutlich, irrational oder rational sind. Solange sie spontan und echt das Selbst des Wählenden zum Ausdruck bringen, bedürfen sie keiner besonderen Rechtfertigung. Es sind Tatsachen erster Ordnung.

16. *Die Wahlstärke* wird gemessen durch die mit den gewählten Individuen *verbrachte Zeitdauer* im Verhältnis zu der Zeitdauer, die es mit ihnen zu verbringen *wünscht.*

17. *Soziales Atom:* (Gebrauchsdefinition) Zeichne alle Individuen, die ein bestimmtes Individuum wählt und jene, von denen es gewählt wird, alle Individuen, die ein bestimmtes Individuum abstößt und von denen es abgestoßen wird, und alle Individuen, die seine Wahlen und Abstoßungen nicht erwidern. Auf diese Weise erhalten wir das *Rohmaterial* des sozialen Atoms eines Individuums. Begriffliche Definition: Kleinste Einheit der soziometrischen Matrix.

18. *Soziometrischer Führer:* a) Populärer Führer, b) Mächtiger Führer, c) Isolierter Führer. a) Der populäre Führer erhält in bezug auf *alle* Kriterien, in die er und seine Wähler verwickelt sind, mehr Wahlen als erwartet. Die Wähler selbst haben einen *niedrigen* soziometrischen Status. b) Der mächtige Führer erhält in bezug auf alle Kriterien, in die er und seine Wähler verwickelt sind, mehr Wahlen als erwartet. Die Wähler selbst haben einen *hohen* soziometrischen Status. Da sie durch ihre Stellung Kettenreaktionen ermöglichen, hat der Führer weitreichenden Einfluß. c) Der isolierte Führer erhält weniger Wahlen als erwartet, im extremsten Fall nicht mehr als *eine* gegenseitige erste Wahl. Diese Wahl kommt dann aber von einem mächtigen Führer, der selbst viele Wahlen von soziometrisch hoch gestellten Individuen erhält. Gleich einem unsichtbaren Herrscher, der Macht hinter dem Thron, kann der isolierte Führer regieren und weitreichenden Einfluß auf die soziometrischen Netzwerke ausüben.

Diese definierten soziometrischen Führertypen dürfen nicht mit landläufig „Führer" genannten Persönlichkeiten charismatischer oder magischer Art verwechselt werden. In ihrer Entwicklung sind noch viele andere Faktoren wirksam, besonders das Phänomen der Rolle; wie komplex aber auch ein Führerschaftsprozeß in situ erscheinen mag, ohne die Kenntnis der soziometrischen Grundlage kann er nicht verstanden und bewertet werden.

19. *Soziometrische Spaltung:* zwei Individuengruppen, die durch Selbstbevorzugung – Bevorzugung der Mitglieder der eigenen Gruppe – das Interesse an anderen Gruppen (die Andersbevorzugung) verlieren. Die Tendenz einer Gruppe in Untergruppen zu zerfallen, hat hierin ihre dynamische Ursache.

20. *Der Sättigungspunkt* einer Bevölkerung bezüglich einer Minderheitsgruppe darf nicht überschritten werden, wenn das Auftreten von Reibungen und Zwischenfällen aller Art vermieden werden soll. Zu bestimmter Zeit kann eine bestimmte Bevölkerung bezüglich einer bestimmten Minderheitsgruppe gesättigt

sein. Falls von außen ein neuer Zustrom von Mitgliedern der Minderheitsgruppe in die Gemeinschaft erfolgt, wird das empfindliche Gleichgewicht gestört. Im Falle einer chemischen Lösung kann sich der Sättigungspunkt, z. B. mit Temperaturschwankungen ändern. Im Falle sozialer Gruppen kann sich der Sättigungspunkt mit der Organisation der betreffenden Gruppen ändern.

21. *Das soziodynamische Gesetz* besagt, daß die Verteilung der Wahlen gesetzmäßig erfolgt. Der *soziodynamische Effekt* ist die Tendenz zu einem Überschuß an Wahlen für einige wenige Individuen innerhalb einer bestimmten Gruppe. Diese Tendenz steht in Beziehung zum Wertsystem der betreffenden Gruppe. Werte entwickeln sich durch ihre Verkörperung in wenigen Mitgliedern der Gruppe.

22. *Spontaneität* ist der veränderliche Grad angemessener Reaktionen auf eine Situation mit veränderlichem Grad des Neuartigen,Ungewohnten. Neuartiges Verhalten an sich ist kein Maß der Spontaneität. Angemessenes Verhalten an sich ist ebenfalls kein Maß der Spontaneität. Angemessenheit muß am Maßstab des Neuartigen gemessen werden. Das Ungewohnte, Neue, an einem z. B. höchst psychotischen Verhalten kann derart inkohärent sein, daß der Aktor der Lösung irgendeines beliebigen konkreten Problems unfähig ist, z. B. Selbttötung zu planen, Brot zu schneiden oder ein Gedankenproblem zu lösen. (Wir sprechen hier von pathologischer Spontaneität.) Die Angemessenheit des Verhaltens kann bis zu einem gewissen Grade gewohnheitsmäßig und die Folge starrer oder automatischer Konformität mit Kulturkonserven sein. Eine solche Bindung kann allmählich die Fähigkeiten des Organismus abschwächen (verdecken, verwischen) und das Talent des Handelnden verändern. Spontaneität kommt durch zwei Faktoren zum Ausdruck: *angemessene* Handlung in einer *neuartigen* Situation.

Spontaneität kann als Erzkatalysator betrachtet werden; sie hat, metaphorisch gesprochen, prokreative Funktion. Kreativität kann als Erzsubstanz betrachtet werden; sie hat, metaphorisch gesprochen, maternelle Funktion.

23. *Das Rollenannehmen* ist das Verwickeltsein in eine Rolle im zwingenden Gewebe des wirklichen Lebens, als Mutter, Vater, Polizist u.s.w. Diese Rollen sind Kulturkonserven und haben oder scheinen zumindest eine fertige Form zu haben.

24. *Rollenspiel* ist eine „Methode" der Rollenforschung und der Rollenänderung; es ist ein Spielen einer gewählten Rolle unter gewählten Umständen und dient zur Untersuchung, Erforschung, Entwicklung oder Ausbildung der Rollenänderungsfähigkeit. Das Rollenspiel kann Testform annehmen oder eine Episode im Laufe eines Psycho- oder Soziodramas sein.

25. *Selbstdarstellungsmethode:* das Subjekt spielt in seinen eigenen Rollen und stellt die Gestalten seiner eigenen privaten Welt dar. Das Psychodrama ist in diesem Falle eine Form individueller Psychotherapie. Das Subjekt ist sein eigenes Hilfsich; der andere kann vom Arzt dargestellt werden. In dieser individuellen Form kam

das Psychodrama zuerst in Gebrauch. Als Patient-Arztbeziehung war und ist es eine Verbesserung der Psychoanalyse. Irrtümlicherweise stellt man sich das Psychodrama oft nur in seiner Gruppenform vor.

26. *Rollenwechselmethode:* Individuum A wird Individuum B, B wird A. Auf der psychodramatischen Bühne hat dieser Wechsel reale Bedeutung; denn für gewisse Geisteskranke ist er Wirklichkeit. Er ist keine Fiktion, kein „als ob". Er illustriert den revolutionären Aspekt psychodramatischer Logik. Eine verkürzte Form dieser Methode wird dadurch erreicht, daß A eine von Bs Rollen und B eine von As Rollen übernimmt.

27. *Spiegelmethode:* Das Subjekt oder der Patient wird von einem Hilfsich dargestellt, das sein Handeln und Verhalten in verschiedenen Lebenslagen so darstellt, wie es die anderen sehen. Das Publikum reagiert auf dieses und diskutiert so, als ob sich die wirkliche Person auf der Bühne bewege. Die wirkliche Person befindet sich jedoch im Publikum. Sie ist physisch gegenwärtig, aber nicht psychisch, zumindest scheint es so. Diese Methodeb ezweckt, daß der Patient lernt, sich selbst wie in einem Spiegel zu betrachten, herausgefordert und schockartig zur Handlung veranlaßt wird.

28. *Doppelmethode:* Zwei Personen A und B sind ein und dieselbe Person. Dies ist eine weitere Illustration der psychodramatischen Logik. B handelt als As Doppelgänger und wird als solcher akzeptiert. Der Grad der Nichtakzeption und der daraus entstandene Konflikt zwischen dem Individuum und seinem Doppelgänger ist eine wichtige Phase innerhalb der Doppelgängerkatharsis.

BIBLIOGRAPHIE

Altdorff, V.: Die Kritik am soziometrischen Test, bzw. Partnerwahlversuch in der sozialpsychologischen Literatur; Vordiplomarbeit, Jena 1964.

Asejew und *Kon:* Osnovnije napravlenija burzuaznoi filosofii i sociologii XX. veka; Leningrad 1961.

Bachitow, M.: Mikrosoziologie und Klassenkampf, Berlin 1961.

Bachmann, W.: Zur Psychologie des Kollektivs, DZfPh 5/1964.

Bales, R. F.: Interaction Process Analysis, Cambridge 1950

Bastin, G.: Les techniques sociométriques. Presses Universitaires de France, Paris, 1961, 184 S. Collection «Le Psychologue».

Baumgartner, L.: Gruppentheorie. De Gruyter, Berlin [3]1958, 110 S. Sammlung Göschen, Bd. 837.

Beck, W.: Grundzüge der Sozialpsychologie, Barth, München 1953, 175 S.

Berens, Sr. N.: Das geschwisterlose Mädchen im soziometrischen Versuch. Diplomarbeit aus dem Institut für Pädagogik, Heilpädagogik und Angewandte Psychologie der Universität Freiburg. 1960, 91 S. Arbeit zur Erwerbung des Diploms in Angewandter Psychologie.

Bergleiter, H.: Auswertungs- und Darstellungsmöglichkeiten des soziometrischen Tests, Vordiplomarbeit, Jena 1965.

Bernfeld, S.: Vom Gemeinschaftsleben der Jugend, Leipzig 1922.

Beum, C. O. und *Brundage, E. G.:* A Method for Analysing the Sociomatrix, Sociometry 13/1950.

Birth, K. und *Prillwitz, G.:* Führungsstile und Gruppenverhalten von Schulkindern, Z. Psych. 1963.

Bjerstedt, A.: Interpretations of Sociometric Choice Status, Gleerup, Lund 1956, 408 S.

Blumenthal, B.: Einführung in die Matrizenrechnung, Leipzig 1963.

Böckli, H. R.: Morenos Soziometrie und ihre psychohygienische Bedeutung, Winterthur 1955.

Boesch, E.: Persönlichkeit und Gemeinschaft (Sozialpsychol. Untersuchungen zum Problem der Gruppenbildung bei Kindern und Jugendlichen. Kongreßbericht. Göttingen 1954).

Boesch, E.: Soziabilität, Sozialverhalten und Sozialleistung, in: Schweiz. Z. f. Psychologie, 1955, Bd. 14, Nr. 4, S. 278–296.

Bohannon, E. W.: The Only Child in a Family, in: The Pedagogical Seminary, 1898, Bd. 5, Nr. 4, S. 475–496.

Bonney, M. E. und *Fessenden, S. A.:* Bonney-Fessenden Sociograph. Manual + specially-printed manila folder + answer slips. California Test Bureau, Los Angeles 1955, manual: 20 S.

Bonney, M. E.: The Constancy of Sociometric Scores and their Relationship to Teacher Judgements of Social Studies and to Personality Selfrating, Sociometry 6/1943.

Bossard, J. H. S.: The Sociology of Child Development. New York 1948.

Brix, W.: Schülerbeiträge zum Soziogramm einer Hilfsschulklasse, in: Z. f. Heilpädagogik, 1953, 4. Jg., H. 3, S. 114–122.

Bronfenbrenner, U.: The Measurement of Sociometric Status, Structure and Development. Beacon House, New York 1945, 80 S. Sociometry Monographs, no. 6.

Brugger, W., Hrsg.: Philosophisches Wörterbuch. Herder, Freiburg i. Br. 10 1963, 512 S.

Bucher, P. A.: Beitrag zur Eichung des S-Testes für das Jugendalter. Diplomarbeit aus dem Institut für Pädagogik, Heilpädagogik und Angewandte Psychologie der Universität Freiburg. 1956, 86 S. Arbeit zur Erwerbung des Diploms in Angewandter Psychologie.

Büchli, F.: Ein Experiment, in: Schweizer Schule, 1947, 34. Jg., Nr. 3, S. 70–71.

Bühler, Ch.: The Social Behavior of Children. Hbd. of Child Psychol. S. 374–416. Worchester 1933.

Busser, B.: Indische Kinder in einer holländischen Dorfschule. Diplomarbeit aus dem Institut für Pädagogik, Heilpädagogik und Angewandte Psychologie der Universität Freiburg. 1962, 54 S., 11 Tab. Arbeit zur Erwerbung des Diploms in Angewandter Psychologie.

Byrd, E. A.: A Stúdy of Validity and Constancy of Choices in a Sociometric Test, Sociometry 14/1951.

Capul, L.: Leaders et cohésion de groupe dans un centre d'observation, in: Sauvegarde de l'Enfance, 1960, 15e année, n° 4/5, S. 299–325.

Cervinka, V.: A Dimensional Theory of Groups. Sociometry 11/1948.

Chandessais, Ch.: Une application du test sociométrique de Moreno, in: Le travail humain, 1949, 12e année, nos 1–2, S. 26–45.

Clauss, G.: Die Einstellung von Oberschülern zum Unterrichtstag in der Produktion. 3. Beih. 1959, Pädagogik.

Clauss, G.: Einstellungsbildung im pädagogischen Feld, Habilitationsarbeit. Leipzig 1961.

Clauss, G.: Zur Standardisierung psychodiagnostischer Verfahren. Probleme und Ergebnisse d. Psychol. 9/1964.

Conrad, H.: Kollektiverziehung und individuelles Eingehen auf die Persönlichkeit des Fachschülers. Die Fachschule 4/1960.

Conrad, H.: Das Arbeitskollektiv als Grundlage und Mittel der betrieblichen Erziehung. Die Fachschule 1/1963.

Correl, W.: Lernpsychologie. Grundfragen und Konsequenzen der neueren Lernpsychologie. Auer, Donauwörth 1961, 152 S.

Criswell, J. H.: Sociometric Concepts in Personnel Administration. Sociometry 12/1949.

Cube, F. und *Gunzenhauser, R.:* Über die Entropie von Gruppen. Quickborn 1963.

Daeves, K. und *Beckel, A.:* Großzahl-Methodik und Häufigkeits-Analyse. Ein Leitfaden. Verlag Chemie GmbH, Weinheim/Bergstraße 2 1958, 143 S.

Danielson, B.: Some Attraction and Repulsion Patterns Among Jabiro Indians. Sociometry 12/1949.

Dannhauer, H.: Zur Kollektivpsychologie der Schulklasse, Dissertation, Leipzig 1961.

Dannhauer, H.: Kritische Einschätzung einiger sozialpsychologischer Methoden, Probl. u. Ergebn. d. Psychol. 3/4, 1962.

Dayhaw, L.-T.: Manuel de statistique. Editions de l'Université d'Ottawa, Ottawa, Canada 1958, 530 S.

Dupraz, L. und *Montalta, E.,* Hrsg.: Sozialpsychologie, Soziometrie. Bibliographischer Handweiser Nr. 10 des Instituts für Pädagogik, Heilpädagogik und Angewandte Psychologie der Universität Freiburg. 3 1962, 3 S., vervielfältigt.

Ebner, H.: Zur Anwendung mathematischer Methoden auf die Untersuchung von Gruppen, in: Sozialpsychologie und Sozialismus. Berlin 1965.

Eck, F.: Das Gruppentraining, in: Sozialpsychologie und Sozialismus. Berlin 1965.

Ehrlich, St. und *Flament, C.:* Précis de statistique. Presses Universitaires de France, Paris 1961, 214 S. Collection «Le Psychologue«.

Eidgenössisches Statistisches Amt, Bern, Hrsg.: Eidgenössische Volkszählung vom 1. Dezember 1950. Statistische Quellenwerke der Schweiz, Hefte 260, 264, 269, 288, 289.

Ekhof, R.: Die wissenschaftliche Methode und die Gesellschaftswissenschaften im Osten und Westen. In: The Scientific Monthly, Nr. 3, 1952, Bd. LXXV.

Ekman, G.: Konstruktion und Standardisierung von Tests. Hogrefe, Göttingen 1955, 19 S. Auch in: Diagnostica, 1955, 1. Jg., S. 15–19, 32–36, 49–52, 64–68.

Engelmayer, O.: Die Entwicklung des Sozialbewußtseins im Lichte der soziometrischen Motivationsanalyse. Intern. Journal of Sociometry, Sept. 1956.

Esser, H.: Bericht über den 1. Kongreß der Gesellschaft für Psychologie in der DDR. Dresden 1964. 1964 (im Druck).

Esser, H.: Über das Verhältnis der Anerkennung von Beliebtheit und Tüchtigkeit in Gruppen, in: Sozialpsychologie und Sozialismus, Berlin 1965.

Evans, K. M.: Sociometry and Education. Routledge and Kegan Paul, London 1962, 149 S.

Fechner, G. T.: Kollektivmaßlehre. Hrsg. von Gottlieb Friedrich Lipps. Engelmann, Leipzig 1897, 483 S.

Fischer, H.: Gruppenstruktur und Gruppenleistung. Huber, Bern 1962, 136 S.

Förster, V.: Soziogramm über ungarische Jugendliche, in: Praxis der Kinderpsychologie, 1959, 3. Jg., Nr. 10, S. 101–110.

Frère Ephrem: La statistique à l'école normale et au baccalauréat en pédagogie. Les Frères des Ecoles Chrétiennes, Montréal 1959, 273 S.

Friedrich, W. und *Kossakowski, F.:* Zur Strebenshaltung im Jugendalter, in: Zur Psychologie des Jugendalters, Berlin 1962.

Garaudy, R.: Cahier de Communisme, Nr. 7–8, Paris 1955, S. 895–896.

Gebelein, H. und *Heite, H.-J.:* Statistische Urteilsbildung. Erläutert an Beispielen der Biologie und Medizin. Springer, Berlin 1951, 192 S.

Geiger, T.: Über Soziometrik und ihre Grenzen, Köln. Zs. f. Soziologie, 3/1948.

Georgens, J. D. und *Deinhardt, H. M.:* Die Heilpädagogik mit besonderer Berücksichtigung der Idiotie und der Idiotenanstalten. Bd. I: Einleitung und Begründung einer heilpädagogischen Gesamtwissenschaft. Fleischer, Leipzig 1861, XVI, 366 S. Bd. II: Die Idiotie und die Idiotenerziehung in ihrem Verhältnis zu den übrigen Zweigen der Heilpädagogik und zu der Gesundenerziehung. Fleischer, Leipzig 1863, XXIII, 602 S.

Gorner, W.: Zur Analyse kollektiver Vorschlagstätigkeit, Diplomarbeit. Leipzig 1961.

Gortari, E. de: Introducción a la logica dialectica. Mexiko-Buenos Aires 1959 (russ. 1959).

Gouldner, A. W.: Reciprocity and Autonomy in Functional Theory, in: L. Gross (Hrsg.) Symposium on sociological theory. New York, Evanston and London, 1959.

Grobelin, W.: Die Dozenten müssen die Bildung sozialistischer Studentenkollektive unterstützen, Die Fachschule 10/1959.

Gronlund, N. E.: Sociometry in the Classroom. Harper, New York 1959, 340 S.

Grossman, B. und *Whrighter, J.:* The Relationship between Selection-Rejection and Intelligence, Social Status, and Personality amongst Sixth Grade Children, Sociometry 11/1948.

Guardini, R.: Vom Sinn der Gemeinschaft. Arche, Zürich 1950, 51 S.

Gunther, H. E.: Traditionen im Schülerkollektiv. Berlin 1961.

Gunzenhauser R. und *Cube, F. v.:* Über den Begriff der Gruppenentropie, Grundlagenstudien aus Kybernetik und Geisteswissenschaft, Bd. 4, 1963.

Gurvitch, G.: Déterminismes sociaux et liberté humaine, S. 189.

Gurvitch, G.: Der dialektische Hyper-Empirismus in Cahiers Internationaux de Sociologie, Bd. XV, Paris 1953, S. 15.

Haiker, F. Aussehen und Beliebtheitsgrad in der Volksschule. Psychol. Rundschau, 1. Jg., 1950, H. 5.

Haseloff, O. W.: Zur Anwendung experimenteller Sozialpsychologie in der Schulklasse. Pädagogik 1948, H. 8.

Hazen, A.: Storage to be Provided in Impounding Reservoirs for Municipal Water Supplies, in: Trans, Am. Soc. Civ. Eng., 1914, Bd. 57, S. 1559. Zitiert nach Daeves und Beckel, ^{2}1958.

Heller, M.: Der S-Test (Sozialtest). Versuch einer experimentell-psychologischen Erfassung der sozialen Beziehungen zwischen Schulkindern. Diplomarbeit aus dem Institut für Pädagogik, Heilpädagogik und Angewandte Psychologie der Universität Freiburg. 1951, 111 S. Arbeit zur Erwerbung des Diploms in Heilpädagogik.

Heller, M.: Beitrag zur Eichung des S-Tests nach Heller. Diplomarbeit aus dem Institut für Pädagogik, Heilpädagogik und Angewandte Psychologie der Universität Freiburg. 1956, 84 S. Arbeit zur Erwerbung des Diploms in Angewandter Psychologie.

Heller, M.: Sozialpsychologische Analyse einer Volksschulklasse, in: Heilpädagogische Werkblätter, 1954, 23. Jg., H. 6, 245–249.

Hermann, E.: Das Problem des einzigen Kindes in umweltpsychologischer und charakterologischer Beleuchtung. Barth. Leipzig 1939, VI, 184 S. Beiheft Nr. 86 der Z. f. Angewandte Psychologie und Charakterkunde.

Hetzer, H.: Der Einfluß der negativen Phase auf soziales Verhalten und literarische Produktion pubertierender Mädchen. Jena 1926.

Hetzer, H.: Kindheit und Armut. Leipzig 1936.

Hetzer, H. und *Morgenstern, G.:* Kind und Jugendlicher auf dem Lande. Lindau 1952.

Hiebsch, H.: Beiträge zur Psychologie des Kollektivs, 2. Beih. 1958, Pädagogik.

Hiebsch, H.: Psychologische Fragen der Kollektivbildung und Kollektiverziehung in der Unterstufe, Fernstudium Unterstufe. Berlin 1962.

Hiebsch, H. und *Dannhauer, H.:* Der Einfluß des Prestiges auf die Urteilsbildung, 2. Beih. 1958, Pädagogik.

Hiebsch, H.: Grundlagen für eine Psychologie der Erziehung; Habilitationsarbeit. Leipzig 1960.

Hiebsch, H. und *Vorwerg, M.:* Gegenstand, Aufgaben und Methoden der marxistischen Sozialpsychologie. DZfPh 5/1963.

Hiebsch, H. und *Vorwerg, M.:* Versuch einer Systematisierung des sozialpsychologischen Forschungsbereiches. DZfPh 5/1964.

Höhn, E. und *Schick, C. P.:* Das Soziogramm. (Die Erfassung von Gruppenstrukturen.) Eine Einführung für die psychologische und pädagogische Praxis. Wolf, Stuttgart 1954, 58 S.

Hofmann, K. H.: Die mathematische Auswertung einer korrelations-statistischen Vergleichsuntersuchung über das Intelligenztestverfahren nach Binet-Bobertag-Norden und dem Stanford-Lückert-Intelligenztest, in: Zeitschrift für Heilpädagogik, 1959, 10. Jg., H. 5, S. 206–213.

Hofmann, K. H.: Korrelationsstatistiken zwischen dem Binet- und dem Stanford-Intelligenztest sowie dem Binettest und dem Hawik bei einem Hilfsschülerkollektiv, in: Diagnostica, 1961, 7. Jg., H. 4, S. 106–117.

Hofstätter, P. R.: Einführung in die quantitativen Methoden der Psychologie. Barth, München 1953, 175 S.

Hofstätter, P. R.: Einführung in die Sozialpsychologie. Kröner, Stuttgart ²1959, 487 S.

Hofstätter, P. R.: Sozialpsychologie. De Gruyter, Berlin 1956, 181 S. Sammlung Göschen, Bd. 104/104a.

Hofstätter, P. R.: Sozialpsychologie. Berlin 1956.

Hofstätter, P. R.: Gruppendynamik. Hamburg 1957.

Hofstätter, P. R.: Über Typenanalyse. Arch. f. ges. Psychol. S. 105, 1940.

Hohn, E. und *Schick, C. P.:* Das Sozioprogramm (Die Erfassung von Gruppenstrukturen). Stuttgart 1954.

Horstmann, H.: Die soziometrische Utopie J. L. Morenos in ihrer Beziehung zur Spontaneität der kapitalistischen Gesellschaft. DZfPh Sonderheft 1964.

Hunt, J. V. and *Solomon, R. L.:* The stability and some correlates of group-status in a summer-camp of young boys. Amer. J .Psychol. Bd. 55.

Husquinet, A.: L'adaptation scolaire et familiale des jeunes garçons de 12 à 14 ans d'après le test sociométrique et le test d'aperception thématique. Les Belles Lettres, Paris 1954, 202 S.

Infield, H. F.: Grenzen und Mängel der Anwendung des soziometrischen Tests. Köln Zs. f. Soziol. 1950/51.

Jennings, H. H.: Leadership and Isolation. New York 1950.

Jennings, H. H.: Schule und Schülergemeinschaft (Soziometrie im Gruppenleben). Christian-Verlag, Berlin 1951.

Jennings, H. H.: Schule und Schülergemeinschaft. Soziometrie im Gruppenleben. Eine Arbeitshilfe für Lehrer. Christian, Berlin 1951, 132 S.

Josef, K. G.: Gemütspflege bei schwererziehbaren Kindern durch einfaches Musizieren. Nolte, Marburg/Lahn 1958, 83 S.
Irle, M.: Die Klassifikation von Tests, in: Diagnostica. 1956, 2. Jg., S. 61–66.
Klix, F.: Gesetz und Experiment in der Psychologie. Probl. u. Ergebn. d. Psychol. 3/4 1962.
Knochel, W.: Methodische Probleme der Kollektiverziehung. Die Fachschule 11/1960.
Koch, I.: Untersuchungen über die Wirkung des Trainings sozialer Verhaltensweisen im Kindesalter; Dissertation, Leipzig 1963.
Kolominski: Put' izucenija i formirovanija lionych vzaimootnosenij mezdu ucenikami klasa. Voprosi psichologii 2/1963.
Kolominski und *Rosov:* Isucenije vzaimootnosenij skolnikov sociometriceskimi metodami. Voprosi psichologii 6/1962.
Konnikowa, T. E.: Die Organisation des Schülerkollektivs, Berlin 1960.
Kowaljow, A. G.: Die Methode des natürlichen Experiments und seine gegenwärtige Anwendung. Mitteilungen der Leningrader Universität, 11/1958 (russ.)
Kowaljow, A. G.: Die Erforschung der Schülerpersönlichkeit mit Hilfe des pädagogisch-psychologischen Experiments, Probl. und Ergebn. d. Psychol. 3/4 1962.
Kramer, J.: Intelligenztest. Mit einer Einführung in Theorie und Praxis zur Intelligenzprüfung. St. Antonius-Verlag, Solothurn [2]1959, 309 S. Bd. 5 der Arbeiten zur Psychologie, Pädagogik und Heilpädagogik, hrsg. vom Institut für Pädagogik, Heilpädagogik und Angewandte Psychologie der Universität Freiburg in der Schweiz unter Leitung der Professoren Dr. L. Dupraz und Dr. E. Montalta.
Krasemann, J.: Einige Bemerkungen zur Quantifizierung gesellschaftlicher Erscheinungen. ZDfPh 12/1964.
Krober, G.: Die methodologische Bedeutung des marxistisch-leninistischen Gesetzesbegriffs für die Gesellschaftswissenschaften. DZfPh Sonderheft 1964.
Kulka, H., Hrsg.: Sozialistische Erziehung im Betrieb. Berlin 1963.
Kusmin, J. S.: Zum Problem der Sozialpsychologie. Sowjetwissenschaft (Gewi) 4/1964.
Läpple, F. T.: Die Rangordnung in der Hilfsschule, in: Z. f. Heilpädagogik, 1962, 13. Jg., H. 7/8, S. 325–335.
Levasseur, R.: La statistique appliquée à la pédagogie. Centre de psychologie et de pédagogie, Montréal 1957, 184 S.
Lange, L.: Gruppenleistung und Aktivitätsverteilung beim Lösen verschiedener Aufgaben, in: Sozialpsychologie und Sozialismus, Berlin 1965.
Lasurski: Über das Studium der Individualität. 1912.
Lasurskij, A. F.: Jestestvennij eksperiment i jego skolnoje primenenije. Petersburg 1918.
Leboutet, L. und *Rouanet, H.:* Lexique de statistique. Groupe d'Etudes de Psychologie à l'Université de Paris 1959, 96 S.
Lefevre, A.: Critique. Paris 1955, Bd. XI No. 97, S. 558–563.
Lektorskij, V. A.: Jedinstvo empiriceskogo v naucnom poznanii, in: Problema naucnogo metoda, B. M. Kedrov (Hrsg.), Moskau 1964.
Lewin, K.: Vorsatz, Wille und Bedürfnis, Psychologische Forschung, Bd. 7, 1926.
Lewin, K.: Analyse der Begriffe Ganzheit, Differenzierung und Einheitlichkeit, 1941, in: Feldtheorie in den Sozialwissenschaften, Bern und Stuttgart 1963.
Lewin, K.: Principles of Topological Psychology: Concepts and Methods. Amer. J. of Sociology, 1936.
Lewin, K.: Field Theory and Experiment in Social Psychology. N. Y. 1948.
Lewitow, N. D.: Kinderpsychologie und pädagogische Psychologie, Bd. II. Berlin 1963.
Lichtenberger, W.: Formelle und informelle soziale Ordnung im Verband einer Schulklasse, in: Schule und Psychologie, 1960, 7. Jg., H. 2, S. 33–43.
Lichtenberger, W.: Die Bedeutung soziometrischer Untersuchungen für die erzieherischen und unterrichtlichen Maßnahmen des Berufserziehers, in: Schule und Psychologie, 1961, 8. Jg., H. 9, S. 271–282.
Lienert, G. A.: Testaufbau und Testanalyse. Beltz, Weinheim/Bergstraße 1961, 502 S.

Lienert, G. A.: Prinzip und Methode der multiplen Faktorenanalyse. Biometrische Zt., Jg. 1959, H. 1.
Linder, A.: Statistische Methoden für Naturwissenschafter, Mediziner und Ingenieure. Birkhäuser, Basel ^{3}1960, 484 S.
Lindzey, G., Hrsg.: Handbook of Social Psychology. Cambridge 1954.
Lochner, R.: Das Soziogramm der Schulklasse. Z. Päd. Psy. 1927/28. S. 177–205.
Lorenz, E.: Zur Psychologie der industriellen Gruppenarbeit. Zs. Angew. Psych. 45, 1933.
Lorenz, P.: Anschauungsunterricht in mathematischer Statistik, Bd. III, Leipzig 1961.
Luhmann, N.: Funktion und Kausalität. Köln. Zs. f. Soziol. und Sozialpsychol., Bd. 14, 1962.
Lutz, Th.: Einige Gesichtspunkte zum Begriff der Struktur, Grundlagenstudien aus Kybernetik und Geisteswissenschaft, Bd. 4, 1963.
Maisonneuve, J. und *Margot-Duclot, J.:* Les techniques de la psychologie sociale, in: Bulletin de psychologie, 1962, Band 15, n° 17, S. 1009–1015.
Makarenko, A. S.: Gesammelte Werke, Bd. VII, Berlin, 1957.
Malinowski, B.: Eine wissenschaftliche Theorie der Kultur. Zürich 1949.
Mandel, R.: Die Aggressivität bei Schülern. Beobachtung und Analyse des aggressiven Verhaltens einer Knabengruppe im Pubertätsalter. Huber, Bern 1959, 116 S.
Mannschatz, E.: Beiträge zur Methodik der Kollektiverziehung. Berlin 1955.
Mannschatz, E.: Probleme der Kollektiverziehung. Berlin 1961.
Manser, G.: Das Wesen des Thomismus. Paulus-Verlag, Freiburg ^{3}1949, 728 S.
Mansurov, N. S.: Psicologia Burguesa Contemporanea. Moskau, 1962.
Margis: Das Problem u. d. Methoden d. Psychographie. Z. aug. 3/1909.
Maritain, J.: Erziehung am Scheidewege. Christian, Berlin-Wilmersdorf 1951, 144 S.
Mattmüller, F.: Kind und Gemeinschaft. EVZ, Zürich 1961, 269 S.
Mayo, E.: Probleme industrieller Arbeitsbedingungen. Frankfurt/M. 1950.
Mayrocker, F.: Soziometrie und soziometrischer Test. Wien 1959.
Mehlberg, H.: The Reach of Science. Toronto 1957.
Meili, R.: Lehrbuch der psychologischen Diagnostik. Huber, Bern ^{4}1961, 476 S.
Monjallon, A.: Introduction à la méthode statistique. Vuibert, Paris ^{3}1961, 280 S.
Moreno, J. L.: Who Shall Survive? Foundations of Sociometry, Group Psychotherapy and Sociodrama. Beacon House, Beacon, N. Y. ^{2}1953, XIV, 763 S.
Moreno, J. L.: Die Grundlagen der Soziometrie. Wege zur Neuordnung der Gesellschaft. Westdeutscher Verlag, Köln und Opladen 1954, 385 S.
Moreno, J. L.: Fondements de la sociométrie. Presses Universitaires de France, Paris 1954, XXXI, 400 S.
Moreno, J. L.: Der Königsroman. Berlin 1922.
Moreno, J. L.: Das Stegreiftheater. Berlin 1923.
Moreno, J. L.: Sociometry in Relation to Other Social Sciences. Sociometry 1/1937.
Moreno, J. L.: Sociogram and Sociomatrix. Sociometry 9/1948.
Moreno, J. L.: Sociometry and the Science of Man. New York 1956.
Moreno, J. L.: Who Shall Survive? (A new approach to the problem of human interrelation). Washington, D. C. 1934.
Mouton, J. S., Blake, R. R. und *Fruchter, B.:* The Reliability of Sociometric Measures. Sociometry 18/1955.
Muggenthaler, E.: Die soziologische Stellung hilfsschulbedürftiger Kinder in einer Volksschulklasse, in: Praxis der Kinderpsychologie, 1955, 4. Jg., H. 8/9, S. 226–230.
Murray, H.: The Sociometric Stability of Personal Relations among Retarded Children. Beacon House, Beacon, N. Y. 1953, 31 S. Sociometry Monographs, Nr. 28.
Myassischtschew, W. N.: Psychische Funktionen und die Beziehungen. Mitteilungen der Leningrader Universität, 199 S., 1949 (russ.)
Nagel, E.: Logic without Metaphysics. Glencoe, Ill. 1956.
Neise, H.: Der Begriff des Kollektivs in der pädagogischen Literatur der Gegenwart; Vordiplomarbeit, Jena 1964.

Neumayer, E.: Das Soziogramm als Hilfsmittel in der Persönlichkeitsforschung, in: Z. f. diagnostische Psychologie und Persönlichkeitsforschung, 1957, 5. Jg., H. 3/4, S. 305–314.

Northway, M. L. und *Weld, L.:* Sociometric Testing. A Guide for Teachers. University of Toronto Press 1957, 72 S.

Northway, M. L.: A Primer of Sociometry. Toronto 1952.

Nuttin, J.: Psychoanalyse und Persönlichkeit. Universitätsverlag, Freiburg 1956, 338 S., Bd. 10 der Arbeiten zur Psychologie, Pädagogik und Heilpädagogik, hrsg. vom Institut für Pädagogik, Heilpädagogik und Angewandte Psychologie der Universität Freiburg in der Schweiz unter Leitung der Professoren Dr. L. Dupraz und Dr. E. Montalta.

Oertel, H.: Die soziometrische Matrix – ein Arbeitsmittel des Pädagogen. DZfPh, H. 12, 1962.

Özek, M.: Die Anwendung der Soziometrie bei klinischer Psychotherapie, in: Z. f. Psychotherapie und Medizinische Psychologie, 1958, 8. Jg., H. 5, S. 180–184.

Ogorodnikow und *Schimbirjew:* Lehrbuch der Pädagogik. Berlin 1954.

Okon, J.: Analiza Czynnikowa w psychologii. Warschau 1960.

Passow, A. H. und *McKenzie, G. N.:* Research in Group Behavior Shows Need for New Teaching Skills, in: Nation's Sch., 1952, S. 71 ff.

Pichot, P.: Les tests mentaux. Presses Universitaires de France, Paris [4]1962, 128 S. Que sais-je? Nr. 626.

Pichot, P.: I tests mentali. Garzanti, Milano [2]1960, 124 S., Saper tutto, Nr. 71.

Piening, H.: Psychologische Untersuchungen über die soziale Stellung jugendlicher Gehörloser in der Heimschule, in: Neue Blätter für Taubstummenbildung, 1953, 7. Jg., H. 8/9, S. 248–265.

Ploch, H.: Internat und Gruppenbildung; Dissertation, Würzburg 1953.

Pöggeler, F., Hrsg.: Das Wagnis der Schule. Ideen und Grundsätze der modernen katholischen Schulbewegung. Herder, Freiburg i. Br. 1963, 144 S. Reihe: Das pädagogische Gespräch.

Polansky, N., Lippitt, R., Redl. F.: The Use of Near-sociometric Data in Research on Group Treatment Processes. Sociometry 13/1950.

Radcliff-Brown, A.: On the Concept of Funktion in Social Science. Amer. Anthropologist H. 37, 1935.

Reiniger, K.: Über soziale Verhaltensweisen in der Vorpubertät. Wien 1924.

Reiniger, K.: Das soziale Verhalten von Schulneulingen. 1 Wiener Arb. z. Päd. Psychol., H. 7, Wien–Leipzig 1929.

Prescott, D.: Helping Teachers understand Children. Amer. Council of Education.

Reymond-Rivier, B.: Choix sociométriques et motivations. Etude génétique d'un test sociométrique appliqué à des groupes d'enfants âgés de 6 à 15 ans. Delachaux et Niéstlé, Neuchâtel 1961, 207 S.

Rihm, W.: Das Bildungserlebnis der Antike bei Johannes von Müller. Helbing und Lichtenhahn, Basel 1959, 156 S., Basler Beiträge zur Geschichtswissenschaft, Bd. 74, hrsg. von Edgar Bonjour und Werner Kaegi.

Ringger, H. J.: Rorschach-, Szonditest und Soziogramm einer Schulgemeinschaft von ca. 100 Kindern, in: Beiträge zur Diagnostik, Prognostik und Therapie des Schicksals. Huber, Bern 1962, 280 S., S. 126–132.

Rohrberg, A.: Die Anwendung der Wahrscheinlichkeits- und Häufigkeitsnetze. Schleicher und Schüll, Dassel, Kr. Einbeck, Hann. 1960, 28 S.

Rosenfeld, G.: Das Experiment in der pädagogischen Psychologie. Probl. u. Ergebn. d. Psychol. 3/4, 1962.

Rubinstein, S. D.: Grundlagen der allgemeinen Psychologie. Berlin 1958 und 1961.

Rubinstein, S. D.: Sein und Bewußtsein. Berlin 1962.

Ryvkina, R. V.: Rol' i znacenije eksperimenta v obcestvennych nauk. Voprosi filosofii 5/1964.

Salushnij, A. S.: Die Organisiertheit der Schulgruppen. Zs. Angew. Psychologie, Bd. 33, 1929.

Salushnij, A. S.: Detskij kollektiv i metody ege izucenija. Moskau–Leningrad 1931.

Sandschulte, M.: Tiefenpsychologie und heilpädagogische Praxis. Institut für Heilpädagogik, Luzern 1960, 122 S. Formen und Führen, H. 17.

Santeler, J.: Artikel «Einteilung», in: Brugger, Walter, Hrsg.: Philosophisches Wörterbuch. Herder, Freiburg [10]1963, 512 S., S. 67.
Schäfer, O.: Zur Gruppenstruktur der Gymnasialklasse, in: Soziologie der Schule, Westdeutscher Verlag, Köln und Opladen 1959, 200 S., S. 120–130.
Schlag-Rey, M.: Groupes spontanés formés à l'école et milieu familial. Etude sociométrique. Vaillant-Carmanne, Liège 1956, 64 S.
Schmidt, E.: Die graphische Soziomatrix. Köln. Zs. f. Soziol. und Sozialpsychol., Bd. 14, 1962.
Schmidt, H. D.: Empirische Forschungsmethoden der Pädagogik. Berlin 1961.
Schmidt, H. D.: Die subjektive Wahrscheinlichkeit als Hilfsmittel der metrischen Skalierung. Probl. u. Ergebn. d. Psychol. 3/4, 1962.
Schmidt, H. D.: Einige psychologische Grundlagen der politischen Erziehungsarbeit bei Jugendlichen. Probl. u. Ergebn. d. Psychol. 7, 1963.
Schmidt, H. D.: Bericht über den 1. Kongress der Gesellschaft für Psychologie in der DDR. Dresden 1964.
Schneckenburger, H.: Die Altersentwicklung und Milieubedingtheit des sozialethischen Verständnisses beim proletarischen Kinde. Zs. f. Angew. Psych. 42, 1931 und 43, 1932.
Schönenberger, W.: Bevorzugungen und Ablehnungen in der Kindergruppe. Huber, Frauenfeld 1959, 72 S.
Schröder, H.: Die Soziologie der Schulklasse. 1928.
Sede, G. de: Les templiers sont parmi nous. Julliard, Paris 1962, 302 S.
Seelmann, K.: Das Klassen-Soziogramm, hrsg. von Dr. M. Ackermann. Pädagogisches Institut, Nürnberg 1950, 5 S. + 2 Tab.
Stauffer, E.: Zur Untersuchung und Gestaltung der menschlichen Beziehungen im Gruppenleben, in: Schweiz. Z. f. Volkswirtschaft und Statistik, 1952, 88. Jg., H. 1, S. 46–60.
Slater, P. E.: Role Differentiation in Small Groups. Amer. Sociol. Rev. 20, 1955.
Solomon, S. L. und *Lemann, T. B.:* Report 1946–51. Harvard University Laboratory of Social Relations.
Sotova, O. J.: Opyt izucenija vsjaimootnosenii v rabocich kollektivach. Thesen des 2. Kongresses für Psychologie, Moskau 1963.
Spiegel, B.: Gradientenmodelle in der Sozialpsychologie. Köln. Zs. f. Soziol. u. Sozialpsych., Bd. 14, 1962.
Stanke, V.: 99 Fragen und eine Antwort. Neues Deutschland 6. 5. 1964.
Stauffer, E.: Zur Untersuchung und Gestaltung der menschlichen Beziehungen im Gruppenleben. Schweiz. Zs .f. Volkswirtschaft und Statistik, 1952.
Stein, G.: Amerika ist anders. Berlin 1956, S. 61–62.
Steiner, H.: Die ökonomische und gesellschaftliche Stellung der Betriebsintelligenz im gegenwärtigen Imperialismus. Wiss. Zs. Humboldt-Univ., H. 7/8, 1963.
Steinmetz, E.: Die Soziographie in d. Reihe d. Geisteswissenschaften. Archiv f. Rechts- und Wirtschaftsphilosophie, 6. Bd., 1913.
Stern, L.: Die bürgerliche Soziologie und das Problem der Freiheit. Zs. f. Geschichtswiss., 4/1957.
Stern, W.: Über Aufgabe und Anlage der Psychographie. Zs. f. Angew. Psych., 3/1909.
Sviderskij, V. I.: O dialektike elementov i struktury v ob' jektivnom mire i v poznodnii. Moskau 1962.
Tagiuri, R.: Relational Analysis: an Extension of Sociometric Method with Emphasis upon Social Perception, in: Sociometry, 1952, 15. Jg., Nr. 1–2, S. 91–104.
Tent, L.: Einige Gesichtspunkte der Anwendung und Entwicklung von Testverfahren, in: Schweizer Erziehungs-Rundschau, 1963, 35. Jg., H. 10, S. 205–208.
Thorndike, R. L. und *Hagen E.:* Measurement and Evaluation in Psychology and Education. Wiley, London [2]1961, 602 S.
Thorpe, L. P.: Studying Social Relationship in the Classroom: Sociometric Methods for the Teacher. Chicago Science Research Associates, 1959, 49 S.
Tomaschewsky, K.: Das Menschenbild des sozialistischen Humanismus. Neues Deutschland Nr. 224, 1957.

Topel, W.: Zur Frage der sozialpsychologischen Stellung der »Sitzenbleiber« im Klassenkollektiv; Diplomarbeit, Leipzig 1961.
Torrance, E. P.: Sociometric Techniques for Diagnosing Groups Ills. Sociometry 18/1955.
Vecerca, L.: Das soziale Verhalten vom Mädchen während der Reifezeit. Quellen und Studien z. Jugendkunde 2, H. 4, 1926.
Victorov, L. V.: Psicologia Social burguesa contemporanea. Revista del Hospital Psiquiatrico de la Habana, Bd. VI, Nr. 2, 1965.
Vorwerg, G.: Gesellschaftliche Haltung und Einstellung bei Oberschülern; Diplomarbeit, Leipzig 1959.
Vorwerg, M.: Zur Sozialpsychologie einer Kindergruppe; Diplomarbeit, Leipzig 1958.
Vorwerg, M.: Über die Entwicklung einer Kindergruppe im Ferienlager. Pädagogik, 2. Beitr., 1958.
Vorwerg, M.: Untersuchungen über Einstellungsstereotype, Dissertation, Leipzig 1961.
Vorwerg, M.: Über korrelative Kausalität in der Psychologie. Probl. u. Ergebn. d. Psychol. 3/4, 1962.
Vorwerg, M.: Über Präzisionsanforderungen in der sozialpsychologischen Forschung. DZfPh 10/1963.
Vorwerg, M.: Bericht über den 1. Kongreß der Gesellschaft für Psychologie in der DDR. Dresden 1964.
Vorwerg, M.: Ein skalierter Fragebogen zur Messung der Einstellung Jugendlicher zu ihrer FDJ-Gruppenleitung. Zs. Junge Generation.
Vorwerg, M.: Bemerkungen zur Früherfassung kriminell gefährdeter Minderjähriger mit Hilfe sozialpsychologischer Methoden. Protokollband des Symposiums »Jugendkriminalität«, 1964.
Vorwerg, M.: Methodische Grundsätze der sozialpsychologischen Forschung, in: Sozialpsychologie und Sozialismus, Berlin 1965.
Walker, H. M.: Statistische Methoden für Psychologen und Pädagogen. Eine Einführung. Beltz, Weinheim [5]1963, 391 S.
Weber, E.: Grundlagen der biologischen Statistik. Jena 1961.
Weiss, C.: Pädagogische Soziologie. Leipzig 1929.
Weiss, C.: Abriß der päd. Soziologie, Teil 1 und 2. Bad Heilbrunn 1958 und 1955.
Weiss, H.: Die »Enquete ouvriere« von Karl Marx. Zs. f. Sozialforschung, 1936.
Welty, E.: Gemeinschaft und Einzelmensch. Eine sozialmetaphysische Untersuchung. Bearbeitet nach den Grundsätzen des hl. Thomas von Aquin. Puster, Salzburg und Leipzig 1935, 458 S.
Wessel, H. und *Vorwerg, M.:* Die Führungskraft im Kollektiv. Forum, 3/1963.
Weyrauch, R.: Die Abhängigkeit der Kollektivstruktur von unterschiedlichen Aufgabenanforderungen; Staatsexamensarbeit, PI Leipzig 1965.
Wiese, L. v. Soziometrik. Köln. Zs. f. Soziol., 1948.
Willems, F. E.: Sociometrische techniken, in: Tijdschrift voor Studien Beroepsorient., 1954, 1. Jg., H. 2, S. 62–69.
Wirz, A.: Die Kennzeichnung der Rauheit geschliffener Oberflächen, in: Technische Rundschau, 1962, 54. Jg., Nr. 47, S. 17–23.
Wispe, L.: Sociometry. The American Journal of Sociology, No. 2, Chicago 1955, Bd. LXI, S. 134–137.
Witryol, S. L. und *Thompson, G. G.:* An Experimental Comparison of the Stability of Social Acceptability Scores Obtained with the Partial-rank-order and the Paired-comparison Scales. J. of Educ. Psychol. 1953.
Wundt, W.: Über psychologische Methoden. Phil. Studien, Bd. 1.
Wundt, W.: Die Aufgaben der experimentellen Psychologie – Zur Psychologie und Ethik. Leipzig, O. J.
Wundt, W.: Über Ausfrageexperimente und über Methoden zur Psychologie des Denkens. Psychol. Studien, Bd. 3, 1907.
Wundt, H.: Sinnliche und übersinnliche Welt. Leipzig 1914.
Zaborowski, Z.: Die Stellung des Zöglings im Kollektiv, in: Beiträge zur Kollektiverziehung in der Schule, Informationsmaterial, H. 15/1956.

Zeleny, L. D.: Sociometry of Morale. Amer. Sociol. Rev., H. 4, 1939.
Ziegenfuss, W.: Handbuch der Soziologie. Stuttgart 1956.
Ziegler, K.: Zum Egoismus einziger Kinder, in: Z. f. Kinderforschung, 1900, 5. Jg., S. 89–101.
Zillig, M.: Beliebte und unbeliebte Volksschülerinnen, in: Archiv für die gesamte Psychologie, 1934, Bd. 92, S. 121–140.
Zillig, M.: Beliebte und unbeliebte Volksschülerinnen, Arth. f. d. ges. Ps. Bd. 22, 1934.

ALLGEMEINE BIBLIOGRAPHIE

zu „The Sociometry Reader", Herausgeber J. L. Moreno, M. D. et al., The Free Press of Glencoe, 1960

Moreno, J. L.: Einladung zu einer Begegnung – 1914.
Die Gottheit als Autor – 1918.
Die Gottheit als Redner – 1919.
Die Gottheit als Komödiant – 1919.
Das Testament des Vaters – 1920.
Rede über den Augenblick – 1922.
Das Stegreiftheater – 1923.
Application of the Group Method to Classification – 1932.
Psychological Organization of Groups in the Community – 1933.
Who Shall Survive? – 1934.
Sociometric Statistics of Social Configurations – 1937.
Psychodrama, Volume I – 1946.
The Sociometry of Subhuman Groups – 1948.
Sociometry, Experimental Method and the Science of Society – 1951.
Psychodrama, Volume II – 1956.
Sociometry, Experimental Method and the Science of Society (Russian Translation), Foreign Literature Publishing Co., Moscow, 1958.
The Sociometry Reader – 1960.
Gruppenpsychotherapie und Psychodrama, Thieme Verlag Stuttgart, 1960.
Gurvitch, G.: Sociometry and Microsociology – Sociometry Vol. X, 1948.
Friedemann, A.: Gruppenpsychotherapie, in: *Hb. der Neurosenlehre und Psychotherapie,* Urban & Schwarzenberg, München, 1959.
Bjerstedt, A.: Interpretations of Sociometric Choice Status, S. V. D. Gleerup, Lund, 1956.

GEMEINDE

Lundberg, G. A. und *Lawsing, M.:* The Sociography of Some Community Relations.
Loomis, Ch. P.: Tapping Human Power Lines.
Proctor, Ch. H.: Informal Social Systems.
Loomis, Ch. P.: Informal Groupings in a Spanish-American Village.
Loomis, Ch. P.: Informal Social Systems and Decision-making.
Proctor, Ch. H.: A Summary of Findings from Community Studies Reported in Sociometry.

INDUSTRIE (Sociometry Journal Vol. 1–16)

Gullahorn, J. T.: Distance and Friendship as Factors in the Gross Interaction Matrix.
Speroff, B. J.: Job Satisfaction and Interpersonal Desirability Values.
Weiss, R. S. und *Jacobson, E.:* The Structure of Complex Organizations.

MILITÄR (Sociometry Journal Vol. 1–16)

Zeleny, L. D.: Selection of Compatible Flying Partners.
Goodacre, D. M. III: The Use of a Sociometric Test as a Predictor of Combat Unit Effectiveness.
Halpin, A. W.: The Leadership Behavior and Combat Performance of Airplane Commanders.
Jenkins, J. G.: The Nominating Technique as a Method of Evaluating Air Group Morale.

COGNITIVE SOZIOMETRIE (Sociometry Journal Vol. 1–16)

Gronlund, N. E.: The Accuracy of Teachers' Judgments Concerning the Sociometric Status of Sixth-grade Pupils.
Ausubel, D. P. und *Schiff, H. M.:* Some Intrapersonal and Interpersonal Determinants of Individual Differences in Socioempathic Ability among Adolescents.
Taylor, F. K.: The Three-dimensional Basis of Emotional Interactions in Small Groups, Part I.
Taylor, F. K.: The Three-dimensional Basis of Emotional Interactions in Small Groups, Part II.
Taylor, F. K.: Awareness of One's Social Appeal.
Tagiuri, R., Kogan, N. und *Bruner, J. S.:* The Transparency of Interpersonal Choice.
Schiff, H. M.: Judgmental Response Sets in the Perception of Sociometric Status.

GESCHICHTE

Nehnevajsa, J.: Sociometry: Decades of Growth, *Sociometry and the Science of Man,* 1956.
Moreno, Zerka T.: Evolution and Dynamics of the Group Psychotherapy Movement in *The International Handbook of Group Psychotherapy,* Philosophical Library, New York, 1966.

PSYCHODRAMA

Anzieu, D.: Le psychodrame analytique chez l'enfant, P. U. F., Paris 1956.
Bour, P.: Le Psychodrame et la Vie, Paris 1968.
Czapow, C., Czapow, G.: Psychodrama, Genesa i historia teoria i praktyka, proba oceny, Warschau 1969.
Greenberg, I.: Psychodrama and Audience Attitude Change, Beverly Hills, Calif., 1968.
Leutz, G., Petzold, H.: Psychodrama, Theorie und Praxis, Springer Verlag, Berlin/Heidelberg 1972.
Moreno, J. L.: Psychodrama, Vol. I (1946, 1969[3]), Vol. II (1959), Vol. III (1969), Beacon House, Beacon, N. Y.
Moreno, J. L.: Gruppenpsychotherapie und Psychodrama, Thieme, Stuttgart 1959.
Petzold, H.: Angewandtes Psychodrama in Therapie, Pädagogik, Theater und Wirtschaft, Junfermann, Paderborn 1972.
Schützenberger, A.: Précis de Psychodrame, Paris 1970[2], éditions universitaires.
Widlocher, D.: Le psychodrame chez l'enfant, P. U. F., Paris 1962, 1971[2].

SACHREGISTER

NAMENVERZEICHNIS